Einband:
König-Roger-Saal, Leoparden,
Detail der Wandverkleidung, Normannenpalast,
Palermo.

ITALIEN

Internationaler Ausstellungsstraßen-Zyklus Museum Ohne Grenzen

DIE ISLAMISCHE KUNST IM MITTELMEERRAUM

ARABISCH-NORMANNISCHE KUNST

SIZILIENS KULTUR IM MITTELALTER

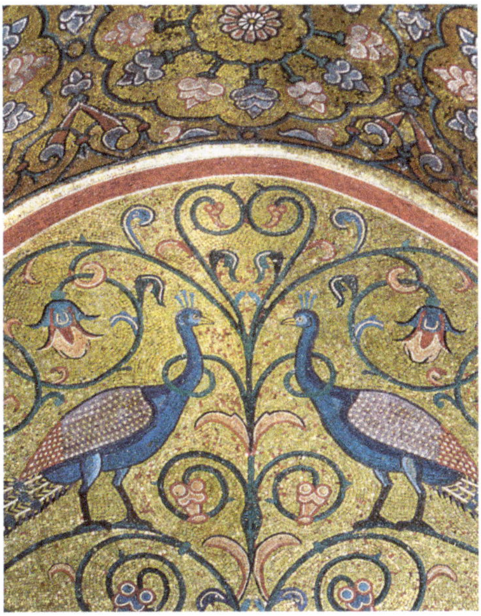

MUSEUM WITH NO FRONTIERS

EUROPÄISCHE UNION
Programm
MEDA-Euromed Heritage

Università degli Studi di Palermo

Provincia Regionale di Palermo

Ministero del Lavoro

Assessorato al Lavoro
Assessorato BB.CC.AA.

Atelier del Patrimonio Siciliano

Ausstellungstraße Museum Ohne Grenzen
„ARABISCH-NORMANNISCHE KUNST. Siziliens Kultur im Mittelalter“
Die Realisierung erfolgte als Gemeinschaftsprojekt von Museum With No Frontiers | Museum Ohne Grenzen, der Associazione INNOVA – Centro euromediterraneo per lo sviluppo sostenibile und dem Dipartimento di Storia e Progetto nell'Architettura der Universität Palermo im Rahmen des Projekts *Atelier del Patrimonio Siciliano*, Kursus für Doktoranden, gefördert und durchgeführt vom

Dipartimento di Storia e Progetto nell'Architettura der Universität Palermo (Institut für Architekturgeschichte und -planung)

mit Förderung der
Provincia Regionale di Palermo

sowie finanzieller Förderung durch den Europäischen Sozialfonds, bewilligt durch das
Ministero del Lavoro e della Previdenza Sociale

und das
Assessorato del Lavoro, der Previdenza Sociale, der Formazione Professionale e dell'Emigrazione della Regione Siciliana – Dipartimento Formazione Professionale

unter der Schirmherrschaft des
Assessorato ai Beni Culturali, Ambientali e Pubblica Istruzione della Regione Siciliana

Das Projekt *Atelier del Patrimonio Siciliano* ist ein Experiment mit dem Ziel der beruflichen Vorbereitung für die Verwaltung des kulturellen Erbes als konkrete Initiative zur Schaffung von Arbeitsplätzen und Förderung der Entwicklung in Sizilien.

ISBN
978-3-902782-27-4 (eBook)
978-3-902782-47-2 (Taschenbuch)

Informationen:
www.museumwnf.org

Idee und Gesamtkonzeption des Programms Museum Ohne Grenzen
Eva Schubert

Partner für das Projekt in Sizilien
Associazione INNOVA –
Centro euromediterraneo per
lo sviluppo sostenibile

Projektleiter für Sizilien
Salvatore Messina

Wissenschaftliches Gremium
Nicola Giuliano Leone
Eliana Mauro
Carla Quartarone
Ettore Sessa

Organisation und Durchführung
Atelier del Patrimonio Siciliano
für das Dipartimento di Storia e
Progetto nell'Architettura
der Universität Palermo

Leitung
Carla Quartarone

Koordination
Salvatore Messina

Katalog

Einführungen
Eliana Mauro
Ettore Sessa

Präsentation der Routen
Wissenschaftliches Gremium

in Zusammenarbeit mit
Nuccia Donato
Gaetano Rubbino

Technische Angaben
Maria Rita Burgio
Antonella Caronia Angitta
Valeria Raimondi
Giuseppa Sabatino

Natur- und Landschaftstipps
Carla Quartarone
Elisa Martines
Raimondo Piazza
Federica Sapuppo

Ortsverzeichnis
Venera Raciti

Historische Angaben zu den Orten
Angelo Pettineo

Angaben zur Stadtgeschichte von Palermo
Eliana Mauro

Glossar
Nada Iannaggi
Santa Levanto
Alessandra Zirilli

Historische Persönlichkeiten
Maria Luisa Arì
Gaetano Pullara

Fotografien
Sandro Scalia, Palermo

Redaktion der italienischen Ausgabe
Pier Paolo Racioppi, Rom

Übersetzung aus dem Italienischen
Birgit Lamerz-Beckschäfer, Datteln

Lektorat
Sigrid Hauser, Tübingen

Allgemeine Einleitung
„Die Islamische Kunst im Mittelmeerraum"

Text
Jamila Binous, Tunis
Mahmoud Hawari, Ost-Jerusalem
Manuela Marín, Madrid
Gönül Öney, Izmir

Pläne
Şakir Çakmak, Izmir
Ertan Daş, Izmir
Yekta Demiralp, Izmir

Übersetzung
Kristina Stock, Leipzig

Grafische Gestaltung und Layout
Agustina Fernández, Madrid

Technische Koordination

Produktionsleitung
Atelier del Patrimonio Siciliano

Leitung
Carla Quartarone

in Zusammenarbeit mit
Paola Lantieri
Selim Benattia

Internationale Koordination
des Ausstellungsstraßen-Zyklus
„Die Islamische Kunst
im Mittelmeerraum"

Gesamtkoordination
Eva Schubert

Koordination der wissenschaftlichen Beiräte und Übersetzungen, von Lektorat und Herstellung der Kataloge
Sakina Missoum, Madrid

Technische Überwachung
Miguel García, Madrid

Weitere Mitarbeiter

Mitarbeit an der Bibliografie: Santa Levanto, Angelo Pettineo, Giuseppa Sabatino; an den Recherchen des ikonografischen Materials: Alessandra Agnello, Maurizio Genovese, Rosamaria Laura Samparisi; bei der grafischen Ausarbeitung und den Illustrationen: Rosamaria Laura Samparisi; bei den Fotos: Iolanda Licata, Gaetano Mazza, Luca Raimondo, Costanza Sapuppo; bei den Plänen der Routen: Donatella Bertolo, Giovanna Rita Elmo.
Mitarbeit am Gesamtaufbau: Nicola Giuliano Leone; Architekturzeichnungen: Manlio Ajello, Grazia Bellardita, Adele Capitano, Giovanni Castiglia, Massimo Chiarelli, Shaker Hassan, Paola Lantieri, Stefania Mellone, Gaetano Pullara, Valeria Raimondi, Giuseppe Siragusa, Giuseppa Sabatino.

An der Planung der Ausstellung und der Erstellung des Katalogs waren darüber hinaus die Teilnehmer des Doktorandenkurses „Atelier del Patrimonio Siciliano" des Jahrgangs 2000 beteiligt, im Einzelnen wie folgt:
Mediatori del Patrimonio Culturale: Fabia Adelfio, Alessandra Agnello, Chiara Bucchieri, Maria Rita Burgio, Antonina Caronia Angitta, Massimo Giuseppe Chiarelli, Barbara Giorgiani, Gabriella La Russa, Santa Levanto, Elisa Martines, Gaetano Mazza, Angelo Pettineo, Raimondo Piazza, Gaetano Pullara, Luca Raimondo, Barbara Rappa, Rosamaria Laura Samparisi, Costanza Sapuppo, Federica Sapuppo.
Tourist Information Provider: Manlio Ajello, Luigia Alcamo, Loredana Benincasa, Cinzia Caminiti, Adele Capitano, Marina Castiglione, Valentina D'Alia, Maria Ferro, Fabrizio Gangi, Shaker Hassan, Massimiliano Impeduglia, Ilaria Lodato, Stefania Mellone, Delfina Morgante, Nicoletta Oddo, Marina Ruggeri, Giuseppa Sabatino.
Marketing Manager del Turismo Culturale: Maria Luisa Arì, Grazia Bellardita, Donatella Bertolo, Filippo Buongiorno, Sabrina Maria Caltabiano, Ida Carmina, Barbara Correnti, Eva De Luca, Giovanna Rita Elmo, Maurizio Genovese, Ignazio Graziano, Nada Maria Iannaggi, Iolanda Licata, Salvatore Morreale, Venera Raciti, Valeria Raimondi, Giuseppe Siragusa, Alessandra Zirilli.

An der Ausarbeitung der Routen und der Bewerbung der Ausstellung beteiligt waren die Teilnehmer des Doktorandenkurses „Atelier del Patrimonio Siciliano: Itinerari dell'arte islamica" des Jahrgangs 2001, im Einzelnen wie folgt:
Mediatori del Patrimonio Culturale: Mohamed Aouad, Gaetano Blanco, Gabriella Bologna, Helga Bonventre, Maria Vittoria Cimino, Francesco Crupi, Maurizio De Luca, Antonio Salvatore Di Caro, Francesca Galifi, Costantino Giammo', Daniela Gueli, Valentina Longo, Nicola Mendolia, Silvana Messina, Placido Motta, Maria Giovanna Randazzo, Claudia Torcivia, Giorgia Trovato, Alessandra Vicari, Rosa Angela Ziccarelli.
Tourist Information Provider: Muhammad Aldaire, Maurizio Bertolino, Mauro Bonanno, Eliana Maria Candura, Maria Crocetta Cuffaro, Marcella Di Vittorio, Grazia Giorgianni, Alessandro Giugno, Maria Lo Monte, Alessandro Mancino, Lorena Musotto, Vincenzo Domenico Noto, Pietro Polizzi, Calogero Scaglione, Angela Scialabba, Sabrina Simonaro, Giovanni Spitali, Roberto Tedesco, Viviana Teresi, Sedighi Fatemeh Zandi.
Marketing Manager del Turismo Culturale: Maria Luisa Alotta, Monica Consales, Mario Cusimano, Salvatore Cutrona, Vito Genna, Serena Gilé, Maria Tiziana Gulotta, Olga Lamberti, Annalisa Lorito, Antonino Paleologo, Francesca Maria Pergolizzi, Francesca Sanfratello, Maria Scalici, Laura Scialabba, Francesco Spennati, Francesco Roberto Valore.

Mit Vorschlägen und Beurteilung an der Realisierung des Projekts beteiligt waren:
Giovanna Lo Nigro und Marcella Aprile, Universität Palermo; Joanna Busalacchi für die Provincia Regionale di Palermo; Sergio Gelardi vom Assessorato ai Beni Culturali e Ambientali della Regione Siciliana; Francesco Grimaldi vom Assessorato alla Programmazione della Regione Siciliana; Valerio Levi, Universität Rom; Ignazio Marinese, Eugenio Randi und Alessandra Russo vom Assessorato del Lavoro, della Previdenza Sociale, della Formazione Professionale e dell'Emigrazione della Regione Siciliana; Adele Mormino von der Soprintendenza ai Beni Culturali e Ambientali della Provincia di Palermo; Agostino Porretto vom Assessorato al Turismo della Regione Siciliana; Michele Argentio, Mariella La Guidara und Vanni Pasca, vom Istituto di Disegno Industriale der Universität Palermo; Valiera Li Vigni und Sebastiano Tusa von der Soprintendenza ai Beni Culturali e Ambientali della Provincia di Trapani.

Dank

Das Ausstellungsstraßen-Team dankt außerdem folgenden Institutionen und Behörden für ihre Mitwirkung an diesem Projekt:
dem Präsidenten der Assemblea Regionale Siciliana, dem Servizio di Questura dell'Assemblea Regionale Siciliana, den Soprintendenze regionali ai Beni Culturali e Ambientali der Provinzen Agrigent, Caltanissetta, Catania, Messina, Palermo, Syrakus und Trapani, der Präfektur von Palermo;
dem Museumsamt Catania, der Galleria Regionale di Palazzo Abatellis in Palermo, dem Museo Archeologico Regionale in Adrano, dem Museo Regionale Castello Ursino in Catania, dem Museo Regionale in Messina, dem Museo Archeologico Regionale „Antonino Salinas" in Palermo, dem Museo Regionale della Ceramica in Caltagirone, dem Museo Regionale Agostino Pepoli in Trapani, dem Museo Civico in Acicastello, dem Museo Civico Palazzo D'Aumale in Terrasini, dem Museo Civico in Termini Imerese, dem Museo d'Arte Islamica della Zisa in Palermo, dem Museo Etno-antropologico della Terra di Zabut in Sambuca di Sicilia, dem Museo delle Arti figurative bizantine e normanne in S. Marco D'Alunzio, dem Museo Etno-antropologico Palazzo Corvaja in Taormina, der Biblioteca comunale in Salemi, der Fondazione Mormino in Palermo;
den bischöflichen bzw. erzbischöflichen Kurien von Palermo, Agrigent, Catania, Cefalù, Mazara del Vallo, Monreale und Palermo, dem Bischof von Catania, den Kanonikern der Cappella Palatina in Palermo, des Doms von Catania, des Doms von Monreale, der Kirche S. Michele Arcangelo in Agrigent und der Madrice von Erice, dem Präsidenten der Opera del Duomo in Cefalù, den Pfarrern der Kirchen S. Michele Arcangelo in Agrigent, S. Maria in Altofonte, Madrice in Erice, SS. Pietro e Paolo in Itàla, S. Maria dell'Alto in Mazara del Vallo, Magione in Palermo, S. Giovanni dei Lebbrosi in Palermo, Badia Grande in S. Marco D'Alunzio, S. Caterina und S. Maria Maddalena (Basilica Maria Santissima del Soccorso) in Sciacca, dem Popen der Chiesa S. Maria dell'Ammiraglio in Palermo;
den Gemeindeverwaltungen von Acicastello, Adrano, Agrigent, Alcamo, Altavilla Milicia, Altofonte, Augusta, Caccamo, Calatafimi-Segesta, Campofelice di Roccella, Caronia, Casalvecchio Siculo, Castellammare del Golfo, Castelvetrano, Catania, Cefalà Diana, Cefalù, Erice, Forza d'Agrò, Frazzanò, Itàla, Mazara del Vallo, Messina, Monreale, Mussomeli, Naro, Palermo, Racalmuto, Rometta, Salemi, Sambuca di Sicilia, S. Marco D'Alunzio, Sciacca, Syrakus, Taormina, Trapani und Vicari;
den Aziende autonome provinciali per l'incremento del turismo der vom Projekt betroffenen Gemeinden, der Capitaneria di Porto in Trapani, dem Club Alpino Siciliano, dem Consorzio Uscibene, der Cooperativa Solidarietà in Palermo;
den Familien Flugy Papé, Papé Lanza, Saporito, der Marchesa Maria Pottino, dem Barone Gandolfo Pucci di Benifichi.

Bildnachweis

Fotos

Siehe Seite 5 sowie
Ann & Peter Jousiffe (London), S. 20 (Zitadelle von Aleppo)
Archivos Oronoz Fotógrafos (Madrid), S. 23 (Alhambra, Granada)
Publifoto (Palermo), S. 39, 54, 59, 129, 136, 144, 155, 195, 220, 221, 308
Biblioteca Apostolica Vaticana (Vatikanstadt), S. 71
Victoria and Albert Museum (London), S. 99
Biblioteca Nazionale (Madrid), S. 294

Pläne (allgemeine Einführung)

R. Ettinghaussen und O. Grabar (Madrid, I, 1997), S. 26 (Omaijadenmoschee in Damaskus) und S. 30 (Qasr al-Khair asch-Scharqi)
Z. Sönmez (Ankara, 1995), S. 27 (Große Moschee von Divriği und Süleymaniye-Moschee) und S. 28 (Gök Medrese, Sivas)
S. Viguera (Madrid), S. 28 (Minarett-Typen)
S. S. Blair und J. M. Bloom (Madrid, II, 1999), S. 29 (Sultan-Hassan-Moschee und Madrasa, Kairo)
A. Kuran (Istanbul, 1986), S. 31 (Sultanhanı, Aksaray)

Weitere Rechtsinhaber, die im Vorfeld nicht kontaktiert werden konnten, wenden sich bitte gegebenenfalls an Museum Ohne Grenzen.

Realisiert im Rahmen des Programms MEDA-Euromed Heritage der Europäischen Union mit Förderung des Europäischen Sozialfonds.

Benutzerhinweis

Schreibung arabischer Wörter

Für alle im deutschen Sprachgebrauch eingebürgerten arabischen Begriffe, wie beispielsweise Imam, Kadi, Kaaba, Karawanserei, Kibla, Koran, Kubba, Medina, Maghreb, Muezzin, Scheich, Suk, Wadi usw., wird die gängige Schreibweise laut Duden benutzt. Ansonsten wird die phonetische Umschrift der arabischen Begriffe den lokalen Dialekten angepasst. Es wird ein vereinfachtes, an die deutsche Aussprache angelehntes Transkriptionssystem verwendet, wobei der Buchstabe *hamza* unberücksichtigt bleibt und auch nicht zwischen kurzen und langen Vokalen unterschieden wird, die hier als *a, i* und *u* wiedergegeben werden.
Die Transkription der 28 arabischen Konsonanten entnehmen Sie bitte der unten stehenden Tabelle

ء	‘	ح	h	ز	z	ط	t	ق	q	ه	h
ب	b	خ	kh	س	s	ظ	z	ك	k	و	u, w
ت	t	د	d	ش	sch	ع	–	ك	l	ي	i, j
ث	th	ذ	dh	ص	s	غ	gh	م	m		
ج	dj	ر	r	ض	d	ف	f	ن	n		

Die Wörter, die innerhalb des Textes kursiv gedruckt sind, werden im Glossar näher erläutert – sofern ihre Übersetzung nicht bereits in Klammern beigefügt ist. Im Glossar werden auch solche Begriffe aufgeschlüsselt, die zwar – weil im Deutschen geläufig – nicht kursiv gesetzt sind, im jeweiligen Kontext aber einer zusätzlichen Erklärung bedürfen.

Einige praktische Hinweise

Die Ausstellung „ARABISCH-NORMANNISCHE KUNST. Siziliens Kultur im Mittelalter" setzt sich aus zehn Routen unterschiedlicher Länge zusammen. Die Routen sind voneinander unabhängig und können deshalb in beliebiger Reihenfolge unternommen werden.

Den Beschreibungen der Bauwerke gehen jeweils praktische Hinweise voraus. Sie enthalten eine Wegbeschreibung (mit dem Auto oder zu Fuß) von einem Monument zum nächsten. Die Wegbeschreibung zum ersten Monument einer Route beginnt vom letzten Punkt der vorigen Route aus. Soweit die Route im Stadtgebiet von Palermo beginnt (Routen I, II, III und IV), ist Ausgangspunkt für den Weg zum Monument das zentral gelegene Teatro Politeama.

Die praktischen Hinweise enthalten darüber hinaus Angaben zu Öffnungszeiten, Besichtigungsmöglichkeit etc., die zum Zeitpunkt der Redaktion dieses Führers Gültigkeit hatten und wir empfehlen, vor dem Besuch die erforderlichen Informationen einzuholen. Bitte berücksichtigen Sie, dass die jeweils vorgeschlagene Strecke nicht immer den kürzesten Weg darstellt. Die Routen umfassen Haupt- und Nebenstationen (Optionen), die fallweise einen Umweg erfordern.

Die grau unterlegten Absätze sind Vorschläge zu Abstechern zu landschaftlichen und Naturattraktionen, die wegen ihrer Schönheit oder Besonderheit ausgewählt wurden.

Die Besichtigung von Kirchen ist während der Gottesdienste nicht gestattet. Bitte verhalten Sie sich beim Betreten von Kirchen diskret und respektvoll.

Museum Ohne Grenzen | Museum With No Frontiers (MWNF) haftet nicht für etwaige Unfälle gleich welcher Art, zu denen es während der Besichtigung der Ausstellung kommen sollte.

Wir wünschen Ihnen viel Freude bei der Entdeckung des Arabisch-Normannischen Siziliens.

INHALT

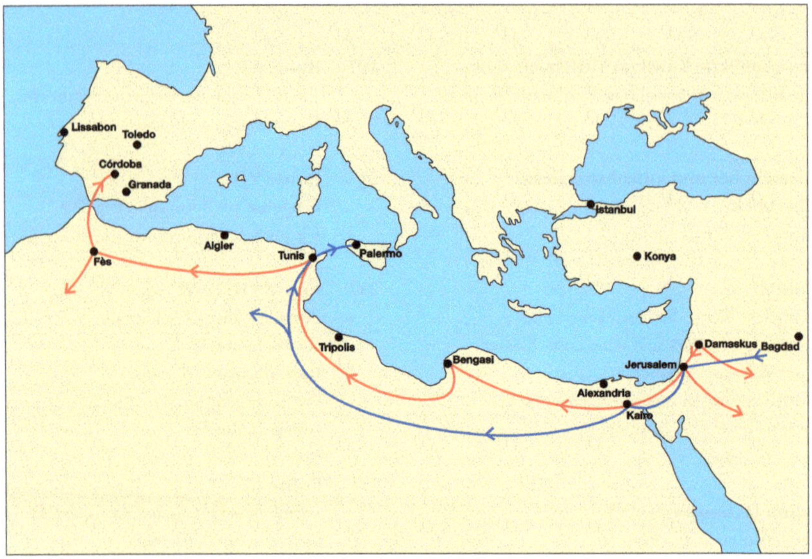

Omaijaden (41/661–132/750) Hauptstadt Damaskus
Abbasiden (133–656/750–1258) Hauptstadt Baghdad

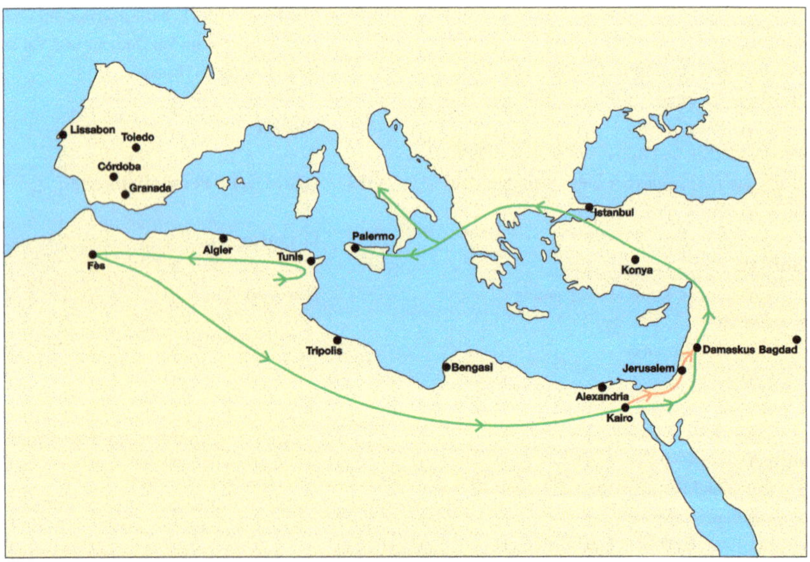

Fatimiden (296/909–567/1171) Hauptstadt Kairo
Mamluken (648/1250–923/1517) Hauptstadt Kairo

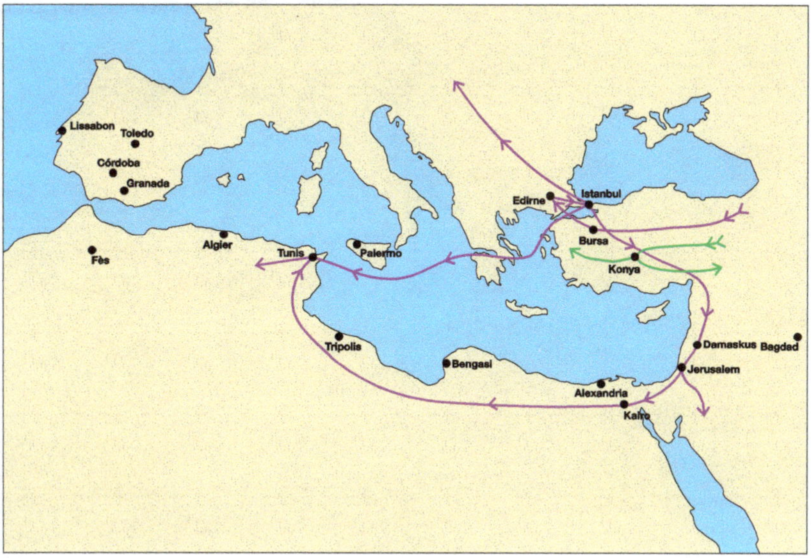

Seldschuken (571/1075–718/1318) Hauptstadt Konya
Osmanen (699/1299–1340/1922) Hauptstadt Istanbul

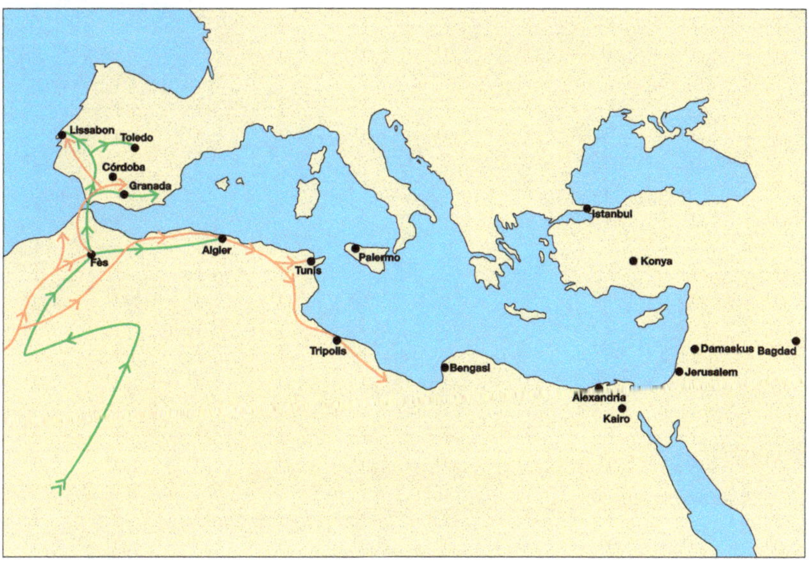

Almoraviden (427/1036–541/1147) Hauptstadt Marrakesch
Almohaden (515/1121–667/1269) Hauptstadt Marrakesch

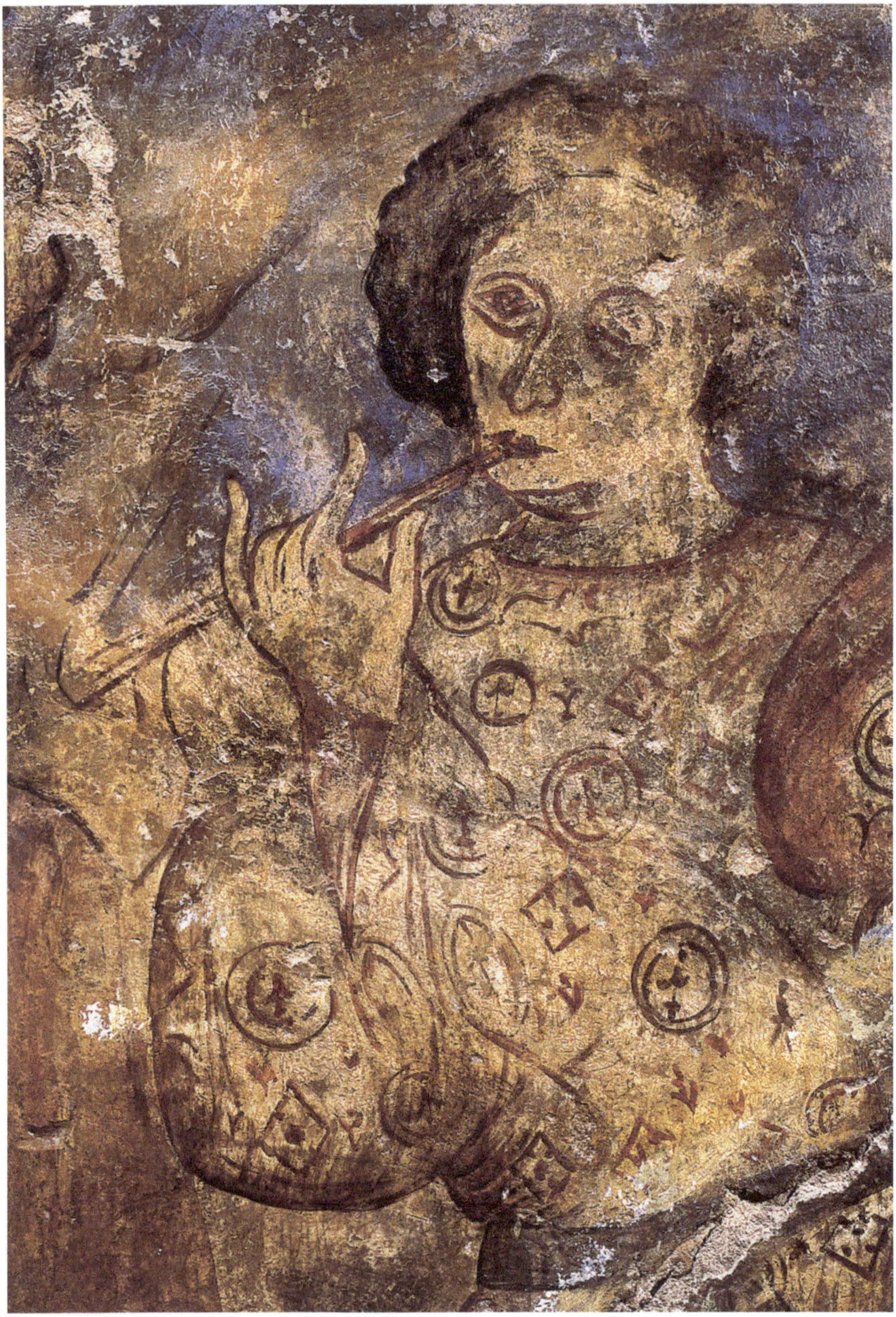

Qasr 'Amra, Wandmalerei im Audienzsaal, Badija von Jordanien.

DIE ISLAMISCHE KUNST IM MITTELMEERRAUM

Jamila Binous
Mahmoud Hawari
Manuela Marín
Gönül Öney

Das islamische Erbe im Mittelmeerraum

Seit der ersten Hälfte des 1./7. Jahrhunderts wird die Geschichte des Mittelmeerraums in bemerkenswert gleich bedeutender Weise von zwei Kulturen bestimmt: dem Islam und dem christlichen Abendland. Die lange Geschichte von Konflikten und gegenseitigen Kontakten erzeugte im kollektiven Bewusstsein den weit verbreiteten Mythos vom anderen als einem erbitterten Feind, rätselhaft und fremd und damit undurchschaubar. Diese Jahrhunderte sind denn auch von Kriegen und Schlachten gezeichnet – seit der Zeit, als die Muslime von der Arabischen Halbinsel auszogen und den Fruchtbaren Halbmond und Ägypten in Besitz nahmen, später noch Nordafrika, Sizilien und die Iberische Halbinsel eroberten, ja sogar nach Westeuropa bis in den Süden Frankreichs vordrangen. Anfang des 2./8. Jahrhunderts befindet sich das Mittelmeer unter der Kontrolle der Muslime.

Diese gewaltige Expansion, wie die Menschheitsgeschichte nur selten eine erlebte, geschah im Namen einer Religion, die sich selbst als Erbe ihrer beiden Vorgängerinnen, des Judentums und des Christentums, sieht. Doch wäre es eine zu große Vereinfachung, wollte man die Ausbreitung des Islam allein religiös erklären. Eines der im Westen gängigen Klischees betrachtet den Islam als eine Religion einfacher Dogmen, angepasst an die Bedürfnisse des kleinen Mannes, verbreitet durch ungebildete Krieger aus der Wüste, die den Koran mit Klinge und Schwert in die Welt trugen. Dieses Klischee ist weit davon entfernt, die intellektuelle Komplexität einer religiösen Botschaft zu beschreiben, die seit ihrem Erscheinen die Welt bewegt. Es setzt diese Botschaft mit einer militärischen Bedrohung gleich und rechtfertigt auf diese Weise eine Reaktion mit denselben Mitteln. Tatsächlich reduziert es die Gesamtheit einer Kultur auch auf eine einzige ihrer Komponenten, die Religion, und spricht ihr die Kraft zur Entwicklung und Veränderung ab.

Die nach und nach in die islamische Welt eingegliederten Mittelmeerländer beginnen die neue Entwicklung von sehr unterschiedlichen Positionen aus. Die Formen des islamischen Lebens in jedem dieser Länder sind daher ebenfalls sehr verschiedenartig – trotz der Einheit, die durch den gemeinsamen neuen Glauben vermittelt wird. Die Fähigkeit, die Elemente vorangegangener Kulturen (hellenistisch, römisch usw.) zu assimilieren, ist eines der Charakteristika der islamischen Gesellschaft. Betrachtet man nur die zur Zeit der Herausbildung des Islam außerordentlich vielgestaltige Mittelmeerkultur, erkennt man schnell, dass die Anfangszeit keinesfalls einen Bruch mit der Vergangenheit darstellte. Dies wäre aber mit einer fest gefügten, unveränderlichen islamischen Welt, die gar einer unflexiblen religiösen Offenbarung folgt, nicht möglich gewesen.

Wollte man ein so genanntes mediterranes Leitmotiv wählen, so wäre dies wohl die Ausdrucksvielfalt in Verbindung mit einer emotionalen Harmonie, die mehr kulturell als religiös geprägt ist. Auf der Iberischen Halbinsel – um mit dem westlichsten Zipfel des Mittelmeerraums zu beginnen – brachte der nach der militärischen Eroberung dort etablierte Islam eine Gesellschaft hervor, die sich deutlich von der christlichen Kultur unterschied, jedoch ständig im Kontakt mit ihr stand. Die kulturelle Bedeutung der islamischen Gesellschaft spürte man sogar noch, als sie aufgehört hatte zu existieren, als sie nämlich einer der wohl interessantesten Komponenten der spanischen Kultur, der Mudéjar-Kunst, entscheidende Impulse gab. Portugal bewahrte starke mozarabische Traditionen während der ganzen muslimischen Epoche, die wiederum bis heute nachwirkt. In Marokko und Tunesien wurde das andalusische, also das muslimisch-spanische Erbe in den lokalen künstlerischen Formen assimiliert und ist ebenfalls bis in die heutige Zeit existent. Der westliche Mittelmeerraum brachte so sehr originelle Formen hervor, die seine konfliktreiche und vielseitige historische Entwicklung spiegeln.
Eingebettet zwischen Orient und Okzident, gehören zum Mittelmeer auch Inseln, wie Sizilien, die wichtige Zeugen vergangener Jahrhunderte darstellen. Lange nachdem die Muslime ihre politische Präsenz auf der Insel aufgaben, bewahrt das einst von den in Tunesien sesshaft gewordenen Arabern eroberte Sizilien kulturelle und historische Spuren des Islam. Die sizilianisch-normannischen Stilformen seiner architektonischen Kunstschätze zeigen deutlich, dass die Geschichte dieser Gebiete nur verständlich wird, wenn man die Mannigfaltigkeit ihrer sozialen, wirtschaftlichen und kulturellen Gegebenheiten in Betracht zieht.
In scharfem Kontrast zum Klischee des unflexiblen, ja unveränderlichen Islam, das oben bereits angesprochen wurde, ist seine Geschichte im Mittelmeerraum vielmehr gekennzeichnet durch eine überraschende Vielschichtigkeit, bedingt durch starke ethnische Vermischungen sowie die enge Nachbarschaft von Wüsten und fruchtbaren Landstrichen. Wenn offensichtlich auch seit dem Mittelalter die Mehrheit der dortigen Bewohner den Islam angenommen hat, so konnten gleichzeitig ganz unbestritten die religiösen Minderheiten ihre historische Präsenz weiter aufrechterhalten. Neben der Sprache des Koran, dem klassischen Arabisch, existieren gleichberechtigt andere Sprachen und die arabischen Dialekte. Innerhalb der unleugbaren Einheit (islamische Religion, arabische Sprache und Kultur) stellt sich jede Gesellschaft den Herausforderungen der Geschichte auf ihre eigene Weise.

Die Entstehung und Entwicklung der islamischen Kunst

In all diesen Gebieten so alter wie unterschiedlicher Kulturen erschien Ende des 2./8. Jahrhunderts eine neue, von islamischen Glaubensvorstellungen durchdrungene Kunst, die sich in weniger als hundert Jahren etablieren konnte. Auf die ihr eigene Weise brachte sie Kreationen und Neuschöpfungen hervor, die regionale architektonische und ornamentale Formen vereinheitlichte. Gleichzeitig fand sie Inspirationen in den künstlerischen Traditionen ihrer Vorgänger: griechisch-römischen, byzantinischen, sasanidischen, westgotischen, berberischen und mittelasiatischen Traditionen. Die wichtigsten Impulse islamischer Kunst sind Religion und bestimmte sozial-ökonomische Aspekte. Es entstehen neue Sakralbauten, insbesondere Moscheen und Heiligtümer. Die Architektur spielt eine zentrale Rolle in der islamischen Kunst, wobei sie wiederum zahlreiche andere Künste einschließt. So fördert die Baukunst eine ganze Reihe ergänzender Künste und Kunsthandwerke, die sich solcher Materialien bedienen, wie Holz, Keramik, Metall, Glas usw. In der Keramik dominiert unter den weit gefächerten Techniken die glasierte polychrome Töpferware. Wunderschönes Glas wird hergestellt. Wahre künstlerische Glanzleistungen sind die farbenprächtigen vergoldeten und emaillierten Stücke. Die hochentwickeltsten Metallarbeiten sind die mit Silber- oder Kupfer versehenen Bronzetauschierungen. Es gibt Textilien und Teppiche hochwertiger Qualität, verziert mit geometrischen Mustern, Tier- oder Menschendarstellungen. Mit Miniaturen illuminierte Manuskripte sind unübertroffene Beispiele einzigartiger Buchkunst. Diese verschiedenen Formen des Kunsthandwerks bezeugen die unvergleichliche Pracht islamischer Kunst.

Dennoch, eines ist nicht Teil der islamischen Welt: die figürliche Kunst. Sie ist aus der islamischen Kultur verbannt und wird nur ganz am Rande toleriert. Reliefs gibt es im Dekor der Bauwerke kaum, Skulpturen sind praktisch flach. Kompensiert wird dies indes durch prächtige, reich untergliederte Stuckornamente, geschnitzte Holztafelungen, Wandfliesen und glasierte Mosaiken sowie Stalaktitendekor, die so genannten *muqarnas*. Die der Natur abgeschauten Schmuckelemente, wie Blätter, Blüten, Zweige, sind in der Regel extrem stilisiert und so komplex, dass man nur selten ihre wahren Vorbilder erahnen kann. Die Verschlungenheit und die Kombination geometrischer Motive, so von Rauten und sternförmigen Vielecken, bilden ein Netzwerk, das die Flächen vollständig bedeckt und oftmals arabeskenhafte Formen annimmt. Eine wahre Neuerung auf dem Gebiet der Ornamentik stellt die Anbringung von epigraphischen Elementen auf Bauwerken, Möbeln und verschiedenen anderen Gegenständen dar. Die muslimischen Künstler profitierten von

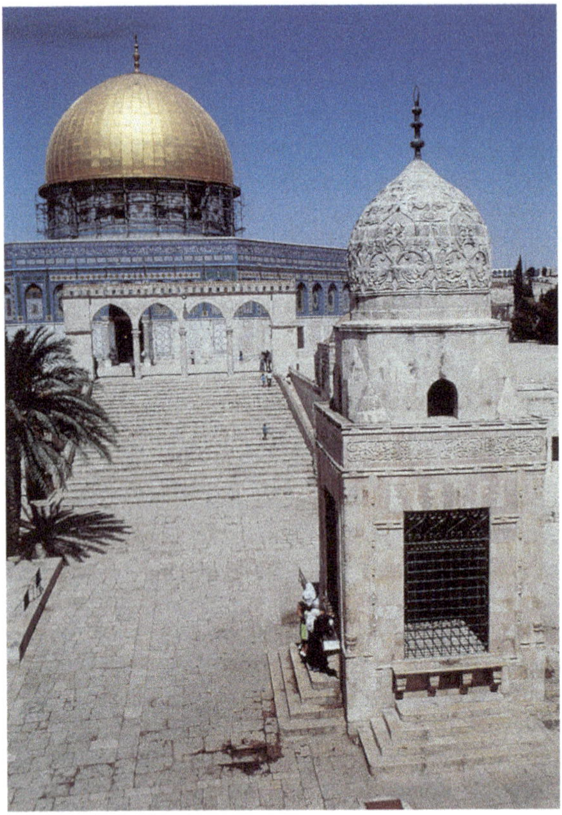

Felsendom, Jerusalem.

der Schönheit der arabischen Schrift, der Sprache des Heiligen Buches, des Koran, nicht nur, um dessen Verse zu transkribieren, sie integrierten Schriftzüge auch als reines Gestaltungselement in Stucktäfelungen und Einfassungen.
Gleichzeitig stand die Kunst im Dienste der Herrschenden. Die Architekten bauten für ihre Mäzene Paläste, Moscheen, Schulen, Hospitäler, öffentliche Bäder, Karawansereien und Mausoleen, die mitunter deren Namen trugen. Immerhin ist die islamische Kunst in erster Linie eine dynastische. Jede neue Herrschaft brachte einen eigenen Stil hervor, der sich durch eine teilweise oder vollständige Wandlung der künstlerischen Ausdrucksformen auszeichnete, abhängig von den historischen Bedingungen, dem Wohlstand des Staates und den Traditionen der betreffenden Völker. Die islamische Kunst erlaubte trotz einer relativen Geschlossenheit eine gewisse Mannigfaltigkeit innerhalb verschiedener an die jeweilige Dynastie gebundenen Stilrichtungen.
Die Omaijadendynastie (41/661–132/750) verlegte die Hauptstadt des Kalifats nach Damaskus und brachte es auf dem Gebiet der Kunst zu einer in der Geschichte des Islam einzigartigen Perfektion. Sie nahm das hellenistische und byzantinische Erbe auf, indem sie die klassischen mediterranen Traditionen in einen neuen kreativen Kontext stellte. Die islamische Kunst entstand also in Syrien, die Architektur, dank ihrer Stifter gleichfalls rein islamisch, bewahrte die enge Verbindung zur hellenistischen und byzantinischen Kunst. Die bedeutendsten Zeugnisse sind der Felsendom in Jerusalem, das erste monumentale islamische Heiligtum, die Große Moschee in Damaskus, die späteren Moscheen als Vorbild diente, sowie die Wüstenschlösser in Syrien, Jordanien und Palästina.
Mit dem auf die Omaijaden folgenden Abbasidenkalifat (132/750 – 656/1258) verschob sich das politische Zentrum des Islam vom Mittelmeer

nach Mesopotamien, nach Baghdad. Dieser Faktor hatte große Auswirkungen auf die islamische Kultur. Sämtliche kulturellen und künstlerischen Leistungen sind von diesem Umschwung gekennzeichnet. Die abbasidische Kunst wiederum schöpft vor allem aus drei wichtigen Stilrichtungen: der sasanidischen, der mittelasiatischen und der seldschukischen. Der mittelasiatische Einfluss floss zwar schon in die sasanidische Architektur ein, doch waren es die Stuckaturen von Samarra aus dieser Tradition, die sich mit ihren arabesken Motiven rasch in der gesamten islamischen Welt verbreiteten. Die abbasidische Ausdrucksform zeigt sich in den Bauwerken, die während dieser Epoche in den Provinzen des Großreichs errichtet wurden, besonders in Ägypten und Ifriqiya. Ein wahres Meisterwerk ist in Kairo die Ibn-Tulun-Moschee (262/876 – 265/879), beachtenswert vor allem wegen ihres Grundrisses und ihrer einheitlichen Konzeption. Als Vorbild diente ihr die Große Moschee der Abbasiden von Samarra, insbesondere deren Spiralminarett. Vasallen der Abbasidenkalifen, die Aghlabiden (184/800–296/909), erweiterten in Kairouan, der Hauptstadt von Ifriqiya, die Große Moschee, eine der ehrwürdigsten Moscheen des Maghreb, deren *mihrab* mit Keramikfliesen aus Mesopotamien verziert ist.

Einen beachtlichen Zeitraum lang regierten die Fatimiden

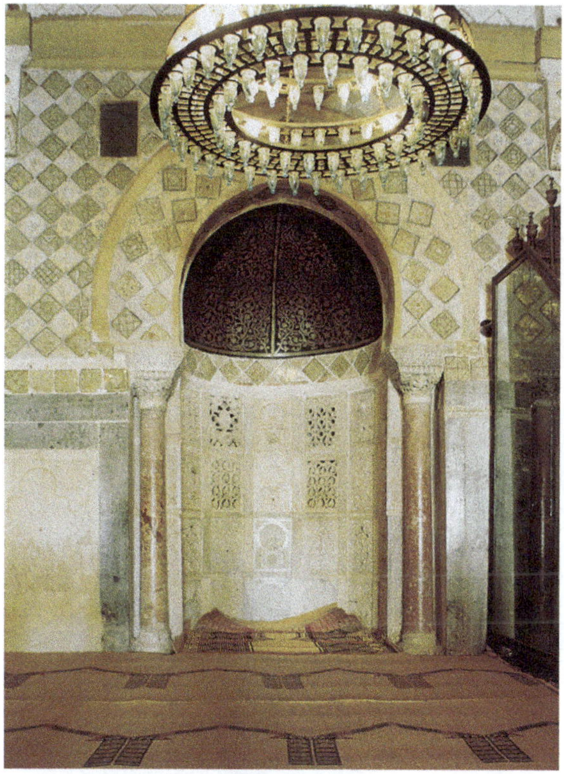

Moschee von Kairouan, Mihrab, Tunesien.

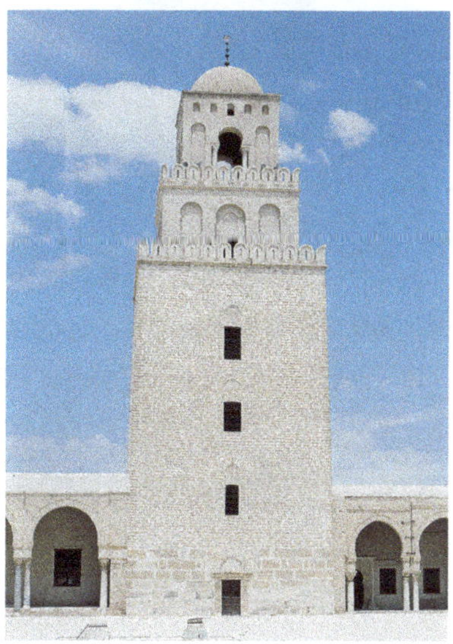

Moschee von Kairouan, Minarett, Tunesien.

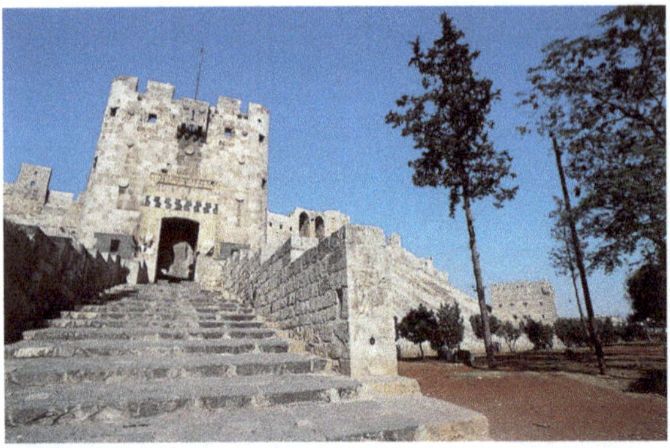

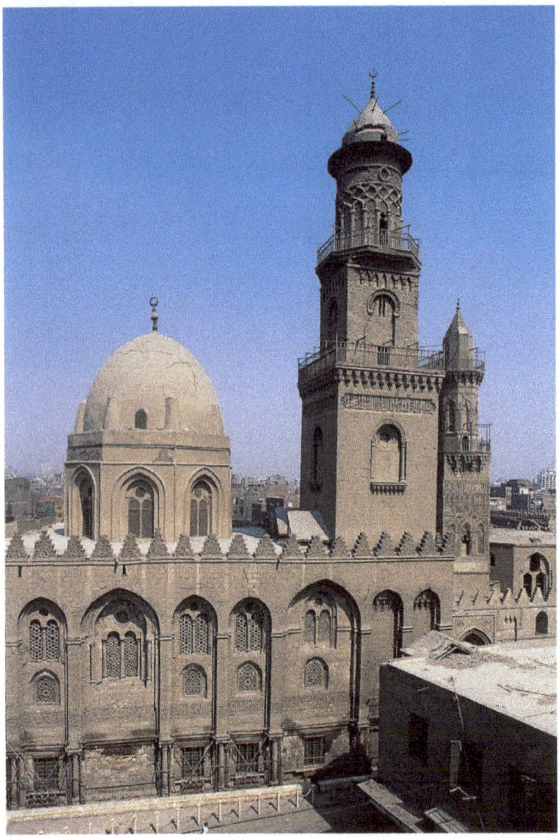

Zitadelle von Aleppo, Eingang, Syrien.

Qalawun-Komplex, Kairo, Ägypten.

(296/909 – 567/1171) über die islamischen Mittelmeerländer: Nordafrika, Sizilien, Ägypten und Syrien. Nur einige Beispiele ihrer Architektur, Zeugen eines vergangenen Ruhms, sind im zentralen Maghreb die Qal'a (Festung) der Bani Hammad und die Moschee in Mahdia, in Sizilien La Cuba (Kubba) und La Zisa (al-Aziza) in Palermo, erbaut von fatimidischen Künstlern in der Herrschaftszeit des Normannenkönigs Wilhelm II., in Kairo die al-Azhar-Moschee, das bemerkenswerteste Beispiel fatimidischer Architektur in Ägypten.

Die Aijubiden (567/1171 – 648/ 1250), die in Kairo die Fatimiden stürzten, waren bedeutende Architektur-Mäzene. Sie gründeten religiöse Institutionen *(madrasas, khanqas)* zur Propagierung des sunnitischen Islam, Mausoleen und wohltätige Einrichtungen, außerdem bauten sie imposante Befestigungsanlagen, um den Kreuzfahrern die Stirn zu bieten. Die Zitadelle von Aleppo in Syrien ist ein herausragendes Beispiel ihrer Militärarchitektur.

Die Mamluken (648/1250 – 923/ 1517), die Nachfolger der Aijubiden, konnten die Kreuzfahrer und Mongolen zurückdrängen. Es gelang ihnen, Ägypten und Syrien zu einen und ein mächtiges Staatsgebilde zu schaffen. Der Reichtum und Luxus des mamlukischen Sultanshofs in Kairo erlaubte es den Künstlern und Architekten, einen überaus eleganten Baustil zu entwickeln. Für die islamische Welt bedeutet diese Zeit Aufschwung und Renaissance. Der Enthusiasmus bei der Errichtung von Sakralbauten und bei der Rekonstruktion vorhandener Bauwerke macht die Mamluken zu den größten Mäzenen auf dem Gebiet von Kunst und Architektur in der islamischen Geschichte. Ein typisches Beispiel aus dieser Epoche ist die Hassan-Moschee (757/1356), eine Grabmoschee mit kreuzförmigem Grundriss, bestehend aus vier *iwanen* um einen zentralen Hof.

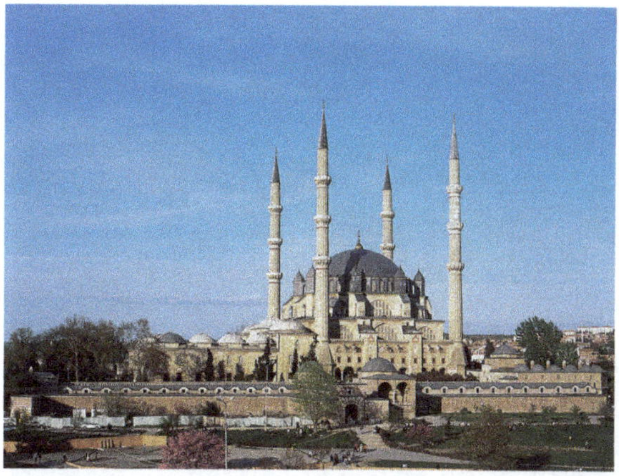

Selimiye-Moschee, Gesamtansicht, Edirne, Türkei.

Anatolien brachte zwei große islamische Dynastien hervor: die Seldschuken (571/1075 – 718/1318), die diese Region islamisierten, und die Osmanen (699/1299 – 1340/1922), die mit der Einnahme Konstantinopels dem Byzantinischen Reich ein Ende bereiteten und ihre Vorherrschaft auf die gesamte Region ausdehnen sollten.

Der charakteristische Seldschukenstil entwickelte sich unter Einflüssen aus Mittelasien, Iran, Mesopotamien und Syrien, vermischt mit Elementen des christlichen Anatolien und der Antike. Konya, die neue Hauptstadt Zentralanatoliens, sowie andere Städte wurden mit Bauwerken im neuartigen Seldschukenstil bereichert. Noch heute kann man viele solcher Moscheen, *madrasas, türben* und Karawansereien sehen – reich verziert mit Stuck und Fliesen voller figürlicher Darstellungen.

Mit dem Zerfall der Seldschukenemirate und dem Niedergang von Byzanz konnten die Osmanen ihr Territorium ausdehnen und gleichzeitig ihre Hauptstadt von Iznik nach Bursa und anschließend nach Edirne verlegen.

Keramik aus dem Kubadabad-Palast, Karatay-Museum, Konya, Türkei.

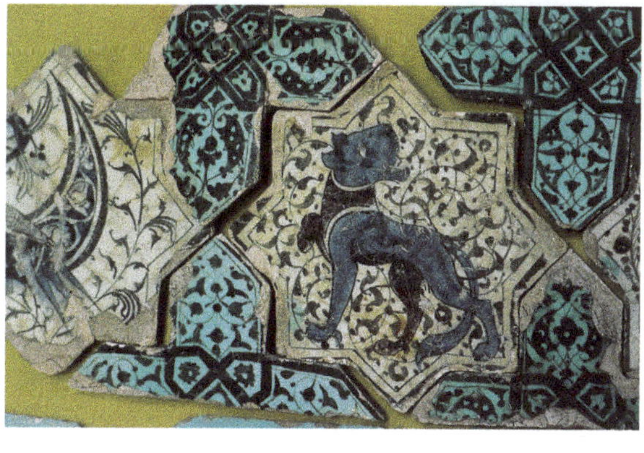

Die Eroberung von Konstantinopel 858/1453 durch Sultan Mehmet II. gab den entscheidenden Impuls für die Umwandlung des jungen Staates in ein Großreich, in eine Supermacht, die bis vor die Tore Wiens vordringen konnte, vom Balkan im Westen zum Iran im Osten reichte sowie Nordafrika von Ägypten bis Algerien umfasste und somit das östliche Mittelmeer in ein

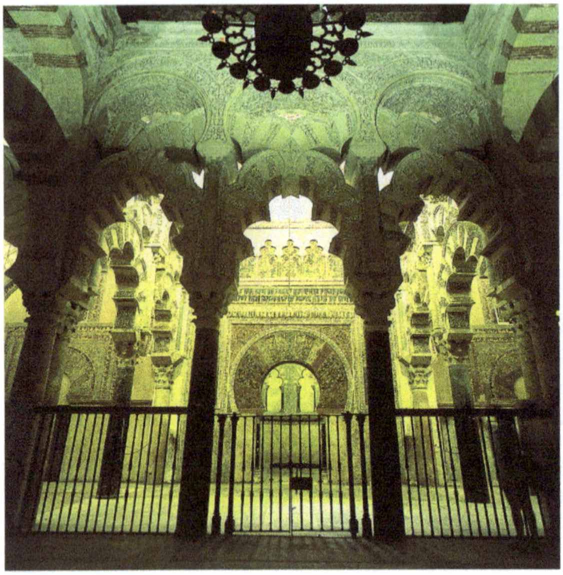

Große Moschee von Córdoba, Mihrab, Spanien.

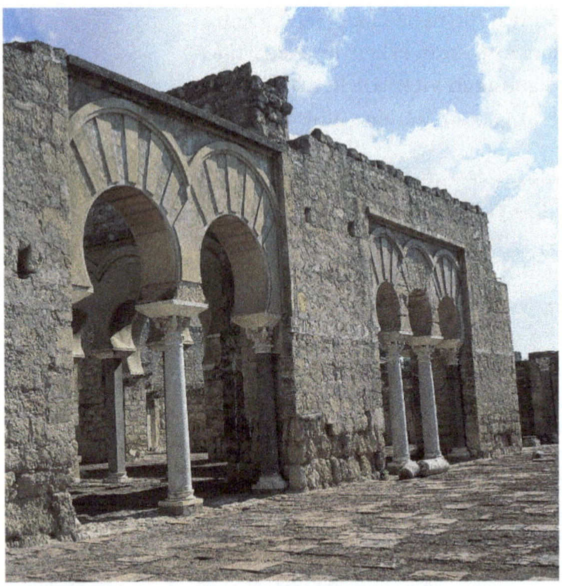

Dar al-Djund, Medinat az-Zahra, Spanien.

Osmanisches Meer verwandelte. Der Wunsch, die Pracht der überkommenen byzantinischen Kirchen, wie der Hagia Sophia, zu übertreffen, gipfelte in Istanbul im Bau großer Moscheen. Die bedeutendste ist die Süleymaniye, erbaut im 10./16. Jahrhundert durch den berühmten osmanischen Architekten Sinan. Sie verkörpert den Höhepunkt, was bauliche Harmonie von Kuppelbauten betrifft. Die meisten der osmanischen Großen Moscheen sind in ein größeres Ensemble, eine sogenannte Külliye, integriert, die außerdem *madrasas*, eine Koranschule, eine Bibliothek, ein Hospital *(darüssifa)*, eine Herberge *(tabhane)*, eine öffentliche Küche, eine Karawanserei und *türben* umfasst. Seit Beginn des 12./18. Jahrhunderts zeigen die osmanische Architektur und Ornamentik in der ‚Tulpenperiode' Einflüsse des französischen Barock und Rokoko und kündigen den Beginn der Verwestlichung von Kunst und Architektur an.

Al-Andalus im Westen der islamischen Welt wurde zur Wiege brillanter künstlerischer und kultureller Ausdrucksformen. Abd ar-Rahman I. gründete hier ein unabhängiges Omaijadenkalifat (138/750 – 422/ 1031) mit der Hauptstadt Córdoba. Die Große Moschee dieser Stadt wurde beispielgebend für völlig neuartige Stilelemente, so ihre zweifarbigen

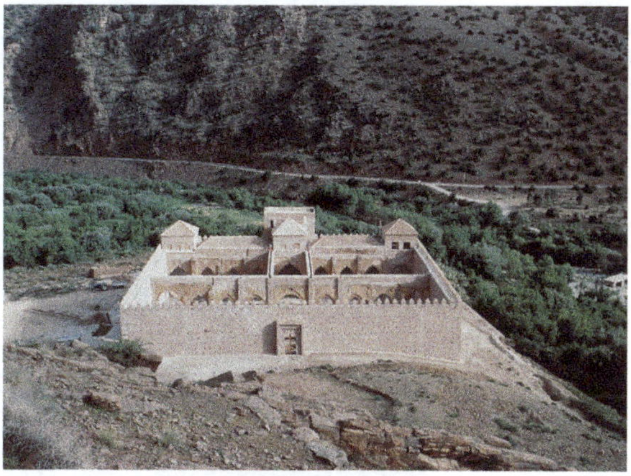

Moschee von Tinmal. Luftansicht, Marokko.

Doppelbögen und ihre mit vegetabilen Ornamenten geschmückten Wandverkleidungen, die daraufhin fester Bestandteil andalusischer Kunst werden sollten.

Im 5/11. Jahrhundert zerfiel das Kalifat von Córdoba in einzelne Fürstentümer, die das siegreiche Vordringen der Reconquista aus dem christlichen Nordwesten der Iberischen Halbinsel nicht mehr aufhalten konnten. Diese Kleinkönige der so genannten Taifa-Reiche riefen 479/1086 die Almoraviden und 540/1145 die Almohaden zu Hilfe, um die Christen zurückzudrängen und wenigstens eine partielle Einheit von al-Andalus wiederherzustellen.

Die Almoraviden (427/1036–541/1147) kamen nach ihrer Intervention auf der Iberischen Halbinsel in Kontakt mit einer neuen faszinierenden Kultur, deren Charme sie bald unterlagen, wie ihre Hauptstadt Marrakesch belegt, wo sie eine Große Moschee und mehrere Paläste errichten ließen. Der Einfluss der Architektur Córdobas und anderer andalusischer Metropolen, besonders der Sevillas, zeigt sich auch in sämtlichen almoravidischen Bauwerken von Tlemcen, Algier und Fes.

Die Kunst des islamischen Westens erreichte ihre Blütezeit unter den Almohaden (515/1121 – 667/1269), die ihren Herrschaftsbereich bis Tunesien ausdehnten. Im Laufe dieser Zeit bekommt die künstlerische Kreativität, die auf die almoravidischen Herrscher zurückgeht, neue Impulse. Es entstehen wahre Meisterwerke islamischer Kunst. Zu den bemerkenswertesten Beispielen zählen die Große Moschee von Sevilla mit ihrem Minarett, der Giralda, die Kutubija in Marrakesch, die Hassan-Moschee in Rabat und die Moschee von Tinmal, hoch oben im Atlasgebirge Marokkos.

Nach der Auflösung des Almohadenreichs setzten sich die Nasriden (629/ 1232 – 897/1492) in Granada fest und erlebten im 8./14. Jahrhundert eine Glanzzeit. Die

Torre de las Damas und Gärten, Alhambra, Granada. Spanien.

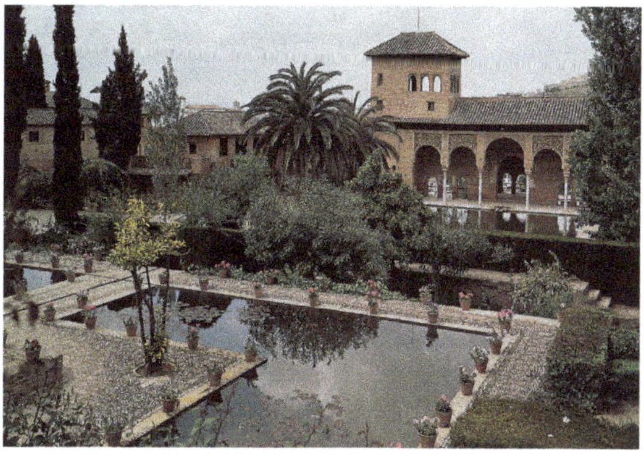

Mertola, Gesamtansicht, Portugal.

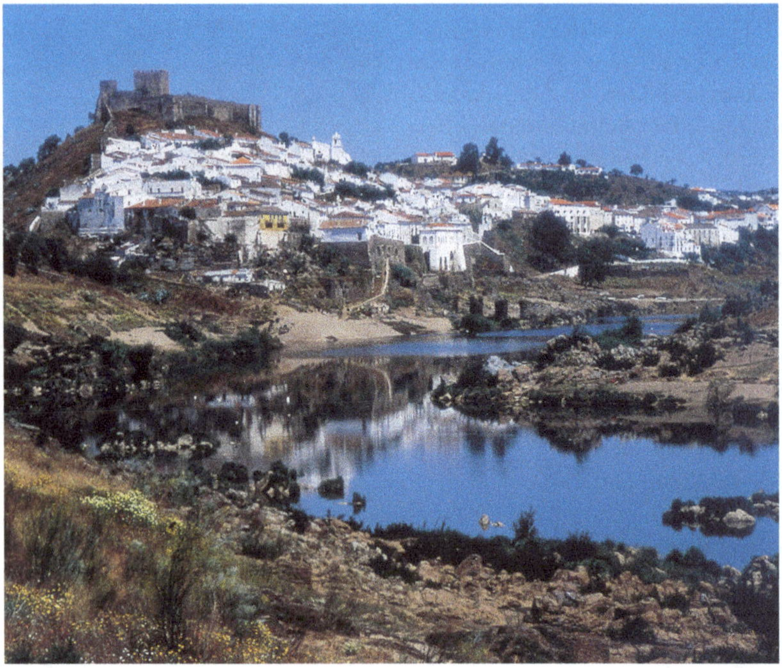

Kultur von Granada wurde beispielhaft für die nachfolgenden Jahrhunderte in Spanien (Mudéjar-Kunst) und besonders auch in Marokko, wo sich diese künstlerische Tradition großer Beliebtheit erfreute und bis heute in Architektur und Baudekor, in Musik und Gastronomie bewahrt wird. Die berühmten Paläste und Befestigungen der Alhambra (al-Hamra, „die Rote“) in Granada verkörpern den Gipfelpunkt andalusischer Kunst mit allen ihren typischen Elementen.

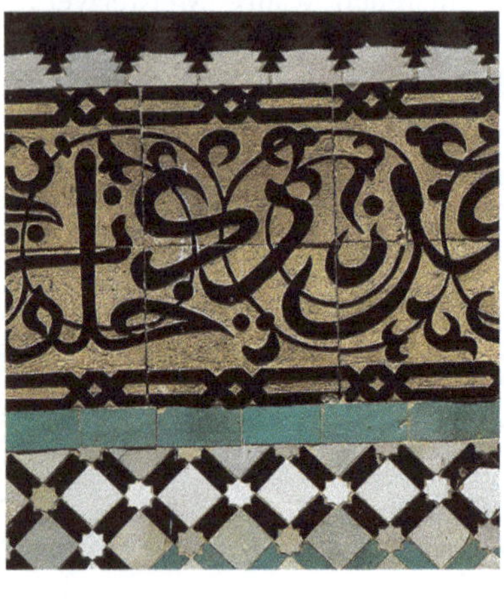

Wanddekor (Detail), Medersa Bou Inania (Abu Inan Madrasa) Meknes, Marokko.

Zur selben Zeit werden in Marokko die Almohaden von den Meriniden (641/1243 – 876/1471) abgelöst, während in Algerien die Abdalwadiden (633/1235 – 922/1516) und in Tunesien die Hafsiden (625/1228 – 941/1534) regieren. Die Meriniden führten die andalusische Kunst fort und bereicherten sie mit neuen Elementen. Sie verschönerten ihre Hauptstadt Fes mit zahlreichen Moscheen, Palästen und *madrasas*, die mit ihren Keramikmosaiken und

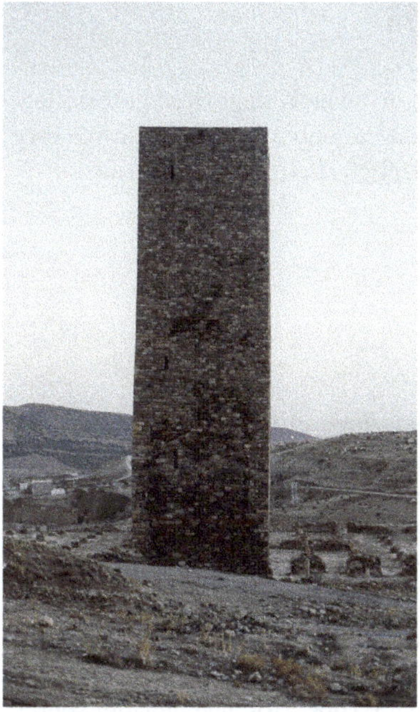

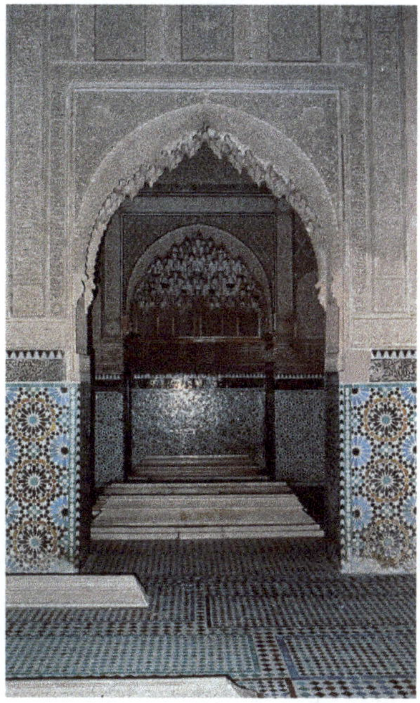

Qal'a der Bani Hammad, Minarett, Algerien.

Saadier-Grab, Marrakesch, Marokko.

Zillidj-Wandverkleidungen als die vollkommensten Werke islamischer Kunst gelten. Die nachfolgenden Dynastien in Marokko, die Saadier (933/1527 – 1070/ 1659) und die Alawiten (1070/1659 bis heute), hielten die bereits 897/1492 ihrer Wurzeln beraubten andalusischen Traditionen aufrecht. Sie errichteten und verzierten ihre Bauwerke weiterhin mit denselben Methoden und denselben Schmuckelementen wie ihre Vorgänger und fügten hier und da eigene kreative Neuerungen hinzu. Anfang des 11./17. Jahrhunderts kamen wieder Einwanderer aus Andalusien, dieses Mal christianisierte Muslime, die Moriscos, in die nordmarokkanischen Städte und bereicherten die Kunst abermals mit charakteristischen andalusischen Elementen. Heute ist Marokko eines der wenigen Länder, die nach wie vor in ihrer Baukunst und ihrer Raumausstattung andalusische Traditionen pflegen, wobei auch Techniken und Stilrichtungen des 20. bzw. 21. Jahrhunderts berücksichtigt werden.

DIE ISLAMISCHE ARCHITEKTUR

Die islamische Architektur lässt sich in zwei Kategorien unterteilen: Sakralbauten, besonders Moscheen, *madrasas* und Mausoleen, sowie Profanbauten, wie Paläste, Karawansereien, Befestigungsanlagen usw.

Sakralbauten

Moscheen

Die Moschee als Glaubenssymbol bildet eindeutig das Herzstück der islamischen Architektur. Sehr bald waren sich die Muslime ihrer Symbolkraft bewusst und schufen sichtbare bauliche Elemente: Minarette, Kuppeln, *mihrabs*, *minbars* usw.

Der Hof des Prophetenwohnhauses in Medina stellte die erste Moschee dar, seinerzeit noch ohne architektonische Raffinessen. Ebenso einfach waren die ersten von den Muslimen während ihrer Eroberungen gebauten Moscheen. Ausgehend von diesen Bauten, entwickelte sich die Predigt- bzw. Freitagsmoschee, die so genannte *djami*, auch Große Moschee genannt, deren wichtigste Elemente sich seit 1400 Jahren nicht verändert haben. Ihr Grundriss besteht aus einem großen, von Arkadengängen eingefassten Innenhof. Auf der nach Mekka ausgerichteten Seite, der so genannten Kibla, gibt es mehr Arkaden bzw. Joche als an den übrigen Seiten. Die Große Omaijadenmoschee von Damaskus, deren Grundriss dem der Prophetenmoschee folgt, wurde zum Prototyp für viele Moscheen in der ganzen islamischen Welt.

Zwei andere Moscheentypen entwickelten sich in Anatolien und später in den osmanischen Territorien: die Basilika-Moschee und die Kuppelmoschee. Erstere besteht aus einer einfachen Säulenhalle oder Basilika in spätrömischer und byzantinisch-syrischer Tradition, etabliert mit einigen Veränderungen im 5./11. Jahrhundert. Der zweite Typ, der sich in osmanischer Zeit herausbildete, hat einen überkuppelten Betsaal. Die osmanischen Architekten schufen in den

Omaijadenmoschee in Damaskus, Syrien.

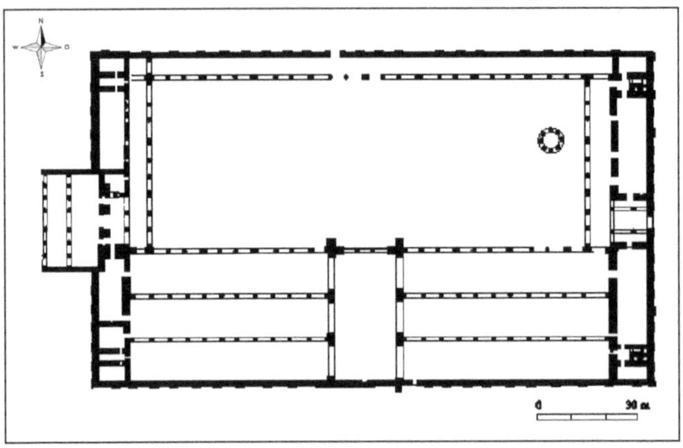

großen Herrschermoscheen einen neuen Baustil, der die traditionelle islamische Moschee und die anatolischen Kuppelbauten verbindet. Die Hauptkuppel ruht auf einer sechseckigen Basis, an den Seiten eingefasst von kleineren Kuppeln. Der von einer Kuppel dominierte Innenraum wurde im 10./16. Jahrhundert stilbildend. In dieser Zeit entwickelten sich die Moscheen zu multifunktionalen Bauten, bestehend aus einer *zawija*, einer *madrasa*, einer öffentlichen Küche, Bädern, einer Karawanserei und dem Mausoleum des Stifters. Das hervorragendste Beispiel dieses Baustils ist die Süleymaniye in Istanbul, 965/1557 von dem großen Baumeister Sinan errichtet.

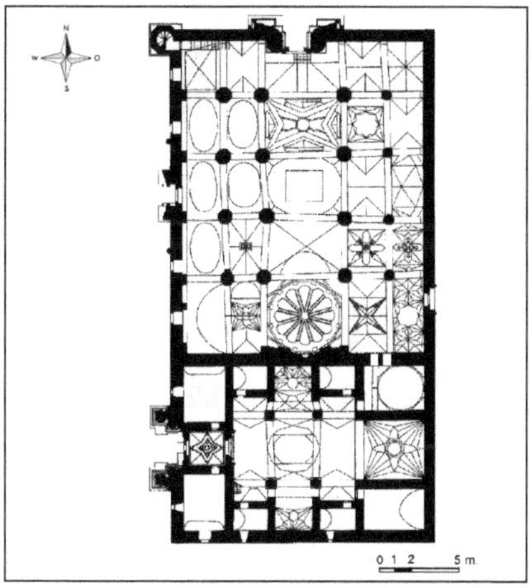

Große Moschee von Diuriği, Türkei.

Das Minarett, von dem aus der Muezzin die Gläubigen zum Gebet ruft, ist das typischste Merkmal einer Moschee. In Syrien besteht das traditionelle Minarett aus einem quadratischen Steinturm. In Ägypten sind die Minarette seit den Mamluken aus drei unterschiedlichen Teilen zusammengesetzt: einem quadratischen Sockel, einem achteckigen Mittelteil und einem zylindrischen Aufsatz, der von einer kleinen Kuppel überragt wird. Es ist mit reichem Dekor versehen, der Übergang zum nächsten Abschnitt wird durch einen Fries aus *muqarnas* gestaltet. Die Minarette in Nordafrika und Spanien, ebenso wie die syrischen quadratischen Türme, sind ausgestattet mit Zwillingsfenstern, umrahmt von ornamentalen Paneelen. In osmanischer Zeit sind die Minarette nicht mehr quadratisch, sondern achteckig oder zylindrisch, meistens schlank und hoch. Obwohl die Moscheen im Allgemeinen nur ein Minarett besitzen, gibt es in den größeren Städten Moscheen mit zwei, vier oder sogar sechs Minaretten.

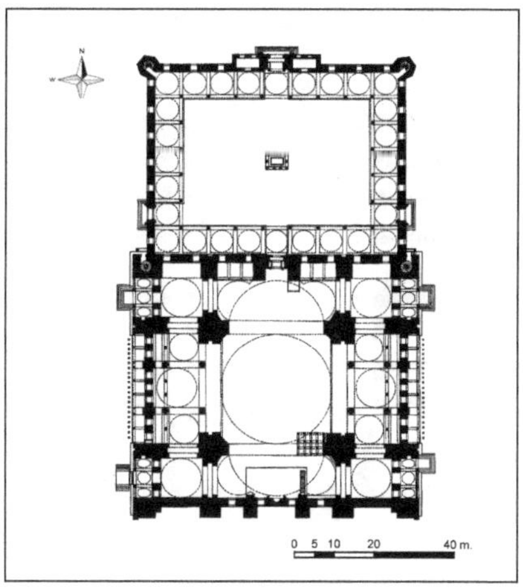

Süleymaniye-Moschee, Istanbul, Türkei.

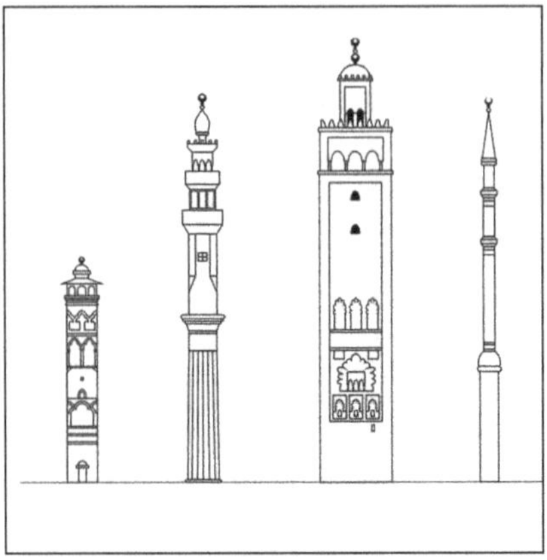

Minarett-Typen.

Die Madrasas

Die ersten *madrasas* wurden wahrscheinlich von den Seldschuken in Persien Anfang des 5./11. Jahrhunderts erbaut. Zunächst waren es nur kleine Anlagen mit einem überkuppelten Hof und zwei seitlichen *iwanen*. Später entstand ein weiterer Typ *madrasa* mit einem offenen, von Arkaden gesäumten Hof und einem Zentral-*iwan*. Im Laufe des 6./12. Jahrhunderts wurde die *madrasa* in Anatolien zu einer multifunktionalen Einrichtung und diente als Medizinhochschule, Hospital für Geisteskranke, Hospiz mit öffentlicher Küche *(imaret)* und als Mausoleum.

Der orthodoxe sunnitische Islam erreichte mit den Zengiden und den Aijubiden (6./12. – Anfang 7./13. Jahrhundert) in Syrien und Ägypten eine neue Blütezeit. In dieser Epoche etablierte sich dort die *madrasa*, gestiftet von einem zivilen oder politischen Führer, zur Förderung der islamischen Jurisprudenz. Diese Art *madrasa* wurde aus religiösen Stiftungen *(waqfs)* finanziert, im Allgemeinen Einkünften aus Grund und Boden, aus Obstgärten, Marktständen (Suks) oder öffentlichen Bädern *(hammams)*. Sie hat in der Regel einen kreuzförmigen Grundriss mit einem von vier *iwanen* umgebenen Innenhof. Sehr rasch wurde sie zu einer dominierenden Bauform, auch Moscheen übernahmen das Vier-*iwan*-Schema. Die *madrasa* verlor nach und nach ihre ausschließliche religiöse und politische Propagandafunktion und übernahm weit gefächerte andere Aufgaben, sie diente als Gemeindemoschee und als Mausoleum für ihren Wohltäter.

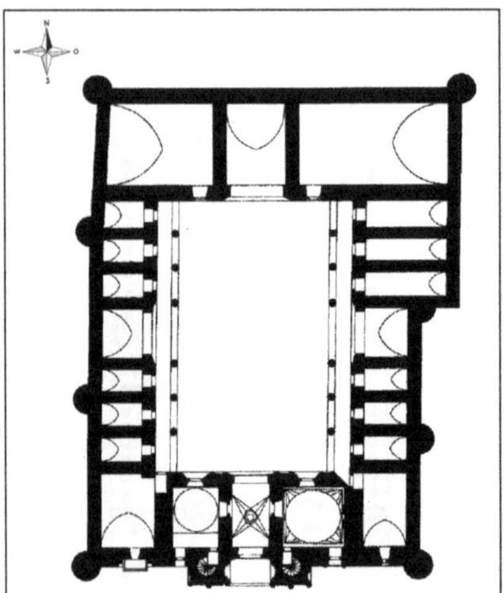

Gök Medrese (Madrasa), Sivas, Türkei.

Der *madrasa*-Bau in Ägypten, insbesondere in Kairo, erlebte unter den Mamluken einen neuen Aufschwung. Die

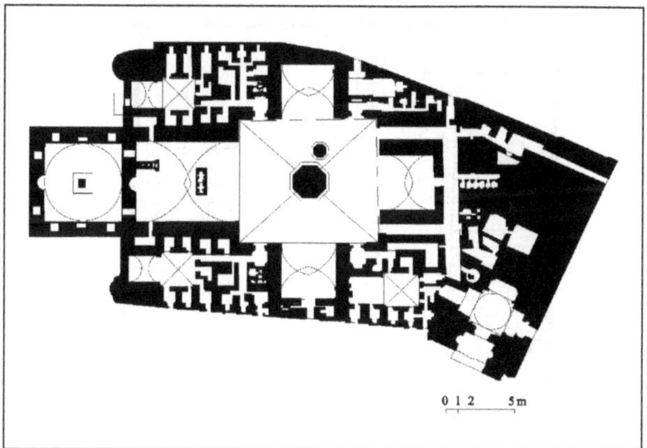

Moschee und Madrasa von Sultan Hassan, Kairo, Ägypten.

typische *madrasa* dieser Epoche in Kairo ist multifunktional gestaltet, mit vier *iwanen*, einem Stalaktitenportal *(muqarnas)* und prächtigen Fassaden. Mit der Eroberung durch die Osmanen im 10./ 16. Jahrhundert entwickelte sich aus der Doppelfunktion – in der Regel in Form der Moschee-*madrasa* – ein weiträumiger Komplex, der sich der staatlichen Protektion erfreute. Der *iwan* verschwand nach und nach und wurde durch einen das Gesamtbild dominierenden Kuppelsaal ersetzt. Die jetzt sehr viel größere Anzahl überkuppelter Zellen für die Studenten wurde zu einem der charakteristischen Elemente osmanischer *madrasa*s.

Die *khanqa* bildet einen der Bautypen, die hinsichtlich ihrer Funktion und ihrer Form der *madrasa* wohl zur Seite gestellt werden können. *khanqa* bezeichnet allerdings mehr eine Institution als eine besondere Bauform. Sie wird von den Mitgliedern eines Sufi-Ordens bewohnt. Synonyme, die von islamischen Historikern gebraucht werden, sind: im Maghreb *zawija*, in den osmanischen Gebieten *tekke* und, allgemein benutzt, *ribat*. Der Sufismus gehört untrennbar zur *khanqa*, die ihren Ursprung im 4./10. Jahrhundert im östlichen Persien hat. In ihrer einfachsten Form ist sie ein Haus für eine Gruppe von Novizen und ihren Ordensmeister, den so genannten Scheich. Sie besitzt Säle für Zusammenkünfte, fürs Gebet und fürs Gemeinschaftsleben. Die Einrichtung von *khanqas* erlebte unter den Seldschuken im 5./11. – 6./12. Jahrhundert einen weiteren Aufschwung und profitierte von der engen Verbindung zwischen Sufismus und der von der herrschenden Elite protegierten schafi'itischen *madhhab* (Rechtsschule).

Die Mausoleen

Für die verschiedenen Bauformen von Mausoleen kennen islamische Quellen zahlreiche Bezeichnungen. Der allgemein übliche Begriff *türbe* bezieht sich auf ihre Funktion als Grabbau. Ein anderer Terminus, Kubba, rührt von dem auffälligsten Bauelement her, der Kuppel, und dient häufig dem Gedenken an biblische Propheten, muslimische Prophetengefährten und religiöse oder militärische Führer. Die Mausoleen sind aber nicht nur

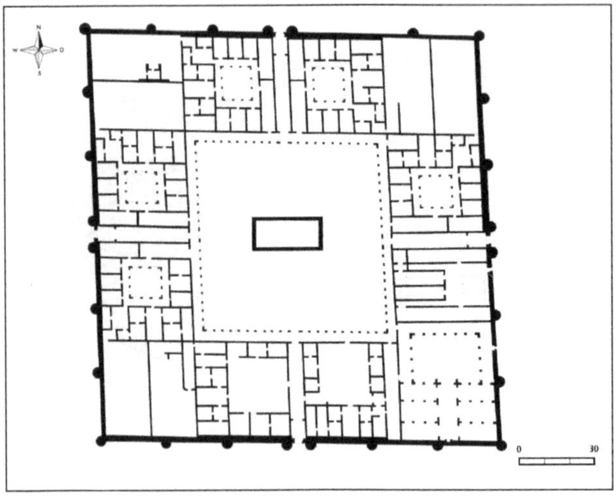

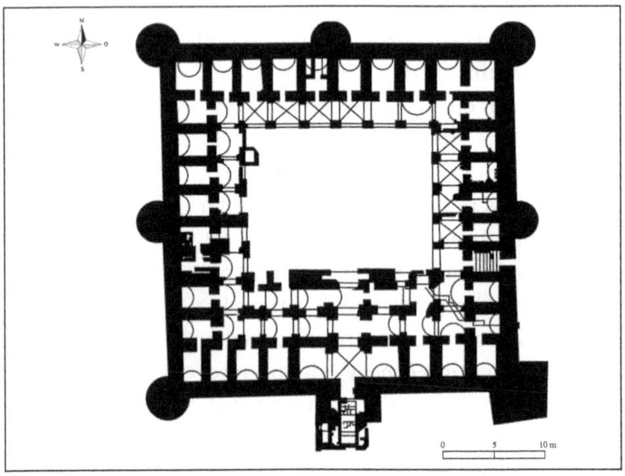

Begräbnis- oder Gedenkstätte, sie spielen auch eine wichtige Rolle in der Volksfrömmigkeit. Sie werden verehrt als Gräber lokaler Heiliger und sind somit zu Wallfahrtsstätten geworden. Sehr oft sind sie mit Koranversen geschmückt oder mit einem *mihrab* versehen, damit man sie auch für das Gebet nutzen kann. In manchen Fällen ist das Mausoleum auch Teil eines Stiftungskomplexes. Die mittelalterlichen islamischen Mausoleen sind vielgestaltig, traditionell bestehen sie aus einer Kuppel über einem quadratischen Raum.

Profanbauten

Die Paläste

Charakteristisch für die Omaijadenzeit sind prunkvolle Paläste und öffentliche Bäder in ausgedehnten Wüstengebieten. Ihr Grundriss orientiert sich an dem römischer Militärlager. Trotz ihres eklektischen Stils weisen sie die besten Beispiele des entstehenden islamischen Baudekors auf. Die Mosaiken, Wandmalereien, Stuckaturen und Steinmetzarbeiten zeigen eine außerordentliche thematische und ornamentale Vielfalt. Die Abbasidenpaläste im Irak, besonders in Samarra und Ukhaidir, haben denselben Grundriss wie ihre omaijadischen Vorgänger, ihre Dimensionen sind jedoch imposanter – mit großen *iwanen*, Kuppeln und Höfen sowie reichem Stuckdekor. Die Paläste in späterer Zeit zeichnen sich durch einen neuen, mehr ornamentalen, aber weniger monumentalen Stil aus. Die Alhambra ist wohl das bemerkenswerteste Beispiel eines königlichen Palastes. Die große Fläche der Palastanlage besteht aus einer Reihe separater Einheiten:

Qasr al-Khair asch-Scharqi, Syrien.

Ribat von Sousse, Tunesien.

Gärten, Pavillons und Höfen. Das Einzigartige an der Alhambra ist allerdings ihr kostbarer Baudekor im Inneren.

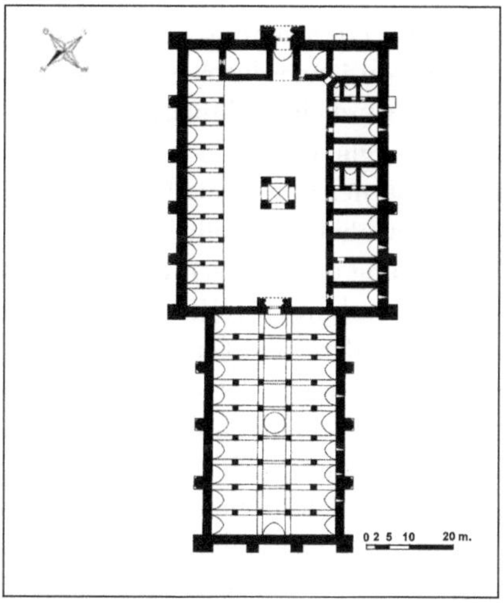

Sultanhanı (Sultan Khan), Aksaray, Türkei.

Die Karawansereien

Eine Karawanserei ist in der Regel sehr groß, weil sie zur Beherbergung von Reisenden und Kaufleuten dient. Normalerweise hat sie einen quadratischen oder rechteckigen Grundriss, ein vorgebautes monumentales Portal und Türme an den Außenmauern. Der Innenhof ist umgeben von Säulengängen, Unterkünften für die Reisenden, Warenlagern und Stallungen.
Diese Bauform wird zahlreichen Funktionen gerecht, wie man aus ihren verschiedenen Bezeichnungen ersehen kann: *khan*, Han, *funduq*, *ribat*. Diese Begriffe spiegeln allerdings mehr regional bedingte sprachliche Varianten als wirklich die Funktionen oder verschiedene Bauformen wider. Die baulichen Vorbilder für die einzelnen Typen von Karawansereien sind schwer auszumachen. Manche basieren vielleicht genauso wie die omaijadischen Wüstenschlösser auf dem römischen Castrum oder Militärlager. Andere in Mesopotamien und Persien erinnern wiederum mehr an die Wohnarchitektur.

Urbane Gebilde

Seit etwa dem 3./10. Jahrhundert besaß jede Stadt, wie unbedeutend sie auch sein mochte, Befestigungsanlagen und Türme, schwere Tore und eine mächtige Zitadelle (Qal'a oder Kasba) als Machtzentrum. Die Zitadellen sind massive Bauwerke aus den typischen Materialien der jeweiligen Region: Haustein in Syrien, Palästina und Ägypten, Ziegel, Haustein und Stampflehm auf der Iberischen Halbinsel und in Nordafrika. Ein einzigartiges Beispiel für die Militärarchitektur ist der *ribat*. In technischer Sicht handelt es sich dabei um einen befestigten Palast für die zeitweiligen oder lebenslangen muslimischen Glaubenskämpfer, die sich der Verteidigung der Grenzen widmeten. Der *ribat* von Sousse (Tunesien) hat Ähnlichkeit

mit den ersten islamischen Palästen. Im Inneren unterscheidet er sich jedoch von jenen durch eine andere Aufteilung mit großen Sälen, einer Moschee und einem Minarett.
Die Untergliederung der meisten islamischen Städte in verschiedene Stadtteile folgt der unterschiedlichen ethnischen und religiösen Zugehörigkeit ihrer Bewohner und bildet ein städtisches Organisationsprinzip, das eine Verwaltung unter diesen Bedingungen vereinfacht. Eine Moschee darf in keinem muslimischen Viertel fehlen. Ebenfalls innerhalb eines solchen, aus einem Straßen- und Gassennetz mit Wohnhäusern bestehenden Viertels oder zumindest in der Nähe gibt es ein öffentliches Bad, einen Brunnen, einen Bäcker und mehrere Läden. Je nach Region und Epoche weisen die Häuser bestimmte Merkmale auf – in Abhängigkeit von historischen und kulturellen Traditionen, dem Klima und den verfügbaren Baumaterialien.
Der Markt (Suk) bildet das Herzstück des lokalen Handels und das charakteristischste Element islamischer Städte. Maßstab für die räumliche Verteilung der einzelnen Zünfte ist ihr Abstand von der Moschee. So befinden sich die sauberen und ehrenhaften Gewerbe (Buchhändler, Parfümhändler, Schneider) in unmittelbarer Nähe der Moschee, während die lauten und übel riechenden (Schmiede, Gerber, Färber) weiter entfernt sind. Diese räumliche Verteilung folgt also technischen Gesichtspunkten.

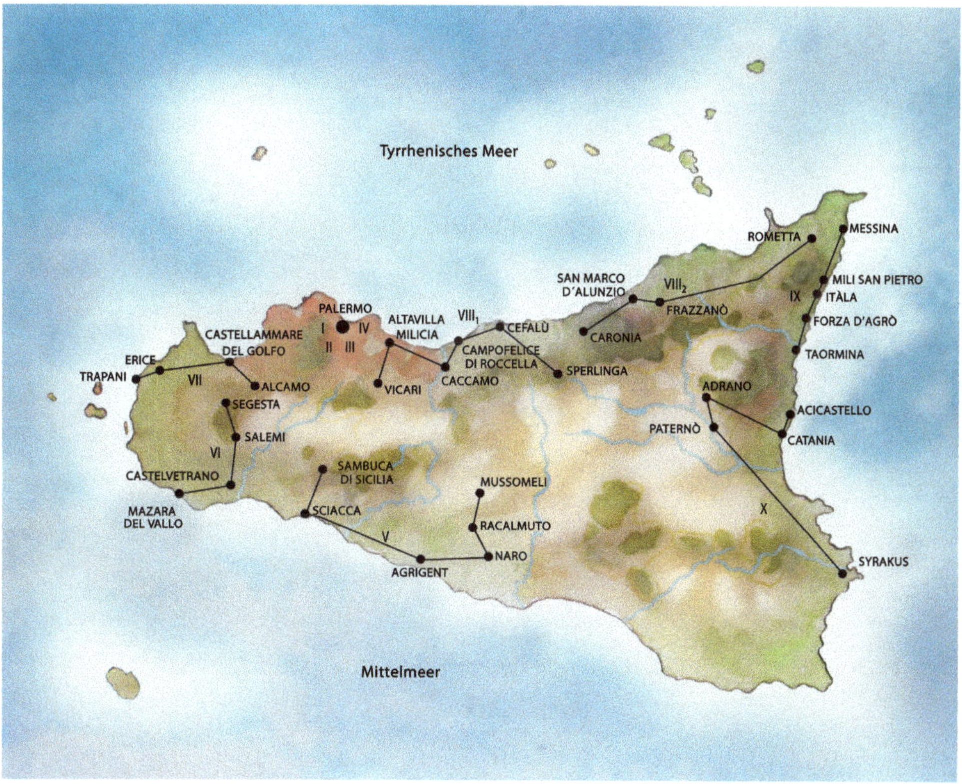

Tyrrhenisches Meer
ROMETTA
MESSINA
SAN MARCO
D'ALUNZIO
VIII₂
MILI SAN PIETRO
ITÀLA
IX
FRAZZANÒ
FORZA D'AGRÒ
PALERMO
ALTAVILLA
MILICIA
VIII₁
CEFALÙ
CARONIA
CASTELLAMMARE
DEL GOLFO
I
IV
II
III
CAMPOFELICE
DI ROCCELLA
TAORMINA
ERICE
TRAPANI
VII
SPERLINGA
CACCAMO
ALCAMO
VICARI
ADRANO
SEGESTA
ACICASTELLO
PATERNÒ
SALEMI
CATANIA
VI
SAMBUCA
DI SICILIA
CASTELVETRANO
MUSSOMELI
MAZARA
DEL VALLO
SCIACCA
X
RACALMUTO
V
NARO
AGRIGENT
SYRAKUS
Mittelmeer

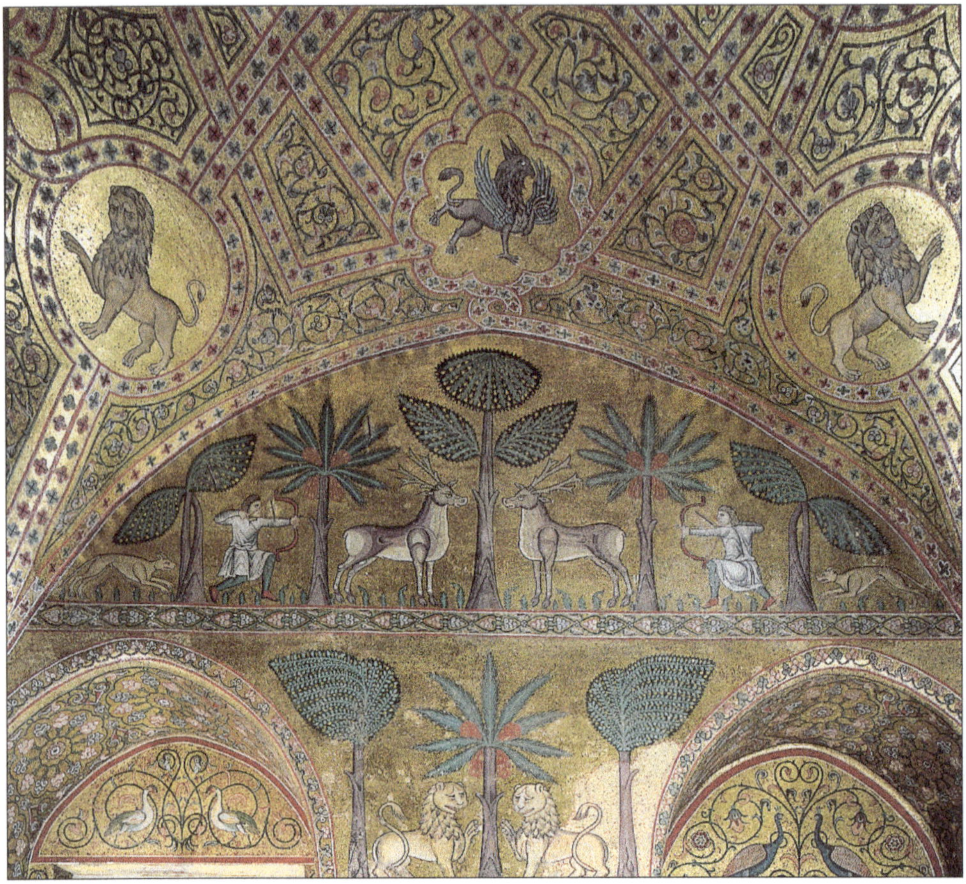

König-Roger-Saal im Normannenpalast, Ausschnitt, Palermo.

HISTORISCHER UND KUNSTHISTORISCHER ÜBERBLICK

Eliana Mauro, Ettore Sessa

Architektur und bildende Kunst des mittelalterlichen Siziliens sind durch das enge Zusammenspiel von byzantinischer, arabischer und normannischer Kultur geprägt, das, unterstützt von einem großen fachlichen Können, einen sehr eigenständigen Stil hervorbrachte. Elemente der arabischen Kultur in Sizilien sind vor allem in den Werken aus der Zeit der Normannen erkennbar, da die meisten unmittelbaren Zeugnisse im Krieg gegen diese beziehungsweise bei späteren Ereignissen zerstört worden sind oder weil die Normannen vor ihrer Ankunft entstandene Bauwerke und Bewässerungsanlagen nachhaltig verändert haben.
Der Einfluss der arabischen Kultur auf Sizilien ist komplex und einzigartig (wenn auch mit bestimmten Analogien in der Entwicklung der mittelalterlichen Kunst der Iberischen Halbinsel). Er brachte ein breit gefächertes Spektrum an Kunstformen hervor und reichte zeitlich über die Phase der Zugehörigkeit Siziliens zum *Dar al-Islam* und die darauf folgende normannisch-sizilische Epoche weit hinaus. Deren repräsentativere Bauwerke bezeugen, wie sehr die ‚Bilderpolitik', wie sie von den normannischen Königen Roger II. (1130–1154), Wilhelm I. (1154–1166) und Wilhelm II. (1171–1189) und anderen hoch gestellten Persönlichkeiten ihres Reichs – wie Georg von Antiochia, Maio von Bari und Erzbischof Walter of the Mill – verfolgt wurde, bewusst synkretistisch war.
Im Jahr 670 begann die muslimische Eroberung des heutigen Tunesiens, gefolgt von der Gründung der neuen Metropole Kairouan. Mit diesem für Byzanz traumatischen Ereignis, das den endgültigen Verlust der Hauptstadt des Exarchats auf nordafrikanischem Boden bedeutete, war Sizilien nun in der gefährlichen Situation eines letzten Außenpostens der in ihren Grundfesten erschütterten christlichen Welt im Angesicht einer unabwendbar scheinenden Ausbreitung des *Dar al-Islam*.
Mit der Epoche der Fatimiden (allerdings erst ab Mitte des 10. Jahrhunderts) beginnt dann die Zeit, in der Sizilien aufhörte, eine zweitrangige Provinz zu sein, zu der die Insel einst durch die Niederlage gegen die Römer und deren Eroberung von Syrakus 212 v. Chr. abgesunken war.

Von 476 bis zur Rückeroberung durch Belisar 535 war Sizilien Teil des Ostgotenreichs. Der byzantinische Kaiser Justinian wollte im Rahmen seines grandiosen Programms der Wiederherstellung des Römischen Reichs in seiner alten Größe und Ausdehnung die Insel wieder in den griechischen Kulturkreis einbinden. Der Sieg seines Feldherrn Belisar eröffnete die Möglichkeit, später (im 7. Jahrhundert) aus den Städten Nordafrikas hochrangige Vertreter von Politik, Kirche, Verwaltung, Militär und Handel nach Sizilien zu locken, doch auch ganze christliche Völkerschaften (nicht zuletzt die Überreste konvertierter und sesshaft gewordener Berberstämme) flüchteten angesichts der Verschärfung der Intoleranz zwischen unterschiedlichen Konfessionen und Religionen in der ersten dramatischen Phase des *djihad* in die weiter westlich gelegenen Territorien des Byzantinischen Reichs.
Sizilien spielte von nun an eine zunehmend wichtige Rolle, vor allem dann im Zusammenhang mit der Festigung der Autorität der römischen Kirche innerhalb des komplizierten

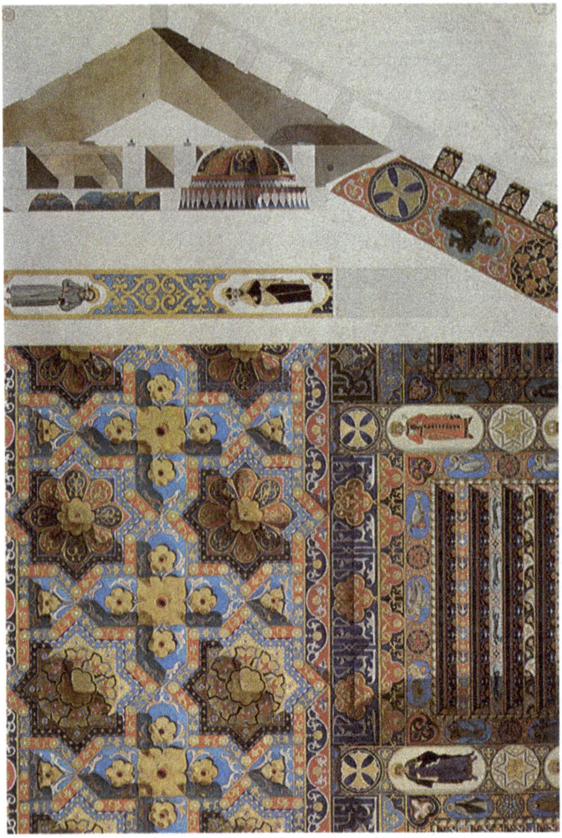

Dom, Decke und Dachwerk, Ausschnitt, Messina (Viollet-le-Duc 1980).

politischen Gefüges des europäischen Hochmittelalters.

Der vorrückende Islam bedingte derweilen in der Zeit zwischen 635 und 642 den Fall von Damaskus, die Kapitulation Jerusalems, die Einnahme Caesareas, die Besetzung Alexandrias und den Sieg der Araber über die Perser bei Nihawand. Nach der Niederlage der byzantinischen Flotte in der Seeschlacht, die zur Besetzung von Zypern führte, stach im Jahr 652 ein muslimisches Geschwader von Syrien aus in See und griff die Südküste Siziliens an.

Dieser erste islamische Angriff erfolgte zu einer Zeit, als die muslimischen Besitzungen in Nordafrika südlich der byzantinischen Provinz noch nicht als gesichert gelten konnten. Um die oströmischen Territorien auf dem italienischen Festland besser verteidigen zu können, die fortwährend von Norden von der Expansionspolitik der Langobarden bedroht waren, und zudem den endgültigen Zusammenbruch der eigenen Herrschaft in Nordafrika abzuwenden (der sich abzeichnete, nachdem die Muslime beständig versuchten, die letzten dort noch verbliebenen byzantinischen Besitzungen dem *Dar al-Islam* einzuverleiben), entschloss sich Kaiser Konstans II. im Jahr 663, seinen Herrschaftssitz nach Syrakus zu verlegen.

Der Tod Konstans' II. bereits 668 bei einer Palastverschwörung in Syrakus veranlasste die Muslime dann zu einer ersten Eroberungsexpedition nach Sizilien, die aber keineswegs erfolgreich verlief, sondern eher zu einer *ghazija* wurde, einem Beutezug ohne bleibende Festsetzung auf der Insel. Die direkte Folge war der Aufbau eines sizilianischen Heeres, das aus in kleinen Milizverbänden organisierten Bauern bestand. Diese Erneuerung des Verteidigungssystems, an dessen Spitze weiterhin die ‚Kader' der byzantinischen Militärhierarchie standen, schien erforderlich, da man nun davon ausgehen musste, sich auf Dauer und ständig im Kriegszustand zu befinden. Unter dem Oberbefehl eines Strategen, der nun auch die politische Macht übernahm, taten Turmarchen, *duces* und *drungarii* Dienst. Verwaltungstechnisch wurde das Ackerland des *thema* unter den Soldaten aufgeteilt, was die Verfügbarkeit und Schlagkraft der neuen Truppen im Kriegsfall erhöhen sollte.

Ende des 7. und Anfang des 8. Jahrhunderts häuften sich die muslimischen Überfälle. In dieser Frühphase der islamischen Eroberung fiel von der Inselgruppe Sizilien als erstes Pantelleria (Cossyra). Nachdem 705 die versuchte Plünderung von Syrakus fehlgeschlagen war, entspannte sich die Lage auf der Insel zunächst wieder, da sich alle in Ifriqiya stationierten muslimischen Streitkräfte ab 711 auf die Eroberung der Iberischen Halbinsel konzentrierten. Unterbrochen wurde der relative Frieden 720 durch den verheerenden Einfall des Heerführers Muhammad Ibn 'Aws, gefolgt 727 von einem Überraschungsangriff unter Führung von Bisr Ibn Safwan. Dieser stieß indessen auf den hartnäckigen Widerstand der sizilianischen Milizen und eines bescheidenen Kontingents von Söldnern im Dienste Ostroms. Das Scheitern des vom Gouverneur des arabischen Maghreb unternommenen Seefeldzugs gegen die oströmische Flotte im Jahr 733 einerseits sowie die Verschärfung der Aufstände antiislamischer Berber im Maghreb andererseits verhinderten gezieltere Angriffe auf Sizilien.

Im Jahr 740 stellt 'Abd ar-Rahman jedoch im Rahmen eines von seinem Vater Habib Ibn Abi 'Ubaida kommandierten Feldzugs die byzantinischen Truppen mit einem größeren Kontingent leichter Reiterei zu einer entscheidenden Schlacht. Die anschließende Belagerung der Stadt Syrakus zwingt den oströmischen Strategen zu einem Waffenstillstand gegen Geldzahlungen.

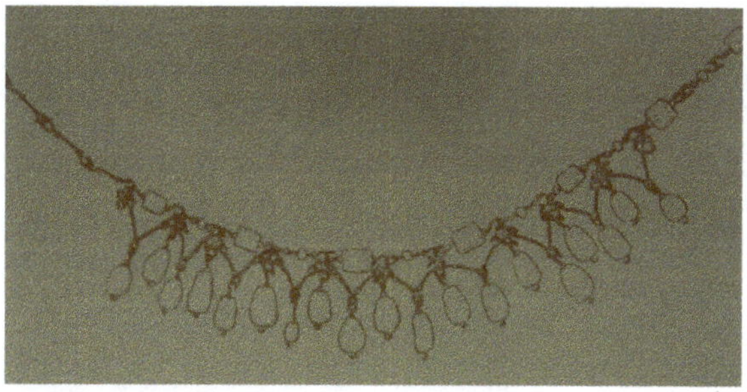

Byzantinische Halskette aus Golddraht, polierten Steinen und Perlen, Museo Archeologico Regionale A. Salinas, Palermo (Salinas 1886).

Das Gleiche wiederholt sich 753, als derselbe 'Abd ar-Rahman, inzwischen zu einem legendären arabischen Heerführer aufgestiegen, einen neuen Feldzug auf sizilianischem Boden unternimmt. Es folgt eine 50-jährige Ruhephase, in der nur immer wieder Piratenüberfälle stattfinden. Die Byzantiner haben so Gelegenheit zum Ausbau ihrer Festungsanlagen auf der Insel. 805 handeln sie einen ersten Waffenstillstand mit den aghlabidischen Emiren aus, der jedoch 813 durch blutige Seegefechte vor Lampedusa gebrochen wird. Es kommt zu einem weiteren Abkommen, das jedoch gegen Ende des zweiten Jahrzehnts des 9. Jahrhunderts durch den Überfall einer arabischen Kriegsflotte unter Führung des Emirs Zijadatallah I. endet.

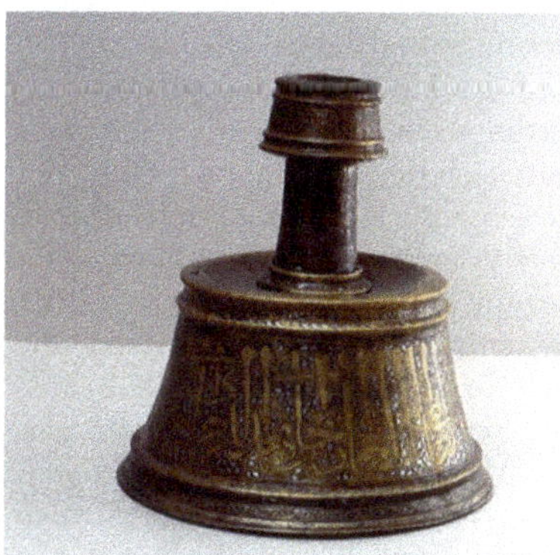

Kerzenhalter aus Messing, 14. Jahrhundert (Ägypten), Museo d'Arte Islamica, Zisa, Palermo.

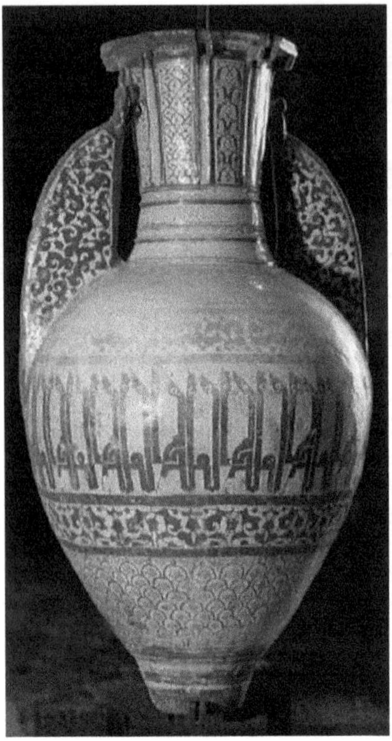

Amphore vom Typ „Alhambra" mit Inschriften im Kufi-Duktus, 14. Jahrhundert (Malaga), Tafel Nr. 5229, Galleria Regionale di Palazzo Abatellis, Palermo.

Den Anstoß zu massiven neuerlichen Angriffen auf die Insel gibt aber erst die Rebellion eines oströmischen Turmarchen: 827 suchte Euphemius Zuflucht beim Emir von Kairouan. Als Veteran war er zwar sehr angesehen, ein verworrenes privates Zerwürfniss mit dem Strategen Konstantin zwang ihn jedoch ins Exil. Ein Teil des Heeres war Euphemius allerdings treu geblieben, er bemächtigte sich der Stadt Syrakus und rief diesen zum Kaiser aus, der Stratege wurde ermordet. Dies führte wiederum zu Konflikten innerhalb der byzantinisch-sizilischen Milizen, die sich für die Rebellen nachteilig auswirkten. Euphemius versuchte nun, die Muslime davon zu überzeugen, dies als Gelegenheit zu sehen, Sizilien endgültig von Byzanz abzutrennen.

Dass aus Euphemius' Umsturzversuch ein Kampf für die Unabhängigkeit Siziliens wurde, ergab sich wohl erst durch die Ereignisse, zumal dieser so in Sizilien neben seinen Anhängern auch auf andere gegen die Zentralmacht eingestellte Kräfte zählen konnte. Erwiesen ist, dass das Abkommen zwischen dem emigrierten Turmarchen und den Arabern lediglich ein militärisches Vorgehen vorsah, das die Kontrolle Ostroms über Sizilien brechen sollte. Danach sollte die Insel als tributpflichtige Verbündete Teil des *Dar al-Islam* werden und unter eigener Staatshoheit ein eigenes Verwaltungssystem sowie auch militärische und religiöse Autonomie erhalten.

Die Vorbereitungen für den großen Feldzug fanden im Frühling des Jahres 827 statt, wobei sie zunächst auf Widerstand am Hof in Kairouan und auch beim Emir selbst trafen. Schließlich einigte man sich aber doch auf die Angriffspläne des Koran- und Rechtsgelehrten Asad Ibn al-Furat und übertrug ihm den Oberbefehl. Am 14. Juni 827 schiffte sich seine Streitmacht in Sousse ein. Sie bestand aus 10.000 muslimischen Kämpfern, überwiegend aus Arabern und konvertierten Berbern aus Ifriqiya, aber auch von der Iberischen Halbinsel und aus Persien sowie aus einer beträchtlichen Anzahl von Sizilianern, die Euphemius unterstützten. Mit über 100 Schiffen legte die Invasionsflotte am 17. Juni bei Capo Granitola an der Westküste Siziliens an.

Die von Balata (dem überlebenden Widersacher des Euphemius) hastig zusammengestellten Verteidigungstruppen wurden rasch überrannt.

In dem Glauben an einen ähnlich unaufhaltsamen Vormarsch wie im Goldenen Zeitalter des *djihad* und in Überschätzung der Kampfkraft seiner regulären byzantinischen Söldnertruppen versuchte Asad Ibn al-Furat, eine schnelle Entscheidung herbeizuführen, indem er auf Syrakus marschierte.
Nachdem der bestehende Waffenstillstand mit Byzanz erst einmal offiziell beendet war, war die Unternehmung zu einem Eroberungsfeldzug geworden, was die Vereinbarung mit Euphemius verletzte. Dieser versuchte daraufhin, eine antimuslimische Rebellion in Gang zu setzen, blieb damit aber erfolglos. Der Angriff von Asad Ibn al-Furat auf Syrakus schlug jedoch fehl, unter anderem weil ihm die byzantinischen Seestreitkräfte, die noch durch venezianische Hilfstruppen verstärkt wurden, überlegen waren. Die Araber mussten sich Richtung Mazara zurückziehen, ihren damals wichtigsten Stützpunkt innerhalb des bereits eroberten Gebiets, nicht ohne dabei befestigte Städte wie Castrogiovanni (Enna) und Agrigent (das für seine heftige Abwehr bestraft wurde) zu erobern. Sie stießen allerdings auf den erbitterten Widerstand irregulärer Truppen, der sich darauf stützen konnte, dass sich angesichts des seit über 100 Jahren schwelenden Krieges bei einem Großteil der Bewohner Siziliens das Bewusstsein einer kollektiven Identität herausgebildet hatte.
Einen ähnlich einmütigen Widerstand hatten die Muslime bereits bei anderen Völkern erlebt, etwa während der zermürbenden Auseinandersetzungen mit den Berberstämmen und vor allem auf der Iberischen Halbinsel; die Auflehnung des kleinen Königreichs Asturien, die dem vergeblichen Widerstand der Westgoten gefolgt war, zeigte ihnen gerade zu Beginn des *djihad* auf sizilianischem Boden nur allzu deutlich, dass sich der Heilige Krieg im Abendland weiter ausweiten würde.

In den folgenden drei Jahren sah sich die arabische Armee angesichts von Bauernaufständen und der schwierigen Versorgungslage zum weiteren Rückzug nach Mazara gezwungen; nach der Aufgabe von Agrigent (das zuvor geplündert und dem Erdboden gleichgemacht worden war) saß der große Teil der Armee dort nun fest, wobei ein in Mineo zurückgebliebenes kleineres Kontingent völlig vom Hauptheer abgeschnitten wurde. Die

Wohnturm Friedrichs II., Enna (Publifoto, Palermo).

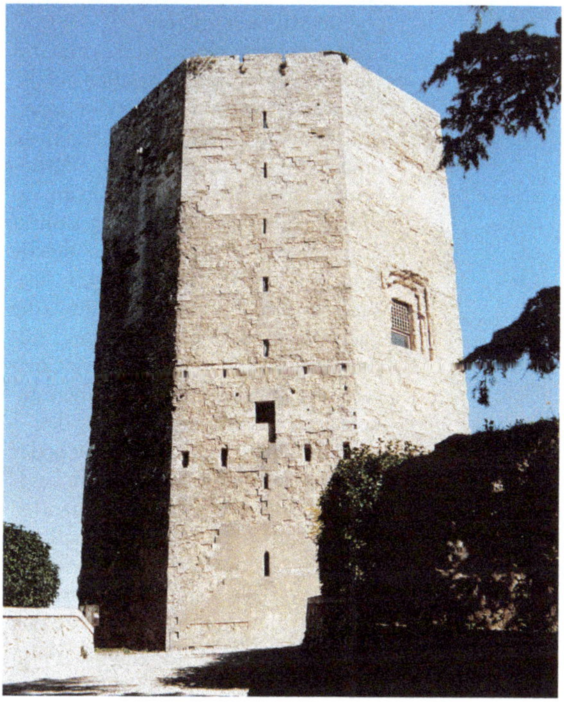

in dieser Zitadelle von sizilianischen Freischärlern und byzantinischen Söldnern belagerten ‚Sarazenen' erhielten jedoch Unterstützung durch Korsaren von der Iberischen Halbinsel. Deren Feldherr Fargalus, der später beim Sturm auf Enna fallen sollte, übernahm nun den Oberbefehl über alle muslimischen Streitkräfte, einschließlich der regulären aghlabidischen Flotte. Bestärkt durch eine Reihe unverhoffter Erfolge gegen die wenigen byzantinischen Truppen, belagerten die Muslime schließlich Palermo, das ihnen ein Jahr lang Stand halten konnte. Ausgehungert ergab sich die Stadt im September 831, nachdem Zehntausende ihrer Einwohner ihr Leben gelassen hatten. Zum *wali* von Sizilien wurde nun Muhammad Ibn 'Abdallah ernannt, ein Vetter des Emirs Zijadatallah I. Als erste Amtshandlung ließ er 835 eigene Münzen prägen.

Die Byzantiner versuchten es nun mit einem Stellungskrieg, gestützt auf die befestigte zentrale Achse der Insel, die sich von Cefalù bis zur Südküste erstreckte – mit Butera als Mittelpunkt. Die letzten Garnisonen im Val di Mazara waren aber völlig isoliert und bis 841 vernichtet. Das gleiche Schicksal ereilte die Festungen Messina, Modica, Lentini und Ragusa, die nach verzweifeltem Widerstand mit der Hilfe römisch-katholischer Christen, die teilweise aus Süditalien gekommen waren, erstürmt wurden.

Im Jahr 848, sechs Jahre nach der Thronbesteigung Kaiser Michaels III. des Trunkenbolds, unterstanden den Byzantinern lediglich noch die Umgebung von Syrakus sowie das eindrucksvolle Verteidigungssystem der zentralen Achse; sie sicherte den Nachschub an Truppen und Material nach Enna, das nun Dreh- und Angelpunkt des vom ehemaligen byzantinischen *thema* übrig gebliebenen Territoriums war.

Nacheinander konnten die Muslime die Festungen der Achse erobern, in einer Zangenbewegung sowohl von Norden als auch von Süden vorstoßend. Nach der Kapitulation von Caltavuturo machte der Verlust von Butera (das 853 angegriffen wurde) und Cefalù (das 858 nach 20-jähriger Belagerung fiel) die Hoffnung auf Verstärkung vom Meer aus zunichte. Während der Vorbereitungen für die Belagerung von Enna sahen sich die schlagkräftigen Truppen des al-'Abbas Ibn Fadl jedoch erneut mit der gefürchteten Rebellion der Stadtbevölkerung und – vor allem – der unerbittlichen Freischärler aus der bäuerlichen Schicht konfrontiert. Diese Ablenkung machten sich die Byzantiner für zwei Feldzüge zunutze, bei denen sie vom legendären al-'Abbas Ibn Fadl zwar rasch besiegt wurden, seine Strategie jedoch insofern zunichte machten, als es ihm deshalb nicht gelang, den heroischen Widerstand der byzantinischen Garnison und der kampfbereiten Bürger von Enna zu brechen.

Enna, das im Mittelalter Castrum Hennae hieß und von den Muslimen in Qasr Ijani umbenannt wurde (und später in Castrogiovanni) wurde von Kallimachos als der Nabel Siziliens bezeichnet. Erst durch Verrat konnte die Stadt 859 erobert und geplündert werden. Der Fall des für uneinnehmbar gehaltenen Enna und die Nachricht von den anschließenden Massakern dort entsetzten die griechisch-orthodoxen Christen Siziliens und die byzantinischen Truppen. Die Überreste der oströmischen Armee und die versprengten irregulären Milizen zogen

sich in heillosem Durcheinander nach Syrakus zurück und verschanzten sich dort zum letzten Gefecht.
Durch den Tod von al-'Abbas Ibn Fadl im Jahr 861 fehlte den Muslimen jedoch die geeignete Führung, um die Früchte ihrer Erfolge zu ernten. Zugleich verhinderten aber die Entschlusslosigkeit von Byzanz und der lokal begrenzte Charakter der in den Händen sizilianischer Bauern liegenden Verteidigung eine effiziente Koordinierung der christlichen Streitkräfte für einen gezielten Gegenangriff, der aus der Führungskrise bei den muslimischen Truppen hätte Kapital schlagen können. Als schließlich Khafadjija Ibn Sufjan diese für sich entscheiden konnte und sich als würdiger Fortführer der Strategie des al-'Abbas Ibn Fadl erwies, gelangen ihm mehrere Überraschungserfolge (die Kapitulation von Scicli und Troina sowie die Wiedereroberung von Noto und Ragusa), doch erlitten die Muslime auch einige schwere Niederlagen sowohl durch reguläre Truppen als auch durch die rebellierende Bevölkerung.

Nach Plünderungen und Exzessen praktisch im gesamten Osten Siziliens wurde die Schlacht um Syrakus zu einem Kapitel voller Tragik: Das muslimische Heer hatte sich seit den Zeiten Zijadatallahs weiterentwikkelt; es verfügte nun über wirkungsvolle Kriegsmaschinen, denen keine Mauern standhielten, und wurde unterstützt von einer starken Seestreitmacht, die ebenso ausgerüstet war wie die byzantinische Flotte (etwa mit dem berüchtigten ‚griechischen Feuer') und den Nachschub auf dem Seeweg unterband. Disziplinierte Soldaten kämpften unter dem Kommando erfahrener Heerführer und

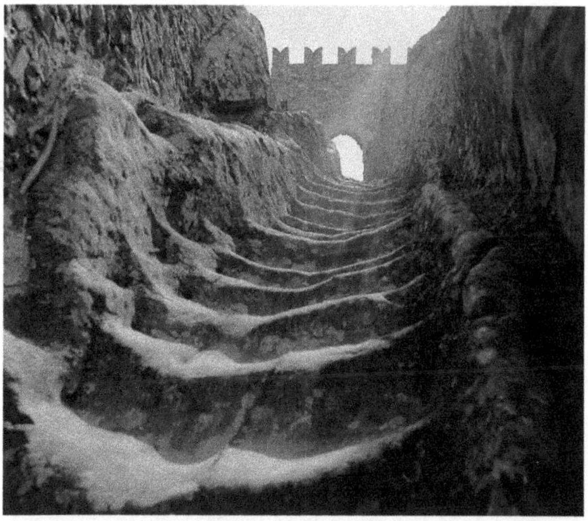

Kastell, Treppenaufgang, Sperlinga.

nicht mehr unter dem waghalsiger Abenteurer oder eher zufällig aufgestiegener Befehlshaber. Von der byzantinischen Enklave in den nordöstlichen Bergen Siziliens, die noch über die ersten 50 Jahre der Fatimidenherrschaft die muslimische Streitmacht in Schach halten konnte, war das ausgehungerte, halb zerstörte Syrakus abgeschnitten. So blieb die Stadt ihrem Schicksal überlassen. Nach zehntägiger Belagerung überrannten muslimische Truppen so am 28. Mai 878 bei einem Überraschungsangriff die zermürbte Garnisonsbesatzung, die aus Söldnern und den noch kampffähigen Überresten der stark dezimierten Bevölkerung bestand. Das anschließende Blutbad, die Verschleppung der restlichen Einwohner und die fast völlige Zerstörung von Ortigia (die Vororte von Syrakus waren bereits in den ersten Belagerungsphasen dem Erdboden gleich gemacht worden) beendeten hier unwiderruflich die gut 1400 Jahre währende Geschichte einer urbanen Kultur mit all ihren Höhen und Tiefen.

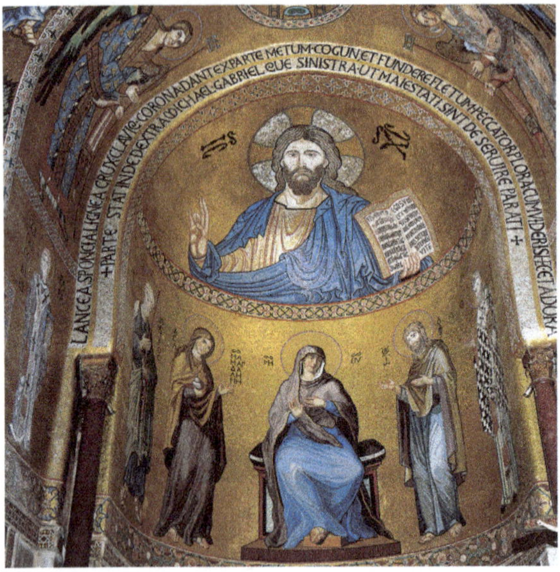

Cappella Palatina, „Christus Pantokrator“, Palazzo Reale, Palermo.

Die ganze christliche Welt war von dieser Katastrophe zutiefst erschüttert. Nach sträflichem Zögern versuchten die Byzantiner 880 mit erneuertem Eifer, das Blatt in diesem verheerenden Krieg zu wenden: Mit einem gewaltigen Heer legten sie an der Nordküste an. Die Strategen Kaiser Basileios' I. bedrohten nicht nur Palermo als neue Hauptstadt des islamischen Siziliens, sondern errichteten in der Bergregion der Madonie eine Verteidigungslinie mit dem Ziel, dem islamischen Eroberungszug nach Nordosten – der bis dahin am wenigsten gefährdeten Region – ein vorgeschobenes Bollwerk entgegenzusetzen. Zunächst gelang es damit, den Druck auf die byzantinische Enklave dort zu verringern, doch nahmen nun in den östlichen Landesteilen die militärischen Aktivitäten der Muslime zu (in Form von Plünderungen). 881 folgte der erste direkte Angriff auf Taormina.

Die muslimischen Truppen wurden dabei vom Strategen Barsaikios zurückgeschlagen und erlitten zudem im Madonie-Gebirge eine schwere Niederlage. Doch auf den Sieg des Strategen Mousilikes 881 folgte 882 die Vernichtung einer byzantinischen Heeresabteilung, die sich in einer nicht näher bezeichneten „Königsstadt“ (vermutlich im Berggebiet um Castelbuono) verschanzt hatte. Die drei arabischen Gouverneure Muhammad Ibn al-Fadl, Husain Ibn Ahmad und Sawada Ibn Muhammad Ibn Khafadjija, die Sizilien zwischen der vernichtenden Niederlage der Muslime 881 bei Qal'at Abu ath-Thawr (Caltavuturo) und dem Waffenstillstand mit Byzanz 895 nacheinander regierten, bemühten sich in erster Linie darum, den *djihad* gegen die Byzantiner wieder zu entfachen. 882 wird Taormina Opfer einer Strafexpedition, jedoch ohne klaren Sieg der Araber. 884 erfolgt ein groß angelegter Feldzug in die Region von Rometta, doch hält die Zitadelle Stand. Nach einer langen Phase militärischer Rückschläge der Berbertruppen in Kalabrien, die von regulären byzantinischen Truppen (zwischen 881 und 886) nach Sizilien zurückgedrängt werden, erleidet die Kriegsflotte des byzantinischen Heerführers Nikephorus Phokas dann aber im Jahr 888 vor Milazzo eine schwere Niederlage.

Nach dem Abklingen einer inneren Krise, die Sizilien 886/887 an den Rand des Bürgerkriegs brachte, konzentrieren sich die Muslime dort auf die Auslöschung der Rebellionsherde und der Hochburgen des Widerstands. Ihre Kriegsschiffe tragen den „heiligen Krieg“ weiterhin in Form von *ghazijas* in die byzantinischen Besitzungen auf dem

Festland, insbesondere nach Reggio. 889 wird Taormina einmal wieder belagert, wie auch zehn Jahre später, als der Feldherr 'Abdallah den Kriegsschauplatz betritt. Er erobert den Süden Kalabriens und schlägt die oströmischen Truppen bei Reggio. 902 steht die Insel weit gehend unter muslimischer Kontrolle und fungiert als Speerspitze des *Dar al-Islam*, der zu dieser Zeit von den Kantabrischen Bergen der Iberischen Halbinsel bis nach Nordindien reicht.

948 schließlich macht der Kalif al-Mansur Sizilien zum Emirat. Als Emir setzt er al-Hasan Ibn 'Ali Ibn Abi al-Husain al-Kalbi ein; da dieses Amt zugleich erblich wird, entsteht so die Dynastie der Kalbiten. Diese eng mit den Fatimiden verbundene Familie agiert zunächst sehr geschickt. Die Befriedung der verschiedenen muslimischen Volksgruppen auf der Insel beschleunigt auch die rechtliche Regelung des Verhältnisses zwischen Christen und Muslimen; zudem wird eine rege Bautätigkeit und künstlerische Aktivität in Gang gesetzt, auch wenn diese im Vergleich zu Ifriqiya nur provinziellen Charakter hat. Angestrebt wird dabei auch eine Emanzipation Siziliens vom maghrebinischen Kalifat durch die politische Annäherung an Ägypten.

In diesem Klima stabilisiert sich auch die Verwaltungsstruktur des Landes. Bei der damit verbundenen Umverteilung des Bodens werden – bis zur Wiederherstellung des Feudalsystems durch die Normannen – die Latifundien aufgelöst. Bis in die sechziger Jahre des 19. Jahrhunderts blieb die verwaltungstechnische Unterteilung in drei „valli" (Täler) so bestehen, wie sie bereits im islamischen Siquilliya eingeführt und später von den Normannen und Staufern übernommen wurde: Das Val di Mazara umfasste den Westteil der Insel, das Val Demone die vorwiegend bergigen Teile Nordostsiziliens und das Val di Noto den gesamten südöstlichen Teil der Insel.

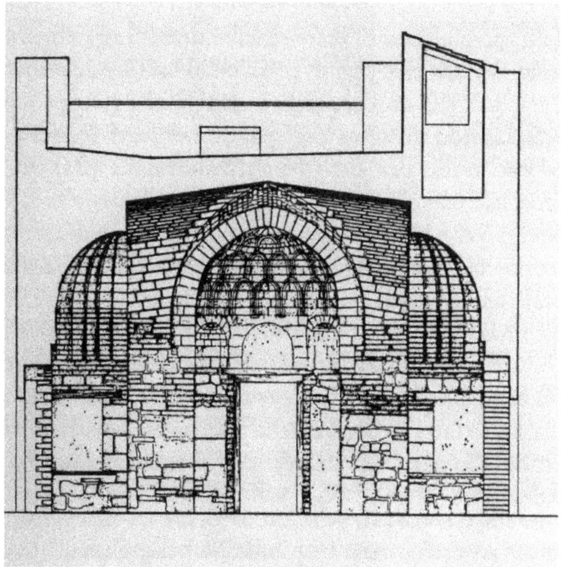

Kastell, Querschnitt des Nordsaals, Caronia (Krönig 1977).

Die Fortschritte, die unter den Kalbiten zu verzeichnen waren, schlossen allerdings Gewaltakte nicht aus. Intern richteten sie sich vor allem gegen die restlichen byzanzfreundlichen Enklaven und die unbeugsamen christlichen Berggemeinden im Nordosten der Insel. 962 richtete Ahmad Abi al-Husain bei der Rückeroberung Taorminas ein Blutbad unter Christen an; die Einwohner, die sich gegen die muslimische Besatzung aufgelehnt hatten, ließ er deportieren. Nach erbittertem Widerstand und jahrzehntelangem Partisanenkrieg musste sich Rometta als letzte Hochburg der Rebellen in den Bergen nach zermürbender Belagerung schließlich 965 ergeben.

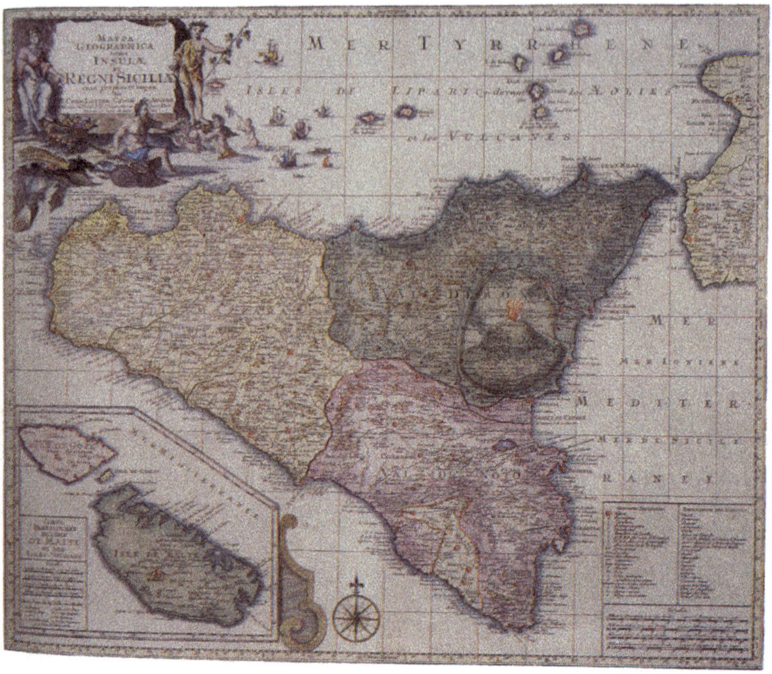

Conradus Lotter, „Geografische Karte von Sizilien" mit Unterteilung in die drei „valli". Mitte des 18. Jahrhunderts, Fondazione Mormino, Palermo.

Dafür, dass Sizilien nun mehr als nur im geografischen Sinne Teil des islamischen Kulturkreises war, gibt es nur wenig Zeugnisse. Zu den spektakulärsten gehören die Ereignisse um den sizilianischen Feldherrn Djawhar (969): Als Söldner in byzantinischen Diensten in Ungnade gefallen, trat er in die Dienste des Kalifen al-Mu'izz und konvertierte zum Islam. So nahm er aktiv an der Expansion des Fatimidenreichs teil; dauerhaften Ruhm erwarb er sich, weil auf seine nicht unwesentliche Beteiligung die Neugründung der Stadt al-Qahira (Kairo) zurückzuführen ist.

Noch 150 Jahre nach der Landung von Asad Ibn al-Furat war die Lage für die Araber jedoch nur im Westteil der Insel stabil, insbesondere in Palermo (das sie in Balarmu umbenannt hatten), wo sie jedoch um 940 eine befestigte Zitadelle in unmittelbarer Nähe des Hafens errichten mussten – genannt al-Khalisa –, desgleichen in Agrigent (damals Girgent, mit einem bedeutenden berberischen Bevölkerungsanteil) und vor allem im Val di Mazara, das seit jeher der griechischen Kultur fremd geblieben war und sich deshalb kaum an den byzanzfreundlichen Racheakten beteiligte.

Für seine weiteren zahlreichen Wiedereroberungsversuche setzte Byzanz die kaiserliche Armee ein. Dank ihrer Überlegenheit zur See stieß sie vom südlichen Süditalien aus in kleinen schlagkräftigen Einheiten unter dem Kommando legendär gewordener Heerführer wie Niketas oder Nikephorus Uranus vor, die 963 und 989 die – wenn auch flüchtigen – militärischen Erfolge des 880 von

Nasar sowie Eupraxius und Mousilikes angeführten Feldzugs wiederholen konnten.
Georgeos Maniakus gelang es in den Jahren zwischen 1038 und 1042 sogar, den Muslimen fast ganz Ostsizilien zu entreißen; das byzantinische Imperium kehrte auf die Insel zurück. Dies gelang mit Hilfe der ersten normannischen Ritter (als Söldner Konstantinopels) und sizilianischer Rebellen.

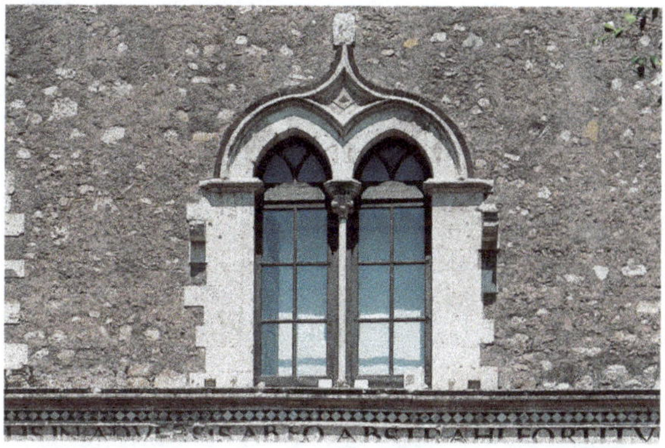

Palazzo Corvaia, Hauptfassade, Ausschnitt, Taormina.

Von 902 bis 1061 erstreckte sich der muslimische Herrschaftsbereich, nachdem er zunächst nur einen Teil Siziliens umfasst hatte, zumindest nominell auf die gesamte Insel und die dazu gehörige Inselgruppe mit Ausnahme der Berggebiete in der Inselmitte und weiterer unbeugsamer Enklaven. Schon 1061 begann jedoch der unaufhaltsame Niedergang mit der Ankunft der Normannen, denen die Unzufriedenheit und der latente Widerstand der christlichen Bevölkerung der Insel in die Hände spielten.
Die als *ahl al-dhimma* oder *dhimmis* im Gegensatz zu völlig rechtlosen Volksgruppen euphemistisch als „Schutzbefohlene“ bezeichneten Christen genossen gewisse Privilegien wie das Recht auf Religionsausübung – wenn auch ohne Prozessionen und andere öffentliche Auftritte. Sie waren nicht verpflichtet, die strengen Verhaltensregeln der Muslime zu befolgen, mussten ihnen jedoch als Vertreter der herrschenden Klasse Achtung erweisen, ihnen den Vortritt lassen und in ihrer Gegenwart stehen. Den größten Teil ihres Besitzes durften sie behalten, waren allerdings zur *kharadj* verpflichtet, einer Art Vermögenssteuer. Auch ihren Sitten und Gebräuchen durften sie weiter nachgehen, allerdings in der Öffentlichkeit nichts tun, was Muslimen verboten war (etwa Wein trinken). Sie durften sich frei bewegen und hatten Anspruch auf Unversehrtheit, mussten dafür jedoch eine Kopfsteuer zahlen *(djizja)*. Grundsätzlich streng verboten war ihnen der Besitz von Waffen. Christliche Priester standen unter staatlichem Schutz und hatten den

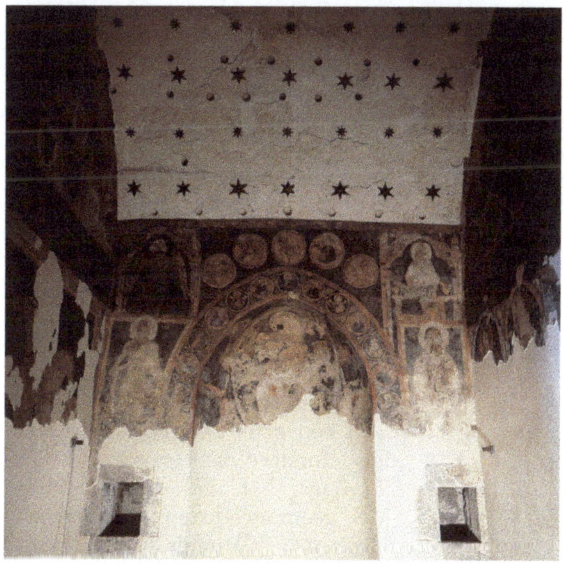

Kastell, Wand- und Deckenmalerei der Kapelle, Paternò.

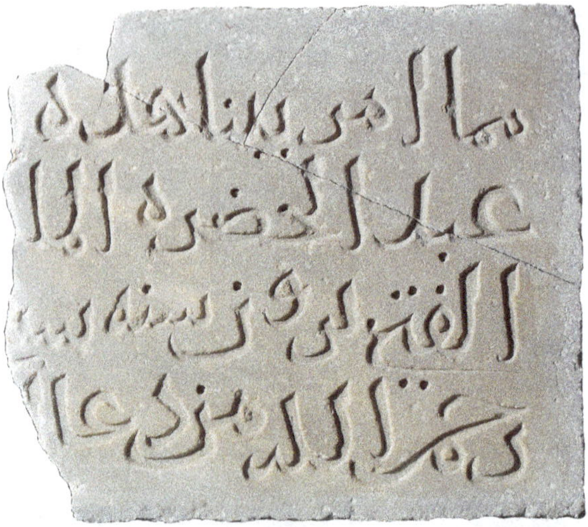

Bruchstück einer arabischen Inschrift in Naskhi-Duktus, 12. Jahrhundert, Museo Comunale, Termini Imerese.

Status von Geistlichen, doch durften weder Glocken geläutet noch das Kreuz zur Schau gestellt oder in der Öffentlichkeit die Bibel gelesen werden; der Bau neuer Kirchen war untersagt.
Gebildete muslimische Reisende waren erstaunt über den lockeren Umgang mit den Regeln des Koran, den sie bei ihren Glaubensgenossen auf Sizilien beobachteten (darunter auch Sizilianer, die aus Bequemlichkeit konvertiert waren). Sie rügten insbesondere das Fernbleiben vom Freitagsgebet und das Verhalten der Korangelehrten *(mu'allimun)*, die sich vor allem für ihre Einkünfte als Schreiber und Notare interessierten. Darüber hinaus tranken die Sizilianer „schamlos" Wein – sogar in der Öffentlichkeit.
Im 10. Jahrhundert konnte man allerdings bereits verschiedene Generationen von in Sizilien geborenen Muslimen unterscheiden, auch wenn eine wirkliche Integration nie zustande kam. Dies zeigt das Schicksal sizilianischer Muslime in normannischer Zeit (die Verbannung in Ghettos oder regelrechte Reservate), ganz zu schweigen von der späteren drastischen Politik des Stauferkaisers Friedrichs II. gegenüber den noch verbliebenen Restgruppen, deren Konzentration im Hinterland bereits in normannischer Zeit ein Indiz für ihre schwindende Zahl war.

Im Jahr 1015 kann Emir Dja'far II., Nachfolger von Jusuf, zwar einen Putschversuch seines Bruders 'Ali verhindern, doch erhebt sich vier Jahre später die Bevölkerung von Palermo gegen seine Missregierung. Nach seiner Absetzung wird Ahmad al-Akhal neuer Emir. Er nimmt den Kampf gegen die Byzantiner in Süditalien wieder auf und schafft es mit diesem Feldzug, ein gewisses Maß an Stabilität herzustellen: 1031 treibt er den Gegenangriff bis zur Ägäis vor, mit massiven Vorstößen der muslimisch-sizilischen Truppen in den südlichen Teil des Balkans einschließlich der Adriaküste.
Die Byzantiner reagieren auf die militärischen Vorstöße des Emirs mit größerer Entschlossenheit. Es reift die Idee eines groß angelegten, durchschlagenden Feldzugs nach Sizilien unter der Führung des Strategen Georgeos Maniakus, dessen Heer von einer Abteilung normannischer Ritter, die in byzantinischen Diensten stehen, begleitet wird. Ihre Kriegskunst kannten die Byzantiner zu dieser Zeit bereits aus eigener schmerzlicher Erfahrung von deren Siegeszügen in Apulien und Kalabrien, wo sich auf Kosten der kaiserlichen Besitzungen die ersten normannischen Lehnsherrschaften herausbildeten. Die wieder erwachte Kriegslust trug deutliche Züge einer christlichen Reconquista und profitierte zugleich von der

Unzufriedenheit der in Sizilien gebürtigen muslimischen Oberschicht mit der Politik des Emirs, der das erst kurz zuvor auf der Insel sesshaft gewordene Patriziertum aus Nordafrika begünstigte.

Als die beiden normannischen Heerführer Roger und Robert Guiscard von Hauteville 1061 von ihren Stellungen in Süditalien aus in die inneren Zwistigkeiten zwischen Ibn al-Hawwas (Belcamet) und Ibn ath-Thumna (Betumen) hineingezogen werden, also den *qa'ids* von Agrigent beziehungsweise Catania, herrscht in Sizilien ein prekäres Nebeneinander verschiedener Konfessionen (nicht unbedingt verschiedener Ethnien): Die muslimische Minderheit wird nicht nur durch die Zwistigkeiten zwischen den diversen lokalen Potentaten zerrissen, sondern folgt auch unterschiedlichen Glaubensrichtungen; in der christlichen Mehrheit stehen die Anhänger des westlichen Ritus denen des östlichen *(romaioi)* unversöhnlich gegenüber; daneben gibt es in den Städten zwar kleine, aber wirtschaftlich bedeutsame jüdische Gemeinden. Von 1061 bis 1091 sind die Hautevilles an der christlichen Rückeroberung Siziliens maßgeblich beteiligt.
Dass es in Sizilien eine fest verwurzelte, bis zu einem gewissen Grad sogar doktrinäre christliche Gemeinschaft gab, auch in den unsicheren Zeiten der islamischen Besatzung, zeigen die betonte religiöse Toleranz der Muslime gegenüber den Christen und die rasche Zunahme der Zahl bedeutender Basilianerklöster vor allem im Val Demone während der unter normannischer Führung erfolgenden christlichen Reconquista. Im Übrigen war es das Papsttum, das sich bei dieser Gelegenheit auf der Insel als alleinige Macht durchzusetzen gedachte.
1098 verlieh Papst Urban II. Graf Roger die weit reichenden Vollmachten eines Apostolischen Legaten. Sich auf dieses Privileg berufend nahmen Rogers Nachfolger (und damit alle legitimen Erben der Krone Siziliens) diesen Rang für sich in Anspruch und hielten so im Hinblick auf Rechtsprechung, Verwaltung und vor allem in den Angelegenheiten der Kirche als Stellvertreter des Papstes in ihrem Reich alle Macht in Händen.
Der Herrscher ernannte Bischöfe und Erzbischöfe und besaß das *exequatur*, die Vollzugsgewalt für die Verfügungen des Heiligen Stuhls. Schließlich war das später vom König eingesetzte königliche Gericht auch für kirchenrechtliche Fragen zuständig, weil er als „Legatus natus" galt (Titel und Obliegenheiten des Apostolischen Legaten waren dem Willen des Papstes gemäß erblich und wurden erst 1871 nach der Gründung des Königreichs Italien abgeschafft).
Nach der Einnahme von Palermo im Jahr 1072 beanspruchte Robert Guiscard zunächst

Bögen an der Quelle S. Ciro in Maredolce (Goldschmidt 1898).

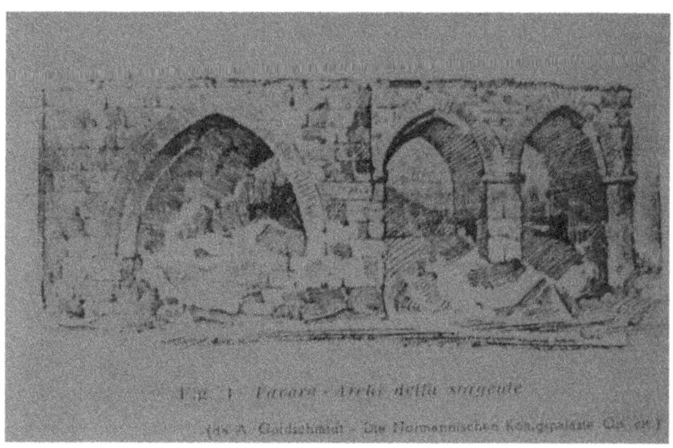

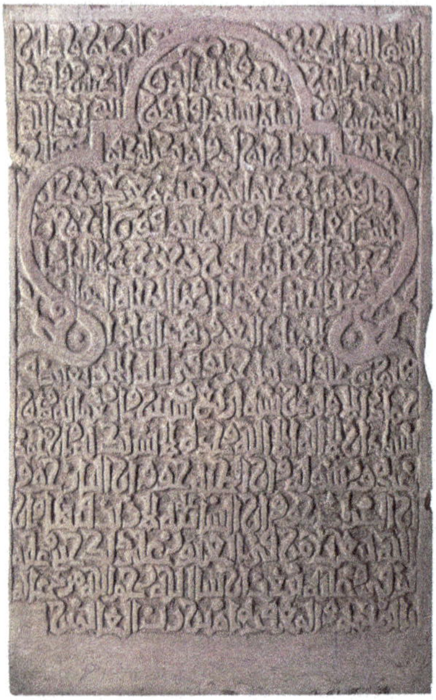

Grabstein des Ibrahim, Sohn des Khalaf ad-Dibadji, 1072, Museo d'Arte Islamica, Zisa, Palermo.

diesen ehemaligen Sitz des Emirs und das Val Demone für sich und sicherte seinem Bruder Roger die Rechte an allen übrigen befreiten Gebieten sowie allen noch unter muslimischer Herrschaft stehenden Teilen der Insel zu. Zu diesem Zeitpunkt war den Normannen noch nicht bewusst, dass sie die Entstehung eines neuen Staates in Gang gesetzt hatten. Später verzichtete Robert Guiscard dann auf jegliche Ansprüche auf der Insel und beschränkte sich auf seine Besitzungen in Kalabrien.

Nach dem Tod Rogers I. 1101 übernahm seine Frau, Gräfin Adelasia aus dem piemontesischen Geschlecht der Aledramiden, die Regentschaft für ihren am 22. Dezember 1095 geborenen Sohn, der 1112 schließlich als Roger II. selbst Herrscher über die Grafschaft Sizilien wurde. Nach dem Tod der letzten Nachkommen Robert Guiscards erbte er 1124 zudem das Herzogtum Apulien. Vier Jahre später sah sich Papst Honorius II. (1124–1130) gezwungen, dieses neue Reich anzuerkennen. Damit begann für die Insel eine lange, wenn auch nicht ununterbrochene Phase als Teil einer mittelalterlichen Großmacht; 1130 stieg Sizilien zum unabhängigen Königreich auf, am 25. Dezember wurde Roger II. im Dom von Palermo zum König gekrönt. Die Lehnsinvestitur des normannischen Herrschers durch Papst Innozenz II. am 27. Juli 1139 bedeutete nicht nur seine endgültige Anerkennung als König von Sizilien, sondern sicherte ihm zugleich auch die Titel eines Herzogs von Apulien und Fürsten von Capua.

Der an die neue Königsdynastie und ihren Hof gerichtete Vorwurf eines künstlichen Synkretismus und des Eklektizismus bei der Übernahme von Vorbildern wird durch die architektonischen Überreste aus vornormannischer Zeit entkräftet, die eine kontinuierliche rege Bautätigkeit bezeugen, die zwar provinziell gewesen sein mag, aber seit frühchristlichen und byzantinischen Zeiten durchaus qualitätvoll war und für die Insel typische Besonderheiten aufwies: so etwa die in Tindari erhaltenen Ruinen oder die

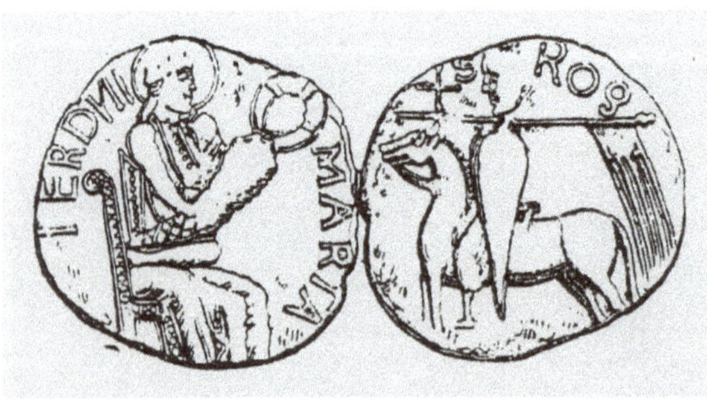

Kupfermünzen des Grafen Roger, Zeichnung (Di Stefano 1955).

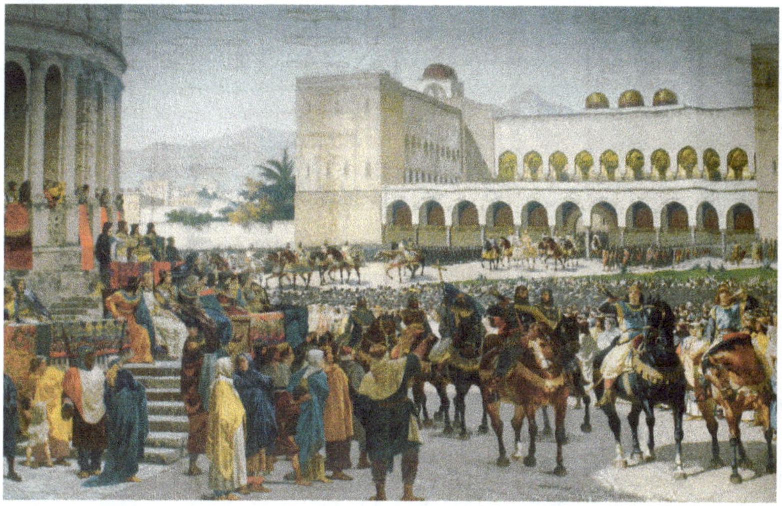

G. Sciuti, „Krönung Rogers II. in Palermo“, ca. 1895, Bühnenvorhang des Teatro Massimo, Palermo.

Reste von Grundmauern in Messina, die Kreuzkuppelbauten in den Provinzen Syrakus und Catania, die frühchristlichen Basiliken in San Miceli di Salemi und San Focà di Priolo oder die frühchristlichen und byzantinischen Kirchen in Agrigent beziehungsweise San Salvatore in Rometta. An ihnen wird deutlich, dass auch nach den so genannten Barbareneinfällen *more romano* gebaut wurde, es aber gleichzeitig bereits für das Ende des 6. Jahrhunderts eindeutige Indizien für die Übernahme auch nordafrikanischer, syrischer und vor allem byzantinischer Bauelemete gibt – etwa bei den inzwischen zerstörten Kirchen im Gebiet von Buonfornello (mit Gewölben aus Tonröhren) oder auch bei einer Reihe von Kirchen im Raum Syrakus, die erkennbar orientalische Einflüsse vermischt mit lokalen Traditionen aufweisen (so die Kirchen San Pietro und San Martino oder die Krypta von San Marziano). Dies führte bis zu ersten Ausbildungen eines arabisch-sizilischen Kunststils gegen Ende der muslimischen Herrschaft.

Bereits in der Grafenzeit (1061–1130) förderte die Normannendynastie der Hautevilles Architektur und Kunst. Diese frühnormannische Periode wirkt noch etwas verschwommen und nicht ohne Brüche, phasenweise verdrängte sogar eine Komponente alle anderen: der romanische Stil, der hier jedoch im Vergleich zur zeitgleichen Weiterentwicklung in seinem Entstehungsgebiet eindeutig rückständig erscheint; dieses hatten die Hautevilles allerdings schon zu einer Zeit verlassen, als sich die romanische ‚Schule‘ in der Normandie noch in ihrem Frühstadium befand und noch nicht klar herausgebildet hatte.

Die von Basilianern, Benediktinern und anderen Orden in dieser Zeit gebauten Kirchen sind dagegen geprägt von einer Vermischung östlicher und nördlicher Einflüsse, sowohl im Val Demone (darunter San Filippo di Fragalà in Frazzanò, San Michele Arcangelo in Troina, Santa Maria in Mili San Pietro, San Pietro

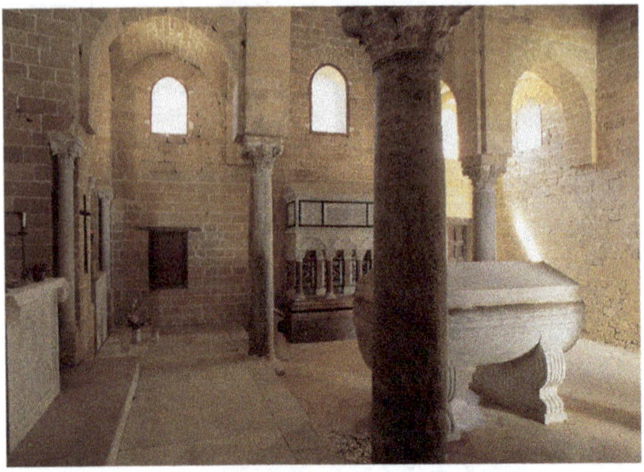

S. Trinità di Delta, Innenansicht, Castelvetrano.

in Itàla, Sant'Alfio in San Fratello, SS. Salvatore in San Marco d'Alunzio und Santi Pietro e Paolo im Tal von Agró) als auch weiter im Inneren der Insel (etwa Santo Spirito bei Caltanissetta und Sant'Andrea in Piazza Armerina) sowie im Val di Mazara (San Nicolò la Latina in Sciacca, San Michele bei Altavilla, Santa Maria dell'Alto bei Mazara).
Bei diesen Bauten findet sich eine Mischung unterschiedlicher Mauerverbände, etwa Backsteinlagen mit farbigen Einfügungen (aus Sandstein, Bimsstein, Lava) oder mit dick aufgetragenem Mörtel und Ziegelreihen, jedoch auch Quadermauerwerk mit gleich hohen Schichten von perfekt rechtekkig behauenen Werksteinen. Die Fassaden weisen einzelne Blendbögen mit gestuften Umrandungen (manchmal mit Öffnungen) in glatten Wandflächen auf oder sind durch Blendarkaden gegliedert, oft mit verschränkten Bogenstellungen, teils mit Spitzbögen (Santa Maria in Mili San Pietro), teils mit Dreipassbögen mit gedrücktem Vielpass im mittleren Segment (San Pietro in Itála). In einigen Fällen wurden solche technisch und kompositorisch unterschiedlichen Komponenten mit Grundrissen kombiniert, die zwar ebenfalls übernommen waren, aber andere Vorbilder hatten als die auf ihnen errichteten Bauformen.

Dem Islam entlehnte Elemente sind bereits in der Architektur der Grafenzeit zu erkennen, so etwa die Wandgliederung durch Bögen mit gestaffelten Einfassungen, die gekreuzten Blendarkaden, die Spitzbögen mit gestelzten Widerlagern; im Innenbereich die Intarsien mit Kammdekor am Sockelgesims, die Kufi-Inschriften, die gestelzten Kuppeln. Dasselbe gilt für die Verbindung zwischen den Unterbauten von Kuppeln und Kalotten mit dem quadratischen Raum beziehungsweise der Nische darunter. Anstelle der bis dahin üblichen Hängezwickel verwendet man nun Ecktrompen mit konzentrischen abgetreppten Bögen, die mit vier weiteren Bögen zu einem Achteck verbunden werden. Bei Profanbauten wie den königlichen Lustschlössern und Wohngemächern setzt man für solche Eckverbindungen oft Zellen und Stalaktiten ein, etwa *muqarnas*, was eindeutig aus der islamischen Baukunst stammt.
Die ersten bedeutenden arabisch-normannischen Sakralbauten entstehen in der Zeit Rogers II. (1130–1154). Die vorherrschenden Grundrissformen sind das Antoniuskreuz (seltener das lateinische Kreuz) und die Basilika als Hallenkirche oder dreischiffiger Bau, jedoch mit zentralem Gebäudeteil oder mit einem deutlich vom Langhaus abgesetzten Chor mit drei Apsiden.
Ausnahmsweise finden sich auch Zentralbauten, etwa San Nicolò lo Regale in Mazara del Vallo. Die Gliederung dieses Bauwerks als

griechisches Kreuz in einem dreiapsidialen Quadrat ist vergleichbar mit mittelbyzantinischen Formen, aber auch mit Bautypen, die in Sizilien schon vor dem 9. Jahrhundert vorhanden waren und arabisierende Tendenzen zeigen, wie sie dann auch in Palermo unter Roger II. und Wilhelm I. (1154–1166) von griechischstämmigen Bauherren in Auftrag gegebene Zentralbauten aufweisen.

Nachdem der innere Frieden in seinem Reich erreicht und damit die politische Stabilität wie auch die Neuorganisation der Verwaltung gesichert waren, begann König Roger II. eine Expansionspolitik, die zum Ziel hatte, die von den Muslimen in Ifriqiya einerseits und Byzanz andererseits ausgehende latente Gefahr abzuwenden. Rasch wurde Sizilien zur führenden Seemacht zumindest im südlichen und westlichen Mittelmeerraum, zum einen durch den Aufbau einer Schrecken verbreitenden wendigen Kriegsflotte (unter Einsatz effizienter griechisch-italienischer Organisationsformen), zum anderen durch die Besetzung eines Großteils der Küste des heutigen Tunesiens und einiger Festungen weiter landeinwärts (die wie fast das ganze nordafrikanische Territorium später unter König Wilhelm I. aufgegeben wurden).
Zu den wichtigsten Städten, die das neue sizilische Königreich eroberte, gehörten Djerba, Mahdia, Sfax sowie mit Sousse die Stadt, von wo aus der *djihad* 827 seinen Ausgang genommen hatte, um fast zweieinhalb Jahrhunderte lang Sizilien unter islamischer Flagge zu halten. Eine Rolle in dem von Roger II. geschaffenen neuen Szenario spielte auch der Feldzug gegen Tripolis, das im Jahr 1146 erstürmt

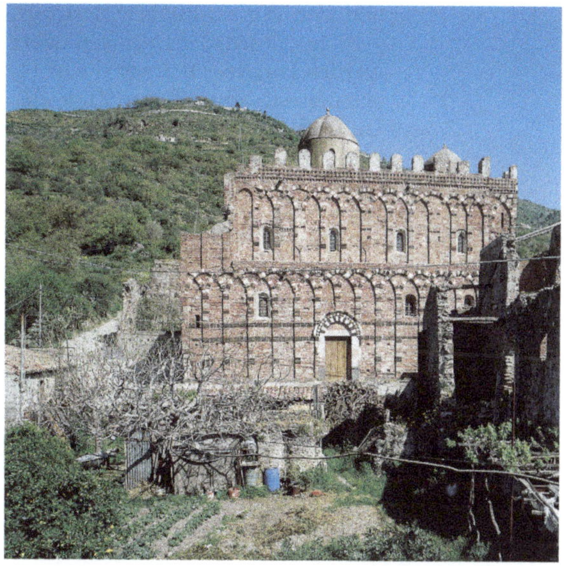

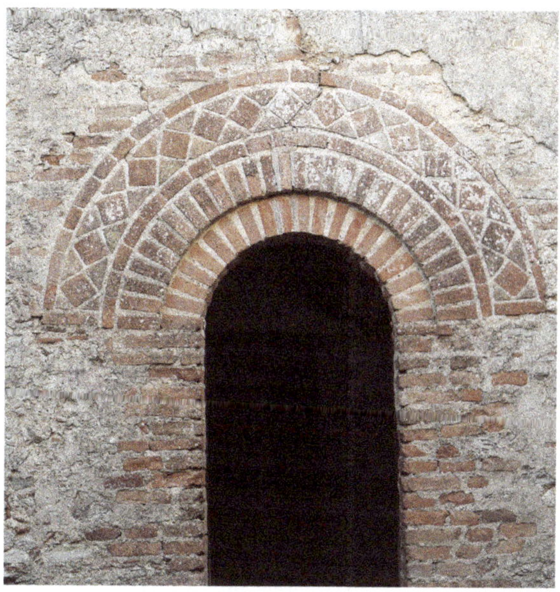

Santi Pietro e Paolo, Gesamtansicht, Forza d'Agrò.

Kloster San Filippo di Demenna, Einzelbogenfenster, Frazzanò.

und den normannischen Besitzungen in Nordafrika angegliedert werden konnte. Dies war die erste, eklatanteste Episode im Zuge der Umkehrung der Kräfteverhältnisse zwischen Sizilien und Nordafrika, wie sie von nun an die Außenpolitik des Königreichs Sizilien während des Mittelalters bis zum Auftauchen der überlegenen osmanischen Macht bestimmen sollte. Angesichts dieser neuen Machtverhältnisse sahen sich die Almohaden von Marrakesch bereits gegen Ende der ersten Hälfte des 12. Jahrhunderts veranlasst, Tunis zur Hauptstadt von Ifriqiya (unter der Regierung eines Gouverneurs) zu bestimmen und erneut zum *djihad* gegen Sizilien aufzurufen.

Mit ähnlicher Entschlossenheit wandte sich Roger II. nach Osten. Unter dem Kommando des Großadmirals Georg von Antiochia (der aus der gleichnamigen Stadt stammte, in der eine Seitenlinie der Hautevilles die Herrschaft übernommen hatte), hatte die mächtige Flotte für die sizilische Krone bereits die Adriaküste der Balkanhalbinsel erobert und dem byzantinischen Kaiser demütigende Friedensverträge aufgezwungen. Im Gefolge dieser Feldzüge, die den normannisch-sizilischen Truppen neben reicher Kriegsbeute auch den Besitz von Küstenstreifen bescherte, musste der byzantinische Kaiser endgültig seine Ansprüche auf eine Wiederherstellung seiner Autorität im Abendland aufgeben.
Rogers II. Angriffspolitik gegen Byzanz spaltete auch die Teilnehmer des zweiten Kreuzzugs und trug dadurch indirekt auch zum Scheitern der gesamten Kampagne bei. In diesen Jahren steht Roger zu diesem Thema in einem Briefwechsel mit Abt Suger von Saint-Denis und Petrus Venerabilis, dem Großabt von Cluny. Der (bereits im Niedergang befindlichen) byzantinischen Komnenendynastie versetzen die Hautevilles endgültig den Todesstoß: 1185 besetzen normannische Truppen von Sizilien aus Thessaloniki, zugleich wird in Byzanz mit Andronikos I. der letzte Komnene ermordet. Dies beendet vorerst einen fast eineinhalb Jahrhunderte dauernden Wettstreit zwischen Normannen und Byzantinern.

In dem Vierteljahrhundert seiner Regierungszeit legt Roger II. den Grundstein zu einer nationalen Identität – in einem Prozess, der in der Kunst, insbesondere der Architektur, am harmonischsten zutage tritt. Die programmatischen Absichten Rogers II. bei der Verfolgung einer gezielten ‚Bilderpolitik' erinnern an frühere europäische Herrscher, etwa die Karolinger oder Ottonen, die ihrerseits – ausgehend von der Idee der *renovatio imperii* – künstlerische Blütezeiten eingeleitet haben.
Die überlieferte Weltoffenheit Rogers II. und seiner Nachkommen ermöglicht in verschiedenen Wissenschaften und Disziplinen eine kulturelle Kontinuität, die sich im Fortschritt – man könnte auch sagen in der Aktualisierung – des Wissensstands manifestiert.
Auf einer silbernen Scheibe ist die sizilische Weltkarte des 12. Jahrhunderts abgebildet und nicht nur mit einer Beschriftung in arabischer Sprache versehen, sondern insgesamt nach arabischem Muster gestaltet. Die Karte steht in Nord-Süd-Achse auf dem Kopf und wird durch Erläuterungen des muslimischen Geografen al-Idrisi ergänzt,

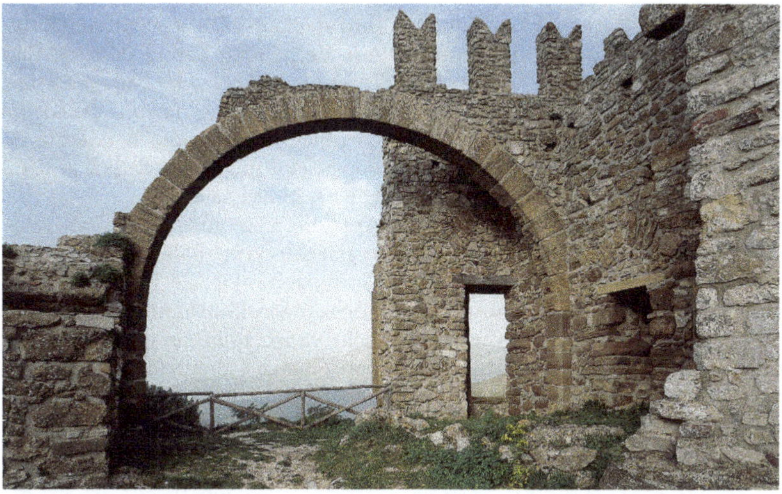

Kastell, Teilansicht, Cefalà Diana.

al-Kitab al-Rudjari genannt *(Buch Rogers; Das Vergnügen dessen, der die Horizonte zu durchstreifen wünscht)*. Das im Auftrag König Rogers II. verfasste und ihm gewidmete Buch stellt eines der ersten kartografischen Werke der europäischen Geschichte dar. Es ist bekannt, dass al-Idrisi später im Auftrag Wilhelms I. eine erweiterte Version unter dem Titel *Rawd-Unnas wa-Nuzhat an-Nafs (Freude der Menschen und Vergnügen der Seelen* oder *Der Garten der Kultur und die Erbauung für die Seele)* veröffentlichte. Auch bei diesem König, „an diesem einzigartigen Hof, an dem sich diese bizarre Gesellschaft in ihrer ganzen vielfältigen Harmonie spiegelte, waren Traktate und neue Studien arabischer, griechischer und lateinischer Gelehrter sehr gefragt und weit verbreitet" (Siragusa 1929).

Wilhelm I., genannt der Böse, war der dritte (und der einzige den Vater überlebende) Sohn Rogers II. Er bestieg den Thron 1154. Bei seinem Tod am 7. Mai 1166 übernahm zunächst seine Frau Margarethe von Navarra die Regentschaft für den gemeinsamen Sohn Wilhelm II., genannt der Gute, der dann von 1171 bis 1189 selbst herrschte.
Unter ihm fand die arabisch-normannische Kultur zu einer ganz neuen Qualität, ihren Höhepunkt hatte sie im letzten Jahrzehnt der Dynastie. Eine kontinuierliche Aktualisierung führte zu einem architektonischen Regelwerk als *instrumentum regni*, das griechische, römische und arabische Formen in sich vereinigte. Dabei entstand eine Kunst, die keine bloße Kultursynthese mehr war, sondern ein eigenständiges System, dessen einzelne Komponenten zwar die Wurzeln der neuen architektonischen Ordnung bildeten, aber nicht mehr erkennbar waren.
Von allen Profanbauten aus normannischer Zeit ist der Königliche Park in der Ebene von Palermo mit den darin entstandenen Lustbauten, den so genannten *sollazzi*, eine der komplexesten und originellsten Schöpfungen weltlicher Architektur und Kunst überhaupt.

Die Schönheit dieser Anlage rühmten später die aus Sizilien stammenden muslimischen Dichter, die inzwischen aus ihrer Heimat vertrieben waren.
Während der Normannenherrschaft entstanden zahlreiche Reiseberichte, oft von arabischen Muslimen verfasst, wie der des berühmten Ibn Djubair, der sein Werk Wilhelm II. widmete. Es handelt sich dabei teilweise um die nostalgischen Rückblicke verbannter Sizilianer, deren Schilderungen der Schönheiten der Insel und ihres milden Klimas häufig unterbrochen werden von Verwünschungen gegen die neue herrschende Klasse Siziliens und der an Allah gerichteten Bitte um Vergebung dafür, dass sie die Leistungen von „Ungläubigen" besingen. Hinzu kommt stets die Klage darüber, wie sich die Bevölkerung der Insel unter der christlichen Kirche verändert habe.
Auf die romanisch geprägte Sakralarchitektur Palermos aus der Grafenzeit, wie sie beispielsweise noch in San Giovanni dei Lebbrosi sichtbar ist, folgt ein ganzer Zyklus höfischer Kirchenbauten, die der neuen Stellung der Stadt als Königsresidenz eher angemessen waren und sich nun nicht mehr auf die Selbstdarstellung jener Kultur beschränkten, aus der die herrschende Dynastie stammte.

Dom, Grabmal Rogers II., Palermo (Publifoto, Palermo).

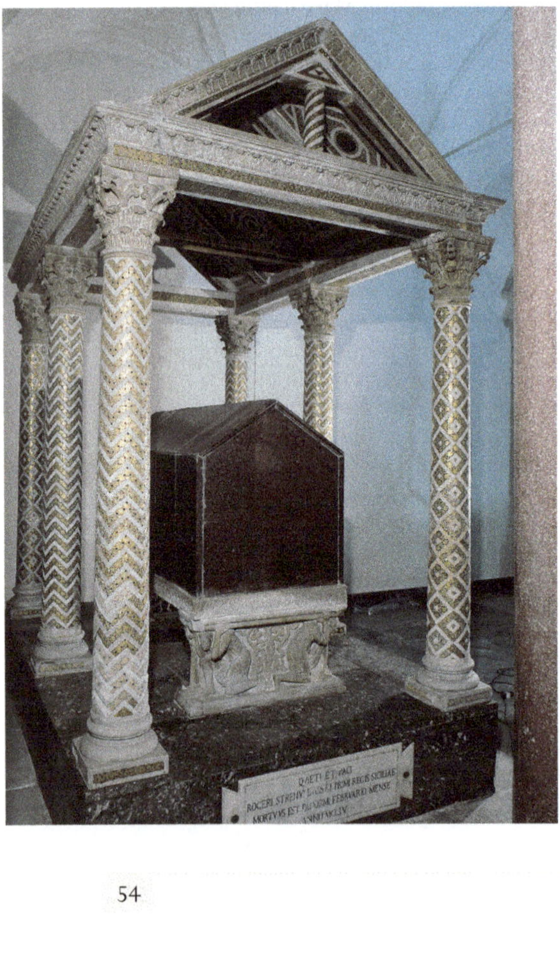

Die Zwistigkeiten unter den Christen – zwischen den Anhängern der Ost- und der Westkirche –, genährt durch die Aufeinanderfolge von Päpsten, die dem griechisch-byzantinischen Ritus mehr oder weniger offen oder feindlich gegenüber standen (darunter Honorius II. und Innozenz II.), erklären zum Teil, warum sich die arabische dekorative Kunst in der Normannenzeit durchsetzen konnte. Es bestand die Notwendigkeit, einestaatliche religiöse Kunst zu formulieren. Die Einsetzung römisch-katholischer Geistlicher, denen Roger zudem die wichtigsten Kirchen zuwies, weckte Unzufriedenheit beim griechisch-orthodoxen Klerus, der bereits vor den Muslimen auf der Insel ansässig gewesen war. Der Klerus beider Lager ließ es jedoch zu, dass bei der Ausschmückung der renovierten Kathedralen und Kirchen das Repertoire einheimischer Künstler und Handwerker muslimischer wie auch griechisch-orthodoxer

Konfession eingesetzt wurde – unter Einführung neuer Inhalte und der anthropomorphen Darstellung Christi und der Figuren des Alten und Neuen Testaments. Dies führte zur Verwendung arabisch beeinflusster dreidimensionaler Dekorationen von Decken, Nischen und Kuppeln wie auch musivischen Wandverkleidungen nach byzantinischem Vorbild und der Einbeziehung der Kalligrafie, die als dekoratives Element sowohl in der arabischen als auch der byzantinischen Kunst eine Rolle spielte.

Die Kunsthandwerker am normannischen Hof (allen voran Gerhard der Franke) mussten angesichts des Wirkens einheimischer und zugewanderter Künstler aus dem orientalisch-muslimischen Kulturkreis zwangsläufig umdenken. Die zunehmende Durchlässigkeit für solche orientalisch-muslimischen Einflüsse beruhte auch auf der Konfrontation mit den kleinen, aber raffinierten Werken, die von den immer mächtiger werdenden griechischen Würdenträgern in Auftrag gegeben wurden, war aber auch die Folge einer inzwischen erreichten innenpolitischen Stabilität zwischen den verschiedenen Ethnien und Religionen sowie Teil der bewussten Förderung einer staatlichen Identität.

Auch die Prachtentfaltung des normannischen Hofes ahmte orientalische Vorbilder nach (so wie später der Staufer Friedrich II.). Das Gleiche gilt für die Mosaikzyklen der von Roger II., Wilhelm II. und ihren Admiralen gestifteten Kirchen und Residenzen. Die meisten davon entstanden nach den siegreichen Feldzügen gegen Byzanz, die dem Königtum nicht nur enorme Reichtümer, sondern auch qualifizierte griechische Kunsthandwerker einbrachten.

Als Roger II. starb, galt sein Reich bereits als Paradies auf Erden. Im *Liber ad honorem Augusti* von 1195 beklagt Petrus von Eboli in elegischen Distichen den Tod des Normannenkönigs Wilhelm II. Die Miniaturen des in der Bibliothek von Bern aufbewahrten Werkes, das auch als *De Rebus Siculis Carmen* bekannt ist, sind beredte Bilder vom Einfluss der normannischen Politik auf das Zusammenleben im Vielvölkerstaat Sizilien.

Eine Miniatur zeigt die Stadt in Trauer über den Tod Wilhelms II.: Klar unterschiedlichen Stadtvierteln

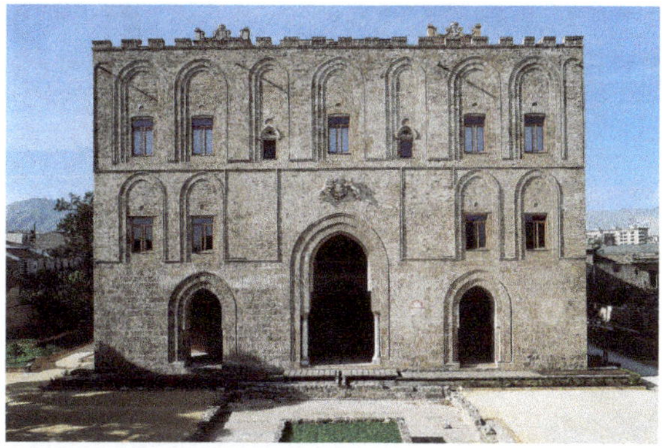

Zisa, Hauptfassade und Fischteich, Palermo.

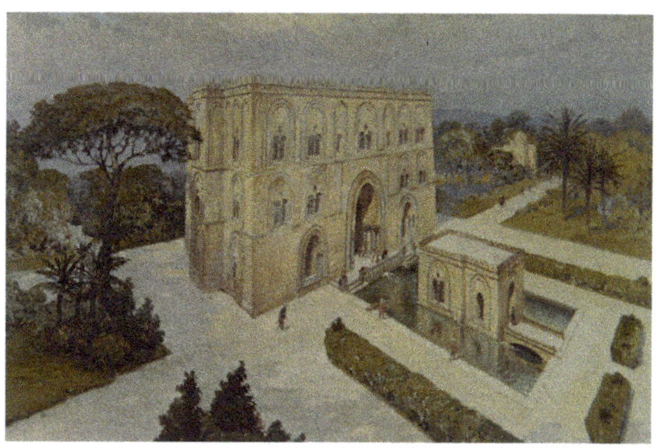

Zisa, imaginäre Ansicht von R. Lentini, 1935 (Soprintendenza Regionale ai BB.CC. AA.), Palermo.

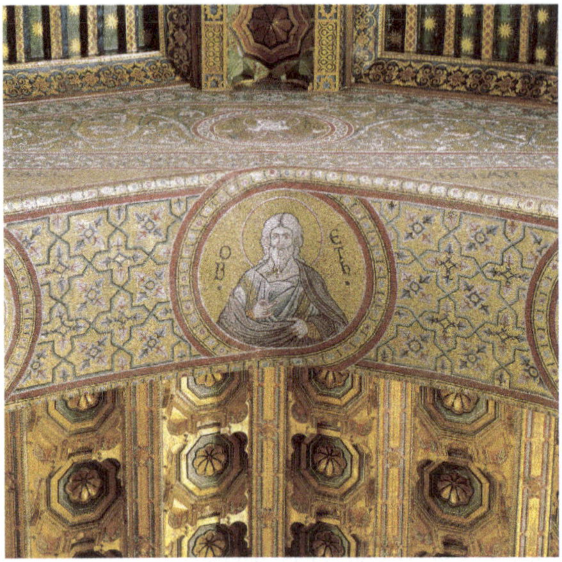

Dom, Gurtbogen, Monreale.

zugeordnet, erkennt man Vertreter der lateinischen, arabischen, griechischen und normannischen Bevölkerungsteile. Aus Dokumenten und Urkunden derselben Epoche weiß man darüber hinaus, dass die normannischen Könige Werke der unterschiedlichsten wissenschaftlichen und kulturellen Disziplinen sammelten. Gegen ihren Willen mussten arabische Gelehrte weiter forschen und Schriften verfassen, die das Wissen der ‚Ungläubigen' erweiterten. Unterstützt wurde die Produktion wissenschaftlicher Werke sicherlich auch durch die Verwendung von Papier, dessen Herstellung die Araber in Ägypten gelernt hatten, anstelle von Pergament.

Die Überreste jener muslimischen Bevölkerung, die mit den Emiren eingewandert und den Verfolgungen durch die Christen entkommen war, wurden toleriert, sofern sie in abgelegenen kleinen Gemeinden im Herrschaftsgebiet lebten. Ibn Djubair berichtet, dass diese Gemeinden über eigene Märkte und Moscheen verfügten, der Rechtsprechung ihrer Kadis unterworfen waren, vom Muezzin zum Gebet gerufen und in Koranschulen von eigenen Lehrern unterrichtet wurden.

Schon seit den ersten Herrschaftsjahren wurde eine Politik der Toleranz verfolgt, die allerdings durchaus Unterschiede machte: „Die Justizverwaltung bewahrte die unter Roger II. eingeführten Regeln, denen zufolge Muslime und Christen gleichermaßen vor Gericht zugelassen waren, doch galten für die einen die Vorschriften des Korans, für die Feudalaristokratie römischen oder normannischen Ursprungs langobardisches und fränkisches Recht. Für die Einwohner griechischer oder römischer Herkunft, für das Bürgertum sowie generell für alle Klassen, die keine Lehnsträger waren, galt römisches Recht" (Siragusa 1929).

In die Zeit Wilhelms II. und die der kurzen Herrschaft Tankreds von Lecce, die sich als deren ideelle Fortsetzung verstand, fallen wichtige Verwaltungsreformen und Neudefinitionen der Institutionen des Reichs (die später bestimmend für das Herrschaftsprogramm und die ‚Bilderpolitik' des Staufers Friedrich II. wurden). Vergleichbare Impulse erhielten Architektur und Kunst: Einige der wichtigsten Bauwerke des sizilianischen Mittelalters wurden im Zeitraum zwischen 1166 und den frühen 1190er-Jahre gebaut oder abgeschlossen. Dies erfolgte unter direkter Beteiligung des Königs oder seines Hofstaats, der seinerseits von dem unter den letzten Hautevilles bestehenden kulturellen Klima geprägt war. In Palermo wurde nicht nur die Innenausstattung des

Normannenpalasts und der Lustschlösser vollendet, sondern zudem der vollständige Umbau des Doms in Angriff genommen.
Die großartigsten dieser Baumaßnahmen bezeugen die Verschmelzung der damaligen Ausdrucksformen islamischer Kunst mit dem Fundus des byzantinischen figürlichen Repertoires im Rahmen der nun bereits kraftvollen architektonischen Kultur Siziliens. Ihr Einfluss zeigt sich in mancher Hinsicht auch auf dem süditalienischen Festland, wo Merkmale islamischer Kunstauffassung im Übrigen schon zuvor durch die Normannen selbst oder auf anderem Wege (so durch das kurzlebige apulische Emirat) verbreitet worden waren. Vor allem Amalfi und das kampanische Ravello waren von der späteren Ausbreitung von Stilelementen der islamischen und normannisch-sizilischen Kunst und Architektur betroffen. Hier machte sich eine spezielle, in ihren Grundlagen eklektische architektonische Erfahrung bemerkbar, eine Synthese der mittelalterlichen *koinè* des Mittelmeerraums.

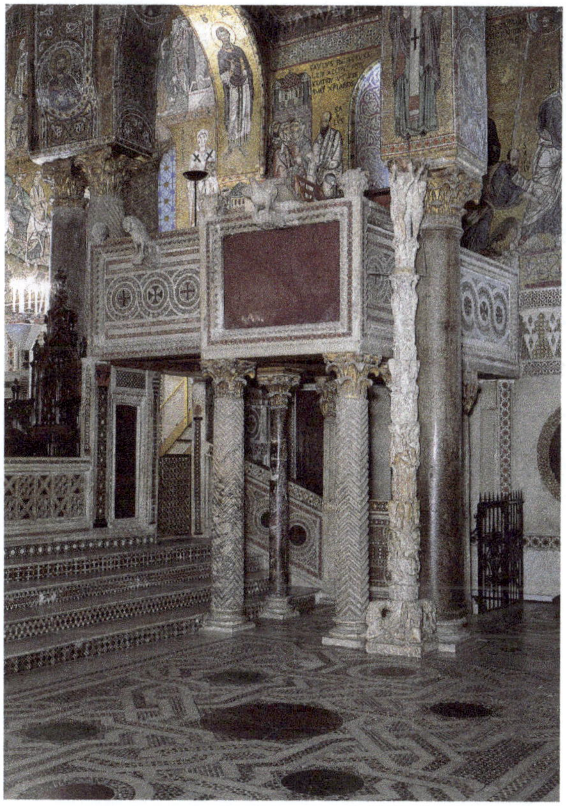

Cappella Palatina, Kanzel und Osterleuchter, Normannenpalast, Palermo.

Nachdem mit Wilhelm II. der letzte legitime Nachkomme König Rogers in männlicher Linie gestorben war, regierte von 1189 bis 1194 Tankred von Lecce, der illegitime Sohn des Grafen Roger von Apulien und Vetter Wilhelms II., in den letzten zwei Jahren gemeinsam mit seinem älteren Sohn Roger. Von Februar bis November 1194 folgte ihm sein jüngerer Sohn Wilhelm III. unter der Regentschaft seiner Mutter Sibylle auf den Thron. Mit ihm endet die Dynastie der Hautevilles auf tragische Weise durch die Besetzung Süditaliens und Siziliens durch den Staufer Heinrich VI., den Sohn Friedrich Barbarossas, zu dieser Zeit bereits römisch-deutscher Kaiser.
Heinrich VI. verwirklichte den uralten Traum, den schon die Ottonen umsetzen wollten: den Traum von der Eroberung Italiens zur Wiederherstellung des römischen Imperiums. Vor dem Feldzug gegen die den Hautevilles treuen sizilischen Vasallen hatte Heinrich VI. Richard Löwenherz gefangen genommen, der ebenfalls Ansprüche in Sizilien erhoben hatte, und neben einem beachtlichen Lösegeld die formale lehnrechtliche Unterwerfung des (1066 durch Wilhelm den Eroberer

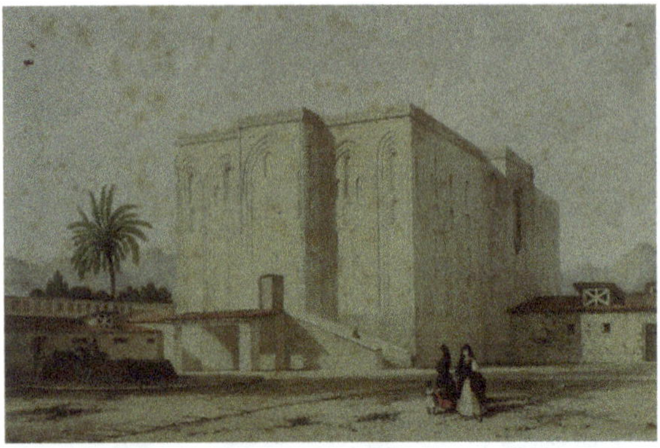

Cuba, Gesamtansicht, Palermo (Gally Knight 1838).

gegründeten) englischen Königtums erreicht. Aufgrund seiner Heirat mit Konstanze von Hauteville, der Tochter Rogers II., im Jahr 1186 forderte Heinrich den Thron Siziliens für sich. Gemeinsam mit seiner Frau regierte er von 1194 bis zu seinem Tod nach einem Jagdausflug bei Messina im Jahr 1197. Die Krone fiel nun an seinen Sohn Friedrich. Beim Tod seiner Mutter Konstanze, welche die Regentschaft übernommen hatte (1197/98), wurde der noch minderjährige Friedrich II. von Staufen der Vormundschaft Papst Innozenz' III. unterstellt. Das normannische Streben nach Vorherrschaft im zentralen Mittelmeerraum wurde durch den Stauferkaiser Friedrich II. erneut bekräftigt. Wenn auch mit weniger Nachdruck, vertraten diese Politik später auch die ersten Herrscher aus dem Hause Aragon, das nach der Revolte von 1282 den Anjou auf dem Thron Siziliens folgte.

Cuba, Detail der Seitenfassade, Palermo.

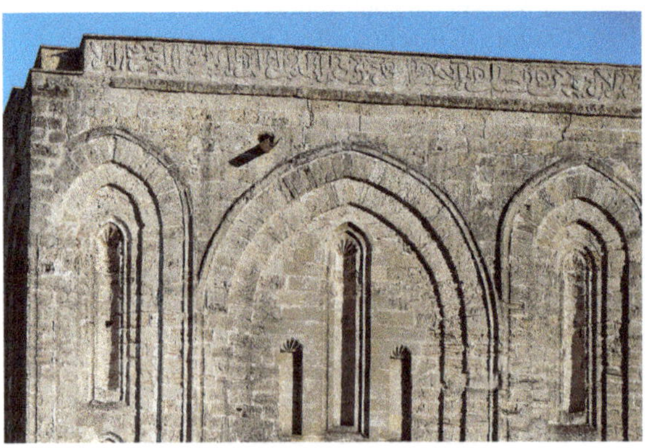

Friedrich II. förderte an seinem Hof eine Dichterschule, deren Werke in der sizilianischen Volkssprache später in toskanischen Gedichtsammlungen dokumentiert wurden. Die erste eigenständige offizielle Literaturform brachte so die ersten literarischen Zeugnisse des *volgare* hervor.
Nach dem Tod Friedrichs II. (1250) gelang es den Anjou-Königen erst 1270, den Widerstand der Barone und des Volkes der Insel zu überwinden, die gleichermaßen die vom Papst aufgezwungene Guelfendynastie ablehnten.
Die Treue zu den Staufern und das Entsetzen darüber, dass Karl von Anjou den noch minderjährigen letzten männlichen Spross Friedrichs II., Konradin, am 29. Oktober 1268 auf dem Marktplatz von Neapel öffentlich hatte enthaupten lassen, konnten aber auch durch ein Schrekkensregiment und die Übergriffe des Leutnants Guillaume l'Etendart nicht dauerhaft unterdrückt werden: Am Ostermontag, dem 30. März 1282, brach zur Vesperstunde (die dem Aufstand später den Namen gab) mit Unterstützung der feudalen Schichten in Palermo ein Volksaufstand los, der zur Abtrennung der Insel von den festländischen Teilen des von den Anjous regierten Königreichs Sizilien führte.
Mit der Sizilianischen Vesper erlangt die Aristokratie der Insel ihre ursprüngliche feudale Rolle wieder. Kastelle, befestigte Ortschaften und Wohntürme werden

in Stand gesetzt, um- oder neu gebaut. Der Adel zieht sich wieder in befestigte Felssiedlungen in Höhenlagen zurück und prägt damit den so typischen Charakter der sizilianischen Landschaft zur Zeit des Feudalismus.
Diese Burgen standen an den Ausgängen von Tälern, oberhalb von Flüssen oder bewachten weiter oben Pässe und Gebirgssättel. Einbezogen wurden alte normannische Wehrtürme, befestigte Gutshöfe aus der Zeit des *djihad*, Reste von Karawansereien und alles, was von der zur Zeit der Araber sowie unter den Normannen und Staufern einst blühenden Landschaft den Verfall der zweiten Hälfte des 13. Jahrhunderts überlebt hatte. Die besten Bedingungen für die militärische Befestigung im Zusammenhang mit der Wiedereinführung des Feudalsystems (das bereits die Normannen – jedoch im Rahmen einer starken Zentralmacht – eingerichtet hatten, von der friderizianischen Autokratie aber zurückgedrängt worden war) boten von allen bestehenden Strukturen Überreste von Burgen, hoch gelegenen Gehöften und Dörfern, in die sich einst die Muslime zurückgezogen hatten, um sich der Herrschaft der Normannen in Sizilien zu entziehen.

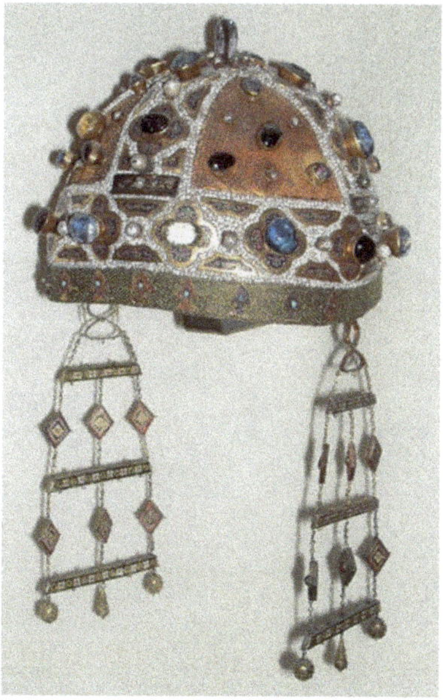

Krone aus dem Grab der Konstanze von Aragon, Schatzkammer des Doms, Palermo (Publifoto, Palermo).

Muslime der höheren sozialen Schichten, etwa Offiziere (die in Sizilien gebürtigen ‚Araber' stellten die Elitetruppen, insbesondere Bogenschützen und leichte Reiterei sowie Seeleute) oder Wissenschaftler, Künstler, Kaufleute und Verwaltungsbeamte, waren in das Leben der großen Städte fest integriert und so in die allmähliche Latinisierung Siziliens von vornherein

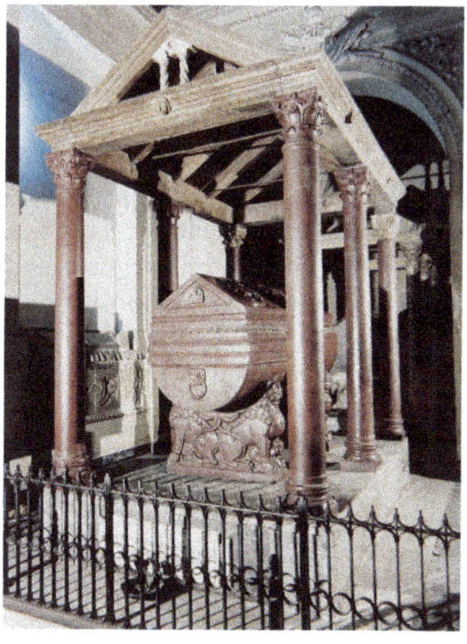

Dom, Grabmal Friedrichs II., Palermo (Publifoto, Palermo).

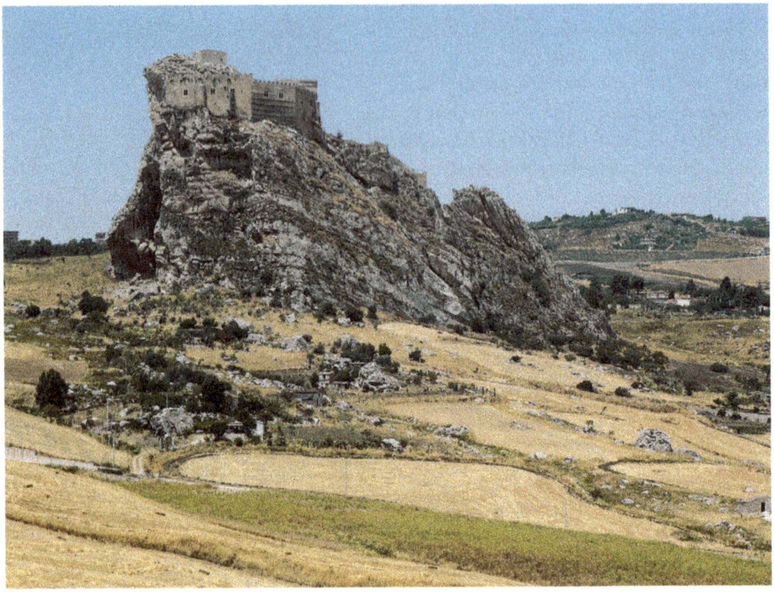

Burg, Gesamtansicht, Mussomeli.

eingebunden. Die ländlichen muslimischen Gemeinden der Insel bildeten dagegen lange Zeit regelrechte Reservate, die rechtlich dem Königtum unterstanden, jedoch de facto ihren eigenen Traditionen treu blieben, das heißt nicht zuletzt dem vom Koran vorgegebenen Sozialwesen und Rechtssystem.

In Übereinstimmung mit den lateinischen Baronen hatten lombardische Einwanderer, die ab 1087 nach Sizilien gelangten, die Muslime systematisch verfolgt. Hieraus ergab sich ein latenter Bürgerkrieg, der 1161 kulminierte und die bäuerliche muslimische Bevölkerung offenbar erheblich dezimierte – übrigens keineswegs mit Billigung der Hautevilles und des Hofes. Die Folge war ein Blutbad auch unter den Muslimen der Hauptstadt, das die Autorität Wilhelms I. in Frage stellte. Seine Sympathie für die islamische Kultur, insbesondere ihre Kunst und Wissenschaft, war den christlichen Bauern und Grundbesitzern ohnehin ein Dorn im Auge. An der Reichsspitze war die ethnische, religiöse und kulturelle Integration von Muslimen, Griechen und Lateinern sizilianischer Geburt gelungen, die eine friedliche Einbindung der fremdländischen Elemente begünstigte (Griechen vom Balkan oder aus Süditalien, Normannen und nordafrikanischen Muslime): ein Modell für eine kosmopolitische Lebensweise – in höfischer Form –, welche das Klima der Toleranz zwischen den Volksgruppen in Palermo spiegelt, das hier zumindest am Ende der Ära Wilhelms I. und Wilhelms II. herrschte.

Mit dem Tod Wilhelms II. zerbricht das prekäre Gleichgewicht, das die normannische Krone dank ihrer Autorität beispielsweise durch die Wertschätzung muslimischer

Künstler und Wissenschaftler so zu wahren gewusst hatte, dass sich in Sizilien eine eigenständige mittelalterliche Kultur hatte herausbilden können: eine Kultur, die sich nicht nur in den königlichen Bauten der Hauptstadt ausdrückt, sondern auch in dem beträchtlichen Anteil, den das städtische Patriziat dazu beitrug, aber auch in einer aufblühenden Industrie (Schiffsbau, Seidenmanufakturen im Raum Messina und Papierherstellung).

Die Vorliebe für die islamische Kultur war auch prägend für die Entwicklung Friedrichs II., vor allem in der noch ganz auf Sizilien konzentrierten Anfangsphase seiner Regierung, die geprägt war vom Streben nach einer *renovatio* der normannisch-sizilischen Kultur. Bevor er sich dem deutschen Teil seines Erbes zuwandte, entschloss er sich zu einem systematischen militärischen Vorgehen, um die muslimischen Enklaven wieder wie zuvor in den sizilischen Staatsverband einzugliedern, nachdem zuvor alle anderen Versuche, dies zu erreichen, fehlgeschlagen waren.

Aus politischen Überlegungen heraus entschließt er sich, die Frage des muslimischen Widerstands in Sizilien noch vor seinem im Jahr 1212 stattfindenden Zug nach Deutschland ein für alle Mal zu klären. Mit einer beachtlichen Armee belagert er Calatrasi, Jato und Entella; es gelingt ihm schließlich, Muhammad Ibn 'Abbad zu beseitigen, der ein eigenständiges Emirat gegründet hatte. Doch erst nach einer weiteren von unzähligen Revolten führt der 1243 folgende letzte Gegenschlag Friedrichs II. zur endgültigen Eroberung aller noch verbliebenen islamischen Siedlungen bis zum Jahr 1246. Die letzten muslimischen Dissidenten werden nach Lucera in Apulien umgesiedelt. Zu so drastischen Maßnahmen sah sich Friedrich II. wohl unter dem Druck der Ereignisse gezwungen, hegte er doch andererseits den Traum von einem mediterranen Imperium und zeigte sich auch

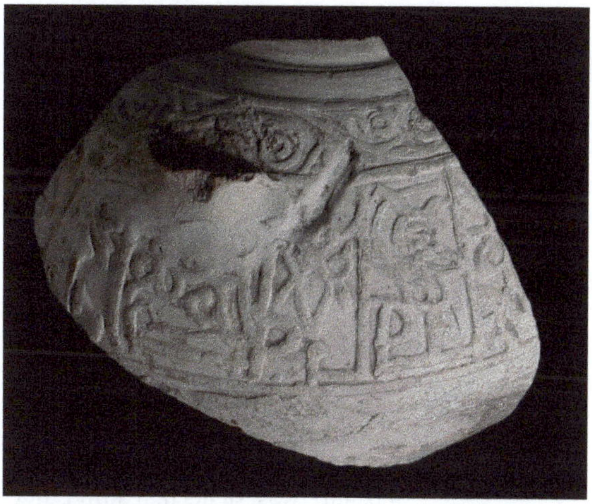

Bruchstück eines kleinen Krugs, vor 1161, Museo Regionale della Ceramica, Caltagirone.

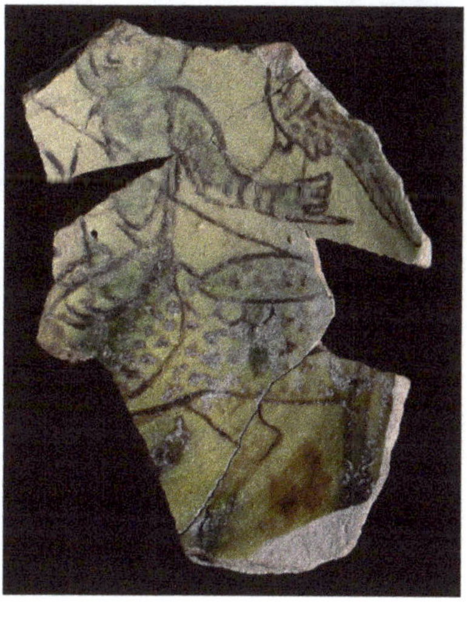

Bemaltes und glasiertes Bruchstück eines Bechers, 1. Hälfte 12. Jahrhundert, Museo Regionale della Ceramica, Caltagirone.

nach dem Bürgerkrieg in Sizilien weiterhin von der islamischen Kultur fasziniert. Seine Kastelle an der Ionischen Küste der Insel, in Augusta, Syrakus (Castello Maniace) und Catania, sowie praktisch alle von ihm geförderten Bauvorhaben sind Synthesen aus eindeutig gotischem Baustil und Bildprogrammen mit klar islamischen Komponenten (etwa Verweisen auf den *ribat* von Sousse und andere Festungen in Ifriqiya).

So tauchen arabisch-normannische Stilelemente an gotischen Bauteilen auf, was sicherlich unter der erfahrenen Aufsicht oder auf Anregung des kaiserlichen Architekten Riccardo da Lentini geschah, so als wollte man hier die wesentlichen Elemente der völkerübergreifenden friderizianischen Herrschaftsidee nachbilden. Während gesichert ist, dass muslimische Handwerker an einigen dieser Bauwerke mitarbeiteten (in Syrakus etwa ist auch nach der Verbannung nach Lucera noch eine islamische Bevölkerung nachweisbar), gibt es hierfür in der sizilianischen Kunst und Architektur späterer Epochen des Mittelalters keine Belege mehr.

Castello Ursino, Treppe in einem der Türme, Catania.

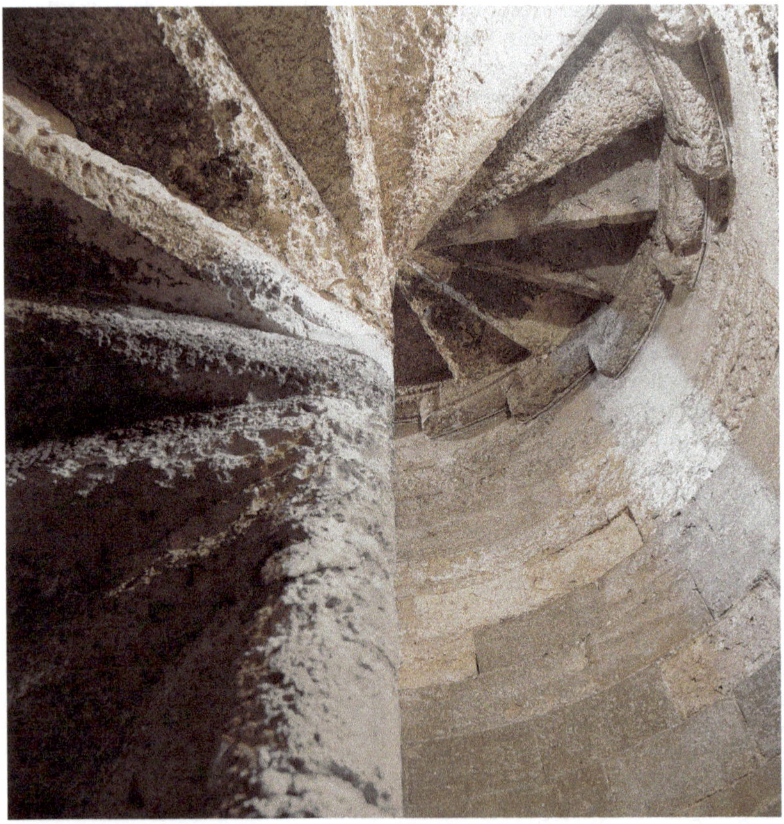

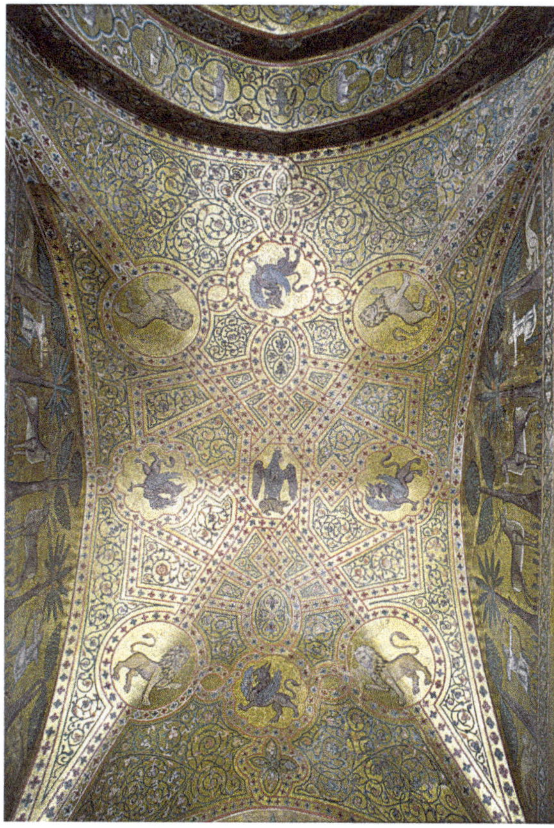

Normannenpalast, Gewölbe im König-Roger-Saal, Palermo.

Allerdings besteht noch ein gewisser islamischer Einfluss auch unter den aragonesischen Herrschern in der dekorativen Kunst Siziliens, teilweise kaum erkennbar (so in den Verzierungen von Türen und Fenstern oder bestimmten Manifestationen des Sizilien und der Iberischen Halbinsel gemeinsamen *horror vacui*), teilweise aber auch deutlich ins Auge springend: Eines von vielen Beispielen hierfür ist die langlebige Tradition bemalter Holzdecken, auch wenn die jeweiligen Bildprogramme in zunehmendem Maße gotisch geprägt sind.

Durch den Einfluss iberischer (aragonesischer und katalanischer) architektonischer und figurativer Formen auf die sizilianische Gotik mit ihren normannisch-sizilischen Grundlagen und auf die noch vorhandenen ‚arabisch-sizilischen' Elemente entstand ab den ersten Jahren des 14. Jahrhunderts schließlich eine Art kultureller *koinè* dieser beiden Regionen des Mittelmeerraums, deren gemeinsame Besonderheit es in Europa war, dass sie zum einen lange Zeit zum *Dar al-Islam* gehört hatten und zum anderen trotz des jetzt vorherrschenden Christentums noch immer über eine nun wieder entdeckte islamische Kultur verfügten.

Islamische Einflüsse als Erbe der arabisch-normannischen und friderizianischen höfischen Tradition finden sich in aragonesischer Zeit sowohl bei den bürgerlichen Palästen der Hocharistokratie (der Chiaramonte- oder der Sclafani-Familien) als auch in der Ausgestaltung und teilweise sogar Raumaufteilung der Stadthäuser und Burgen solcher Adelshäuser, die große Teile Siziliens beherrschten und oftmals einen Staat im Staat bildeten (etwa Alagona, Moncada, Peralta, Ventimiglia und wiederum Chiaramonte und Sclafani).

Staufer und Aragonesen lernten von der normannischen Dynastie – ohne allerdings deren Ausgewogenheit oder Glanz in der ‚Bilderpolitik' zu erreichen –, dass sie, wenn sie ihren Großmachtsanspruch und die damit verbundene *renovatio* dauerhaft verwirklichen wollten, eine bewusste dynastische und Sicherheit gebende Identifikation mit dem neuen Vaterland erreichen mussten.

In dieser Hinsicht unterscheiden sie sich von den ungeliebten

Anjous, die keinerlei Kunstförderung betrieben und – sieht man von Heinrich VI. von Staufen ab – als Einzige die Insel einer echten eigenen Dominanz unterwarfen. Ihre Arroganz und Gier entfachten eine nationale Widerstandsbewegung, die in der Sizilianischen Vesper kulminierte und an der sich fast alle Adelsgruppierungen, die Bauern, die Handwerker und die städtische Unterschicht beteiligten.

Es ist kein Zufall, dass Nicolò Speciales *Historia Sicula* in die Zeit fällt, in der das sizilische Königtum mit Friedrich III. von Aragon (1296–1337) wieder an die normannisch-staufischen Traditionen und Ansprüche anknüpfte. Der Aragonese wollte das Königreich Sizilien zu jener zentralen Rolle in Europa und im Mittelmeerraum zurückführen, die es einmal gehabt hatte, als sich sein Herrschaftsbereich auf alle Provinzen Süditaliens, die Küste Tunesiens und die Balkanhalbinsel zwischen Durazzo und der Peloponnes erstreckte.

Eine wesentliche Rolle in diesem erfolgreichen Streben nach Erneuerung einer solchen zentralen Großmachtstellung spielte der Streit um die Vorherrschaft in Italien zwischen Ludwig III. von Anjou und Alfons V. von Aragon, der als Sohn König Ferdinands I. nach der Regentschaft Blancas von Navarra (die bereits als *vicaria regni* Martins II. in Sizilien fungiert hatte) die Herrschaft im Königreich Sizilien übernahm.

Die von Alfons begonnene und von seinen Nachfolgern weiter verfolgte politisch-kulturelle Ausrichtung schnitt Sizilien (und Süditalien) jedoch ein für alle Mal vom Austausch mit Nordafrika und dem Orient ab: ein Prozess, der bereits kurz nach der Sizilianischen Vesper begonnen hatte. Die noch Anklänge islamischer Einflüsse zeigende humanistische Ausprägung der sizilianischen Spätgotik wurde gegen Ende des 15. Jahrhunderts endgültig von einer von der Renaissance geprägten Kultur überlagert.

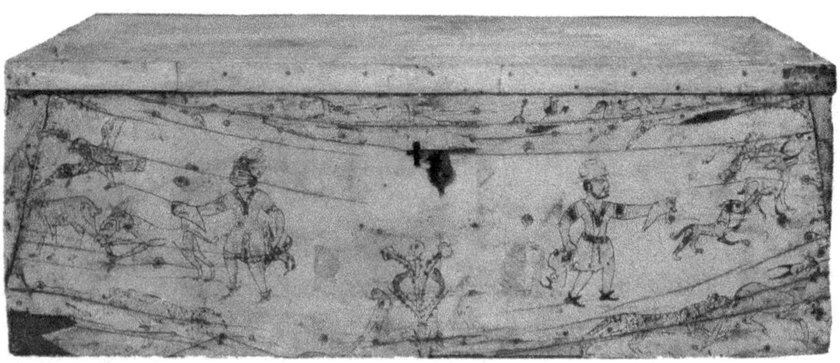

Verzierte Elfenbeinschatulle, 1. Drittel 13. Jahrhundert, Schatzkammer der Cappella Palatina, Normannenpalast, Palermo.

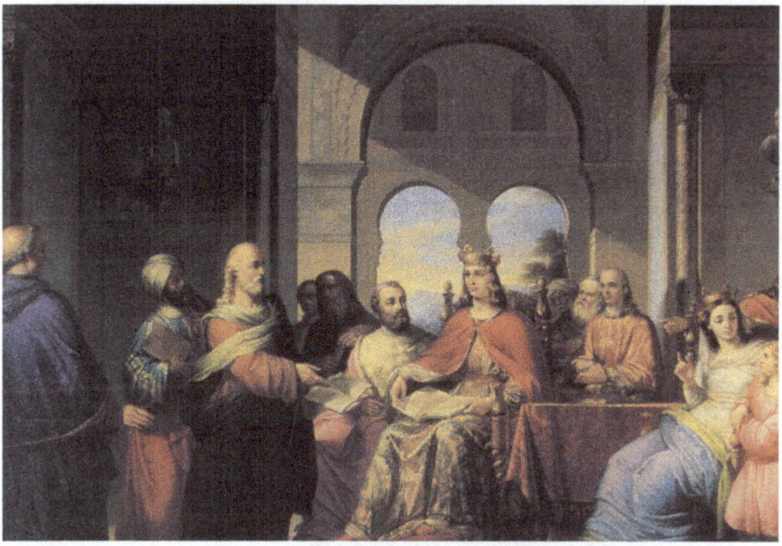

C. Conti, „Friedrich II. erhält vom Philosophen Michele Scoto die Übersetzung der Werke des Aristoteles", 1860, Normannenpalast, Palermo.

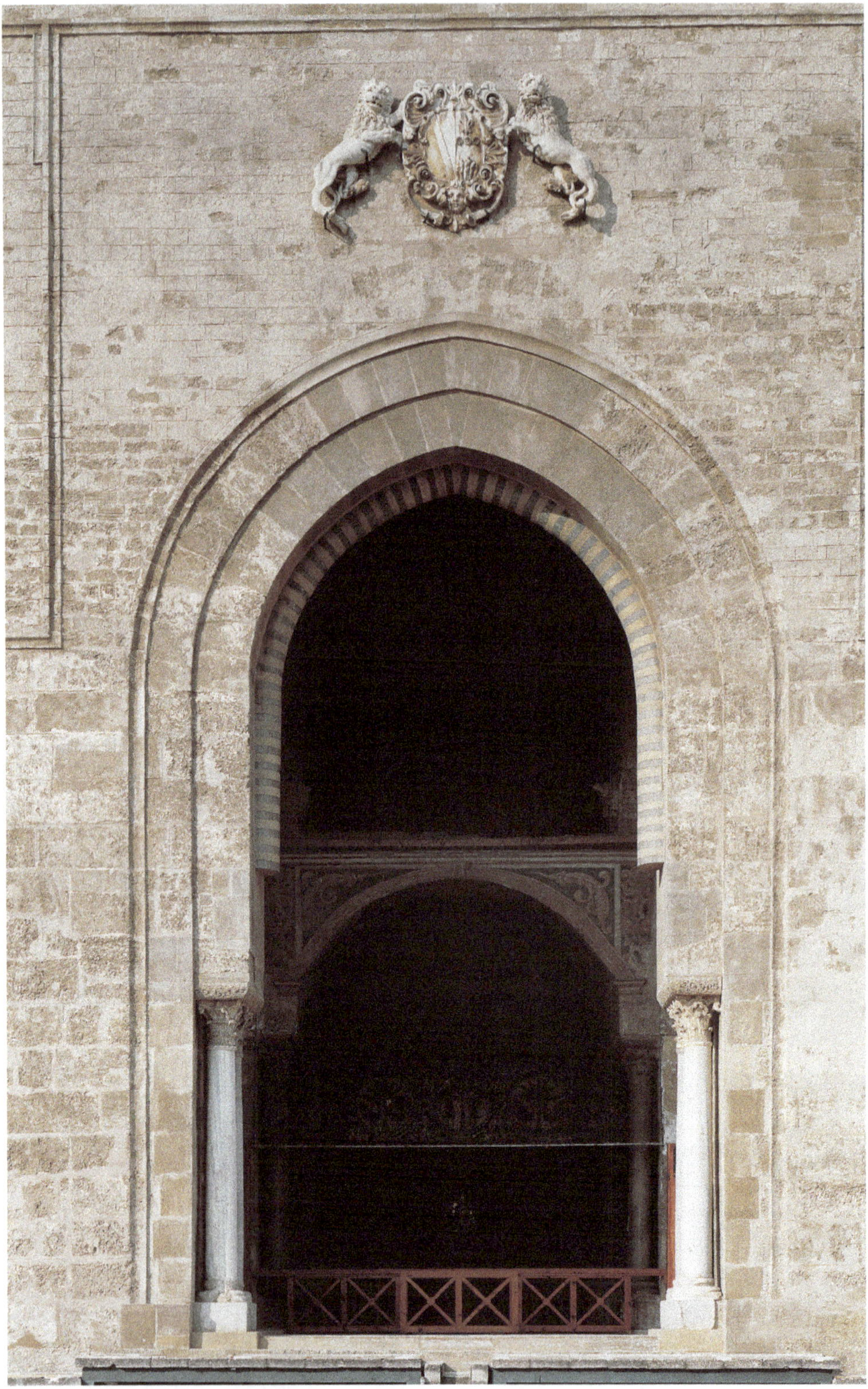

Königliche Kunst der Normannenzeit: der Königliche Park und seine Lustschlösser

Wissenschaftliches Gremium

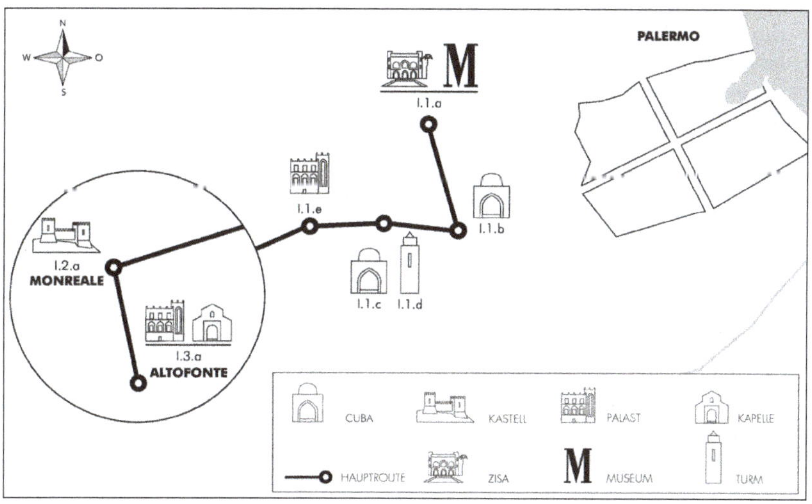

Zisa, Übersichtsplan, Palermo.

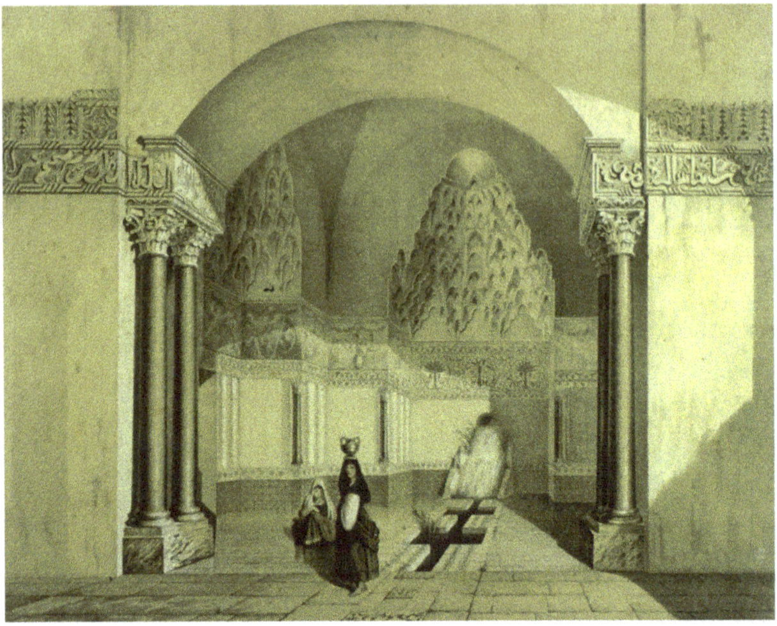

Zisa, Iwan, Palermo (Gally Knight 1838).

Am 25. Dezember 1071 (anderen Quellen zufolge im Januar 1072) gibt Palermo auf, nach fünfmonatiger Belagerung durch die Söhne Tankreds von Hauteville – Herzog Robert Guiscard und Graf Roger: „Als die Leitern zum Erklimmen der Mauern bereitstanden, drang der Herzog heimlich mit dreihundert Soldaten in die Gärten ein, die an der vom Hafen abgewandten Seite lagen; sein Bruder tat dasselbe auf der andere Seite. Auf ein vereinbartes Signal hin griffen sie ohne zu Zögern unter großem Getöse an. Der Lärm versetzte die ganze Stadt in Angst und Schrecken, so dass alle zu den Waffen griffen … Am nächsten Tag wurde ein Waffenstillstand ausgehandelt, und die Vornehmen der Stadt traten vor die beiden Brüder und versicherten, dass sie die Friedensauflagen keineswegs missachten wollten, wenn man ihnen nur garantierte, dass sie keine neuen ungerechten Abgaben zahlen müssten“ (Malaterra 2000).

Die Herrschaft der Normannen über Sizilien ging als eine Zeit der Toleranz in die Geschichte ein, die Könige selbst galten als aufgeklärte, gebildete Männer. Neben ihrem Ruhm als Ritter und erfolgreiche Heerführer machten sich die Hautevilles auch damit einen Namen, dass sie die prächtigsten Sakral- und Profanbauten des sizilianischen Mittelalters stifteten, und zwar neben perfekt gestalteten Gebäuden auch prächtige Gartenanlagen. Um politisch wie geografisch ein wieder erkennbares Image zu schaffen, die kulturelle und materielle Überlegenheit der neuen Herren zur Schau zu stellen und die päpstliche Autorität in ihre Schranken zu verweisen, verwirklichten die Hautevilles eine regelrechte ‚Bilderpolitik'. Auch die kluge Erhaltung des bisherigen

Verwaltungssystems und das Miteinander der in Palermo und generell in Sizilien ansässigen unterschiedlichen kulturellen und religiösen Gruppierungen trugen dazu bei. Als Mittelpunkt eines der meistbewunderten Fürstenhöfe profitierten Graf Roger und seine Nachkommen vielleicht auch unbewusst von der Politik ihrer arabischen Vorgänger, die Siedler angeworben, neuartige Obst- und Gemüsesorten wie Zitrusfrüchte, Zuckerrohr und Dattelpalmen angepflanzt und neue Anbau- und Bewässerungsmethoden eingeführt hatten. Besonders die außerhalb der Stadtmauern gelegenen *qasrs* der Emire mit ihren heiteren Gärten gefielen den Normannen: Sie nahmen sie in Besitz, setzten sie in Stand und bereicherten sie um weitere Bauten und Gärten.
Aus dem Wunsch heraus, eine ‚Ideallandschaft', ein Paradies, zu schaffen, ließ das normannische Königshaus einen Park mit Lustschlössern und Wäldern anlegen. Die Umgebung von Palermo, seit dem 16. Jahrhundert als „Conca d'Oro" bekannt, ist eine wasserreiche Ebene „von großer Fruchtbarkeit" – nicht nur zur landwirtschaftlichen Nutzung, sondern auch für Parkanlagen, die dem Vergnügen dienen. In Sizilien besteht in dieser Hinsicht eine kontinuierliche Tradition, die bereits für die römische Antike belegt ist und später vor allem in arabischen Nutz- und Ziergärten Ausdruck fand, zumal in dieser Zeit angesichts der Steuerbegünstigung für landwirtschaftliche Investitionen die Pflanzenkulturen intensiviert und die Bewässerungsanlagen verbessert wurden. Die Errichtung frei stehender Gebäude und Pavillons, die Anlage von Ziergärten, Fischteichen und künstlichen Bachläufen in einem umfriedeten Gebiet knüpfte an die traditionelle Bauweise der Stadtpaläste im Rom des 3. Jahrhunderts n. Chr. an, die sich im 12. Jahrhundert am normannischen Königshof in Sizilien in eigenständigen Ausdrucksformen wieder finden lässt. Einige Wissenschaftler (u. a. Krautheimer 1965) unterscheiden innerhalb dieser Kontinuität drei Grundtypen: die römische Villa, wie sie in der Kaiserzeit üblich war (wie diejenige an der Piazza Armerina), den byzantinischen Palast im Konstantinopel des 9. und 10. Jahrhunderts und die Gartenhäuser der normannischen Epoche auf Sizilien. Nach den Aussagen der lateinischen Chronisten der Epoche zu urteilen, zeigte sich der normannische Hof in seiner kulturellen Ausrichtung insofern tolerant, als er nun die „Gebäude, welche die Mußestunden der kalbitischen Emire angenehm gemacht hatten", für die eigene Zerstreuung und Erholung beanspruchte, gegen nur minimalen

Kapelle S. Michele Arcangelo, Seitenansicht, Altofonte.

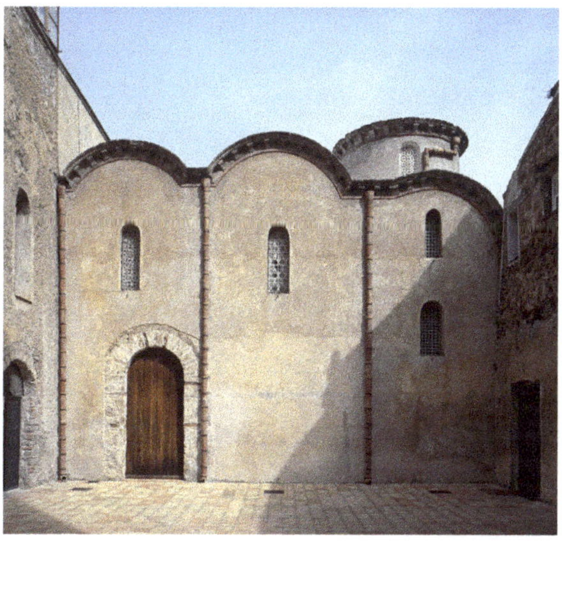

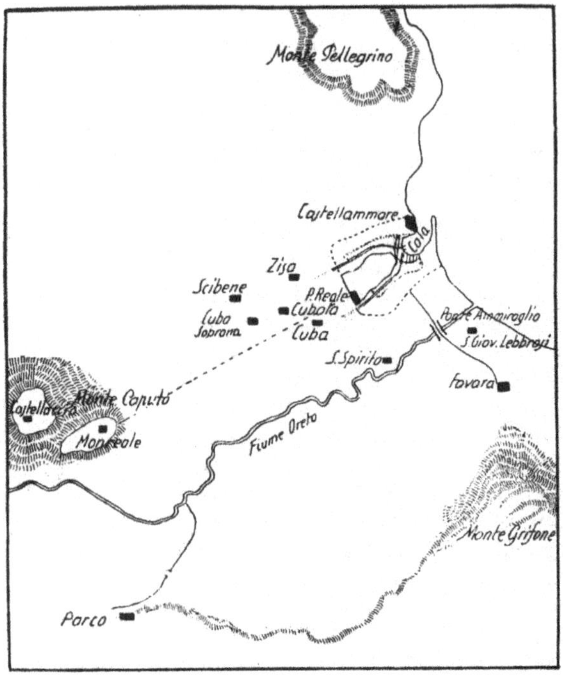

Parco Reale: das königliche Jagdrevier mit Lustschlössern (Di Stefano 1955).

Widerstand (vielleicht gerade, um den Geist der Vorbesitzer zu exorzieren) die in arabischer Zeit genutzten Bauwerke und Gebiete übernahm, Villen außerhalb der Stadt und Profanbauten restaurierte, ausbaute und weiter verwendete.

Gärten und arabische Häuser vor den Toren der Stadt gab es viele, glaubt man den zahlreichen Erwähnungen muslimischer Reisender, die sich darüber begeisterten. Die *mu'askars* bezeugen, dass die ländlichen Flächen rings um die Städte bestellt waren, vor allem dank der geschickten Nutzung der vorhandenen Quellen und Wasserläufe. Das gesamte Gebiet rings um Palermo wurde in normannischer Zeit radikal umgestaltet, auch weil die riesige Fläche zwischen den Stadtmauern und den umgebenden Bergen nun zum Kronbesitz gehörte. Das schon zuvor kultivierte Land bildete vermutlich eine zusammenhängende Fläche, so dass es möglich war, die Ebene von Palermo in einen großen königlich-normannischen Park umzuwandeln, der sich rings um die Stadt zog und in der Zeit zwischen Roger II. (1112–1150) und Wilhelm II. (1171–1189) mehrfach umgestaltet, erweitert und durch Bauten ergänzt wurde.

Bei der Anlage des Parks wurde auch das Wasser von Quellen, Brunnen und Bächen architektonisch ‚gezähmt' und in Springbrunnen, künstliche Seen, Leitungssysteme, Wasserbecken und Fischteiche umgeleitet. In dieser künstlerischen Gestaltung wurde das natürliche Element zur Inspiration für Gedichte und für nostalgische Schilderungen. Zu den schönsten Werken aus dieser Zeit gehören der Paradiesbrunnen im großen Saal der Zisa und das Brunnenquadrat im Kreuzgang von Monreale. Die kunstfertigen Wasserspiele an den Sommerresidenzen der Normannenherrscher folgen ebenfalls typologisch Vorbildern aus römischer Zeit, vermutlich über eine nur mittelbare Kenntnis von Modellen und Prototypen, die damals bereits nicht mehr Teil der kollektiven Erinnerung waren (etwa das Nymphäum des Odysseus und des Polyphem in Neros Haus oder die Wasserspiele in den Gärten einiger pompejanischer Villen): dieselben Vorbilder, auf die sich auch die muslimischen Anlagen in Sizilien zurückführen lassen.

Im Inneren des riesigen Königlichen Parks, der sich in normannischer Zeit rings um die Stadt erstreckte und auch das Gebiet von Monreale und Parco (Altofonte) umfasste, entstanden unter den Hautevilles Lustschlösschen mit Fischteichen und Wasserbecken, *sollazzi,* deren Besonderheit der nach einer Seite offene, an drei Seiten mit Nischen versehene *iwan* war.

In der Entwicklung des Parco Reale lassen sich anhand der Typologie und Konfiguration der als Orte der Muße und Erholung in einem Jagdgebiet angelegten Bauten drei Phasen unterscheiden. Sie spiegeln sich auch in den Bezeichnungen, die in Verträgen und Dokumenten überliefert sind: Alter und Neuer Park und „Genoardo" (vom arabischen Wort *djannat al-'ard*, „Paradies auf Erden").

Der ‚alte' Parco Vecchio bestand schon vor der Ankunft der Normannen in Form eines weitläufigen Parkgebiets, das sich von den Hängen des Monte Grifone nach Norden über den Fluss Oreto hinweg bis zur Stadtmauer erstreckte.

Von 1130 bis 1150 ließ Roger II. den Palast des kalbitischen Emirs Dja'far für sich in Stand setzen und erweitern. Dieser Palazzo di Maredolce oder della Favara lag im Inneren des

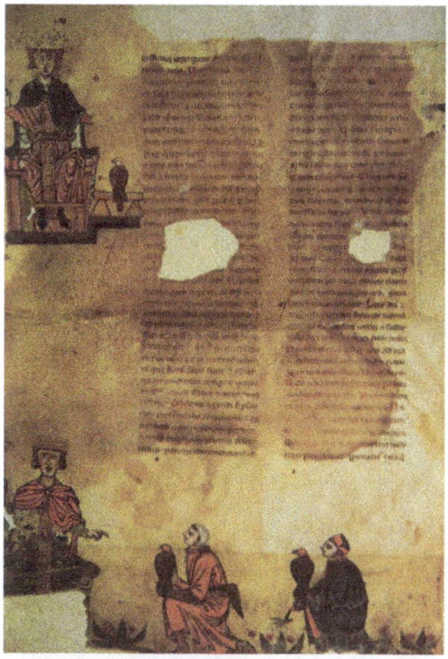

Friedrich II. mit seinen Falknern, in: „De arte venandi cum avibus", Handschrift des 13. Jahrhunderts, Biblioteca Apostolica Vaticana, Rom.

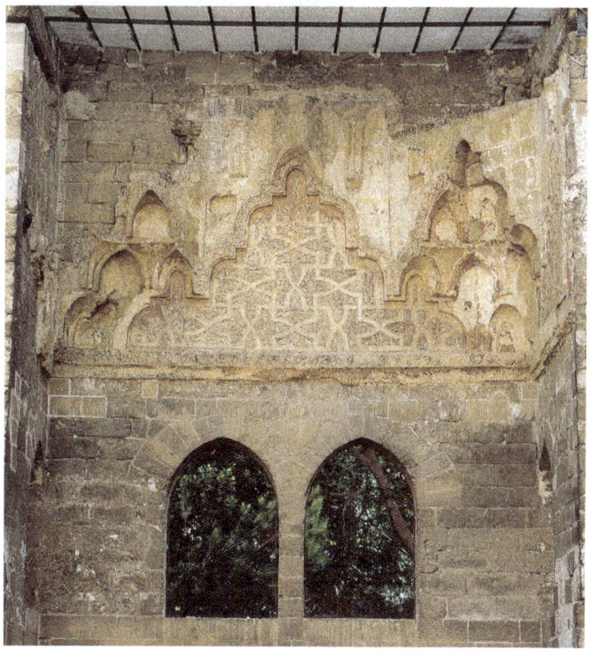

Cuba, Muqarnas im Risalit.

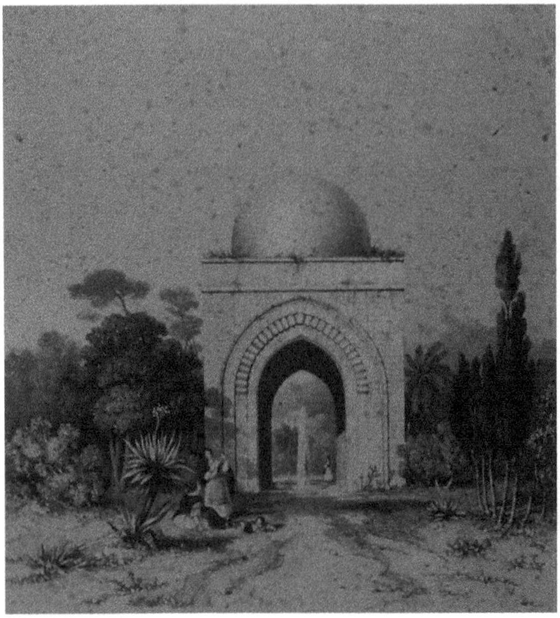

Cubula, Gesamtansicht, Palermo (Gally Knight 1838).

Parks, umgeben von Gärten und einem großen See (der heute großenteils wieder freigelegt ist). Dieses „Mare dolce" wurde von zwei Quellen gespeist, in seiner Mitte lag eine mit Orangen- und Zitronenbäumen sowie Zwillingspalmen bepflanzte Insel. Das Schloss selbst stand auf einem Vorsprung und spiegelte sich im See. Die Dattelplantage, die sich vom Palast des Emirs bis zum Ufer des Oreto erstreckte und die Ibn Hauqal noch Mitte des 10. Jahrhunderts gesehen hatte, existierte nicht mehr; sie wurde vermutlich 1063 von den Pisanern zerstört.

Etwas später ließ Roger II. ein richtiges Jagdrevier anlegen, den Parco Nuovo, und das ganze ausgedehnte Gebiet miteiner durchgehenden Mauer einfassen.

Darin baute er weitere Paläste, möglicherweise mit älteren Hypogäen und Badehäusern als Vorläufern. So entstanden im Parkgebiet des Parco Nuovo der für seinen „allerlieblichsten Brunnen" berühmte Palazzo di Parco (heute Altofonte) und der Palazzo dell'Uscibene bei Altarello di Baida südwestlich des Stadtzentrums. Dessen Garten war von vier großen Kanälen durchzogen, die in einen Fischteich mündeten. Um zum Park zu gelangen, verließ man die Stadt in der Nähe des Normannenpalasts, folgte einer Straße über den Oreto hinweg in Richtung auf das heutige Villagrazia und kam so zum Parktor, der „Porta Giglio".

Zwischen 1165 und 1180 entstand im chronologisch jüngsten Parkteil eines der komplexesten und künstlerisch vollendetsten Bauwerke: die Zisa. Dass das Gebiet künftig als „Genoardo" bezeichnet wurde, deutet darauf hin, dass dieser Teil als schönster und repräsentativster der ganzen Anlage angesehen wurde, unter anderem wegen der Lustschlösser und Pavillons darin, die in den letzten Jahren der noch gesicherten Herrschaft der Hautevilles in männlicher Linie erbaut wurden und ausgesprochen raffinierte Beispiele für diesen Bautyp darstellten. Als der Stauferkaiser Heinrich VI. 1194 in Sizilien eintraf, um die Königskrone in Empfang zu nehmen, war der ‚alte' Park mit diversen Tierarten bevölkert und wurde noch als Jagdgebiet genutzt. Das Waidwerk hat in Sizilien eine lange Tradition und bereits Plinius der Jüngere beschrieb den Brauch der Vogeljagd mit Zweigen voll Vogelleim an langen Stöcken. 1149 berichtete Erzbischof Romuald von Palermo, Roger II. habe den Park mit einer Mauer umgeben und Damwild, Rehe und Wildschweine darin angesiedelt; zudem habe er verschiedene Bäume und andere Pflanzen setzen lassen. Bei der letzten Erweiterung des Parks

ließ auch Wilhelm II. Wildtiere und weitere Baumarten im Parkgelände heimisch machen. Aufgrund der komplexen Beziehungen zwischen Kultur- und Waldgebieten und der verstreuten Gebäude sahen Wissenschaftler wie R. Krautheimer eine Analogie zwischen dem ausgedehnten normannischen Park und den teils landwirtschaftlich genutzten, teils der Zerstreuung dienenden Anlagen, welche die muslimischen Dynastien der Almoraviden und Almohaden auf der Iberischen Halbinsel schufen.
Bis zur Zeit Friedrichs II., der das Normannenreich in weiblicher Linie erbte, jagten die Könige auch in den Wäldern rings um die Stadt. Friedrich selbst begeisterte sich für die Falkenjagd und pflegte den von seinen Ahnen geschaffenen Park sorgsam. Er ließ den Dattelhain am Maredolce wiederherstellen und Henna, Indigo und Zuckerrohr anpflanzen. Friedrichs Interesse an der Natur und ihren Geschöpfen wurde zum Teil durch die Erziehung geweckt, die er durch von seiner Mutter Konstanze bestimmte Lehrer am sizilischen Hof erhalten hatte. Der gebildete, kultivierte Herrscher importierte Falken und andere Vögel aus allen Teilen der damals bekannten Welt, einschließlich Englands, Irlands und Bulgariens, der Iberischen Halbinsel, Ägyptens und Indiens. Für die Jagd entwickelte er mit großer Hingabe ein wissenschaftliches System, das er in dem vogelkundlichen Traktat *De Arte venandi cum avibus (Über die Kunst, mit Vögeln zu jagen)* ausarbeitete (erhalten in der Abschrift für seinen Sohn Manfred).
Die Schlösschen und Gartenhäuser, die das Königshaus im großen Park vor den Toren der Stadt erbauen ließ, sind mehr oder weniger gut

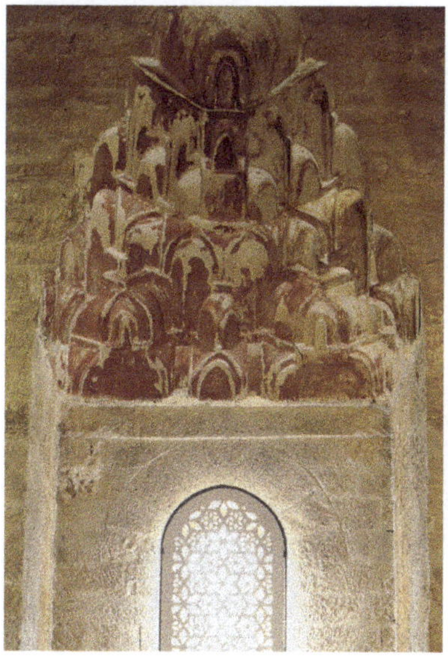

Zisa, Muqarnas-Detail, Palermo.

erhalten. Aus ihren Dimensionen, ihrer Verteilung im Parkgelände und dem Fehlen von Nutzgebäuden lässt sich schließen, dass sie keine Wohngebäude waren. Die *extra moenia* gelegenen Normannenpaläste dienten offenbar für längere oder kürzere Rasten auf Spazierritten oder bei der Jagd. Der Einfluss des normannischen Parks wirkte so stark auf die Landschaft rings um die Stadt nach, dass Leandro Alberti im Tagebuch seiner Italienreise die Gegend noch 1526 beschrieb als „fruchtbares, erbauliches Land … überreich an schönen, weitläufigen Gärten voller wohlgeordneter Zedern, Zitronen- und Orangenbäumen und anderer edler Früchte". Gemeint sind die Obstgärten rings um die normannischen Bauten und gerade dieser Aspekt der Gartenkunst blieb bis zum Ende des 19. Jahrhunderts eine feste Komponente in der traditionellen sizilianischen Kultur.

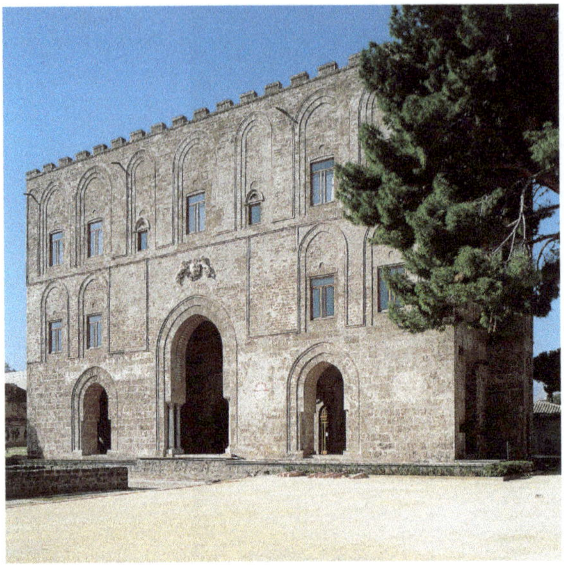

Zisa, Ansicht der Hauptfassade, Palermo.

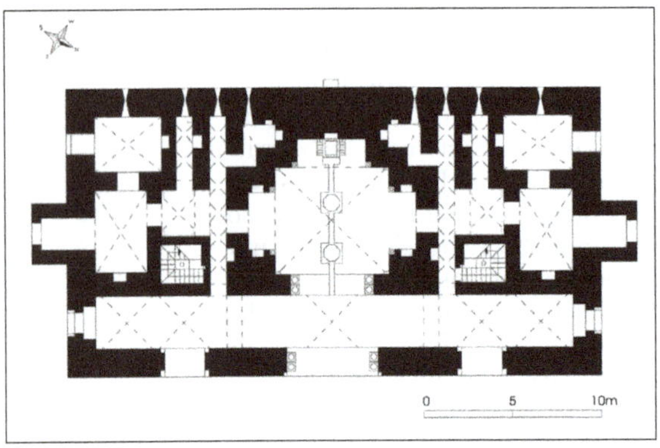

Zisa, Grundriss, Palermo.

I.1 PALERMO

I.1.a Zisa

Von der Piazza Ruggero Settimo (Piazza Politeama) in die Via Dante einbiegen, dann nach links in die Via Serradifalco, Parkmöglichkeit an der Piazza Principe di Camporeale. Zu Fuß weiter durch die Via G. Whitaker zur Piazza Zisa mit dem gleichnamigen Bauwerk.
Eintritt gegen Gebühr, für Kinder bis 18 Jahre und Senioren über 65 Jahre Eintritt frei; angeboten wird ein (zwei Tage gültiges) Kombi-Ticket für die Besichtigung von Zisa, Cuba, S. Giovanni degli Eremiti und des Kreuzgangs von Monreale. Öffnungszeiten: werktags 9–19 Uhr (im Winter bis 18.30 Uhr), sonn- und feiertags 9–13 Uhr. Sanitäranlagen vorhanden.

Der Name dieses *sollatium* („Ort der Freude“) könnte nach Meinung einiger Forscher vom arabischen *al-'aziz* (die „Glanzvolle“) abgeleitet sein. Der Bau (1165–1180) wurde während der Regierungszeit Wilhelms I. begonnen und unter Wilhelm II. vollendet, wie der Inschrift im Brunnensaal zu entnehmen ist. Dort steht der Beiname *Musta'izz*, „der nach Ruhm Verlangende“, mit dem sich Letzterer schmückte. Der nach Osten zur Stadt und zum Meer hin gewandte Palast stand innerhalb des Genoardo-Parks in der Nähe eines Aquädukts und einer Thermenanlage, möglicherweise aus römischer Zeit, deren Reste 1972 unmittelbar nördlich des Schlosses entdeckt wurden. Vom Fischteich vor der Hauptfassade sind in der Mitte der Wasserfläche noch Reste des Beckens und des kleinen Pavillons sichtbar, der einst über einen Steg erreichbar war. Der Gebäudekomplex umfasste eine einschiffige

Dreifaltigkeitskapelle mit kreuzgewölbter Apsis; über dem Altarraum befand sich eine Kalotte mit gestuften Trompen und Zellengewölbe über der Kämpferzone. 1803 wurde neben der alten Hofkapelle eine kleine Kirche gebaut und Christus, Maria und dem Hl. Stefan geweiht. Der Palast selbst ist ein kompaktes dreistöckiges Gebäude mit einer Gesamthöhe von 25,70 m und einem rechteckigen Grundriss. Die Schmalseiten verfügen jeweils über einen Mittelrisalit mit Turm. Im Erdgeschoss liegt mittig ein großer Saal, flankiert von kleineren Räumen; von zweien davon führen Treppen zu den oberen Stockwerken hinauf. In den Saal und die Korridore zu den weiter außen liegenden Räumen gelangt man durch ein überwölbtes Vestibül, das über die ganze Länge des Gebäudes parallel zur (nach Osten zeigenden) Hauptfassade des Palasts verläuft.
Der viereckige Brunnensaal ist nach einer Seite zum Vestibül hin offen. Den Durchgang bildet ein ausladender Bogen auf Doppelsäulen. An den übrigen drei Seiten befinden sich geräumige Nischen mit kleinen Säulen, einer geraden Rückwand und Stalaktitengewölbe. Die westliche Exedra liegt in derselben Achse wie das Portal und ist von den dreien am reichsten gegliedert. Aus einem Nymphäum rinnt Wasser über eine Schräge mit plastischem Wellenmuster, ergießt sich in eine Reihe von Becken und kleinen Kanälen aus Marmor und wird schließlich unterirdisch in den Fischteich abgeleitet. An den Wänden des Brunnensaals sind zum Teil noch Mosaiken erhalten, ebenso der musivische Fries in *naskhi*-Kalligrafie, der in der Laibung des Eingangsbogens verläuft. Die Inschrift preist

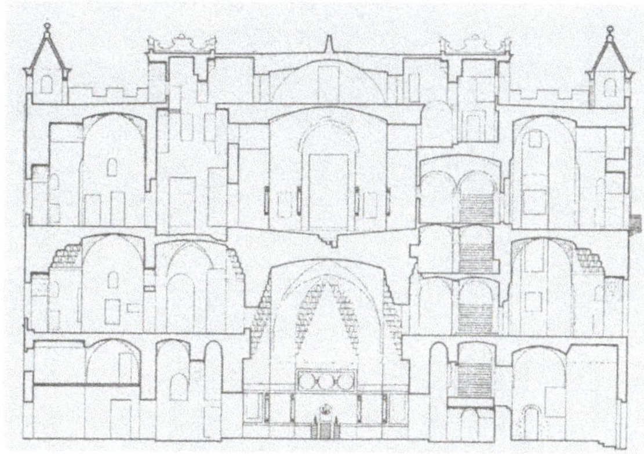

Zisa, Aufriss, Palermo (Gabrieli, Scerrato 1979).

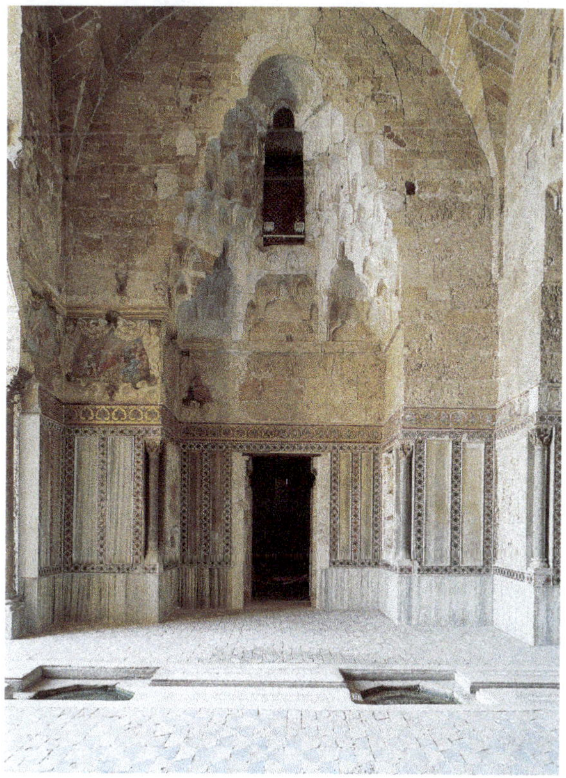

Zisa, seitliche Exedra im Iwan, Palermo.

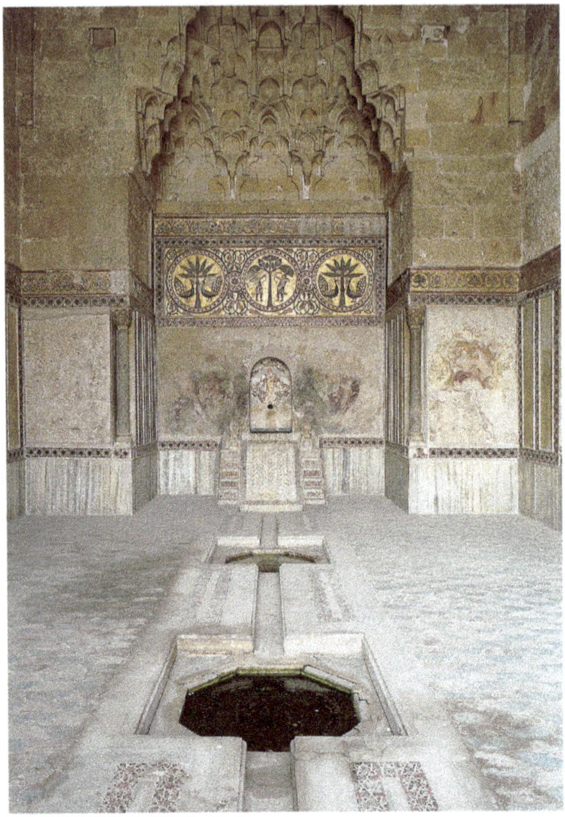

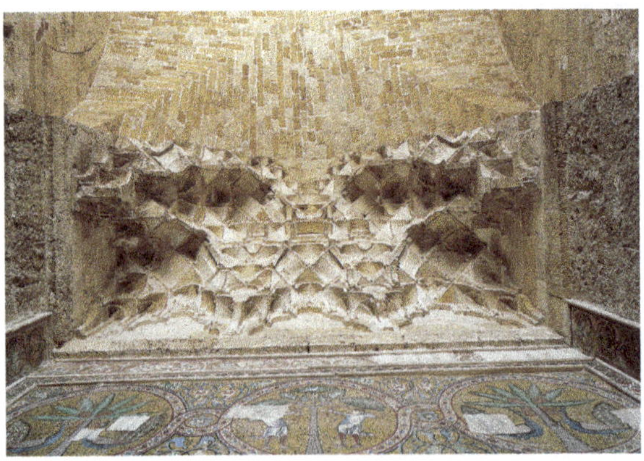

Zisa, Nymphäum im Iwan, Palermo.

Zisa, Muqarnas des Nymphäums im Iwan, Palermo.

den Palast und den Herrscher, der ihn vollenden ließ. Aufgrund der beträchtlichen Höhe des Brunnensaals und des Vestibüls beschränkt sich der zweite Stock auf die beiden Seitenflügel, die an der Westseite durch einen langen Korridor miteinander verbunden sind. Der dritte Stock erstreckt sich wiederum über die gesamte Grundfläche und greift die Aufteilung des Erdgeschosses wieder auf: In der Mitte liegt ein großer Saal, daran angrenzend zur Hauptfassade hin befinden sich ein Raum sowie zwei Wohngemächer im Süd- und Nordflügel. Der große Saal muss ursprünglich ein offenes Atrium gewesen sein. Hierfür spricht, dass der Fußboden zu dem in der Mitte gelegenen *impluvium* hin geneigt ist und in den vier Ecken jeweils eine einzelne Säule steht. Vermutlich wurde der Raum 1635 im Zuge der Umgestaltung im Auftrag der Familie Sandoval überdacht.

Die Außenmauern der Zisa sind mit abgetreppten Blendspitzbögen verziert. In den beiden oberen Reihen an der Hauptfassade und an den Seiten fanden sich darin Biforien mit einer kleinen Säule in der Mitte und Okuli in den Bogenzwickeln (in den Türmchen Nischen). An der Ostfassade gelangt man durch drei spitzbogige Portale in den Palast. Das mittlere davon ist breiter und durch eine gestaffelte Laibung verstärkt, seine Höhe ragt über das Erdgeschoss hinaus. Ein Attikagesims und ein Fries mit arabischer Inschrift bildeten einen reichen Abschluss des Gebäudes, der oben eine gerade Linie bildete, die allerdings heute durch einen später hinzugefügten Zinnenkranz verunklärt ist.

Der Palast war zunächst Eigentum der Krone Siziliens, gehörte jedoch später verschiedenen privaten Besitzern, die ihn als Landgut nutzten. Während einer Pestepidemie diente das Gebäude 1624 als Quarantänehospital und wurde schließlich 1635 von Giovanni de Sandoval ersteigert, der daraufhin den Fürstentitel eines Principe di Castel Reale annahm. Die Sandovals ließen verschiedene Umbauten vornehmen, etwa die bereits erwähnte Überdachung des Atriums im dritten Stock und eine Prunktreppe im Nordflügel anbauen. 1951 wurde die Zisa verstaatlicht und der Regionalverwaltung unterstellt. Im Laufe der 1950er-Jahre begann man, die barocken Hinzufügungen wieder zu entfernen. Der Nordflügel wurde in den letzten zehn Jahren vollständig rekonstruiert, nachdem Decken und Wandverkleidungen am 12. Oktober 1971 eingestürzt waren. Bei Ausgrabungen wurde darüber hinaus ein Teil der unterirdischen Gänge wieder entdeckt, die parallel zur Westfassade der Zisa verlaufen und als Abwasserkanäle dienten.

Nach Restaurierung und Rekonstruktion wurde der Palast wieder der Öffentlichkeit zugänglich gemacht und enthält heute das Museum für Islamische Kunst. Im ersten Stock finden sich Amphoren mit roten und braunen Glasuren, Schalen, kleine Amphoren mit Filter, Öllampen und glasierte Gefäße aus dem 11. und 12. Jahrhundert. Die meisten Keramiken dieser Ausstellung wurden in Palermo selbst ausgegraben, und zwar in den Festungsanlagen des Castello San Pietro, im Umkreis der Kirche Sant'Alessandro und im Seralcadio-Viertel. Ebenfalls im ersten Stock ist auch eine Reihe von Amphoren zu sehen, die bei den Restaurierungsarbeiten von 1972 unmittelbar in der

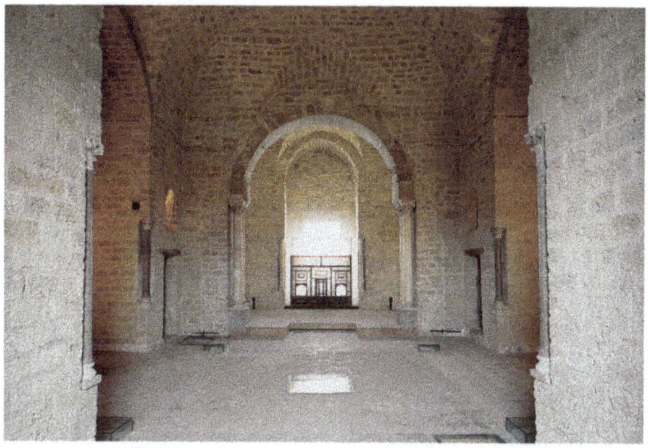

Zisa, oberer Saal, Palermo.

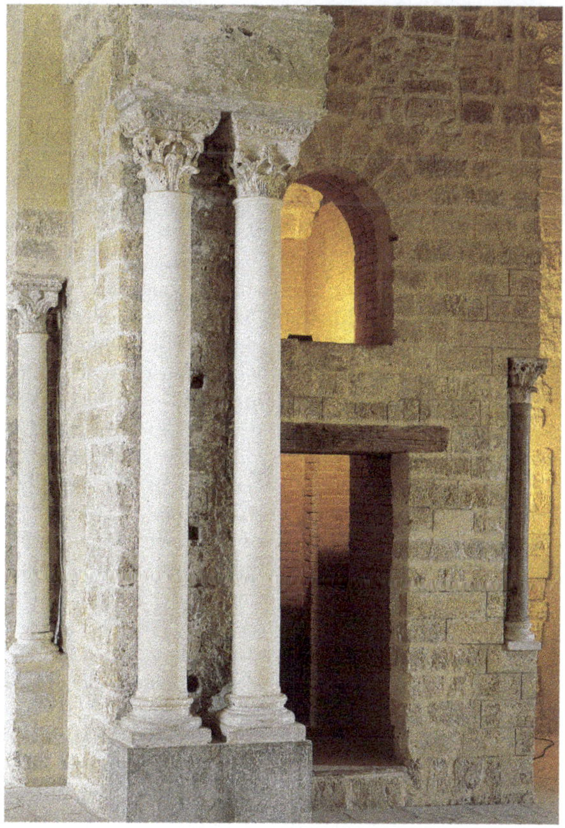

Zisa, oberer Saal, Ausschnitt mit Zwillingssäulen, Palermo.

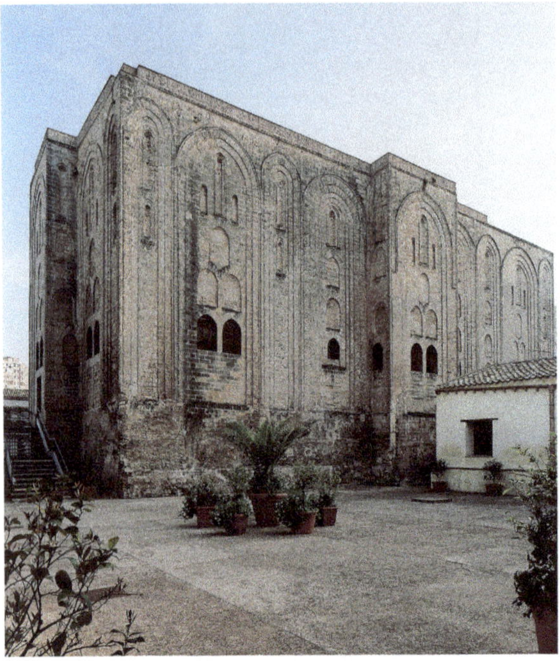

Cuba, Gesamtansicht, Palermo.

Zisa gefunden wurden. Dabei handelt es sich um kannelierte, also mit Hohlkehlen versehene Vasen, die seit dem Ende der römischen Epoche gerne als Füllmaterial seitlich in Gewölbe eingesetzt wurden. Die Typologie der Gefäße entspricht den unterschiedlichen Zwecken, für die sie verwendet wurden. So gibt es Amphoren mit langem geraden Hals in einer Höhe zwischen 45 und 50 cm, die zum Transport von Flüssigkeiten dienten, oder andere, über 60 cm hohe Amphoren mit sehr engem Hals und großer Öffnung, in denen einst Nahrungsmittel aufbewahrt wurden.
Im ersten und zweiten Stock finden sich zudem Objekte aus anderen Mittelmeerländern, darunter Schüsseln, Waschbecken, Mörser, Näpfe, Schalen und Kerzenleuchter aus geschmiedetem Messing, einige davon mit *niello*-Verzierungen und Versilberungen, andere mit Gravuren, die Szenen des höfischen Lebens zeigen. Beiden Typen gemeinsam sind die Kufi-Inschriften, die kostbare Zeugnisse der syrisch-mesopotamischen Kunst des 13. und 14. Jahrhunderts darstellen. Sehr interessant ist auch ein Handwaschbecken aus dem 13. Jahrhundert mit Inschriften und Verzierungen, die neben Szenen des höfischen Lebens die Tierkreiszeichen zeigen.
Ein weiteres bedeutsames Ausstellungsstück steht im südwestlichen Saal des ersten Stocks. Es handelt sich um einen sechseckigen Marmorgrabstein, der in der Mitte ein Kreuz und ringsum farbige Einlegearbeiten aufweist, darunter eine Inschrift in drei Sprachen – Lateinisch, Griechisch und Arabisch – und vier Schriften (Arabisch mit hebräischen Buchstaben). Angefertigt wurde er für das Grabmal der Mutter des Grisanto, Prälat Wilhelms I., als deren Leichnam 1149 in die Kirche San Michele Arcangelo überführt wurde. Der Stein ist ein deutlicher Beleg für den Synkretismus, der kennzeichnend für die normannische Kultur in Sizilien war.

I.1.b Cuba

Von der Piazza Principe di Camporeale aus den Corso Finocchiaro Aprile hinab gehen, nach rechts in den Corso Alberto Amedeo einbiegen und an dessen Ende nach rechts auf die Piazza Indipendenza abbiegen. Von dort aus geht es in den Corso Calatafimi. Das Gebäude hat die Hausnummer 100. Eintritt gegen Gebühr, für Kinder bis 18 Jahre und Senioren über 65 Jahre Eintritt frei; angeboten wird ein (zwei Tage gültiges) Kombi-Ticket für die

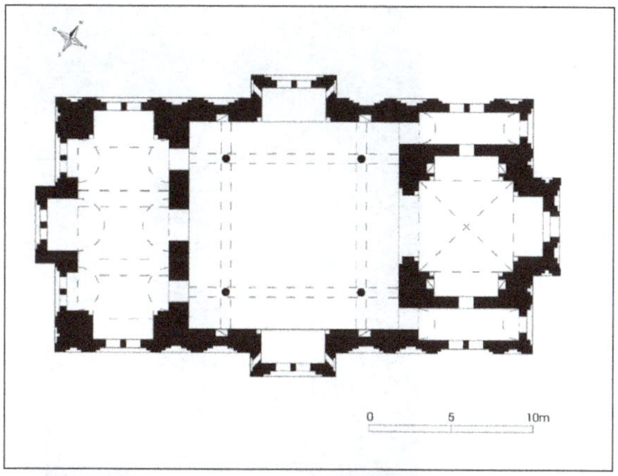

Cuba, Grundriss, Palermo.

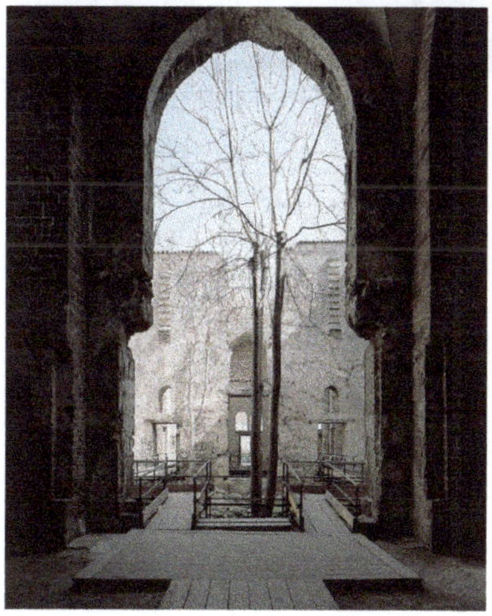

Cuba, Blick von innen nach außen, Palermo.

Besichtigung von Zisa, Cuba, S. Giovanni degli Eremiti und des Kreuzgangs von Monreale. Öffnungszeiten: werktags 9–19 Uhr (im Winter bis 18.30 Uhr), sonn- und feiertags 9–13 Uhr. Sanitäranlagen vorhanden.

Der als „Cuba" (vom arabischen *qubba*) bezeichnete Palast am heutigen Corso Calatafimi war einmal von Wein- und Obstgärten umgeben und lag an einem großen Fischteich. Bauherr war König Wilhelm II., wie die Inschrift in kufischen Schriftzeichen am Attikagesims an der Nordostseite des Gebäudes bezeugt. Sie wurde 1849 von Michele Amari entziffert und lautet: „Im Namen des gnädigen, barmherzigen Gottes. Schau her, halt inne und gib Acht, bleib stehen und schau! Vor dir siehst du das edle Gemach des edelsten aller Könige dieser Erde, Wilhelms II.; kein Schloss wäre seiner würdig, noch reichen seine Säle aus …, in denen die kühnsten Augenblicke und die wohlhabendsten Zeiten verzeichnet werden. Seit unserem Herrn dem Messias sind eintausendeinhundertundachtzig gebenedeite Jahre vergangen."
Wie bei der Zisa ist auch der Grundriss dieses Gebäudes ein Rechteck, jedoch in diesem Fall mit vier über die volle Gebäudehöhe reichenden Risaliten jeweils in der Mitte der Seiten. Die Wandflächen der Außenmauern sind längs durch Spitzbögen gegliedert und zusätzlich durch riesige Blendfenster mit breiten Umrandungen aufgelokkert. Der 1180 fertig gestellte Palast entstand zur gleichen Zeit wie die Zisa und muss ähnlich prachtvoll gewesen sein, doch ist hier von der Innenausstattung und Auskleidung des Erdgeschosses nichts erhalten. Heute bildet die Cuba lediglich ein riesiges leeres Mauerviereck: Dort, wo einst Prunkräume waren, sieht man nur noch Überreste von Stalaktiten, Stuckreliefs mit geometrischen Mustern und Gesimsen. Der Eingang lag an der südlichen Schmalseite. Davor fand man Spuren einer kleinen Brücke, die das Gebäude einst mit dem Ufer verband, denn es stand mitten in einem großen künstlichen See. Von der Brücke aus gelangte man durch den Risalit in einen Empfangsbereich, der aus drei miteinander

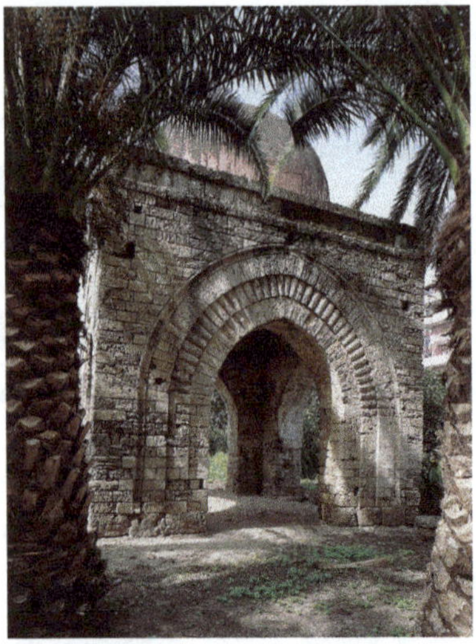

Cubula, Palermo.

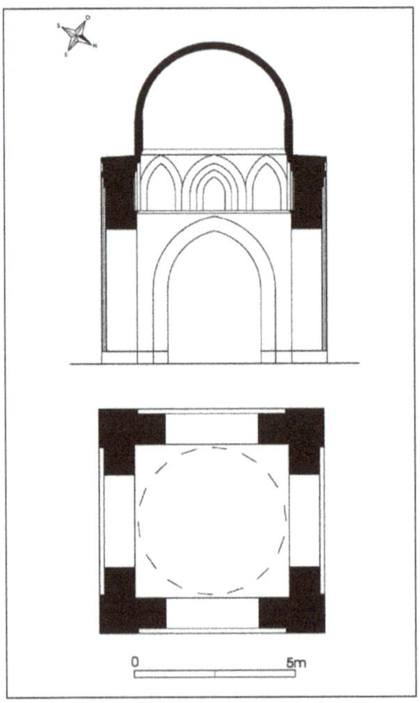

Cubola, Grund- und Aufriss, Palermo.

verbundenen rechteckigen Sälen mit Gewölbe bestand. Von hier aus kam man in einen großen quadratischen Saal, eine Art offenes Atrium mit Wandelgang und vier Ecksäulen (ähnlich dem Atrium im obersten Stockwerk der Zisa und der Sala dei Venti im Normannenpalast) sowie zwei Blendnischen mit Brunnen in der Nord- und Südwand. In der Mitte befand sich ein *impluvium* mit Mosaikboden (von dem noch Reste des Mörtelbetts sichtbar sind). An der Westseite öffnet sich der weite Bogen zum *diwan*.

Bis 1320 war die Cuba Krongut und gelangte dann in Privatbesitz. Im 14. Jahrhundert verwendete Boccaccio sie als Schauplatz der sechsten Novelle des fünften Tages seines *Decamerones*, der Liebesgeschichte zwischen dem jungen Giovanni aus Procida und einem für Friedrich II. bestimmten Mädchen, das im Königspalast unter Verschluss gehalten wird. Später fiel das Schloss wieder an die Krone zurück. Alfons V. von Aragon überließ es 1436 seinem sizilianischen Vizekönig Guglielmo Raimondo Moncada. Während der Pestepidemie von 1575 diente das Gebäude als Lazarett und wurde schließlich im 18. Jahrhundert von den Bourbonen als Kavallerie-Kaserne genutzt. Dabei erfolgten größere Um- und Anbauten. 1921 übernahm das Unterrichtsministerium die Verwaltung der Cuba.

Die Arbeiten zur Restaurierung des gesamten Gebäudekomplexes kommen seit den 1920er-Jahren (damals unter der Leitung von Francesco Valenti) nur langsam voran. Sie umfassten unter anderem den Abriss sämtlicher Innenwände und Dachkonstruktionen, die Rekonstruktion der großen Entlastungsbögen, die Sanierung der Gewölbe über den Räumen seitlich der drei Hauptsäle sowie die Sicherung und Restaurierung der Kufi-Inschrift. In den letzten zehn Jahren fanden erneut Konservierungsarbeiten statt.

I.1.c Cubula

Mit dem Auto den Corso Calatafimi entlang; nach rechts in die Via G. Arcoleo abbiegen und die Piazza Coppola überqueren. In die Via Villa di Napoli einbiegen und nochmals rechts in die Via F. Speciale. Der Eingang zum Gebäude befindet sich bei der Hausnummer 10. Besichtigung nur mit Genehmigung des Denkmalamts (Soprintendenza ai BB.CC.AA.) Bei Drucklegung dieses Katalogs sind die Restaurierungsarbeiten noch nicht abgeschlossen.

Die „kleine Cuba“ (Cubula oder Piccola Cuba) stammt aus der zweiten Hälfte des 12. Jahrhunderts, der Regierungszeit Wilhelms II. Sie steht heute im verbliebenen Zitrushain der Villa Napoli, zu deren Grundbesitz auch die normannische Torre Alfaina gehört.
Der würfelförmige Pavillon ist nach allen vier Seiten hin offen. Die Spitzbögen der Portale sind jeweils von drei Bändern umrandet; das mittlere ist dabei aus Polsterquadern zusammengefügt, ein Stilelement, das sich in Palermo auch am Glokkenturm der Martorana, in Santo Spirito und der Magione findet (Di Stefano 1979). Das Dach besteht aus einer gestelzten halbkugelförmigen Kuppel, die auf Nischentrompen mit Tragebögen ruht. Man vermutet, dass das Gebäude einst im See der Cuba stand (Valenti 1932); es weist zur Ostwand der rund 200 m entfernten Torre Alfaina (auch Cuba Soprana genannt) und liegt fast genau in derselben Achse wie diese. 1556 vermutete der Historiker Tommaso Fazello, das Gebäude habe als Rasthaus für die Jagd gedient. Dafür spricht auch, dass im Gelände verstreut weitere solcher Pavillons standen, die eine Art Verbindungslinie zwischen der Cuba Soprana und der großen Cuba bildeten.
Der Pavillon wird derzeit im Rahmen des Restaurierungsprogramms der Denkmalsbehörde von Palermo saniert.

I.1.d Torre Alfaina

Der Turm steht in demselben Gebiet wie die Cubula.
Bei Drucklegung dieses Katalogs sind die Restaurierungsarbeiten noch nicht abgeschlossen.

Das normannische Bauwerk bestand aus einem vermutlich zweigeschossigen Turm mit rechteckigem Grundriss. Unter dem Erdgeschoss verbirgt sich ein komplexes System von Leitungsrohren für das Wasser der Gabrielsquelle. Über den heutigen Hof, der an die Fassade und

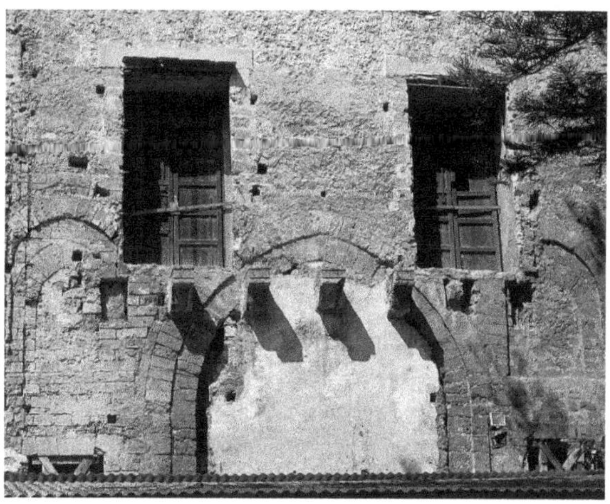

Torre Alfaina, Fassade, Ausschnitt, Palermo.

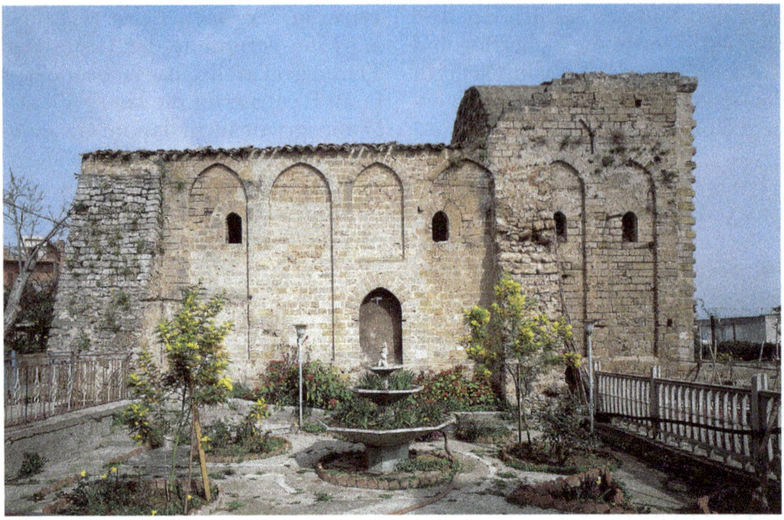

Uscibene, Seitenansicht der Kapelle, Palermo.

die Prunktreppe aus dem 18. Jahrhundert grenzt, wurde das Wasser durch einen Kanal in das Gebäude hinein geleitet und verzweigte sich dort, wie mehrere literarische Schilderungen des 12. Jahrhunderts belegen, auf der Höhe des letzten Raums an der Ostseite in fünf Kanäle, die strahlenförmig nach außen führten. An der Fassade befindet sich ein Auffangbecken, doch lassen die Merkmale des Kanalsystems eher vermuten, dass ursprünglich eine Quelle aus dem weiten Spitzbogen hervorquoll, der sich in der Mittelachse des vorderen Erdgeschossbereichs öffnete. Dieser Bogen scheint allerdings erst nachträglich hinzugefügt worden zu sein. In der Sokkelzone der Fassade sieht man noch den oberen Rand von drei kleineren Spitzbögen, die möglicherweise als Durchgänge für Bewässerungskanäle dienten, die den angrenzenden Parkteil versorgten. Einer unbewiesenen Hypothese zufolge (Valenti 1932) könnte das Wasser auch zu einem nahe gelegenen großen See geleitet worden sein (vergleichbar etwa mit der Anlage des Palazzo Favara).

Das ursprüngliche Gebäude entstand unter Wilhelm II. und wurde als Cuba Soprana bezeichnet, vielleicht zur Unterscheidung vom jüngeren, größeren Gebäude weiter talwärts. Im 15. Jahrhundert wurde der Bau in einen Wehrturm umgebaut und heißt seither Torre Alfaina. Die Bezeichnung Cuba Soprana geriet in Vergessenheit, nachdem der Jurist Don Carlo Napoli den Gebäudekomplex 1758 gekauft hatte und sich dort einen Landsitz bauen ließ. 1995 begann unter der Leitung der Denkmalsbehörde von Palermo (Soprintendanza Regionale ai BB.CC.AA.) eine systematische Restaurierung der barocken Villa und der noch vorhandenen mittelalterlichen Bauteile. Dabei wurde normannisches Mauerwerk freigelegt, das man bereits 1920 entdeckt hatte. Dies ermöglichte wiederum eine genauere Einordnung der im 16., 17. und 18. Jahrhundert erfolgten Erweiterungen bis zu den

Umbauten in der zweiten Hälfte des 19. Jahrhunderts, zu denen auch die Umwandlung des Zier- in einen Landschaftsgarten gehörte.

I.1.e Uscibene

Zurück zur Via G. Arcoleo, nach links in die Via La Loggia und dann nach rechts in die Viale della Regione Siciliana einbiegen; auf der Parallelspur etwa 1 km in Richtung Trapani fahren und dann nach links in die Via G. Pitré abbiegen; von hier aus nach links in die Via A. Barbera und dann wiederum links in die Via Altarello, dann nach rechts in die Via Tasca Lanza, bis zum Ende: Dort liegt die Via Nave, von der aus man den Gutshof „Fondo De Caro" erreicht. Hier befindet sich der Bau. Besichtigung nur nach Voranmeldung vor Ort bei den Gutsbesitzern.

Der Palazzo Uscibene, in alten Urkunden auch Xibene, Sirbene oder Scibene genannt, war einer der *sollazzi*, welche sich die normannischen Herrscher im großen Park bauen ließen. Dort, wo der Palast Mitte des 12. Jahrhunderts errichtet wurde, steht heute unweit des Viale della Regione Siciliana die kleine Siedlung Fondo De Caro. Zu den auf einem Felsvorsprung noch sichtbaren Überresten des Palasts gelangt man jetzt durch eine Senke, denn sie verschwanden im Zuge späterer Auffüllungen unter angrenzenden Gebäuden und Überbauungen. Lediglich die Kapelle schaut noch als Teil einer Fassade des modernen Dorfes aus der Erde.
Adolph Goldschmidt fertigte 1898 einen exakten Grundriss an und zeichnete dabei detailgetreu das nach, was heute noch vorhanden ist, wenn auch völlig unter Schutt verborgen. Der Palast war offenbar mehrgeschossig; die Reste sind leicht dem Erdgeschoss des Hauptgebäudes zuzuordnen. Es gab im Palast einen rund 6 m hohen Saal, bestehend aus einem *iwan*, der an einer Seite mit zwei geräumigen Seitenräumen verbunden war (von denen lediglich die Außenmauern noch existieren); an der anderen Seite gelangte man in einen rechteckigen überwölbten Raum (vielleicht eine *camera dello scirocco*), von dem aus man Zugang zu einer angrenzenden natürlichen Grotte hatte. Der noch erkennbare *iwan* bestand aus einem rechteckigen kreuzgewölbten Raum mit drei rechteckigen Exedren. Das Gewölbe der Nische gegenüber dem Eingang war mit *muqarnas* aus Stein und Stuck verziert, doch sind davon nur noch Spuren im unteren Teil erhalten. Die Kalotten der beiden seitlichen Exedren waren mit Zellengewölben ausgestattet, die noch erkennbar sind. Goldschmidt zeichnete sogar unterhalb des *muqarnas*-Bereichs

Uscibene, Iwan, Palermo.

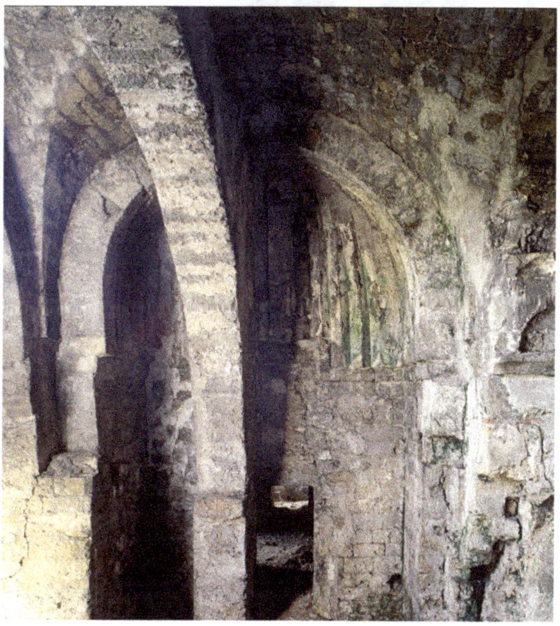

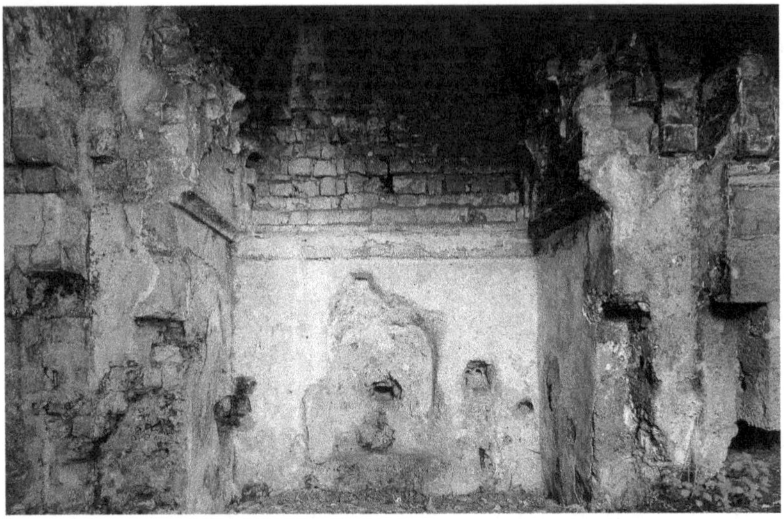

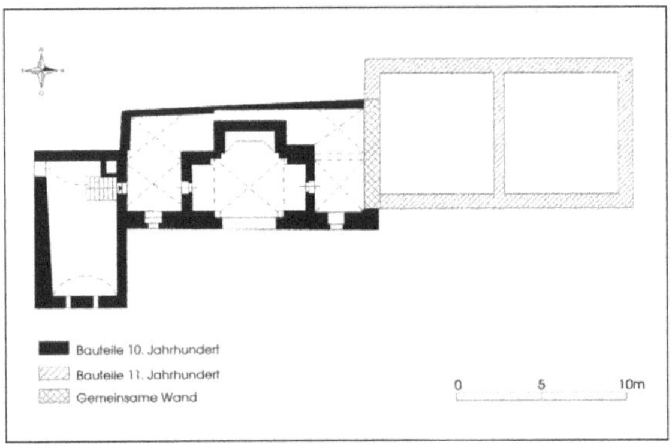

Uscibene, Grundriss, Palermo.

einen Spalt in der Rückwand ein, aus dem sich ein kleiner Wasserlauf ergoss, vermutlich von einer hinter der Wand entspringenden Quelle, deren Wasser vom Brunnen aus durch einen Kanal in die Raummitte floss und von dort aus (in Anlehnung an die Zisa als dem einzigen vorhandenen Vorbild) durch das Eingangsportal in einen Fischteich abgeleitet wurde.
Zu beiden Seiten des *iwan* führten zwei Türen in zwei rechteckige Räume mit Kreuzgewölben. Die Kapelle weist einen schlichten rechteckigen Grundriss auf und lässt noch einen Teil der hölzernen Spitzgewölbedecke erkennen, wurde allerdings bei den Restaurierungsarbeiten Francesco Valentis 1928 verändert. Erhalten sind, wenn auch stark beschädigt, die Fassade und die durch gestufte Blendspitzbögen gegliederte Seitenfront. Die Bewohner des Gutshofs sind zugleich Eigentümer der Ruinen und haben sich zusammengetan, um deren Restaurierung gemeinsam zu betreiben.

DIE REZEPTION DER ARABISCH-NORMANNISCHEN ARCHITEKTUR IM 19. JAHRHUNDERT

Gianluigi Ciotta

Das Interesse, das einige französische und englische Wissenschaftler in der ersten Hälfte des 19. Jahrhunderts an arabisch-normannischen Bauwerken zeigten, macht deutlich, dass die mittelalterliche Architektur Siziliens einen festen Platz im Themenkanon jener europäischen Gelehrten und Architekten hatte, die eine Neubewertung der gotischen Architektur anstrebten und zu diesem Zweck die Vorrangstellung bestimmter architektonischer Lösungen (insbesondere des Spitzbogens) auf der Insel untersuchten, die später bestimmend für die Gotik nördlich der Alpen wurden.

Jean Baptiste Louis Georges Seroux d'Agincourt (1826) sah sich die Spitzbögen in der Cappella Palatina von Palermo und im Dom von Monreale an und benannte beide Gebäude als Vorbilder für die gotische Architektur nördlich der Alpen. Die beiden französischen Architekten Jacques Ignace Hittorff und Louis Zanth zeichneten zehn Jahre nach ihrer Sizilienreise (1823/24) die Entstehung und Entwicklung der „modernen" sizilianischen Architektur (10.–14. Jahrhundert) nach ihrer Sicht nach und hoben dabei den von den Arabern auf der Insel eingeführten Spitzbogen als wesentliches dekoratives Element hervor. Ihrer Meinung nach hatten die Araber mit Spitzbogen und Kreuzgewölbe bei den bedeutendsten Profan- (Zisa, Cuba) und Sakralbauten Palermos von der Mitte des 10. bis zur Mitte des 11. Jahrhundertsalle Besonderheiten der gotischen Architektur vorweggenommen.

Der englische Archäologe Henry Gally Knight erforschte zunächst die mittelalterliche Architektur der Normandie und reiste dann 1836 nach Sizilien. Den eklektischen Charakter der dortigen normannischen Bauwerke sah er in der Kombination von Elementen, die aus allen drei Hauptkulturen der Insel stammten (muslimisch, byzantinisch, nordeuropäisch). In der Entwicklung der normannischen Architektur sah er eine Frühphase, in der die einheimische Bevölkerung beim Bau neuer Repräsentationsgebäude noch byzantinische Grundrissformen verwendete, und eine spätere Phase, in der die Normannen eine deutliche Vorliebe für das lateinische Kreuz als Grundform zeigten. Er räumte zwar ein, dass die Araber den Spitzbogen in Sizilien eingeführt hätten, widersprach jedoch der von Hittorff und Zanth vertretenen These, die Normannen hätten ihn von der islamischen Architektur Siziliens übernommen und anschließend in ihrer Heimat nördlich der Alpen heimisch gemacht.

Domenico lo Faso Pietrasanta (1838), Herzog von Serradifalco, beschäftigte sich mit den ikonografischen Schemata der mittelalterlichen Gebäude der Insel. Er zeigte auf, dass die Grundrisse der „großartigsten und am besten erhaltenen sikulisch-normannischen Kirchen" auf der Koppelung von frühchristlicher Hallenkirche mit byzantinischem Altarraum beruhten, und meinte, die Errichtung der normannischen Kirchen Siziliens habe in der Hand einheimischer Handwerker gelegen; sie hätten auf die bereits seit der Eroberung durch die Byzantiner auf der Insel üblichen Praktiken zurückgegriffen, die sich bis in die islamische Epoche hinein erhalten hätten.

Girault de Prangey, der sich 1834 in Sizilien aufhielt, sah die Paläste Zisa, Cuba und Maredolce als mögliche islamische Gründungen an und versuchte, sie in das Umfeld der islamischen Architektur Kairos und Andalusiens einzuordnen. Gioacchino Di Marzo verwarf später (1887) die Theorien, die den Spitzbogen betrafen, und behauptete, die Normannen hätten diesen schon geraume Zeit vor der Eroberung Siziliens aus der westgotischen Baukunst gekannt und mit nach Sizilien gebracht, wo bis dahin ausschließlich der von den Arabern im 9. Jahrhundert eingeführte Hufeisenbogen bekannt gewesen sei.
Domenico Benedetto Gravina (1859) hinterfragte die Datierung zahlreicher mittelalterlicher Gebäude Siziliens. Er untersuchte vor allem den Dom von Monreale und den dazu gehörigen Kreuzgang und behauptete, die Grundmauern des Gebäudes und der obere Teil des Kreuzgangs stammten aus der Zeit Papst Gregors d. Gr. (6. Jahrhundert), Wilhelm II. habe lediglich Restaurierungsarbeiten durchführen lassen. Der Dom von Monreale habe eine herausragende Rolle innerhalb der zeitgenössischen Bautätigkeit gespielt, an ihm hätten sich die Baupläne für den Dom von Palermo und andere Palermitanische Kirchen orientiert. Dieser These widersprach Camillo Boito vehement. Er verwies auf die Schwächen in Gravinas Argumentation und legte anhand eigener Untersuchungen eine genauere Chronologie der normannischen Gebäude Siziliens vor.
Michele Amari ordnete alle Kunstformen Siziliens in ein einheitliches Schema ein, dessen Gemeinsamkeit die muslimische Prägung war – im Gegensatz zu allen anderen Wissenschaftlern, die in der sizilianischen Kunst ein Gemisch aus unterschiedlichen Stilen und Einflüssen sahen. Amari schrieb der islamischen Kultur dagegen eine so wesentliche Rolle zu, dass er für die im 12. Jahrhundert in Sizilien entstandenen Bauwerke den Begriff „arabische Architektur" vorschlug. Da er auf der Insel keine entsprechenden Beispiele fand, suchte er die Vorbilder für die normannischen Bauten Siziliens im Kairo der Tuluniden- und Fatimidenzeit. Oskar Mothes (1884) bestritt in einer Auseinandersetzung mit Anton Sprinter Einflüsse der englischen Gotik auf die sizilianische Architektur.
Im ausgehenden 19. und im ersten Viertel des 20. Jahrhunderts gab es eine rege Forschungstätigkeit von Kunsthistorikern, Archäologen und Fachleuten der für bildende Kunst zuständigen italienischen Behörden (Isodoro Carini, Andrea Terzi, Giuseppe Patricolo, Antonio Salinas, Vincenzo Di Giovanni, Arne Dehli, G. H. Chamberlain, Lothar Heinemann, Adolph Goldschmidt, Giulio Ulisse Arata, Edwin Hansdon Freshfield, Walther Leopold, Willy Cohn, Ettore Gabrici, Gustavo Giovannoni und Enrico Mauceri), die zwar keine eigenen neuen Interpretationen erbrachten, jedoch ohne Zweifel die Kenntnis von Bauwerken vertieften, die bereits bekannt oder bis dato unerforscht waren. Begünstigt wurde die unmittelbare Untersuchung der Bauten auch durch die ersten systematischen Restaurierungsarbeiten, die zur Wiederentdeckung zahlreicher Gebäude unter barocken Überbauungen führten.

I.2 MONREALE

I.2.a Castellaccio

Mit dem Auto zurück zur Viale della Regione Siciliana und weiter in Richtung Catania. An der Ausfahrt Calatafimi rechts abbiegen und auf der SS 186 nach Monreale fahren; hinter der Ortschaft der Beschilderung bis S. Martino delle Scale folgen; nach rund 3 km erreicht man einen offenen Platz, von dem aus der Weg zum Kastell ausgeschildert ist. Den Wagen hier parken und zu Fuß den Feldweg weitergehen. Besichtigung nach Voranmeldung beim C.A.S (Club Alpino Siciliano), Tel. 091 581323.

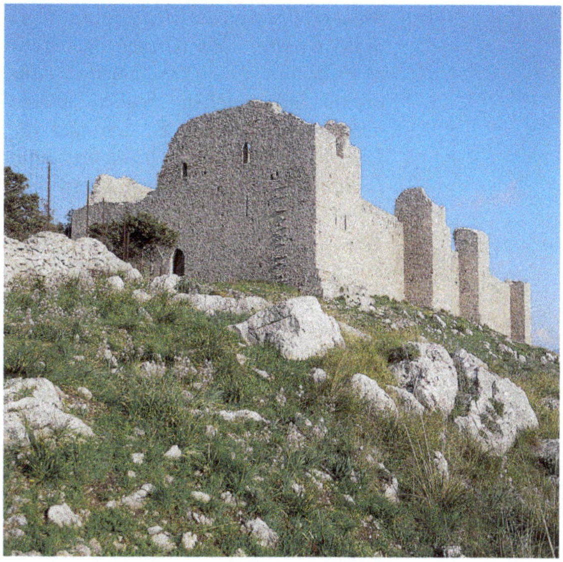

Castellaccio, Gesamtansicht, Monreale.

Das Kastell auf der Kuppe des Monte Caputo, „Castellaccio" genannt, entstand zwischen 1174 und 1200 und diente den Benediktinermönchen des Städtchens Monreale als Aussichtsturm und befestigte Stellung gegen Angriffe der im Hinterland gelegenen islamischen Gemeinden. In dieser Zeit war der von Muslimen besiedelte Bereich der Berge im Val di Mazara unabhängig, so dass Monreale bis 1246 Grenzstadt und damit sarazenischen Übergriffen ausgeliefert war. Der Grundriss der Festung bildet ein unregelmäßiges Parallelogramm. An der Westseite stehen zwei eck- und zwei mittelständige rechteckige Türme. An der gegenüberliegenden Seite ragen an der Nordwestecke ein Wachturm, in der Mitte der Front ein Türmchen und die Apsis der Kapelle hervor.
Das Innere der Umfassungsmauer ist in zwei Bereiche unterteilt: Im westlichen Teil befand sich an die Mauer angrenzend eine Reihe von Räumen, die zu einem Innenhof führten; im eher als Kloster erkennbaren Ostteil befindet sich ein großer viereckiger Hof, offensichtlich einst der Kreuzgang. Die beiden Bereiche sind durch einen schmalen Gang miteinander verbunden. An der Rückwand des Kreuzgangs nimmt die teilweise über einer Zisterne errichtete Kirche fast die gesamte Südseite ein.

Die Conca d'Oro
Vom Castellaccio aus hat man einen herrlichen Blick über die Conca d'Oro – die aus den Bergen rings um Palermo gebildete „goldene Muschel". Von Termini Imerese bis zu den Ägadischen Inseln sowie nach Süden bis zum Sicani-Gebirge ragen aus tonreichen Hochebenen Kalkstein- und Dolomitkegel als einzelne Gipfel und Steilhänge auf: Monte Grifone, Monte Caputo, Monte Cuccio und andere. Die Berge bilden einen Halbkreis um den Golf von Palermo, der tief in die tyrrhenische Küste einschneidet. Eine hervorragende Aussicht hat man auch vom Stadtpark in Monreale, vom

Monte Pellegrino, der Kirche Santa Maria delle Grazie, dem Gipfel des Monte Cuccio. Das traumhafte Panorama an solchen Stellen macht deutlich, warum J. F. Schinkel die Landschaft der Conca d'Oro als so überaus faszinierend und inspirierend empfand. Vom Castellaccio aus hat man einen Rundumblick, da die Stelle baryzentrisch in der Achse liegt, in der sich vermutlich die großen Gärten des normannischen Parks befunden haben. Noch heute ist das wundervolle Gleichgewicht zwischen Natur und menschlichem Zutun spürbar. Die Berge, die Vegetation und die Gewässer sind sichtbare Zeugen, bilden in jedem Fall eine bezaubernde Landschaft. Die Gipfel der Conca rücken am Monte Pellegrino dichter aneinander und bilden den Grat zwischen zwei Meeresbuchten: einer größeren, in der das alte Palermo liegt, und einer kleineren, die das im 19. Jahrhundert so beliebte Seebad Mondello umschließt. Innerhalb dieses Kranzes liegt die sanft geneigte Ebene mit dem geometrischen Muster der Felder und Häuser. Die Conca war einst von Bächen durchzogen und durch Senken und Höhen geformt. Durch die ganze Länge des Tals zieht sich der Fluss Oreto, der einzige Durchbruch durch die Palermitaner Berge zum Hinterland. Der Fluss, heute ein reißendes Gewässer, bildet die Grenze zwischen Altofonte und Monreale. Die einst mit Gemüse, Obst und Zitrusfrüchten bepflanzten Ufer sind heute dicht mit Wildwuchs bedeckt. Nachdem das Projekt einer Überbauung aufgegeben wurde, soll hier nun angesichts der Ausdehnung der Stadt nach Süden ein Parkgebiet entstehen.

I.3 ALTOFONTE

I.3.a Palazzo Reale e Cappella di San Michele Arcangelo

Mit dem Auto auf die SS186 zurückkehren und in Richtung Altofonte weiterfahren. Im Stadtzentrum in die Via Vittorio Emanuele II abbiegen, dann nach rechts in die Via Belvedere. Dort steht der Palast.
Besichtigung nach Voranmeldung beim Pfarramt von S. Giuseppe, Signor Quaglino, Tel. 091 437204.

Die Gründung des Palasts soll durch Roger II. erfolgt sein, jedenfalls nach dem Zeugnis des Arztes Romualdo Guarna, der als politischer Berater Wilhelms I. und Wilhelms II. lange Zeit am Palermitanischen Hof lebte. Vom ursprünglichen Grundriss erhalten sind nur einige kreuzgewölbte Räume im Erdgeschoss, die dem Erzengel Michael geweihte Kapelle (Eingang von der heutigen Via Belvedere aus) sowie drei mit Lava-Inkrustationen verzierte Bögen des südwestlichen Portikus im kleinen Hof. Der ursprüngliche Bau aus dem 14. Jahrhundert wurde radikal umgestaltet, als Friedrich III. von Aragon über dem alten Normannenpalast ein Zisterzienserkloster und die Kirche Santa Maria d'Altofonte gründete.

Das Naturschutzgebiet Monte Pellegrino
Die Riserva Naturale Orientata di Monte Pellegrino ist einer der zwei Naturparks in der Umgebung von Palermo, die Besuchern offen stehen. Der zweite liegt am Monte Gallo und schließt den Golf von Palermo nach Norden hin ab. Eine Fahrstraße mit vielen Aussichtspunkten führt bis zum Gipfel hinauf, auf dem sich in

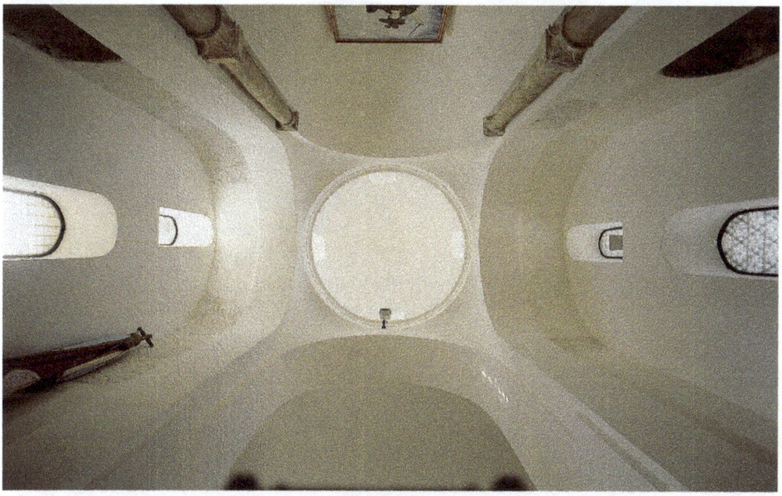

Kapelle S. Michele Arcangelo, Kuppel und Presbyterium, Altofonte.

einer Grotte eine Kapelle befindet. Dort wird die Schutzpatronin von Palermo verehrt, die in normannischer Zeit lebte und wirkte. In den Steilhängen des Berges gibt es zahlreiche Grotten, von denen manche Spuren prähistorischer Zivilisation aufweisen. Die Hochebenen sind mit Wald bedeckt, der am Ende des 18. Jahrhunderts angepflanzt wurde, während die Steilhänge, Gipfel und vor allem die Felswände zum Meer hin eine natürliche Felsenvegetation und eine Macchia aus Baumwolfsmilch aufweisen. Hier nisten zahllose Vogelarten, darunter auch der Wanderfalke.
Das Castello Utveggio auf dem Primo Pizzo entstand 1936 als Kurhotel. Heute enthält es ein Fortbildungszentrum. Der Naturpark wird von der Ente Rangers d'Italia verwaltet. Führungen können am Sitz dieser Organisation in 90100 Palermo, Viale Diana la Favorita, Tel. 09 16716066, vereinbart werden.

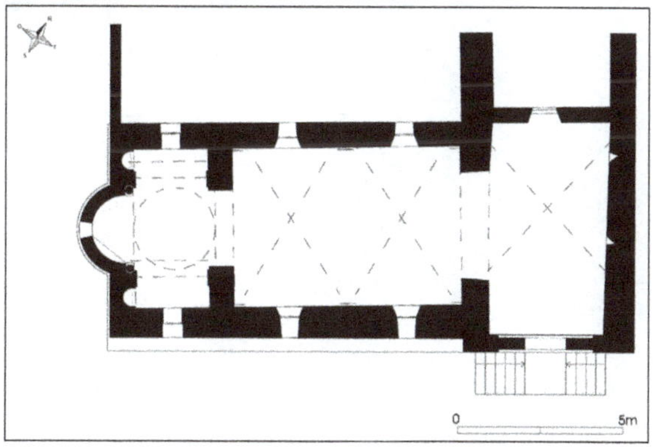

Kapelle S. Michele Arcangelo, Kuppel und Presbyterium, Altofonte.

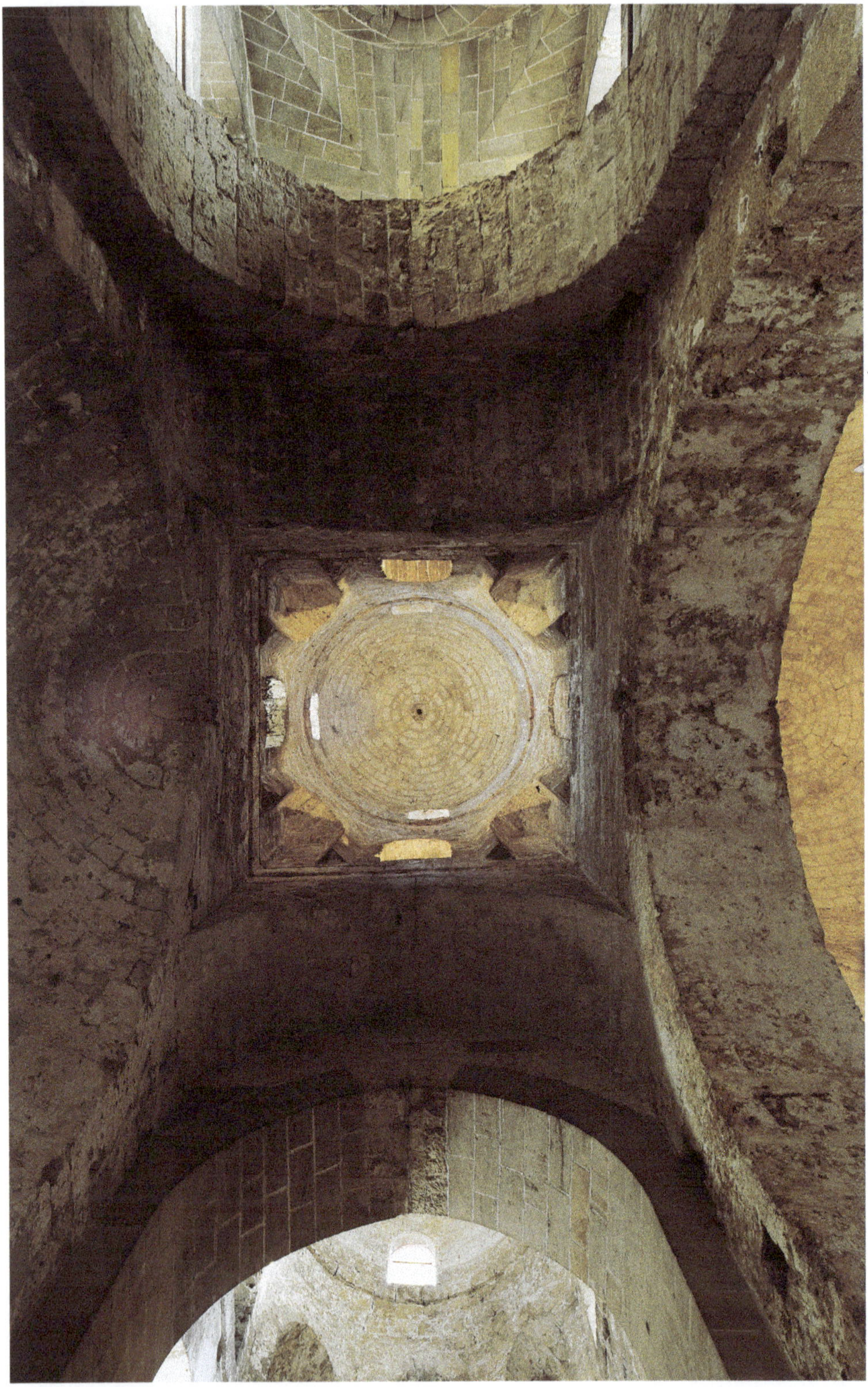

Zeugnisse aus arabischer Zeit

Wissenschaftliches Gremium

Erster Tag

II.1 PALERMO

II.1.a Cappella dell'Incoronata – Säulenhalle
II.1.b San Giovanni degli Eremiti – Reste von Moschee, Kirche, Friedhof und Kreuzgang
II.1.c Qanat (arabische Wasserleitung auf dem Gelände der Psychiatrischen Klinik)

Die qanats der Conca d'Oro

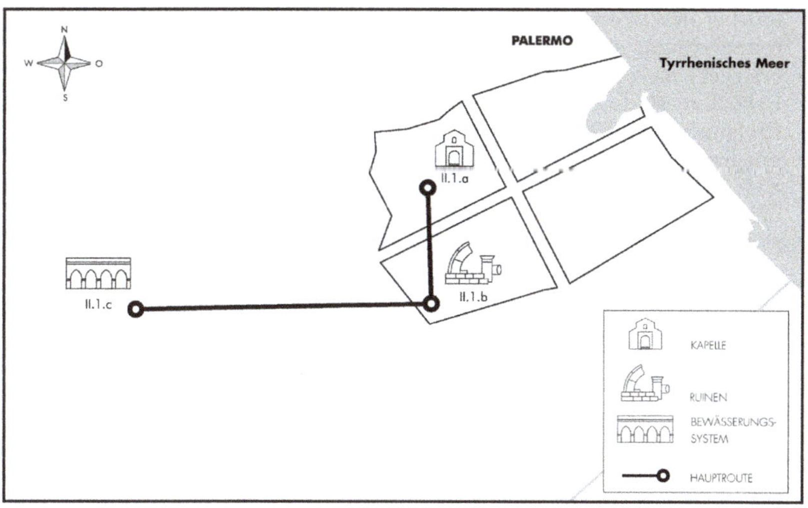

S. Giovanni degli Eremiti, Kuppel und Presbyterium, Palermo.

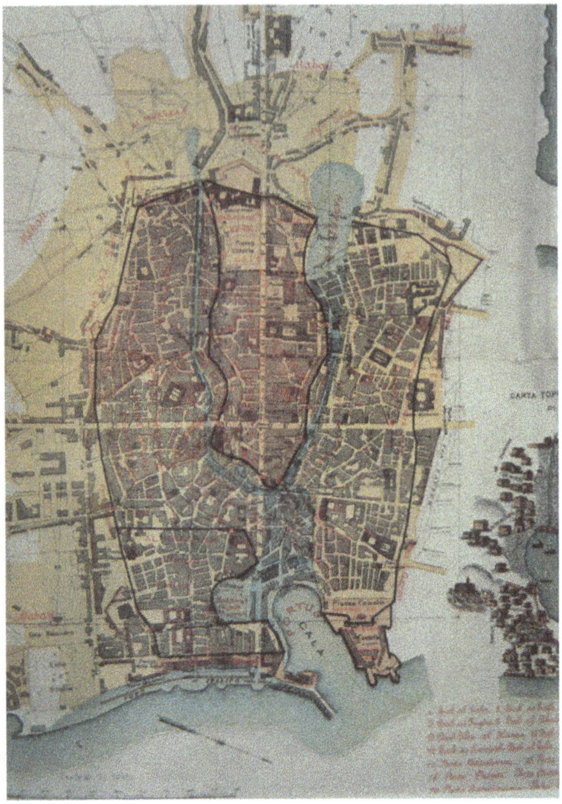

Rekonstruktion des Stadtplans von Palermo in arabischer Zeit (Di Giovanni, 1889/90).

Der Zeitrahmen, in dem Palermo bei der Islamisierung des Mittelmeerraums eine Rolle spielte, erstreckt sich von 831 bis 1072. Eckdaten sind zwei dramatische Ereignisse: Mit dem Beginn der muslimischen Eroberung begann 831 der allmähliche Wandel vom unbedeutenden peripheren byzantinischen Handelsplatz zur Hauptstadt des arabischen Siqilliya. Die zweite Jahreszahl bezeichnet den Übergang von einer Metropole des sizilianischen Emirats und einer bedeutenden Stadt des *Dar al-Islam* zur Hauptstadt des normannischen Grafenreichs „Trinacria" (1072–1130) und später zur Residenz des sizilianischen Königshauses (1130–1412).

Die Besetzung Siziliens 831 durch die Truppen Zijadatallahs mündete in eine fast einjährige Belagerung Palermos, bei der die Bevölkerung stark dezimiert wurde. Dies gehörte zur ersten Phase des *djihad* auf der Insel, die von Asad Ibn al-Furat bestimmt wurde. Vorausgegangen war ein vierjähriger unentschiedener Feldzug (einschließlich des Bruchs der Vereinbarung mit Euphemius und den sizilianischen Separatisten), der ihn bis vor die Tore von Syrakus geführt hatte. Eine katastrophale Niederlage hatte die Invasoren dann jedoch zum Rückzug auf den Stützpunkt Mazara gezwungen, der als erste Stadt Siziliens muslimisch geworden war. Die vom Nachschub abgeschnittene belagerte Festung Mineo mussten sie dabei ihrem Schicksal überlassen.

Die Eroberung von Palermo ist das erste Anzeichen einer Wende. Nun war der islamische Vormarsch in die östlichen Provinzen der Insel nicht mehr aufzuhalten. Der Feldzug endete 965 mit der Eroberung von Rometta, nachdem es den Muslimen endlich gelungen war, den erbitterten Widerstand der christlichen Truppen – Bergbauern des Val Demone – an ihrem letzten Stützpunkt zu brechen. Von eben diesen nordöstlichen Territorien aus startete jedoch knapp ein Jahrhundert später unter Führung der normannischen Ritter auch die Reconquista. Elf Jahre nach dem Fall von Messina 1072 wurde die Wiedereinnahme von Palermo durch die Normannen von der Bevölkerung überwiegend als christliche Rückeroberung aufgefasst. Auch nach 240-jähriger muslimischer Herrschaft beteiligten sich die Palermitaner selbst aktiv an der „Befreiung" der Stadt. Das

Christentum hatte überlebt, trotz der Bedeutung, die Palermo unter den Muslimen erlangt hatte.
Dass die Stadt eine derart herausragende Rolle im Osten Siziliens spielen konnte, hatte strategisch-logistische Gründe (war sie doch gegen byzantinische Angriffe vom Meer aus weit gehend gefeit), lag aber auch daran, dass die Bewohner (die wenigen überlebenden Einheimischen und die vielen Zugewanderten, die vermutlich aus den Dörfern des Val di Mazara stammten) weder in Sprache noch Brauchtum griechisch geprägt waren und sich mit der byzantinischen Weltsicht daher nicht identifizierten.
Anders als andere sizilianische Städte, die von den muslimischen Eroberern stark beschädigt oder dem Erdboden gleichgemacht und deren Einwohner verschleppt worden waren (etwa Syrakus, Taormina, Enna und Agrigent), genoss Palermo den Sonderstatus, den die Muslime all denen einräumten, die nach hartnäckigem Widerstand schließlich kapitulierten. Doch auch in Palermo und seiner Umgebung (der Conca d'Oro) war der rechtliche Status der Christen unter muslimischer Herrschaft aller viel gerühmten Milde, Liberalität und Toleranz zum Trotz (die von zeitgenössischen Chronisten und Reisenden ebenso wie von einigen modernen Wissenschaftlern und Historikern des 19. Jahrhunderts gerühmt wurde) durchaus Beschränkungen unterworfen, wenn sie auch zum Teil nur formaler Natur waren. Dies war gerade im letzten Jahrhundert der ‚arabischen' Epoche Siziliens der Fall.
Es überrascht deshalb nicht, dass es Robert Guiscard und seinem Bruder Roger 1072 gelang, die „arabische Zitadelle" Palermos nach fünfmonatiger Belagerung zu erobern. Die in der Hauptstadt verschanzten muslimischen Truppen hatten nämlich an zwei Fronten zu kämpfen: nach außen gegen die normannischen

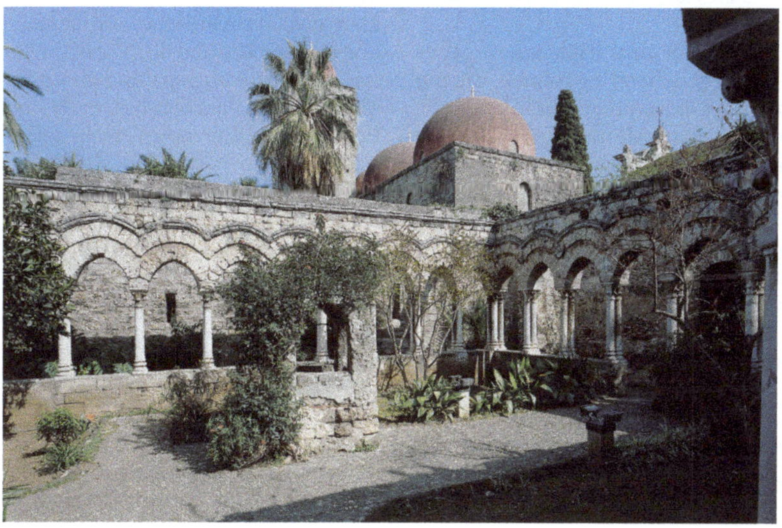

S. Giovanni degli Eremiti, Kreuzgang und Kuppeln der Kirche, Palermo.

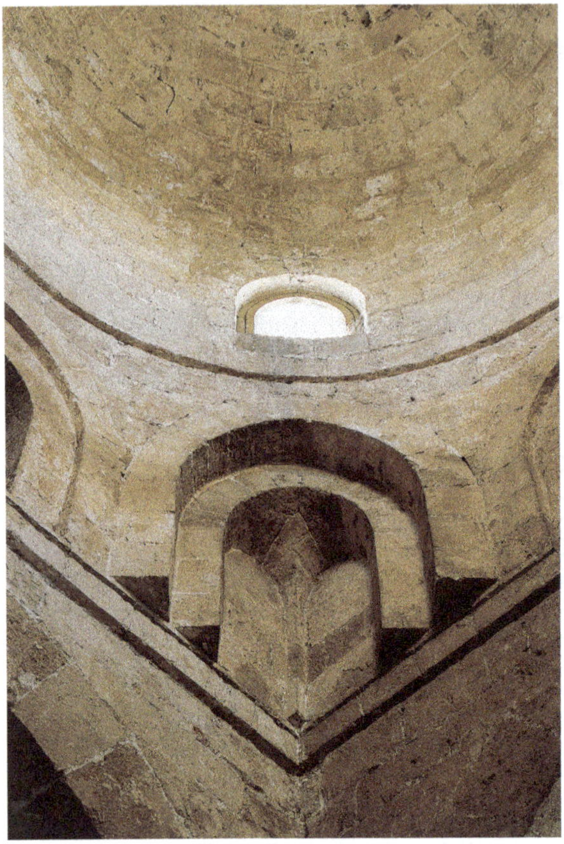

S. Giovanni degli Eremiti, Detail der Eckverbindung einer Kuppel, Palermo.

Streitkräfte und nach innen gegen die christlichen Einwohner, die nur zu gern diese eingeschränkte Toleranz der muslimischen Herrscher abschütteln wollten. Der Erfolg der Belagerung beruhte auf einer ausgefeilten Taktik: Während Roger mit einem Großteil des Heeres ein komplexes Ablenkungsmanöver vor den Mauern der Galca (in der ‚Altstadt' oder besser gesagt auf deren befestigtem Ausläufer, auf dem später der Normannenpalast errichtet wurde) startete und die muslimischen Verteidiger damit zwang, den größten Teil ihrer besten Kämpfer dorthin zu schicken, nutzte Robert mit einem Elitetrupp das Überraschungsmoment aus und drang von Süden in die Khalisa ein. Die Stelle wurde später in Porta della Vittoria umbenannt; Überreste dieses „Siegestors" sind noch in der Außenmauer der Kirche Santa Maria della Vittoria an der Piazza dello Spasimo sichtbar.

Allein das Vorhandensein der Khalisa, also der arabischen Zitadelle mit Umfassungsmauer, spricht dafür, dass die Atmosphäre in der Stadt alles andere als friedlich gewesen war. Al-Khalisa, nach der später das ganze Viertel Kalsa hieß, erstreckte sich einst zwischen der heutigen Piazza Marina und der Bastione dello Spasimo. Sie entstand ab 937 in einer sehr kurzen Bauzeit unter Emir Khalil Ibn Ischaq neben weiteren Maßnahmen, die dazu dienten, die christliche Bevölkerung, aber auch muslimische Aufrührer niederzuhalten. Nach Aufgabe der antiken Stadt (etwa die Fläche der Piazza della Vittoria und des Erzbischöflichen Palais mit dem Quartiere San Giacomo umfassend) übten die Muslime von dort aus die Kontrolle über das alte römische *castrum* aus, über dessen Ruinen die Normannen später ihren Königspalast bauten.

Mehr als ein Jahrhundert nach der Eroberung Palermos verschanzten sich die Araber in dieser Zitadelle, die in strategisch günstiger Lage einen Fluchtweg zum Meer hin bot. Sie bildeten nur eine wenn auch beträchtliche Minderheit. Hinzu kam die Bevölkerung der ebenfalls befestigten Bauerngemeinden, die außerhalb der Stadttore siedelten (in *mahals*). In der Endphase der muslimischen Besatzungszeit lebten die Einwohner von Balarmu im Wesentlichen in drei Stadtvierteln, die durch die beiden Bäche Kemonia

(al-Wadi as-Satawi) und Papireto (Pepyritus) voneinander getrennt waren. Zwischen ihnen lag das Kap Piede Fenicio (vom Normannenpalast bis zur heutigen Kreuzung Via Roma und Corso Vittorio Emanuele), auf dem einst das antike Panormus entstanden war. In arabischer Zeit umfasste es zwei Viertel, die Khalqa oder Galca (vormals Paläopolis) und al-Qasr al-Qadim (vormals Neapolis). Südlich des Kemonia (bzw. der heutigen Via Castro) lag, durch die Khalisa vom Meer getrennt, das Viertel Harat al-Djadida. Nördlich des Abflusses der Papirete-Sümpfe, der an den Mauern der Paläopolis entlang floss (deren Nordrand dem Verlauf der heutigen Via Celso entsprach), erstreckte sich das Viertel Harat as-Saqaliba (bis zur heutigen Via Mura di S. Vito, Piazza G. Verdi und Via S. Spinuzza).
Historischen Quellen zufolge zählte die Bevölkerung rund 300.000 Menschen, was vielleicht zu hoch angesetzt ist. Es muss jedoch eine für die Zeit erhebliche Zahl gewesen sein, denn Palermo wurde zu den größten und bedeutendsten Städten des Mittelmeerraums gezählt und voller Bewunderung sogar in Größe und Glanz mit Córdoba verglichen. Die Bevölkerung folgte oberflächlich den Regeln des Koran, muss jedoch noch weitere Charakteristika des islamischen Kulturraums übernommen haben, dessen fester Teil sie nun war: von Verhaltensweisen über Wohnkultur, Kunst und Literatur, Kleidung, Anbaumethoden, Verwaltungswesen, Ortsnamen und Kunsthandwerk bis hin zur Kochkunst. Gerade in diesem letzten Bereich hat sich die islamische Kultur als so fruchtbar erwiesen, dass dies beispielsweise vom Positivismus zu den interessantesten Aspekten der lokalen Volkstradition gezählt wurde. Das gilt insbesondere für die Konditorkunst. Zu den vielen dauerhaften Einflüssen der muslimischen Kultur zählt vor allem das Süßen von Ricotta mit Zucker. Die aufgeschlagene Creme wird mit oder ohne weitere Zusätze zu typisch sizilianischen, vorrangig Palermitanischen Süßspeisen weiterverarbeitet, zum Beispiel zur kunstvoll geschichteten *cassata*, deren Ursprünge sich bis 998 zurückverfolgen lassen. Selbst die Bezeichnung ist arabischer Herkunft. Aus Caltanissetta wiederum stammt ein als *cannolo* bekanntes typisch sizilianisches Gebäck, das ebenfalls mit Ricottacreme hergestellt wird.
Die Ausbreitung des Islam als Religion tat sich bei der sizilianischen Bevölkerung sehr viel schwerer. Zwar konvertierten viele, doch geschah dies offenbar meist *pro forma*, um sich den Beschränkungen im Alltag und den Christen auferlegten Steuern zu entziehen. Aus Mischehen durften lediglich die Töchter im christlichen Glauben erzogen werden. Es brachen offenbar auch keine größeren Pilgerzüge von Palermo und vermutlich anderen Orten Siziliens nach Mekka auf. Ibn Hauqal, der aus dem kultivierten,

Cappella dell'Incoronata, Grundriss, Palermo.

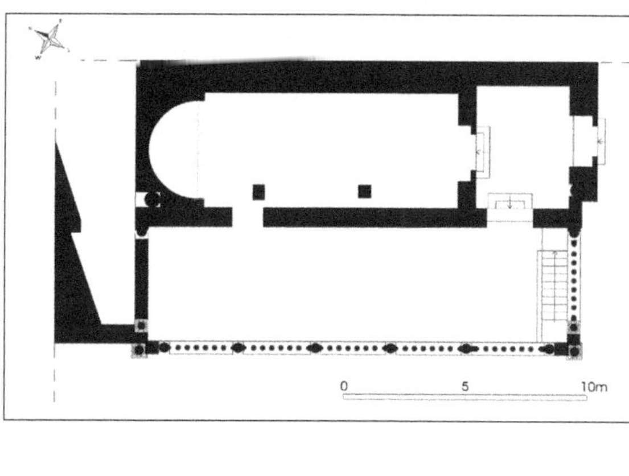

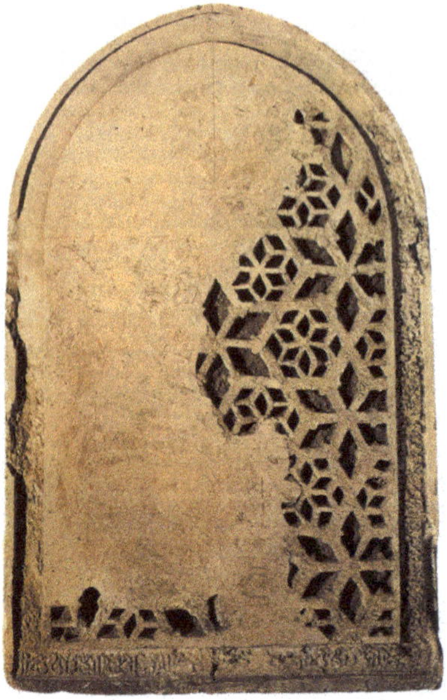

S. Giovanni degli Eremiti, Stuck-Transenna des Fensters, vor Mitte des 12. Jahrhunderts (Gabrieli, Scerrato 1979).

jedoch viel strenggläubigeren Baghdad kam und deshalb den meist eher lockeren Umgang mit religiösen Vorschriften in der Hauptstadt des sizilianischen Emirats mit Unwillen sah, nahm bei seinem Aufenthalt 972/973 voller Erstaunen nicht nur das Desinteresse an Mekkareisen zur Kenntnis, sondern auch die Missachtung anderer grundlegender Koranvorschriften, so neben dem Fernbleiben vom Freitagsgebet, dass nichtmuslimische Sizilianer „schamlos" öffentlich Wein tranken, während die *mu'allimun* offensichtlich ihre theologischen Aufgaben zugunsten der einträglicheren Aspekte ihres Amtes vernachlässigten.

Juden und Christen – letztere deutlich in der Überzahl – genossen offizielle Toleranz, jedoch auch nicht mehr. Die ansehnliche Zahl von 300 Moscheen in der Stadt könnte von Ibn Hauqal auch geschönt worden sein, um eine muslimische Mehrheit vorzutäuschen. Eingeschlossen waren vermutlich alle privaten Moscheen (die meist winzig waren, jedoch allen Gläubigen offen standen), wie sie in den Stadthäusern der Honoratioren und reichen Kaufleute der Stadt und auf den befestigten Landsitzen der rund 200 wohlhabenden Familien außerhalb des Stadtkerns üblich waren.

Innerhalb der Stadt selbst begünstigte die geringe Dichte vermutlich die orografische Entwicklung des Geländes. Das Kap, auf dem das antike Panormus gestanden hatte, erhob sich nun zwischen den beiden äußeren Stadtvierteln, von denen es durch das Bett des Sturz-bachs Kemonia und das Sumpfland des Papireto getrennt war. Bis zum Ende der arabischen Epoche machten beide die Bebauung eines großen Teils des Stadtgebiets praktisch unmöglich.

Ibn Hauqal beschreibt 977 in Palermo fünf separate Stadtviertel. Die Oberstadt, der *qasr* („Kastell", oder auch „Cassaro", wie sie noch heute genannt wird), war das von Kaufleuten bewohnte befestigte Zentrum. Zum Meer hin erstreckte sich die ebenfalls befestigte Khalisa („die Erwählte"), der 937 jenseits des Kemonia entstandene Sitz des Emirs und seines Hofstaats mit zwei *hammams*, einer privaten Moschee, Kerkern, dem Arsenal und dem *diwan*. Am Hafen lag das dicht besiedelte, wasserreiche Harat as-Saqaliba (Quartiere degli Schiavon im Norden), daran anschließend das weitläufige „Moscheeviertel" (Harat al-Masdjid) mit einer riesigen Moschee, die bis zu 7000 Gläubigen Platz bot, jedoch über kein fließendes Wasser, sondern lediglich über Brunnen verfügte. Daran schloss sich schließlich das „neue Viertel" (Harat al-Djadida)

an, das vom Moscheeviertel durch die Märkte der umherziehenden Ölhändler getrennt war.
Außerhalb der Stadtmauern waren verschiedene Gewerbe angesiedelt, darunter Schneider, Waffen- und Kesselschmiede, währenddessen die zahlreichen Metzger in der Stadt ansässig waren. An der Küste lagen in den *ribats* Söldner in Garnison.
Das Judenviertel (Harat al-Jahud), in dem nach Schätzung des spanischen Juden Benjamin von Tudela 1172 rund 1500 Menschen gelebt haben sollen, lag in der von der Kemonia-Schleife gebildeten Senke an der Porta di Ferro unmittelbar außerhalb der Mauern um den *qasr* (im Gebiet zwischen der heutigen Via Ponticello und Via Calderai, das nun von der Via Maqueda durchschnitten wird). Abgesehen von der Khalisa lagen insofern jenseits der Flussbetten des Kemonia und des Papireto von Mauern umgebene, aber nicht unbedingt wirklich befestigte Bereiche. Das antike Panormus dagegen war gut gesichert. Die Umfassungsmauer des Kaps wurde in arabischer Zeit weiter verstärkt und mit neuen Toren versehen. Vom Westrand der Nordmauer von Galca aus (unweit des heutigen Corso Alberto Amedeo) nach Osten hin bis zum „Meerestor“ (Bab al-Bahr), das den *qasr* mit dem Hafen (Cala) verband, gab es der Reihe nach: das Bab ar-Ruta (das nach einer unterirdischen Quelle benannte Rota- oder Roda-Tor; das kräftig sprudelnde Wasser betrieb eine Reihe von Mühlen und trat unweit von ihm aus der Erde; das Tor – nahe der heutigen Piazza Domenico Peranni – befand sich in der Galca-Mauer); es folgte das Tor des Abu al-Hasan, das Bab asch-Schifa' (benannt nach dem nahe gelegenen Brunnen „'Ain asch-Schifa'“); das Bab al-Bahr stand in der Nähe der heutigen Kreuzung von Via Roma und Via Vittorio Emanuele – dort, wo sich einst – weiter landeinwärts als heute – Kemonia und Papireto in die Cala ergossen. Von hier aus nach Westen bis zum Bab al-Abna' (Porta dei Giovanotti) gab es in der südlichen Stadtmauer von Galca aus gesehen weitere Tore: eines zwischen dem *qasr* und dem Viertel Abu Himaz (später Fieravecchia), das ebenfalls von Abu al-Hasan erbaut wurde und vermutlich in der Nähe der heutigen Via Discesa dei Giudici auf Höhe der Via degli Schioppettieri lag, Bab al-Hadid (Porta di Ferro), vor dem das Judenviertel lag, und Bab as-Sudan, vermutlich dort, wo sich heute das Viertel Fabbri befindet.
Das alte Panormus lag innerhalb der neuen Stadt. Von West nach Ost war es von einem umfangreichen Markt durchzogen, *as-samt* („die Reihe“) genannt. Die gepflasterte Geschäftsstraße, in der verschiedene Waren angeboten wurden, entsprach dem antiken Verlauf der Längsachse durch die Neapolis, die 1575 endgültig begradigt und in Via Toledo umbenannt wurde

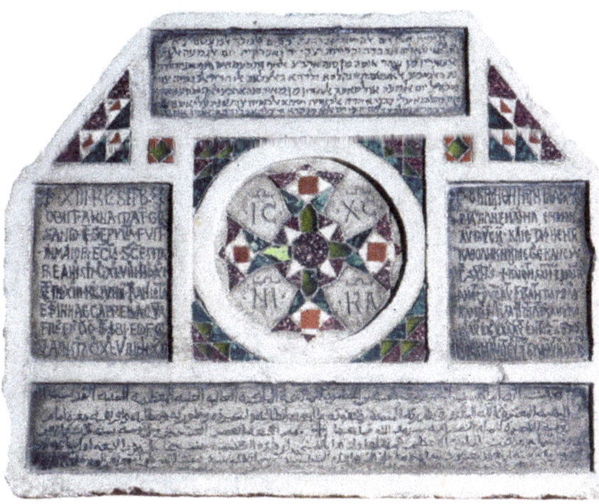

Marmorner Grabstein mit Inschriften in drei Sprachen, 1049, Museo d'Arte Islamica, Zisa, Palermo.

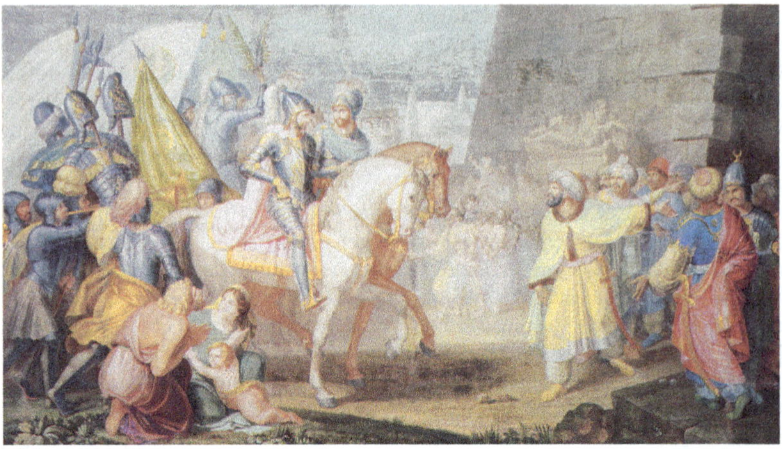

G. Patricolo, „Die Ankunft Graf Rogers in Palermo“, vor Mitte des 19. Jahrhunderts, Normannenpalast, Palermo (Calandra et al. 1991).

(bei vielen aber auch weiterhin „Cassaro“ hieß; heute Via Vittorio Emanuele).

Al-Idrisi schrieb Mitte des 12. Jahrhunderts, Palermo besitze „Gebäude von solcher Schönheit, dass die Reisenden sich auf den Weg machen, [angezogen von] dem Ruf der [Wunder, die von der dortigen] Architektur [geboten werden]“ (Amari 1933–1939). Er bezog sich dabei allerdings auf die von Roger II. weitenteils erneuerte Stadt. Was aus arabischer Zeit erhalten war, oder besser gesagt, was tatsächlich unter der Kalbitendynastie völlig neu entstanden ist, lässt sich nicht mit Sicherheit sagen. Ebenso schwierig ist es festzustellen, was die lange byzantinische Periode den Muslimen als den neuen Herrschern an städtischer Kultur und römischem Erbe hinterlassen hatte.

Eine wichtige Rolle in arabischer Zeit spielten zweifellos die Wasserleitungen, die das Land durchzogen und die Stadt mit Süßwasser versorgten. Ebenso bedeutsam muss der Bau der Hafen- und Festungsanlagen gewesen sein. Als einzige der sizilianischen Metropolen erlebte Palermo unter den Arabern eine nennenswerte neue Blüte. Das Kunsthandwerk hatte einen so hohen Rang – auch dank der Herausbildung eines eigenen Handwerkerstands –, dass die Hautevilles später eine königliche Manufaktur (Tiraz) gründeten und deren Belegschaft mit Handwerkern aus Ifriqiya verstärkten. Interessante Sammlungen von Urkunden, Fundstücken und Gebrauchsgegenständen islamischen Stils aus Sizilien und anderen Regionen, sowohl aus der Zeit der arabischen Besatzung als auch späterer Epochen, sind im Archäologischen Museum, in der Schatzkammer des Doms und in der Cappella Palatina zu sehen.

Nicht vorauszusehen war, dass in dieser Epoche eine eigenständige architektonische und künstlerische islamische Kultur in Sizilien heranreifen würde.

In der heterogenen Großstadt Palermo fühlten sich einige der Volksgruppen unterdrückt, zum einen die wenigen Nachkommen persischer und griechischer Einwanderer aus byzantinischer Zeit, zum anderen aber auch Berber sowie Andalusier und Maghrebiner, die während der islamischen Eroberung und später aus Ifriqiya eingewandert waren und nicht unbedingt die Einstellungen der herrschenden Klasse teilten. Diese Oberschicht traf die Entscheidungen, unterstand jedoch dem *wali* und einer gewählten Versammlung (der *djama'a*), deren Zusammenkünfte vorwiegend in Palermo, seltener in Agrigent stattfanden. *Djama'a* und *wali* waren keineswegs immer einer Meinung – was durchaus für eine funktionierende Regierung spricht, auch wenn es verschiedentlich zu ausgesprochen negativen Entwicklungen im Verhältnis der Institutionen kam, wie die turbulente Anfangszeit der arabischen Herrschaft in Sizilien belegt.

Im Gegensatz zur genauen Kenntnis von Verwaltung und Bräuchen sind die Reste von Bau- und Kunstwerken aus der Zeit der muslimischen Herrschaft eher fragmentarisch, teils weil die meisten Zeugnisse (im Krieg gegen die Normannen oder später) zerstört oder fortgeschafft wurden, wie dies bei Kunstwerken und wertvollen Gebrauchsgegenständen häufig der Fall war, teils weil die Hautevilles und ihre Höflinge aber auch erhebliche Veränderungen an den Bauten und Bewässerungsanlagen vornahmen, die sie bei ihrer Ankunft vorfanden.

Abgesehen von den Wandverzierungen mehrerer Gebäudeteile des Palazzo di Maredolce und San Giovanni dei Lebbrosi finden sich weitere bedeutende Werke aus islamischer Zeit in der Altstadt von Palermo. Überreste und Ausgrabungsfunde sind im Normannenpalast und im nahe gelegenen Komplex San Giovanni degli Eremiti zu sehen, wo einst eine Moschee stand. Ebenfalls sehenswert sind die Reste einer Säulenhalle neben der Loggia dell'Incoronazione sowie die in das Oratorio dei Bianchi eingearbeitete Porta della Vittoria.

Hochinteressant ist ein Gang durch die Straßen und Märkte der alten arabischen Viertel Palermos, die sich zwar schon im Spätmittelalter radikal veränderten, jedoch noch heute die ursprüngliche Straßenführung erkennen lassen.

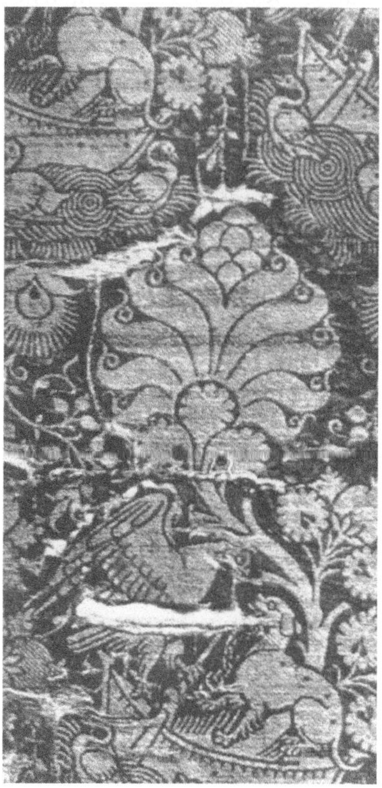

Seidenstoff aus der königlichen Manufaktur, 12. Jahrhundert (Sizilien), Victoria and Albert Museum, London.

II.1 PALERMO

II.1.a Cappella dell'Incoronata – Säulenhalle

An der Piazza della Vittoria parken und den Corso Vittorio Emanuele entlang zu Fuß weitergehen; nach links in die Via M. Bonello abbiegen und bis zur Kreuzung mit der Via dell'Incoronazione gehen. Dort befindet sich das Bauwerk. Bei Drucklegung dieses Katalogs sind die Restaurierungsarbeiten noch nicht abgeschlossen.

Cappella dell'Incoronata, Längs- und Querschnitt, Palermo (Di Stefano, 1955).

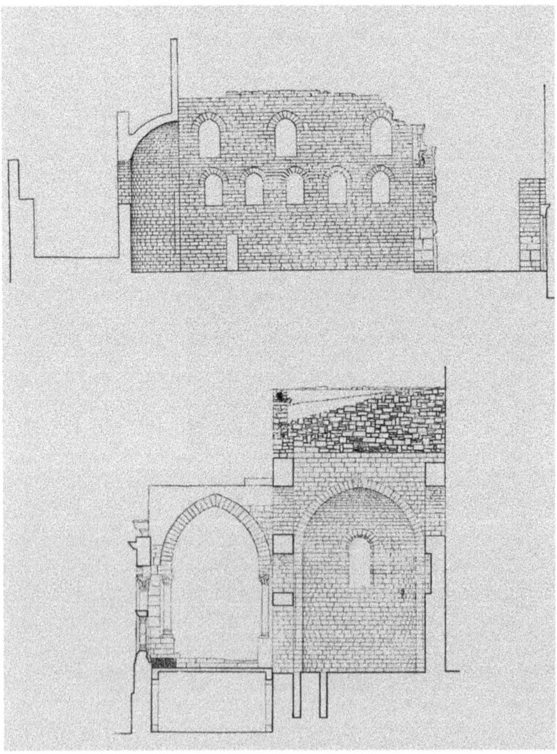

Die Cappella dell'Incoronata steht hinter dem Dom, recht genau auf dessen Narthex ausgerichtet. Die heutige Konfiguration entstand durch die Verschmelzung der Cappella di Santa Maria l'Incoronata mit einem an ihrer Westseite stehenden Portikus, der so genannten Loggia dell' Incoronazione. Die (nach 1130 gebaute) Kapelle besitzt eine Vorhalle, von der aus man in das Kirchenschiff mit Apsis gelangt. Die insbesondere im Bereich der Vorhalle und der Apsis in die Wände der Kapelle eingemauerten Überreste von Säulen- und Pfeilerbasen stammen vermutlich von einem Gebäude aus aghlabidischer Zeit (9. Jahrhundert); es gehörte wahrscheinlich zur Großen Moschee, die im Zuge des Umbaus einer alten byzantinischen Kirche hier entstand, genauer zu einer 18 m langen und 3,80 m breiten Säulenhalle (Bellafiore 1990).
1591 wurde der Portikus mitsamt einer inzwischen hinzugefügten Balustrade ausgefacht und als Oratorium genutzt. Dabei wurden die Dachbögen abgerissen und ein Stockwerk aufgesetzt.
Am 27. Mai 1860 wurde der Bau vom Artilleriefeuer der Bourbonen schwer beschädigt. Seither erfolgten mehrmals Restaurierungs- und Sanierungsmaßnahmen.

II.1.b San Giovanni degli Eremiti – Überreste von Moschee, Kirche, Friedhof und Kreuzgang

Zurück zur Piazza della Vittoria und zu Fuß in die Via del Bastione einbiegen; bis zur Kreuzung mit der Via dei Benedettini weitergehen, wo unter der Hausnummer 16/1 das Gebäude steht. Eintritt gegen Gebühr, für Kinder bis 18 Jahre und Senioren über 65 Jahre Eintritt frei; angeboten wird ein (zwei Tage gültiges) Kombi-Ticket für die Besichtigung von Zisa, Cuba, S. Giovanni degli Eremiti und des Kreuzgangs von Monreale. Öffnungszeiten: werktags 9–19 Uhr (im Winter bis 18.30 Uhr), sonn- und feiertags 9–13 Uhr. Sanitäranlagen vorhanden.

In unmittelbarer Nachbarschaft zum Normannenpalast zeigt sich dieser Gebäudekomplex heute so, wie er nach der Freilegung und Restaurierung durch Giuseppe Patricolo 1877 ausgesehen hat. Er besteht aus mehreren Gebäuden, von denen das wichtigste der christliche Kirchenbau ist. Die normannischen Gebäudeteile (Kirche und Kloster) entstanden direkt hinter der von Roger II. zwischen 1132 und 1148 gebauten Umfassungsmauer über nicht gesicherten älteren Bauten aus mehreren Epochen, die bis ins 6. Jahrhundert zu Papst Gregor d. Gr. zurückreichen. Die Nähe zum Königsschloss machte das Kloster zum bevorzugten Ort und zur Grablege hoher Würdenträger des Hofes.

Nach einer Zeit des Verfalls mit dem Ende der Dynastie der Hautevilles und dem Übergang an andere Herrscherhäuser gelangte das Gebäude 1464 in den Besitz der Benediktinermönche von San Martino delle Scale und wurde dann 1524 auf Wunsch Kaiser Karls V. den Benediktinermönchen von Monreale als „Hospiz oder Grangie“ und dem Erzbischof dieser Diözese als Wohnsitz überlassen. Im Laufe der Jahrhunderte erfolgten diverse Umbauten: An die Kirche angrenzend entstanden Klostergebäude und später bescheidene Wohnungen, die bei der Restaurierung wieder abgerissen wurden. In deren Rahmen wurden auch Apsis und Nordfassade der Kirche freigelegt, Verputz und Stuck

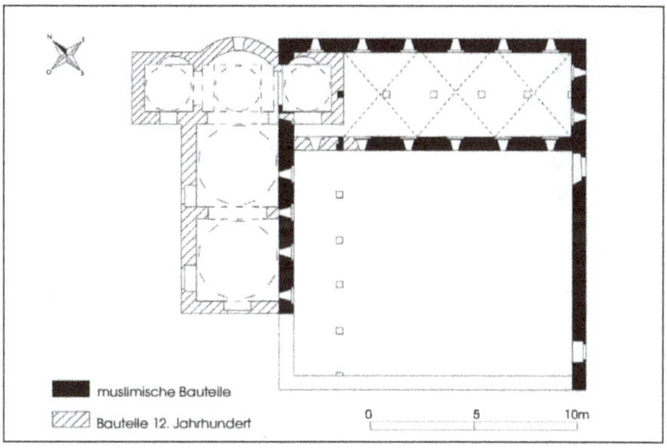

S. Giovanni degli Eremiti, Grundriss des Gebäudekomplexes, Palermo.

im Innenraum abgetragen und die rechteckigen Fenster wieder mit Spitzbögen versehen. Auch Überreste von Bauteilen aus der muslimischen Epoche kamen dabei ans Tageslicht.

Dass die Stätte schon in islamischer Zeit genutzt wurde, zeigt sich darin, dass die Südwand des Kirchenschiffs eigentlich die Nordwand der Einfriedung eines älteren Gebäudes ist, des so genannten arabischen Saals. Es handelte sich dabei um eine rechteckige Halle, die in normannischer Zeit verändert und an der Schmalseite durch die Verlängerung des Diakonikons der christlichen Kirche unterbrochen wurde.

S. Giovanni degli Eremiti, Ansicht des Kreuzgangs, 1836/37 (Viollet-le-Duc 1980).

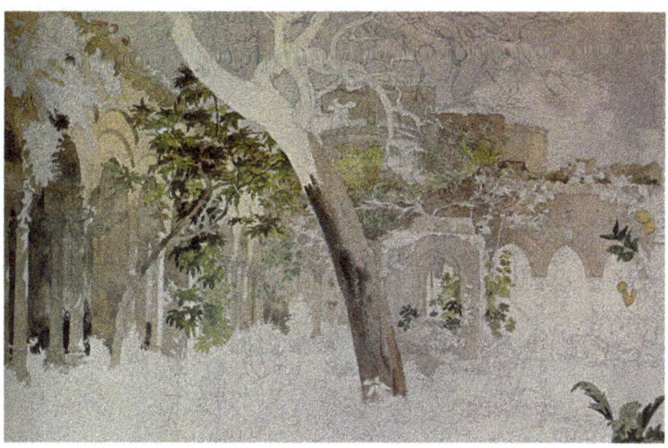

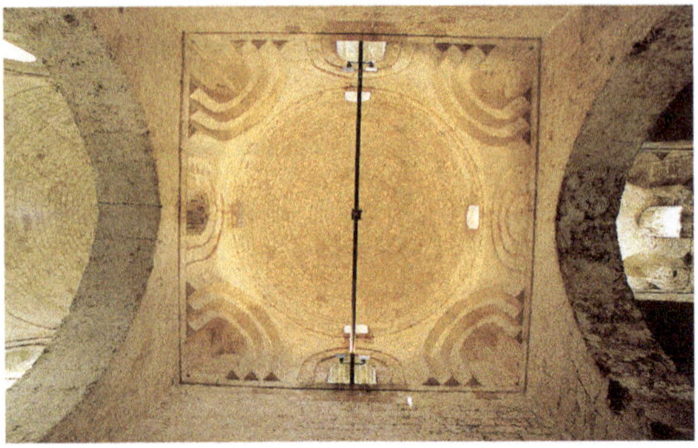

S. Giovanni degli Eremiti, Kuppel, Palermo.

Das islamische Gebäude muss aus drei Teilen bestanden haben: der rechteckigen Halle, dem Portikus und einer Einfriedungsmauer. Der „arabische Saal“ (17,76 × 5,62 m), dessen Hauptachse in Nordsüdrichtung auf Mekka zu verlief, war durch fünf quadratische Pfeiler längs in zwei Schiffe unterteilt. Sie stützten das zwölfjochige Gewölbe (sechs Joche pro Seite) ab, von dem ein Abschnitt in der Südwand des Diakonikons erhalten ist. Jedes Joch enthielt ein Spitzbogenfenster mit Gewände. Der Raum wird heute von drei ausladenden Kreuzgewölben aus dem 16. Jahrhundert überspannt. Vom Portikus ist die Nordmauer, jedoch nicht mehr die Laube erhalten. Der noch vorhandene Teil umfasst fünf kleine Spitzbogenfenster mit Gewände und die Überreste von Gewölbejochen. Davon erhalten sind die Fundamente zweier Widerlager und ein halber Pilaster vor der Westwand der Halle. Die unüberdachte Einfriedung war im Norden durch den Portikus, im Osten durch die Halle und im Süden durch eine in ihrer ganzen Länge erhaltene Mauer eingeschlossen. Von der Westwand ist nichts mehr vorhanden.

S. Giovanni degli Eremiti, Ansicht, Palermo.

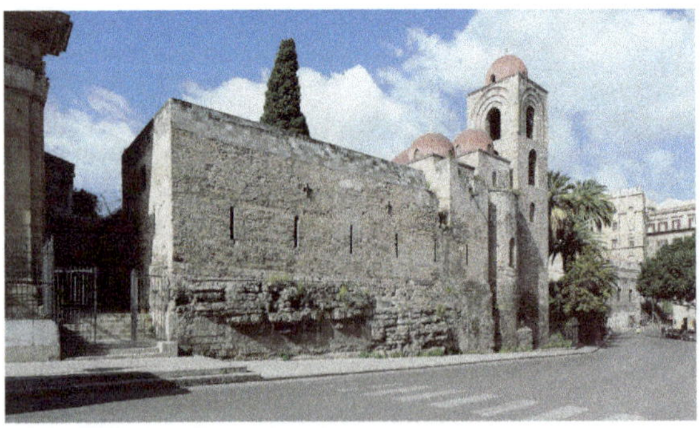

Zeugnisse späterer Epochen wurden in der Verkleidung der Ostwand im Inneren der Halle gefunden: drei in Freskotechnik gemalte Figuren mit Monogrammen, einige mit roter Farbe ausgeführte Grabinschriften und Grabnischen. Von späteren Hinzufügungen befreit, zeigt die Kirche San Giovanni heute wieder eine regelmäßige, kompakte Raumaufteilung in mehreren Etagen, akzentuiert von den rot verputzten, nach außen gewölbten Kuppeln. Der Grundriss ist ein Antoniuskreuz, ein Hauptschiff mit zwei weit gespannten, durch einen mächtigen Spitzbogen getrennten Jochen und einem Querhaus mit drei Apsiden, von denen die mittlere fast halbkreisförmig ist und sich nach außen vorwölbt. Der Altarraum wird im Süden vom Diakonikon und im Norden von der Prothesis flankiert, die jeweils kleine Nebenapsiden in der Mauerdicke besitzen. Über der Prothesis erhebt sich der quadratische Glockenturm. Außen wird die Halle durch die beiden halbkugeligen Kuppeln mit Tambour gekennzeichnet, der auf Ecktrompen mit dreifach gestuften spitzen Blendbögen aufliegt. Das für dieses Gebäude charakteristische Nebeneinander von würfelförmigen Gebäudeteilen setzt sich im vertikal aufstrebenden Glockenturm fort.

Der Kreuzgang entstand in zwei Phasen und wurde in der Folge mehrfach umgebaut. Die Überreste der Kolonnade stehen in der Nordwestecke des Gartens, eines sehr eindrucksvollen Teils der Anlage. Ursprünglich war der Kreuzgang direkt mit den Klostergebäuden verbunden. Bautechnik und stilistische Besonderheiten lassen vermuten, dass er im 13. Jahrhundert entstand oder zumindest umgestaltet wurde. Der Portikus besteht aus einer Arkade aus kleinen Zwillingssäulen und Überfangbögen. Im Garten findet sich an der Nordseite des Kreuzgangs ein weiterer Gebäudeteil, der als Wohnhaus des Erzbischofs von Monreale identifiziert wurde.

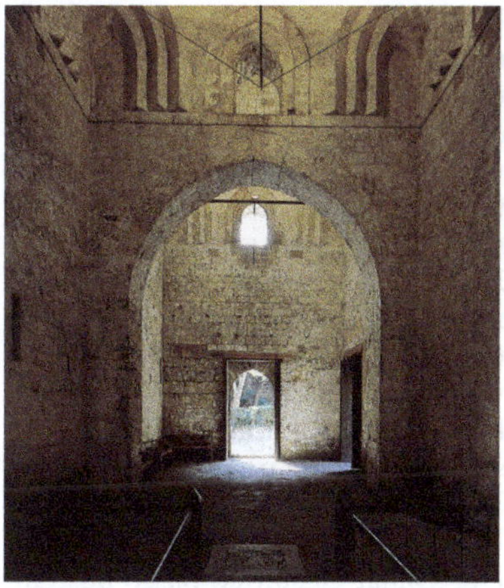

S. Giovanni degli Eremiti, Kirchenschiff, Palermo.

II.1.c Qanat (arabische Wasserleitung auf dem Gelände der Psychiatrischen Klinik)

Zurück zur Piazza della Vittoria und mit dem Auto in den Corso Calatafimi einbiegen, nach rechts in die Via Pindemonte und dann nach links in die Via G. La Loggia. Dort befindet sich unter der Hausnummer 5 der Eingang zur Psychiatrischen Klink (Ospedale psichiatrico). Parkplatz auf dem Klinikgelände.
Eintritt gegen Gebühr, nur nach Voranmeldung bei der Kooperative La Solidarietà, die Besichtigungen organisiert (Via G. La Loggia, Tel. 091 580433).

Der Eingang zum so genannten unteren Jesuiten-*qanat* (Qanat Gesuitico Basso) liegt auf dem weitläufigen Gelände der Psychiatrischen Klinik, links von der Hauptfassade des ehemaligen Jesuitenklosters „della Vignicella“. Ein *qanat* ist ein unterirdisches Bewässerungssystem, das seine Vorläufer in der Zeit zwischen 3000 und 2500 v. Chr. besitzt. Er besteht aus einem Entwässerungsstollen, der das Grundwasser sammelt und in wenigen Metern Tiefe unter der Oberfläche weiterleitet. Die in Palermo entdeckten *qanats* entsprechen dem persisch-arabischen Anlagentyp und zeigen praktisch dieselben baulichen und funktionalen Eigenschaften wie dieser, sind jedoch an die lokalen geologischen Verhältnisse angepasst.

Qanat Gesuitico Basso, Entwässerungsstollen, Palermo.

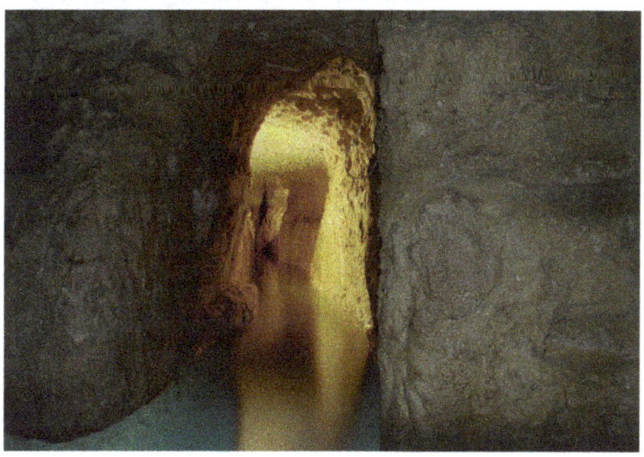

Eine typologische Besonderheit, die sie von orientalischen Anlagen unterscheidet, ist das Fehlen eines eigentlichen Zulaufschachts; ersetzt wird er hier von einem vorgeschalteten, quer verlaufenden Stollen, *muschatta* genannt. Mit Hilfe dieser Leitungen ließ sich ein kontinuierlicher natürlicher Wasserfluss aus tiefen unterirdischen Schichten gewährleisten. Er speiste Brunnen, Fischteiche, öffentliche Bäder, Wasserläufe und die prächtigen Gärten, die das Bild von Palermo und seiner Umgebung prägten.

Der Qanat Gesuitico Basso besteht aus einer Reihe von 14 m tiefen Schächten, die in einen rund 60 cm breiten und 4 m hohen Stollen münden. Das Wasser fließt in zwei Richtungen, zum einen talwärts nach Osten, zum anderen aufwärts nach Westen, wo die Leitung nach rund 6 m in einem Siphon endet. Er führt zum abgehenden *qanat*, dessen verstärktes Gewölbe nach rund 5 m niedriger wird und schließlich die Wasseroberfläche berührt, so dass die Leitung unbrauchbar wird. Im stromaufwärts gelegenen Teil der Anlage oberhalb des Siphons verläuft unterhalb des Klosters ein Stollen, der kein Wasser führt und vermutlich als Abzugskanal diente. Weiter talwärts verläuft der Stollen in Windungen etwa 40 m weit bis zu einem Raum mit fast dreieckigem Grundriss, an dessen Decke ein weiteres nach außen geschlossenes Schachtsystem einmündet. Von diesem Raum gehen zwei Leitungen ab: eine rund 120 m lange nach Norden, deren Wasserspiegel abnimmt, und eine nach Süden, deren Stollen höher ist als die zuvor beschriebenen Galerien. Diese Leitung führt in Richtung Via G. La Loggia und ist wegen der herabhängenden Wurzeln am eindrucksvollsten. Ihr Verlauf wird allerdings durch die Schuttmassen unterbrochen, die von darüber liegenden Schächten dort abgeladen werden. Die Leitung muss einst bis zur Höhe der Via G. La Loggia geführt haben (S. Tusa) und wurde dort vermutlich in einen Zweig des als Qanat Scozzari bezeichneten Kanalsystems eingespeist (P. Todaro). Ob diese Verbindung zwischen den beiden *qanats* tatsächlich bestand, lässt sich nicht mehr feststellen, da der Qanat Gesuitico Basso im Bereich der Via G. La Loggia durch einen Abwasserkanal in seinem natürlichen Lauf unterbrochen wird. Besonders interessant ist das System vor allem wegen einiger technischer Lösungen, die ungünstigen hydrogeologischen Gegebenheiten gezielt entgegenwirkten.

Das Besondere an diesem *qanat* ist der perfekte Erhaltungszustand des Leitungssystems, das vor allem in der Auffangzone noch fast vollständig vorhanden ist.

DIE *QANATS* DER CONCA D'ORO

Vincenzo Biancone, Sebastiano Tusa

In einem der sagenumwobenen Großreiche des Orients, dem Achämenidenreich des Kyros und des Xerxes, entstand eine der genialsten Bewässerungsanlagen der Menschheit. Dieses *qanat*-System besteht aus unterirdisch verlaufenden Wasserleitungen.

Jahrtausende zuvor legte man in Steinzeitsiedlungen offene Kanäle an. Vermutlich aufgrund langer Erfahrung im Umgang mit Wasserleitungen in ariden oder semiariden Klimata kamen achämenidische Ingenieure schließlich auf die Idee, ein Leitungssystem zu bauen, das zwei erheblichen Gefahren vorbeugen sollte: zum einen dem Verlust von Wasser durch klimatisch bedingte Verdunstung, zum anderen der Möglichkeit, dass Feinde die leicht zugänglichen Wasserläufe blockierten und damit verheerende wirtschaftliche Folgen auslösten.

Da der *qanat* (der Begriff geht auf das akkadische *qanu* zurück) manchmal kilometerweit unterirdisch verlief, waren diese von vornherein mit offenen Kanälen verbundenen Probleme nicht gegeben. Das Wasser wurde an der Quelle aufgefangen und mehr oder weniger direkt in Stollen geleitet, die mit einem konstanten Gefälle von rund 0,5 Prozent unter der Erde verliefen. Dank des umsichtig kalkulierten Gradienten blieb das Wasser gut in Fluss, während weder Erosion noch Versanden oder feindliche Manipulationen seinen Lauf gefährden konnten.

Aufgrund dieser Vorteile setzte sich die geniale Erfindung in Ost und West rasch durch. Nach dem Niedergang des Römischen Reichs verbreitete sich der *qanat* in Europa und dem Mittelmeerraum, wenn auch nur in Gebieten mit ebenem Gelände, in dem die Erdarbeiten leicht erfolgen konnten, ohne dass man in allzu große Tiefen vordringen musste.

Nach Sizilien gelangte das Prinzip möglicherweise durch die Araber. Es ist jedoch wahrscheinlicher, dass es in normannischer Zeit von al-Idrisi eingeführt wurde, der die Technik in Nordafrika erlernt hatte. Die von der Palermitanischen Zweigstelle des Club Alpino Italiano unter Leitung von Vincenzo Biancone angestellten Untersuchungen ergänzen das Bild, das seinerzeit von Pietro Todaro erarbeitet wurde. Sie belegen anschaulich, dass Palermo noch bis vor nicht allzu langer Zeit durch ein Kapillarnetz von *qanats* mit Wasser versorgt wurde, das aus den Schichten am Fuß der Bergkette am Rand der Conca d'Oro stammte. Es wurde bis in den Stadtkern hineingeleitet und bewässerte zudem die ringsum gelegenen fruchtbaren Ländereien.

Ein Großteil des Gebiets von Palermo wird von *qanats* durchzogen. Dass in zwei solchen Leitungen im Zentralgebiet der Piana dei Colli (Casteoforte und Scalea I) Scherben von Töpferwaren aus dem 12./13. Jahrhundert gefunden wurden, kann als Beleg dafür gewertet werden, dass das System in Sizilien zumindest schon seit diesem Zeitraum bekannt war. Es bleibt abzuwarten, ob künftige Forschungsarbeiten Beweise für unterirdische Wasserleitungen finden, die bereits früher betrieben wurden.

In und um Palermo war der *qanat* mindestens sieben Jahrhunderte lang

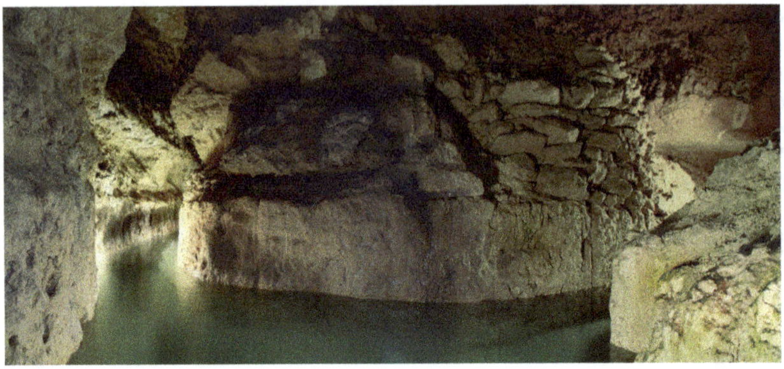

Qanat Gesuitico Basso, unterirdischer Stollen, Palermo.

fester Bestandteil des Bewässerungssystems, das sowohl die Landwirtschaft in der Conca d'Oro als auch erhebliche Teile der Stadt mit Wasser versorgte. Typologisch weist der Palermitanische *qanat* Ähnlichkeit mit den metrologisch-technologischen Merkmalen iberischer und mallorquinischer Anlagen auf.
Die offensichtlichen Analogien zu anderen Regionen im Mittelmeerraum und anderswo beruhen auch auf der Tatsache, dass in dieser Gegend ein technisches Wissen zusammenkam, das über Generationen hinweg in den Familien und Zünften der *muqanni* (Stollengräber, auf Sizilianisch „puzzari") weitergegeben wurde, die dieses ihrerseits von den zugewanderten Handwerkern übernahmen, die es aus Nachbargebieten mitbrachten. Die Konvergenzen zwischen Nordafrika, Sizilien und der Iberischen Halbinsel könnten sich daraus erklären, dass sich um das 10. bis 12. Jahrhundert in allen drei Regionen dieselben Kenntnisse von Bau- und Wartungsverfahren von *qanats* durch Handwerker verbreiteten, die sie von den Arabern erworben hatten. Allerdings wurde dieses generelle Wissen auf die Besonderheiten der jeweiligen Region abgestimmt, wie auch in Sizilien, wo das von außen kommende Know-how anhand lokaler Bedürfnisse neu formuliert wurde. So wurden die *qanat*s, die im Orient ursprünglich allein die Aufgabe hatten, Wasser unterirdisch über weite Strecken heranzuführen, in Palermo und seiner Umgebung zudem auch als Abwasserkanäle genutzt. Analysiert man im Detail die verschiedenen *qanats* im Raum Palermo, zeigt sich, dass sie oft nicht parallel zur Fließrichtung der Wasser führenden Schicht verlaufen, sondern sich mit dieser kreuzen oder mehr oder weniger reich verzweigt sind, wobei die Abzweige im rechten Winkel zur Fließrichtung des Grundwassers verlaufen. Auf diese Weise schuf man *qanats*, die zugleich be- und entwässerten. Jene in der Ebene von Palermo dienten über ihre gesamte Länge als Entwässerungskanäle, während diese Funktion bei *qanats* im Orient ausschließlich vom Zulaufschacht erfüllt wird.

Zeugnisse aus arabischer Zeit

Wissenschaftliches Gremium

Zweiter Tag

II.1 PALERMO

II.1.d Ponte dell'Ammiraglio
II.1.e Kirche San Giovanni dei Lebbrosi
II.1.f Schloss Favara oder Castello di Maredolce (arabische Vorläuferbauten)

II.2 CEFALÀ DIANA

II.2.a Hammam
II.2.b Kastell

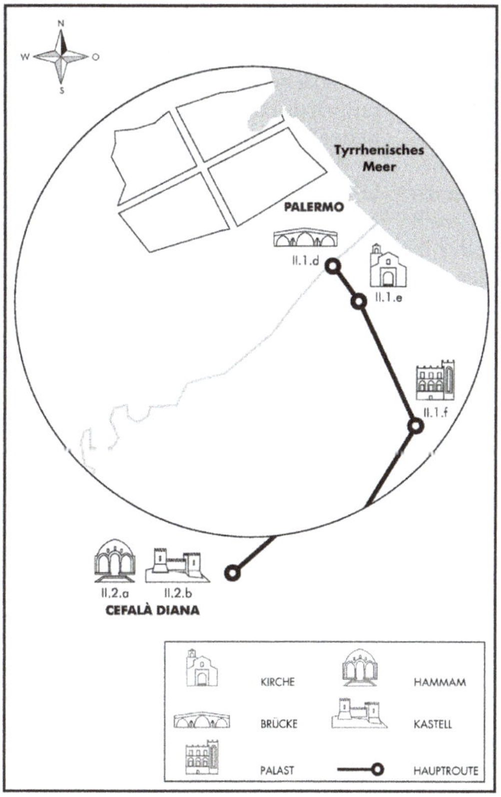

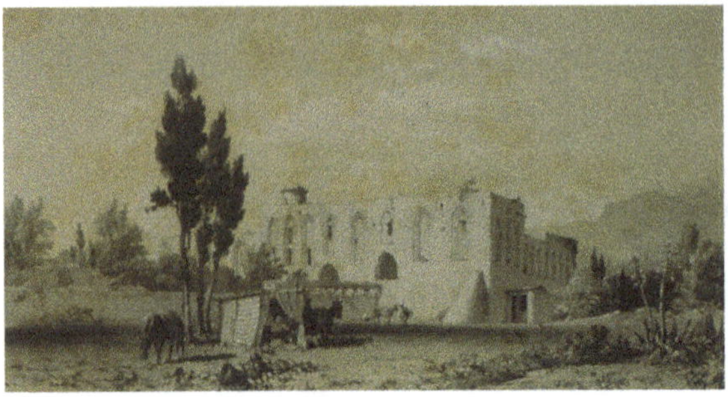

Palazzo della Favara, Gesamtansicht, Palermo (Gally Knight 1838).

Die Informationen, die wir über das Alltagsleben in Sizilien während der arabischen Herrschaft haben, stammen überwiegend aus den Schilderungen von Reisenden, die von Afrika und der Iberischen Halbinsel aus den zentralen Mittelmeerraum besuchten. Die geringe Übereinstimmung mit den auf Sizilien erhaltenen Überresten von Bauwerken lässt keine sichere Beurteilung der künstlerischen Zeugnisse der über 200-jährigen arabischen Kolonisation zu. Bereits vorhandene christliche Kirchen wurden zu Moscheen umgebaut, jedoch nach Ankunft der Normannen wieder in christliche Gotteshäuser zurückverwandelt; ebenso verschwanden aus dem öffentlichen Leben alle Spuren und stilistischen Bezüge zur muslimischen Religionsausübung. In seiner Reisebeschreibung *Buch der Straßen und Königreiche* von 977 (anderen Quellen zufolge 973) schildert Ibn Hauqal die Stadt Palermo und ihr Umfeld. Außerhalb des von hohen Wehrmauern befestigten Stadtkerns und der umgebenden Vororte erstreckte sich die Landschaft, im Süden unterbrochen durch den wasserreichen, von Zuflüssen aus dem Hinterland gespeisten Oreto („ein breiter, angeschwollener Fluss") – auf Arabisch Wadi 'Abbas –, etwa bis zu der an Gärten und Weinbergen ebenso reichen Ortschaft Balhara (Monreale). An den Flussufern standen zahlreiche Mühlen, die nach der Aussage Ibn Hauqals sicherlich nicht zu den Bewässerungsanlagen für Zier- oder Gemüsegärten gehörten; diese Aufgabe erfüllten unterirdische Stollen, die das Wasser anderer Quellen führten („wie in Syrien und anderen Ländern"). Das Wasser für die Bewässerungsanlagen stammte nämlich von den vielen Quellen, die in den Bergen rings um die Stadt entspringen. Im gesamten Gebiet gibt es von Ost nach West zahlreiche kraftvolle Wasserläufe, die bis in die Stadtviertel hinein Mühlen antrieben, die vor allem an den Ufern reißender Bäche standen. Noch heute verlaufen unter der Stadt die beiden Sturzbäche Kemonia und Papireto in unterirdischen Kanälen, vermutlich in der Nähe der alten Festungsmauer der phönizischen Siedlung. Die Ufer der Flüsse waren sumpfig; es gab zahlreiche Teiche, an denen man Zuckerrohr und Kürbisse anbaute. Ebenfalls in der Uferzone gediehen Papyruspflanzen, aus denen man Tauwerk für Schiffe sowie Papier für offizielle Dokumente und Urkunden herstellte. Die Normannenkönige förderten die in ihrem Reich bereits vorhandenen Papierfabriken und gehörten zu den wenigen mittelalterlichen Herrschern, die für Urkunden anstelle des üblichen Pergaments auch Papier verwendeten. Wie eine arabisch verfasste Urkunde von 1115 belegt, wuchs eine in dieser Zeit schon für diese Zwecke verwendete Rohrart in der Nähe des Schlosses Favara (von *fawwara*, Arabisch für Quelle). Dort gab es reichlich Wasser, das vom Monte Grifone herabfloss und weiter südlich die Gärten bewässerten, deren prächtigsten – Maredolce – Ibn Hauqal nicht anführt. Der kalbitische Emir Dja'far, der den Komplex erbaut haben soll, regierte einige Jahrzehnte später (von 998 bis 1019) in Palermo. Östlich des Schlosses stand nach Aussage zahlreicher Historiker eine Thermenanlage, genannt das „Laconicum" (Schwitzbad; Palermo 1816), die Vincenzo Auria im 17. Jahrhundert in eine Ansicht einzeichnet und Gaspare Palermo noch 1816 mit eigenen Augen sah, die jedoch 1880 verschwunden war. Nach der von Auria wiedergegebenen Ansicht war das Gebäude in drei Räume unterteilt und mit einer kleinen Kuppel überdacht, wie dies bei privaten Badehäusern üblich war. Es enthielt einen Heizofen und ein unterirdisches Leitungssystem für heiße Luft, das wohl mit römischen Vorbildern vergleichbar war. Wissenschaftler haben zudem an Gebäuden außerhalb der Stadt, etwa Landhäusern oder Bauernhöfen, Spolien aus römischer Zeit gefunden, die teilweise bei Ausgrabungen im Laufe des 17. und 18. Jahrhunderts in der Ebene von Sant' Erasmo und in der Nähe des Oreto ans Tageslicht kamen (und später wieder zugeschüttet wurden).

Ein typisch muslimisches Phänomen ist die Bildung kleiner Parzellen, deren Verteilung nach den Regeln der Militärbesatzung eine Form der Kolonisierung war. Die ausgedehnten Ländereien rings um die Stadt wurden als kleine Anwesen an diejenigen unter den Eroberern verteilt, die bei den Auseinandersetzungen um ihren Besitz jeweils gerade die Oberhand hatten. Zum Ausgleich waren die Kolonisten verpflichtet, Holz für den Schiffsbau zu liefern

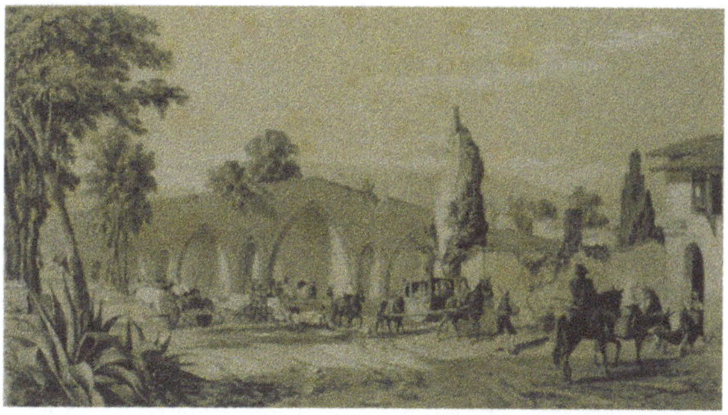

Ponte dell'Ammiraglio, Gesamtansicht, Palermo (Gally Knight 1838).

und Soldaten für den Heiligen Krieg zu stellen. Die landwirtschaftliche Nutzung, die zudem durch Steuervorteile begünstigt wurde, ermöglichte den Export von Produkten nach Nordafrika und in die Küstengebiete der Mittelmeerländer. Als Ibn Hauqal Sizilien besuchte, ging es allerdings mit diesen Grundbesitzern bereits bergab. Auch wenn er von seinen Übersetzern der Lüge bezichtigt wurde, wenn er gegen seine Glaubensgenossen wetterte, weil sie in Promiskuität mit den Christen leben würden, gibt er immerhin einen Einblick in das Sozialleben einer Zeit, in der bereits der Niedergang der nach Sizilien verpflanzten muslimischen Gemeinschaft beginnt. Was Ibn Hauqual schildert, ist keine blühende Gesellschaft mehr, sondern ein Verfall in sozialer, architektonischer, wirtschaftlicher und vor allem religiöser Hinsicht. Allerdings vergisst er auch nicht zu beschreiben, wie sich die Landschaft rings um Palermo durch die Anwesen der Kolonisten verändert hatte, von denen jedes eine kleine private Moschee, eine Einfriedung als Grundstücksgrenze, Gärten und Felder besaß.

Die „vielen Häusergruppen" (bzw. *mahals*), von denen Ibn Hauqal spricht, bildeten ein von Äckern und

Gärten durchsetztes Gebiet, *muaskar* genannt. Nach der Eroberung durch die Normannen wohnte im 10. Jahrhundert in den alten muslimischen *mahals* zwischen den königlichen Jagdrevieren eine lateinische Bevölkerung. Während der Regierungszeit Rogers II. schildert al-Idrisi diesen Teil der Insel als „von unendlicher Schönheit und voller einzigartiger Schätze", die Zahl der Gutshöfe, befestigten Gehöfte und Bauernhäuser hier sei unendlich gewesen.

Unter den Normannen wurde der befestigte Bereich Palermos erweitert und umfasste schließlich auch die zuvor außerhalb gelegenen Viertel. Durch Stadttore gelangte man in das angrenzende Umland. Drei davon standen nördlich des Flusses: Über die 1852 zerstörte Porta Termini (an der heutigen Via Garibaldi) gelangte man in die südöstlichen ländlichen Bezirke, den Oreto überquerte man dabei ab 1125 über die von Georg von Antiochia gestiftete „Admiralsbrücke"; durch die Porta Sant'Agata (erhalten im Verlauf des Corso Tukory, an der gleichnamigen Straße) erreichte man ab 1170 auch das im selben Jahr von Erzbischof Walter of the Mill gegründete Kloster Santo Spirito; die Porta Mazara (in der Konfiguration des 14. Jahrhunderts noch im Verlauf des Corso Tukory erhalten) führte zu den am Fluss südöstlich der Stadt gelegenen Siedlungen. In diesem Teil der Stadt entstanden in dieser Epoche unter den Normannen auch diverse Sakralgebäude: die Kirche San Michele de Indulciis (im 18. Jahrhundert abgerissen) nahe der Admiralsbrücke und ebenso wie diese offenbar eine Stiftung Georgs von Antiochia; die Kirche San Giovanni Battista, später dei Lebbrosi; die Kirche der Madonna dell'Oreto mit dem dazu gehörigen Kloster, die 1088 auf einem Felsvorsprung am Fluss entstanden (von ihnen sind heute nur noch Reste am Anfang der Brücke im Viale della Regione Siciliana zu sehen); das 1145 gebaute Kloster San Nicolò lo Gurgo (seit Anfang des 20. Jahrhunderts verfallen). Nach der Zerstörung der Khalisa-Festung, dem Neubau von Kirchen und der Erschließung neuer Anbauflächen fiel das Gebiet zwischen der südlichen Stadtmauer und dem Oreto nach dem Ende der Normannendynastie an die Familie Chiaramonte, die es vom Beginn des 14. Jahrhunderts bis zur Enteignung gegen Ende desselben Jahrhunderts besaßen.

Ibn Djubair, ein Pilger aus Valencia, schilderte zwischen 1183 und 1185 im Tagebuch seiner langen Reise, unter welchen Bedingungen

Hammam, Innenraum, Cefalà Diana (Gally Knight 1838).

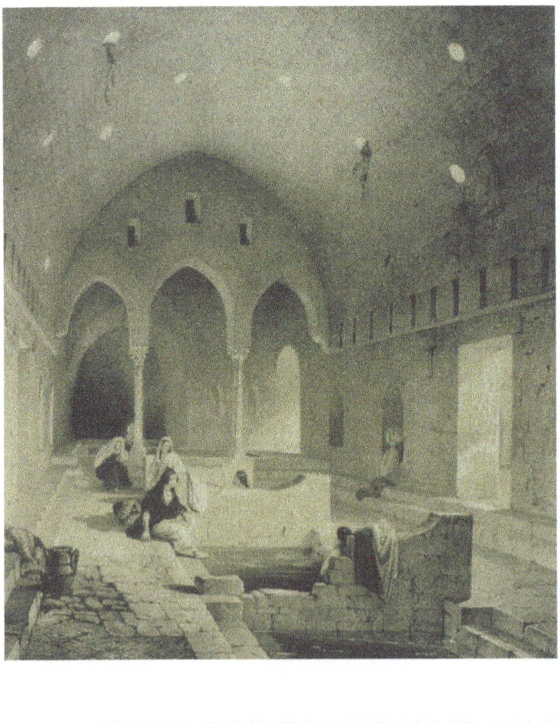

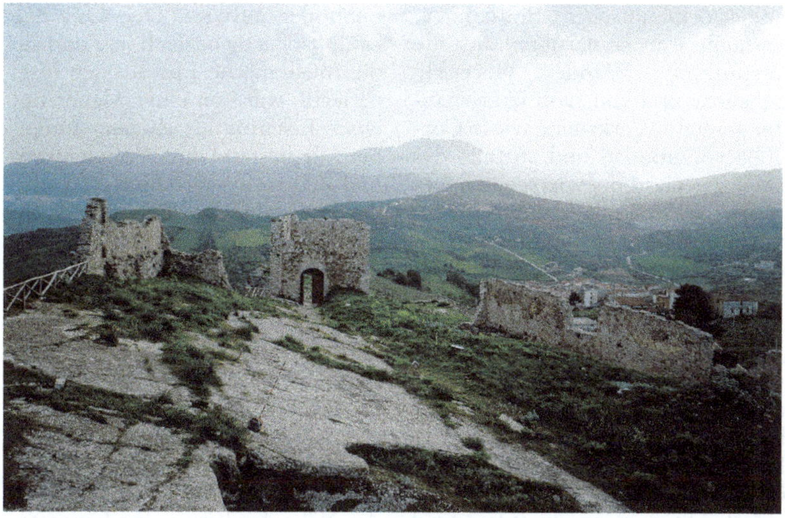

Kastell, Panorama-Ansicht, Cefalà Diana.

die verbliebenen Muslime in Sizilien unter der christlichen Herrschaft existierten. Nach seiner Darstellung lebten sie in Messina in Knechtschaft und waren im übrigen Land auf abgelegene Güter verbannt. Lediglich in der Reichshauptstadt Palermo (das die Muslime al-Madina und die Christen Balarmu nannten) lebten sie in Vierteln mit Moscheen und eigenen Märkten. Sogar am Hof Wilhelms II. waren sie vertreten, teils als Sklaven und Eunuchen, aber auch als Köche, Wesire und Kämmerer. Mit Genugtuung erzählt Ibn Djubair, der Monarch sei „den muslimischen Königen vergleichbar, denn er genießt mit Inbrunst die Wonnen der Herrschaft; aber auch aufgrund des Rechtssystems, der Bräuche, der Hierarchie seiner Optimaten, der Pracht des Hofes und der glanzvollen Dekoration" (Amari 1933–1939). In Messina zeichnet er jedoch auch das verbitterte Bekenntnis eines Hofpagen auf, der berichtet, dass er seine Zugehörigkeit zum islamischen Glauben verbergen müsse, um am Leben zu bleiben. In Palermo angekommen, dessen Rückgabe in muslimische Hand er in seinem Bericht immer wieder von Gott erfleht, schildert Ibn Djubair seine Verwunderung und sein Wohlgefallen: „alt und elegant, prachtvoll und anmutig … stolz liegt sie mit ihren Plätzen und Ebenen, die ein einziger Garten sind. Geräumig sind ihre Gassen und Hauptstraßen, und sie blendet das Auge mit äußerst liebreizenden Anblicken. Eine wundervolle Stadt, vergleichbar mit Córdoba durch ihre Architektur. Ihre Gebäude bestehen ganz aus behauenem Stein, ein klarer Fluss durchschneidet sie, seitlich davon entspringen vier Brunnen. Ihr König erkannte in ihr alle Freuden der Welt, und machte sie dennoch zur Hauptstadt seines fränkischen Reichs, möge Gott es vernichten!" (Amari 1933–1939).

In der Stadt sah er offenbar mit eigenen Augen die verschiedenen Schichten und den Alltag römischer, byzantinischer, arabischer

und normannischer Einwohner. Erstaunt war er darüber, anstelle verputzter Wände viereckig behauene und kunstvoll übereinander gesetzte Werksteine wie in Córdoba vorzufinden und anstelle des belebten Gassengewirrs einen begradigten Straßenverlauf in einem regelmäßigen Stadtbild, bei dem ihn die von der Neustadt eingeschlossene Altstadt wieder an Córdoba erinnerte. Es gebe in der Stadt Paläste, „die wie befestigte Kastelle wirken, von denen Loggien sich erheben und das Auge mit ihrer Schönheit blenden" (Amari 1933–1939).
Entlang der nach Palermo führenden Küstenstraße machte er 6 km vor der Stadtgrenze im Qasr Sa'd Station (einer Ortschaft, die noch Michele Amari 1880 als „Cannita" bezeichnete und die Nino Basile als Favara di San Filippo identifizierte). Es handelte sich um eine muslimische Kolonie mit einer Moschee, die Ibn Djubair für die schönste der Welt hielt. Ihr Grundriss war ein lang gestrecktes Rechteck mit Spitzbögen, das durch 40 Leuchter aus Messing und Glas erhellt wurde und einen reich verzierten Fußboden aufwies. Der *qasr*, den er als großartig bezeichnete und auf die muslimische Epoche der Insel datierte, war von einer Mauer mit einer Eisentür als Zugang umgeben. Er bestand aus Wohnhäusern und akkurat ausgerichteten Gebäuden. Die Moschee befand sich im höchstgelegenen Teil und war von einer breiten Straße umgeben. In ihrer Nähe war ein Süßwasserbrunnen. Außerhalb der Mauern lag ein muslimischer Friedhof. Ibn Djubair erzählt, dass er an der Straße auch den Qasr Dja'far (Maredolce) gesehen habe, mit seinem Fischteich und seinem sprudelnden Brunnen, und ein Stück weiter in der Nähe der Küste eine Leprastation bei der Kirche San Giovanni.

II.1 PALERMO

II.1.d Ponte dell'Ammiraglio (Admiralsbrücke)

Zur Piazza G. Cesare fahren und vom Kreisverkehr aus in die Via P. Balsamo abbiegen; nach rechts in den Corso dei

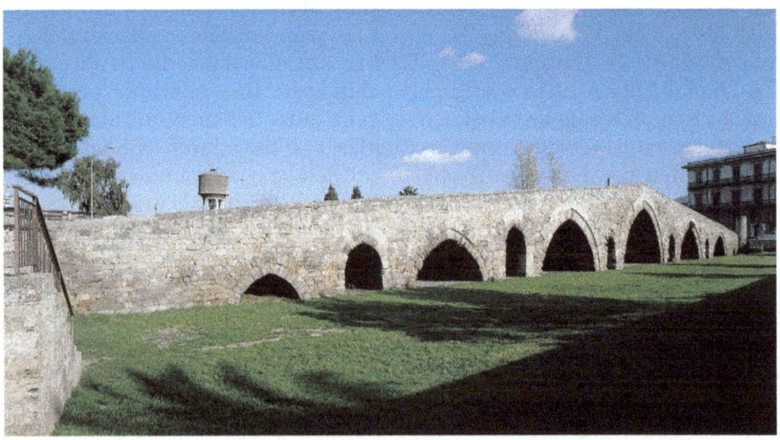

Ponte dell'Ammiraglio, Gesamtansicht, Palermo.

Mille einbiegen und jenseits des Oreto bis zur Piazza Ponte Ammiraglio weiterfahren.

Die „Admiralsbrücke“ entstand etwa im zweiten Viertel des 12. Jahrhunderts (einigen Quellen zufolge 1132) und ist benannt nach Georg von Antiochia, Großadmiral in Diensten Rogers II., der auch die „Admiralskirche“ Santa Maria dell' Ammiraglio stiftete. Die heute vollständig verlandete Brücke steht in einer umzäunten Senke rund 3 m tiefer als der Corso dei Mille, an den ihre Stirnseite angrenzt. Die Brücke führte einst in der Nähe der Porta di Termini über den Oreto. In ihrer Form bildet sie einen ‚Eselsrücken‘ mit den beiden typischen eindrucksvollen Rampen und besteht aus sieben spitzbogigen Jochen mit abgetreppten Blendbögen in beidseits der Mitte absteigender Höhe. Die sechs massiven Stützpfeiler sind mit spitzbogigen Öffnungen versehen, mit denen die Wassermassen bei Hochwasser abgelenkt wurden. Diese Brücke besteht durchweg aus regelmäßig behauenen Muschelkalksteinquadern und entspricht hinsichtlich Bautechnik und Morphologie einem im Maghreb weit verbreiteten Typ. Der Flusslauf wurde in diesem Abschnitt unweit der Mündung in späterer Zeit umgeleitet; in der Folge verlagerte sich das Flussbett so stark, dass 1838 der Bau einer neuen Brücke erforderlich wurde: der Ponte delle Teste.

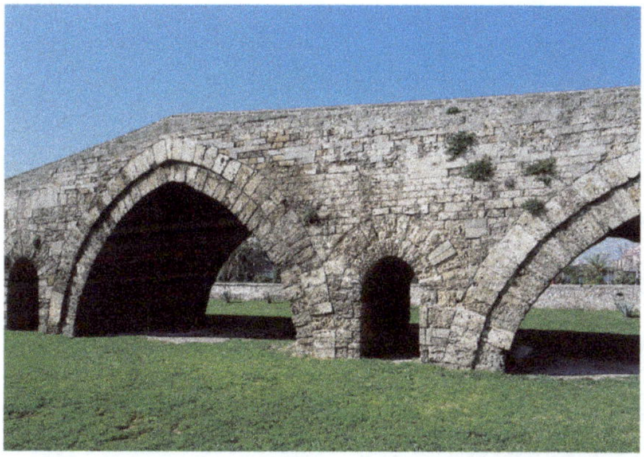

Ponte dell'Ammiraglio, mittleres Joch, Palermo.

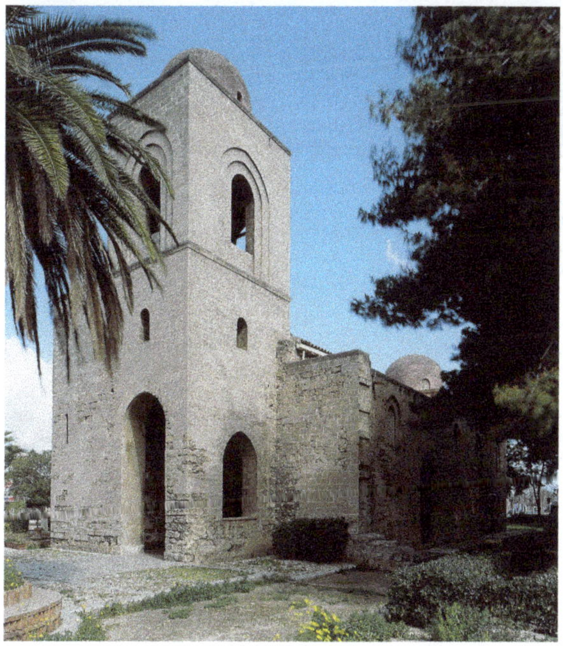

S. Giovanni dei Lebbrosi, Ansicht, Palermo.

II.1.e Chiesa di San Giovanni dei Lebbrosi

Dem Corso dei Mille nach bis zur Kreuzung mit der Via S. Cappello. Dort steht unter der Hausnummer 38 die Kirche. Parkmöglichkeit vor dem Gebäude. Öffnungszeiten: 9–11 und 16–18.30 Uhr. Besichtigung nur nach Voranmeldung, Tel. 091 475024.

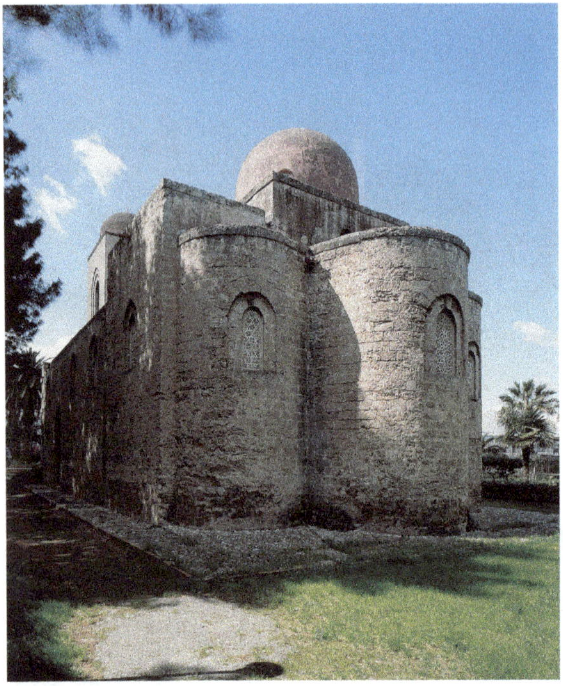

S. Giovanni dei Lebbrosi, Hauptapsis und Nebenapsiden, Palermo.

S. Giovanni dei Lebbrosi, Mittelschiff, Palermo.

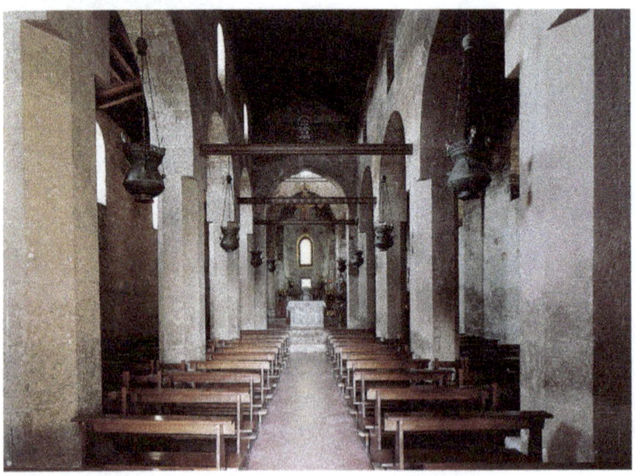

Die Kirche ist Johannes dem Täufer geweiht und verdankt ihren heutigen Namen einem später daran angeschlossenen Leprahospital. Die Fassade wirkt etwas nach links verschoben, weil rechts über dem Eingang ein Treppenhaus zum Glockenturm mit Säulenhalle hinaufführt. Im Zuge der Restaurierungsarbeiten Francesco Valentis zwischen 1925 und 1930 ersetzte er eine ältere Konstruktion. Die Wände des schlichten Kirchenraums bestehen aus kleinen Tuffquadern in regelmäßigen Reihen und sind gegliedert durch kleine Spitzbogenfenster mit doppelten Einfassungen. Der Innenraum ist eine dreischiffige Basilika mit drei Paaren kräftiger polygonaler Pfeiler, die vier nur mäßig spitze Bögen tragen. Nach Osten münden die Schiffe in einem dreiapsidialen Chor, zu dem vom Kirchenschiff aus drei Stufen hinaufführen und dem zwei Pfeiler mit kreuzförmigem Querschnitt vorgelagert sind. Die drei Joche des Presbyteriums schließen mit Apsiden, die von kleinen Ecksäulen flankiert werden. Das Kapitell einer Ecksäule in der rechten Exedra ist mit einer arabischen Kufi-Inschrift versehen, die allerdings wegen der starken Abnutzung nicht mehr zu entziffern ist. Das mittlere Joch des Chors ist von einer Kuppel überspannt; den Übergang zum darunter liegenden Mauerquadrat bilden die typischen Nischentrompen. Die Apsiden sind nach außen vorgewölbt.

Da jegliche Dokumente fehlen, ist die Datierung des ersten Baus unsicher. Nach den Angaben Tommaso Fazellos aus dem 16. Jahrhundert (und anderer Historiker aus jüngerer Zeit) soll die Kirche von Robert Guiscard und seinem Bruder Roger von Hauteville 1071 während der Belagerung Palermos gestiftet worden sein – an einer Stelle, an der zuvor ein sarazenisches Kastell gestanden hatte. Von diesem sind neben der Kirche noch einige Überreste zu sehen, vor allem Mauerteile und Bruchstücke einer Pflasterung. Das Kastell war von einem Palmenhain umgeben, den die Normannen als Lager nutzten. Von hier aus führten sie dann auch den entscheidenden Angriff zur Erstürmung der Stadt. Es ist davon auszugehen, dass die Normannen die Kirche zwar während der Belagerung gründeten, jedoch erst später fertig stellten. Man nimmt an, dass Robert Guiscard den Bau der Kirche in einem Flügel des vorhandenen *qasr* vor der Erstürmung Palermos begann und die Arbeiten nach diesem Erfolg (1071) – vielleicht in Erfüllung eines Gelübdes – abgeschlossen wurden, vermutlich vor seinem Todesjahr 1085. Die Kirche zeigt tatsächlich einige Besonderheiten im Vergleich zu anderen Palermitanischen Bauten; einerseits ähnelt sie den ersten von den Normannen im Raum Messina gestifteten Kirchen, andererseits weist sie aber auch einige eigene Züge auf, etwa die Pfeiler in den Kirchenschiffen. Das Leprahospital wurde zwischen 1140 und 1150 erbaut; seine Statuten verfügte später Wilhelm I.

In staufischer Zeit übertrug Friedrich II. Kirche und Hospital den Deutschordensrittern der Magione, die es bis zum Ende des 14. Jahrhunderts in Besitz behielten. Danach wurde das Hospital vom Stadtrat verwaltet. Die Kirche unterstand bis ins 17. Jahrhundert dem Abt der Magione und ist heute Eigentum der Region Palermo.

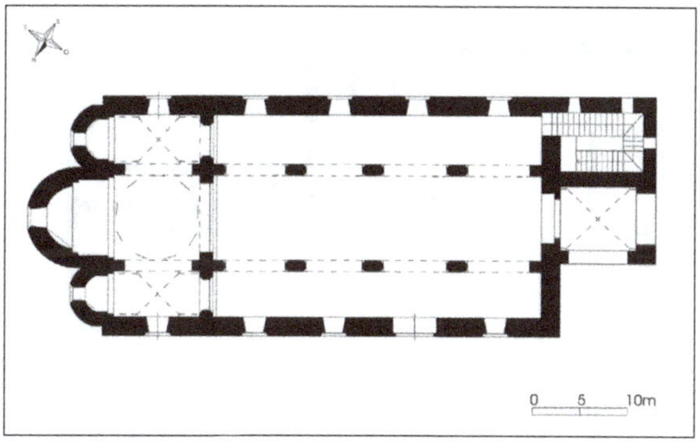

S. Giovanni dei Lebbrosi, Grundriss, Palermo.

II.1.f Schloss Favara oder Castello di Maredolce (arabische Vorläuferbauten)

Auf den Corso dei Mille zurückkehren und auf diesem weiterfahren. Nach rund 2 km nach rechts in die Via Emiro Giafa abbiegen und hinter dem Haus Nr. 62 nach links in den Vicolo Castellaccio einbiegen. Dort liegt das Bauwerk. Eingang vom Vicolo Castellaccio 19 aus (Brancaccio). Öffnungszeiten: montags bis freitags nur vormittags, mittwochs auch nachmittags.

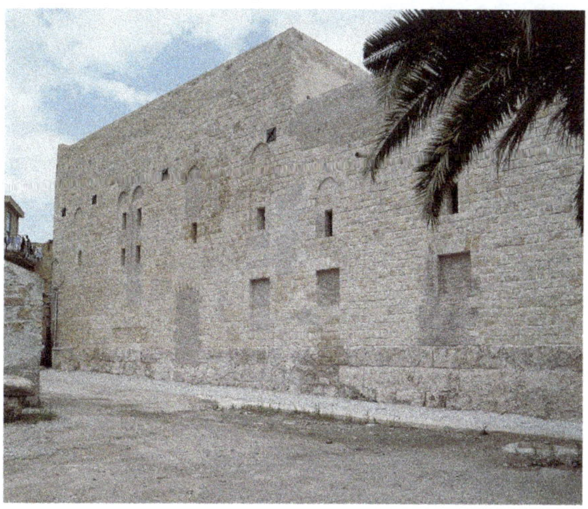

Palazzo della Favara, Ansicht der Westfassade, Palermo.

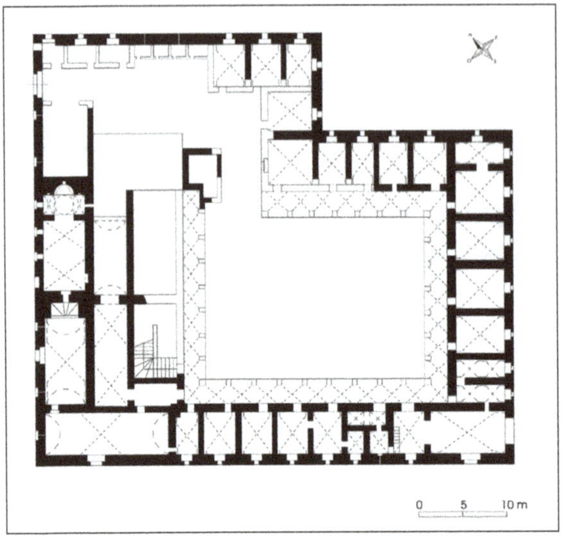

Palazzo della Favara, Grundriss, Palermo.

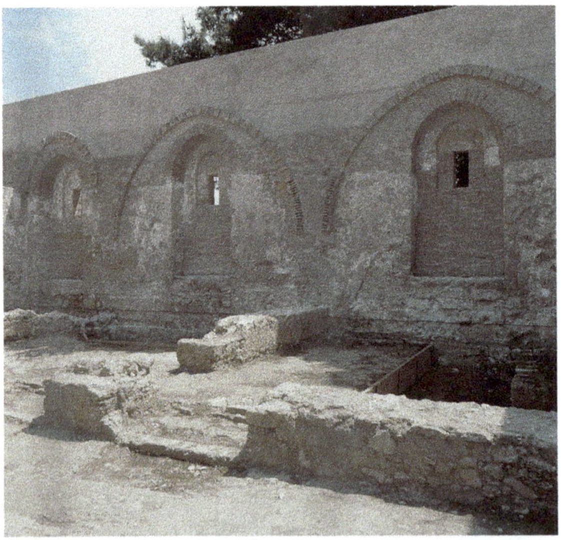

Palazzo della Favara, Blick in den Innenhof, Palermo.

Das als Schloss Favara bekannte Castello di Maredolce war ursprünglich Residenz des Emirs und später normannisches *sollazzo*. Erbaut wurde es zwischen 998 und 1019 unter dem Kalbiten-Emir Dja'far als Palast vor den Toren der Stadt. Es steht am Fuß des Monte Grifone zwischen dem Berg und dem Fluss Oreto und wurde nach Ansicht M. Amaris während der Volksaufstände 1019 gestürmt und zerstört. Unter den Normannenkönigen erlangte das Bauwerk seinen einstigen Glanz zurück, insbesondere durch die von Roger II. in Auftrag gegebene umfangreiche Restaurierung und Erweiterung. Lage und Anordnung des Komplexes gefielen den neuen Herrschern so gut, dass sie diese im Wesentlichen so beließen, wie sie waren. Das ursprüngliche Gebäude war ebenso wie das heute noch sichtbare an drei Seiten von einem künstlichen See umgeben, der durch eine Quelle am Fuß des Berges gespeist wurde. Das Wasser sprudelte unter zwei großen Spitzbögen hervor in Kanäle. Die Hauptfassade des Gebäudes zeigt nach Nordwesten und als einzige nicht zum Wasser; sie ist die am besten erhaltene Seite. In dem von Roger II. um 1150 umgebauten Gebäudekomplex lagen die Privatgemächer nach Süden, Osten und Westen hin, während die Repräsentations- und Gemeinschaftsräume nach Nordwesten zeigten. Eine ähnliche Raumaufteilung rings um Innenhöfe hatte Rekonstruktionsversuchen zufolge auch der Palast Rogers II. in Altofonte. Das Aufteilungsprinzip beim Lustschloss Favara wurde mit arabischen *ribats* verglichen, eigentlich befestigten Klöstern für die islamischen Glaubenskämpfer. *Ribats* wirkten meist wie kleine viereckige Festungen mit Rundtürmen in Eck- und Mittelstellung, von denen ein höherer dazu diente, Ausschau zu halten und zum Gebet zu rufen. Es gab bei ihnen nur einen Zugang, als Wohnräume waren in zwei Stockwerken kleine Zellen entlang der Seitenwände des Gebäudes angeordnet. Im oberen Stock befand sich der Betsaal.

Der Name Favara (arab. *fawwara*) bezeichnete die Süßwasserquelle, die mittels einer Zuleitung den See speiste. Bei der kürzlich erfolgten Freilegung des Staubeckens fand man zu Füßen des Damms Kanäle, über die das Wasser herangeführt wurde. Einer davon zeigt bauliche Merkmale, die für die muslimische Epoche typisch sind. Das Wasserbecken war mit auffallend rotem, unter Wasser abbindendem Verputz überzogen, von dem an den Wänden des freigelegten Staubeckens im Zitrushain noch Spuren sichtbar sind. Hergestellt wurde er aus Kalk sowie Flusssand und Ziegelbruchstücken. Da sich am Fuß des Monte Grifone zudem ein Hypokaustum fand, also ein unter dem Fußboden verlaufender Hohlraum, durch den heißer Dampf geleitet wurde, vermutet man, dass zum Komplex einst ein funktionsfähiges Thermalgebäude gehörte.

Roger II. ließ das Gebäude erweitern und mit einer christlichen Kapelle versehen, möglicherweise genau an der Stelle, an der ursprünglich die Privatmoschee des Emirs und die letzte Wohnung der Muezzins und Vorbeters gestanden hatten. Wie zeitgenössische Chroniken bezeugen, ließ er auch den See vergrößern und mit Fischen aus verschiedenen Gegenden bestücken. Vermutlich grenzte der zweistöckige Palast an einen L-förmigen Hof mit kreuzgewölbten Säulengängen. Über die Datierung der möglicherweise aus arabischer Zeit stammenden Gemäuerreste und übrigen Teile ist noch nichts bekannt, doch kann als gesichert

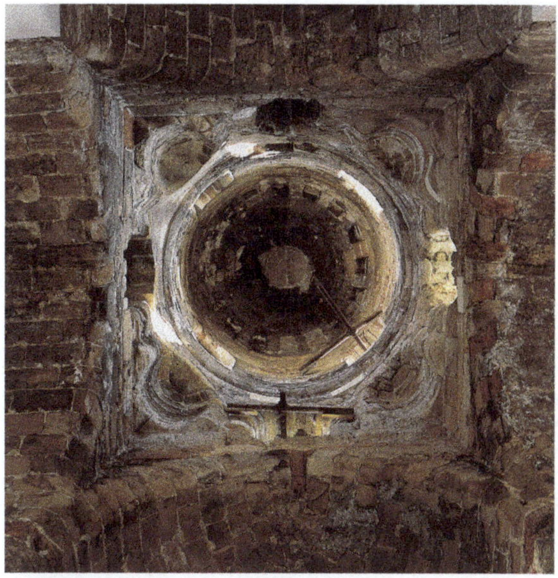

Palazzo della Favara, Kuppel der Kapelle, Palermo.

gelten, dass der See vom Emir angelegt und von Roger II. vergrößert wurde, der zudem einen Staudamm dafür bauen ließ.

Die Hauptfassade liegt nach Nordwesten zu vor den Repräsentations- und Gemeinschaftsräumen. Von ihr aus führten Gänge zum Vorraum der Kapelle – innerhalb der Fassade erkennbar an der Hervorhebung der Blendarkaden. An der Südwestecke gab es zum künstlichen See hin offenbar eine geräumige, von einem Bogen überspannte Öffnung, die als Anlegeplatz für leichte Boote gedient haben könnte. Die Fassaden sind durch Reihen von abgetreppten Blendbögen gegliedert, von denen einige bei den Restaurierungsarbeiten wieder zutage kamen, dazwischen waren unregelmäßig verteilte Fensteröffnungen. Zu den übrigen Seiten des Gebäudes hin lagen die Privatgemächer.

Die Kapelle war den Heiligen Philipp und Jakobus geweiht und besteht aus

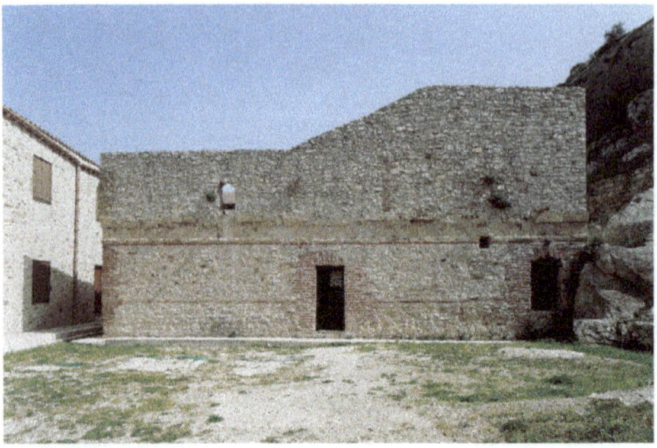

Hammam, Ansicht der Westfassade, Cefalà Diana.

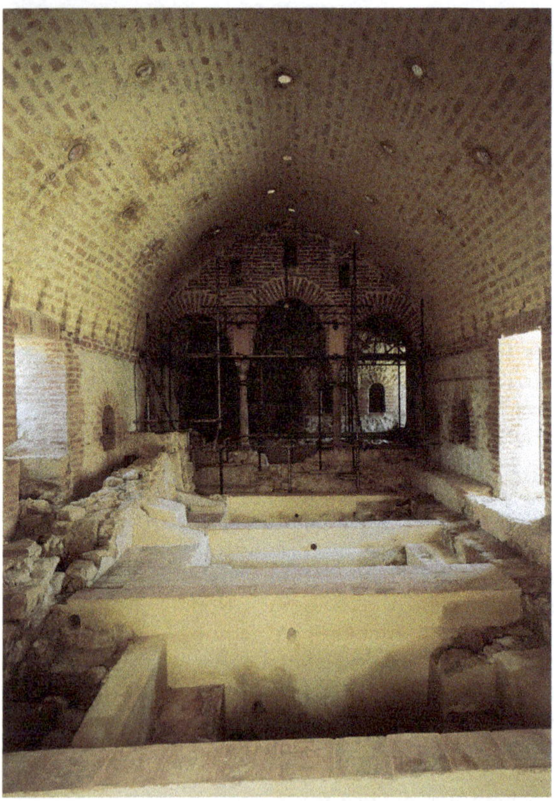

Hammam, Blick in den Innenraum, Cefalà Diana.

einer zweijochigen Halle mit Kreuzgewölbe und kleinem Querschiff mit drei Apsiden. Das mittlere Joch wird von einer kleinen Kuppel überspannt, deren hoher Tambour mittels Nischentrompen an das Langhaus anschließt. Die Aula Regia ist ein dreijochiger rechteckiger Raum mit einer heute noch vorhandenen Nische in der Schmalseite; ihr Gewölbe ist mit Halbrundstäben aus Stuck verziert. In der Mitte des Sees lag eine kleine, unregelmäßig geformte künstliche Insel mit Orangen- und Zitronenbäumen. König Roger II. ließ den See stromabwärts mit einem Staudamm versehen, der aus dem Aushub angeschüttet wurde. Abgestützt wird er durch eine Mauer aus mächtigen Quadern, auf denen noch die Steinmetzzeichen zu sehen sind. Trennwände in absteigender Höhe unterteilen das Staubecken in ein Beckensystem, so dass das Wasser durch eine Öffnung im Nordteil des Damms abfließen konnte.
Nach dem Erlöschen der normannischen Dynastie gehörte das Kastell den Vizekönigen, bis es Friedrich III. von Aragon 1328 dem Deutschordensrittern der Magione überließ und diese es in eine Festung umwandelten. Zum Ende des 15. Jahrhunderts gelangte das Lustschlösschen an private Eigentümer, die den Zitrushain im See bewirtschafteten. Die Regionalverwaltung kaufte schließlich das Grundstück und betreibt dessen Restaurierung.

II.2 CEFALÀ DIANA

II.2.a Hammam

Mit dem Auto der Beschilderung nach auf die Autobahn Palermo-Catania

auffahren und diese an der Ausfahrt Villabate wieder verlassen; auf der SS121 in Richtung Agrigent bis zur Ausfahrt Baucina-Cefalà Diana; bis zur Gabelung weiterfahren und von dort aus der Beschilderung nach Villafrati folgen. An der nächsten Kreuzung auf die Straße nach Palermo einbiegen und nach rund 1 km nach rechts auf das Bauwerk zu abfahren.
Öffnungszeiten: täglich außer montags von 9–13 Uhr. Sanitäranlagen vorhanden.

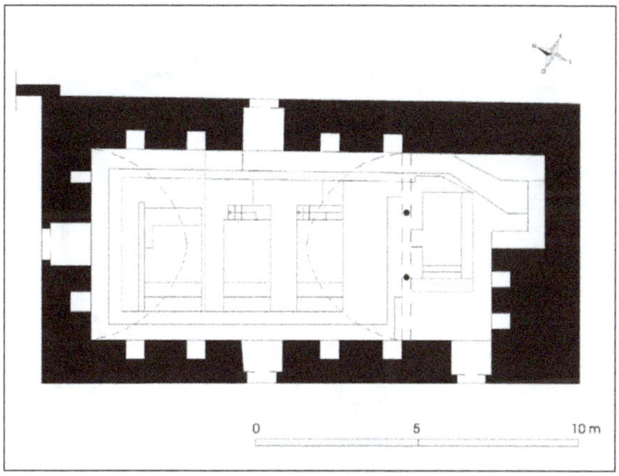

Hammam, Grundriss, Cefalà Diana.

Das arabische Badehaus hatte vermutlich bereits einen römischen Vorläufer. Es steht auf einer Anhöhe, die zum Fluss-tal des Cefalà hin ein leichtes Gefälle aufweist, und wird fast ganz von den schlichten Gebäuden verborgen, die es an drei Seiten umgeben und die, wie G. Lo Jacono vermutete, ursprünglich als Gasthaus und Hospiz dienten. Die Anordnung der Gebäude innerhalb des Komplexes lässt nicht nur an den auf Sizilien weit verbreiteten Typus des Gutshofs denken, sondern greift zudem das für die islamische Architektur so zentrale Thema der Einfriedung wieder auf. Der eigentliche *hammam* besteht aus einem rechteckigen Saal, der in zwei Bereiche unterteilt ist. Der längere davon wird durch vier sattelförmige Trennwände quer in drei Becken unterteilt, während der andere, der Quelle näher gelegene, nur ein einziges Becken enthält. Zwischen den beiden Räumen verläuft eine Trennwand mit drei Spitzbögen auf Säulen, quasi ein profaner Tribelon. Die korinthischen Säulen besitzen attische Basen und kelchförmige Kapitelle aus Terrakotta mit doppelter Akanthusreihe und Eierstabdekoration. Über den Säulenschäften sind Kämpfer aus Backstein angebracht. Auch die Bögen bestehen aus Backsteinen und tragen ein ebensolches Mauerwerk, mit dem man im 15. Jahrhundert das zusammen mit den Bögen eingestürzte Gewölbe darüber wieder verschloss. In der Wand über den Bögen befinden sich drei lang gestreckte rechteckige Fensteröffnungen. Ein weit gespanntes, mit Entlüftungsöffnungen versehenes Spitztonnengewölbe überdeckt den ganzen Innenraum. Das Gebäude zeigt eine geschlossene, blockartige Raumwirkung. Der

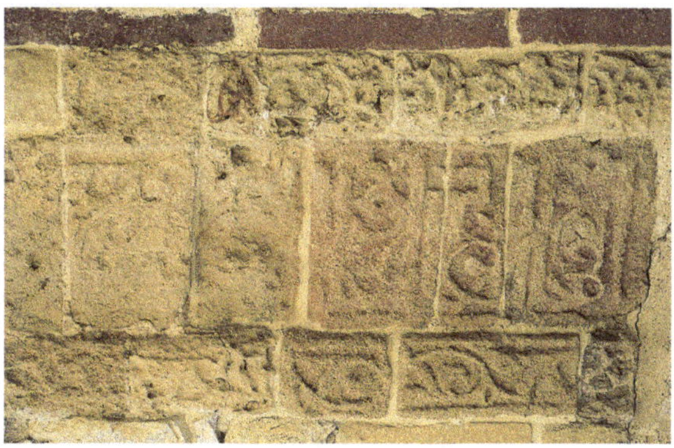

Hammam, Fries mit Kufi-Inschrift an der Westfassade, Cefalà Diana.

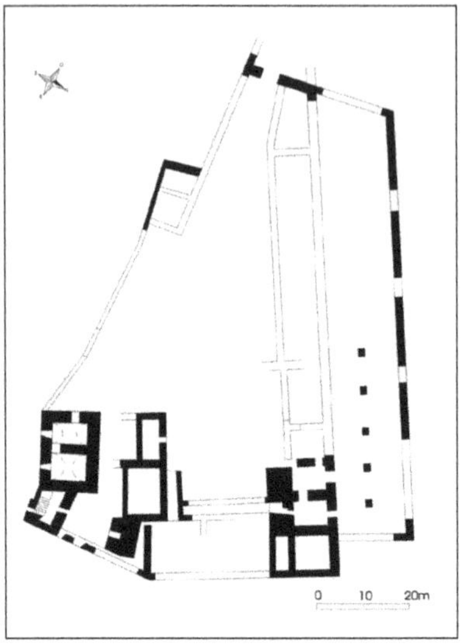

Kastell, Grundriss, Cefalà Diana.

einzige Schmuck der Außenmauern besteht in einem mittig verlaufenden Band aus Kalksteinquadern mit einer stark verwitterten Inschrift in Kufi-Duktus, eingefasst von zwei schmaleren Bändern. Diese bestehen wiederum aus großformatigen Backsteinen, wie sie auch anderswo im Gebäude zu finden sind (möglicherweise römischen Spolien, die noch vor Ankunft der Normannen wieder verwendet wurden). Das unterirdische Leitungssystem, über das die Becken befüllt und abgelassen wurden, ist in unmittelbarer Nähe der Bassins teilweise noch zu erkennen.

Über das Entstehungsdatum der Anlage herrscht Uneinigkeit, zumal der Geograf al-Idrisi in seinem *Buch Rogers*, das er kurz vor dem Tod des Herrschers (1154) fertig stellte, zwar elf Thermalbäder in großen und kleinen Ortschaften Siziliens aufzählt, jedoch Cefalà Diana nicht erwähnt. Erst kürzlich wurde eine chronologische Unterscheidung der einzelnen Bauteile vorgeschlagen. Danach gehören die Außenwände im Norden, Westen und Osten in die hellenistisch-römische Zeit (50 v. Chr. bis 50 n. Chr.), die beiden Säulen des Tribelon zur arabischen Epoche und das Gurtgesims mit der Kufi-Inschrift in die Normannenzeit nach dem Tod König Wilhelms I. 1166 (Ryolo 1971). Unter Verweis auf die vielen Analogien zum Architekturstil der Zeit Wilhelms II. ordnet eine neueste Datierung das Gebäude vollständig der Spätphase der Normannenherrschaft zu (Krönig in Di Stefano 1979).

Das Naturschutzgebiet Pizzo Chiarastella
In der Nähe der arabischen Bäder liegt die Riserva naturale orientata di Pizzo Chiarastella. Die auf die Osthänge des Bergs beschränkte Vegetation besteht aus typischen Vertretern der mediterranen Macchia. Der Pizzo Chiarastella ist allein schon deshalb von großer Bedeutung, weil das Massiv die Auffangzone für das Wasser bildet, das die Bagni speist. Das Naturschutzgebiet wurde eigens zum Schutz der zahlreichen heißen Quellen eingerichtet, die mit unterschiedlicher Temperatur aus dem karbonathaltigen Gestein hervorsprudeln. Die Verwaltung der Riserva liegt in den Händen der Provinzregierung von Palermo.

II.2.b Kastell

An der Straßengabelung abbiegen und die SS77 in Richtung Cefalà Diana fahren. Nach rund 1 km rechter Hand der Beschilderung zum Kastell folgen. Öffnungszeiten: wochentags von 9–13 Uhr; sonn- und feiertags von 16–19 Uhr. Besichtigung für Gruppen nur nach Voranmeldung, Tel. 091 8201184/8291546.

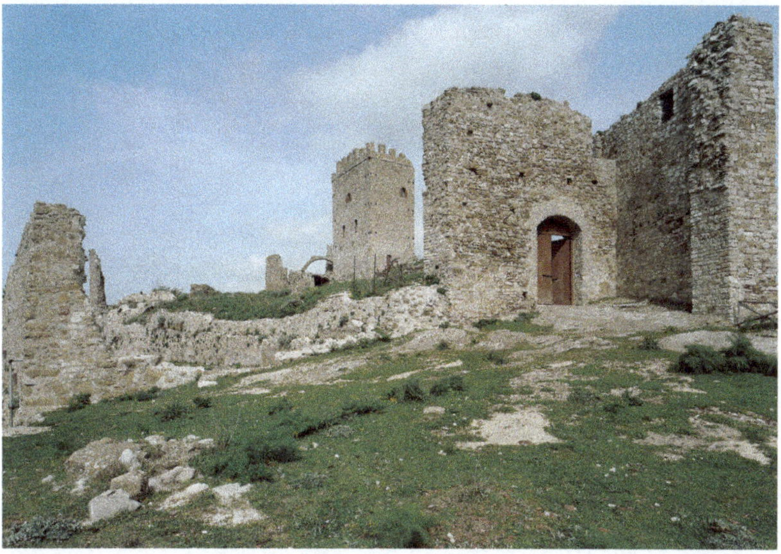

Kastell, Ansicht des Zugangs an der Westseite, Cefalà Diana.

Zum Baudatum liegen keine gesicherten Angaben vor. Vermutet wird, dass das Kastell ab 1121 existierte. Der Haupthof zwischen der inneren Umfriedung und der über die Felswand vorkragenden Mauer ist mit Felsplatten gepflastert und bildet einen natürlichen Bodenbelag mit starkem Gefälle und unregelmäßiger Rautenform. Am höchstgelegenen Teil des Felsens steht ein robuster rechteckiger Wehrturm. Eine Reihe kleiner Räume mit Tonnengewölben befinden sich auf der zweiten Umfassungsmauer. Ihre Fensteröffnungen zeigen zum Hof zwischen den beiden Umfriedungen.

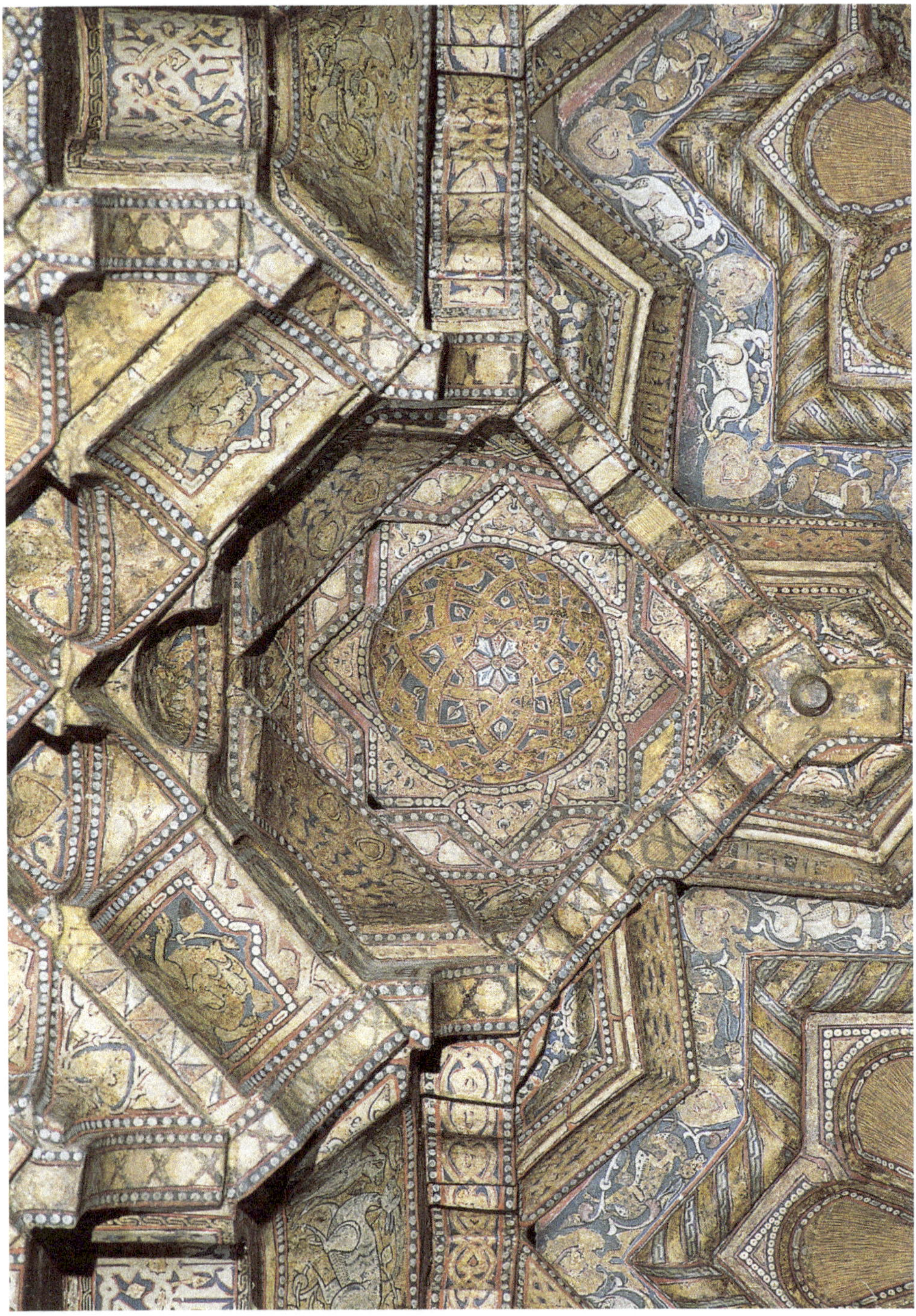

Höfische Kunst der normannischen Zeit: Öffentliche Gebäude

Wissenschaftliches Gremium

III.1 PALERMO

III.1.a Normannenpalast (Palazzo Reale)
III.1.b Cappella Palatina

Araber, Griechen und Römer auf Sizilien. Schriftliche Quellen aus normannischer und staufischer Zeit

III.1.c Porta Mazara
III.1.d Dom
III.1.e Porta della Vittoria (optional)

III.2 MONREALE

III.2.a Dom (Santa Maria la Nuova)
III.2.b Kreuzgang
III.2.c Kloster im Erzbischöflichen Palais

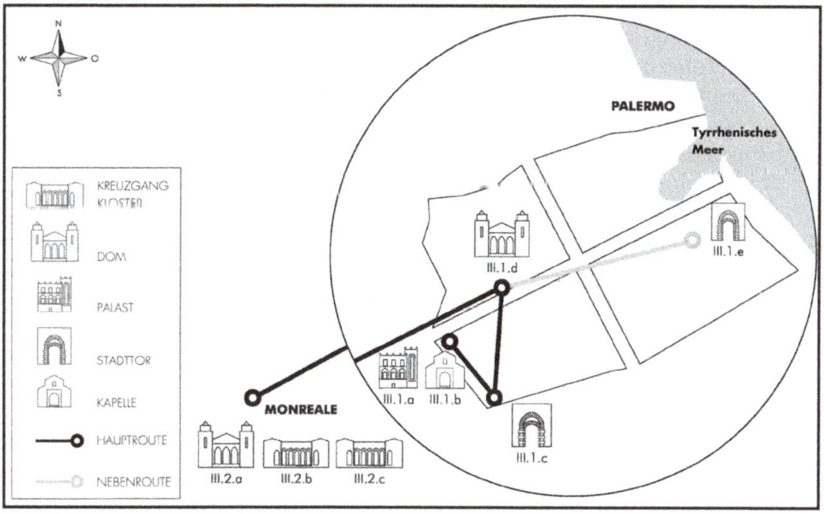

Cappella Palatina, Detail der bemalten Holzdecke im Mittelschiff, Normannenpalast, Palermo.

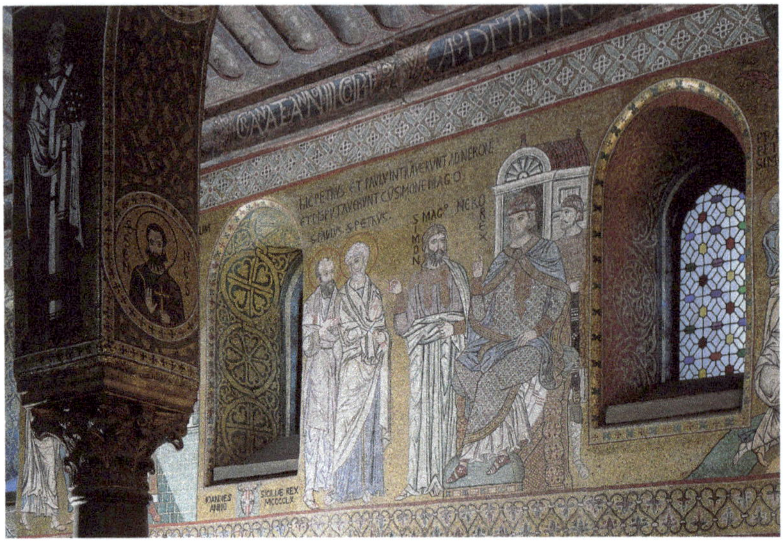

Cappella Palatina, Detail der Wandverkleidung mit Mosaiken, Normannenpalast, Palermo.

Die Deutung der großen Werke aus normannischer Zeit, die im 11. und 12. Jahrhundert in Sizilien entstanden, ist äußerst vielschichtig. Der Einführung arabischer Stilelemente während der eigentlichen Phase der gezielten Islamisierung Siziliens (zwischen der systematischen Invasion der Muslime ab 827 n. Chr. und ihrem allmählichen Rückzug angesichts der christlichen Rückeroberung ab 1061) ging eine lange Zeit des Austauschs (und der Konflikte) mit den in Sizilien heimischen Kulturen voraus. In der Architektur stieß die in dieser Zeit von griechisch-römischen und persischen Einflüssen geprägte islamische Kunst auf ein lebendiges byzantinisches Substrat mit Wurzeln vor allem in der Spätantike.
Was nun die spezifischen Merkmale von Architektur und Kunsthandwerk in der Zeit vom 6. bis zum 11. Jahrhundert betrifft, so sind allerdings aufgrund der bereits im Mittelalter beginnenden Zerstörung oder nachhaltigen Veränderung der unter byzantinischer Herrschaft entstandenen Bauwerke darüber keine eindeutigen Aussagen möglich. Dem heutigen Wissensstand zufolge ist der Beitrag der Epoche der islamischen Emirate zur spätmittelalterlichen Architektur Palermos jedenfalls eher zurückhaltend einzuschätzen. Doch wurde der künstlerische Einfluss der arabischen Kultur von den Normannen ab Beginn ihres Königtums im engeren Bereich der dekorativen Kunst und des Kunsthandwerks ebenso gefördert wie die Übernahme byzantinischer Elemente.
Nachdem die Strukturen und künstlerischen Verfahren der verschiedenen ursprünglichen Kulturkreise zunächst weiter lebten, setzten dann die normannischen Könige wie auch die griechisch-sizilischen Würdenträger des neuen Königreichs gleichermaßen die auf der Insel bereits (ab 969) von den Fatimiden eingeleitete Blüte von Kunst, Wissenschaft und Kultur

fort, was dazu führte, dass hier die glanzvollste künstlerische Produktion der gesamten Epoche entstand. Sie war geprägt durch eine eigenständige normannisch-sizilische Form der bereits ausgereiften islamischen *koinè*. Die wichtigsten und architektonisch gelungensten Werke bezeugen die ‚Bilderpolitik', welche die normannischen Könige, insbesondere Roger II., Wilhelm I. und Wilhelm II., aber auch andere hoch gestellte Persönlichkeiten wie der Erzbischof Walter of the Mill verfolgten. Diese Gebäude, deren monumentale Wirkung auf der perfekten Bauweise und der reichen Dekoration beruht, stehen in der Königsresidenz Palermo innerhalb der alten Oberstadt Galca und dem umliegenden Bezirk. Neben repräsentativeren Bauten wie der Cappella Palatina,dem König-Roger-Saal, den einst ausgeschmückten Sälen in der Torre Pisana (alle Teil des Königspalasts) und dem Dom entstanden im Umkreis bescheidenere Kirchen für den Hofstaat, etwa San Giovanni degli Eremiti und vermutlich auch Santa Maria Maddalena. Zusammen mit dem Dom von Monreale und Cefalú bilden diese Bauwerke einen vollendeten, repräsentativen Zyklus öffentlicher Kunst der normannischen Epoche und zeigen, wie sich über einen Zeitraum von 60 Jahren eine echte „Arte Regia" (Königskunst) von unverkennbarer Originalität und hoher künstlerischer Qualität herausbildete und diese ausreifte.

Bei der sakralen Architektur bedienen sich die königlichen Bauvorhaben nach einer anfänglichen bloßen Mischung romanischer, byzantinischer und islamischer Komponenten später innovativer, eigenständiger Formen, deren einzelne Elemente sich harmonisch zu einer vom Grundsatz der *renovatio imperii* in ihrem Reich bestimmten Architektur zusammenfügen. Unter Roger II. vollzieht sich im Laufe weniger Jahre der Übergang von der romanischen Strenge der Cappella dell'Incoronata (1129) zu einer höfischen Kombinatorik, die teils mit der Verschmelzung von frühchristlichen abendländischen Basilikalschemata mit orientalischen Zentralbauten arbeitet – etwa bei der Cappella Palatina – oder aber vollständige architektonische Modelle offen übernimmt, wie etwa bei San Giovanni degli Eremiti.

Als nach der Eroberung der Balkanküste unter Roger II. ab 1148 griechische Kunsthandwerker aus Theben, Athen und Korinth nach Sizilien kamen, hatte dies einen Wandel in der Ikonografie der danach ausgeführten Mosaiken zur Folge. Figürliche griechisch-römische (religiöse) Mosaiken wurden nun mit dekorativen islamischen Formen zu prachtvollen Fußböden und Wandverkleidungen kombiniert. Unter strengster Kontrolle arbeiteten griechische und islamische Kunsthandwerker Seite an Seite. Symbolische Tier- und Pflanzendarstellungen nach orientalischer Tradition, wie die Araber sie bei der Eroberung Persiens übernommen hatten

Normannenpalast, Grundriss des gesamten Komplexes, Palermo.

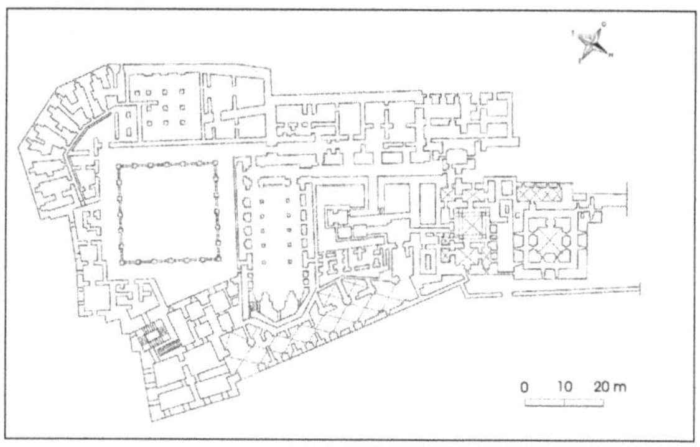

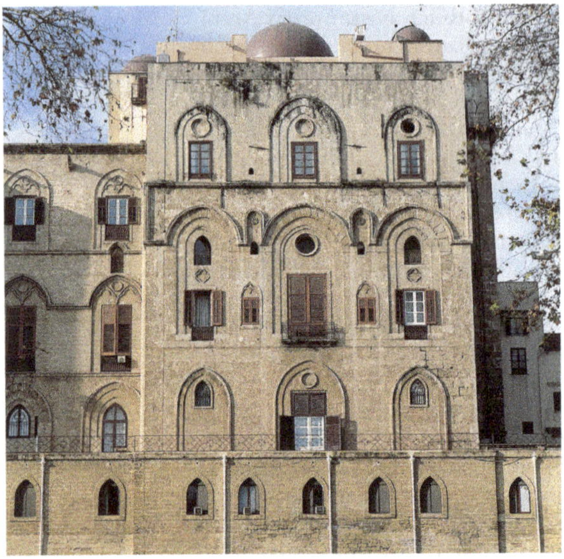

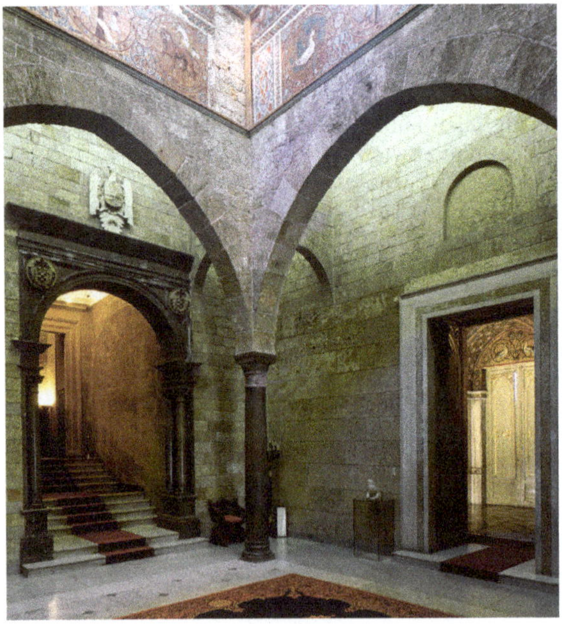

Normannenpalast, Ostfassade der Torre Pisana, Palermo.

Normannenpalast, Sala dei Venti (oder delle Quattro Colonne), Palermo.

(Kampf zweier Tiere, Lebensbaum etc.), finden sich neben Girlanden und pflanzlichen Ornamenten immer häufiger in der Ausgestaltung des dekorativen Beiwerks für das menschliche Abbild. Die Begegnung zwischen unterschiedlichen Kunstauffassungen – der fatimidischen in der Architektur und der byzantinischen in der Mosaikkunst – und die Verschmelzung des lateinischen Langhauses mit dem byzantinischen Zentralbau machen die Cappella Palatina zum vollendeten Beispiel für den stilistischen Eklektizismus Siziliens im 12. Jahrhundert (Di Stefano / Krönig 1979).

III.I PALERMO

III.I.a Normannenpalast (Palazzo Reale)

Eingang an der Piazza Indipendenza. Öffnungszeiten: montags, freitags, samstags 9–12 Uhr, dienstags, mittwochs, donnerstags und sonntags Einlass von Gruppen (mind. 10 Pers.). Eine Besichtigung der Sala d'Ercole ist nur nach vorheriger Genehmigung möglich. Sanitäranlagen vorhanden.

Den ältesten dokumentierten Siedlungskern hier bilden die Überreste eines Festungsbaus mit einem Tor aus dem 6. bis 5. Jahrhundert v. Chr. Unter den Römern und Arabern wurde die Festung erweitert und verstärkt. In der zweiten Hälfte des 11. Jahrhunderts ließen Robert Guiscard und Roger I. die alte arabische Festung umbauen und weiter befestigen: Diese gut gesicherte Burg wurde ihre Residenz. Bereits die Araber hatten das befestigte Gebäude als Verwaltungssitz genutzt

(831–1072) und dabei ältere byzantinische und punisch-römische Bauteile verwendet. Zeitgenössischen Textquellen zufolge, darunter al-Idrisis *Buch Rogers* von 1154 und den Schriften Romualds von Salerno, ließ Robert Guiscard zur Stadt hin den so genannten Roten Turm (Torre Rossa) errichten. Roger II. ließ später die Festung als Königspalast ausschmücken und ausbauen: Hinzu kamen die Cappella Palatina, diverse neue Räume sowie drei Türme, nämlich im Süden die Torre Greca, im Norden die Torre Pisana mit der befestigten Schatzkammer und gleich daneben die Torre Gioaria. Wilhelm I. setzte das Werk seines Vaters fort und ließ als weiteren Turm die möglicherweise erst von seinem Sohn Wilhelm II. vollendete Torre Chirimbi errichten. Die Mosaiken des ‚König-Roger-Saals' (Stanza di Ruggero) stammen erst aus der Zeit der Regierung Wilhelms I. und Wilhelms II. Nach dem Tod des Stauferkaisers Friedrich II. (1250) war das Königsschloss nur noch Militärgarnison, während der Hof als solcher zur Zeit der Vizekönige in den Palast der Familie Chiaramonte an der Piazza Marina umzog. Der Bau selbst wurde ab der zweiten Hälfte des 16. Jahrhunderts nachhaltig umgebaut und erweitert.

Von den mit Bestimmtheit aus der Normannenzeit stammenden Teilen des Palasts sind heute noch erkennbar: die Cappella Palatina mit Krypta, das Gebäude mit den Kerkern für politische Gegner innerhalb der Befestigungen im Südteil des Palasts sowie die nebeneinander am Nordrand des Komplexes stehenden Torre Gioaria und Torre Pisana. Nicht erhalten sind die so genannte Torre Rossa, die Torre Greca (von der heute eine spätere Renaissance-Rekonstruktion zu sehen ist) sowie die 1571 zerstörte Torre Chirimbi. Im Inneren des Palasts gab es noch den „Tiraz", eine bereits von den Arabern gegründete Seidenmanufaktur, in der auch der Mantel König Rogers (1133/34) so meisterhaft angefertigt wurde.

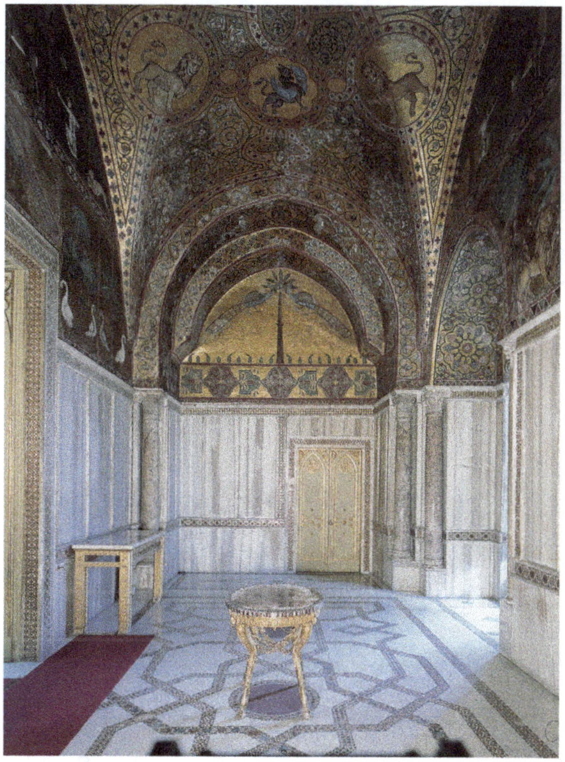

Normannenpalast, König-Roger-Saal, Palermo.

Die Hauptfassade zeigt nach Süden hin eine lang gestreckte, regelmäßig gegliederte Gebäudeeinheit mit zwei Portalen, die 1616 vom Vizekönig Giovanni Fernandes Paceco, dem Marchese di Vigliena, errichtet wurde. 1791 wurde auf der Spitze der Torre Pisana die von Giuseppe Piazzi gegründete Sternwarte der Universität installiert.

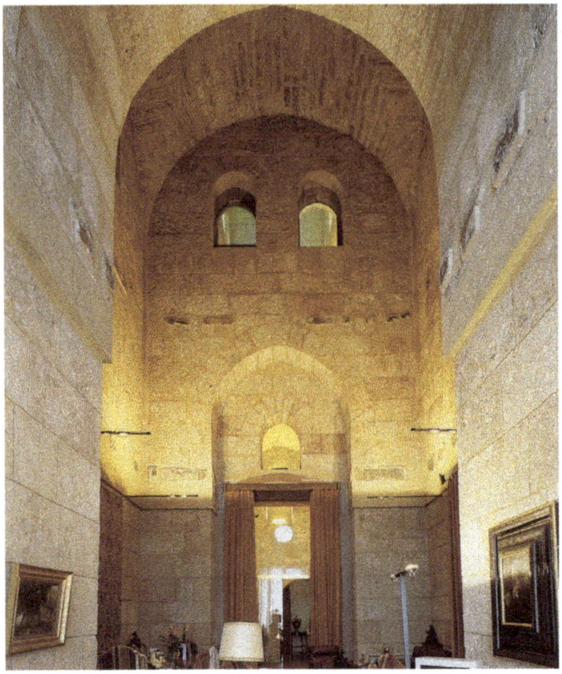

Normannenpalast, Raum neben dem Hauptsaal der Torre Pisana, Palermo.

Durch die Sala del Viceré und die Sala della Preghiera gelangt man zur Sala dei Venti und zur Stanza di Ruggero in der Torre Gioaria. Bei der Sala dei Venti oder delle Quattro Colonne wurde die Decke vollständig verändert. Das heutige hölzerne Zeltdach mit bemalter Unterseite stammt von 1713. Östlich an die Sala dei Venti angrenzend befindet sich der so genannte König-Roger-Saal (Stanza di Ruggero): Der kleine rechteckige Raum ist an den Schmalseiten mit Nischen versehen und ist mit einem Kreuzgewölbe überdeckt, die Wanddekorationen zeigen überwiegend Elemente,wie sie für profane normannische Gebäude typisch sind. Oberhalb des hohen Marmorsockels erstrecken sich kostbare Mosaiken aus der Herrschaftszeit Wilhelms I. (um 1170) über Wände, Lünetten, Laibungen und Gewölbe. In den großen Lünetten stehen sich Leoparden, Löwen, Hirsche, Pfauen, Kentauren und Bogenschützen zwischen Obstbäumen und Palmen symmetrisch gegenüber. Blattvoluten aus Zweigen mit Blättern und Blüten bilden die verschlungene Dekoration des Gewölbes, unterbrochen von geometrischen Bändern an den Schnittpunkten und Medaillons mit Löwen und Greifen. Eine dominante Rolle in der Komposition spielt der im Mittelpunkt des Gewölbes in einem Oktogon abgebildete staufische Adler, während in den Schlusssteinen der untergeordneten Bögen der zweiköpfige Adler erscheint. Das gesamte dekorative Programm entfaltet sich auf Goldmosaikgrund.

Gleichfalls in der Torre Gioaria liegt unterhalb der Sala dei Venti die Sala degli Armigeri. Der (für Besucher geschlossene) Hauptsaal im Obergeschoss der Torre Pisana wird heute für Empfänge des Präsidenten des sizilianischen Parlaments genutzt. Der quadratische Raum mit Kreuzgewölbe liegt in der Mitte des Turms; ein teilweise mit Spitztonnengewölbe versehener Gang bildet die Verbindung zu einem zur Frontseite zeigenden Fenster in der Außenmauer. Reste der ursprünglichen Mosaiken, nach Meinung einiger Fachleute mit Jagdszenen, bestätigen, dass auch dieser Raum kostbar ausgeschmückt war. Im Stockwerk darunter liegt die (für Besucher geschlossene) Sala del Conio e del Tesoro, in der noch heute in jeder der vier Ecken ein in den Fußboden eingelassener großer Krug zu sehen ist. Die nach dem Übergang des Gebäudes vom Kronvermögen in Staatsbesitz und später das Eigentum der Region Sizilien ab 1921/22 durchgeführten Restaurierungsarbeiten dauern bis heute an.

III.1.b Cappella Palatina

Innerhalb des Palazzo Reale. Öffnungszeiten: wochentags 9–11.45 und 15–16.45 Uhr; sonn- und feiertags 9–10 und 12–13 Uhr; samstags sowie Ostermontag, am 25. April, 1. Mai und 25. Dezember geschlossen. Sanitäranlagen vorhanden.

Die Palastkapelle liegt baryzentrisch auf einer Ebene mit dem zweiten Stockwerk des großen Cortile Maqueda. Die ursprünglich gut erkennbare Raumaufteilung der Kirche ist heute aufgrund der baulichen Erweiterung des Königshofs gegen Ende des 18. Jahrhunderts nur noch mit Mühe nachvollziehbar.
Seit der Zeit Kaiser Konstantins waren Hofkapellen üblich, und so ließ schon Robert Guiscard im Palast die Cappella di Santa Maria di Gerusalemme errichten und mit Mosaiken ausschmücken. Die heutige Kirche ist dem Hl. Petrus geweiht (San Pietro Martire). Roger II. ließ sie bald nach seiner Krönung um das Jahr 1131 anstelle der Kapelle Guiscards erbauen. Nach einer Inschrift in den Mosaiken der Kuppel wurde die neue Kapelle im Jahr 1143 geweiht. Entlang der Südmauer erstreckt sich ein Säulengang mit spitzbogigen Arkaden auf Widerlagern; die Mosaiken hier stammen aus dem 19. Jahrhundert und ersetzen diejenigen aus dem 16. Jahrhundert. Man betritt die Kirche durch eine rechteckige Vorhalle mit Gewölbe, die von 1930 bis 1935 restauriert wurde. Von diesem Raum aus gelangt man auch

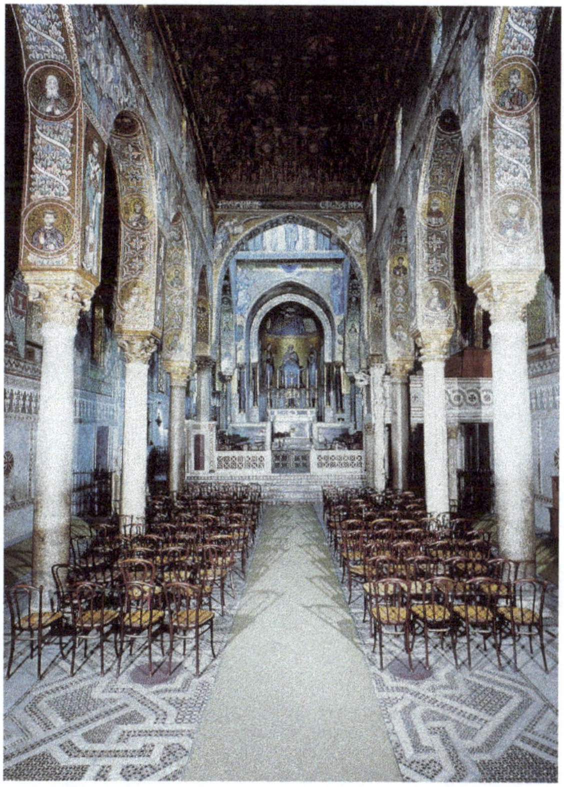

Cappella Palatina, Innenraum, Normannenpalast, Palermo (Publifoto Palermo).

in die Sakristei. Der dort aufbewahrte Kirchenschatz umfasst vor allem das Staatsarchiv (*Tabularium*) und liturgische Gerätschaften, darunter die beiden kostbarsten mittelalterlichen Elfenbeinkassetten, die in Sizilien erhalten sind.
Die gesamte von Roger angestrebte Erweiterung des Königspalasts, zu der auch die Gestaltung der Hofkapelle gehörte, ist geprägt von dem Wunsch nach einer Stärkung und Zurschaustellung seiner Macht, wofür er die vorhandenen lateinischen, griechisch-byzantinischen und arabischen Kulturen nutzte und gleichzeitig aufwertete. Die normannischen Herrscher, insbesondere Roger II. und Wilhelm

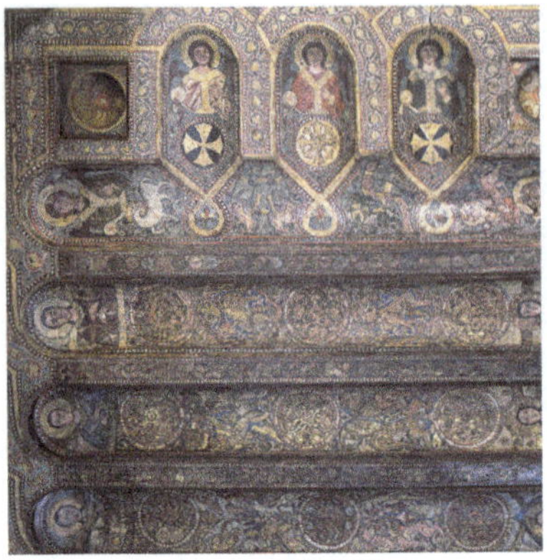

Cappella Palatina, Detail der Holzdecke in einem Seitenschiff, Normannenpalast, Palermo.

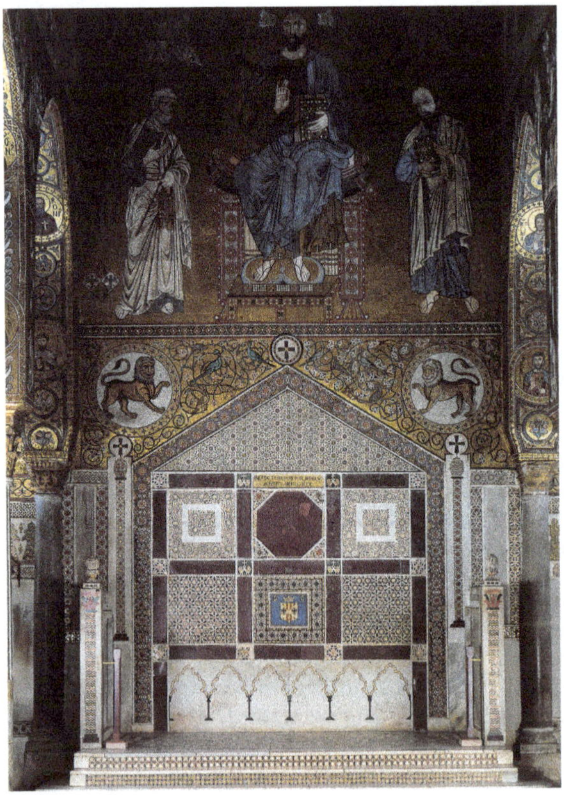

Cappella Palatina, Königsthron, Normannenpalast, Palermo.

I., ließen in ihre Bauvorhaben verstärkt Elemente der in Sizilien vor ihnen heimischen Kulturen einfließen und sorgten dabei in den figürlichen Darstellungen für „eine exakte Richtungsvorgabe, mit der die islamische Ikonografie in den Dienst der normannischen Machtideologie gestellt werden sollte" (Ciotta 1993).

Die Bauweise der Kirche basiert auf der „Verschmelzung des abendländischen Basilikalsystems mit dem byzantinischen Konzept des zentralen Altarraums" (Lo Faso Pietrasanta 1838).

Man betritt den Kirchenraum von der Vorhalle aus. Die beiden Seitenschiffe sind vom Mittelschiff durch zwei Reihen von je fünf Säulen aus ägyptischem Granit und Cipollin-Marmor mit Kompositkapitellen getrennt, die als Stützen für Spitzbögen dienen. Zu dem mit drei Apsiden versehenen erhöhten Presbyterium führen fünf Stufen hinauf.

Der Altarraum der Cappella Palatina wird durch die kubische Unterkonstruktion der Halbkugelkuppel gebildet. Seitlich wird er von Marmorplatten abgeschlossen, die zugleich als Rückenlehne des Chorgestühls dienen. Vom Mittelschiff trennt ihn eine Balustrade.

Am gegenüberliegenden Westende des Langhauses befindet sich an die Außenwand gelehnt der Königsthron, zu dem ebenso wie zum Presbyterium einige Stufen hinaufführen. Der Standort des Throns weitab vom Altarraum ist eher ungewöhnlich, da der Monarch auch in normannischer Zeit bei Gottesdiensten bei den Geistlichen Platz nahm, also zwischen dem Presbyterium und dem Altar. Im letzten Joch des rechten Seitenschiffs steht ein viereckiger

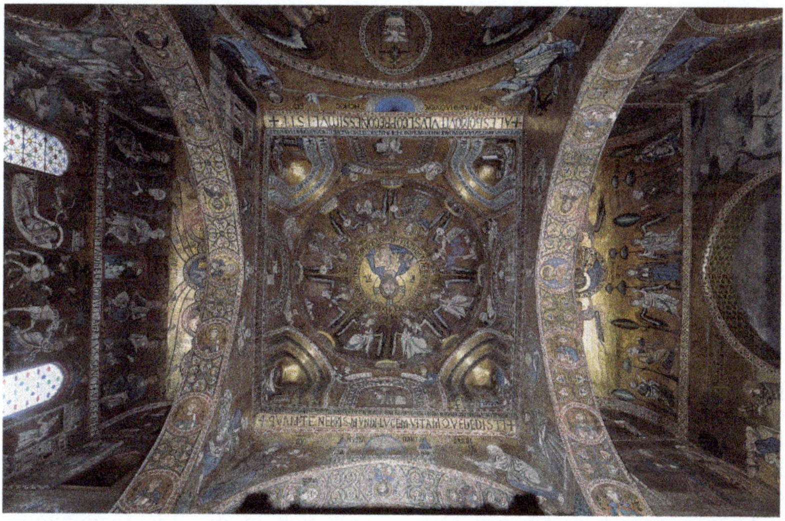

Cappella Palatina, Kuppel, Normannen-palast, Palermo.

Ambo (Lesekanzel) aus dem 12. Jahrhundert; er besteht aus Marmor und Porphyr (mit geometrischen Motiven byzantinischen Ursprungs) und ruht auf Säulen (von denen zwei zickzackförmige Schäfte aufweisen) mit antikisierenden Kapitellen. Hier befindet sich auch der ringsum mit Figurenschmuck versehene Osterleuchter. Seine Basis zeigt vier Löwen, die Menschen und Tiere mit den Zähnen packen; darüber entfaltet sich in aufeinander folgenden Zonen ein reiches Bildrepertoire: Zwischen Pflanzen- und Tiermotiven ist ein segnender Christus erkennbar, zu dessen Füßen vermutlich Roger II. in Gewändern abgebildet ist, die ihn als Apostolischen Legaten kennzeichnen. Programm und Figuren dieses bildhauerischen Meisterwerks sind von der figurativen romanischen Ikonografie geprägt, wenn auch bereits mit Anhaltspunkten für ein neues Konzept, wie es auch in der scholastischen Ästhetik erkennbar ist. Beim Ambo liegt der Eingang zur so genannten Krypta, einem quadratischen Raum mit Apsis, der über eine Reihe von Wandelgängen mit einem weiteren unterirdischen Raum verbunden ist. Hier ruhte der Leichnam Wilhelms I. bis zu seiner Überführung in den Dom von Monreale.

Die Seitenschiffe der Kapelle sind mit schrägen Holzdecken eingedeckt, während die Holzdecke des Mittelschiffs Kassetten mit aufgemaltem *muqarnas*-Muster, in die figurative Zyklen ein geflochten sind, aufweist. Dieses Werk umfasst das umfangreichste Repertoire an malerischen Sujets, das in der gesamten normannisch-sizilischen Kunst jemals von islamischen Kunsthandwerkern geschaffen wurde. Der aus der Zeit zwischen 1143 und 1149 stammende Fußboden der Kapelle weist geometrische Muster auf und besteht aus Mosaiken in Pietra Dura, darunter Porphyr, Serpentin und Granit. Ähnliche Ornamente finden sich in der hohen Marmorverkleidung im unteren Teil der Kapellenwände wieder. Die gesamte Wandfläche darüber ist mit

Mosaiken aus zwei Bauphasen überzogen: Einer griechischen Inschrift im Tambour unter der Kuppel zufolge entstanden die Mosaiken des Altarraums von 1140 bis 1143 unter Roger II., während die Wandmosaiken im Langhaus aus der Regierungszeit Wilhelms I. stammen und auf das Jahr 1163 datiert werden können.

Die Figuren sind hierarchisch von oben nach unten angeordnet, also vom Himmel zur Erde: In der Kuppel ist Christus Pantokrator gemäß der damals in der byzantinischen Kunst bereits festgelegten Typologie über den vier Erzengeln abgebildet. Im achteckigen Tambour sieht man zwischen den mit Darstellungen der vier Evangelisten versehenen Trompen die alttestamentarischen Propheten und Könige. In der Kalotte der Hauptapsis befindet sich ein weiterer Christus Pantokrator mit einem offenen Buch. Die Heilsgeschichte ist als Zyklus dargestellt, er beginnt im Triumphbogen mit der *Verkündigung* und der *Darstellung Jesu im Tempel* und setzt sich in der rechten Apsis des Querhauses mit der *Geburt Jesu* und der *Anbetung durch die Heiligen Drei Könige* fort. In der oberen Zone sieht man *Josefs Traum* und die *Flucht nach Ägypten*, in der mittleren Zone die *Taufe Christi* und die *Verklärung Christi* sowie die *Auferweckung des Lazarus*. In der untersten Zone ist zwischen den Heiligen Paulus und Andreas der *Einzug in Jerusalem* dargestellt, vermutlich als Verweis auf die Ankunft der Normannen in Sizilien. An der Nordmauer des Altarraums gab es früher eine Tribüne, von der aus die Herrscherfamilie der Messe beiwohnte; heute befindet sich dort ein Fenster. Dort ist auch eine Madonna Hodigitria abgebildet. Auf der gegenüberliegenden Wand sieht man zur Galerie hin gewandt die vier Kriegerheiligen in Begleitung des Hl. Nikolaus, des Schutzpatrons des Normannenreichs. Im Mittelschiff sind in zwei übereinander liegenden Zonen die Genesis und das Alte Testament dargestellt; diese Bilderfolge beginnt an der rechten Seite des Triumphbogens und setzt sich in der Lichtgadenzone mit dem Schöpfungszyklus und weiteren Geschichten in den Zwikkeln der Bögen fort. Über jedem Kapitell sind Bischöfe und Heilige abgebildet. In den Seitenschiffen finden sich als einzige Bildfolge die Geschichte der Heiligen Petrus und Paulus sowie einige Episoden aus der Apostelgeschichte.

Die Verleihung irdischer und apostolischer Macht an die normannischen Könige ist an der Westwand des Kirchenschiffs dargestellt, wo das Mosaik über dem Königsthron bezeichnenderweise die Gesetzesübergabe an Petrus zeigt. Diese Wand ist in ihrer gesamten Länge waagerecht in zwei Zonen unterteilt: Im oberen Teil sieht man den thronenden Christus mit den Aposteln Petrus und Paulus, im unteren Teil die Fassade einer Kirche mit Darstellungen von Pfauen und Löwen.

ARABER, GRIECHEN UND RÖMER AUF SIZILIEN SCHRIFTLICHE QUELLEN AUS NORMANNISCHER UND STAUFISCHER ZEIT

Eliana Calandra

Urbs felix populo dotata trilingui – so beschrieb Petrus von Eboli im 12. Jahrhundert die Stadt Palermo in seiner Bilderchronik *Liber ad honorem Augusti* in der *Lamentatio* zum Tode Wilhelms I.

Im Zuge der aufeinander folgenden Herrscherdynastien wurde Palermo – begünstigt durch die komplexe Rolle, die Sizilien in Europa und im Mittelmeerraum spielte – zur Vielvölkerstadt, in der verschiedene Sprachen, Bräuche, Trachten, Religionen und Kulturen aufeinander trafen und miteinander harmonierten. Das Palermo des 12. Jahrhunderts spiegelt sich in den bis heute erhaltenen Urkunden der Staatskanzlei.

In der von den normannischen Grafen begründeten Kanzlei wurden die vom Herrscher verfassten Urkunden aufgesetzt, ausgefertigt und weitergeleitet. Geführt wurde sie vom Großkanzler, der zugleich königlicher Siegelverwahrer war. Ihm zur Seite standen der Vizekanzler, der Protonotar (Vorsteher der griechischen Notare), der Archivar, der Logothet (Protokollchef und Privatsekretär des Königs), der Obernotar und diverse Notare.

Als Organ eines zentralistischen, bürokratischen Staates entsprachen die drei Sektoren der normannischen Staatskanzlei den drei ‚Seelen' der sizilianischen Kultur: der arabischen, griechischen und lateinischen.

Notare und Richter gehörten teils dem griechischen, teils dem lateinischen Kulturkreis an, während die Schreiber und Sachbearbeiter Muslime waren, die dank ihrer Erfahrungen aus der früheren arabischen Verwaltung auch den normannischen Herrschern gute Dienste leisteten.

Manche Menschen fühlten sich sogar in mehreren Kulturen zu Hause, so etwa der legendäre Georg von Antiochia, Admiral oder Archont, also Leiter einer Art Verwaltungs- und Finanzministeriums, *Dohana* genannt. Er hatte eine lateinisch-griechische Erziehung genossen, seine Muttersprache war jedoch Arabisch, sein Bekenntnis griechisch-orthodox.

Erhalten sind zahlreiche Tabularien aus dieser Epoche, also Sammlungen von Pergamenten. Die meisten dieser kostbaren Zeitzeugnisse sind Abschriften oder Register. Die Urkundensammlung des Staatsarchivs in Palermo besitzt über 6000 solcher Handschriften. Es handelt sich dabei um königliche oder päpstliche Urkunden überwiegend aus den Archiven aufgelöster religiöser Vereinigungen, insbesondere der Diözese von Messina, aber auch aus den Archiven von Gemeinden und Adelsfamilien.

Als Beispiel sei hier eine Handschrift aus dem Jahr 565 der *hidjra* (1187/88) aus dem *Tabularium* von Cefalù genannt. Das Besondere daran ist, dass es in einem mit jüdischen Ausdrücken durchsetzten arabischen Dialekt aus dem Maghreb abgefasst ist, der bis zum Ende des 15. Jahrhunderts unter Juden gebräuchlich war. Mit dem Dokument verleiht der Bischof von Cefalù der Jüdischen Universität von Syrakus zur Vergrößerung des dortigen jüdischen Friedhofs ein vier Ruten großes Grundstück gegen vorherige Lieferung von einem Kafis Öl an die Kirche Santa Lucia in Cefalù.

Ein weiterer wichtiger Fundus an Urkunden der normannischen

und staufischen Zeit ist das *Tabularium* der Cappella Palatina. Von Graf Roger I. (1072–1101) bis zu Kaiser Friedrich II. (1198–1250) sind Satzungen für Bruderschaften, Konzessionen, Verleihungen oder Bestätigungen von Privilegien, aber auch Privatverträge dokumentiert. Viele von Letzteren, die Palermo betreffen, sind in arabischer Sprache, etwa der Kaufvertrag über ein Haus, das der Christ Gartel (Walter) im Auftrag des Erzbischofs von Messina einem gewissen ‘Ali, Sohn des Sohnes von ‘Abdallah, dem Drogisten, für 412 Dukaten abkauft. Interessant ist das Dokument vor allem wegen der damaligen Straßennamen, die bei der Beschreibung der Grundstücksgrenzen angeführt werden.

In diesen Urkunden wird das Datum teilweise nach byzantinischem Brauch „ab Erschaffung der Welt" berechnet, teilweise aber auch nach der *hidjra* oder nach der abendländischen Zählung ab Christi Geburt. In den zwei- oder dreisprachigen Urkunden finden sich im griechischen Textteil arabische und lateinische Randbemerkungen und andersherum. Alles deutet auf einen vom kosmopolitischen, toleranten Hof geförderten kulturellen Synkretismus hin.

Admiral Georg von Antiochia, den wir beispielhaft als ‚multikulturellen' hohen Staatsbeamten genannt haben, unterzeichnete (auf Griechisch und mit dem Titel „Archont der Archonten") eines der in der Cappella Palatina verwahrten Pergamente: Mit Zustimmung des Königs überlässt er dort die von ihm selbst gestiftete Kirche Santa Maria in Palermo (die spätere „Martorana") dem griechischen Klerus, verbunden mit einer Pfründe (einem Gut mit zehn Leibeigenen in Misilmeri), und beziffert, wie viel von ihr der Äbtissin und den Nonnen zukommen soll. Der Text beginnt mit der Preisung Allahs und fährt dann auf Griechisch fort. Es folgt die Liste der Leibeigenen als zweisprachige Interlinearübersetzung, danach geht es auf Griechisch weiter. Den Schluss bilden, wiederum auf Arabisch, der Siegelvermerk sowie die *hasbala* („Allah ist uns genug, und er ist uns ein milder Fürsprecher").

Weitere Handschriften aus derselben Epoche finden sich im *Tabularium* des Doms von Palermo. Darunter befindet sich die lateinische Urkunde, mit der Wilhelm II. dem Erzbischof von Palermo Walter of the Mill und seinen Nachfolgern die Gerichtsbarkeit über Ehebrecher überträgt und dem Kirchengericht jegliche Gewalt über die Geistlichen einräumt, sofern das Zivilrecht gewahrt bleibt.

Auf dem mandelförmigen, in einer Buchsbaumkapsel eingeschlossen Hängesiegel aus rotem Wachs sieht man Wilhelm auf dem Thron sitzend, die Füße auf einem Hocker und in der rechten Hand die Fahne haltend. In der linken hält er den Reichsapfel mit dem Kreuz. Der Text dazu lautet: „Willelmus Dei gratia Rex Sicilie Ducatus Apulie et Principatus Capue".

Als letztes Beispiel, wiederum aus dem *Tabularium* des Doms von Palermo, sei ein Pergament angeführt, das ebenfalls mit einem Hängesiegel aus rotem Wachs versehen und auf Januar 1210 datiert ist. Friedrich II.

überlässt darin Erzbischof Parisius von Palermo und seinen Nachfolgern die Gerichtsgewalt über alle Juden von Palermo. Das Privileg gewährt ihm außerdem das Recht auf die Abgaben, welche die Färber bis dahin an das königliche Zollamt entrichtet hatten. Die Kirche von Palermo wird darin bezeichnet als „Caput et Sedes Regni nostri" (Haupt und Sitz unseres Reichs).

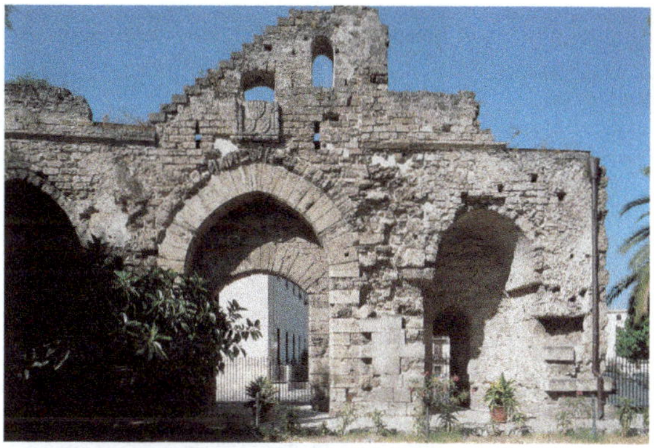

Porta Mazara, Südwestseite, Palermo.

III.1.c Porta Mazara

Zu Fuß weiter die Via dei Benedettini entlang bis zur Piazza Porta Montalto, an der dieser Bau steht. Zur Außenseite des Tors gelangt man vom Istituto di Patologia Generale am Corso Tukory Nr. 211 aus.
Öffnungszeiten: montags, dienstags und donnerstags 8–13.30 und 15–17 Uhr, mittwochs und freitags 8–13.30 Uhr.

Das Tor war Teil der mittelalterlichen Umfassungsmauer im Südwesten der Stadt und entstand in normannischer Zeit als Ersatz für den arabischen Vorläuferbau Bab Ibn Qurhub. 1325 setzte es die Familie Incisa wieder in Stand, doch hatte sich seine Funktion als Stadttor bereits im 16. Jahrhundert erübrigt, da es nun innerhalb der Bastei Montalto stand, die Teil der neuen, stärkeren Festungsanlagen war. In der Funktion des alten Tors entstand die Porta Montalto, die 1885 ebenso wie die Bastei selbst abgerissen wurde, wobei die alte Porta Mazara wieder zum Vorschein kam.
Das Tor besteht aus drei Spitzbögen aus Haustein. Die beiden kleineren seitlichen Öffnungen sind heute zugemauert. Am oberen Rand des Tors sind noch Reste der Laufgräben und der Treppe zu sehen. In der Lünette des mittleren Bogens fand man Spuren von Fresken mit religiösen Themen in mindestens zwei Schichten aus verschiedenen Epochen.

III.1.d Dom

Zurück zur Piazza Indipendenza und zu Fuß nach rechts abbiegen; die Porta Nuova durchqueren und das erste Stück des Corso Vittorio Emanuele am Erzbischöflichen Palais entlanggehen, dann nach links in die Via M. Bonello einbiegen und am Kirchhof entlang der Straße folgen.
Öffnungszeiten: werktags 7–19 Uhr, sonn- und feiertags 8–13.30 und 16–19 Uhr. Gruppenbesichtigungen erst ab 9.30 Uhr.

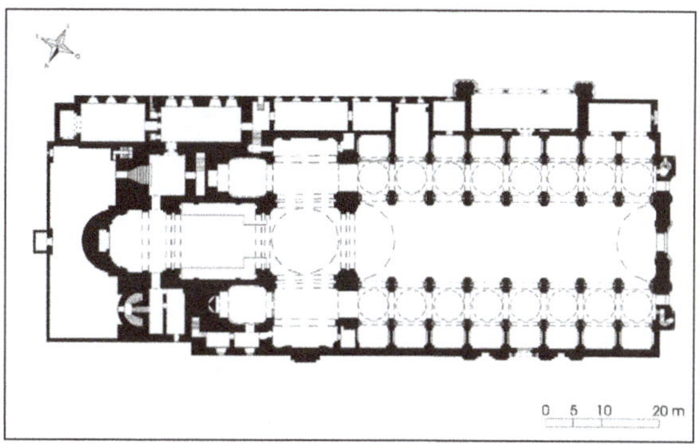

Dom, Grundriss, Palermo.

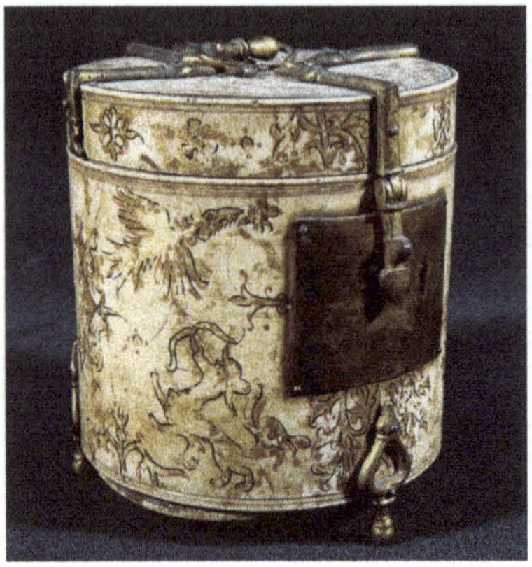

Bemalte zylindrische Elfenbeindose, ca. 13. Jahrhundert, Museo del Duomo, Palermo (Publifoto Palermo).

Die Südfront der Kirche blickt auf den weitläufigen Kirchhof, der 1761 mit Marmorbalustraden eingefriedet wurde. Auf dieser Fläche stand bereits in frühchristlicher Zeit (im 4. Jahrhundert) eine Friedhofskapelle. Über deren Ruine ließ Bischof Victor im Auftrag von Papst Gregor I. dem Großen 592 eine Marienkirche bauen und weihte sie 604 ein. Nach der arabischen Eroberung wurde die Kirche im 9. Jahrhundert in eine große Moschee für die Einwohner der Zitadelle im Cassaro umgewandelt, der bis 938 Sitz der Emire war. Nach der Eroberung Palermos durch die Normannen wurde wieder eine christliche Kirche daraus (1072), die Bischof Nikodemus zurückgegeben wurde. Nach dem Erdbeben von 1169 wurde sie unter Wilhelm II. nach den Entwürfen des Erzbischofs Walter of the Mill (von 1169 bis 1190 im Amt) vollständig neu gestaltet. Der Neubau wurde 1185 geweiht.

Von Anfang an war die Kirche sowohl Gotteshaus als auch Festung und sogar königliche Grablege, die den Monarchen, ihrer Familie und den Erzbischöfen vorbehalten war. Für diesen Zweck reservierte man zwei symmetrisch zu beiden Seiten des Altarraums gelegene Bereiche in Übereinstimmung mit der Position von Königs- und Bischofsthron. Der Bau von Walter of the Mill war eine dreischiffige Basilika. Der erhöhte Altarraum bestand aus dem Querschiff und einem Riegel mit drei Apsiden, deren mittlere größer als die Seitenapsiden

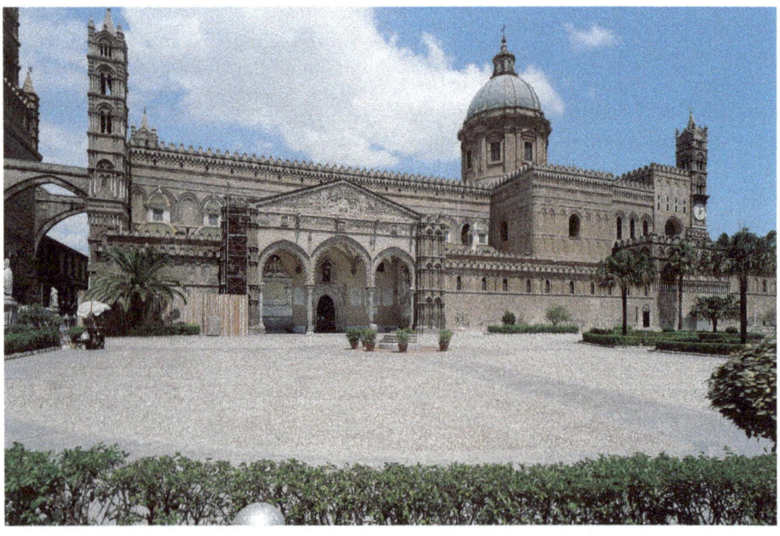

Dom, Ansicht der Südseite, Palermo.

war. Das lange Kirchenschiff war durch zehn Spitzbögen gegliedert, die auf neun Viererbündel korinthischer Säulen an jeder Seite des Mittelschiffs ruhten, plus einem korinthischen Säulenpaar an jedem Ende.

Der Wehrturm stand vor der Hauptfassade und war mit dieser durch zwei Verstärkungsbögen über die Via Bonello hinweg verbunden. Von den beiden Türmen zu beiden Seiten der Fassade sind nur die unteren beiden Zonen aus der Zeit des Walter of the Mill. Während die kleinen Torflügel der Fassade Mitte des 13. Jahrhunderts entstanden, wurde die von 1353 stammende große Tür 1961 durch eine moderne Bronzetür von Filippo Sgarlata ersetzt.

Nach Osten erstreckt sich über die Apsiden hinaus eine Krypta, zu der man durch eine Tür links im Presbyterium gelangt. Dort stehen die Sarkophage Palermitanischer Erzbischöfe aus verschiedenen Epochen. Wann die Krypta gebaut wurde, ist ungewiss. Einige Autoren nehmen an, dass sie zeitgleich mit der Kirche des Walter of the Mill entstand, andere halten sie für älter.

Von der alten normannischen Basilika erhalten ist noch ein quadratischer Raum mit Apsis, in dem Spuren des ursprünglichen Fußbodenbelags zu erkennen sind, sowie symmetrisch dazu ein weiterer Raum mit Resten einer darüber angebrachten Loggia und zwei Einzelbogenfenstern unter einer großen Rosette und einem kleinen *muqarnas*-Ornament. Die heute an die Pfeiler des Mittelschiffs angelehnten Säulen sind die ursprünglich in Vierergruppen stehenden Stücke. Links des Eingangs durch den südlichen Portikus befinden sich heute die früher im Chor

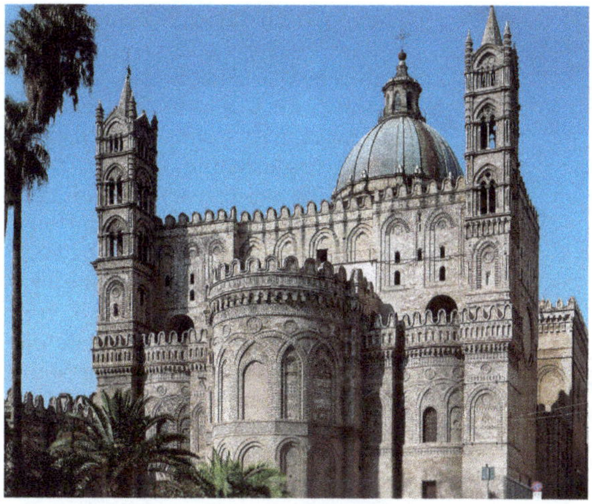

Dom, Apsiden, Palermo.

aufgestellten Königsgräber: der Porphyrsarkophag Rogers II. mit mosaikgeschmücktem Baldachin, der auch aus Porphyr bestehende, mit einem Tempelbaldachin versehene Sarkophag Kaiser Heinrichs VI., das ähnlich gestaltete Grabmal Konstanzes von Hauteville, der auf Löwen ruhende Porphyrsarkophag Friedrichs II. (ursprünglich aus dem Dom von Cefalù), wiederum mit antikisierendem Baldachin, der unüberdachte Sarkophag von Konstanze von Aragon und derjenige

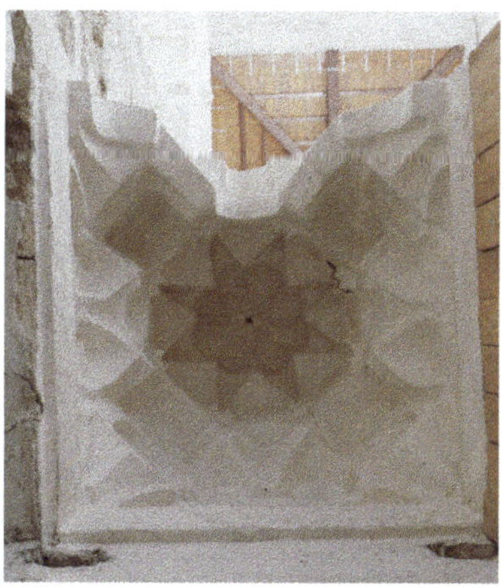

Dom, Muqarnas im südlichen Apsisturm, Palermo.

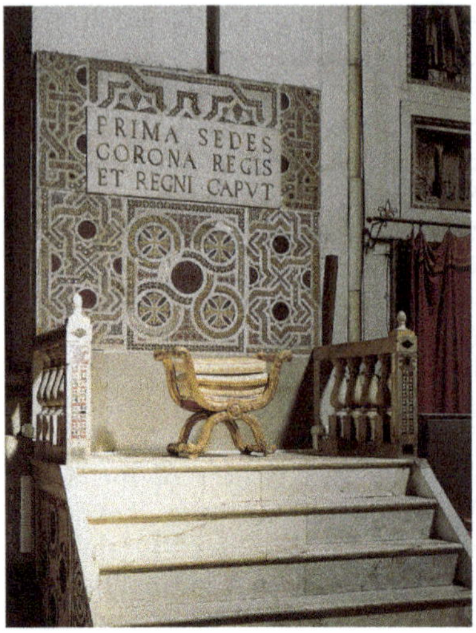

Dom, Königsthron, Palermo.

Herzog Wilhelms von Athen, eines Sohnes Friedrichs III. von Aragon. Außerdem ist noch ein 2,60 m hoher Osterleuchter mit weißem Marmorschaft und musivischer Verzierung erhalten.
Um 1429 wurde vor der Südfassade der Portikus angebaut, ein Werk Antonio Gambaras. Das Ostwerk ist an der Außenseite durch zweifarbige Einlegearbeiten und verschränkte Blendbögen verziert, ein Motiv, das sich am Dom von Monreale wieder findet.
Fortlaufend versuchte man, die Kirche dem jeweiligen Zeitgeschmack anzupassen. Unter anderem wurde 1767 der königliche Architekt Ferdinando Fuga mit dem Entwurf für eine vollständige Neugestaltung der Ausschmückung der Kirche beauftragt. Ausgeführt wurde sie unter der Leitung von Giuseppe Venanzio Marvuglia und Salvatore Attinelli von 1781 bis 1801. Die Arbeiten umfassten eine komplette Neugestaltung des Innenraums nach klassizistischem Vorbild. Die Seitenschiffe wurden verbreitert, wofür man einen Teil der Seitenkapellen opferte, die Vierer-Säulen-Gruppen wurden aufgeteilt und die Schäfte der alten Säulen umgestaltet und an die neuen Pfeiler angelehnt, die alten Kapitelle durch neue ersetzt. An den Jochen der Seitenschiffe wurden kleine Säulen mit einem Überzug aus farbigen Majolikaplättchen aufgestellt. Das Mittelschiff erhielt ein Tonnengewölbe mit Lünette und wurde von ursprünglich zehn auf acht Joche verkürzt. Schließlich wurde auch der Chor umgestaltet und mit einer klassizistischen Kuppel überspannt. 1840–1844 kamen noch die Westtürme im neugotischen Stil nach Entwürfen

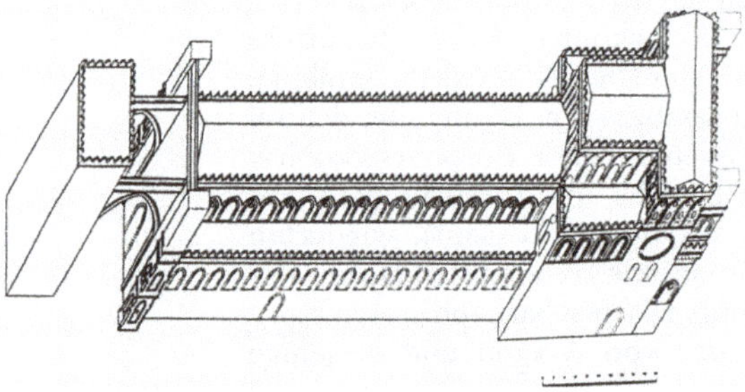

Dom, Axonometrie, Palermo (Ciotta 1992).

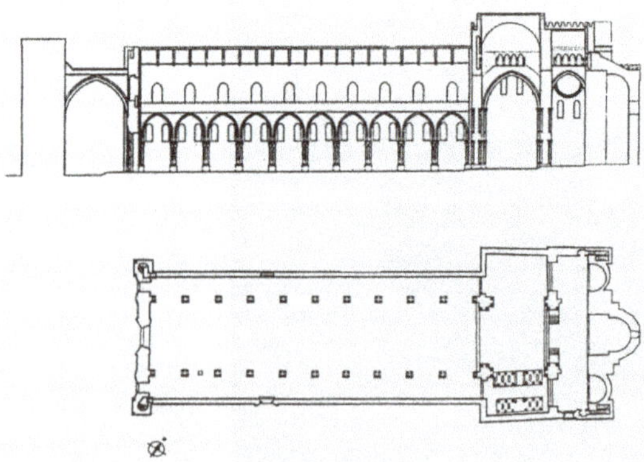

Dom, Rekonstruktion des Grundrisses des von Walter of the Mill gebauten Doms, Palermo (Bellafiore 1976).

von Emanuele Palazzotto hinzu. Bis heute folgten mehrfach Restaurierungs- und Sanierungsarbeiten.

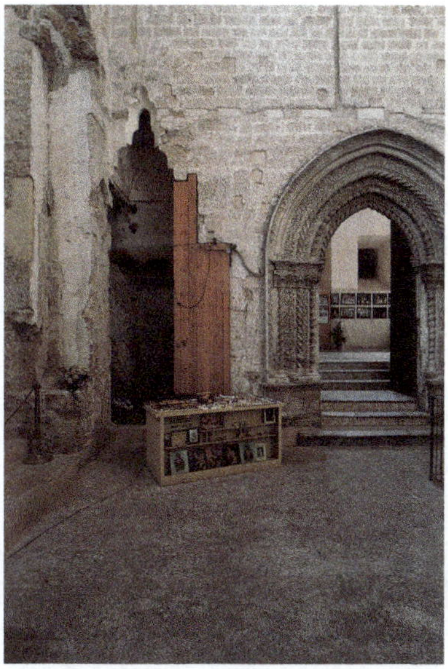

Dom, Portal in der Südwand im Nebenchor, Palermo.

III.1.e Porta della Vittoria (optional)

Von der Piazza Indipendenza aus mit dem Auto den Corso Vittorio Emanuele entlangfahren und rechts zur Piazza Marina abbiegen, dort den Wagen parken und zu Fuß durch die Via IV Aprile zur Via Alloro gehen. Nach wenigen Metern rechts in den Vicolo della Salvezza einbiegen und bis zur Piazzetta dei Bianchi gehen. Dort befindet sich das Bauwerk im Inneren des Oratoriums.
Bei Drucklegung dieses Katalogs sind die Restaurierungsarbeiten noch nicht abgeschlossen.

Das Tor steht in der Kalsa in der Nähe der Bastione dello Spasimo und ist heute als Teil des Mauerwerks der Kirche Santa Maria della Vittoria hinter der Rückwand der ersten Kapelle rechts vom Eingang verborgen.
Das ursprüngliche Tor, das Bab al-Futuh („Siegestor") gehörte zu den Verteidigungsanlagen der muslimischen Zitadelle, Khalisa genannt (938–941), ebenso wie drei weitere Tore: Bab Kutama (Tor des Berberstamms der Kutama), Bab al-Bunud („Flaggentor") und Bab as-San'a („Arsenalstor").
Es bestand aus einem einfachen Spitzbogen, der in die Mauerdicke geschnitten war und mit einem derben Holztor verschlossen wurde.
Historiografen vermelden, dass Graf Roger 1072 zur Erinnerung an die Eroberung der Stadt durch eben dieses Tor angeordnet habe, es zu erhalten und in eine Kapelle zu integrieren, die zum Andenken an den Sieg der Muttergottes geweiht wurde. Ein Fresko an der Innenseite des

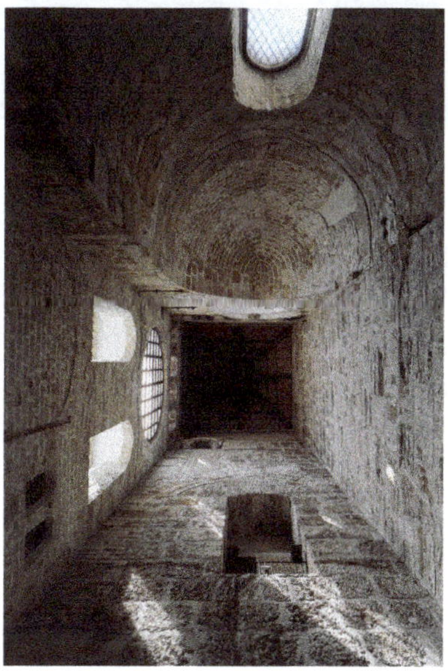

Dom, Blick in den südlichen Apsisturm, Palermo.

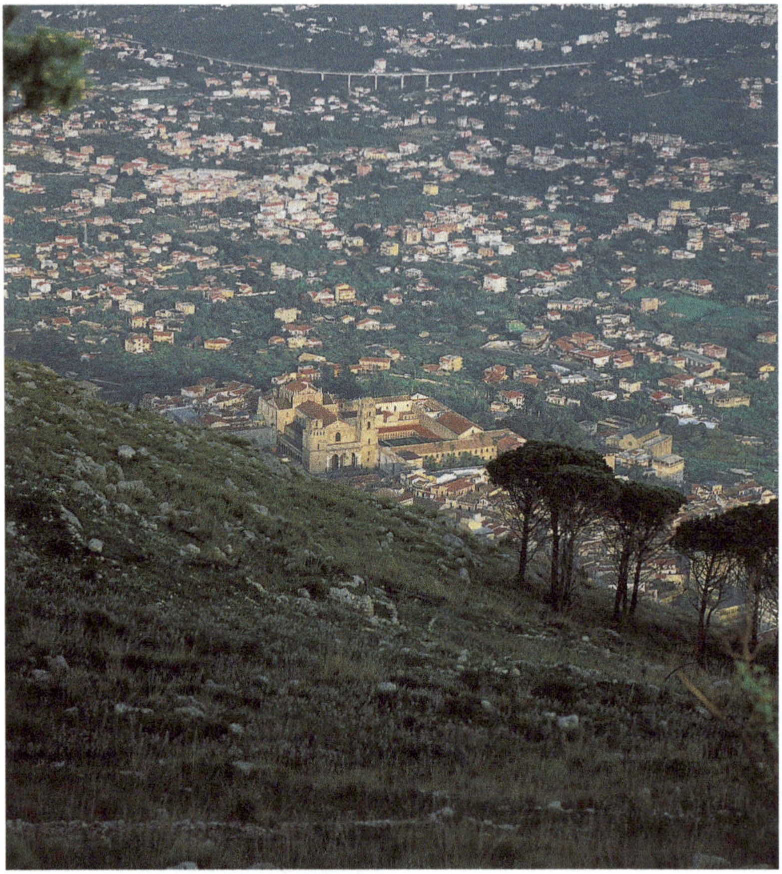
Monreale, Blick von oben.

Bogens zeigte die Jungfrau Maria, wie sie die Truppen zum Sieg führt. 1542 erhielt die Compagnia dei Bianchi von Vizekönig Ferrante Gonzago die Baugenehmigung für das eigentliche Oratorium über der Kirche Santa Maria della Vittoria. Das jahrhundertelang hinter einem steinernen Altar verborgene Madonnenfresko fand erst Michele Amari im Jahr 1866 wieder. 1868 wurde der Steinaltar durch einen hölzernen Flügelaltar ersetzt, um den Blick auf die Reste des Tors freizugeben.

III.2 MONREALE

III.2.a Dom (Santa Maria la Nuova)

Mit dem Auto zur Piazza Indipendenza zurückfahren, in den Corso Calatafimi einbiegen und bis zum Ende weiterfahren. Der SS186 bis nach Monreale folgen; nach rund 2,6 km nach rechts abbiegen und dort den Wagen auf dem gebührenpflichtigen Gemeindeparkplatz abstellen (Öffnungszeiten: 8–20 Uhr). Durch die Via Torres zur Piazza

Guglielmo II gehen; dort steht der Dom. Eintritt zum Dom frei, jedoch Besichtigung der Terrassen gegen Gebühr. Öffnungszeiten: Dom 8–18.30 Uhr, Terrassen 8–18 Uhr (im Winter 9.30–17.45). Sanitäranlagen stehen an der Piazza Guglielmo II zur Verfügung.

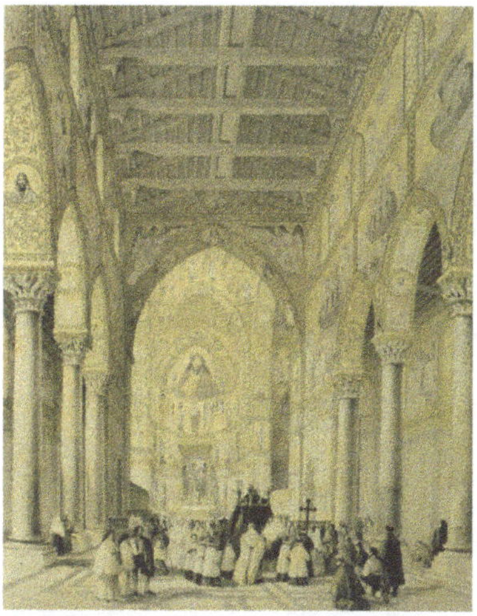

Dom, Blick ins Mittelschiff, Monreale (Gally Knight, 1838).

Der gesamte Komplex entstand zwischen 1172 und 1189, während der Herrschaftszeit Wilhelms II. 1176 wurden die Benediktinermönche von Cava dei Tirreni nach Monreale umgesiedelt, am 15. August desselben Jahres weihte der König die Kirche Mariä Himmelfahrt. 1183 erklärte Papst Lucius III. die Kirche zum Bischofssitz. Nachdem die Erblinie des Apostolischen Legaten ausgestorben war und das Haus Anjou den sizilischen Thron übernommen hatte, wurde sie 1267 auf Wunsch Papst Clemens' IV. in Mariä Geburt umgewidmet.

Die Flächenaufteilung des Doms beruht auf der Mischung einer lateinischen Basilika mit nur angedeutetem Querschiff und einem byzantinischen Zentralbau mit Chor und drei Apsiden. In der Längsachse des Gebäudes folgen aufeinander die Fassade mit zwei massiven Wehrtürmen, das dreischiffige Langhaus, dessen Mittelschiff drei Joche breiter als die Seitenschiffe ist, sowie das höhere viereckige Ostwerk bestehend aus Querhaus, Chor mit Nebenchor und drei Apsiden. Außen erstreckt sich parallel zum Langhaus ein Säulengang aus dem 16. Jahrhundert, der an die Seitenwand der Kirche angebaut ist und Gedenksteine und Grabmale enthält.

Die Außenseite weist an allen Seiten besondere architektonische und dekorative Merkmale auf. Die westliche Hauptfassade besitzt einen mittelständigen Portikus. Der jetzige ersetzte einen 1770 nach diversen Restaurierungen, Einstürzen und Rekonstruktionen endgültig eingestürzten Vorläufer. Dieser war zeitgleich mit dem Gebäude gebaut worden und bestand aus drei Spitzbögen auf korinthischen Säulen aus Cipollin-Marmor. Über dem mittleren Bogen befanden sich Mosaikdarstellungen der Propheten Jesaja und Bileam sowie zwei Inschriften. Der neue Säulengang (mit Skulpturenschmuck von Ignazio Marabitti) weist drei

Dom, Grundriss des gesamten Komplexes, Monreale (Del Giudice 1702).

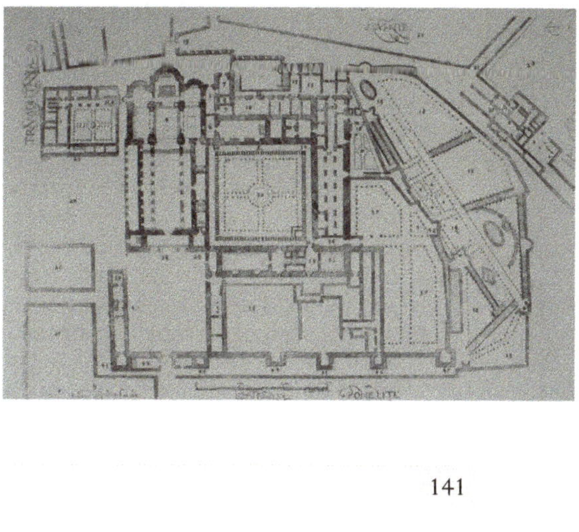

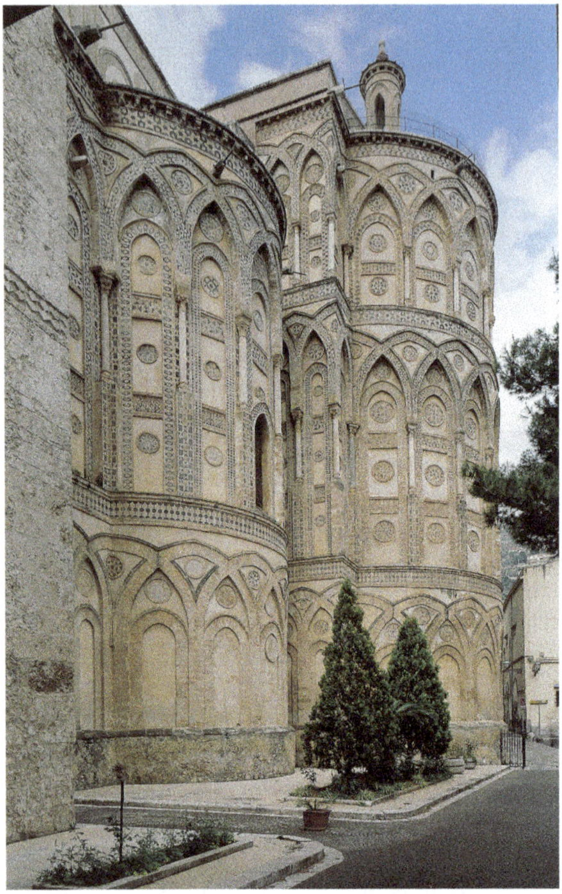

Dom, Apsiden, Monreale.

Bögen auf und fällt durch den farbigen Marmor auf, der mit den Steinen des Turms kontrastiert. Das Portal ist von vier gestuften Blendspitzbögen mit Zierbändern eingefasst, abwechselnd geometrischen Sternmotiven in Mosaik auf Goldgrund und Reliefs von Ranken mit Blattvoluten, zwischen denen Menschen- und Tierfiguren zu sehen sind. Eine Reihe Akanthusblätter bildet den äußeren Rand der skulptierten Teile der Türpfosten, sie führt um das Portal herum, das mit einem dreieckigen Tympanon abschließt. Die Bronzetür wurde 1186 von Bonnano Pisano ausgeführt, wie die unten links eingemeißelte Signatur bezeugt: „Anno Domini MCLXXXVI III ind. Bonnanus civis pisanus me fecit". Die beiden Flügel sind mit 40 Bildfeldern bedeckt, in denen Szenen aus dem Alten und Neuen Testament dargestellt sind.

Der unvollendete Westturm ist mit einem Zinnenkranz aus dem 16. Jahrhundert bekrönt und mit Glocken versehen. Die Turmuhr stammt von 1664. Der Südturm ist im Vergleich zwei Stockwerke höher. Die sich ursprünglich über dem Treppenaufgang befindende Kuppel wurde 1807 durch Blitzschlag zerstört. Der über den Portikus aufragende Teil der Fassade ist durch eine vielschichtige Anordnung verschränkter Blendbögen gegliedert und mit zweifarbigen geometrischen Einlegearbeiten verziert, die sich zu doppelten Blendarkaden in zwei Zonen überkreuzen.

Der nördliche Portikus besteht aus elf Rundbogenarkaden auf Säulen und wurde ab 1546 an das Domgebäude angesetzt. Oberhalb des Portals ist das Wappen Wilhelms II. angebracht – eingefasst von einem durchlaufenden Mosaikband mit geometrischen Motiven –, darüber ein Porphyrkreuz in einer Raute aus Kosmatenarbeit. Die Bronzetür von 1179, ein Werk des Barisanus von Trani, besteht aus 28 Kassetten, die von einem dekorativen Band mit Ranken und Blüten eingefasst sind und Heilige und Evangelisten zeigen. Die Wand des Seitenschiffs oberhalb des Portikus ist abwechselnd durch schmale Fenster und Blendbögen gegliedert.

Die Apsiden sind außen von der Ornamentik her das auffälligste Element, wobei die beiden seitlichen in ihrer Höhe den beiden unteren Dekorationsfeldern entsprechen. Die mittlere Hauptapsis weist noch eine dritte Zone mit Dekorationen auf. Das untere Feld wirkt massiger und schwerer als die anderen, was die dekorativ verschränkten Blendbögen mit zweifarbigen Einlegearbeiten nur schwer abmildern können. Das Doppelmotiv der Biforien und Spitzbögen wird durch zweifarbige Rosetten an den glatten Flächen zwischen den verkreuzten Bögen bereichert. Die zweite Zone setzt das dekorative Programm fort und gliedert nun die Wandfläche mit dreidimensionalen Bögen verschiedener Ordnungen, bestehend aus einer Abfolge von Widerlager, Säule und Bogen, die in den Laibungen auch durch dekorative horizontale Friese und Rosetten gekennzeichnet sind. Der obere Teil der Hauptapsis greift das Blendarkadenmotiv wieder auf, wenn auch mit weniger tiefen Rücksprüngen und anders als in den beiden darunter liegenden Zonen.

Im Inneren wird das Langhaus durch Säulen unterteilt. Es handelt sich um Spolien mit Schäften aus Granit (mit Ausnahme derjenigen rechts des Eingangs, die aus Cipollin-Marmor besteht) von unterschiedlicher Dicke und Höhe, was durch entsprechende Kämpfer ausgeglichen wird. Die Kapitelle sind ebenfalls Spolien unterschiedlicher Herkunft, jedoch eindeutig römischen Ursprungs. Die acht Spitzbögen zu beiden Seiten des Mittelschiffs weisen leicht abgestufte Stirnen auf, die mit dicht gedrängten Pflanzenmotiven auf Goldgrundmosaik verziert sind. Die Bogenlaibungen sind auch in dieser Kirche komplett mit

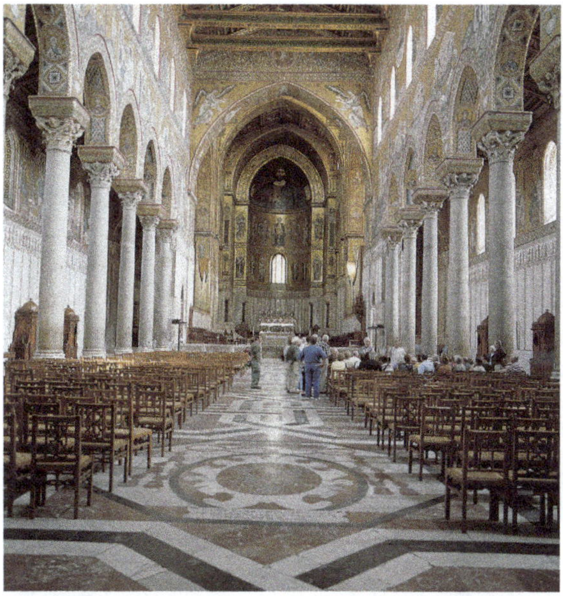

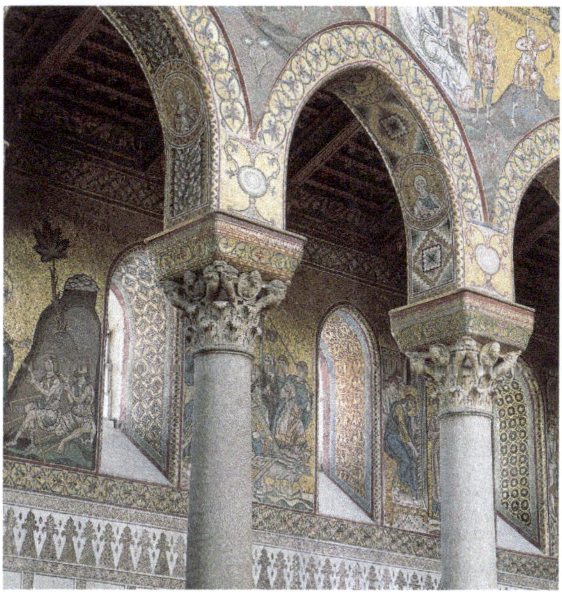

Dom, Mittelschiff, Monreale.

Dom, Bogen im Mittelschiff, Monreale.

Monreale

Dom, Christus Pantokrator, Monreale (Publifoto, Palermo).

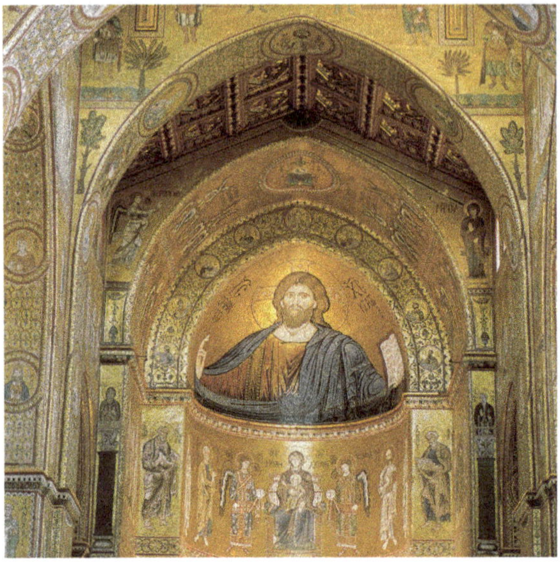

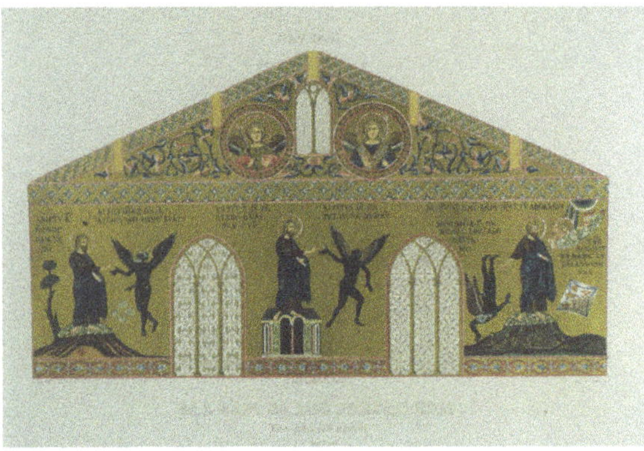

Dom, Querschiff, Die drei Versuchungen und der Zyklus „Leben Christi", Monreale (Gravina 1859–1870).

dekorativen Mosaiken überzogen, in Form von Bändern mit geometrischen und Pflanzenmotiven (die häufig muslimischen Handwerkern zugerechnet werden) sowie der Darstellung dreier Märtyrer.

Der Triumphbogen führt zu einem geräumigen Querschiff, das von den hohen Wänden der Vierung mit ihren großen Spitzbögen dominiert wird. An die Pfeiler der Ostseite angelehnt steht im Süden der Bischofssitz, im Norden der Königsthron, entsprechend der Lage des Königspalasts; zwischen den beiden Gebäuden bestand eine direkte Verbindung durch ein Portal im linken Flügel des Altarraums, das zwar 1492 zugemauert wurde, von dem jedoch noch der Architrav aus rotem Porphyr sichtbar ist. Der Altarraum ist von Prothesis und Diakonikon durch Bögen mit Doppelsäulen aus Granit getrennt. Die Hauptapsis wird durch weitere gestufte Bögen eingerahmt und vertieft, die über die gesamte Raumhöhe verlaufen. Sie ist vollständig mit Mosaiken religiösen Inhalts ausgekleidet. Licht erhält die Kirche durch Fensterreihen in den Seitenschiffen und dem Mittelschiff. Ebenso wie das Presbyterium ist das Mittelschiff mit einer sattelförmigen Holzdecke überzogen, deren Gebälk mit skulptierten Konsolen und in der Vierung mit hölzernen Stalaktiten verziert ist. Die komplette heutige Dachkonstruktion entstand allerdings erst 1811 nach einem Brand.

Die Mosaiken wurden direkt vor Ort ausgeführt. Auf einer ersten Mörtelschicht wurden die Motive vorgezeichnet, anschließend trug man jeweils an begrenzten Stellen eine zweite Mörtelschicht auf und übertrug darauf die Bilder in den entsprechenden Farben, die so dem Mosaizisten als Vorlage dienten.

Die äußeren Wände der Kirche zeichnen sich durch eine horizontale Sockelzone aus weißem Marmor auf, in regelmäßigen Abständen unterbrochen durch dekorative Felder mit geometrischen

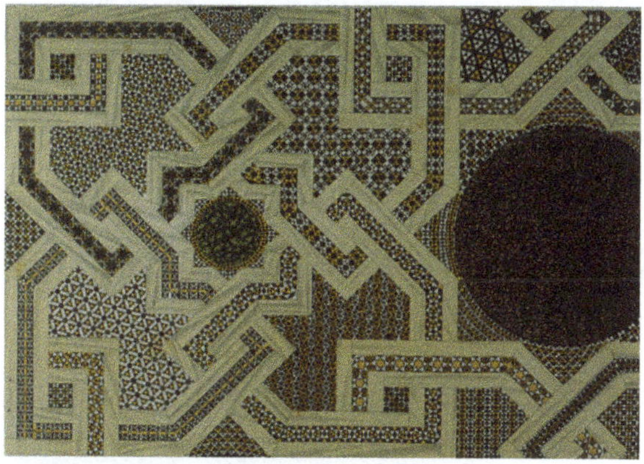

Dom, Detail des Marmorfußbodens, Monreale (Gravina 1859–1870).

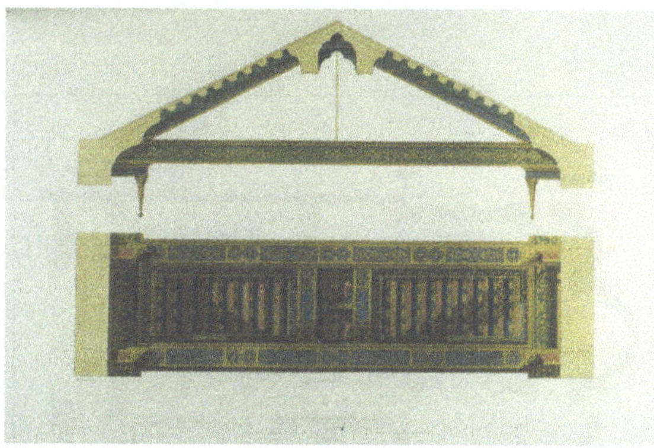

Dom, Querschnitt durch den Dachstuhl und Detail der Holzdecke, Monreale (Gravina 1859–1870).

Mosaiken. Alle übrigen Wandflächen der Kirche sind vollständig mit Mosaiken überzogen, die Szenen und Figuren auf Goldgrund zeigen. Es arbeiteten gleichzeitig mehrere Gruppen von Mosaizisten unter der Oberaufsicht eines einzigen Meisters. Sie gehörten zwar verschiedenen ‚Werkstätten' an, vertraten jedoch stilistisch und technisch eine gemeinsame Tradition. Zwischen den einzelnen Szenen der musivischen Darstellungen bestehen deshalb keine wesentlichen stilistischen Abweichungen, wohl aber Qualitätsunterschiede, die an versteckteren Stellen an der weniger akkuraten Ausführung zu erkennen sind.

Ikonografisch lassen sich drei Hauptzyklen unterscheiden, bestehend aus den Darstellungen im Mittelschiff, im Presbyterium und in der Hauptapsis einerseits sowie zwei untergeordneten Zyklen in den Seitenschiffen und Nebenapsiden. Im Mittelschiff sind die Mosaiken auf drei Zonen verteilt: In der obersten (oberhalb der Fenster) ist ein langer Fries aus verschränkten Ringen mit dazwischen abgebildeten Engelsfiguren zu sehen. In den beiden unteren Bildzonen zwischen den Fenstern und oberhalb der Bögen sieht man dagegen Szenen aus dem Alten Testament. An den inneren Wänden des Presbyteriums ist die Heilsgeschichte dargestellt, während in der Hauptapsis ein Christus Pantokrator und das *Jüngste Gericht* den Schwerpunkt bilden. Die sekundären Zyklen umfassen an den Wänden der Seitenschiffe Szenen aus dem Leben Christi und seine Wunder, während in der rechten Nebenapsis das Leben Petri und in der linken Nebenapsis das Leben des Paulus behandelt werden. Die übrigen Elemente ergänzen die musivischen Themen, so Brustbilder und Darstellungen von Heiligen, Erzengeln, Cherubinen und Propheten.

Besonders interessant sind die Mosaiken von der *Krönung Wilhelms II.* und die *Stiftung des Doms an die Muttergottes* jeweils oberhalb des Königsthrons und des Bischofssitzes.

Als Fremdkörper im Grundriss öffnen sich vom südlichen Mittelschiff aus die Kapellen des Hl. Castrensis

Monreale

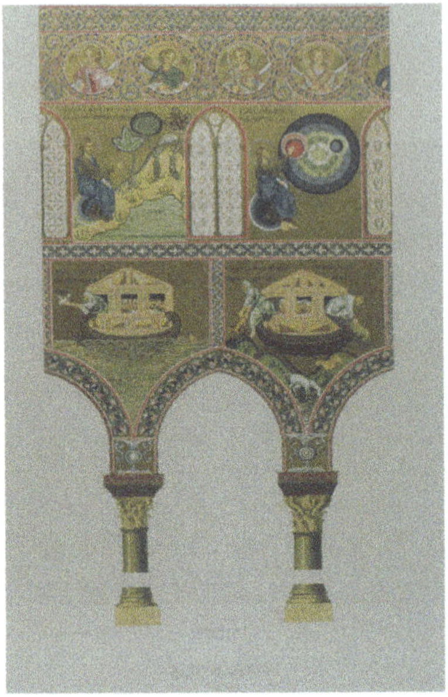

Dom, Mittelschiff, drittes Joch der Nordwand: „Die Schöpfung“ und „Die Sintflut“ aus dem alttestamentarischen Zyklus, Monreale (Gravina 1859–1870).

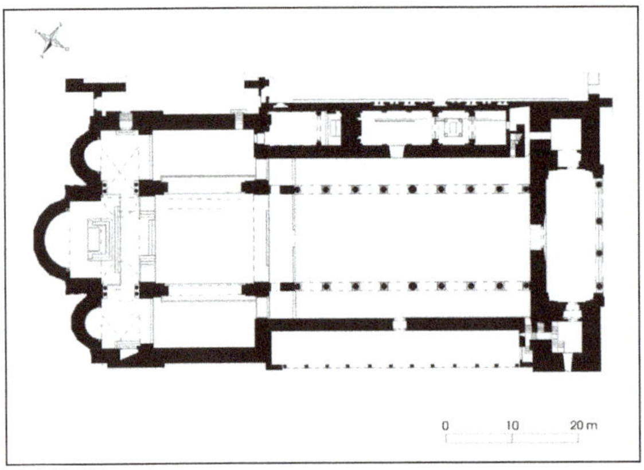

Dom, Grundriss, Monreale.

(Ende des 16. Jahrhundert) und des Hl. Benedikt (16. Jahrhundert). Vom linken Flügel des Querschiffs aus gelangt man zur Cappella del Santissimo Crocifisso, die einem darin aufbewahrten Kruzifix aus dem 14. Jahrhundert gewidmet ist. Im rechten Flügel des Querschiffs stehen der Porphyrsarkophag Wilhelms I. und der Marmorsarg Wilhelms II. (1575), im linken Arm des Querschiffs neben dem Grabmal Ludwigs des Heiligen von Frankreich die (1846 rekonstruierten) Wandgräber der Ehefrau und zweier Söhne von Wilhelm I.: die Margaretes von Navarra sowie Rogers und Heinrichs von Hauteville. Im 19. Jahrhundert erlitt die Kirche weitere schwere Schäden, vor allem das Querschiff aufgrund eines Feuers im Jahr 1811. Der Wiederaufbau erfolgte von 1817 bis 1859, weitere Restaurierungsmaßnahmen nahm Giuseppe Patricolo 1881 vor. Von 1955 bis 1959 schließlich wurden unter Leitung der Denkmalsbehörde von Palermo die Apsiden samt ihren äußeren Wandverkleidungen sowie die Fußböden der gesamten Kirche restauriert. 1979 wurden zudem die Holzdecken verstärkt.

III.2.b Kreuzgang

Eintritt gegen Gebühr, für Kinder bis 18 Jahre und Senioren über 65 Jahre freier Zutritt; angeboten wird ein (zwei Tage gültiges) Kombi-Ticket für die Besichtigung von Zisa, Cuba, S. Giovanni degli Eremiti und des Kreuzgangs von Monreale. Öffnungszeiten: werktags 9–19 Uhr (im Winter bis 18.30 Uhr), sonn- und feiertags 9–13 Uhr.

Der Kreuzgang der zwischen 1175 und 1182 auf Anordnung Wilhelms II. erbauten Benediktinerabtei grenzt an die Westseite des Doms. Im Spätmittelalter wurden die originalen Holzdecken durch Tonnengewölbe ersetzt, von denen im Ost- und Westflügel noch Spuren der Kämpfer zu sehen sind (1596 mussten die zum Teil eingestürzten Gewölbe nämlich wiederum neuen Holzdecken weichen).

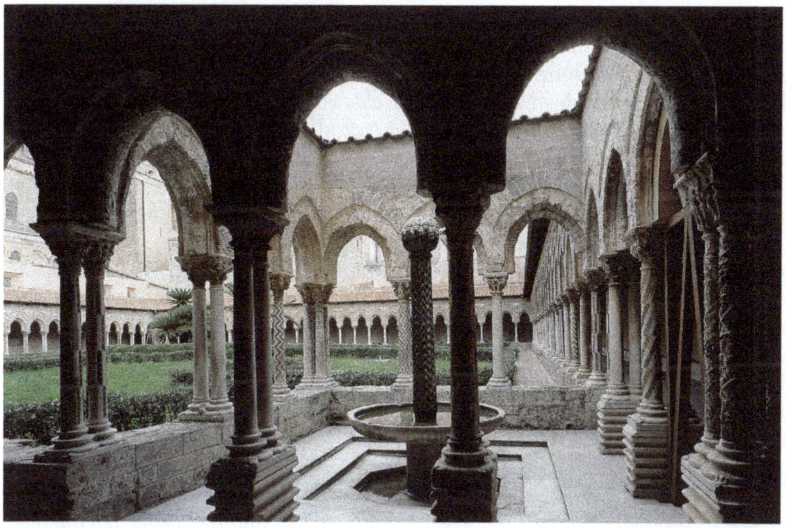

Kreuzgang, Brunnen, Monreale.

Ende des 16. Jahrhunderts erfolgten umfassende Veränderungen am Kreuzgang, bei denen Renaissance-Elemente entlang der Wände der Laubengänge eingefügt wurden. 1881 führten die Restaurierungsarbeiten Giuseppe Patricolos zur Entdeckung und Freilegung vieler Teile des ersten Bauwerks.

Die exakt quadratische Anlage misst an jeder Seite 47 m; jeder Säulengang umfasst eine Abfolge von 26 Spitzbögen, die auf Doppelsäulen aus weißem Marmor ruhen. In der Südwestecke des Kreuzgangs steht das Brunnenhaus. Der Brunnen selbst besteht aus einem runden Überlaufbecken, in dessen Mitte eine skulptierte Säule mit aufgesetzter Kugel aufragt, die wie eine stilisierte Palme geformt ist.

Die Dekoration an den Basen der kleinen Säulen ist ungewöhnlich, vor allem was die ornamentalen Verbindungen zwischen den verschiedenen Komponenten der Eckbasen betrifft. Dort finden sich Blätter, Köpfe von Tieren und Fabelwesen, Rosetten, Löwentatzen, Menschen- und Tierfiguren. An den Schäften ist die Dekoration noch üppiger: Die kleinen Doppelsäulen an den vier Seiten des Kreuzgangs sind abwechselnd glatt gearbeitet oder tragen verschiedene Einlegearbeiten (entlang der Längsachse verlaufende Rauten), regelmäßige oder verschobene Spiralen (mit abwechselnd Einlegearbeiten und Reliefs aus weißem Marmor) und horizontale oder vertikale Zickzackmuster. Die verschiedenen Motive waren ursprünglich genau spiegelbildlich zum jeweils mittigen Säulenpaar verteilt, wie es heute noch im Südflügel erkennbar ist. Bei späteren Restaurierungen wurde jedoch die Säulenabfolge verändert, so dass die Anlage ihre kompositorische Strenge einbüßte. Vor allem im Ostflügel wurde die Abfolge der Säulen wesentlich abgewandelt.

In der religiösen Ikonografie der Kapitelle sind abendländisch geprägte kompositorische und figurale Merkmale erkennbar. Bei genauerer Untersuchung lassen sich fünf verschiedene Handwerker unterscheiden: der Meister der Aussendung der Apostel (34 Kapitelle), der Meister der Stiftung (30 Kapitelle), der Meister der Putten (70 Kapitelle), der Meister der Adler (40 Kapitelle) und der Marmorsteinmetz (42 Kapitelle), von dem als einzigem am 19. Bogen der Nordseite ein Steinmetzzeichen erhalten ist. Ausgehend vom Nordflügel zeigen die Kapitelle der Reihe nach: *Die Parabel vom reichen Prasser* (8. Arkade), *Die Geschichte Samsons* (14. Arkade), *Der Mord an den unschuldigen Kindern* (24. Arkade) vom Meister der Stiftung; *Die Symbole der vier Evangelisten und Mönche* vom Meister der Putten (26. Arkade); *Die Verkündigung* und *Die Geburt Christi* (Nordwestecke), *Die Geschichte Josephs* (28. Arkade des Ostflügels), Szenen aus dem *Sündenfall* (20. Arkade), Szenen aus der *Auferstehung Christi* (24. Arkade), alles Werke des Meisters der Stiftung; *Die Legende vom wahren Kreuz* (Südostecke) vom Meister der Aussendung der Apostel. Von demselben Steinmetzmeister ist im Südflügel am 22. Bogen *Das Mithrasopfer* sowie in der Südwestecke von Kreuzgang und Brunnenhaus *Die Apostel und Begebenheiten aus dem Leben Jesu*. Am Brunnenhaus finden sich auch die Kapitelle der *Allegorien der Monate* vom Meister der Stiftung. An den Kapitellen der 6. Arkade des Westflügels schließlich stellte der Meister der Putten *Die Propheten* (Jesaja, Jeremias, Daniel und David) sowie die *Verkündigung* und einen Kentauren dar. Der Meister der Stiftung versah noch die Kapitelle der 8. Arkade mit der *Stiftung des Doms von Monreale* und den allegorischen Darstellungen der Tugenden, an der 20. Arkade schuf er *Die Geschichte Noahs* und an der 26. Arkade *Die Geschichte Jakobs*. Oberhalb der einheitlichen Abaken der Doppelsäulen spannen sich fortlaufende gestelzte Spitzbögen mit doppelter Umrandung und einer Verzierung aus zweifarbigen geometrischen Einlegearbeiten in Kalkstein und Lava. Das gleiche Motiv wiederholt sich im horizontalen Band, das den oberen Abschluss des Säulengangs bildet. Die Bogenlaibungen sind mit einem steinernen Astragal verziert, der auf den Abaken der Kapitelle aufsitzt.

Kreuzgang, Ecksäulen des Brunnenhauses und Nordwestseite, Monreale.

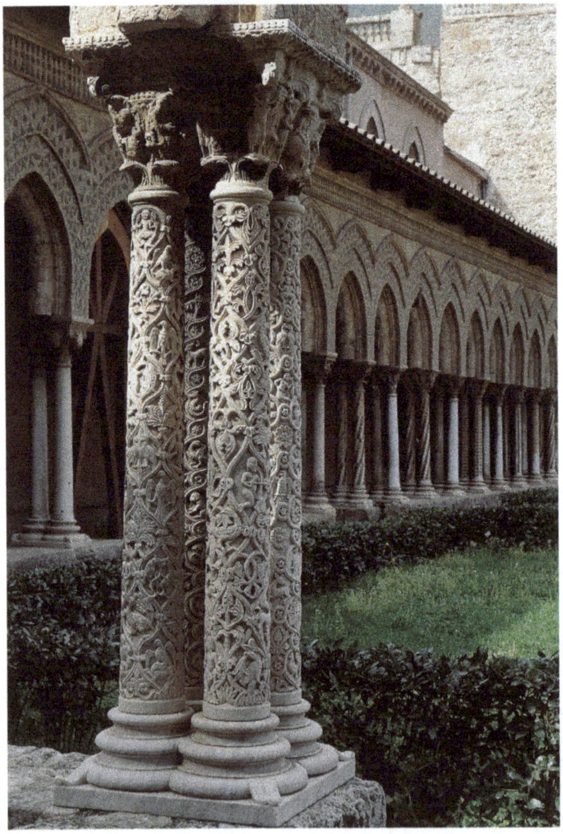

III.2.c Kloster im Erzbischöflichen Palais

Zugang vom Kreuzgang aus. Besichtigung des ehemaligen Kapitelsaals (heute Cappella di S. Placido) nach Voranmeldung beim Pfarramt des Doms, Tel. 091 6404413. Dormitorium und Refektorium (heute Sitzungssaal des Gemeinderats) werden zum Zeitpunkt des Erscheinens dieses Katalogs restauriert.

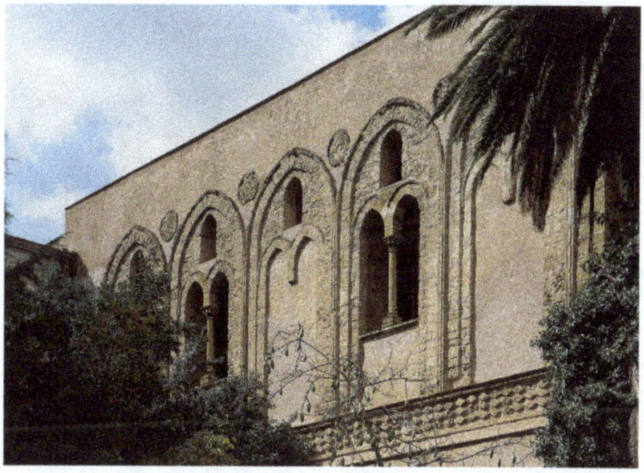

Kloster, Südostfassade des Nordflügels, Monreale.

Die monumentale Anlage von Monreale war ursprünglich zum Tal hin befestigt und zum Berg hin mit Mauern und Türmen versehen, wie es einer Institution entsprach, die nicht nur religiöse Anliegen, sondern zugleich politische und militärische Zwecke verfolgte. Das Erzbischöfliche Palais wurde von Wilhelm II. gestiftet und der Bau 1174 begonnen. Die alte Abtei umfasste neben dem Dom das Dormitorium der Mönche, das Refektorium, ein Gästehaus sowie alle Einrichtungen, die man für das Gemeinschaftsleben benötigte. Sie waren auf vier Gebäude rings um den Kreuzgang verteilt, der das zentrale und verbindende Element der Klosteranlage bildete. Im Nordteil des Ostflügels liegt der Kapitelsaal, der 1599 auf Wunsch des Erzbischofs Ludovico II. Torres zu einer Kapelle des Hl. Placidus und noch später zum Diözesanmuseum umgebaut wurde. Der Südflügel des Klosters beherbergte im Erdgeschoss das Dormitorium, den Schlafsaal der Mönche. Der Westflügel weist als einziger im Wesentlichen noch die Raumaufteilung des 12. Jahrhunderts auf. Zu den alten Klostergebäuden gehört auch der „Abtsturm" (Torre dell' Abate), ein gerades hohes Gebäude nahe den Kirchenapsiden. Reste des normannischen Königspalasts wurden teilweise bereits Mitte des 16. Jahrhunderts als Rathaus genutzt. Diese Funktion wurde inzwischen auf Räume ganz am Ende des Westflügels übertragen, dessen zum Platz zeigende Fassade aus dem 18. und 19. Jahrhundert stammt, während diejenigen des Ost- und Nordflügels für das 1589 von Erzbischof Ludovico II. Torres gegründete Priesterseminar erweitert wurden. Bei Restaurierungsmaßnahmen legte man 1997 drei Türme des Klosters frei: Torre della Fornace, Torre del Belvedere und Torre delle Carceri.

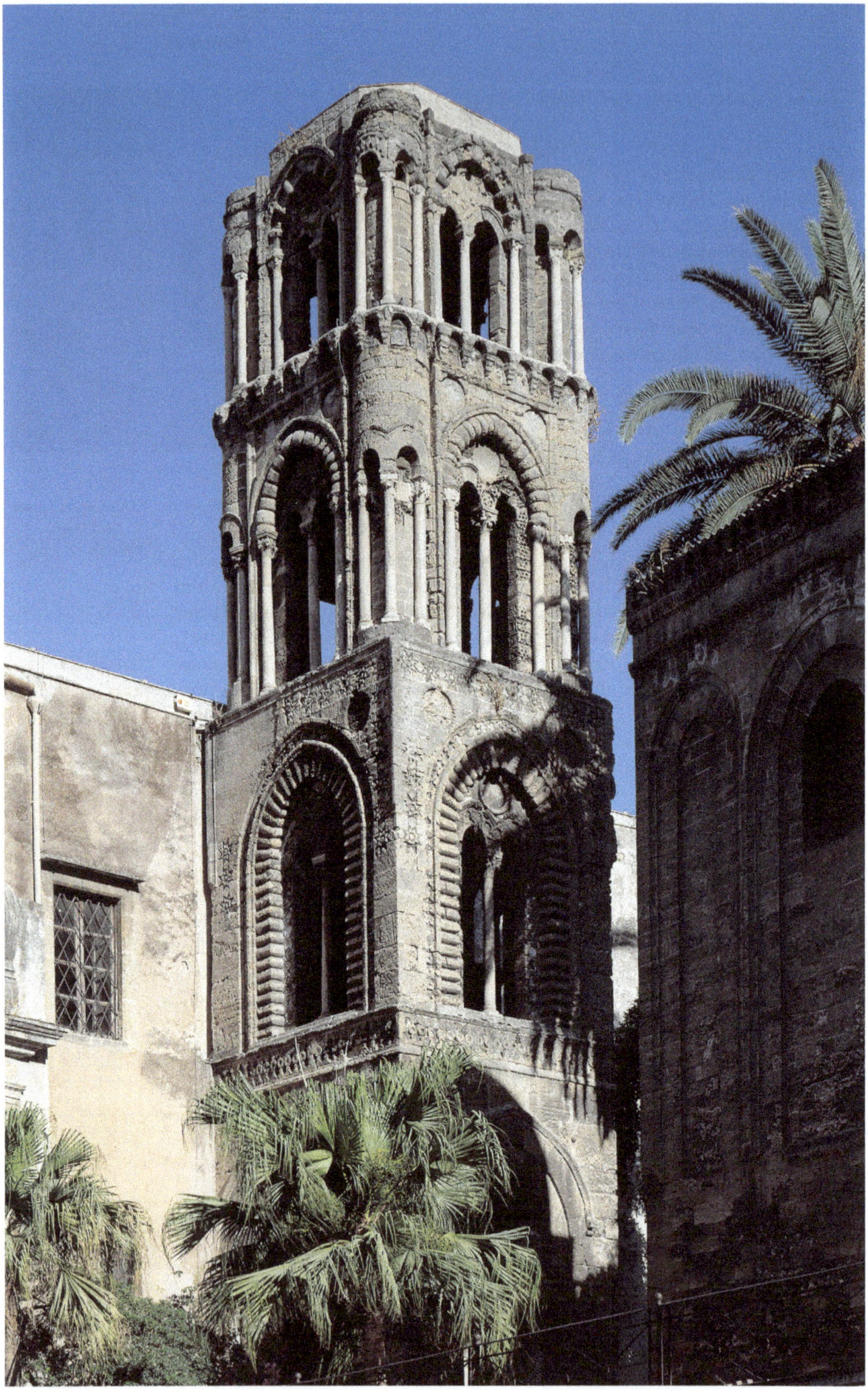

Die normannische Kunst als Begegnung der Kulturen

Wissenschaftliches Gremium

IV.1 PALERMO

IV.1.a Wohnhaus in der Via del Protonotaro (Casa degli Artale)
IV.1.b Admiralskirche (Santa Maria dell'Ammiraglio, genannt la Martorana)
IV.1.c San Cataldo
IV.1.d Santo Spirito (optional)
IV.1.e Santa Maria della Speranza (optional)
IV.1.f Santissima Trinità (genannt la Magione)
IV.1.g Torre Mastra des Castello a mare

Die Mosaikkunst

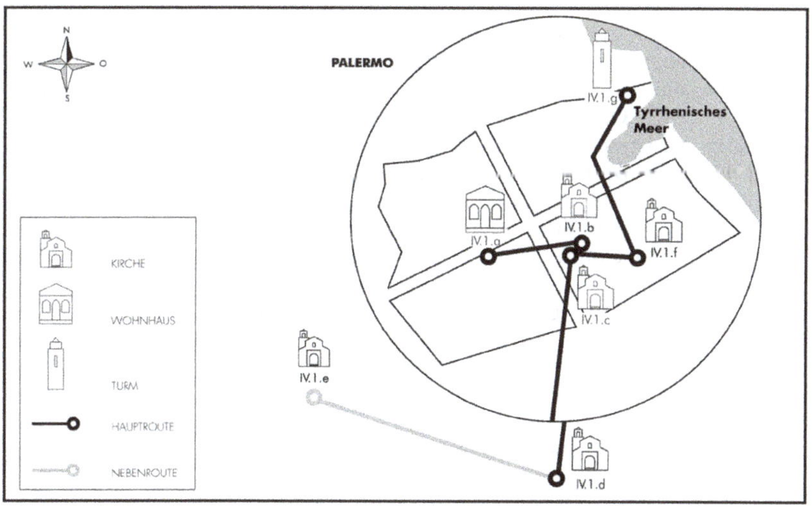

S. Maria dell'Ammiraglio, Glockenturm, Palermo.

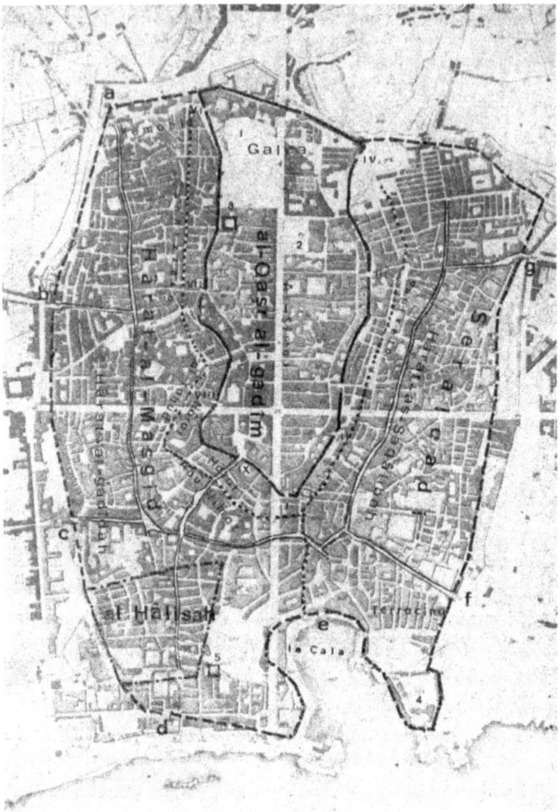

Die Stadtviertel Palermos in arabischer und normannischer Zeit, über einen Stadtplan von 1818 gelegt (Spatrisano 1972).

Mit der Wahl zur Hauptstadt des Normannenstaats in Italien erlebte Palermo eine entscheidende Wendung in seiner Geschichte. Michele Amaris ermittelte anhand der von Ibn Hauqal überlieferten Daten, dass gegen Ende der arabischen Epoche über 300.000 Menschen im Gebiet der Conca d'Oro ansässig waren. Einige davon lebten in den vielen kleineren Ortschaften und Gutshöfen (in denen es angeblich 200 Moscheen gab), die Mehrheit jedoch im Gebiet der neuen Stadt, die durch die Vereinigung der alten römisch-byzantinischen mit jenen Vierteln entstanden war, die vom Ende des 9. bis zur ersten Hälfte des 11. Jahrhunderts an den Ufern der beiden Flüsse Kemonia und Papireto gewachsen waren. Obwohl die Verschmelzung noch nicht abgeschlossen war, bildete Palermo im bevölkerungsarmen mittelalterlichen Europa doch die große Ausnahme und wies selbst im Vergleich zu den Metropolen des *Dar al-Islam* eine beachtliche Ausdehnung auf.

Schon mit der Kapitulation des letzten Emirs vor Robert Guiscard und seinem Bruder Roger war Palermo 1072 die erste Stadt der Grafschaft Sizilien. Als sich Roger II. am Weihnachtstag 1130 durch Kardinal Conti, den Gesandten des Gegenpapsts Anaklet, als erster sizilischer König im (noch nicht umgestalteten) Dom von Palermo krönen ließ, wurde sie zudem Sitz von Königshof und -gericht sowie Versammlungsort für die Barone Siziliens, Kalabriens, Apuliens, Lukaniens und eines Großteils von Kampanien.

Die Festungsanlagen wurden erweitert, damit auch die Vororte geschützt waren, und in den neuen Stadtmauern entstanden weitere Tore: die Porta dei Greci (vermutlich an anderer Stelle als heute), über die man zur Küste gelangte, die Porta di Termini, die zur Landstraße nach Süden, genauer nach Messina führte, die Porta di Sant'Agata und die Porta di Mazara. Das Stadtgebiet war nur wenig kleiner als die heutige Altstadt.

Das Arsenal, das in arabischer Zeit die Truppen des Emirs mit Waffen versorgt hatte, mit denen sie in den byzantinischen Besitzungen in Italien Angst und Schrecken verbreiteten, wurde von seinem bisherigen Standort im Bereich der heutigen

Piazza Marina in der Nähe der Zitadelle der muslimischen Führung (al-Khalisa) an eine strategisch günstigere Stelle am damals bereits versandeten Zusammenfluss von Kemonia und Papireto verlegt. Das eindrucksvolle neue Arsenal stand zwischen der Hafenbucht (Cala) und dem als Amalfitana bekannten Händlerviertel (das daran erinnerte, dass die Normannen eine Art Protektorat über die Seerepublik Amalfi ausübten). Dieses hatte sich außerhalb des Bab al-Bahr („Meerestor"), dem östlichsten der Tore des alten *qasr*, entwickelt.

Zusammen mit weiteren sizilianischen Arsenalen (darunter der gewaltigen Anlage von Messina) trug die Schiffswerft von Palermo zur Bildung einer schlagkräftigen königlichen Flotte bei. Sie diente den Normannen als wesentliches Druckmittel im Krieg sowohl gegen das Papsttum als auch das Heilige Römische Reich und war unersetzliches Hilfsmittel für die aggressive Außenpolitik, mit der sie ihr Königreich auf die nordafrikanischen Emirate und die byzantinischen Gebiete des Balkans auszudehnen versuchten. Kaiser Friedrich II. knüpfte später an diese ruhmreiche Politik an und führte im Wesentlichen die gleichen ehrgeizigen Vorhaben weiter, mit denen schon die normannischen Könige von Sizilien ihre Feinde erfolgreich herausgefordert hatten.

Bei der Dreiteilung der Insel in Kronbesitz (später Staatsbesitz), Kirchengüter und Ländereien der Barone und Ritter sicherten sich die Normannen klug eine beträchtliche Vormachtstellung. Anders als in ihren Territorien auf dem Festland gelang es ihnen so, der Unzufriedenheit des sizilianischen Landadels und damit möglichen Umsturzversuchen vorzubeugen – mit Ausnahme der Ereignisse von 1161 in Palermo. Die Edelleute, die nicht Teil hatten am Glanz des Palermitanischen Königshofs, sahen ihre Interessen nicht genügend vertreten. Dies traf etwa auf die lombardischen Kolonisten zu, die auf der Suche nach besseren Lebensbedingungen zu Zeiten der Gräfin Adelasia eingewandert waren. Die bestehenden arabischen Güter waren ihnen dabei ein Dorn im Auge, was dazu führte, dass sie gezielt Muslime aus den ländlichen Regionen zu vertreiben suchten.

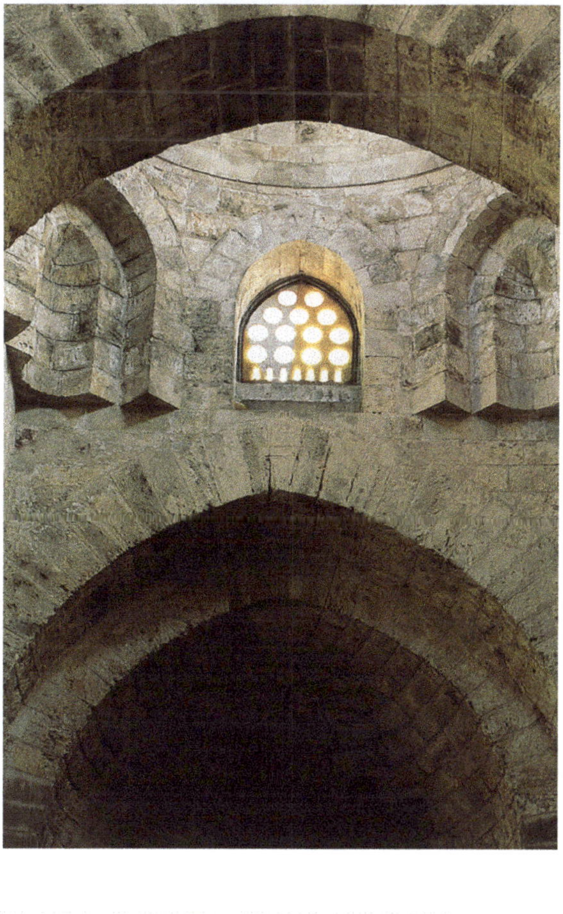

S. Cataldo, abgetreppte Nischentrompen, Palermo.

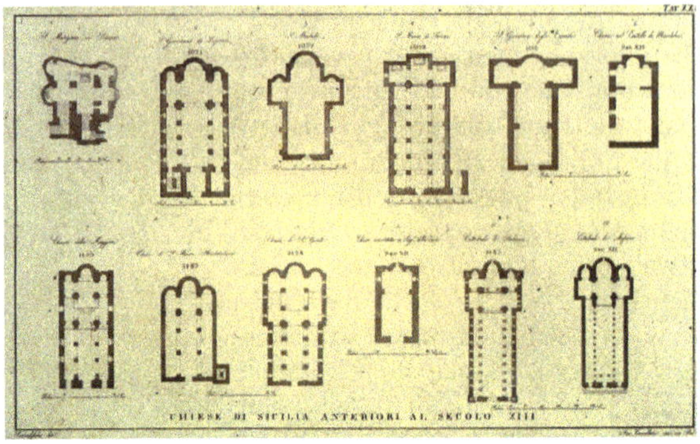

Übersicht über die in arabisch-normannischer Zeit üblichen Grundrissformen für Sakralbauten (Lo Faso Pietrasanta 1838).

Den Hofstaat im Normannenpalast bildeten nicht nur Muslime und das Gefolge der Normannen, sondern auch hohe Würdenträger und Offiziere aus dem griechischen Kulturkreis (darunter beispielsweise Georg von Antiochia und Maio von Bari) sowie aus Frankreich und England stammende Prälaten. Sie alle waren Vertreter einer mittelalterlichen intellektuellen Weltoffenheit mit hohem Kunstsinn und ihre Anwesenheit am Hof trug zur kosmopolitischen Atmosphäre Palermos und zur Prachtentfaltung seiner wohlhabenden Schichten bei. Palermo weckte Bewunderung selbst bei äußerst gebildeten und eine verfeinerte Lebensart gewohnten muslimischen Reisenden aus besonders reichen Gebieten des *Dar al-Islam*, die selbst kulturelle Bezugspunkte darstellten. Einen Eindruck davon vermittelt der Iberer Ibn Djubair, der Weihnachten 1184 erstaunt das mondäne Gepränge der Festlichkeiten beobachtete. Voller Begeisterung (die er allerdings im Namen seines Glaubens sofort unterdrückt) schildert er das Auftreten der christlichen Frauen in der Öffentlichkeit: „mit wohlgewählten Worten, mit Mänteln und Schleiern angetan, waren sie zu dem genannten Fest gekommen, in Kleidern aus golddurchwirkter Seide, mit eleganten Mänteln und Schleiern in verschiedenen Farben; auf vergoldeten Stiefelchen schritten sie zur Kirche … überladen mit jedem nur denkbaren Zierrat, wie er bei muslimischen Frauen üblich ist: Geschmeide, Schminke, Parfüm."

Die begüterte Gesellschaft von Palermo hatte sich demnach die Gewohnheiten und die höfische Kleidung der Muslime zu eigen gemacht. Dieser Trend zeigt sich auch in den kostbaren Kleiderstoffen, bestimmten Schnitten und vor allem in der Goldschmiedekunst. Die Herstellungstechniken und Muster der in Palermo gewebten feinen Tuche waren allerdings meist direkte Übertragungen byzantinischer Vorlagen und Muster, wobei man aber auf die stilisierten Naturformen der inzwischen heimischen Bildsprache zurückgriff, die auch

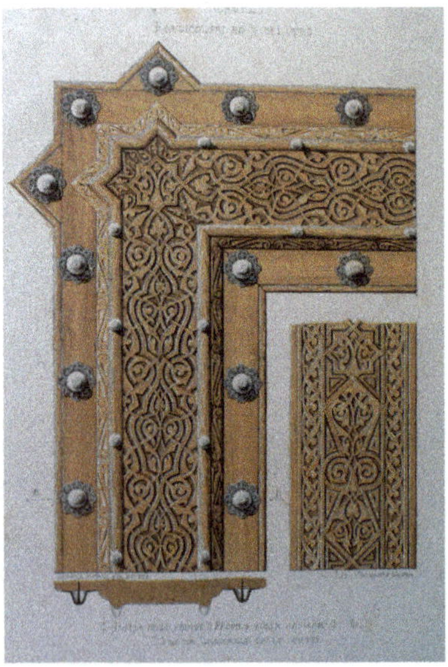

S. Maria dell'Ammiraglio, Detail des Holzportals, Palermo (Di Marzo 1858).

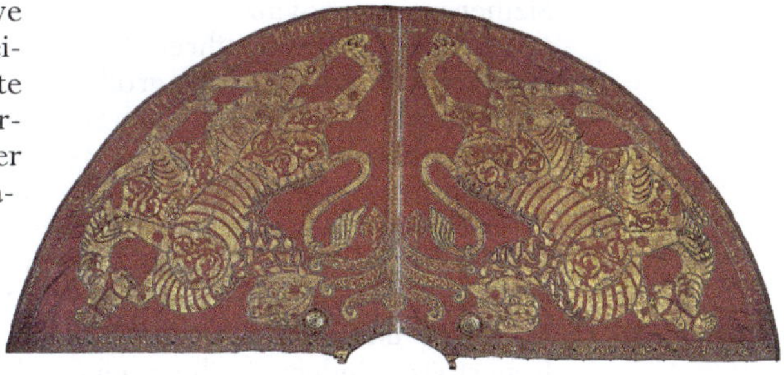

Krönungsmantel Rogers II. mit Goldstickerei und Edelsteinbesatz, Kunsthistorisches Museum, Wien (Publifoto, Milano).

Erinnerungen an keltische Motive bewahrte (einer der wenigen Bereiche, in den künstlerische Elemente aus der Ursprungskultur der Normannen Aufnahme fanden). Der von Roger II. beim Normannenpalast eingerichtete Tiraz bewirkte eine Wiederbelebung der traditionellen arabischen Seidenmanufaktur, doch war der Anstoß dazu, obwohl die Handwerker überwiegend Muslime waren, erst die zwangsweise Ansiedelung griechischer Fachkräfte, welche die Normannen von ihren Kriegszügen in den byzantinischen Gebieten des Balkans mitbrachten. Diesen Tuchwebern, die nicht nur einfaches Seidentuch, sondern auch mit Gold- und Silberfäden durchwirkten Brokat herstellen konnten, maß Roger eine solche Bedeutung bei, dass er nicht daran dachte, sie im Rahmen des Friedensvertrags mit dem byzantinischen Kaiser wieder nach Hause zu entlassen. Zu den kostbarsten Beispielen für die Kunstfertigkeit der königlichen Seidenweberschule gehört der im Kunsthistorischen Museum Wien aufbewahrte Krönungsmantel Rogers II. aus schwerem roten Seidentuch mit Gold- und Seidenstickereien, Applikationen aus verschiedenen Materialien und Edelsteinen sowie einer Kufi-Inschrift im Saumbesatz. Der 1133/34 in der Manufaktur gefertigte Mantel wurde vom Staufer Heinrich VI. zusammen mit praktisch dem gesamten Kronschatz der Normannen (darunter den berühmten Gewändern Wilhelms II.) beschlagnahmt und nach der Kaiserkrönung seines Sohnes Friedrich II. (1220 in Rom) als wesentliches Attribut der Herrscherwürde Teil der Reichskleinodien.

Die von der herrschenden Klasse am Hof der Hautevilles geförderte Architektur und bildende Kunst bezeugen, dass man sich dort zunächst an die vom König angestrebte Homogenisierung der verschiedenen kulturellen Komponenten des neuen normannisch-sizilischen Staates hielt. Sie entstand jedoch nicht einfach aus dem Zusammenspiel diverser Einflüsse, sondern ist das Ergebnis eines aktiven Prozesses der synkretistischen Resorption byzantinischer, normannischer, islamischer und autochthoner Elemente. Letztere bildeten im Hochmittelalter aus den Überresten der griechischen und der lokalen römischen Kultur

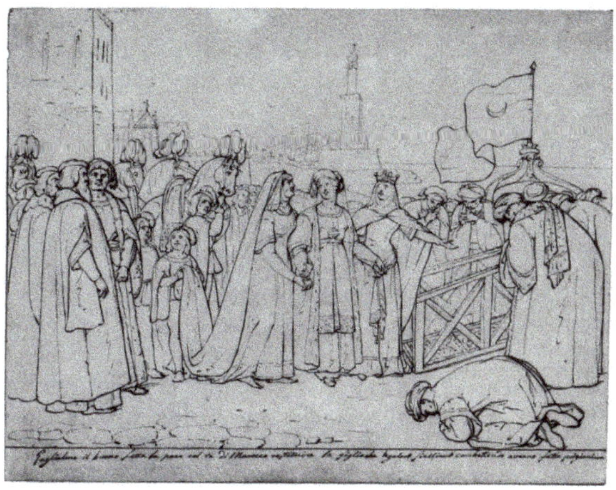

G. Patania, „Wilhelm der Gute gibt die Tochter des Königs von Marokko als Friedenszeichen zurück", Zeichnung, 366 × 305 mm, Collezione S. L. M. „Patania" 16/a, Galleria Regionale di Palazzo Abatellis, Palermo.

Siziliens eine provinzielle Kunstproduktion, die trotz ihrer Tendenz zur Archaisierung von großer Ausdruckskraft war. Aus der Sicherheit der erreichten Vormachtstellung heraus bemächtigten sich die normannischen Monarchen und Würdenträger, so der Klerus, der islamischen und byzantinischen Vorbilder und veränderten deren Repertoires, indem sie ihnen eine gemeinsame Basis verliehen, wobei sie manchmal die einen, manchmal die anderen in den Vordergrund treten ließen (nordeuropäische Motive erhielten sich nur in der Plastik), bis sich nach und nach eigenständige Formen herausbildeten. So entstand eine neue sizilische Kultur, welche die Grundlage und der Nährboden für die im Mittelalter aufeinander folgenden Perioden der Normannen, Staufer, Aragonesen und Chiaramonti wurde.

Von den Privathäusern Palermos bezeugen der Wohnturm im Palast Graf Friedrichs und die Häuser der Familien Chiaramonte und Sclafani deren programmatischen Wunsch, die höfischen Vorbilder getreu nachzuahmen. Die von den Großadmiralen Georg von Antiochia beziehungsweise Maio von Bari gestifteten Kirchen Santa Maria dell'Ammiraglio und San Cataldo zeigen besser als alle anderen Bauwerke dieser Zeit, wie flexibel das inzwischen voll ausgereifte Miteinander der Kulturen funktionierte.

Ebenso wie die königlichen Bauwerke zogen auch diese natürlich viel kleiner gehaltenen Gebäude schon im Mittelalter die Blicke gebildeter Reisender auf sich. Diese waren überwältigt von ihrer Pracht, deren Stifter nicht einmal dem Königshaus angehörten. Vor allem Ibn Djubair war vom Glanz der von Georg von Antiochia gestifteten „Admiralskirche" tief beeindruckt. Er schrieb: „Dieses Gebäude bot uns einen Anblick, den zu beschreiben die Worte fehlen und man schweigen muss, denn dies ist das schönste Bauwerk der Welt ... Diese Kirche besitzt einen Glockenturm ... der von Marmorsäulen gestützt und von einer Kuppel überragt wird, die ihrerseits auf Säulen aufliegt: Man nennt ihn den Säulen-Campanile *(samawa al-sawari)*."

Es war die innovative Anlage der Cappella Palatina, die der eigenständigen Typologie den Weg wies. In Verbindung mit der Rückbesinnung auf nordeuropäische Einflüsse, wie sie bereits in den Kathedralen von Cefalù und Messina spürbar waren, läutete sie den letzten großen Zyklus monumentaler normannisch-sizilischer Sakralbauten ein, die unter Wilhelm II. und Tankred von Lecce in Palermo und im angrenzenden Gebiet der Conca d'Oro verwirklicht wurden. Dieser Zyklus macht deutlich, dass sich mittlerweile ein wirklich eigener Stil herausgebildet hatte, in dem sich eine echte ‚nationale' sizilianische Strömung in ausgereifter Form ausdrückte.

Damit manifestierte sich eine alte Ausrichtung neu und führte nun dazu, dass dekorative und architektonische Syntagmen aus einer Art normannischer *koinè* entlehnt und dabei den normannisch-sizilischen Darstellungsweisen und Systemen untergeordnet wurden. Dies bezeugen die Abkehr von Kuppelbauten zugunsten anderer Dachkonstruktionen und vor allem die Verwendung von Pfeilern – im Altarraum mit quadratischem, im Kirchenschiff mit rundem Querschnitt – anstelle der bisher stets vorhandenen Palermitanischen Säulenreihen.

Der Verweis auf die ausgereiften Kunstwerke der Zeit Wilhelms II. wurde bei Friedrich II. (der mütterlicherseits normannischer Abstammung war) zu einer eindeutig dynastischen ‚Bilderpolitik' und im 14. Jahrhundert zur legitimistischen Selbstdarstellung der ersten aragonesischen Herrscher, die sich als wahre Fortsetzer der normannisch-staufischen Herrschaft verstanden. Einen ähnlich großen Einfluss als weitere Palermitanische Modelle für ganz Sizilien übten die normannisch-sizilischen Elemente der Bauwerke aus, die von der mächtigen Familie Chiaramonte auf ihren eigenen Besitzungen gebaut oder neu gestaltet wurden. Sie schuf im Laufe des 14. Jahrhunderts eine Art Staat im Staat mit entsprechendem Machtanspruch nach normannischem Vorbild. Normannisch-sizilische Wurzeln, nicht ohne Bezüge zu islamischen Quellen (ob bewusst oder unbewusst, muss offen bleiben), sind an dem von Manfred I. Chiaramonte ab den 1320er-Jahren erbauten Stadtpalais deutlich zu erkennen. Das „Hosterium" (von dem die heutige Bezeichnung Palazzo Steri abgeleitet ist) beherrschte den Piano della Marina (heute Piazza Marina) als stolzes Adelsschloss mit stark militärischer Prägung, das an *ribats* erinnerte. Die mit der Chiaramonte- verwandte Sclafani-Familie eiferte dieser selbstbewussten ‚Bilderpolitik' 1330 mit dem Bau einer eigenen mächtigen Residenz am anderen Ende der Stadt nach (an der heutigen Piazza di S. Giovanni Decollato). Anders als beim Chiaramonte- drückte beim Sclafani-Palais schon die Fassade durch die für die Zeit König Wilhelms II. typische verschränkte Bogenstellung eine ideelle Verbundenheit mit der normannisch-sizilischen Kultur aus, die sich der lateinische Adel Siziliens auf die Fahne geschrieben hatte, um sich von der Verbreitung der von den katalanischen Baronen neu mitgebrachten Modelle abzusetzen.

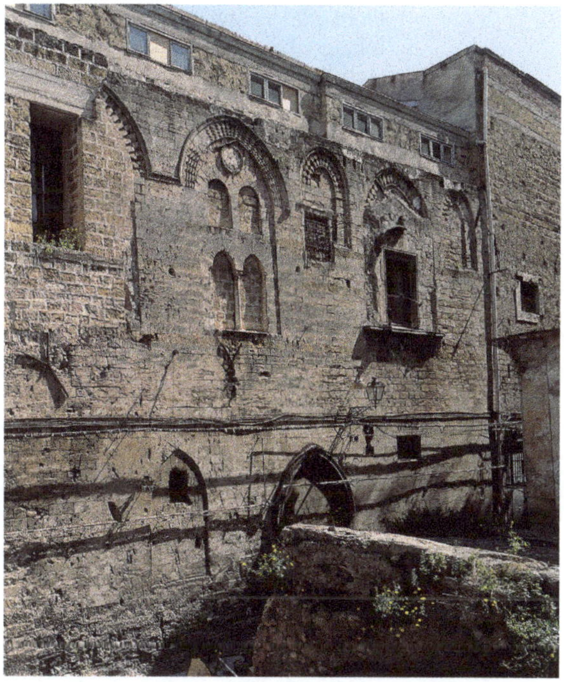

Wohnhaus in der Via del Protonotaro, Hauptfassade, Palermo.

IV.1 PALERMO

IV.1.a Wohnhaus in der Via del Protonotaro (Casa degli Artale)

An der Piazza Bologni parken und den Corso Vittorio Emanuele in Richtung Dom hinuntergehen; nach links in die Via del Protonotaro einbiegen, wo unter der Hausnummer 2 das Gebäude steht. Nur von außen zu besichtigen.

Das Fehlen von Belegstellen aus der Zeit vor dem 15. Jahrhundert macht eine sichere Datierung dieses

Gebäudes schwierig. Die gelehrte lokale Überlieferung bringt es vielfach mit dem Basilianerkloster in Verbindung, das an die von Robert Guiscard um 1073 gegründete und 1148 von Roger II. erweiterte Kirche SS. Salvatore angeschlossen war. Dieselben Quellen behaupten, in diesem Kloster habe Konstanze von Hauteville als Nonne gelebt, bevor sie es verließ, um den Staufer Heinrich VI. zu heiraten. 1440 soll es einer Familie Artale gehört und als Hospiz gedient haben.

Trotz diverser Umbauten, die das äußere Bild abwandelten, scheint die ursprüngliche Raumaufteilung im Laufe der Jahre nicht verändert worden zu sein.

Der älteste Teil besteht aus einem Gebäude mit rechteckigem Grundriss. Die Hauptfassade liegt zur Via del Protonotaro, die im alten Cassaro-Viertel eine wichtige Rolle spielte. Die Vorderseite des Hauses besteht überwiegend aus akkurat behauenen Sandsteinquadern und zeigt noch heute die schweren Beschädigungen, die sie im Juni 1943 bei Bombenangriffen erlitt, als das Gebäude von den Trümmern des gegenüber gelegenen Palazzo Papè-Valdina getroffen wurde. Noch erkennbar ist ein vierteiliges Fenster, das aus zwei übereinander liegenden Biforien besteht, über denen sich ein Blendspitzbogen mit geometrischen Einlegearbeiten und einer Rosette im Bogenzwickel spannt. Darüber hinaus gibt es drei einzelne Spitzbogenfenster, die heute mit altem Mauerwerk verschlossen sind, sowie Spuren eines ähnlich konzipierten mehrteiligen Fensters, das ebenfalls zugemauert ist. Rechts von der Fassade des Hauptgebäudes sieht man einen höheren Gebäudeteil, zu dem es im 15. Jahrhundert linker Hand ein Pendant gegeben haben muss. Es gibt Vermutungen, dass es sich dabei ursprünglich um Wehrtürme gehandelt hat – vergleichbar mit Bauformen der letzten Herrschaftsphase Wilhelms II. Die an der Fassade noch erkennbaren dekorativen Elemente deuten allerdings eher darauf hin, dass sich Bauherr und Handwerker an der vorherrschenden Typologie für die Wohnhäuser der in Palermo im 14. und 15. Jahrhundert ansässigen Adelsfamilien orientierten. Sie war wohl geprägt vom Fortbestehen der baulichen und dekorativen Traditionen der Normannenzeit, jedoch mit einer deutlichen Tendenz zur Einbeziehung gotischer Stilelemente.

IV.1.b Admiralskirche (Santa Maria dell'Ammiraglio, genannt la Martorana)

Von der Via del Protonotaro aus zu Fuß nach rechts wieder auf den Corso Vittorio Emanuele einbiegen; in Höhe der Piazza Villena nach rechts in die Via Maqueda und dann nach links zur Piazza Bellini abbiegen; dort steht das Gebäude unter der Hausnummer 3.
Öffnungszeiten: werktags von 8–13 und 15.30– 19 Uhr; sonn- und feiertags 8.30–13 Uhr.

Bei der Admiralskirche, besser bekannt als „la Martorana", fällt der Kontrast zwischen der barokken Fassade und der Wandfläche des ersten normannischen Bauwerks ins Auge. Letzteres zeigt die typischen Merkmale, die Siziliens Architektur im Mittelalter auszeichnen: von der Gestaltung der konzentrischen Arkaden mit gestaffelten breiten Rahmen um

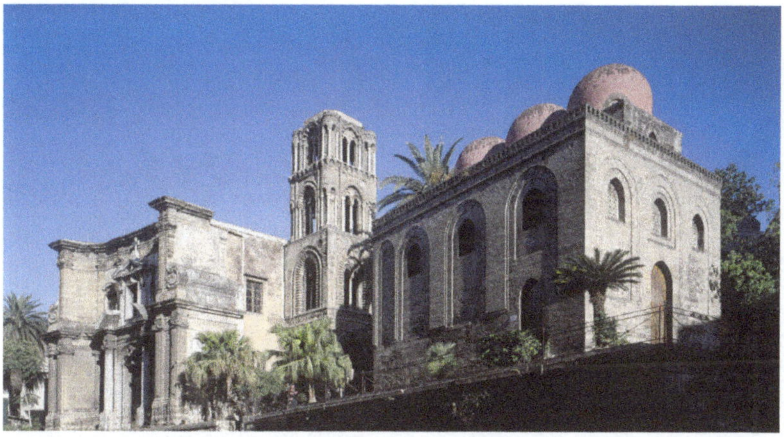

S. Maria dell'Ammiraglio und S. Cataldo, Gesamtansicht, Palermo.

Spitzbogenfenster über die schlichte gerade Linienführung der Räume und das Mauerwerk aus kleinen, akkurat behauenen Quadern bis hin zur Kuppel mit ihrem markanten oktogonalen Tambour.
Ihren volkstümlichen Namen verdankt die Kirche dem 1194 von Eloisa Martorana gegründeten Benediktinerinnenkloster, dem Alfons V. von Aragon 1435 die Kirche überließ. Gebaut wurde sie zwischen 1143 und 1185 als Stiftung Georgs von Antiochia, unter Roger II. Großadmiral des Königreichs Sizilien, als Votivgabe zum Dank für den Schutz der Muttergottes.
Das heutige Aussehen wird bestimmt von den barocken Hinzufügungen, die zum Teil im 19. Jahrhundert bei einer Restaurierung durch Giuseppe Patricolo (1870–1873) wieder entfernt wurden. Trotz der verbliebenen späteren Veränderungen lässt sich das Bild, das der Bau ursprünglich abgegeben hat, jedoch auch heute noch gut erkennen. Der Grundriss der Kirche ist ein Quadrat mit einem griechischen Kreuz, dessen Arme mit Tonnengewölben eingedeckt sind, während sich über den über Eck gelegenen Raumteilen Kreuzgewölbe befinden. Vier mäßig spitze Bögen auf Säulen tragen den achteckigen Tambour mit gestuften Trompen, auf dem die halbkugelförmige Kuppel aufliegt. Die Hauptapsis ist nicht mehr vorhanden; erhalten sind lediglich die beiden kleinen Seitenapsiden, die

S. Maria dell'Ammiraglio, Ansicht des Innenraums, Palermo.

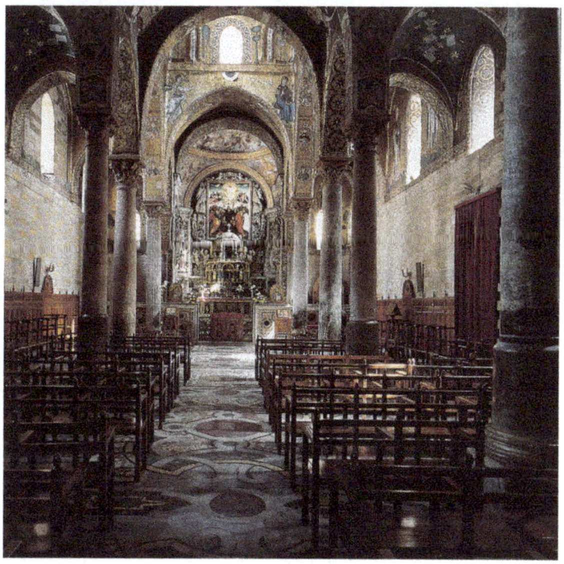

Palermo

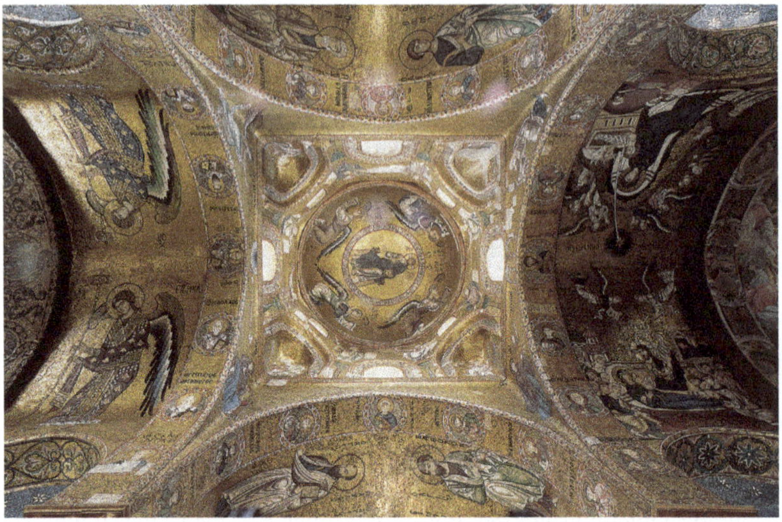

S. Maria dell'Ammiraglio, Kuppel, Palermo.

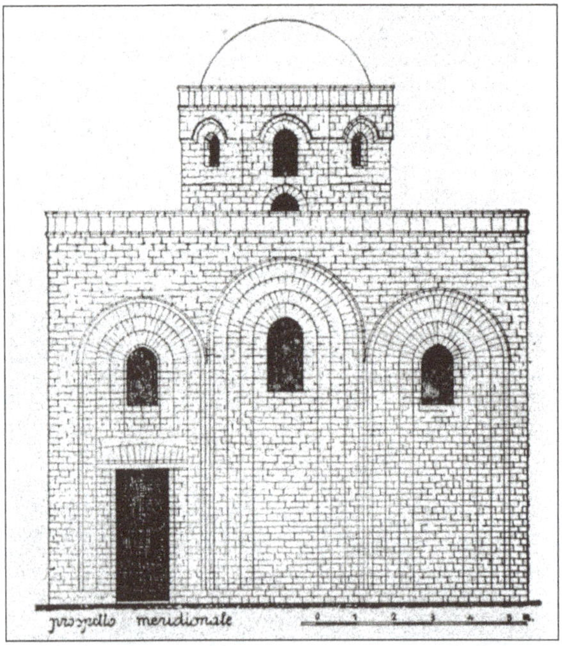

S. Maria dell'Ammiraglio, Südfassade, Palermo (Di Stefano 1955).

von außen als halbrunde Ausbuchtungen wahrnehmbar sind.

Der überaus reiche Mosaikschmuck, der aus der Mitte des 12. Jahrhunderts stammt, hat die späteren Eingriffe größtenteils überlebt. Die Anordnung der Darstellungen folgt streng dem liturgischen Programm, auf dem sie basieren. Dreh- und Angelpunkt der Komposition ist der *Thronende Christus* im Scheitelpunkt der Kuppel. Seine Füße ruhen auf der Erdkugel und in der Wölbung der Kuppel liegen – ihn anbetend – vier Erzengel. Entlang der Kuppelbasis verläuft ein 1871 wieder entdecktes Band aus Tannenholz mit einer weißen Inschrift auf dunkelblauem Grund. Der Text ist ein eindrucksvolles Beispiel für die Vermischung der verschiedenen Kulturen, denn es handelt sich um einen Hymnus aus der byzantinischen Liturgie (das *Sanctus* mit *Hosianna* und *Gloria*) in arabischer Übersetzung – der Muttersprache des Auftraggebers. Im Tambour der Kuppel sind acht Propheten und in den Ecknischen die vier Evangelisten dargestellt. Am Triumphbogen sieht man die *Verkündigung*, in den Gurtbögen die *Geburt Christi*, den *Marientod* und die *Darbringung* im Tempel.

In den Tonnengewölben finden sich Heiligenfiguren, während von den Mosaiken, die offenbar das Atrium und den Narthex schmückten, nur zwei erkennbare Bildfelder übrig geblieben sind, die sich heute in Kapellen im Anbau aus dem späten 16. Jahrhundert befinden (im Eingangsbereich). Im rechten Bildfeld wirft sich Georg von Antiochia der Jungfrau Maria zu Füßen, im linken krönt Christus König Roger II. – ein Bild, das dazu diente, die von den Hautevilles für ihr Reich angestrebte *renovatio imperii* zu legitimieren. Außen ergänzt ein eleganter quadratischer Campanile die Kirche. Der ‚Säulenturm' entstand in der zweiten Hälfte des 12. Jahrhunderts und umfasst vier Stockwerke, von denen die beiden unteren massiv und die oberen stark durchbrochen sind. In jedem Stock öffnen sich große Spitzbogenfenster mit Biforien auf schlanken Säulchen. In den beiden oberen Stockwerken wird das Grundquadrat an allen vier Ecken durch Rundtürmchen aufgelockert, an ihren Oberflächen sorgen Blendarkaden mit Säulchen für interessante Helldunkeleffekte.

IV.1.c San Cataldo

Unmittelbar neben der Admiralskirche. Besichtigungen nur nach Rücksprache mit dem Vorsteher (im Gebäude nebenan) montags bis freitags 9–15.30 Uhr, samstags 9–12.30 Uhr, sonn- und feiertags 9–13 Uhr.

Unter den Bauwerken aus der Normannenzeit ist diese kleine Kirche ein Meisterwerk und vor allem deshalb interessant, weil sie ein typisches Beispiel für die Bauten ist,

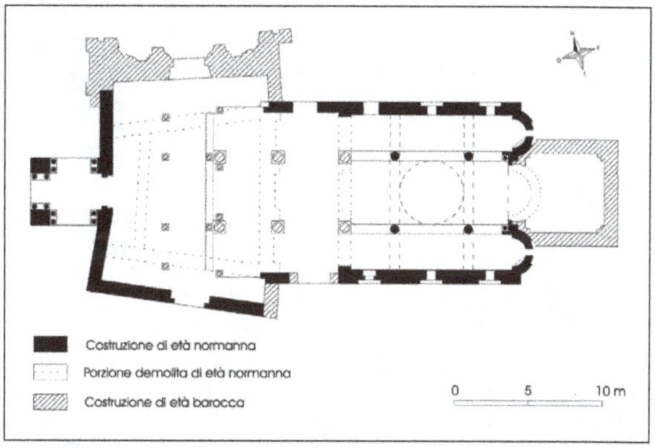

S. Maria dell'Ammiraglio, Grundriss, Palermo (Di Stefano 1955).

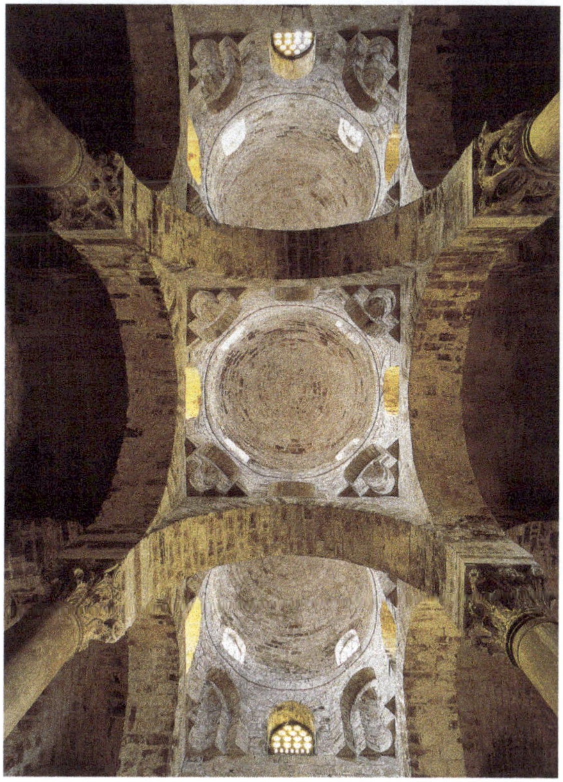

S. Cataldo, Kuppeln, Palermo.

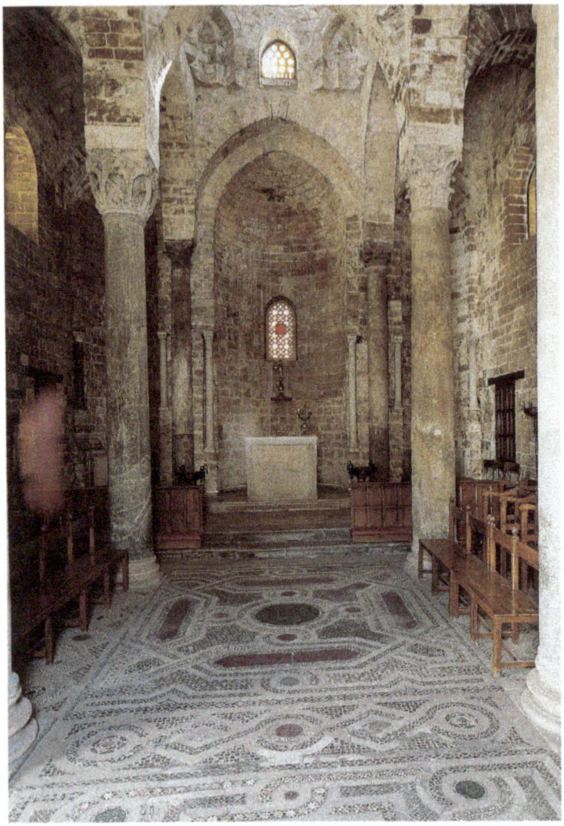

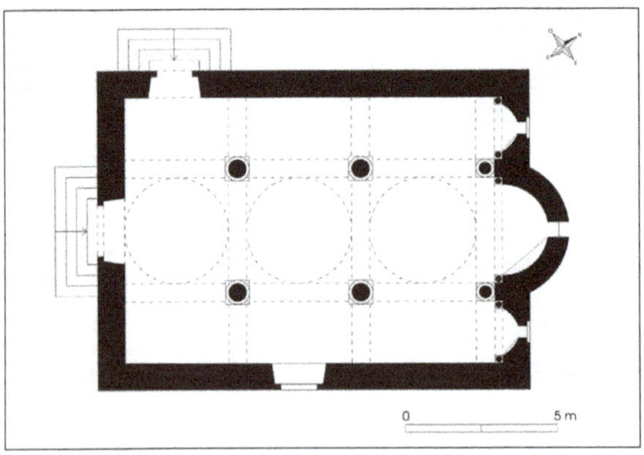

S. Cataldo, Ansicht des Innenraums, Palermo.

S. Cataldo, Grundriss, Palermo.

die zwar für christliche Stifter, jedoch von Handwerkern aus dem fatimidischen Kulturkreis geschaffen wurden. Der heutige Standort quasi wie eine Akropolis oberhalb der Piazza Bellini ist durch die Absenkung des alten Piano di San Cataldo gegen Ende des 19. Jahrhunderts bedingt, mit der man die Höhendifferenz zu den umliegenden Stadtvierteln ausglich. Die Kirche wird üblicherweise auf die Herrschaftszeit Wilhelms I. datiert (1154– 1166) und muss zu einem inzwischen verschwundenen prunkvollen Gebäudekomplex gehört haben, der dem Admiral und späteren Großkanzler des Königs Maio von Bari gehörte. Aufgrund formaler Analogien mit romanischen Bauwerken in Apulien, insbesondere dem alten Dom von Molfetta, gehen einige Wissenschaftler davon aus, dass Maio die Kirche in Auftrag gab, während er noch Großadmiral war (1154–1160) – vielleicht nach dem Vorbild seines Vorgängers Georg von Antiochia, der die benachbarte Admiralskirche gestiftet hatte.

Von außen wirkt das Gebäude wie ein Würfel, dessen Mauern durch Blendarkaden aufgelockert werden. Auf jeder Seite umrahmen sie drei Fensteröffnungen. Eine schmalere Blendarkade kennzeichnet an beiden Seitenwänden den Übergang zwischen Kirchenschiff und Altarraum. Die obere Begrenzung der aus kleinen, sorgfältig verfugten Hausteinquadern erbauten Kirche bildet ein an vielen Stellen restauriertes Kranzgesims, überragt von den drei rot verputzten Halbkugelkuppeln über dem Mittelschiff, die auf niedrigen Tambouren mit kleinen Fensteröffnungen ruhen. Im Inneren kennzeichnen die Kuppeln die drei quadratischen Joche des

Mittelschiffs, das von zwei kurzen Seitenschiffen mit Kreuzgewölben eingeschlossen wird. Auf Säulen ruhende Spitzbögen gliedern das Kirchenschiff in Längsrichtung. Einige der Kapitelle sind Spolien aus älteren Gebäuden, die hier wieder verwendet wurden. Der Übergang von der quadratischen Grundfläche zum Fußkreis der Kuppeln erfolgt durch abgetreppte Ecknischen. Abgeschlossen wird das Gebäude durch drei Apsiden, von denen die beiden kleineren in der Mauerdicke liegen. Die mittlere, größere Hauptapsis ist an der Außenseite durch eine halbrunde Wölbung erkennbar und unterbricht als einziges Element das

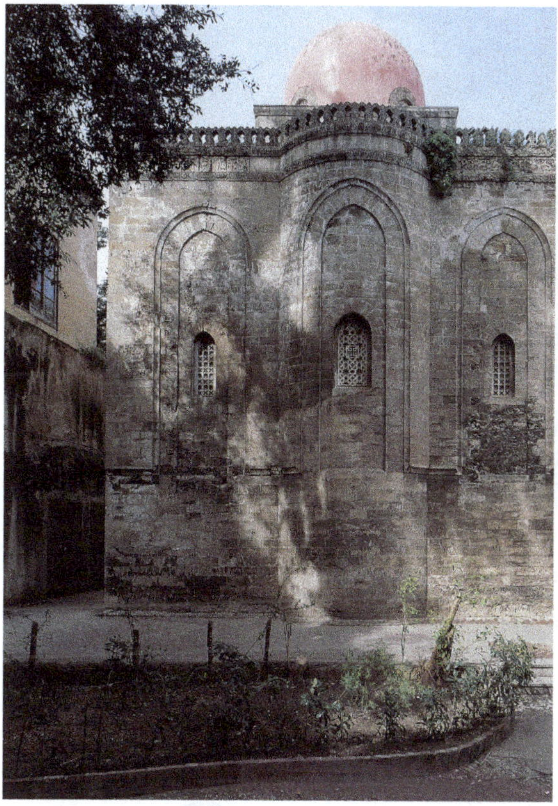

S. Cataldo, Fassade mit Apsiden, Palermo.

ansonsten durchweg rechteckige Grundschema.

Der noch originale Fußbodenbelag zeigt Einlegearbeiten aus Marmor und Porphyr und unterstreicht mit seiner Musterung die Linienführung des gesamten Gebäudes. Seine Pracht steht im Kontrast zur Schlichtheit der schmucklosen Wände, die ringsum in jedem Joch, den drei Apsiden und über dem Eingangsportal durch eine Reihe von Spitzbogenfenstern gegliedert sind. Von der Ausstattung der Kirche sind lediglich der Altar und eine weiße Marmorplatte mit einem griechischen Kreuz und den

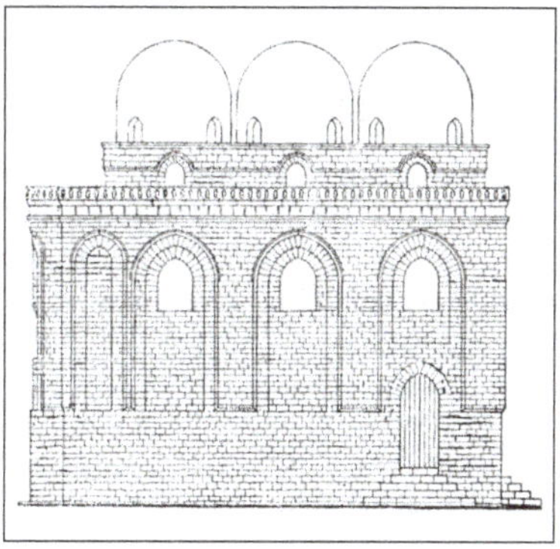

S. Cataldo, Nordfassade, Palermo (Di Stefano 1955).

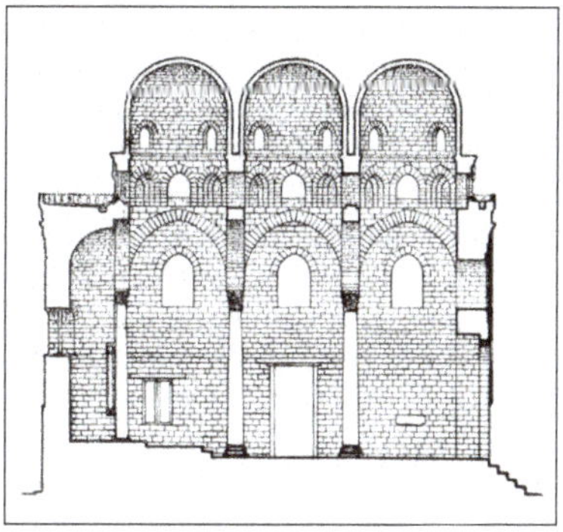

S. Cataldo, Aufriss, Palermo (Di Stefano 1955).

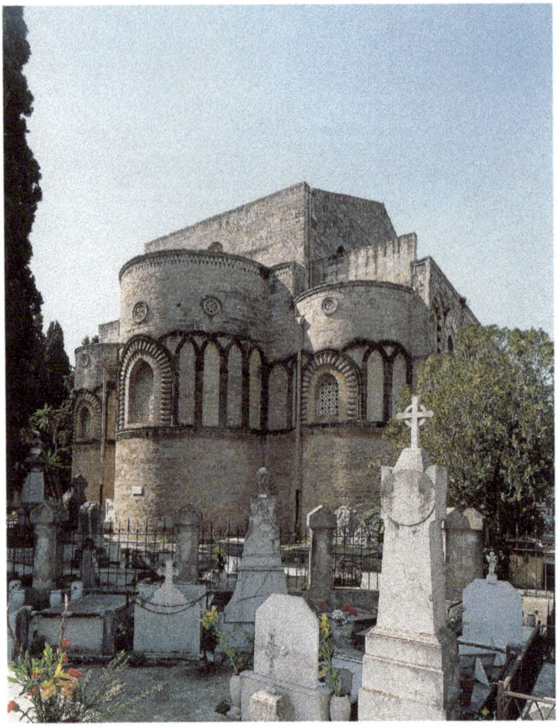

S. Spirito, Apsiden, Palermo.

Symbolen der vier Evangelisten erhalten.
1877 begannen Restaurierungsarbeiten, die in den Jahren 1882–1885 unter Leitung von Giuseppe Patricolo weitergeführt wurden. Das Gebäude wurde von Anbauten befreit und die Außenseite nach den Kriterien einer stilistischen Restaurierung wiederhergestellt. Heute gehört die Kirche dem Orden der Ritter vom Heiligen Grab zu Jerusalem.

IV.1.d Santo Spirito (optional)

Von der Piazza Bologni mit dem Auto zur Piazza G. Cesare fahren, weiter über die Piazza S. Antonino und den Corso Tukory, dann nach links in die Via del Vespro einbiegen; die Bahngleise überqueren und in der Via Parlavecchio nach rechts auf den Parkplatz des Ospedale M. Ascoli einbiegen und dort parken; nach rechts auf die Piazza S. Orsola gehen. Dort befindet sich der Eingang zum Friedhof, in dem die Kirche liegt. Öffnungszeiten: 9–12 Uhr. Sanitäranlagen vorhanden.

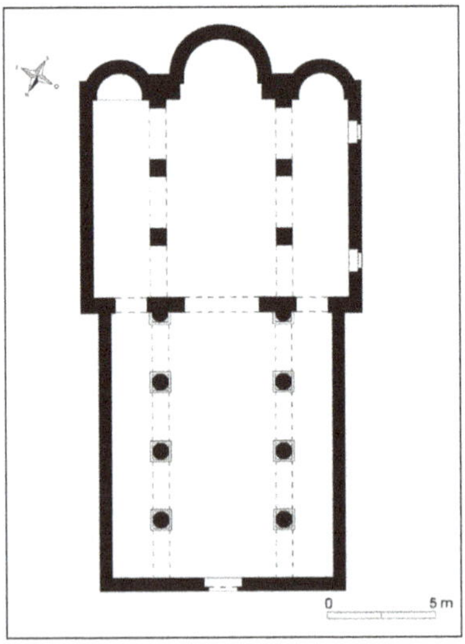

S. Spirito, Grundriss, Palermo.

Die 1170 vom Erzbischof Walter of the Mill (1169–1190) gegründete Zisterzienserkirche verdankt ihren Beinamen „chiesa del Vespro" dem berühmten tragisch endenden Vorfall, der sich auf ihrem Kirchhof ereignete und den Volksaufstand gegen Karl von Anjou entfachte. Auslöser der ‚Sizilianischen Vesper', einer blutigen Revolte, bei der zahlreiche französische Soldaten den Tod fanden, war offenbar, dass einer von ihnen eine Sizilianerin belästigte, als sie am Ostermontag in dieser Kirche zur Messe gehen wollte.
Die Schlichtheit der architektonischen Formensprache, die diese

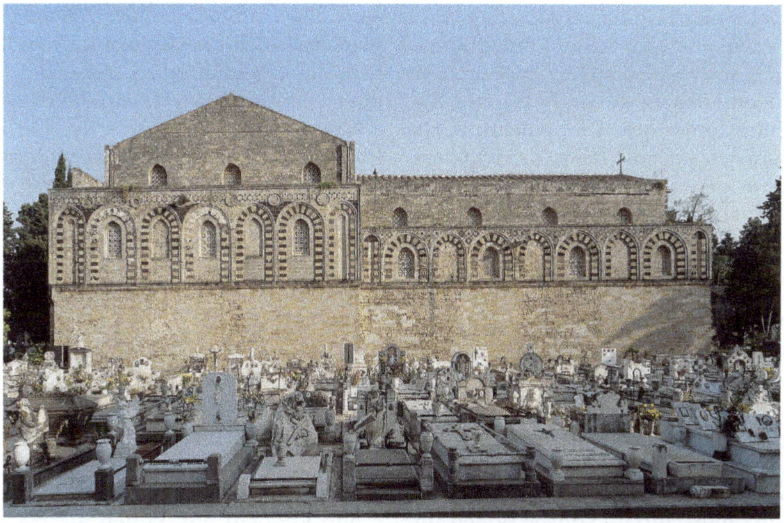

S. Spirito, Nordfassade, Palermo.

Kirche auszeichnet, hat bei den Bauten des Zisterzienserordens – der ursprünglich im Kloster Santo Spirito saß, zu dem sie gehörte – einen programmatischen Stellenwert. Hier lebten Mönche aus der Abtei in Sambucina in Kalabrien, die mit dem Mutterhaus in Clairvaux verbunden waren. Die Kirche wurde 1179 geweiht und ging 1232 in den Besitz des Abts von Casamari über. 1573 wurden die Klostergüter dem Olivetanerorden übertragen, der sie bis 1748 inne hatte. 1783 wurde die Kirche auf Veranlassung Domenico Caracciolos umgebaut und erfuhr dabei die radikalsten Veränderungen seit ihrer Entstehung. Sie wurde nun nämlich Teil des Friedhofs Sant'Orsola, der als erster öffentlicher Friedhof Siziliens außerhalb der Stadtmauern lag. Anlässlich der Feiern zum 200. Jahrestag der Sizilianischen Vesper wurde die Kirche 1882 von Giuseppe Patricolo restauriert. Er bemühte sich, das ursprüngliche Aussehen des normannischen

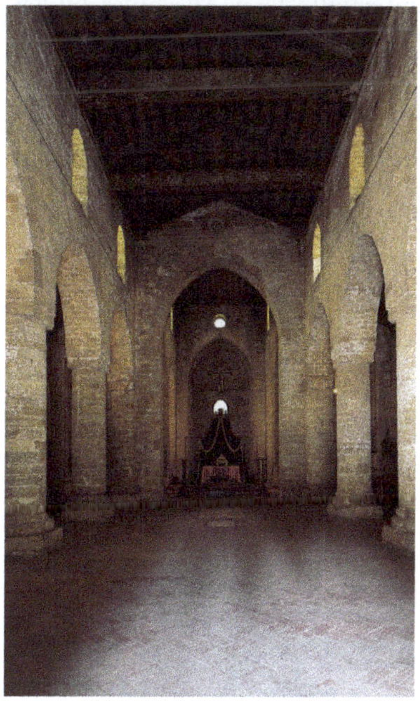

S. Spirito, Mittelschiff, Palermo.

Gebäudes wiederherzustellen und es von allen barocken Hinzufügungen sowie den außen angesetzten Friedhofsbauten zu befreien. Bis zum Ende des 19. Jahrhunderts wurden auch die Reste des Klosters und des Kreuzgangs abgerissen. Die alte Fassade konnte allerdings aufgrund der einschneidenden vorherigen Veränderungen nicht mehr rekonstruiert werden.
Wie dies bei Bauwerken der normannischen Spätphase oft der Fall ist, zeigt der Grundriss ein Gemisch aus einem dreischiffigen vierjochigen Basilikalschema und einem Zentralbau. Das Presbyterium ist zu den Seiten hin verlängert wie ein Querschiff und durch Bögen auf quadratischen Pfeilern in drei Joche unterteilt. Den Abschluss bilden drei halbrunde Apsiden, die sich nach außen vorwölben. Die spitzbogigen Joche des Kirchenschiffs ruhen auf massigen runden Widerlagern. Basilika und Altarraum sind deutlich voneinander getrennt. Die Grenze bilden massige viereckige Pfeiler, die den Triumphbogen tragen. Die nach der Bereinigung des normannischen Baus von späteren Hinzufügungen bei der Restaurierung wieder freigelegte Holzdecke überspannt sowohl die drei Schiffe als auch das Presbyterium. Die Firste der beiden Teile verlaufen im rechten Winkel zueinander, wie dies schon bei den großen frühchristlichen Kirchen im Rom des 4. Jahrhunderts n. Chr. öfter der Fall war. Die Nordfassade wird über die ganze Länge durch verschränkte Arkaden gegliedert, die durch den Wechsel von hellem Werkstein und dunkler Lava ein zweifarbiges Muster aufweisen. Es handelt sich abwechselnd um Blendbögen und die Rahmen von Spitzbogenfenstern. Auch die Außenseite der Apsiden gliedern solche verkreuzten Arkaden, die zudem um die Fenster herum aus Polsterquadern bestehen.
Zwar spiegeln die Motive der Dekorationen im Wesentlichen den Geschmack sizilianischer Handwerker, doch zeichnet sich bei genauem Hinsehen eine neue Ausrichtung ab. Nach Meinung einiger Forscher (insbesondere Basile 1975) bestätigen Anlage, Proportionen und Charakter des Presbyteriums die These, dass dieses Bauwerk nicht von muslimischen sizilianischen Handwerkern ausgeführt wurde. Ähnliche Überlegungen gelten dem Kirchenschiff, bei dem ein asketischer Verzicht auf Säulen als traditionelle Stützen auffällt. Sie sind hier durch gemauerte Rundpfeiler ersetzt, die lediglich einen einfachen quadratischen Abakus tragen.

IV.1.e Santa Maria della Speranza
(optional)

Von der Via Parlavecchio mit dem Auto zur Via del Vespro zurückkehren, nach links auf den Corso Tukory abbiegen und diesem bis zur Abbiegung nach rechts in die Via Cadorna folgen; nach links in die Via del Bastione, nach rechts am Normannenpalast entlang und dann entsprechend der Straßenführung um die Piazza Indipendenza, weiter nach links auf den Corso Pisani und dann die Via Catalano entlang, an der sich unter der Hausnummer 122 der Eingang zum Monument befindet.
Nur von außen zu besichtigen.

Das Gründungsdatum ist ungewiss. Die normannischen Bauteile liegen im Erdgeschoss des Gebäudes, das über der Kirche entstand. Klar erkennbar sind das Eingangsportal mit doppeltem Blendbogen sowie zwei Fenster seitlich davon und eines darüber. Sie weisen unterschiedliche Ornamente, jedoch alle ein Spitzbogenprofil auf. Der innere der beiden Portalbögen hat ein Zickzackmuster, der äußere Polsterquader. Auch die Fenster rechts und links vom Portal sind mit doppelten Blendbögen versehen, die eine Fältelung mit Zahnschnitt als Verzierung aufweisen. Das einzelne Fenster über dem Portal hat einen Bogen als Umrahmung einer doppelten Archivolte mit Zickzackmuster. Die Profile dieser Überreste liefern immerhin genügend Anhaltspunkte, um die Entstehung der Kirche auf die Zeit Wilhelms II. (1166– 1189) zu datieren.

IV.1.f Santissima Trinità (genannt la Magione)

Mit dem Auto zur Piazza G. Cesare fahren. Von dort aus am Bahnhof vorbei und nach links in die Via Balsamo, dann nochmals nach links auf den Corso dei Mille; nach rechts in die Via Lincoln, dann wieder nach links in die Via Rao und diese bis zur Piazza Magione weiterfahren.
Eintritt frei. Öffnungszeiten: 9–19 Uhr (im Winter: werktags 9–19 Uhr, sonn- und feiertags 9–13). Sanitäranlagen vorhanden.

In einem weitläufigen, noch heute von den Bombenangriffen des letzten Weltkriegs gezeichneten Teil der Stadt stehen die Abtei und die Kirche Santissima Trinità, genannt „la Magione". Gegründet wurden beide Ende des 12. Jahrhunderts (vermutlich zwischen dem Jahr 1191, aus dem die erste Urkunde stammt, und 1193) auf

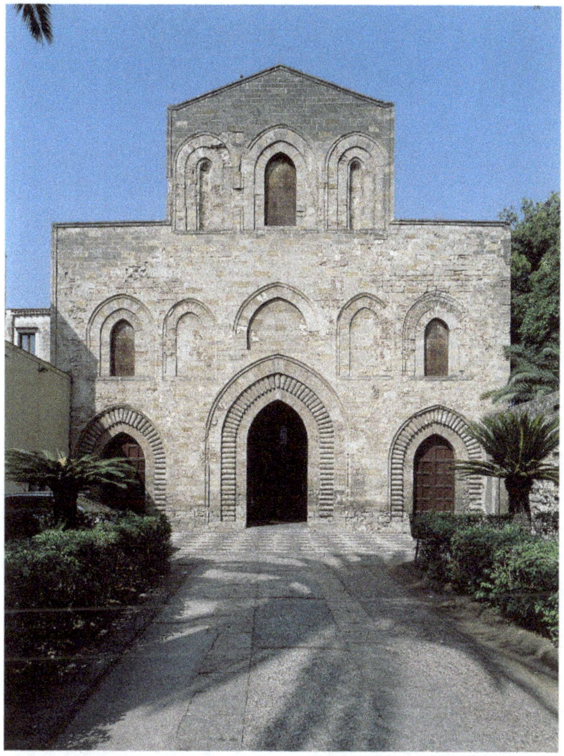

SS. Trinità, Hauptfassade, Palermo.

SS. Trinità, Grundriss von Kirche und Kreuzgang, Palermo.

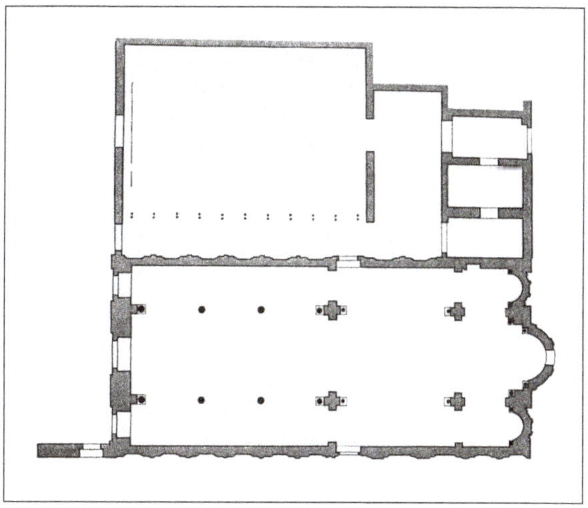

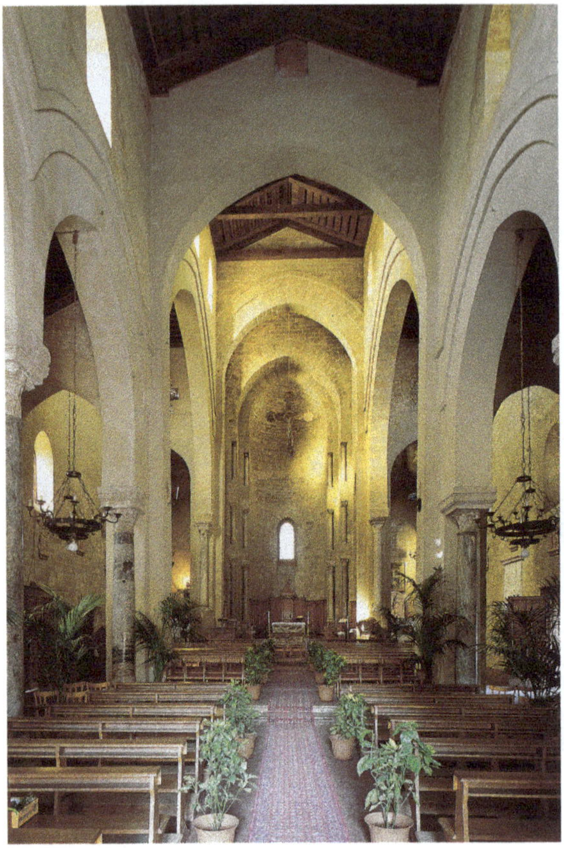

SS. Trinità, Innenraum, Palermo.

Veranlassung von Matthäus von Ajello, dem Vizekanzler Wilhelms II. (1166–1189) und Kanzler unter dem letzten normannischen König Tankred (1189–1194). Das neue Kloster wurde den Zisterziensermönchen übergeben, die es jedoch nur wenige Jahre besaßen. Bereits 1197 nämlich überließ Kaiser Heinrich VI., der in den drei Jahren nach seinem triumphalen Einzug in Palermo eine gründliche politische Säuberungsaktion unter den Repräsentanten des normannischen Hofes vorgenommen hatte, den Komplex dem Deutschen Ritterorden, der den Kaiser gewissermaßen als Mitbruder ansah. Von dieser Zeit an trug die Kirche Santa Maria den Beinamen Magione dei Teutonici, Ordenshaus der Deutschordensritter; die angeschlossenen Gebäude wurden zu Wohnstätten der Ordensbrüder und zu einem Hospital für Pilger umgebaut, die auf dem Weg ins Heilige Land und auf dem Rückweg in Palermo Station machten. Die Deutschordensritter besaßen die Magione bis 1492 und nahmen in diesen fast 300 Jahren umfangreiche Veränderungen vor. So mauerte man beispielsweise den Ost- und Westflügel des Kreuzgangs zu, um den herum sich die Zisterzienserabtei entwickelt hatte, stockte die Gebäude teilweise auf und baute an; die Kirche erhielt neue Altäre und Kapellen. Mit dem Übergang an den Deutschen Orden wurde die Magione Komturei und unterstand so fast zwei Jahrhunderte lang Komturen. Bis zum Ende des 16. Jahrhunderts wurden vereinzelt Sanierungsmaßnahmen und weitere kleine Veränderungen am Komplex vorgenommen. Ab 1601 und das ganze 17. Jahrhundert hindurch erfolgte dann jedoch eine umfassende Modernisierung, bei der neue Kapellen angelegt und bestehende umgestaltet wurden und eine Säulenhalle hinzukam.

1875 begannen unter der Leitung von Giuseppe Patricolo und später Francesco Valenti die Restaurierungsarbeiten, die sich bis in die ersten Jahre des 20. Jahrhunderts hinzogen. Ziel beider Restauratoren war es, das ursprüngliche Aussehen des normannischen Gebäudes wiederherzustellen. Die Kirche wurde bis 1941 weiter restauriert, jedoch kaum zwei Jahre später bei Luftangriffen schwer beschädigt. Der Wiederaufbau erfolgte unmittelbar nach dem Krieg, wobei man sich

wiederum bemühte, das vermutete ursprüngliche Aussehen zu reproduzieren.
Die Kirche weist eine strenge Stereometrie, geprägt von rechteckigen Flächen mit geradlinigen Gesimsen, auf. Der Mittelteil der Fassade besitzt ein Satteldach; im Erdgeschoss befinden sich drei Eingangsportale. Das mittlere ist größer als die beiden anderen und wird von drei abgestuften Blendbögen umrahmt, von denen der mittlere aus Polsterquadern besteht. Die beiden kleineren Seitenportale haben jeweils zwei Blendbögen. Über den Portalen verteilen sich fünf, von denen die drei mittleren falsche, die beiden äußeren echte Spitzbogenfenster umschließen. Darüber befindet sich ein drittes Stockwerk mit einer Fensteröffnung genau lotrecht über dem mittleren Portal. An der Rückseite schließen drei Apsiden die Kirche ab. Die mittlere davon ist mit stark profilierten verschränkten Blendbögen verziert, während die beiden kleineren Apsiden von außen kaum erkennbar sind. Auch an den Seiten erscheint das Motiv der von Bögen umrahmten Blendfenster, hier jedoch mit stärker betonter Horizontale.
Der Grundriss umfasst ein Langhaus, gekoppelt mit einem dreiapsidialen Zentralbau. Es entsteht so eine dreischiffige, durch Spitzbögen auf Säulen mit Kapitellen und Kämpfern unterteilte Basilika. Der erhöhte Chorraum befindet sich im nicht vorkragenden Querschiff. Die Säulen unter den Gurtbögen sind an Pfeiler angelehnt. Die mittlere, größte der drei Apsiden wird seitlich von drei übereinander gesetzten kleinen Nischensäulen eingerahmt. Die heutigen Holzdecken sind zum größten Teil Nachbauten der ursprünglichen Bedachung, die an einigen wenigen Stellen des Mittelschiffs noch erhalten ist. In den Fußboden eingelegt finden sich die Grabplatten einiger Deutschordensritter. In einem Raum neben dem Eingang, der einst als Taufkapelle diente, ist ein schönes zweibogiges Fenster aus dem 12. Jahrhundert zu sehen, bei dem ein Säulenschaft mit arabischer Inschrift wieder verwendet wurde.
Das gleichmäßig verlegte Mauerwerk außen besteht aus viereckig behauenen kleinen Tuffsteinquadern. Die umfassenden Rekonstruktionen der Restaurierungsarbeiten

SS. Trinità, Kreuzgang, Südflügel, Palermo.

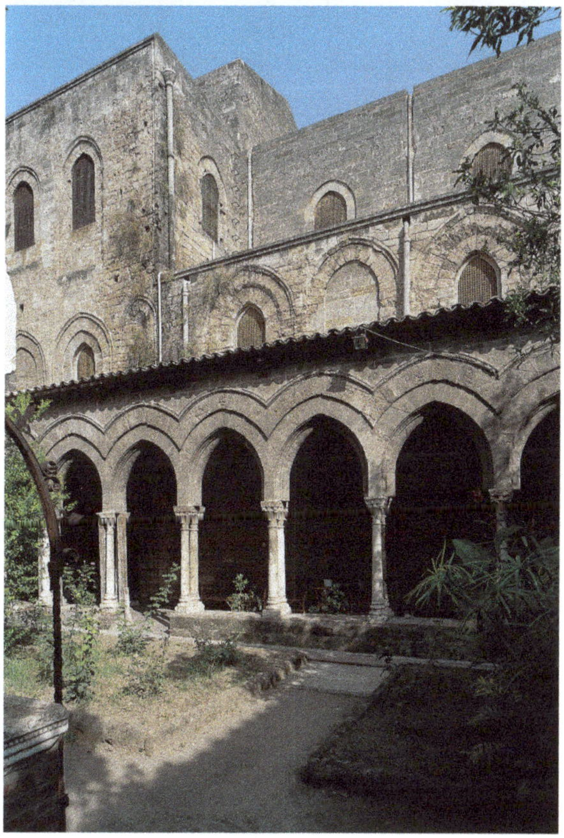

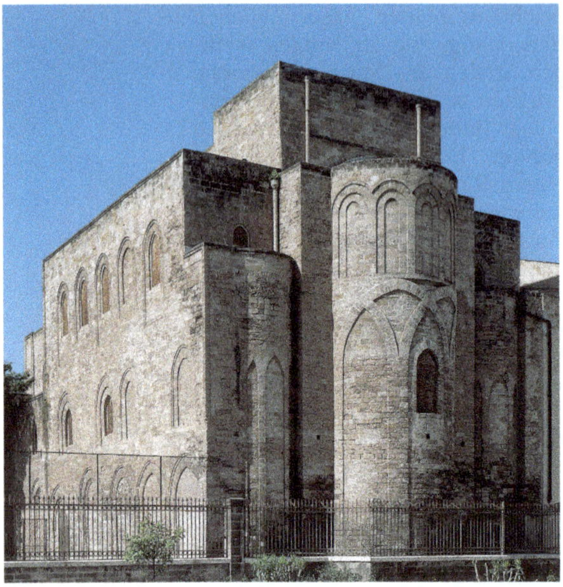

SS. Trinità, Fassade mit Apsiden, Palermo.

im 19. und 20. Jahrhundert sind gut zu erkennen. Vor allem an der Fassade, die zum großen Teil in den 1920er-Jahren von Francesco Valenti rekonstruiert wurde, finden sich einige willkürliche Lösungen dort, wo man über das ursprüngliche Aussehen keine gesicherten Belege besaß. Der alte Klosterbereich erstreckt sich rings um einen Kreuzgang aus dem ausgehenden 12. Jahrhundert, von dem nur noch der Nord- und Südflügel erhalten sind. Letzterer grenzt an die Nordseite der Kirche und wurde in den 1950er-Jahren fast vollständig wiederhergestellt. Ebenso wie beim weitläufigeren Gegenstück in Monreale gibt es auch hier eine Arkade aus Spitzbögen mit doppelter Umrahmung, Archivolten und Laibungen mit Astragalen, auf kleinen Zwillingssäulen mit schön gearbeiteten Kapitellen. Im Gegensatz zu Monreale ist dieser Kreuzgang jedoch weitaus kleiner und weniger reich verziert. Von 1987 bis 1990 wurden der Nordflügel des Kreuzgangs und der darüber liegende Gebäudeteil nochmals restauriert.

IV.1.g Torre Mastra des Castello a mare

Von der Piazza Magione aus mit dem Auto zur Via Rao zurückkehren, dann nach links in die Via Lincoln einbiegen und auf dieser bleiben, bis es rechts zum Foro Italico Umberto I geht; in nördliche Richtung einordnen und über Via della Cala, Piazza Castello und Via dei Barillai weiterfahren bis zur Piazza XIII Vittime, dort parken. Die Via Francesco Crispi durchqueren und zum Fondo Patti abbiegen. Dort steht das Bauwerk.
Nur von außen zu besichtigen.

Der quadratische Sockel des Turms steht nordöstlich vom alten Hafen, der Cala, am Rand der trapezförmigen modernen Mole. Sichtbar sind noch eine zentrale Öffnung, halbrunde Ausbuchtungen an drei Seiten und eine Mauer, die sich einst um den ganzen Bau herumzog. Obwohl der Turm heute nicht mehr vollständig ist, da die oberen Stockwerke fehlen, ist seine Funktion als Wehrturm noch klar erkennbar. Der Gebäudesokkel besteht aus einer geböschten Mauer jüngeren Datums. Darüber sieht man noch Teile vertikaler Wände, die an der Nord- und Westseite ebenmäßiger sind. In der Mitte dieser Mauern, also an ungewöhnlicher Stelle, wölben sich zwei halbrunde Wachtürme nach außen. Nach Westen und Norden hin ist die Böschungsmauer weit gehend eingestürzt und die Fläche mit kleinen Quadern verstopft. An der Südmauer wurden dagegen grobe Mauersteine auf die mittelalterliche Struktur aufgepfropft. Oben an der Ostwand sieht man noch Spuren eines zugemauerten Bogens, im unteren Teil ein Portal. Das Mauerwerk des mittelalterlichen Gebäudes besteht aus so sorgfältig verfugten kleinen Quadern, dass die Oberfläche der gut erhaltenen Wandteile noch immer fein ausgearbeitet wirkt. Die später erstellten Mauerteile sind dagegen leicht an den groben Steinen zu erkennen. Obwohl der Turm in einem Gebiet mit Geschäfts- und Lagerhäusern steht, die seine Wirkung beeinträchtigen und eine Besichtigung nur bedingt zulassen, ist er immerhin eines der wenigen erhaltenen Zeugnisse der alten Festung Castello a mare, die einst das äußerste Bollwerk der ummauerten Stadt bildete. Sehr wahrscheinlich bildete er die Nordwestkante des mittelalterlichen *castrum-palatium*, eines kleineren älteren Forts, das im Inneren einer größeren jüngeren Festungsanlage stand. Einige Wissenschaftler setzen die Entstehung der ältesten Teile des Forts, zu denen auch die Torre Mastra gehörte, an das Ende des 12. Jahrhunderts, doch stammt der allererste Kern bereits aus arabischer Zeit, wenn es stimmt, dass das Gebäude noch bis in die Zeit Wilhelms I. (1154–1166) eine Moschee enthielt. Funde aus dem Inneren der Torre geben allerdings Anlass zu der Vermutung, dass es sich ursprünglich um einen Wohnturm gehandelt haben könnte.

In der ersten Hälfte des 13. Jahrhunderts wurde das vielleicht durch natürliche Einflüsse beschädigte Gebäude teilweise abgerissen und

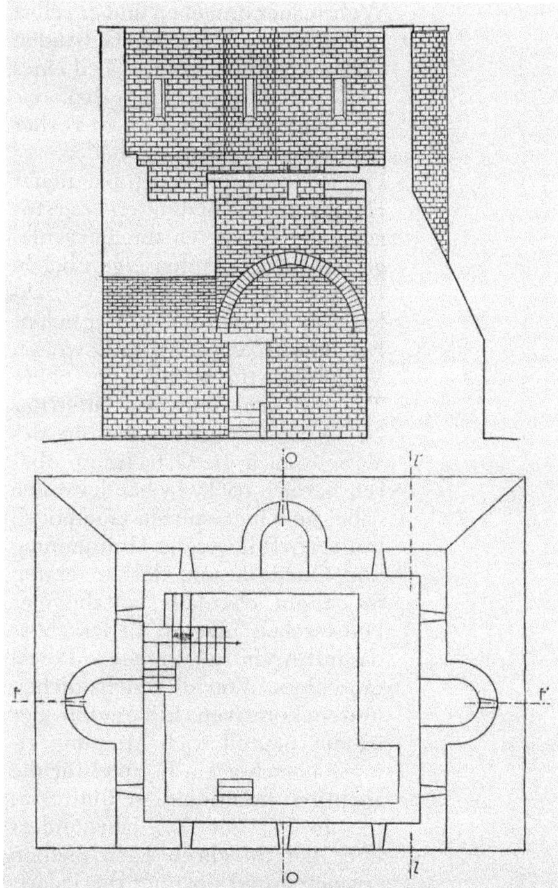

Torre Mastra des Castello a mare, Auf- und Grundriss, Palermo (Di Stefano 1955).

verkleinert, wobei zugleich neue architektonische Elemente hinzukamen, die seine Verteidigungsfähigkeit erhöhten, etwa die Wachtürme und die Böschungsmauer im Erdgeschoss.

Die Befestigungen wurden wahrscheinlich in zwei Phasen gebaut, von denen die letzte einschließlich der Böschungsmauer wohl in die erste Hälfte des 13. Jahrhunderts fiel, in die Zeit des Staufers Friedrich II. Im Laufe des 16. Jahrhunderts wurde der obere Teil des Turms abgerissen, die Außenseite mit einer

Wehrmauer umgeben und er selbst mit den angrenzenden Gebäuden verbunden. Er wurde so Teil eines Gebäudekomplexes innerhalb einer neuen, im Vergleich zu vorher weitläufigeren Festungsmauer.

Die 1923/24 durch den Bau neuer Hafenanlagen bedingten Zerstörungen reduzierten die Burganlage endgültig auf den eigentlichen Kern, während ihnen alle vertikalen Projektionen zum Opfer fielen. Bei Bombenangriffen im Zweiten Weltkrieg stürzte 1943 der obere Teil des Turms teilweise ein. In der Nachkriegszeit gab dann infolge des Verfalls auch die Ostseite im oberen Bereich nach. Es handelte sich dabei um einen spitzen Gurtbogen mit vertieft liegender Umrahmung und Quaderkranz, der im ersten Stock ein ebenfalls spitzbogiges Fensterchen und im Erdgeschoss das mit Architrav versehene Portal umschloss. Von diesen baulichen und dekorativen Elementen her ist der Bauteil nach Meinung einiger Forscher ein Beispiel für die ägyptisch-fatimidischen Einflüsse, die im 11. und 12. Jahrhundert über den Maghreb nach Sizilien gelangten und dort auf die Palastarchitektur einwirkten. Die Öffnung des Gurtbogens ist heute zugemauert, das Portal wurde jedoch bei den letzten Ausgrabungs- und Restaurierungsarbeiten so wie alle übrigen noch vorhandenen Reste wieder freigelegt.

Der Botanische Garten von Palermo

An der Via Lincoln liegt kurz hinter der Kreuzung mit dem Foro Italico der Eingang zum Orto Botanico. Der Botanische Garten wurde zwischen 1789 und 1795 unter der Schirmherrschaft König Ferdinands IV. von Bourbon und der wissenschaftlichen Leitung von Giuseppe Tineo angelegt. Er spiegelt nicht nur die rationale Ausrichtung der Botanik im 18. Jahrhundert, sondern ist zudem das Ergebnis einer klugen Planung, mit der renommierte Architekten der damaligen Zeit beauftragt wurden: Leon Dufourny, gefolgt von Giuseppe Venanzio Marvuglia, der die Bauarbeiten an den Gebäuden überwachte. Das „Gymnasium", Schola Regia Botanices mit Herbarium, Bibliothek und Wohnung des Direktors, ist mit Gemälden von Giuseppe Velasco und Plastiken von Gaspare Ferriolo geschmückt.

Bei den rund 10.000 kultivierten Pflanzen handelt es sich überwiegend um tropische und subtropische Arten. Sie stehen im ältesten Teil direkt neben den Gebäuden in verschiedenen durch Wege getrennten Beeten, in Treibhäusern, Becken und Teichanlagen – entsprechend der Systematik Carl von Linnés und den Anforderungen eines Versuchsgartens.

Giulia Davì

Wie inzwischen zahlreiche Belege bezeugen, war die Beziehung zwischen der Architektur der Normannenzeit und der Mosaikkunst in Sizilien niemals einfach und beruhte so gut wie immer auf Kompromissen. Zu den Lösungen, die sich aus der Kopplung abendländischer Baustile mit orientalischen Dekorationen ergaben, gehört etwa der Dom von Cefalù, bei dem Architektur und musivische Ausgestaltung völlig getrennte Wege gehen. Die Mosaiken waren bei der Planung des Gebäudes unter Roger II. ganz sicher noch nicht vorgesehen und wurden erst in einer fortgeschrittenen Bauphase ausgeführt. Sie sind offensichtlich auf die Zeit um 1145 zu datieren, als Roger den Dom zu seiner Grabkirche umformen ließ und hierzu kosmopolitisch gebildete byzantinische Handwerker berief. Sie arbeiteten hier in nordeuropäisch geprägten Räumlichkeiten – ein Beispiel für den kulturellen und ideologischen Synkretismus Rogers in den Jahren 1145–1148, als er sich einerseits an Saint-Denis, andererseits an Konstantinopel orientierte.

Von der Datierung her entsprechen die Figuren in der vierten Zone den Heiligen an den Widerlagern der Bögen im Mittelschiff der Cappella Palatina, die der Zeit Wilhelms I. (1154–1166) zugerechnet werden, während die oberen, mit Sicherheit älteren Zonen Schemata aufweisen, die mit Malereien der Komnenenzeit der Jahre 1150–1170 in Byzanz übereinstimmen.

Gerade an diese Phase knüpfen später die Mosaiken von Monreale an,

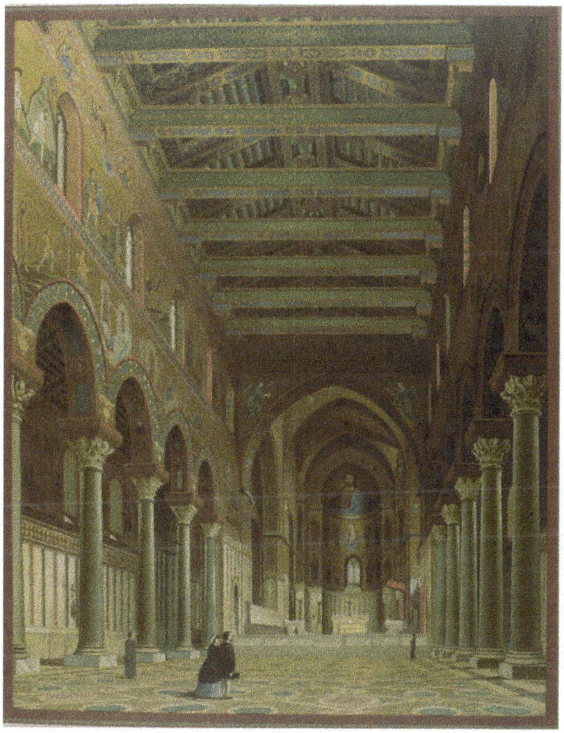

Dom, Blick in das Mittelschiff, Monreale (Gravina 1859–1870).

die von dem unter Wilhelm I. entstandenen Stil abrücken und statt dessen auf Vorbilder aus der Zeit Rogers zurückgreifen. Nur in Monreale scheint man sich der problematischen Beziehung zwischen Mosaiken und Architektur wirklich bewusst gewesen zu sein. Der musivische Wandschmuck dort, der inzwischen anhand des Todesdatums Wilhelms II. (1189) zeitlich festgelegt werden kann, ist durch und durch byzantinisch geprägt: Diejenigen, die dieses großartige Werk schufen, waren keine von byzantinischen Meistern angelernten sizilianischen Mosaizisten, sondern byzantinische

Künstler, völlig durchdrungen von der figurativen Kultur der späten Komnenenzeit, wie dies Wilhelm II. selbst hier als Verweis auf die Zeit Rogers verlangte. Der figurative Wandschmuck im Dom von Monreale zeigt gleichzeitig in seiner Gesamtheit aus stilistischer wie auch dogmatischer Sicht eine präzise, logische Abfolge: Er bildet ein äußerst umfassendes, reich gegliedertes ikonografisches Programm abendländischer Prägung, das zur Verbreitung des Glaubens beitragen sollte.

Dom, Mittelschiff, erstes Joch der Nordwand, „Die Schöpfung" und „Die Sintflut", Monreale (Gravina 1859–1870).

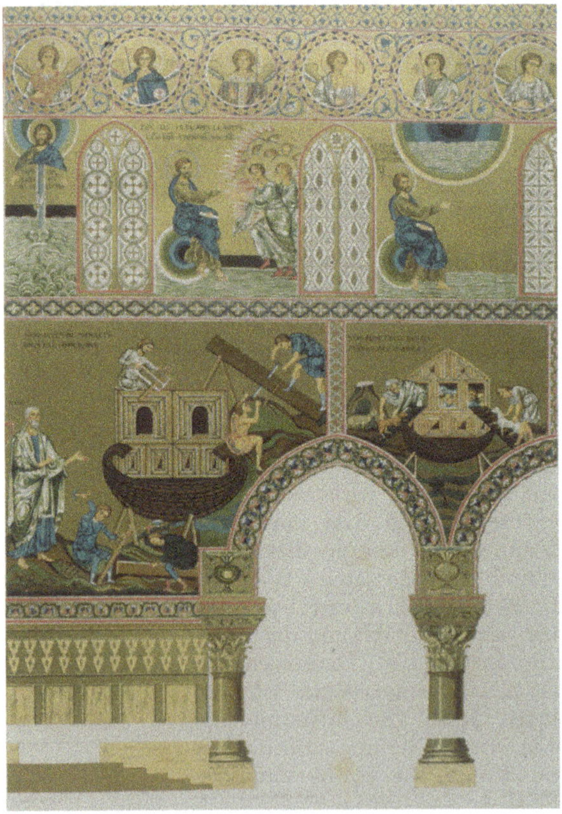

Der weit gehend synkretistische Charakter der Mosaiken aus normannischer Zeit auf Sizilien ergibt sich aus dem Zusammentreffen abendländischer und byzantinischer ikonografischer Konzepte und fällt vor allem in der Ausschmückung der Cappella Palatina in Palermo ins Auge. Dort bestehen im Übrigen chronologische Unterschiede und dementsprechend Differenzen in der Ausführung der Mosaiken in Kuppel und Querschiff einerseits und im Langhaus andererseits. Erstere wurden vor 1143 von Werkstätten aus der Zeit Rogers angefertigt, Letztere jedoch zwischen 1154 und 1166, das heißt unter Wilhelm I., was erklärt, dass sie noch keine der stilistischen Besonderheiten von Monreale erkennen lassen. Die Figuren im Langhaus sind starrer und eckiger im Vergleich zu den flüssigen, reich gestalteten Figuren aus der Zeit Rogers. Ikonografisch gesehen geht es hier um eine deutlich formulierte Sprache der Moral und einen Aufruf zur Orthodoxie.
Stärker als mit den Mosaiken aus der Zeit Wilhelms I. sind die Wandbilder in Monreale mit denen der Admiralskirche vergleichbar. Deren musivische Ausschmückung entstand zeitgleich mit der älteren Phase in der Cappella Palatina und drückt deshalb die gleichen bildlichen Konzepte aus. Als Datierung ist der Zeitraum von 1143 bis 1151 anzunehmen.
Der weltliche, der metaphorischen Darstellung des islamischen „Gartens" nach altorientalischer Tradition verpflichtete Wandschmuck im Brunnensaal der Zisa (1154–1166) zeigt Jagdszenen und Pfauen neben einer Palme, ähnlich wie die

Mosaiken des so genannten König-Roger-Saals im Normannenpalast. Auffallend sind besonders die Medaillons mit Tierdarstellungen, die im Übrigen an manche orientalischen Stoffe wie ein persisches Fragment aus dem 9. Jahrhundert (Musée Lorrain, Nancy) oder an Schnitzereien auf Elfenbeinschatullen im islamischen Stil erinnern. Der Untergrund der Mosaiken aus normannischer Zeit ist eine Wandfläche aus sauber gekanteten Quadern und feinen Mörtelfugen, die eine sorgfältig geglättete, homogene Malfläche bildeten. Sie wurde meist mit zwei Schichten Mörtel überzogen, manchmal auch mit drei oder auch nur einer einzigen. Die Gesamtdicke des Mörtelauftrags einschließlich der Mosaiksteine betrug nirgendwo mehr als 7 cm. Die Farbe des letzten Mörtelbetts war hell, manchmal wie in Cefalù sogar weiß. Die erste Schicht wurde etwas rau belassen, indem man beim Ausstreichen mit der Kelle Kerben hineindrückte. Die zweite Schicht, das eigentliche Mörtelbett, enthielt reichlich Stroh und Stifte. Das Stroh sollte die Festigkeit des Mörtels erhöhen, während die Stifte, sofern sie nicht von späteren Restaurierungsarbeiten stammen, dafür sorgen sollten, dass die Unterkonstruktion fest mit dem Mauerwerk verbunden war – leider oft mit katastrophalen Folgen für die Haltbarkeit des Mörtels. In Monreale ebenso wie in der Cappella Palatina und im Dom von Cefalù sind überall die Vorzeichnungen erhalten, die noch an der Rückseite abgelöster Teilstücke zu sehen sind. Die mit Rot, Dunkelrot, Ockergelb, Hellgelb, Grau und Schwarz gefertigten Skizzen sind noch gut erkennbar. Die Flächen des späteren Goldgrunds wurden üblicherweise rot eingefärbt, weil dies dem eingeschmolzenen Blattgold mehr Leuchtkraft verlieh. Die Abdrücke der Mosaiksteine sind 1,2 × 1,2 cm groß und verlaufen in gleichmäßigen waagerechten Reihen. Schwarze Inschriften wurden schwarz unterlegt, während graue Flächen Abdrücke kleinerer Glaswürfel in verschiedenen Farben und mehr oder weniger dichtem Verbund zeigen. Hellgelb kennzeichnet die Stellen, an denen die Haut der Figuren zu sehen ist, während Ocker den Goldgrund vorgibt. Als in Monreale Teile der Wandverkleidung abgelöst wurden, kam darunter eine Rötelskizze zu Tage, die ein Buch und einen großen Flügel darstellt und direkt auf den Putz aufgetragen war. Sie half sehr dabei, uns eine genauere Kenntnis der Arbeitsweisen der byzantinisch-normannischen Mosaizisten zu vermitteln.

Für die Mosaiken verwendete man Würfel aus Glaspaste, Glasfluss mit eingeschmolzenem Blattgold und Stein, meist lokalem Kalkstein. Derzeit ist noch unbekannt, wo diese Glaswürfel hergestellt wurden. Einen Hinweis, der für die Kontinuität der Tradition spricht, liefert uns Masi Oddo, der erste Restaurator der Mosaiken in Monreale. Von ihm heißt es, „das Glas brannte er in Monreale". Die Tatsache, dass Bruchstücke übrig gebliebener Glasplatten in Wandverfüllungen und später zugemauerten Fensteröffnungen gefunden wurden, scheint zu bestätigen, dass die Würfel direkt vor Ort, vielleicht erst auf dem Gerüst aus den Glasplatten herausgeschlagen wurden.

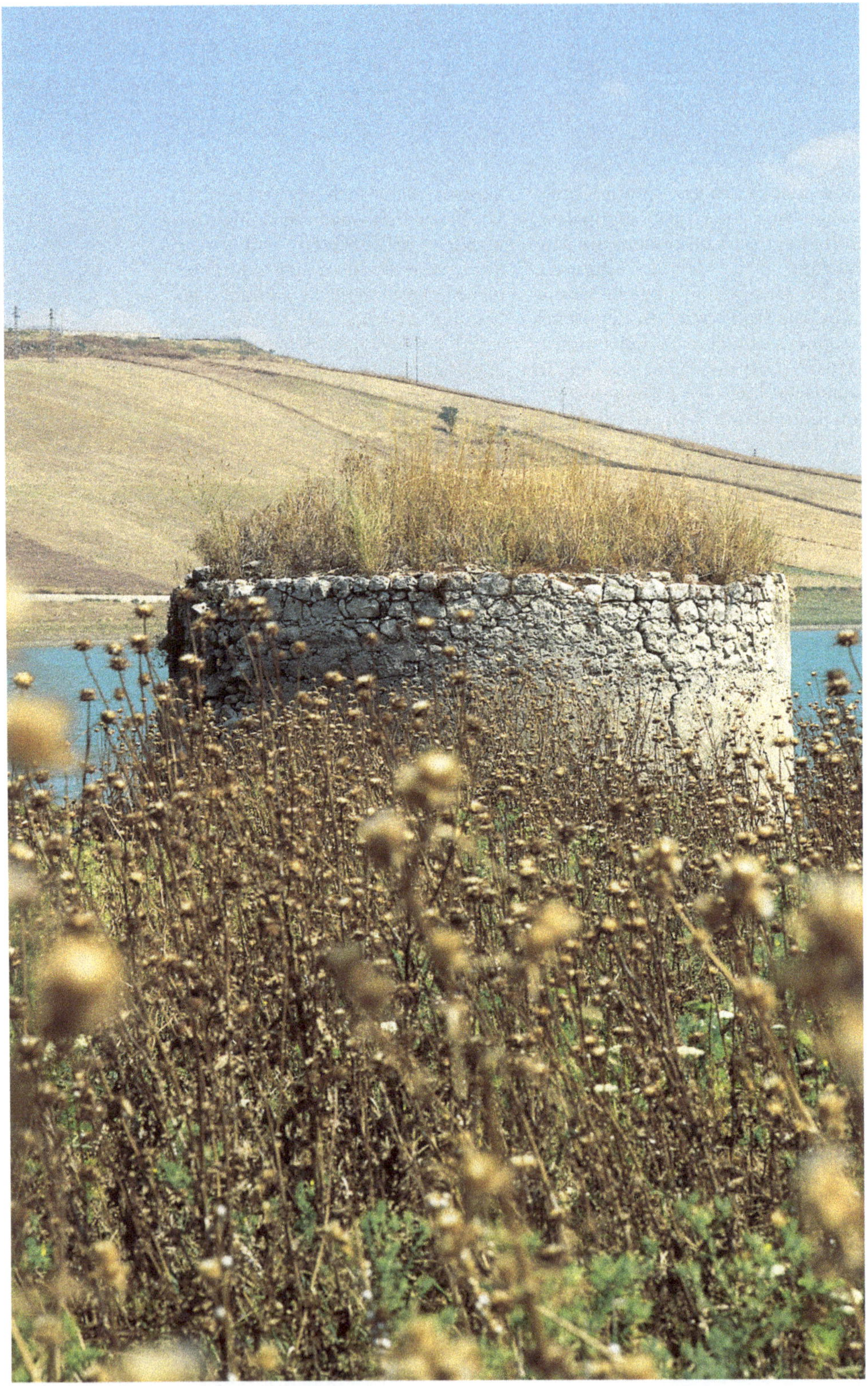

ROUTE V

Ortschaften und Festungen im Gebiet um Agrigent

Wissenschaftliches Gremium

V.1 MUSSOMELI
V.1.a Kastell

V.2 RACALMUTO (optional)
V.2.a Kastell
V.2.b Castelluccio

V.3 NARO
V.3.a Duomo Vecchio (alter Dom)
V.3.b Kastell

V.4 AGRIGENT
V.4.a Das Viertel Terra Vecchia
V.4.b Dom – normannische Teile (optional)

V.5 SCIACCA
V.5.a Die Apsiden der Kathedrale
V.5.b San Nicolò la Latina
V.5.c Die Festung Mazzallaccar

V.6 SAMBUCA DI SICILIA
V.6.a Das arabische Viertel

Sagra del Tatarató. Arabisch-normannische Volksfeste in Sizilien

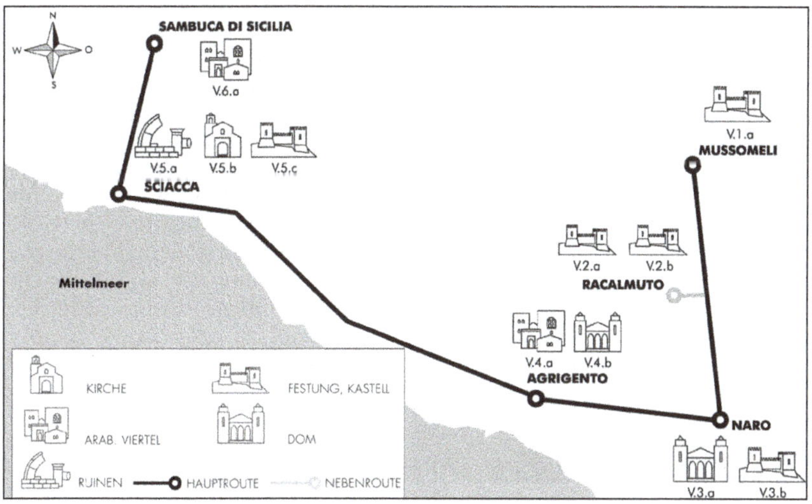

Festung Mazzallaccar, Eckturm, Sciacca.

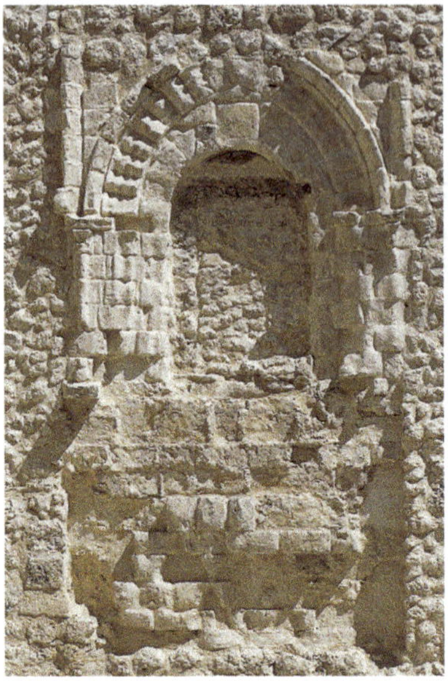

Kastell, Einzelbogenfenster, Racalmuto.

Einige der bedeutendsten Überreste der arabischen Periode Siziliens finden sich im Gebiet der heutigen Provinzen Agrigent und Trapani. Es sind solche des Kunstschaffens, die uns hier begegnen, figurativ und typologisch vergleichbare Gebäudezyklen, befestigte Ortschaften, Stadtanlagen und Gebiete, die von ihrer historischen Bedeutung her wichtig sind, aber auch kulturelle Hinterlassenschaften im weiteren Sinne, von sprachlichen Überresten und Ortsbezeichnungen über das Fortbestehen bestimmter Mythen in Volksbräuchen bis hin zu Spuren der umfassenden Umgestaltung des Agrarwesens, die in fatimidischer Zeit sowohl im Hinblick auf die Anbautechniken als auch auf die Kulturen erfolgte und deren Auswirkungen auf die Landschaft in Teilen der Insel noch immer erkennbar sind.

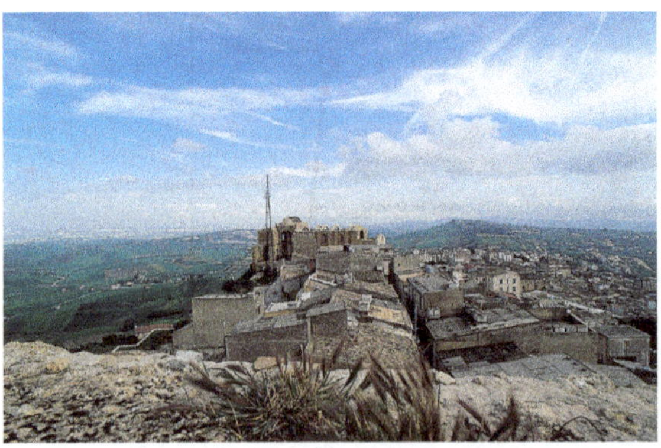

Duomo Vecchio, Gesamtansicht, Naro.

An diesen Orten und Bauwerken lässt sich die Aufeinanderfolge der byzantinischen, arabischen und normannischen Kultur anhand der Dominanz der besonderen Ausdrucksformen der islamischen Kultur ablesen.

Dabei zeigen sich in der Geschichte der sizilianischen Kunst dieser Zeit kontinuierliche und diskontinuierliche Züge. Es war eine Welt voller Unterschiede, die innerhalb eines vielschichtigen Pluralismus koexistierten und sich harmonisch in einen neuen Synkretismus einfügten, der die Kontraste klug miteinander zu kombinieren wusste.

Dabei sind verschiedene Elemente zu erkennen, so die Wiederentdeckung von Verfahren, die in den chaotischen Jahrhunderten nach dem Niedergang des Römischen Reichs verloren gegangen waren, oder die Beherrschung von Bautechniken, die sich der Islam zu eigen gemacht hatte, wenn auch mit nachhaltigen Abwandlungen. Geht eine Technik erst einmal verloren, etwa die Bauweise von Kuppeln oder Gewölben, ist es nicht leicht, sie wieder zu erlernen. Das normannische Sizilien bildete insofern die Grundlage für die Werke aus der Zeit Friedrichs II., die ihrerseits zu Wegweisern für die italienische Renaissance wurden.

Eine Vorreiterrolle spielte der Islam bei der Umgestaltung der wirtschaftlichen Produktionsstrukturen auf der Insel. Der Einfluss arabischer städtebaulicher Traditionen auf die Entwicklung der Ansiedlungen lässt sich an vielen Stadtgefügen ablesen. Ihre Merkmale wurden generalisiert, wobei sich einige Grundzüge herausbildeten: die Hierarchie der Straßen von breiten Chausseen bis zu schmalen Gassen, die Trennung zwischen Festungs- und Wohngebieten, die Gliederung der Wohngebiete in eine eigentliche städtische Zone (Medina) und deutlich davon unterschiedene Vororte (die *rabati* der sizilianischen Ortsnamenskunde).
Die Route durch die Provinz Agrigent konzentriert sich auf historische Stätten, die Bezüge zu wichtigen Ereignissen der arabischen Zeit aufweisen, darunter Reste von Burgen und Kastellen, Stadtgefügen, Dörfern und *ribats* sowie entsprechende Elemente an jüngeren Gebäuden aus nacharabischer Zeit.
Die Gründung der neuen islamischen Ortschaften, typischerweise mit Verteidigungsanlagen, folgte der Landreform und den landwirtschaftlichen Neuerungen, die für die maghrebinischen Kolonisten und arabischen Besatzungstruppen die bestmöglichen Lebensbedingungen schaffen sollten.
Bei den Neugründungen handelt es sich vielfach um Siedlungen, deren Bezeichnung und Ursprung noch auf die vorarabische Zeit zurückgehen, darunter oft um Ortschaften, Städte und Dörfer, in denen der Islam Fuß stärker fassen konnte. Sie alle wurden von den arabischen Kolonisten umbenannt, wobei diese Bezeichnungen manchmal doch in die späteren Namen Eingang fanden: so etwa Casteltermini, das islamische Wurzeln hat (wörtlich „Gehöft des Chiudia“); Sant' Angelo Muxaro (dessen *qasr* namens Moscaria 1087 von den Normannen erobert wurde); Raffadali (Rahl-Faddal, „Haus des ‘Ali“), eine Ortschaft mit arabisch geprägtem Stadtplan und Häusern; Favara, das

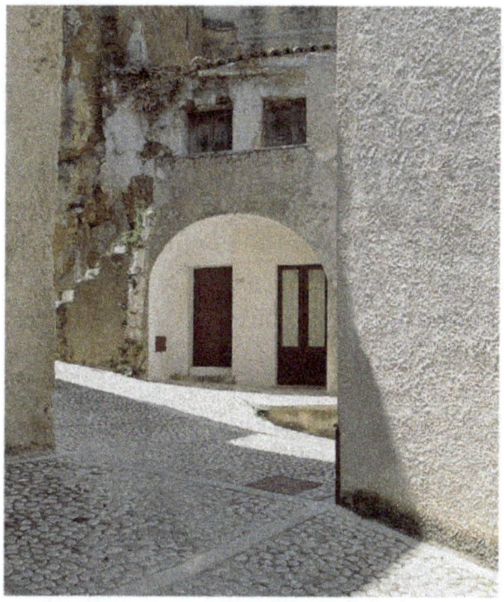

Arabisches Viertel, Blick in eine der Gassen, Sambuca.

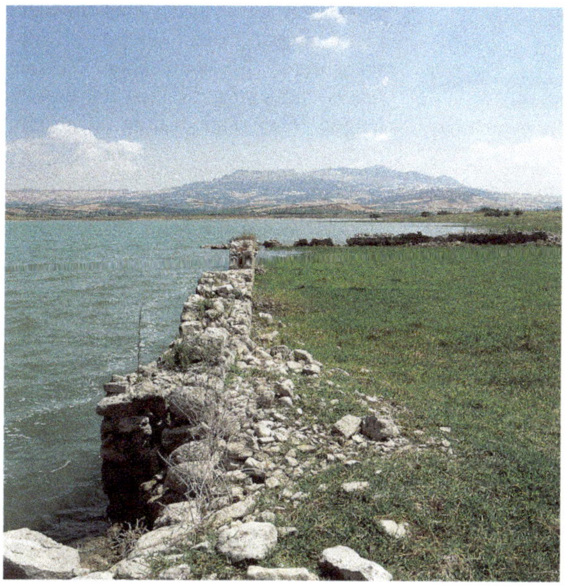

Festung Mazzallaccar, Teilansicht, Sciacca.

eine wichtige geschichtliche Rolle spielte und dessen Name vom arabischen *fawwara* (Quelle) abgeleitet ist; Menfi, dessen arabischer Kern im Dorf Burgimilluso lag und dessen alte Festungsanlagen unter Friedrich II. wiederhergestellt wurden; Caltabellota (Qal'at al-Ballut, „Eichenburg"), eine alte arabische Siedlung, die später überwiegend von Normannen bewohnt wurde; Burgio, das 8 km vom Ortszentrum aus der Normannenzeit noch die interessante Kirche Santa Maria di Rifesi mit Benediktinerkloster besitzt; Santo Stefano Quisquina, das auf ein arabisches Gehöft zurückgeht; Cammarata, ebenfalls eine arabische Gründung, die noch Reste des alten Kastells und der Straßenführung des 12. Jahrhunderts vorzuweisen hat (allerdings in späteren Jahrhunderten verändert wurde).
Um Reisende und Karawanen, die mit Nahrungsmitteln und Tauschwaren auf der Insel unterwegs waren, bestmöglichst zu schützen und zu versorgen, entstanden auch in Sizilien in abgelegenen Gegenden Karawansereien (im islamischen Westen *funduq* genannt), die Rast auf einem langen Weg oder Schutz an einem unsicheren Ort boten. Die meist großflächigen Anlagen waren in der Regel befestigt, um sie gegen Angriffe von außen verteidigen zu können.

Kastell, Grundriss, Mussomeli (Spatrisano 1972).

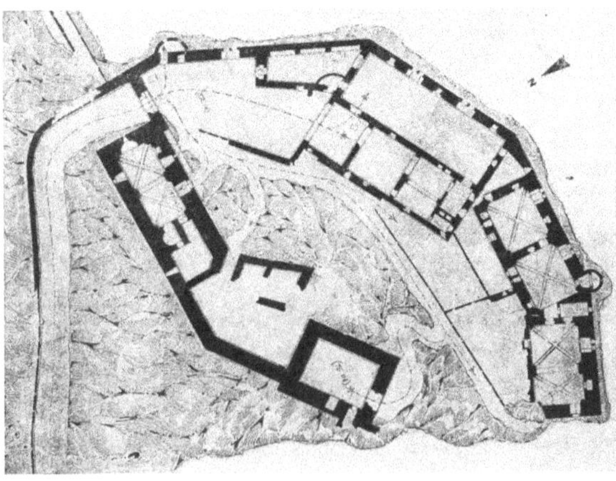

V.1 MUSSOMELI

V.1.a Castello

Vom Kreisverkehr an der Via Oreto aus auf die A19 in Richtung Catania fahren; von dort auf die SS121 in Richtung Agrigent abbiegen und nach rund 100 km die Abfahrt nach Mussomeli nehmen und der Beschilderung folgen. Im Stadtzentrum die Via Città di Siracusa und die Via Madonna di Fatima entlangfahren, dann nach rechts in die Via della Regione abbiegen und der Beschilderung zum Kastell folgen. Am Fuß des Kastells befindet sich ein Parkplatz. Informationen: Verkehrsverein Pro Loco Mussomeli, Tel. 0934 993373. Sanitäranlagen vorhanden.

Während der arabischen Besatzung diente der Felsen, auf dem heute das Kastell steht, vermutlich als Standort einer Garnison. Einige Forscher vermuten, dass die Festung von Mussomeli identisch ist mit Qa'lat 'Abd al-Mu'min, von dem man weiß, dass es auf einem Felsen zwischen Caltavuturo und Platani lag und 866 vom Emir al-'Abbas Ibn Fadl belagert wurde. Die ältesten noch vorhandenen Bauteile stammen allerdings aus dem 14. Jahrhundert, aus der Zeit der Stadtherrschaft Manfreds III. Chiaramonte (1375–1391; nach ihm wurde die Stadt Manfreda genannt) und es gibt keine unmittelbaren architektonischen Belege dafür, dass sie über einer bereits bestehenden Ansiedlung errichtet wurden. Nach der Vertreibung der Familie Chiaramonte wurde das Kastell 1392 vom Staat aufgekauft und später Raimondo Moncada, Graf von Augusta, als einem Vertreter des der Krone ergebenen Feudaladels überlassen. Bis in die 1990er-Jahre war die Festung dann im Besitz der Familie Lanza und fiel schließlich durch Schenkung an die Gemeinde Mussomeli.

Die Burg steht auf einem steil aufragenden Felsen, der lediglich an der Nordseite flacher ist. Dort liegt der einzige Zugang zum Kastell. Die aus Bruchsteinmauern erstellten Gebäude fügen sich in das zerklüftete Relief des Felsens ein. Sie sind zweigeschossig und gruppieren sich rings um zwei Innenhöfe. An den unteren grenzen Stallungen, während der obere von Wohn- und Wirtschaftsräumen umgeben ist. Man betritt die Burg durch den ersten, trapezförmigen Hof mit Ställen für rund 50 Pferde. Von ihm führt ein abgewinkelter Durchgang zum zweiten Hof, der im Norden von den herrschaftlichen Wohnräumen und im Osten von einer hohen Mauer mit Schießscharten abgeschlossen wird. In die Wand eingelassen ist ein rundes Türmchen mit steinerner Wendeltreppe, die auch ins Kellergeschoss führt, in dem wahrscheinlich das Gefängnis untergebracht war. Neben dem Spitzbogenportal des Treppenturms führt ein zweiter Spitzbogen zu einem Wachturm mit Sitzplatz und Schießscharte.

Entlang der Nordseite des Hofs gelangt man durch einen großen Spitzbogen in ein Vestibül, von dem aus mehrere kleinere Wirtschaftsräume und die große Sala dei Baroni abgehen. Das Portal zum Saal ist recht aufwändig mit Gesimsen gearbeitet, die an die Fenster des Palazzo Chiaramonte in Palermo

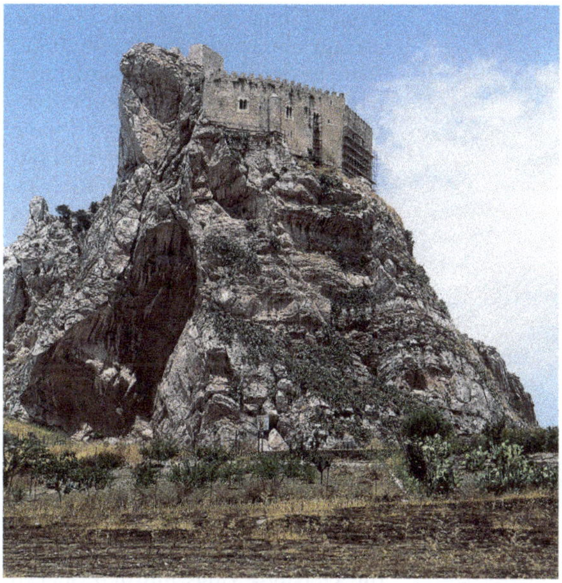

Kastell, Gesamtansicht, Mussomeli.

erinnern. Der rechteckige Saal besitzt eine gerade Holzdecke und erhält Licht durch zwei Biforien in der Südwand. Von hier aus gelangt man in einen dreieckigen Raum, der über eine steile schmale Treppe mit einem darüber liegenden verbunden ist, der „Kammer der drei Frauen“. Im Erdgeschoss liegen die Sala del Camino sowie ein zweiter, ähnlicher Saal mit Kreuzgewölbe, der ebenfalls durch ein Zwillingsfenster erhellt wird. Eine kleine Tür führt zu einem runden Raum, der vielleicht als Küche diente. Im Flur zum nächsten Raum führt eine kleine Treppe zum Kellergeschoss und zu einer Latrine, deren Tür im ganzen Schloss das einzige Beispiel für eine Maueröffnung mit Dreipass darstellt, die eindeutig dem Chiaramonte-Stil zuzurechnen ist. Der letzte Saal der Herrschaftsräume, vermutlich ein Schlafzimmer, wird von zwei Kreuzrippengewölben überspannt.

Vom Hof aus gelangt man ins Souterrain unterhalb der Prunkräume. Manche der Kellerräume sind durch einige Schießscharten und Oberlichter erhellt und waren vermutlich die Kammern der Domestiken und Bewaffneten. Die übrigen, fensterlosen Kellerbereiche dürften dagegen als Weinkeller, Lager- und Wirtschaftsräume gedient haben. Im Hof steht auch die Kapelle, deren Portal ein reich verziertes Gesims aufweist. Oberhalb der Kirche gelangt man zum Felsgipfel. Dort steht ein rechteckiges Gebäude mit sehr dicken Mauern und Zinnenkranz. 1908 beauftragte die Familie Lanza Ernesto Armò mit umfassenden Restaurierungsarbeiten, die von 1909 bis 1910 andauerten und vor allem die Gebäude rings um den oberen Hof betrafen.

V.2 RACALMUTO
(optional)

V.2.a Castello

Nach Mussomeli zurück auf die SS121-189 und in Richtung Agrigent weiterfahren. In Grotte abzweigen und auf Racalmuto zufahren. Dort links in die Via F. Villa, dann rechts in die Via Generale E. Macaluso einbiegen, bis zur Via F.o Martino weiterfahren und dann am Kreisverkehr in die Via Roma, dann die Via Garibaldi abbiegen. An der Piazza Umberto I steht das Monument. Dort befindet sich auch ein Parkplatz. Öffnungszeiten: von 9–13 und 16–20 Uhr. Sanitäranlagen vorhanden.

Gegründet wurde das Kastell in der Zeit der Herrschaft der Malcovenants hier, französischer Gefolgsleute Graf Rogers. Bauherr war Robert, erster Baron von Racalmuto, der es 1087 als eigenen Wohnsitz errichten ließ. 1181 erfolgte eine Erweiterung durch die Familie Barresi, die das Gebäude ab 1134 bis zum Ende der Normannendynastie in Besitz hatte. 1296 ließ Friedrich II. Chiaramonte das bei den Unruhen von 1282 beschädigte Schloss wiederherstellen und dabei nochmals erweitern. 1929 schließlich wurde das Kastell völlig umgebaut und diente von da an als Dominikanerinnenkloster.
Der Grundriss bildet ein unregelmäßiges Fünfeck. Von der Hauptfront gelangt man durch einen überdachten Gang in den Innenhof, um den herum sich der große Gebäudekomplex gruppiert. Erkennbar sind noch Reste der ursprünglichen Bauten, etwa das heute in die Wand des Hofes eingemauerte Portal.

V.2.b Castelluccio

Die Route geht weiter mit dem Auto durch die Via Garibaldi, Via F. Villa, Via Generale Macaluso, Via F. Martino, Via Roma; von dort aus nach rechts abbiegen und der Beschilderung nach Monte Castelluccio folgen. Nach rund 2 km ist links ein Feldweg ausgewiesen, der zum Bauwerk führt.
Der Bau ist im Privatbesitz und nur von außen zu besichtigen.

Noch heute erkennt man, dass diese Ruinen einst eine kleine, aber gut befestigte Burg darstellten, die trutzig auf ihrem Felsausläufer stand. Zwischen 850 und 870 ließen sich Muslime, die in der Gegend von Agrigent ansässig geworden waren, in der Nähe des alten Casalvecchio nieder und inkorporierten es zum Teil in ihr eigenes Dorf, das sie Rahl al-Maut (Racalmuto) nannten. Wegen

ihrer einzigartigen strategischen Lage benötigte die Siedlung eine Festung zur Kontrolle der Verbindungswege zum Platani-Becken und zum Landesinneren. Schon im 11. Jahrhundert stand an der Stelle des heutigen Castelluccio eine Burg namens al-Minsar, die später von den Normannen weiterbenutzt und nach und nach erweitert wurde, bis sie die heutige Gestalt hatte. 1134 wurde die Festung von Abbo Barresi, dem Herrn von Racalmuto, wiederhergestellt und 1229 unter Kaiser Friedrich II. nochmals restauriert, wie das in einen Stein der Südwestmauer eingemeißelte Datum bezeugt. Der rechteckige Grundriss wurde sichtbar verändert und büßte dabei seine ursprünglich einheitliche Gestaltung ein.
Der Mittelteil des Gebäudekomplexes besteht aus den Überresten der Mauern, die riesige, unregelmäßig geformte Innenräume umschlossen. Im Westteil ist ein großer trapezförmiger Saal erhalten, der durch eine Reihe von Rundbogenarkaden längs unterteilt ist. Rechts davon führt neben einem Brunnen eine zweiläufige Treppe zu den Räumen im oberen Stockwerk sowie zum Wachturm und zum Wehrgang. An der Nordostseite war der Komplex durch eine doppelte Mauer mit Schießscharten geschützt.

V.3 NARO

Der bisher angenommene arabische Ursprung des Namens wurde inzwischen widerlegt. Bis zum Ende des letzten Jahrhunderts führte man ihn auf den Begriff *nar* (Feuer) zurück und glaubte, dass der Ort übersetzt „Feuerdorf" heißen würde. Tatsächlich kommt „Naro" jedoch offenbar vom griechischen *naron*, „Fluss", was die Annahme stützt, dass die Siedlung in unmittelbarer Nähe des gleichnamigen intermittierenden Flusses lag.
Der alte Stadtkern entstand im 12. Jahrhundert über den Resten eines arabischen Gutshofs. Den Wohlstand der Siedlung in normannischer Zeit bezeugt al-Idrisi, der für die Ortschaft Mitte dieses 12. Jahrhunderts ausgesprochen lobende Worte findet. Er schildert sie als „bedeutenden Gutshof und wichtiges Zentrum mit vielbesuchten Märkten, blühendem Handwerk und einem ausgedehnten regelmäßigen Jahrmarkt".
1233 erhob Friedrich II. den Ort zur königlichen Stadt. Er nannte sie die „überaus Leuchtende" wegen ihrer günstigen strategischen Lage, von der aus sie ein weitläufiges Territorium beherrschte. Erst ab dem 13. Jahrhundert wurde eine Stadtmauer gebaut, innerhalb derer das Stadtzentrum, wie es noch heute sichtbar ist, heranwuchs.
Im Mittelalter gehörte die Ortschaft der Familie Chiaramonte, die dort einige der prächtigsten Gebäude errichten ließ. 1398 erhielt Naro von König Martin von Aragon seinen früheren Status als freie Königsstadt zurück.

V.3.a Duomo Vecchio (alter Dom)

Mit dem Auto in Richtung Racalmuto zurückfahren. An der ersten Abzweigung in Richtung Agrigent abbiegen und an der nächsten auf die SS640 Caltanissetta-Agrigent auffahren. An der Ausfahrt Naro abfahren und nach links auf die SS122 in Richtung Castrofilippo abbiegen. Hinter der Stadt der Beschilderung nach Naro über die SS410 folgen. Kurz vor Naro den Schildern zum

Naro

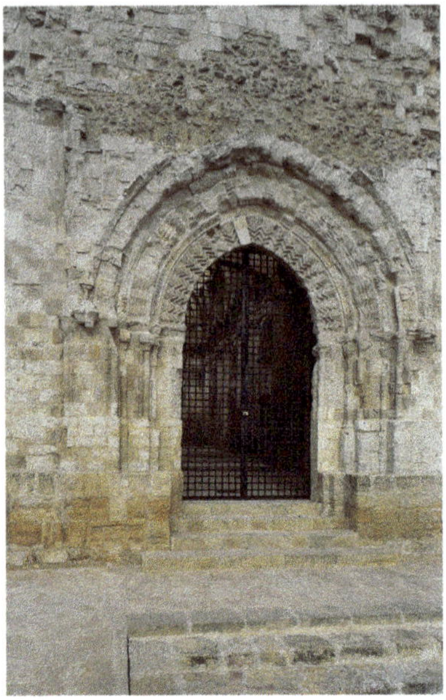

Duomo Vecchio, Portal, Naro.

Zentrum folgen und den Wagen in der Via Cavour parken. Zu Fuß durch die Via Dante gehen, dann nach rechts die Treppe zum alten Dom hinaufsteigen. Besichtigung nach Voranmeldung beim Kulturamt der Gemeinde (Ufficio Servizi culturali), Tel. 0922 953013/956368.

Das Gründungsdatum ist ungewiss. Rocco Pirri (1723) schreibt das Gebäude Matthäus Chiaramonte (14. Jahrhundert) zu, doch bezeugen Urkunden seine Existenz schon in normannischer Zeit, als sich an dieser Stelle eine Moschee befunden haben soll. Gewiss ist, dass das Gotteshaus 1174 nach Aufgabe der griechischen Kirche San Nicolò zur Kathedrale erhoben wurde. Später, unter den Anjous, wurde der Dom verschönert und erweitert und am zweiten Sonntag im Mai 1266 geweiht.
Nachdem er seine Funktion als Bischofskirche an die neue Kirche dell'Annunziata (1619) abgegeben hatte, wurde der ‚alte' Dom komplett umgebaut (1771–1788) und dem barocken Geschmack entsprechend verändert.
Erhalten sind der generelle Grundriss aus normannischer Zeit, der ein lateinisches Kreuz mit einschiffigem Saal und einer niedrigeren Vorhalle umfasst. In der Wand rechts vom Eingang befindet sich eine Nische aus dem 14. Jahrhundert. Der Altarraum wird flankiert von Prothesis und Diakonikon, die – über die Außenwände des Langhauses hinausragend – die Querarme des Kreuzes bilden. Das am oberen Ende einer Freitreppe eindrucksvoll aufragende Gebäude zeigt mit der Hauptfassade zum heutigen Domplatz (Piazza Duomo). Ihr Schmuck ist das bereits 1818 restaurierte prunkvolle Portal mit der darüber liegenden Rosette, die heute allerdings zugemauert

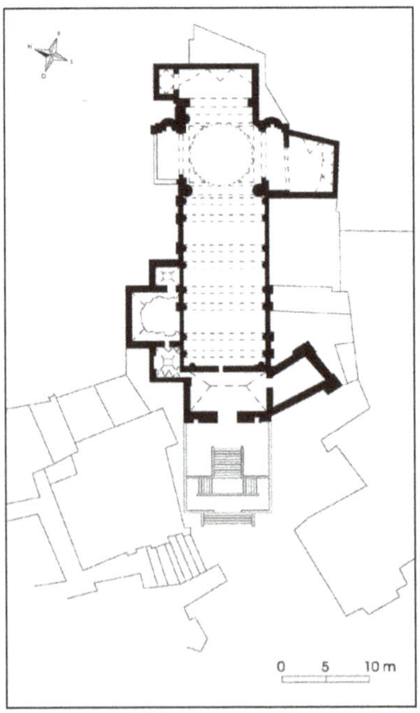

Duomo Vecchio, Grundriss, Naro.

ist. Das Spitzbogenportal aus der Chiaramonte-Zeit ist von mehreren gestuften Blendbögen mit Zickzack-, Falt- und Blattwerk eingerahmt, die durch steinerne Kaffgesimse, Leisten und Rundstäbe verbunden sind. Die Widerlager ruhen auf kleinen Säulen. Das Kirchenschiff war einst mit einem Tonnengewölbe versehen, das nicht mehr existiert. Schlecht erhalten ist auch die Halbkugelkuppel über der Vierung. Die Nordwand der Kirche wird durch das Fehlen jeglichen Wandschmucks im Bereich des Presbyteriums gekennzeichnet.

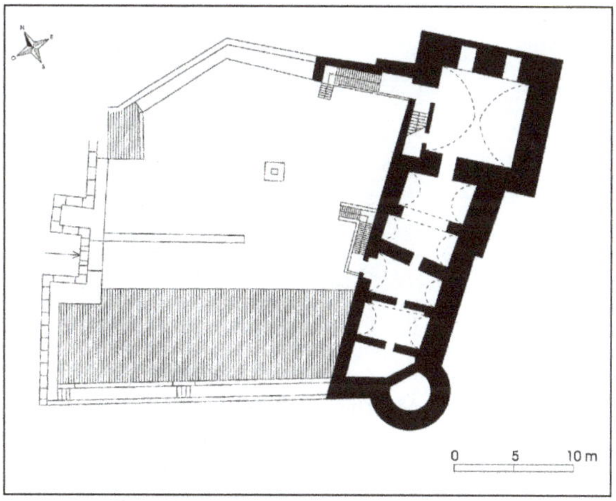

Kastell, Grundriss, Naro.

V.3.b Castello

Zu Fuß die Treppe wieder hinuntersteigen und dann der Via S. Antonio zum Kastell folgen, oder mit dem Auto die Via Archeologica entlangfahren, an der man nach wenigen Metern auf den Bau trifft. Besichtigung nach Voranmeldung beim Kulturamt der Gemeinde (Ufficio Servizi culturali), Tel. 0922 953013/956368.

Das quadratisch angelegte Kastell von Naro steht inmitten der mittelalterlichen Altstadt. Der heutige Zustand der Mauern lässt keine Schlüsse darüber zu, welche Teile des Gebäudes in welcher Epoche verändert wurden. Zum Ursprung der Burg gibt es diverse Thesen, doch sind sich die Wissenschaftler einig, dass der erste Kern im 9. Jahrhundert entstanden ist.
Die als Residenz des Emirs angelegte muslimische Festung wurde um das Jahr 1233 unter Kaiser Friedrich II. radikal verändert und dann nochmals um 1366 von

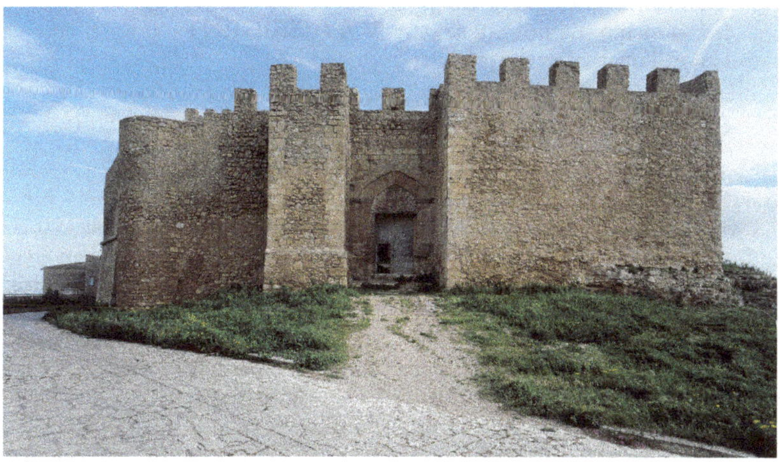

Kastell, Ansicht, Naro.

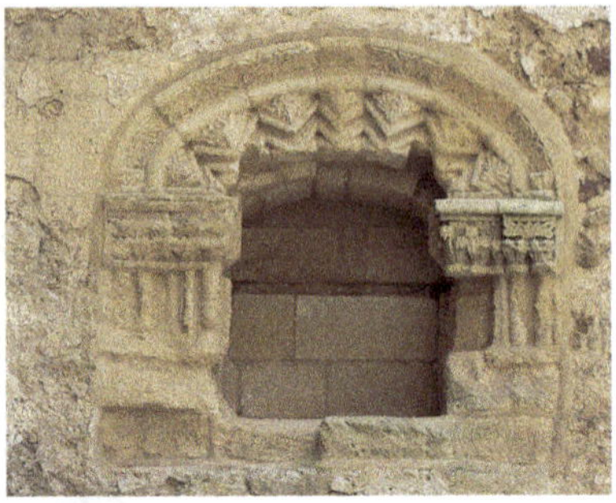

Kastell, Einzelbogenfenster, Naro.

Matthäus Chiaramonte umgebaut, als er Stadtherr von Naro war. Der Eingang des Gebäudes liegt an der Westseite der Befestigungsmauer, flankiert von zwei Basteien, die gemeinsam mit dem dazwischen verlaufenden Wehrgang die Verteidigungsanlage der Burg bildeten. Links vom Eingang steht ein Rundturm und diagonal dazu der so genannte Uhrenturm, der in Anbetracht seines anderen Mauerwerks älter zu sein scheint als die übrigen Bauteile. Das von einem Spitzbogen aus dem 15./16. Jahrhundert überragte Portal führt in einen Hof mit einer Zisterne in der Mitte. An zwei Seiten des Innenhofs befinden sich Pferdeställe, Waffenkammern und Unterkünfte für Ritter und Knappen. Im Südosten steht der massige viereckige Turm, der vermutlich 1330 unter Friedrich III. von Aragon entstand. In seinem Inneren ist nur noch ein Raum original erhalten, der so genannte Fürstensaal (Sala del Principe). Man erreicht ihn vom Hof aus über eine zweiläufige Außentreppe aus Stein. Der Raum ist mit einem Spitztonnengewölbe versehen, das in der Mitte durch einen Quergurt auf halbrunden Pfeilern mit halbachteckiger Basis abgestützt wird. Man betritt den Raum durch ein Portal, dessen Widerlager auf vier Marmorsäulen ruhen und dessen Bogen ein reich mit Zickzackmustern verziertes Band aufweist.

Die „Scala dei Turchi“
Auf dem Weg nach Agrigent durchquert man ein Tal mit auffallend vielen Sarazenen-Ölbäumen, von denen Leonardo Sciascia schrieb, es seien Bäume „mit gewundenem, verschlungenem Stamm, mit dunklen Furchen; wie gefoltert, und man glaubt fast ihr Stöhnen zu hören.“ Verlässt man die Nationalstraße und fährt in Richtung Porto Empedocle nach Osten auf das Meer zu, liegt zwischen Landstraße und Strand eine durchgehende Hügelkette, die wegen ihrer einzigartigen Formation als „Scala dei Turchi“ (Türkentreppe) bezeichnet wird. Die Hügel entstanden durch Erosion, bedingt durch Wasser- und atmosphärische Einflüsse, die tiefe Furchen in die weißen Mergelflächen gruben. Der Volksglaube bringt dieses Naturphänomen jedoch mit den Piratenüberfällen des 15. und 16. Jahrhunderts in Verbindung. Die Klippen werden darüber hinaus von interessanten kleinen Kegeln eingefasst.

V.4 AGRIGENT

Die Siedlung wurde um 580 v. Chr. von einer Gruppe rhodischer Siedler aus Gela in einer Gegend gegründet, die seit vorgeschichtlicher Zeit besiedelt war. Um 490 v. Chr. erlebte die Stadt nach dem Sieg über die Karthager bei Himera unter dem Tyrannen Theron eine erste Blüte, wurde jedoch 409 v. Chr. von den Karthagern zerstört. Timoleon gründete sie nur 70 Jahre nach dem tragischen Vorfall neu. 210 v. Chr. gelangte sie in römische Hand.

Der Niedergang des Römischen Reichs bedingte einen deutlichen Bevölkerungsrückgang, der erst in byzantinischer Zeit dadurch gestoppt werden konnte, dass hier eines der 13 Suffraganbistümer von Syrakus eingerichtet wurde, was einen entscheidenden Impuls für das Vorrücken der Besiedelung auf dem Hügel von Girgent bedeutete.
828 wurde die Stadt von den Arabern erobert, die einigen zeitgenössischen Chronisten zufolge dort zahlreiche Moscheen bauten. In „Kerkent" ließen sich mehrere Berberstämme nieder, so dass der Ort sogar zu ihrer Hauptstadt wurde und sich diese Stämme 937 als Verbündete der Byzantiner an einem Aufstand gegen die Fatimiden und ihr Steuersystem beteiligten, der jedoch blutig niedergeschlagen wurde. Der Geograf Jaqut erwähnt den Ort Ende des 10. Jahrhunderts als schlichtes *balad* (Dorf).
1087 wurde der Platz von den Normannen erobert, die dort erneut ein Bistum einrichteten und reich mit Gütern beschenkten. Al-Idrisi hebt die Bedeutung des Handelshafens hervor und betont, „ihre Paläste übertreffen an Höhe die anderer Städte und sind eine rechte Verführung für alle, die sie bewundern". Er bestätigt damit die wirtschaftliche Bedeutung der Stadt, die mit ihrer natürlichen Anbindung an Nordafrika zusammenhing; aus eben diesem Grund war sie auch prädestiniert für ihre tragische Rolle als Zwischenstation für die letzten Muslime und Rebellen Siziliens, die auf Anordnung Friedrichs II. von Staufen 1245 endgültig von der Insel vertrieben wurden.

V.4.a Das Viertel Terra Vecchia

Mit dem Auto weiter in Richtung SS576 fahren und dann auf die SS115 in Richtung Agrigent auffahren. Kurz vor der Stadt zunächst der Beschilderung zum Valle dei Templi und dann zum Stadtzentrum folgen. Von der Piazza Stazione aus der Beschilderung zur Via Duomo folgen und an deren Ende auf der Piazza Don Minzoni das Auto parken. Zu Fuß in eine der Gassen abbiegen, die von der Via Duomo aus in das Viertel Terra Vecchia führen.

Das älteste Stadtviertel, die so genannte Terra Vecchia, liegt an der Stelle der einstigen Medina. Trotz der Vielzahl von Schichten, von denen die älteste bekannte aus normannischer Zeit stammt, lässt sich an vielen Stellen zwar nicht die ursprüngliche berberische Siedlung erkennen, aber immerhin ein Stadtgefüge, das starke kulturelle und soziale Einflüsse der

Viertel Terra Vecchia, Felsenfassade, Agrigent.

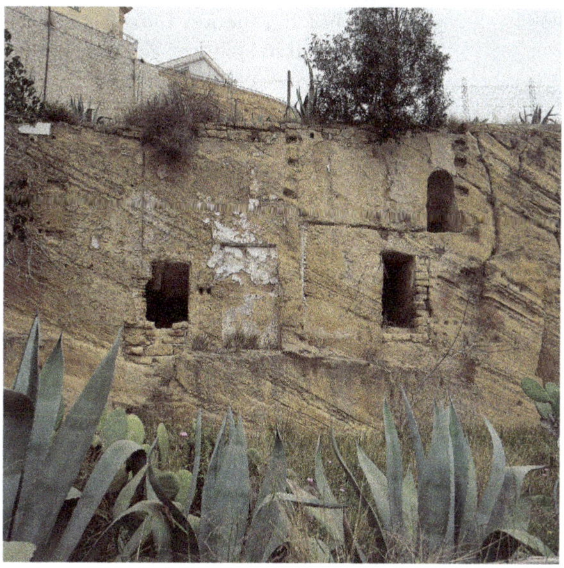

maghrebinischen Kultur aufweist. Die Gebäude gruppieren sich vorwiegend rings um Innenhöfe, zu denen man durch kleine überwölbte Passagen gelangt, die das Leben im Inneren des Hofes abschirmen, so dass dieser einen eher privaten als öffentlichen Charakter annimmt. In Berberstädten dient diese Bauweise mehreren Zwecken, unter anderem auch dem Schutz vor heißen Wüstenwinden, die durch das labyrinthische Netz von offenen und überdachten Gassen gebändigt werden.

V.4.b Dom – normannische Teile
(optional)

Zu Fuß in die Via Duomo zurückkehren. Dort steht das Bauwerk.
Öffnungszeiten: täglich außer sonntags von 9–12.30 und 16–18 Uhr

Der Bau des Doms von Agrigent begann um 1093 durch Gerlando von Besançon, der von Graf Roger als Bischof der neuen Diözese eingesetzt und in späterer Zeit heilig gesprochen wurde (Stadtpatron von Agrigent). Aus Angst vor den Sarazenen, die noch in der Stadt ansässig waren, wählte man den Standort der Kirche nahe beim Kastell. Sie wurde 1099 der Muttergottes und dem Apostel Jakob geweiht. Sie umfasste das Langhaus und den Südturm über der Kapelle des Hl. Bartholomäus und gehörte in die Kategorie der *ecclesiae munitae*, also der sowohl dem Gottesdienst als auch der Verteidigung dienenden Wehrkirchen. In Agrigent dominierte und vervollständigte sie die Festungsanlagen.
Der Dom ist ein kostbares Zeugnis verschiedener künstlerischer Ausdrucksformen. Sein ursprünglicher normannischer Charakter ist heute nicht mehr erkennbar, denn architektonische Spuren aus dieser Zeit sind lediglich in seiner Konzeption und vermutlich im Erdgeschoss des Turms neben dem Querschiff vorhanden. Dieser gut erhaltene ‚Uhrenturm' wurde aus behauenen Tuffquadern gebaut; einige Forscher (Di Stefano 1979) vermuten, dass es sich bei ihm um den Turm handelt, der innerhalb von nur drei Jahren unter Bischof Gualtiero entstanden ist (1127–1141). Im Inneren lassen die Säulen mit achteckiger Basis noch den gotisch geprägten Chiaramonte-Stil erkennen. Die reich bemalte Holzdecke der Kirche entstand um 1518.

Die Makkaluben von Aragona
Unweit von Aragona (Richtung Agrigent, nach 1 km nach rechts in einen Feldweg nach Casa Salomone abbiegen und von dort weiter durch eine Trift bis zum Dorf Macalube) liegt ein Gebiet mit Schlammvulkanen, die dort nach der arabischen Bezeichnung „Makkaluben" genannt werden. Aus den bis zu einem Meter hohen Kegeln blubbert methangashaltiger brackiger weißer Schlick hervor, der die Gegend wie eine Mondlandschaft wirken lässt. Es handelt sich um ein pseudovulkanisches Phänomen, das nicht nur wegen seiner wissenschaftlichen Aspekte interessant ist. Zahlreiche Legenden rankten sich einst um die als höllischer, verfluchter Ort geltenden Makkaluben von Aragona. Seit 1955 sind 256,45 Hektar dieser Fläche Naturschutzgebiet. Verwaltet wird es von der Legambiente, deren Niederlassung in Aragona gern Auskunft erteilt und Führungen organisiert (Via S. La Rosa 53, Tel. 09 22699210).

V.5 SCIACCA

V.5.a Die Apsiden der Kathedrale

Mit dem Auto zur SS115 zurückkehren und weiterfahren bis zur Ausfahrt Sciacca. In die Via Figuli einbiegen, die Piazza S. Friscia überqueren und dem Corso Vittorio Emanuele bis zur Piazza Don Minzoni folgen. Dort parken und zu Fuß zum Corso Vittorio Emanuele zurückgehen, von dem aus die Apsiden zu sehen sind.

Die Kathedrale liegt im Viertel Ruccera, das zusammen mit dem *rabato* im Wesentlichen den Kern der umwallten arabisch-normannischen Stadt, der späteren „Terra Vecchia", bildete. Von der ursprünglichen normannischen Kirche sind lediglich die drei halbrunden Apsiden erhalten, die in späterer Zeit weitere Fenster über das in der mittleren Apsis vorhandene normannische hinaus erhielten. Seit der Rekonstruktion von 1900 ist die der Hl. Magdalena geweihte Kathedrale dreischiffig. Die Trennung zwischen den Schiffen bilden mehrere Joche mit Bögen, die nicht auf Säulen, sondern auf Pfeilern ruhen, was auf eine mögliche Bauzeit im 12. Jahrhundert hindeutet. Die Zuordnung in die Grafenzeit stützt die Vermutung, dass die Kirche von Judith, der Tochter Graf Rogers, gestiftet wurde. 1656 wurde das geradezu baufällige Gotteshaus durch den Architekten Michele Blasco mit Ausnahme der Apsiden vollständig erneuert, wobei auch diese im Inneren barock ausgeschmückt wurden.

V.5.b San Nicolò la Latina

Zu Fuß den Corso Vittorio Emanuele weiter entlanggehen bis zur Piazza Scandaliato; von hier aus rechts die Via Roma hinaufgehen und an der Via Licata nochmals nach rechts in die Via C. Molinari einbiegen. Nach wenigen Metern nach links in die Via S. Cataldo einbiegen und dieser bis zum Ende folgen. Rechter Hand liegt die Via S. Nicolò, an der die Kirche steht. Öffnungszeiten: samstags 18 Uhr.

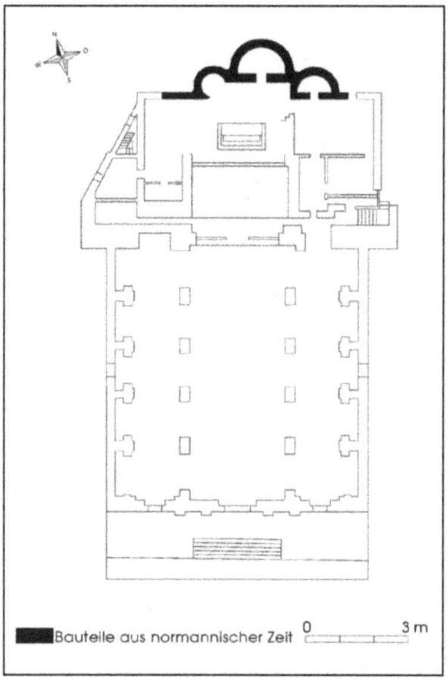

Kathedrale, Grundriss, Sciacca.

Die Kirche San Nicolò la Latina stand im arabischen Viertel, dem *rabato*. Die Gründung erfolgte zwischen 1100 und 1136, während Sciacca und seine Umgebung der Gräfin Judith unterstanden, die es von ihrem Vater, Graf Roger, als Lehen erhalten hatte. Die Kirche entging späteren Verunstaltungen, denen die übrigen normannischen Bauwerke der Stadt unterworfen wurden, und zeigt sich deshalb noch im Originalzustand. Der Grundriss bildet ein lateinisches Kreuz mit einschiffigem Langhaus und überstehendem

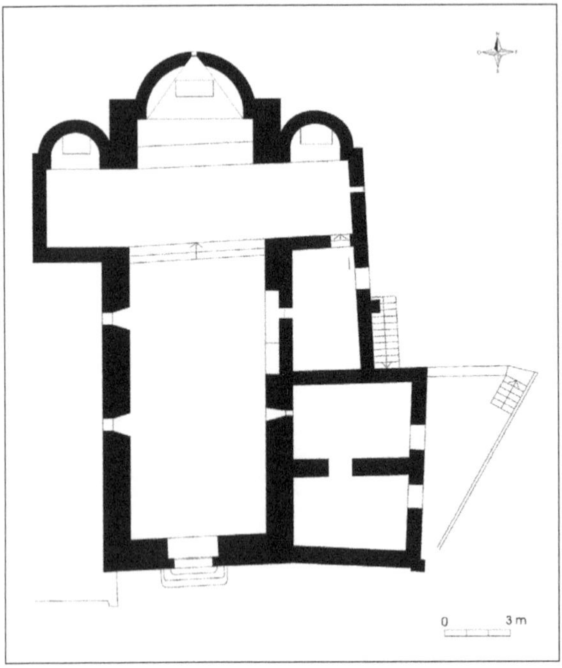

San Nicolò la Latina, Grundriss, Sciacca.

Querschiff mit drei Apsiden. Das Langhaus ist mit einer Holzdecke eingedeckt und mit dem Querhaus durch Spitzbögen auf Widerlagern verbunden. Die Hauptfassade besteht vollständig aus unverputzten, gleichmäßig verfugten Quadern. Die Wandfläche ist dadurch gekennzeichnet, dass der obere Teil der Fassade gegenüber dem Sokkel leicht vorspringt, wobei die Trennlinie dem Bogen des Portals entlang über dessen Widerlager verläuft. Abgesehen vom mittigen Portal mit abgetrepptem doppelten Blendbogen sind im oberen Teil der Fassade zwei Blendfenster und ein echtes Fenster zu sehen. Bei allen dreien sind die Bögen von vertieft liegenden Bändern umrahmt.

Die Kirche wurde 1172 den Benediktinern von Montecassino überlassen und als königliches Priorat dem Kloster San Filippo d'Argirò angeschlossen, das dem berühmten Benediktinerkloster Santa Maria la Latina di Gerusalemme unterstand. So entstand der Beiname „La Latina". Vom ersten Klostergebäude, das im späten 16. Jahrhundert abgerissen wurde, sind am Eingang zum heutigen Cortile San Nicolò noch einige Reste erhalten.

1929 begann Francesco Valenti mit der Restaurierung des Gebäudes, um das noch originale Aussehen der Kirche zu erhalten. Dabei wurde der Spitzbogen des Fensters in der Mitte der Fassade wiederhergestellt, an den Seitenwänden legte man die zugemauerten Fensteröffnungen wieder frei und entfernte die Überbauung der Spitzbögen der Kreuzgewölbe. Bei der Restaurierung kamen Spuren einer byzantinischen Ausmalung zutage: Die Heiligenfiguren sind heute entlang der Wand neben dem Portal zu sehen.

V.5.c Festung Mazzallaccar

Es geht weiter mit dem Auto auf der SS115, dann auf der SS624 Sciacca-Palermo. An der Ausfahrt Sambuca abfahren und auf die SS188 abbiegen, von der aus rechter Hand der Weg zum Lago Arancio ausgeschildert ist. Den Schildern bis kurz vor dem Staudamm folgen und dort den Wagen parken. Den Damm überqueren und über das offene Gelände am Seeufer entlang bis zur Festung gehen.

Sie ist meist vom See überflutet und nur bei niedrigem Wasserstand sichtbar. Besichtigung nur von außen möglich. Auskünfte: Verkehrsverein (Ufficio Promozione Turismo), Tel. 0925 940239.

Über dieses Bauwerk ist nur wenig bekannt. Man weiß, dass es sich um die Festung in der Nähe von Sambuca handelt, die al-Idrisi beschreibt. Die Meinungen über die Entstehungszeit gehen allerdings auseinander. Man nimmt an, dass sie im 9. Jahrhundert unmittelbar nach der arabischen Invasion entstand, um die Verbindungsstraßen des frisch eroberten Gebiets kontrollieren zu können (Giuffrè 1980). Aufgrund der Übereinstimmungen der Befestigungen der Burg mit den *ribats* der Mittelmeerländer Nordafrikas könnte aber auch die Zeit zwischen dem 9. und 11. Jahrhundert in Frage kommen (Schmidt 1972). Da die Anlage nur wenige Wohnräume enthält, lässt sich zudem vermuten, dass es sich bei ihr um einen schlichten Vorposten handelte, während die Verteidigung gegen Angriffe von der Burg oben auf dem Hügel innerhalb der Ortschaft Sambuca aus erfolgte. Andere Forscher (Santoro 1985) nehmen ein Entstehungsdatum in der byzantinischen Periode oder erst im Spätmittelalter (12.–14. Jahrhundert) an; sie bezweifeln, dass es sich um eine echte Festung handelte, da sie nicht für Verteidigungszwecke geeignet erscheint, und meinen vielmehr, es habe sich um eine Karawanserei gehandelt. Eine solche Anlage soll es in der Nähe von Sambuca di Sicilia auch gegeben haben, das an der sehr wichtigen Handelsstraße zwischen Palermo und Sciacca lag.

Die Festung ist vom Grundriss her fast quadratisch und mit runden Ecktürmen ausgestattet. Die Türme haben von außen nicht sichtbare Halbkugelkuppeln aus spiralförmig im Mörtelbett verlegten Steinen. Das äußere Mauerwerk besteht

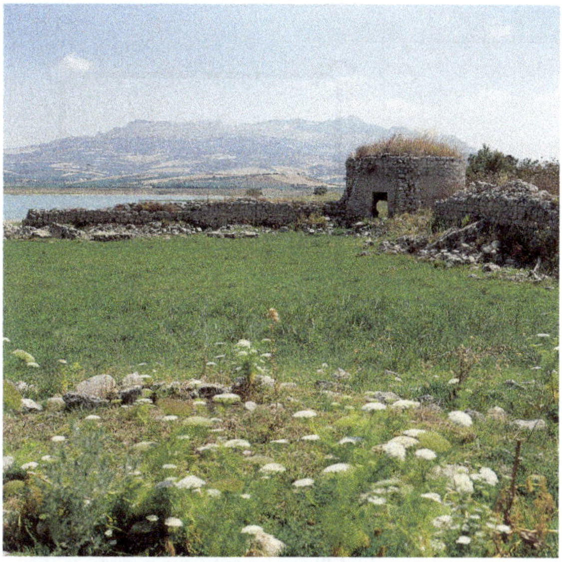

Festung Mazzallaccar, Teilansicht, Sciacca.

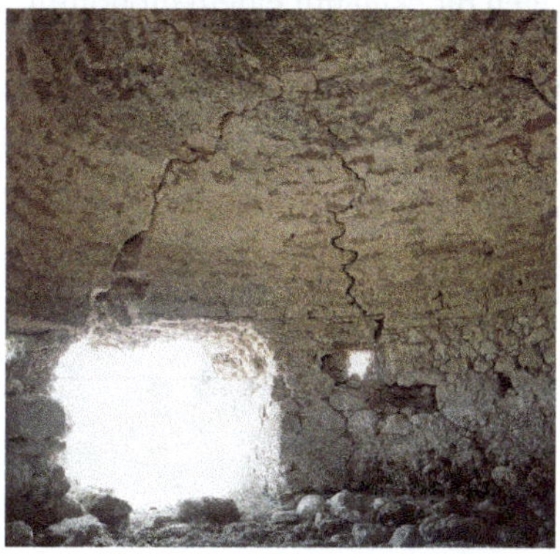

Festung Mazzallaccar, Blick ins Innere eines der Rundtürme, Sciacca.

dagegen aus unterschiedlich großen, grob behauenen Bruchsteinen und weist noch Spuren von Putz auf. Den Innenhof erreichte man durch zwei Portale jeweils in der Mitte der Nord- und Südseite. Nur das Südtor mit seinem sehr flachen Rundbogen ist noch vollständig erhalten. Zugang zu den Türmen, von denen noch Reste im Nord- und Südosten erhalten sind, bestand nur vom Inneren der Umfassungsmauern

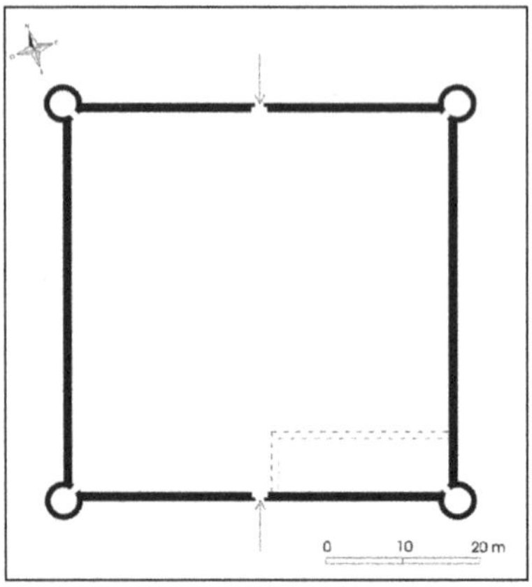

Festung Mazzallaccar, Grundriss, Sciacca.

aus. Die Portale unterscheiden sich in Profil und Bautechnik: Bei Ersterem bestehen die Torpfosten aus drei übereinander gestapelten massigen Blöcken mit einem monolithischen Architrav, während das andere wie das südliche Eingangsportal gestaltet ist. In den Mauern beider Türme öffnen sich Schießscharten mit Gewände zur Innenseite, die jeweils aus einem Kalksteinblock herausgeschlagen wurden. Auf diese Weise konnte man auch diagonal über die Mauern hinweg schießen. Der einzige teilweise erhaltene Gebäudeteil im Inneren der Festung ist ein rechteckiger Bau, der an die Südmauer und den Südostturm grenzt.

Bevor das Tal bei der Anlage des Stausees geflutet wurde, war die Festung vollständig sichtbar und stand sogar in erhöhter Lage.

Der Lago Arancio
Die Festung Mazzallacar steht am Ufer eines künstlichen Sees inmitten von Weinbergen und Wäldern. Der See bietet Gelegenheit zur Beobachtung vieler Wasservogelarten und anderer Wildtiere. Auf dem See selbst finden internationale Wasserski-Meisterschaften statt; auch bei Kanuten und Surfern ist er beliebt.

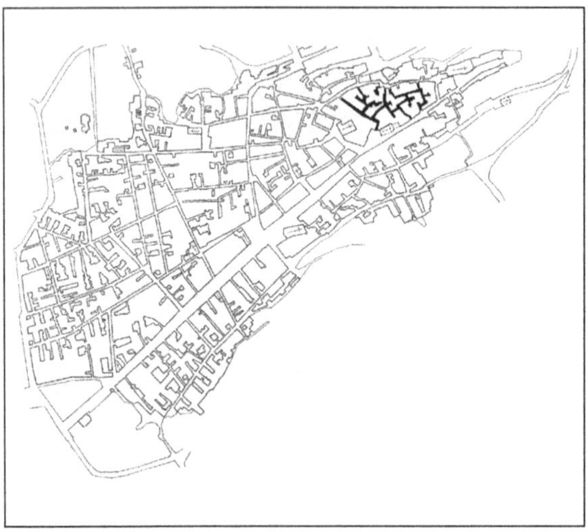

Sambuca, ‚Sarazenengassen' im mittelalterlichen Stadtkern (Gabrieli, Scerrato 1979).

V.6 SAMBUCA DI SICILIA

Die Ortschaft geht auf einen arabischen Gutshof namens Rahl Zabuth („Dorf des Zabuth") zurück. Der Name soll an einen Emir erinnern, welcher der Überlieferung nach dort ein Kastell errichten ließ.

1185 stiftete Wilhelm II. das Gut der Benediktinerabtei von Monreale. Bei dieser Gelegenheit wird in der Stiftungsurkunde erstmals der Name Rahl Zabuth genannt.

V.6.a Das arabische Viertel

Mit dem Auto zur SS188 zurückkehren; im Ortszentrum in die Via Berlinguer einbiegen und links den Corso Umberto bis zur Piazza Navarra hinauffahren. Dort parken. Durch einen Bogen gelangt man ins arabische Viertel, das an

einer Seite vom Vicolo degli Emiri und an der anderen Seite von der Via Fantasma begrenzt wird.
Auskunft: Stadtverwaltung (Amministrazione Comunale) Sambuca di Sicilia, Tel. 0925 940111.

Das arabische Viertel von Sambuca entwickelte sich rings um ein Kastell im oberen Teil des Hügels. Heute ist es nur noch teilweise bewohnt, bewahrt jedoch trotz aller erfolgten Eingriffe und Veränderungen noch Merkmale des ursprünglichen Stadtbilds, einschließlich der Straßenführung und der Verbindung zwischen den einzelnen Wohneinheiten. In das Gebiet zwischen der Via Fantasma im Norden und der Via Belvedere im Süden, dem Vicolo degli Emiri im Osten und dem Vicolo Graffeo im Westen gelangt man durch ein Tor an der Piazza Navarro. Die Grundform bildet ein Dreieck, in dessen Winkeln die Kathedrale, die Chiesa del Rosario und die ehemalige Kirche San Giorgio stehen. Das Viertel ist ein äußerst kompaktes, vom Rest des Stadtzentrums klar abgegrenztes Wohngebiet. Dessen Besonderheiten sind die unterschiedlich geformten Innenhöfe (gewinkelt, gegabelt, bajonettförmig, hakenförmig etc.) sowie das unregelmäßige Gewirr der Gassen, von denen die meisten überdacht oder von den Eingangsbögen der Höfe flankiert sind.

Gegründet wurde die Ortschaft Sambuca vom Emir Ibn Mankud, jedenfalls der Überlieferung nach, die al-Idrisi und später die sizilianischen Historiker Tommaso Fazzello, Rocco Pirri und Gioacchino Di Marzo bestätigen. Zur Verteidigung des Stadtkerns baute man oben auf dem Hügel ein Kastell (das 1854 abgerissen wurde). Der erste Bau soll um 1050 entstanden sein. Das Viertel war von einer Umfassungsmauer umgeben, in der drei Türme standen. Einer davon wurde später als Glockenturm in die Kathedrale integriert, während von einem Rundturm lediglich Reste des Fundaments im Sockel des Belvedere-Tempelchens erhalten sind. Die Siedlung blieb unverändert bis ins 15. Jahrhundert, doch wurde dann angesichts des Bevölkerungswachstums eine Expansion über die Mauern hinaus nach Nordwesten erforderlich.

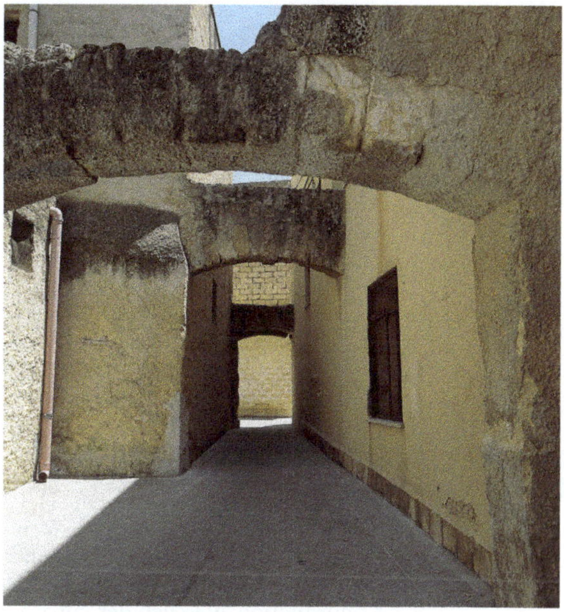

Arabisches Viertel, Blick in eine der Gassen, Sambuca.

SAGRA DEL TATARATÀ
ARABISCH-NORMANNISCHE VOLKSFESTE IN SIZILIEN

Nada Iannaggi

Das folkloristische Panorama Siziliens ist reich an Reiterumzügen und Volksfesten, die Heldentaten und Rittersagen nachstellen und so die Erinnerung an längst vergangene Zeiten wach halten.
Einst bewahrten Geschichtenerzähler die karolingischen Ritterepen, die im 12. Jahrhundert mit den Normannen nach Sizilien gelangten. Sie saßen an Straßenecken und erzählten Episoden aus langen verwickelten Heldengeschichten. Etwa ab Mitte des 19. Jahrhundert fiel diese Aufgabe dann den Stabmarionetten zu. Die Helden in Rüstung verkörpern die Verherrlichung moralischer Werte und zeigen die Begegnung und zugleich Konfrontation zwischen der europäischen und der islamischen Kultur.
Das Geschehen auf der Bühne des Marionettentheaters entspricht den Historienspielen, die in regelmäßigen Abständen in vielen Städten der Insel auf offener Straße aufgeführt werden. Eine typische, besonders eindrucksvolle Veranstaltung ist die *Sagra del Tataratà* der Gemeinde Casteltermini in der Provinz Agrigent, die jedes Jahr am letzten Maisonntag stattfindet.
Das Volksfest wurde geschickt in das religiöse Fest des Heiligen Kreuzes eingebettet. Um den feierlichen Anlass zu würdigen, griffen die Bewohner der früheren arabischen Gutshöfe in der Gegend von Agrigent die Traditionen und Bräuche ihrer Ahnen wieder auf, darunter den lebhaften „Tataratà“, dessen Name lautmalerisch das Wirbeln der großen Trommel nachahmt, die bei diesem Schwertertanz den Takt vorgibt.
Dargestellt wird eine Art Wettkampf, dessen Struktur durch den ‚Mohrentanz‘ vorgegeben ist, einen aus kleinen Sprüngen bestehenden alten Tanz. Die Teilnehmer des Tataratà sind ausstaffiert mit schwarzen Turbanen, einer kurzen, in der Taille mit einer farbigen Kordel gerafften weißen Tunika und jeweils zwei Schwertern. Ihr Gefolge bildet ein Hofstaat, bestehend aus dem König, zwei königlichen Ministern, dem Hofarzt und dem Notar, allesamt in Tuniken und bunte Mäntel gehüllt und mit Blumen bekränzt. Auch die Vertreter der vier altehrwürdigen Körperschaften, welche die Handwerker, Schäfer, Bürger und Junggesellen vertreten, nehmen auf dem Rücken prächtig aufgezäumter Pferde am Umzug teil, vor sich die jeweiligen Banner und Standarten. Den Abschluss bilden die Tänzer. Die eigentliche Veranstaltung findet am Samstag- und Sonntagabend auf der Domplatz statt.
Die Tänzer stellen sich in zwei Reihen einander gegenüber auf. Jeder besitzt zwei Eisenschwerter und jedes Ritterpaar versetzt sich damit zum Rhythmus der Trommel wechselseitig Hiebe. Dann bilden sie mehrere konzentrische Kreise und zum Schluss eine einzige große Runde. In kleineren Gruppen von zwei oder vier Mitstreitern wird der ‚Kampf‘ nun mit akrobatischen Darbietungen fortgesetzt, während die übrigen sich im Schneidersitz im Kreis um die Kämpfer auf dem Boden niederlassen. Zum Schluss wird wieder ein Kreis gebildet, alle Tänzer rutschen nun auf Knien nach außen und lassen dabei die Schwertspitzen über den Boden schleifen.
Zur Bedeutung dieses Tanzes gibt es viele Theorien. So wird angenommen, dass die Aufführung an Elemente und Personen von Frühlingsfesten erinnert und hierfür typische Formen enthält, in denen Reste bäuerlicher Riten erkennbar sind. Vielleicht ist der Tanz auch abgeleitet von dem

Fantasiebild, das sich beim Volk von den normannischen Helden um Graf Roger entwickelte, denen die Christen Siziliens ihre Befreiung vom Joch des muslimischen Emirs Belcamet (Ibn al-Hawwas) verdankten. Denkbar ist auch, dass der Tataratà ursprünglich auf einen heidnischen Fruchtbarkeitsritus zurückgeht, der dann später zwei Mal Veränderungen erlebte: zum einen nach der Christianisierung, als man ihn unter das Zeichen des Kreuzes als Symbol der neuen Religion stellte, und dann nochmals nach der arabisch-normannischen Periode, als er in Gestalt eines ‚Maurentanzes' in einen historischen Rahmen gestellt wurde, in dem er bis heute geblieben ist.
Um die Heldentaten Rogers geht es auch bei der *Battaglia delle milizie o della Madonna a cavallo*, die jedes Jahr am 24. Mai in Scicli (Provinz Ragusa) stattfindet. Sie erinnert an die Befreiung der Stadt 1091 von den arabischen Besatzern. Bei den Aufführungen auf der Piazza Italia treten sich zwei Gruppen gegenüber. Zunächst gehen die ‚Sarazenen' von ihrem Schiff Stambul an Land. Nach einem hitzigen Wortgefecht zwischen Graf Roger und dem Feldherrn Bel-Kann beginnt die Schlacht. Als es schlecht um die Christen bestellt ist, erscheint die Jungfrau Maria in voller Rüstung, ein Schwert schwingend, auf einem Schimmel. Die Sarazenen werden besiegt und das Volk jubelt. Die Feiern ziehen sich über eine ganze Woche hin.
Es mag etwas forciert erscheinen, solche Volksfeste mit dem Marionettentheater in Beziehung zu setzen. Doch lassen sich Parallelen ausmachen – und nicht nur dort, wo es um die unmittelbare Konfrontation zwischen Normannen und Sarazenen geht, sondern auch,

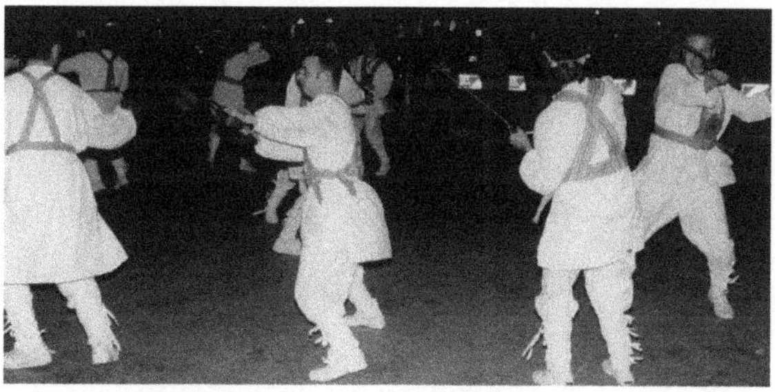

Tataratà-Fest (*Publifoto, Palermo*).

wenn der Bezug indirekter ist; das gilt gerade für den Tataratà-Tanz und die *Battaglia delle milizie*: Beim Tataratà erinnert der Rhythmus der Trommeln und aufeinander prallenden Schwerter an das Fußgetrappel des Puppenspielers während der Aufführung. Im zweiten Fall ist die Heldin des Schauspiels aus ikonografischer Sicht durch und durch ungewöhnlich, sie ähnelt sehr viel mehr der Figur der Bradamante als ihrem religiösen Vorbild. Doch dieses Kapitel der sizilianischen Geschichte wird auch auf andere Weise dargestellt: In Troina in der Provinz Enna wird jeweils am ersten Sonntag im Juni in der *Cavalcata della kubbaita* von der Niederlage der Araber erzählt. Hoch zu Ross ziehen die Teilnehmer in historischen Kostümen durch die Straßen der Stadt bis zur Piazza Conte Ruggero, durchqueren die Mauern des Kastells durch einen Bogen, über dem ein vergoldeter Adler thront, und werden dort von Vertretern der Stadt empfangen. Ein Reiterumzug findet auch jeweils am 10. Mai in der Gemeinde San Fratello in der Provinz Messina statt. Dort erinnert man an die Heldentat des Bischofs Konstantin, der die Reliquien der drei Heiligen Alphius, Philadelphus und Cyrinus hierher brachte, damit sie den Sarazenen nicht in die Hände fielen.

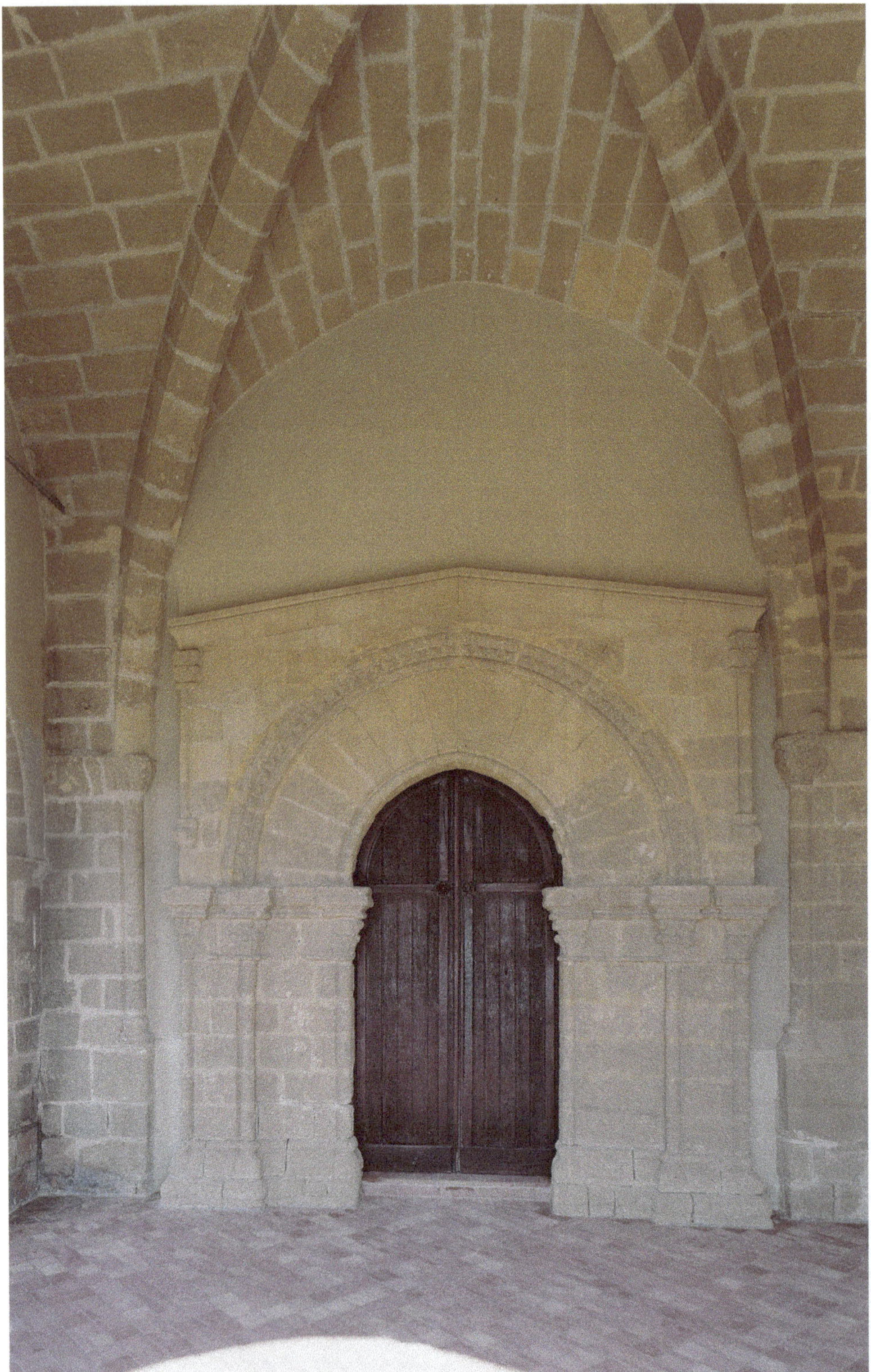

ROUTE VI

Val di Mazara, das Gebiet der arabischen Conquista

Wissenschaftliches Gremium

VI.1 MAZARA DEL VALLO
- VI.1.a Kastell
- VI.1.b Santissimo Salvatore (Dom)
- VI.1.c San Nicolò lo Regale
- VI.1.d Stadtzentrum
- VI.1.e Santa Maria dell'Alto

VI.2 CASTELVETRANO
- VI.2.a Santissima Trinità di Delia

VI.3 SALEMI
- VI.3.a Kastell
- VI.3.b Arabisches Viertel

VI.4 SEGESTA
- VI.4.a Moschee

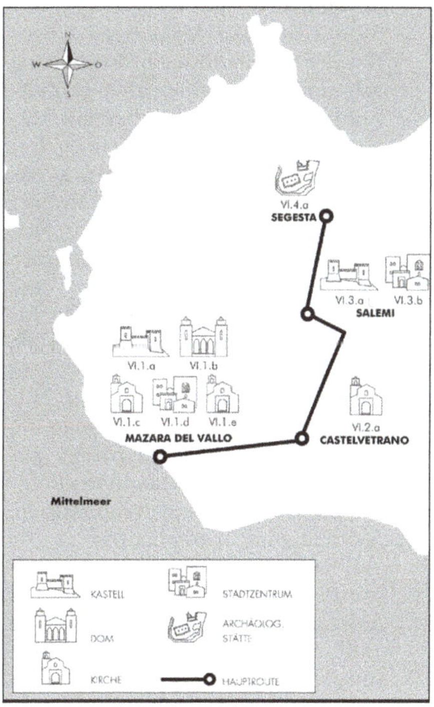

S. Maria dell'Alto, Portal, Mazara del Vallo.

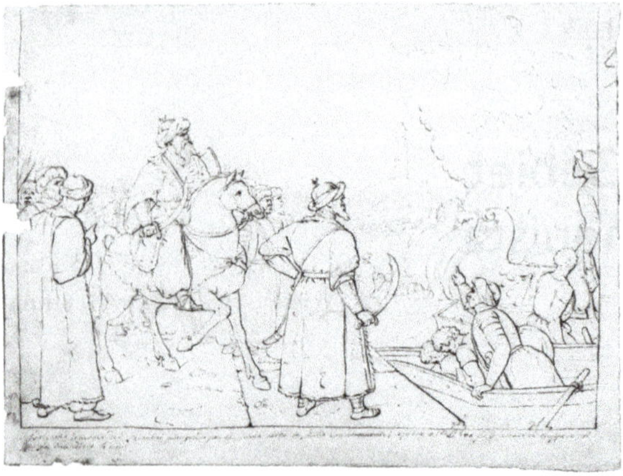

G. Patania, „Ausschiffen der Sarazenen in Lilibeo", 1. Hälfte 19. Jahrhundert, Zeichnung, 366 × 305 mm, Sammlung S. M. L. „Patania", 11/a, Galleria Regionale di Palazzo Abatellis, Palermo.

Aufgrund seiner Nähe zu Ifriqiya und der friedlichen Ausbreitung maghrebinischer Siedler und Kulturen hier schon vor der arabischen Invasion findet sich im Val di Mazara, wie bereits erwähnt, von allen Gegenden Siziliens (und damit Italiens) der beständigste Fundus an künstlerischen und architektonischen Zeugnissen, die direkt oder indirekt vom islamischen Kunstschaffen beeinflusst sind. Sie vereinigen typologische Schemata byzantinischen Ursprungs mit Darstellungskonventionen und Bauelementen aus dem islamischen Kulturkreis zu einem jeweils kleinen, aber eindrucksvollen und edlen Ganzen.

Kanalhafen, Mazara del Vallo.

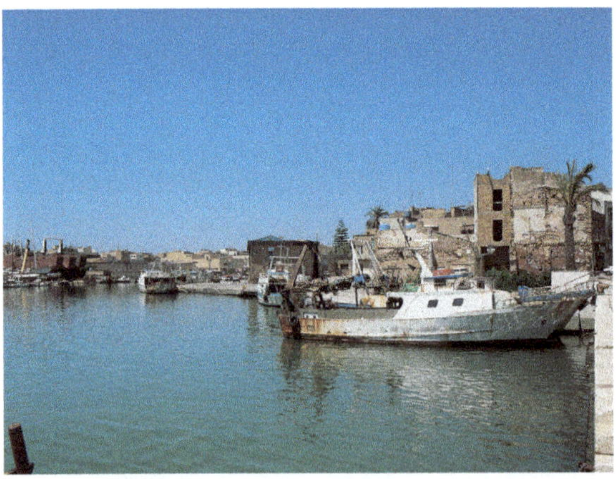

Was Städte wie Marsala, Mazara del Vallo, Castelvetrano, Salemi und Segesta historisch und architektonisch wie ein roter Faden verbindet, ist ihre Rolle als historische Stätten, die nicht nur deshalb von Bedeutung sind, weil hier die erste dauerhafte islamische Landnahme stattfand, in ihnen lässt sich auch noch immer die ihr folgende Zugehörigkeit Siziliens zum *Dar al-Islam* erkennen. In ihren Straßenführungen und Bauwerken finden sich Spuren und Überreste aus arabischer Zeit wie auch repräsentative bauliche und urkundliche Belege dafür, dass diese Gegend Siziliens auch noch unter den Normannen einer kulturellen islamischen *koinè* angehörte.

Wie Gottfried Malaterras Chronik der normannischen Eroberung schildert, war Sizilien zu dem Zeitpunkt, als die Normannen auf Mazara vorrückten, praktisch in drei Herrschaftszonen aufgeteilt: in das Nordreich (mit Palermo) Robert Guiscards, ein weiteres, das sich südlich davon zwischen Mazara und Catania erstreckte, sowie eine Herrschaft an der Südküste der Insel, die wie die Landesteile östlich und westlich von Mazara noch in muslimischer Hand war. Der Widerstand gegen die Normannen konzentrierte sich allerdings auf Trapani, wo die vorhandenen Befestigungsanlagen eine systematische Verteidigung ermöglichten.

Als Roger I. 1073 Mazara dann als strategisch günstigen Wach- und Verteidigungsposten befestigen ließ, um eventuelle von Afrika ausgehende Flottenüberfälle zu verhindern, entwickelte sich das Stadtzentrum vom linken Ufer des gleichnamigen Flusses aus, wo aufgrund der Wassertiefe Schiffe anlegen konnten. 1075 war die Ebene vor dem Kastell hier Schauplatz der Schlacht zwischen den muslimischen Streitkräften, die im Auftrag des tunesischen Königs Temin die Stadt zurückerobert hatten, und Graf Rogers Truppen, welche die Festung hatten halten können. 1093 bestätigte Papst Urban II. die neue Diözese Mazara, wie sie von Graf Roger für Bischof Stefan von Rouen 1087/88 eingerichtet worden war.

Zahlreiche Ortschaften, auch solche im Gebiet um Marsala, erinnern an Kriegsereignisse; eine ganze Reihe von Orten und indirekten Zeugnissen verweisen auf die Schauplätze der ersten Eroberungen muslimischer Armeen wie auch ihrer erbitterten Auseinandersetzungen 200 Jahre später gegen die Normannen (jene zwischen Roger I. und Mokarta, dem Kommandanten der islamischen Truppen bei Mazara del Vallo, gehört zu denen, die geradezu legendär wurden).

Bei der Rückeroberung dieser Orte im Namen des Christentums traf man auf Zeugnisse einer kulturellen Wiederbehauptung bis ins Einzelne – ein Prozess, an dem oft hohe Würdenträger griechischer Herkunft, aus Sizilien oder vom süditalienischen Festland (Apulien und Kalabrien), beteiligt waren.

In Marsala (Marsa 'Ali, wörtlich „Hafen des 'Ali"), nach al-Idrisis Worten einer „alten Stadt, [sogar] einer der ältesten, und einem der vornehmsten Orte Siziliens", stehen die Kirchen San Nicolò Reale und Santa Maria dell'Alto, beides normannische Gründungen des 12.

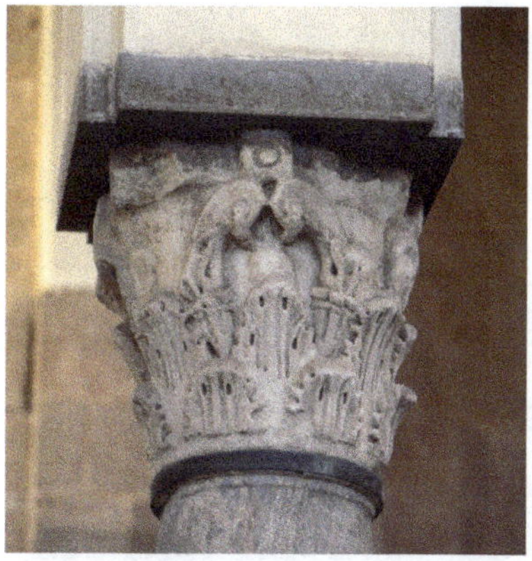

S. Nicolò lo Regale, Kapitell, Mazara del Vallo.

Jahrhunderts. Das Kastell, das die Normannen im 12. Jahrhundert über einer bestehenden muslimischen Festung mit Verteidigungsmauer errichteten, steht an der äußersten Ostecke der Stadtmauer an erhöhter Stelle über dem Hang, auf dem sich das Stadtgebiet entwickelte. In einer grottenreichen Gegend außerhalb der Stadtmauer, östlich vom alten Stadtkern, steht die Kirche Santa Maria della Grotta mit dem Turm einer Basilianerabtei. Die normannische einschiffige Grabkirche war komplett aus dem Felsen herausgeschlagen und mit zwei weiteren Hypogäen verbunden.

Im Gebiet rings um die großen Städte gibt es immer noch Ortschaften, deren Namen und besonderen Landschaftsformen auf die islamische Zeit hinweisen. Von historisch herausragender Bedeutung ist beispielsweise die Cala della Quarara am Kap Granitola – die Stelle, an der am 16. Juni 827 die ersten arabischen Kolonisten an Land gingen. Ähnlich bemerkenswert ist die Landschaft der Gorghi Tondi und um den Prèola-See, von der aus sich die erste arabische Eroberungswelle in Bewegung

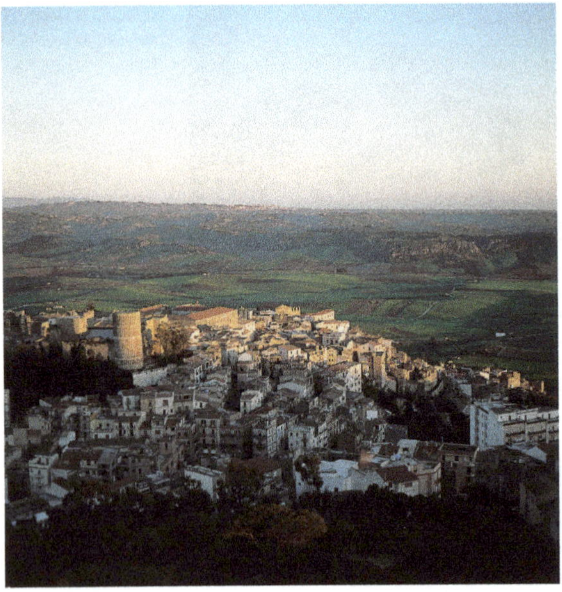

Salemi, Gesamtansicht mit Kastell.

setzte, wenn man von der stillen Verbreitung muslimischer Siedler – fernab vom Gang der Geschichte – auf Inseln wie Pantelleria absieht, das von ihnen bezeichnenderweise Bint ar-Rijah („Tochter der Winde") genannt wurde.
Von der islamischen Präsenz zeugen noch: das aus einem arabischen Gutshof hervorgegangene Castelvetrano; Potranna, dereinst ein muslimisches Siedlungszentrum mit einem normannischen Kastell (das im 14. und 17. Jahrhundert vollständig umgebaut wurde); Calatafimi, die ehemals byzantinische Hochburg Castrum Phines, die zu Qal'at al-Fimi arabisiert wurde, mit einem Kastell aus dem 13. Jahrhundert, das jedoch ältere Wurzeln hat; Salemi (ursprünglich Salam/Salim) mit seinem arabischen Straßennetz, Mauerring und Kastell. Schließlich das von der zum normannischen Hof gehörenden Familie Paruta gegründete Salaparuta, wobei deren Namen an muslimische Ortsbezeichnungen erinnern; sein Stadtbild wurde 1968 durch ein Erdbeben zerstört.

VI.1 MAZARA DEL VALLO

Die alte phönizische Hafenstadt, die später in die Hand der Römer fiel, wurde nach dem Niedergang des Imperiums zwischen dem 5. und dem 6. Jahrhundert n. Chr. von Vandalen verwüstet, erlangte jedoch ihre Bedeutung als Handelszentrum in byzantinischer Zeit zurück.
827 wählten die Araber sie als Ausgangspunkt für die weitere Eroberung Siziliens; der Ort, an dem sie zuvor an Land gegangen waren, wird von den Chronisten der Unternehmung Ra's al-Ballut genannt. Mazara war während der langwierigen mühsamen Inbesitznahme der Insel, die sich über mehr als zwei Jahrhunderte hinziehen sollte, zeitweise Hauptstadt und Festung der Araber, als das wechselnde Kriegsglück sie zunächst zu einem Rückzug hinter ihre Mauern zwang. Sie besiedelten die Stadt neu und bauten sie wieder auf. Dabei entwickelte sich im Stadtzentrum das für sie typische verschlungene Gewirr von schmalen Straßen, Sackgassen und Innenhöfen. Im Schutz ihrer Stadtmauer war Mazara beliebter Umschlagplatz für Menschen und Waren aus dem nahen Afrika und wurde zum Zentrum des Val di Mazara, einer der drei Provinzen Siziliens neben dem Val Demone und dem Val di Noto.
Dank ihrer Lage als Grenzstadt ergab sich Mazara den Normannen als einer der letzten Orte der Insel. Zwar kapitulierte sie erstmals

bereits 1073, doch wurde sie vorübergehend von den Arabern zurückerobert, die erst 1075 in der legendären Schlacht zwischen Graf Roger und dem muslimischen Feldherrn Mokarta endgültig unterlagen. Die Bedeutung der Stadt bestätigt die bemerkenswerte Schilderung al-Idrisis: „Eine prächtige, vortreffliche Stadt, der es an nichts mangelt; sie hat nicht ihresgleichen, betrachtet man den Glanz ihrer Häuser und Lebensart; im Hinblick auf das elegante Aussehen ihrer Gebäude ist sie das *non plus ultra*. Sie vereint in sich so viel Schönes wie kein anderer Ort; sie besitzt hohe, starke Mauern, fein verzierte, reinliche Paläste, breite Straßen, Alleen, Märkte voller Waren und Erzeugnisse, herrliche Bäder, geräumige Läden, Parks und Gärten mit erlesenen Pflanzen. Von überall her kommen Händler und Reisende, und von hier aus exportiert man die Sachen, von denen die Märkte überquellen. Das weitläufige Umland enthält großartige Gutshöfe und Gehöfte. Vor seinen Mauern fließt der Fluss Wadi al Magnum, der Mazaro, auf dem Schiffe beladen werden und Boote überwintern“ (Amari 1933–1939).

Die Mühlen am Mazaro
An den Ufern des Mazaro verborgen sich in der dichten mediterranen Macchia die Ruinen uralter Getreidemühlen. Ihre Mühlräder wurden mit Wasser betrieben, das man über Kanäle vom Fluss abgezweigte. Während der Drucklegung dieses Katalogs laufen Vorbereitungen für einen Besichtigungspfad zu den Mühlen, von denen einige inzwischen auf das entschiedene Betreiben der Besitzer hin in Zusammenarbeit mit dem Denkmalsamt der Provinz Trapani restauriert werden.

VI.1.a Kastell

Man erreicht Mazara del Vallo über die Autobahn A29, die an ihrem Ende in die SS115 in Richtung Marsala mündet. Im Ort die gesamte Via Marsala entlangfahren, dann nach links in die Via C. G. Sansone einbiegen. Rechter Hand liegt die Piazza Madonna del Paradiso; die Bahngleise überqueren und in die gleichnamige Straße einbiegen. An deren Ende nach rechts in die Via Vittorio Veneto, dann nochmals nach rechts auf den Corso Umberto I bis zur Piazza Mokarta, an der das Monument steht. Es existiert nur noch das Portal, das von allen Seiten zu besichtigen ist.

Kastell, Portal, Mazara del Vallo.

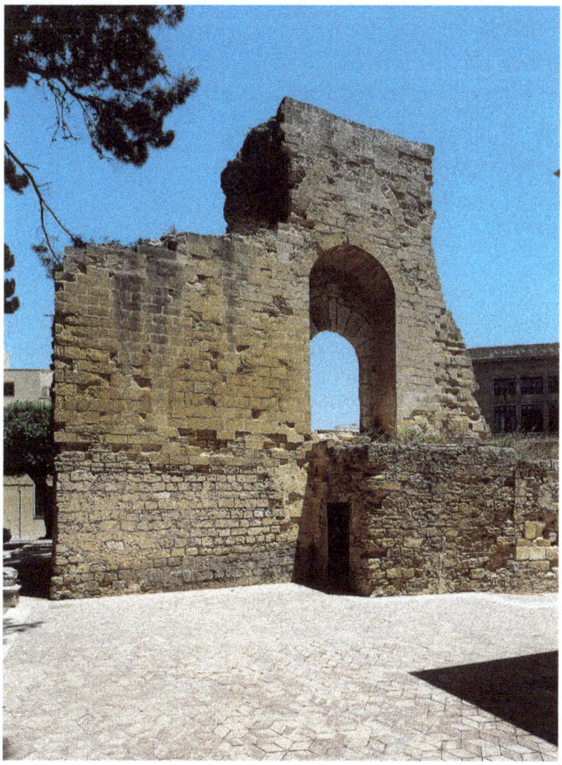

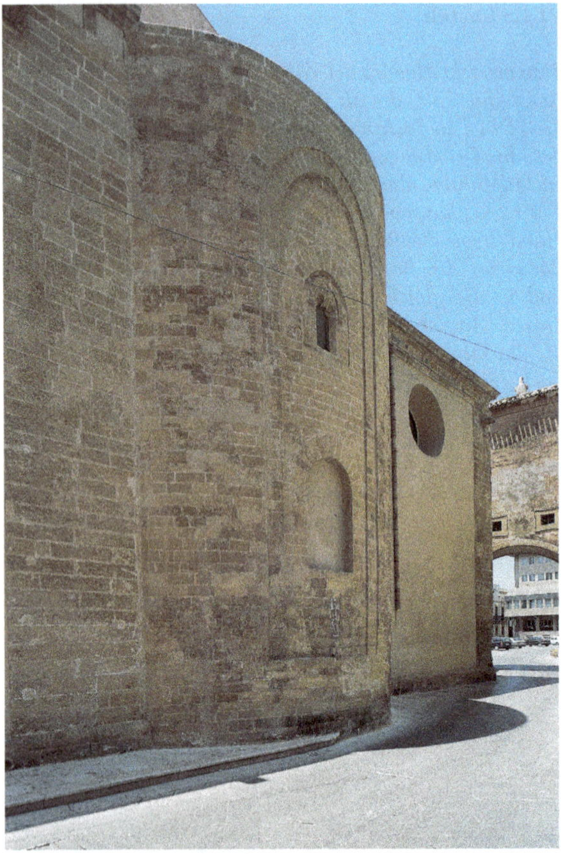

SS. Salvatore, Apsis, Mazara del Vallo.

Die spärlichen Überreste der Festungsanlage von Mazara wirken wie ein monumentales Bühnenbild für die Piazza Mokarta in der Südecke der umwallten Altstadt nahe des Doms. Das ehemalige Eingangstor der Burg ist in die Anlagen des Giardino Jolanda integriert und fungiert dort als eindrucksvolles Bindeglied zwischen dem Stadtkern und der schönen Strandpromenade, von der aus man einen herrlichen Blick weit über das Meer bis zum Kap Granitola hat. Vom Kastell ist lediglich dieses Portal mit seinen drei abgestuften Blendbögen erhalten. Ein Spitzbogen umfängt das eigentliche Eingangstor, das etwa 1 m hinter der Außenwand der Mauer liegt.

Die historische Ikonografie erlaubt eine grobe hypothetische Rekonstruktion des ursprünglichen Aussehens der Festung, die in der zweiten Hälfte des 11. Jahrhunderts nach der Eroberung der Stadt durch Graf Roger entstand. Das Kastell bestand offenbar aus einem schlichten Gebäude mit Türmen, das zum Schutz der rings um den Innenhof verteilten Wirtschaftsräume von einer Wehrmauer eingefasst wurde. In der ersten Hälfte des 12. Jahrhunderts diente es wahrscheinlich gelegentlich auch als Königspfalz, vor allem während der Afrika-Feldzüge Rogers II. und Georgs von Antiochia. Die Festung blieb jedenfalls Jahrhunderte lang Eigentum der Könige von Sizilien. Im 16. und 17. Jahrhundert wurden die normannischen Mauern durch Basteien mit drei Türmen verstärkt. Das Kastell wurde 1880 zerstört.

VI.1.b Santissimo Salvatore (Kathedrale)

Vom Kastell aus zu Fuß die Via Conte Ruggero bis zum Kirchhof der Kathedrale entlanggehen. Eingang von der Piazza della Repubblica aus.
Öffnungszeiten: 7.30–12.30 und 16–19.30 Uhr.

Unter der Leitung des Erzbischofs Stefan von Rouen entstand die Kirche zwischen 1086 und 1093 an der Stelle einer alten christlichen Basilika, die 828 von den Sarazenen zerstört worden war. Der Ort lag in der Nähe der sumpfigen Ebene, in der die entscheidende Schlacht bei der Eroberung der Stadt durch Graf Roger stattgefunden hatte. Der Grundriss der Kirche war ursprünglich ein lateinisches Kreuz mit durch Säulen unterteiltem dreischiffigen Langhaus, stark vorspringendem Querschiff und drei nach Nordosten gerichteten Apsiden. An der Südwestseite standen ein Narthex mit Terrasse und Zinnenkranz sowie seitlich daran angrenzend zwei vorspringende Türme. Sowohl die drei Schiffe als auch der erhöhte Chor waren mit einer Spitzgewölbedecke aus Holzkassetten ausgestattet, die Seitenarme des Querschiffs dagegen mit Tonnengewölben. Die Hauptapsis war von einer Halbkuppel bedeckt.

Bis zum Ende der zweiten Hälfte des 17. Jahrhunderts blieben die Raumverhältnisse des normannischen Doms erhalten. 1694 wurden auf Anordnung von Bischof Graffeo das gesamte Langhaus sowie Prothesis und Diakonikon abgerissen, so dass lediglich die Außenmauern des Querschiffs und die Hauptapsis stehen blieben. Anhand dieser erhaltenen Teile lässt sich erschließen, dass das alte Gebäude dieselbe Ausrichtung und in etwa die gleichen Abmessungen aufwies wie das neue. Aus Berichten über bischöfliche Besuche und Synoden weiß man, dass Apsis und Querschiff mit Mosaiken geschmückt waren, die jedoch im Barock verändert wurden. Bei den Umbauten im 17. Jahrhundert wurden die

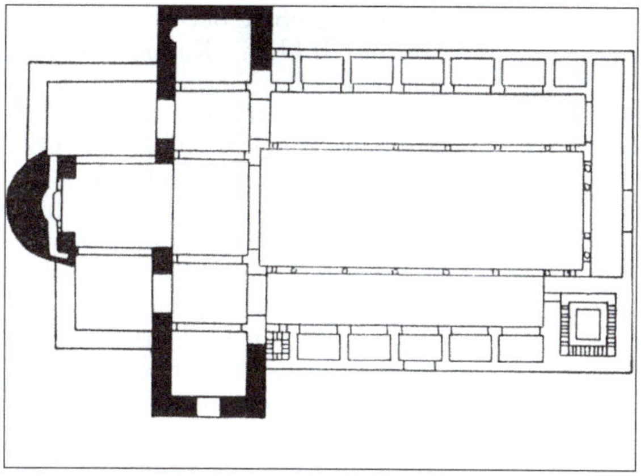

SS. Salvatore, Grundriss, Mazara del Vallo (Di Stefano 1955).

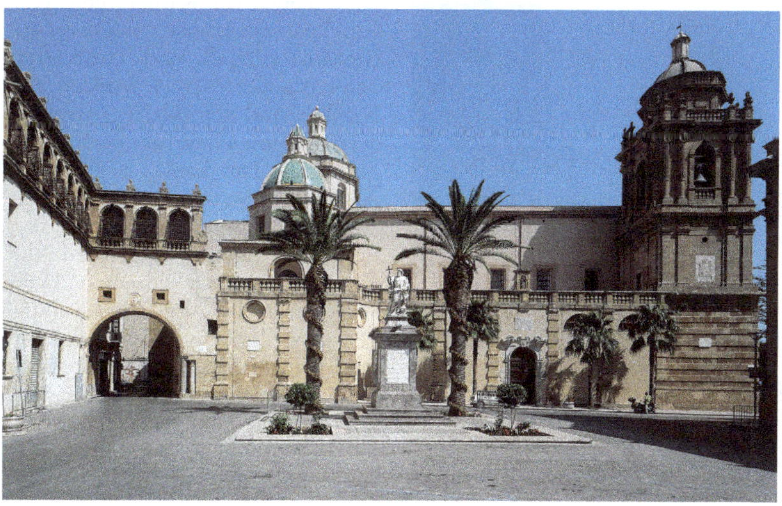

SS. Salvatore, Seitenfassade, Mazara del Vallo.

Tonnengewölbe der Querschiffarme durch kleine Kuppeln ersetzt und über der Vierung eine große Kuppel errichtet. Bei den jüngsten Restaurierungsarbeiten vom Oktober 2000 kam ein großer Teil der Wandverkleidung des Querschiffs wieder zum Vorschein, darunter im Südwestflügel eine Nische mit byzantinischer Ausmalung und weiter oben zwei schmalen Fensteröffnungen mit Gewände. Am Südende des Querschiffs sieht man zudem Reste von zwei übereinander liegenden Bildzonen aus byzantinischer Zeit in einer spitzbogigen Nische; dargestellt ist Christus Pantokrator als Ganzfigur. Von außen wurde das Mauerwerk der Apsis nicht verändert und zeigt deshalb noch heute eine Verzierung aus Blendbögen mit doppelter Umrahmung, ein großes Einzelbogenfenster im unteren und Zwillingsfenster im oberen Teil, wie dies für frühe arabisch-normannische Bauten typisch war.

SS. Salvatore, Innenraum, Funde älterer Bauteile unter dem Fußboden, Mazara del Vallo.

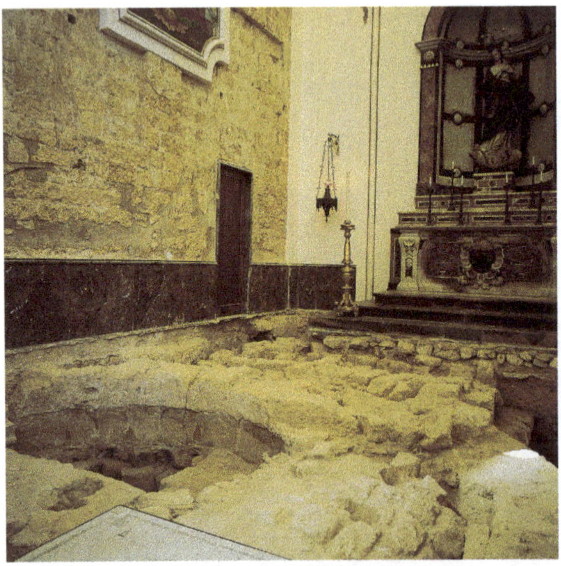

Die mit 42 m beträchtliche Länge des Querschiffs rückt den Dom in die Nähe von Sakralbauten der nordeuropäischen Romanik. Einige Forscher sind der Meinung, dass sich an den Seiten des Querschiffs ähnlich wie an der Fassade zwei Türme befunden haben – wie bei den Kathedralen von Troina, Catania und Agrigent, die aus der Zeit der normannischen Eroberung (1078–1094) stammen. Der Fund einiger Säulenschäfte, die vermutlich als Stützen für die Arkaden des ersten Doms dienten, liefern einen wichtigen Anhaltspunkt für die vermutliche Höhe des ersten Baus. Es handelt sich um Säulen aus ägyptischem Granit ohne Kanneluren mit einem Durchmesser von rund 50 cm und einer Höhe von 4 m einschließlich des Kapitells. Nimmt man an, dass sich in der Mitte jedes Jochs ein Fenster befand, kann die Gesamthöhe des ersten Kirchenbaus nicht mehr als 10 m betragen haben. Es ist deshalb anzunehmen, dass das Gebäude vorwiegend horizontal ausgerichtet war: ein typisches Merkmal von Moscheen, nicht jedoch von Kathedralen. Der Glockenturm wurde nach diversen Restaurierungen und Umbauten 1654 erneuert; 1694 wurden der Narthex und der zweite Turm abgerissen, um Platz für die Verlängerung des Langhauses zu schaffen. Ab 1907 erfolgten weitere Restaurierungsarbeiten unter Leitung von Francesco Valenti, doch wurde die Kirche bei dem Erdbeben 1968 stark beschädigt. Bei den Grabungen während der Restaurierung fand man 1970 unter dem Fußboden der Kirche drei römische Sarkophage, die heute in den Vorhallen des Seitenportals und der Sakristei stehen. Ebenfalls im nördlichen

Eingangsbereich befindet sich der Sarkophag von Bischof Tustinus (1180).

VI.1.c San Nicolò lo Regale

Vom Kirchhof des Doms aus zu Fuß die Via N. Tortorigi entlanggehen, dann in die Via Carmine und nach rechts in die Via S. Giovanni einbiegen; dann weiter durch die Via Marina bis zu den Apsiden der Kirche. Der Kirchhof liegt erhöht am Molo Comandante Caito. Öffnungszeiten: werktags 9–13 und 14–18 Uhr, sonn- und feiertags 9–12 Uhr (im Winter: werktags 8.30–13.30 Uhr, sonn- und feiertags 9–12 Uhr).

Die Kirche steht im Viertel San Giovanni und blickt nach Westen auf das rechte Ufer des Kanalhafens, der das eigentliche Zentrum der Stadt bildet. Seit phönizischer Zeit legen hier Handelsschiffe an. Da der Kanal über weite Strecken schiffbar ist, war er auch in der arabischen und der anschließenden normannischen Epoche ein wichtiger Bezugspunkt sowohl für die militärische als auch die kommerzielle Seefahrt. Der Kirchenbau soll um 1124, also in der Grafenzeit, entstanden sein (Scuderi 1978). Es handelt sich hier um einen Zentralbau mit einem griechischen Kreuz in einem Quadrat von rund 10,50 m Kantenlänge, an dessen Ostseite drei vorspringende Apsiden liegen. Die mittlere davon ist größer und ragt weiter vor als die beiden anderen. Im Inneren der Kirche wurde das ursprüngliche Aussehen durch diverse Veränderungen im Laufe der Zeit zerstört, jedoch ist gesichert, dass über der Vierung ursprünglich eine Kuppel aufragte und dass die Kreuzarme Holzdecken

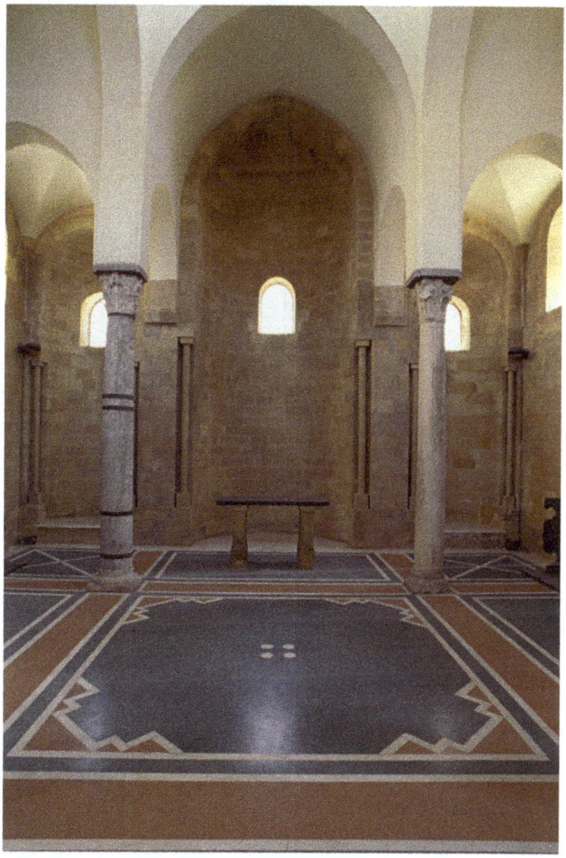

S. Nicolò lo Regale, Innenraum, Mazara del Vallo.

mit Intarsien und Vergoldungen aufwiesen. Die Kuppel mit ihrem ausladenden Tambour ruht auf vier Säulen; sie wurde mehrfach erneuert. Die Außenwände waren innen mit Marmorverkleidungen und Mosaiken verziert, wie sie heute noch der Fußboden aufweist. Vom Wandschmuck außen blieb die ursprüngliche Konfiguration erhalten: eine durchgehende Reihe mehrfach abgestufter Blendbögen, die an jeder Gebäudeseite drei Spitzbogenfenster umrahmen.
Im Barock wurde das Äußere der Kirche erheblich verändert. So

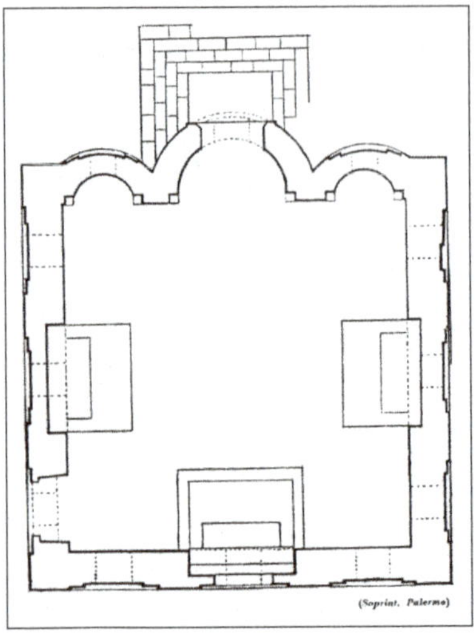

S. Nicolò lo Regale, Grundriss, Mazara del Vallo (Di Stefano 1979).

brachte man etwa in der Hauptapsis ein Portal an, das bei Restaurierungsarbeiten im 20. Jahrhundert wieder verschlossen wurde, um der Kirche ihr ursprüngliches Aussehen wiederzugeben. Unter dem Gebäude fanden sich Überreste einer Villa (oder eines Adelssitzes) aus dem 3. bis 5. Jahrhundert n. Chr., deren Räume mit farbigen Fresken und Mosaikfußböden ausgestattet waren.

VI.1.d Stadtzentrum

Die arabische Zitadelle von Mazara del Vallo liegt am linken Ufer der Mazaro-Mündung. Der Grundriss bildet ein unregelmäßiges Viereck zwischen dem Corso Umberto, dem Corso Vittorio Veneto, der Via G. Adria und dem Lungomare Mazzini. Als Verteidigungsanlagen baute man eine Umfassungsmauer, einen äußeren Wassergraben und zwei Festungen, eine an den Strand angrenzend im Südosten der Mauer, die andere im Zentrum der Zitadelle. Ursprünglich war die Stadt in zwei große Viertel geteilt. Zwischen ihnen verlief die Hauptachse, der *shari'*, der die gegenüberliegenden Stadttore verband (das Fiume- und das Palermo-Tor). Aus dem einen Teil, in dem die Reichen

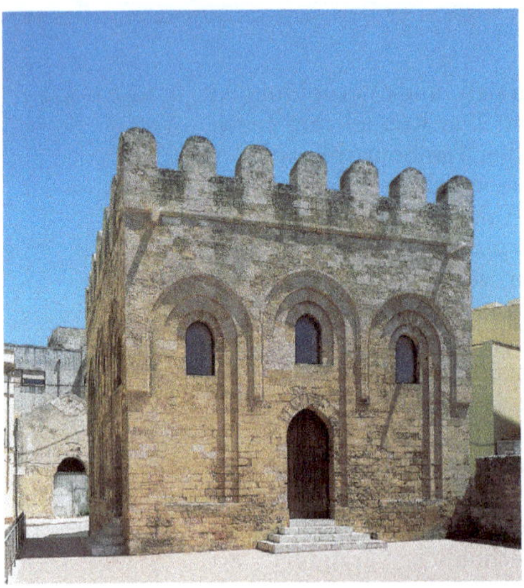

S. Nicolò lo Regale, Hauptfassade, Mazara del Vallo.

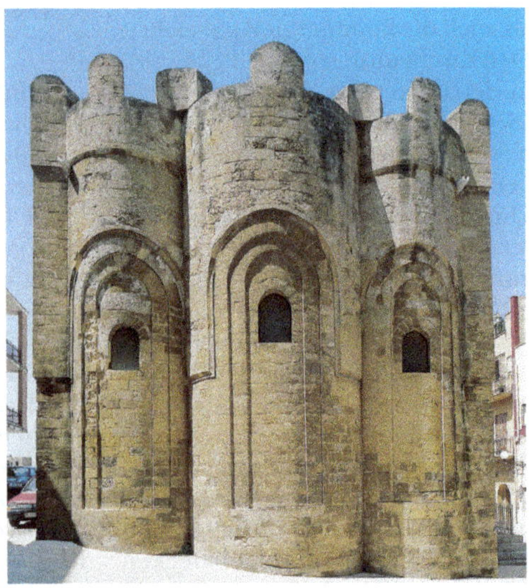

S. Nicolò lo Regale, Apsiden, Mazara del Vallo.

wohnten, wurden später die Viertel San Francesco und San Giovanni, während die andere Hälfte der Stadt Handwerkerquartiere mit dem Xitta- und dem Judenviertel umfasste. Im wohlhabenden Teil gab es dort eine Moschee, wo heute die Kirche San Nicolò di Mira steht, ein öffentliches Badehaus an der heutigen Piazza Bagno, ein Kastell in der Mitte der Piazza Marchese sowie einen Marktplatz nahe der heutigen Piazza Canea. In den Handwerkervierteln standen der befestigte Palast des Emirs, der im 18. Jahrhundert zum Adelspalais des Marchese di Milo umgebaut wurde, ein Minarett an der Stelle der heutigen Piazza Repubblica, an der nun die Veitsstatue steht, die Freitagsmoschee, über deren Standort die Normannen den Dom bauten, sowie eine zweite Moschee, die später in eine Synagoge umgewandelt wurde und heute die Kirche Sant'Agostino enthält. Dreh- und Angelpunkt der Verteidigungsanlage waren der Wehrdom, das Kastell und die Porta Mokarta, allesamt im Südosten der Stadt. Vom Kastell sind heute nur noch Ruinen vorhanden, doch existieren noch drei der vier Stadttore aus islamischer Zeit: die Porta Mokarta im Südosten, die Porta Palermo im Norden und die Porta Regina im Westen; Letztere bietet einen unmittelbaren Zugang zum Hafen, der noch heute für die Stadt eine zentrale Rolle spielt. Der Einfluss der arabischen Kultur zeigt sich vor allem im labyrinthischen Gewirr des Straßennetzes, in der Hierarchisierung der Straßen und im Weiterbestehen der Unterscheidung zwischen dem befestigten Zentrum und den außerhalb liegenden *rabati*.

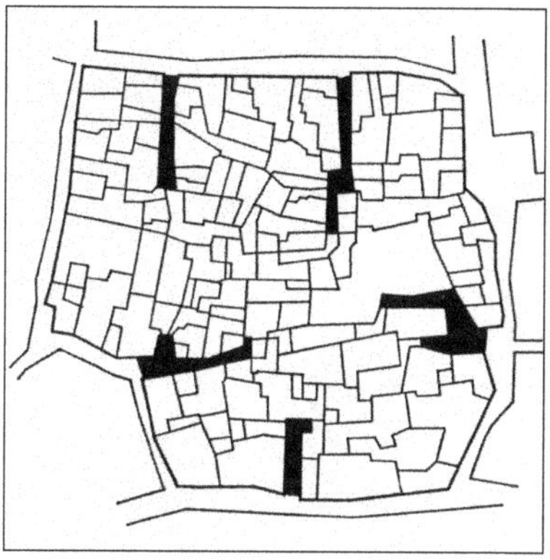

Stadtzentrum, mittelalterliche Bezirke, Mazara del Vallo (Gabrieli, Scerrato 1979).

VI.1.e Santa Maria dell'Alto

Von der Piazza Mokarta mit dem Auto auf den Corso Diaz fahren; nach links in die Via F. Maccagnone abbiegen und weiter bis zur Piazza De Gasperi, dort links in den Corso Vittorio Veneto, dann nach rechts auf die Piazza Matteotti fahren. Von dort aus geht es die Via Salemi entlang; nach rechts auf die SS115 in Richtung Agrigent; nach rund 500 m, gleich hinter der Ampel, nach links abbiegen. Wenige Meter weiter steht die Kirche.
Besichtigung nach Voranmeldung beim Leiter der Klosteranlage, Sig. Perrone, Tel. 0923 933406 oder 3476371505.

Die Kirche mit dem angeschlossenen Kloster wurde vermutlich in der ersten Hälfte des 12. Jahrhunderts gegründet. Einige Forscher halten sie allerdings für die Überbauung einer kleinen arabischen Festung aus dem 11. Jahrhundert, die nach und nach in die Kirchenbauten integriert worden sei. Die Festung soll aus einem Wehrturm und einer großen Halle bestanden haben, die durch drei Gurtbögen unterteilt wurde und in der Südwand ein Spitzbogenportal zwischen zwei Strebepfeilern aufwies. Diese

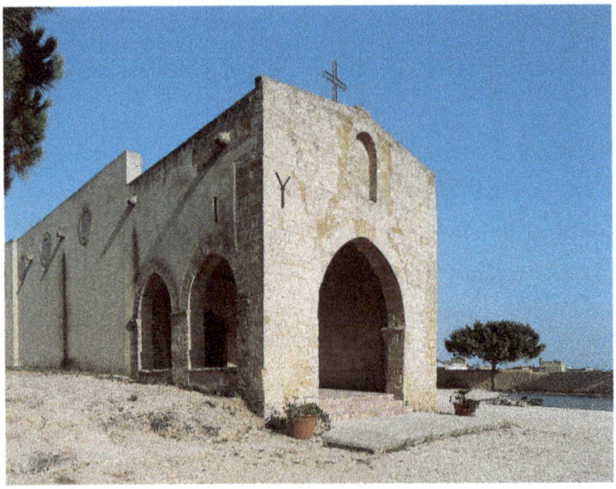

S. Maria dell'Alto, Gesamtansicht, Mazara del Vallo.

Elemente sind nämlich in der Basilianerkirche noch erkennbar, neben weiteren Komponenten aus byzantinischer und hochmittelalterlicher Zeit. Die Kirche besteht aus einer Halle mit drei Jochen sowie an der Ostseite einem Chor, an den sich eine vorgewölbte halbrunde Apsis anschloss. Seitlich davon befanden sich zwei Nischen mit eindeutig byzantinisch geprägten Fresken der Heiligen Gregorios Nazianzenos und Basilius Magnus. Die Quergurte des Kirchenschiffs waren ursprünglich spitzbogig, wurden jedoch bei späteren Veränderungen, teilweise aus statischen Gründen, abgeflacht, so dass es sich heute praktisch um Rundbögen handelt. Auf den Gurtbögen lasten zwei Tonnengewölbe, die als einziges Beispiel in ganz Sizilien sichtbare Gewölberücken aufweisen. Lediglich das letzte Joch vor dem Chor ist mit einem Spitztonnengewölbe ohne sichtbaren Rücken versehen, das parallel zur Achse des Kirchenbaus verläuft.

Um die Mitte des 12. Jahrhunderts muss der gesamte Chorbereich der normannischen Kirche bereits gestanden haben. Das Gleiche gilt für die Kuppel auf polygonalem Tambour, die über der Apsiswand und der mit einem Laufgang versehenen Wand über dem letzten Quergurt aufragt. Aus dieser Zeit stammen offenbar auch der westlich an die Kirche angesetzte Portikus mit offenem Spitzbogenportal sowie die zwei Spitzarkaden an der Nordseite. Im Laufe des 14. Jahrhunderts wurde der nördliche Portikus zugemauert und das Kirchenschiff verlängert. Das ursprüngliche Aussehen der Kirche wurde später noch weiter verändert, als das alte Presbyterium durch einen rechteckigen Raum ersetzt und die Apsis fast vollständig abgerissen wurde. Die beiden Nischen rechts und links der Apsis wurden zugemauert; dazwischen öffnete man zwei Durchgänge zu den Räumen des ehemaligen Klosters. Man kaschierte den alten Spitzbogen im Eingangsbereich und fügte an der linken Längswand drei Rundfenster ein. 1952 wurde das Portal restauriert und wieder an seinem ursprünglichen Standort angebracht.

VI.2 CASTELVETRANO

VI.2.a Santissima Trinità di Delia

Von Mazara del Vallo aus auf der SS115 in Richtung Trapani, dann auf der Autobahn A29 in Richtung Palermo bis Castelvetrano; dort der Beschilderung zum Stadtzentrum folgen; auf der Via Marinella an der Ampel nach links in die Via Redipuglia abbiegen und der Beschilderung zum Baglio Trinità folgen. Im Komplex befindet sich die Kirche. Besichtigung nach Voranmeldung beim Besitzer im Baglio Trinità.

Urkundlich erwähnt wird das Gebäude erst ab 1392, doch dürfte die Gründung auf die Mitte des 12. Jahrhunderts (zwischen 1140 und 1160) zu datieren sein, denn die Kirche weist von der Grundrissgestaltung her starke Übereinstimmungen mit San Nicolò lo Regale in Mazara und mit Santa Maria dell'Ammiraglio in Palermo auf und gleicht in ihrer Bauweise San Cataldo in Palermo – durchweg Gebäude aus der Zeit König Rogers II. Wie dies oft auch im Val Demone der Fall ist, wurde der Bau zunächst von griechisch-orthodoxen Basilianern als Kirche in Zusammenhang mit einem der Klöster errichtet, deren Gründung Roger förderte.

Der Grundriss bildet ein griechisches Kreuz in einem Quadrat, an dessen Ostseite sich drei halbrunde Apsiden weit nach außen vorwölben. Drei Spitzbogenportale führen ins Innere; dasjenige in der Mitte der Westfassade war für Frauen bestimmt, die beiden in den Seitenwänden für die Männer, die in den Seitenschiffen Platz nahmen – entsprechend der vom griechischen Ritus vorgeschriebenen Geschlechtertrennung durch hölzerne Transennen von den Frauen abgesondert. Die Vierung der Kreuzform ist durch vier Säulen gekennzeichnet, von denen zwei aus rotem Granit und zwei aus Cipollin-Marmor bestehen. Über den Kapitellen mit akkurat modellierten Akanthusblättern spannen sich Spitzbögen, auf denen der quadratische Tambour und die gestelzte Kuppel aufliegen. Die Seiten des Tambours sind durch vier Fenster aufgelokkert. Vier abgestufte Ecknischen bilden die Übergänge vom Quadrat des Tambours zum Fußkreis der

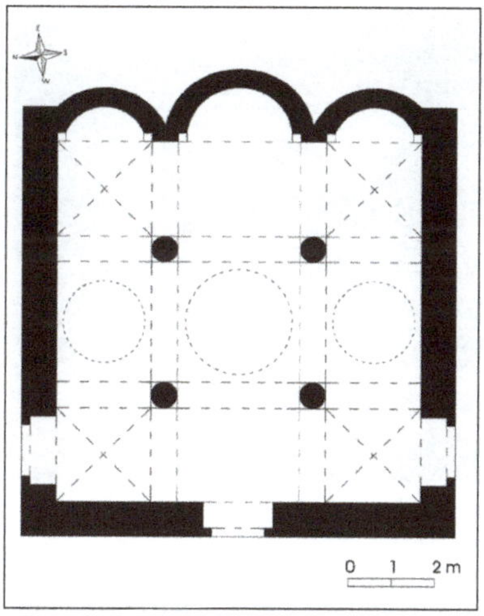

S. Trinità di Delia, Grundriss, Castelvetrano.

Kuppelwölbung. Die kurzen Kreuzarme sind mit Spitztonnengewölben eingedeckt, während die vier Eckflächen Kreuzgewölbe aufweisen. Die innere Raumaufteilung in Quadrat, griechisches Kreuz und Vierung mit der darüber liegenden Kuppel wiederholt sich an der Außenseite des Gebäudes in unterschiedlichen Höhen. Die Kirche besitzt eine Krypta, gleichfalls in der Form eines griechischen Kreuzes, zu der man durch eine Außentreppe an der Ostseite gelangt.

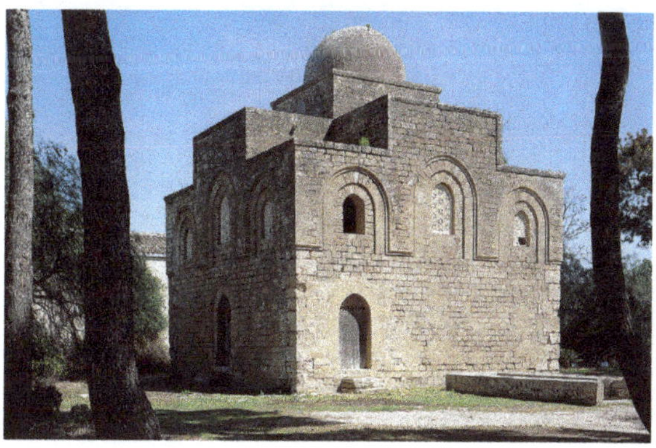

S. Trinità di Delia, Castelvetrano.

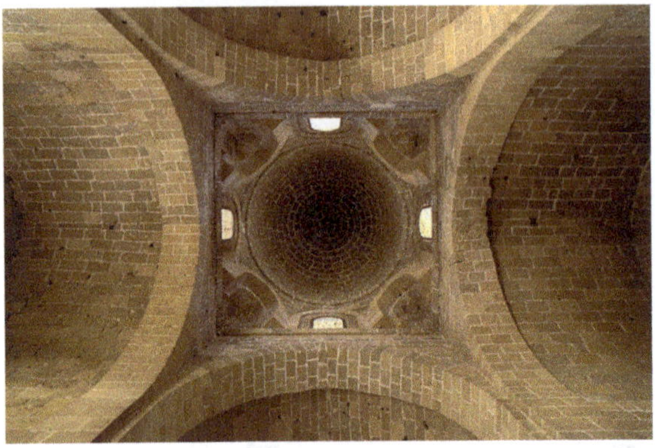

S. Trinità di Delia, Kuppel, Castelvetrano.

Ursprünglich war die Kirche Kronbesitz, wurde jedoch 1459 dem Benediktinerkloster von San Giovanni degli Eremiti in Palermo übereignet und 1474 schließlich zum Priorat ernannt. Man nimmt an, dass um 1520 die ersten Umbauten stattfanden. Der byzantinische Grundriss kam in dieser Deutlichkeit erst 1880 bei der vollständigen Restaurierung unter Giuseppe Patricolo wieder zum Vorschein, der das Gebäude von späteren Hinzufügungen und sukzessiven Veränderungen befreite.

S. Trinità di Delia, Innenraum, Castelvetrano.

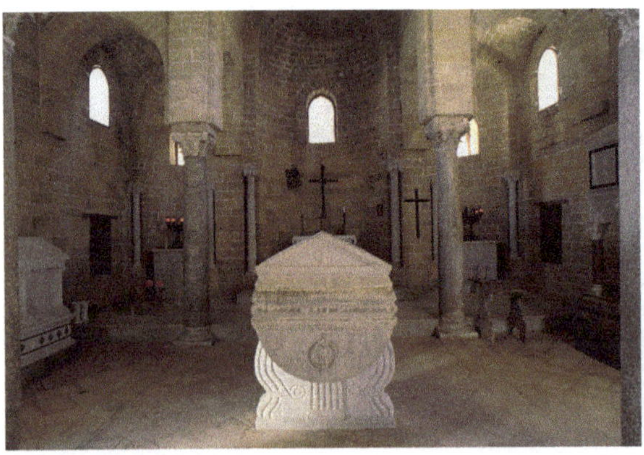

VI.3 SALEMI

Der heutige Name stammt von den Arabern, die den Ort nach Meinung einiger Forscher *salam* (Friede, Heil), anderen zufolge nach Suleiman, dem Sohn von Ibn al-Furat und Offizier der islamischen Truppen, nannten, nachdem dieser während der Eroberung Siziliens gefallen war.
Die Normannen bestätigten die militärischen und wirtschaftlichen Privilegien der Stadt. In der ersten Hälfte des 12. Jahrhunderts beschreibt al-Idrisi sie unter dem Namen as-Sanam als „riesiges, dicht bevölkertes Gut ... mit Bäumen und Gärten, dass es eine rechte Wonne ist, mit reichlich Brunnen und Wohlergehen überall".
In der Befestigungsstrategie Friedrichs II. spielte Salemi eine so zentrale Rolle, dass es im Laufe des 14. Jahrhunderts während der Konflikte zwischen den Königshäusern Anjou und Aragon sowie den Adelsfamilien Chiaramonte und Ventimiglia mehrfach im Mittelpunkt stand.
Das Stadtzentrum wurde 1968 vom Erdbeben im Valle del Belice stark in Mitleidenschaft gezogen.

VI.3.a Kastell

Von Castelvetrano aus auf die Autobahn A29 in Richtung Palermo zurückkehren und in Salemi abfahren. Der SS188 bis zum Stadtzentrum folgen. Die Via Lo Presti bis zur Piazza Libertà fahren und dort parken. Zu Fuß in die Via Amendola gehen und nach links in die Via Garibaldi, die zur Piazza Alicea führt. Dort steht das Kastell.
Bei Drucklegung dieses Katalogs ist die Restaurierung noch nicht abgeschlossen.

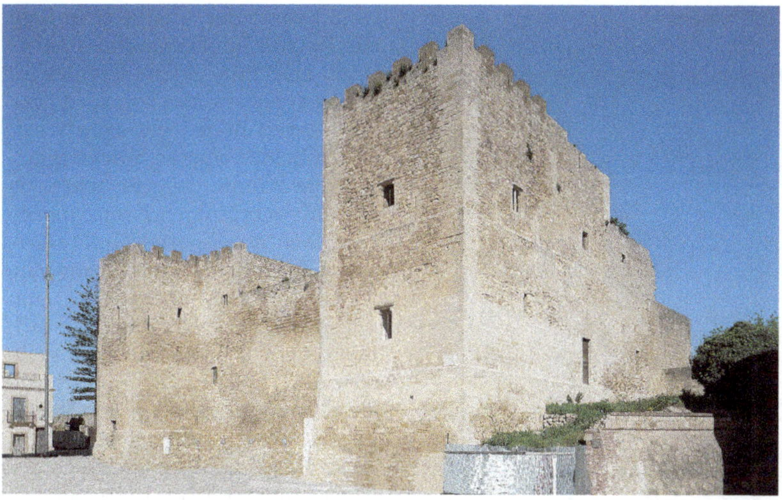

Kastell, Gesamtansicht, Salemi.

Der erste Festungsbau entstand vermutlich in normannischer Zeit, denn er taucht in den Beschreibungen der beiden muslimischen Geografen al-Muqaddasi und Jakut (950–1050) nicht auf. Erst al-Idrisi erwähnt ihn bei der Beschreibung von Salemi, das er as-Sanam nennt. Er schildert es als „großes Gut" an der Straße nach Mazara, über dem „ein Kastell, eine Festung in vortrefflicher Lage steht". Die heutige Anlage stammt allerdings in dieser Form aus dem 13. Jahrhundert und diente als Vorposten zur Kontrolle des zur Südwestküste Siziliens weisenden darunter liegenden Tals.

Der Grundriss ist ein unregelmäßiges Viereck. Die mit einst zinnenbewehrten Laufgräben versehene Befestigungsmauer umschließt einen geräumigen Hof und einen Garten. Drei Türme, zwei quadratische und ein runder, ragen aus der Mauer auf, während die einzigen beiden Zugänge zur Festung an der Südwest- und Nordwestseite lagen. Vom Innenhof aus gelangte man in den großen Saal, an dessen Ecken die quadratischen Wehrtürme standen. Er wurde später in drei verschiedene Räume unterteilt. Eindrucksvollstes Element war wegen seines Umfangs und seiner Höhe der Rundturm, ein ursprünglich vielleicht einzeln stehender Wehr- und Wohnturm, der architektonisch an staufische Bauten wie die Türme des Castello Maniace und das Castello Ursino erinnert.

Kastell, Kreuzrippengewölbe, Salemi.

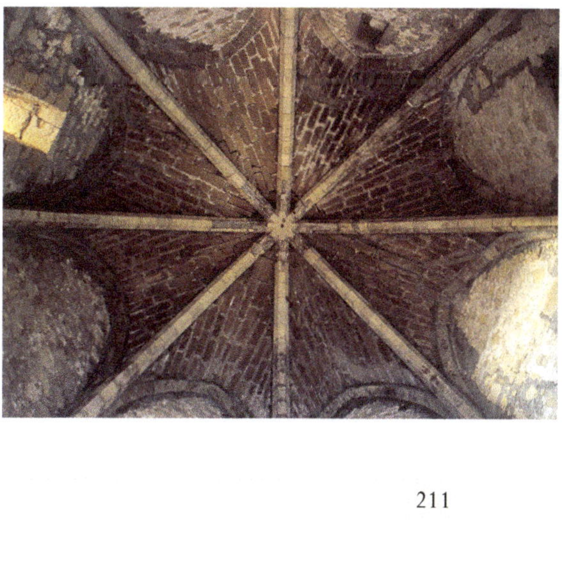

Kastell, Innenraum eines Turms, Salemi.

Kastell, Innenraum, Salemi.

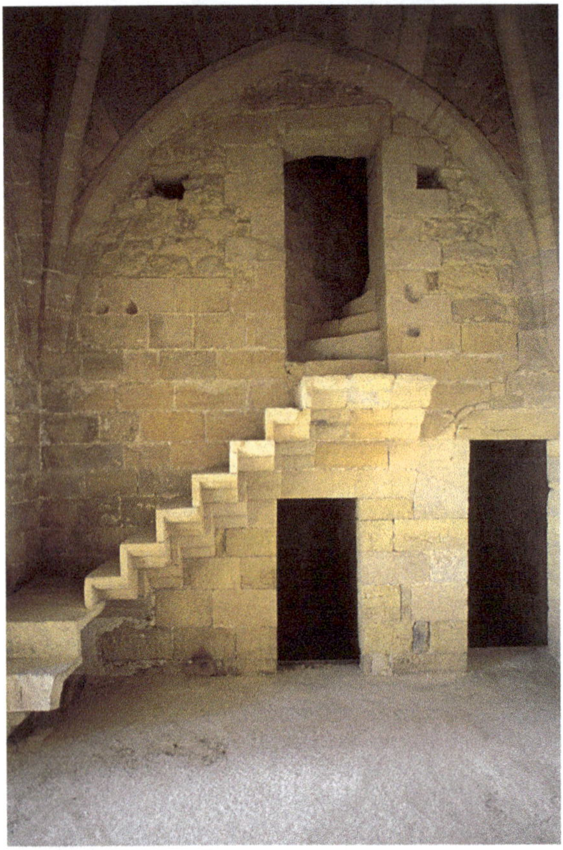

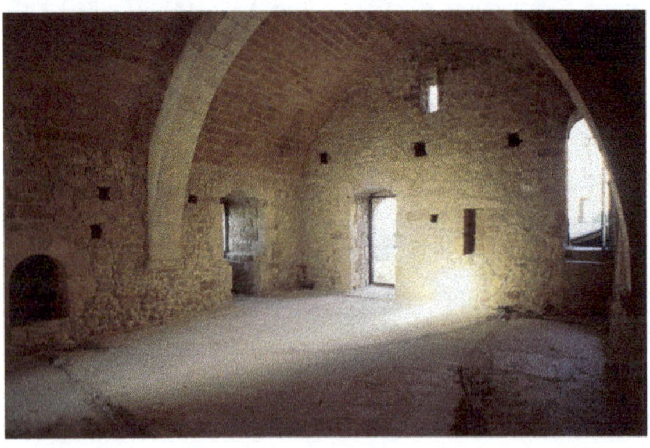

In jedem seiner Stockwerke liegt ein Raum; im Erdgeschoss ist er rund und mit einem Tonnengewölbe versehen, das von zwei quer gespannten Bögen getragen wird. In den beiden oberen Stockwerken sind die Räume dagegen achteckig und mit achtteiligen Kreuzrippengewölben ausgestattet. Im Erdgeschoss führt links vom Eingang eine große Falltür in einen Kellerraum mit Muschelgewölbe, über das sich verkreuzte Rippen ziehen. Viele offizielle Dokumente ignorieren die Existenz des Kastells von Salemi und es wird weder in den staufischen Regesten noch anlässlich der Verwaltungsreform 1240 oder in der von Karl von Anjou 1273 angeforderten Inventarliste (mit 27 Kastellen) erwähnt.

VI.3.b Arabisches Viertel

Das von Arabern gegründete, später von Juden bewohnte Viertel liegt außerhalb der alten Stadtmauern unterhalb des Klosters Sant'Agostino in den Ausläufern der Hügel südwestlich des Ortes. Das Viertel – der *rabato* – hat über die Jahrhunderte seine einheitliche Straßenführung bewahrt. Sie ist gekennzeichnet durch schmale, gewundene Sträßchen, die in Sackgassen münden oder plötzlich zu steilen Treppen werden. Für eine Anlage wie diese haben Wissenschaftler eine Typologie entwickelt, die drei Arten von Straßen unterscheidet: „Der Typ *shari'* (nach beiden Seiten offene, quer durch die Stadt verlaufende Hauptstraße als Verbindung zwischen den Toren und verschiedenen Vierteln; aus der Stadt heraus ins Umland führend); der Typ *durub* (von einer

Hauptstraße ausgehende Nebenstraße ohne Anschluss nach außen, deren Zugang mit einem Tor verschließbar ist, die jedoch eine beträchtliche Länge erreichen und sich stark verzweigen kann) und der Typ *aziqqa* (Sackgasse unterschiedlicher Form, am Ausgangspunkt vom *durub* mit einem Tor verschließbar)" (Guidoni 1978). Die wesentlichen Elemente hier im *rabato* werden als *aziqqa* oder im lokalen Dialekt als „vaneddi d' inferno" (Höllengassen) bezeichnet, was auch heute noch auf die Langlebigkeit der arabischen Tradition hindeutet.
Die an den natürlichen Hang geschmiegten Häuser sind meist zwei- oder dreigeschossig mit quadratischem oder rechteckigem Grundriss, ein oder zwei Räumen pro Stockwerk und oft mit erhöht liegendem Hintereingang zur Gasse an der Rückseite versehen. Das Untergeschoss ist mit den übrigen Stockwerken durch eine Außentreppe verbunden, dem *annatu*. Licht erhält das Haus nur an der Straßenseite. Abgesehen von der Haustür enthält die Fassade ein kleines Fenster zur Belüftung des Stalls sowie in den oberen Stockwerken mehrere Fenster mit typischerweise weit vorspringenden Fensterbänken aus durchgehenden Steinplatten. Die ziemlich dicken Außenmauern bestehen aus verputztem Stein. Tür- und Fensteröffnungen sind sehr klein und auf das Nötigste beschränkt. Die meisten Häuser haben ein Satteldach.

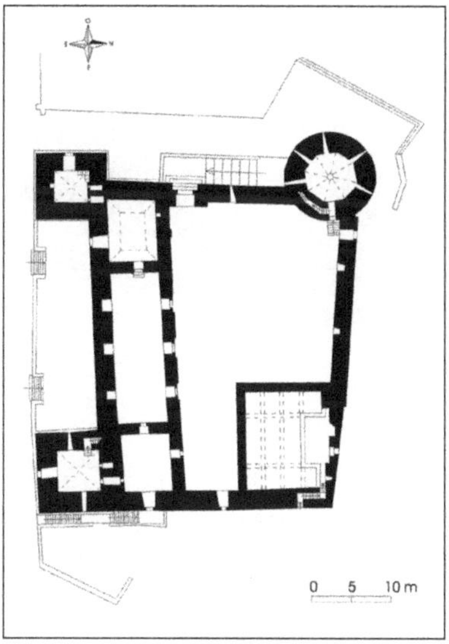

Kastell, Grundriss, Salemi.

VI.4 SEGESTA

VI.4.a Moschee

Von Salemi aus die SS188 in Richtung Vita fahren und weiter über Calatafimi. Der Beschilderung nach Segesta folgen. Die Straße führt zum Archäologischen Park, in dem sich der Bau befindet. Parkplatz beim Eingang zum Park. Ein Zubringerbus bringt die Besucher (gegen Gebühr) in die Nähe des Standorts der Moschee.
Öffnungszeiten: von 9 Uhr bis eine Stunde vor Sonnenuntergang. Sanitäranlagen vorhanden.

Die Moschee im Kastell Calatabarbaro stand in unmittelbarer Nähe des antiken Theaters von Segesta außerhalb der befestigten Ortschaft auf der Hochebene; hier wurden bereits die Überreste einer Burg und einer mittelalterlichen Kirche aus dem 13. Jahrhundert

Segesta

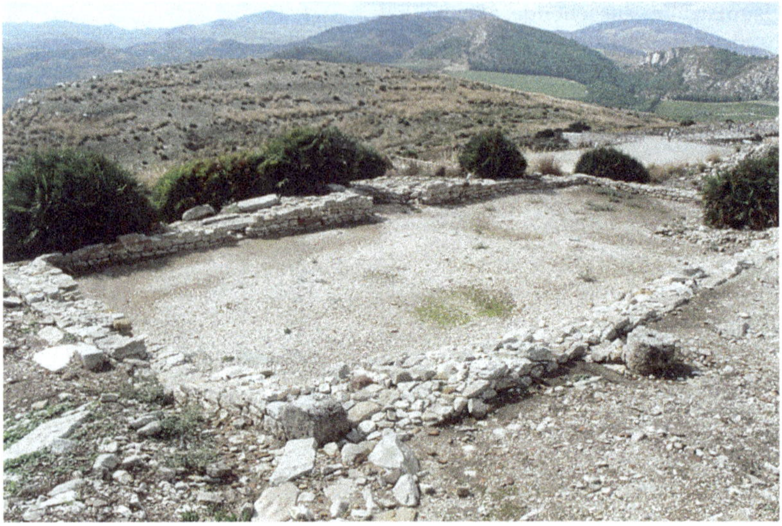

Moschee, Überreste der Anlage, Segesta.

gefunden. In der Tat besiedelte eine muslimische Gemeinde unter Führung eines *qa'id* Anfang des 12. Jahrhunderts den Monte Barbaro; sie zog sich vermutlich hierher in die Diaspora zurück, nachdem in der Umgebung von Qa'lat Ahmad, was zur Zeit der normannischen Eroberung Bezirkshauptstadt war, ein christlicher Kronvasall eingesetzt worden war. Die vorhandenen spätantiken Gebäude überbauten die Muslime mit einer Festung (Calatabarbaro), die aus einigen rings um einen Hof gruppierten Wohnhäusern bestand. Außerhalb der Befestigungsmauer entstand die Moschee. Die Ankunft eines christlichen Feudalherrn gegen Ende desselben Jahrhunderts bedeutete die Umwandlung des Guts in ein Herrenhaus, dem innerhalb der islamischen Siedlung weitere Gebäude und eine Kirche mit drei Apsiden hinzugefügt wurden. Die Moschee wurde dabei abgerissen und das Baumaterial als Spolien wieder verwendet. Die Siedlung wurde nach und nach verlassen, so dass schließlich auch das Herrenhaus bereits im 13. Jahrhundert verfiel. Für die Bewohner des nahe gelegenen Calatafimi wurde 1442 allerdings eine neue Kirche gebaut.

Die Überreste der Moschee und weiterer Gebäude aus der Zeit der islamischen Besatzung kamen erst 1993 im Zuge archäologischer Ausgrabungen in diesem Gebiet zutage. Dank des erhöhten Standorts der Moschee auf der Nordakropolis des antiken Segesta war ihr *mihrab* von der Umgebung aus weithin sichtbar, also vom Tal des Flusses Gaggera und von der Straße aus, die von Palermo nach Trapani führte. Das Gebäude wies einen fast rechteckigen Grundriss auf, ursprünglich innen gegliedert durch eine Reihe von drei Säulen als Gebälkstützen, von denen noch Spuren zweier Basen erhalten sind. Der Abstand zwischen ihnen betrug im Schnitt 4,50 m. An der Ostmauer befindet sich in derselben Ausrichtung wie die Säulenreihe

eine Nische, der vermutlich eine Halbsäule vorgesetzt war.
Dass es sich hier um eine Moschee handelte, lässt sich daraus schließen, dass sich in der Mitte der Nordwand ein *mihrab* befand, die in der Kibla-Wand Richtung Mekka zeigende Gebetsnische. Sie war rund 2 m breit und 1,50 m tief; ihr Grundprofil entstand auch durch die Kombination eines Rechtecks mit einer halben Ellipse, so dass an der Außenwand ein deutlicher Vorsprung sichtbar war. Der *mihrab* wurde vermutlich von zwei Wandsäulen flankiert und weist als einziger Teil noch Spuren von weißem Putz auf. Der Haupteingang zur Moschee lag in der Mitte der Nordwand genau der Gebetsnische gegenüber. Allerdings fanden sich auch Hinweise auf zwei weitere Öffnungen, die symmetrisch an den Gebäudeseiten angebracht waren.

Die Grabungsstätten von Segesta
Das hellenistisch-römische Theater im Norden und die Akropolis im Süden sind noch kaum erforscht. Sie markieren die höchsten Punkte des Monte Barbaro, der nach Westen hin sanft abfällt und in die weitläufige Hügellandschaft mit ihrem Flickenteppich aus Feldern übergeht. Die Grenze bildet die Küstenlinie, unterbrochen vom Kegel des Monte Bonifato. Der Tempelbezirk am Westrand des Archäologischen Parks liegt genau auf mittlerer Höhe zwischen der sonnenbeschienenen Bergkuppe und dem schattigen tiefen Tal der Fusa. Die geheimnisvolle Aura der fast 100 m tiefen Schlucht wird heute abgemildert durch einen von Menschenhand gepflanzten Kiefernwald oberhalb der natürlichen mediterranen Macchia aus niedrigem Strauchwerk, das nach Thymian, Rosmarin und anderen Kräutern duftet.
Das seit 1996 in öffentlicher Hand befindliche Gebiet gehört zu den systematisch geführten archäologischen Parks der Region Sizilien. Das Museum ist in den Case Barbaro am Fuß des Nordwesthangs des Berges untergebracht, einem bäuerlichen Komplex rings um einen so genannten baglio *mit Hof, eigener kleiner Kirche und einem Turm mit Gewölben.*

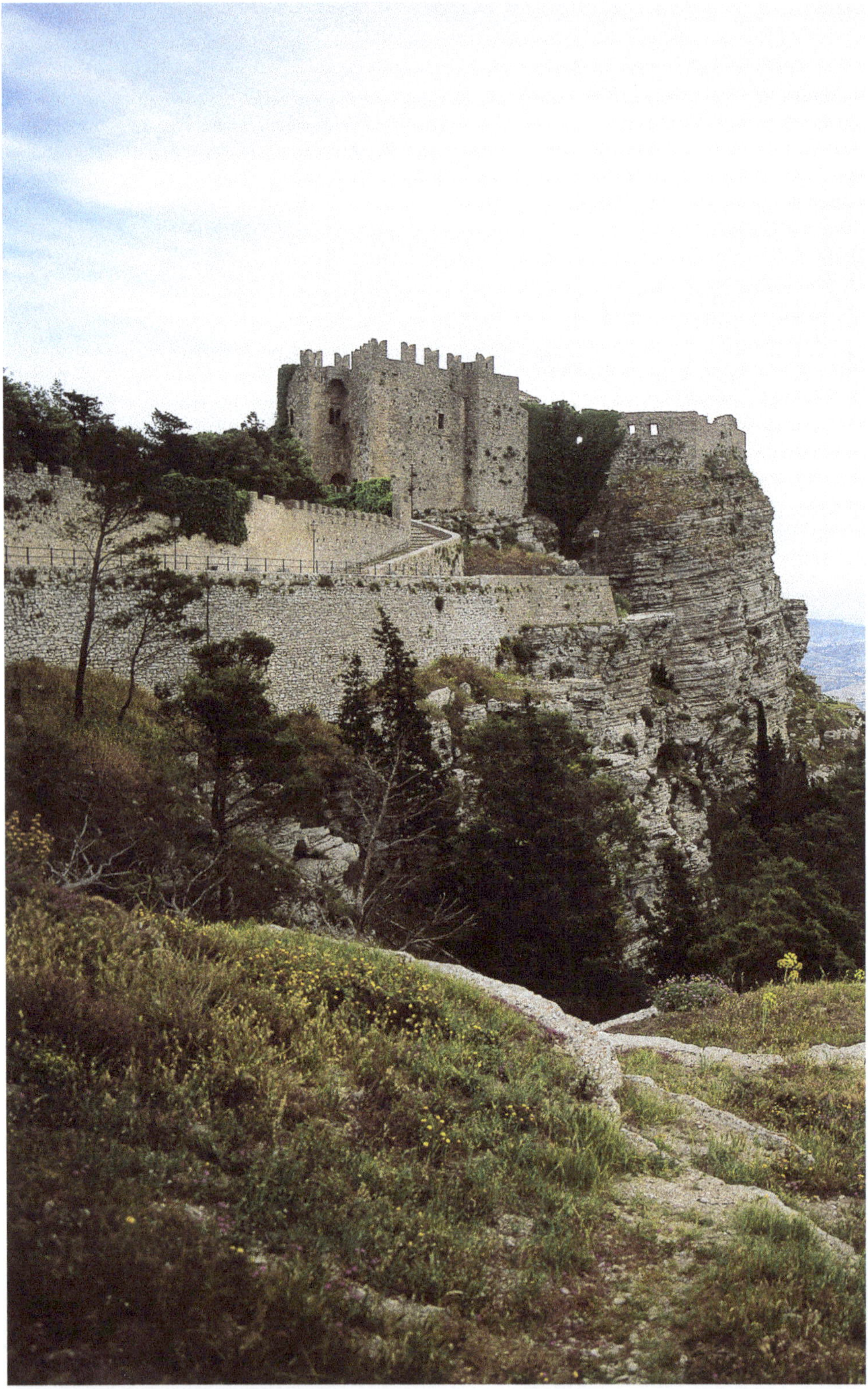

Zeugnisse aus normannischer Zeit

Wissenschaftliches Gremium

VII.1 TRAPANI
- VII.1.a Museum Agostino Pepoli – Kloster Santa Maria dell'Annunziata
- VII.1.b Stadtzentrum

VII.2 ERICE
- VII.2.a Dom
- VII.2.b Stadtzentrum
- VII.2.c San Giuliano
- VII.2.d Normannisches Kastell

VII.3 CASTELLAMMARE DEL GOLFO
- VII.3.a Kastell
- VII.3.b Stadtzentrum

VII.4 ALCAMO
- VII.4.a Castello di Monte Bonifato
- VII.4.b Castello di Calatubo

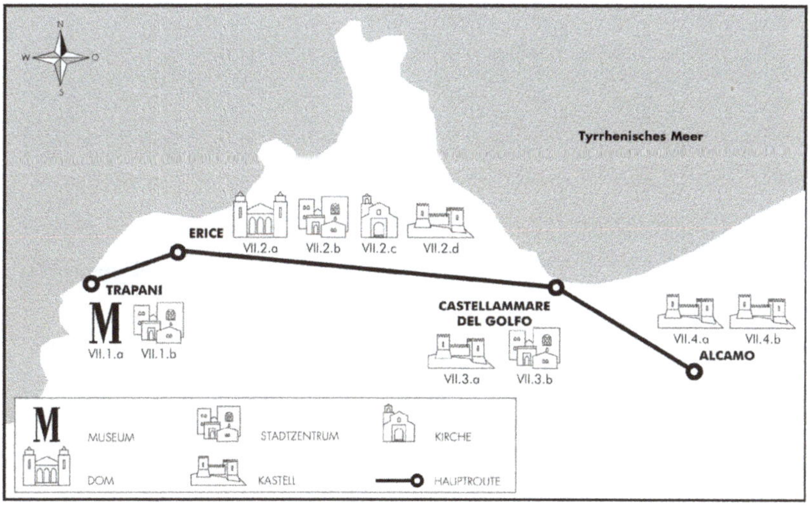

Kastell, Gesamtansicht, Erice.

Im Gebiet der heutigen Provinz Trapani war die normannische Epoche eng mit der vorhergehenden muslimischen Ära verbunden. Zu deren Erbe gehörte die Stärkung des Handels, die Verbesserung der landwirtschaftlichen Methoden sowie die Wiederaufnahme von in früheren Zeiten betriebenen Praktiken, etwa der Salzgewinnung aus Meerwasser, die in der Antike schon Plinius der Ältere (XXXI,7) in seiner *Naturalis Historia (Naturgeschichte)* beschreibt.

Die Belagerung von Trapani zu Wasser und zu Lande durch Roger und sein gut gerüstetes Heer („auch Alexanders Flotte war nicht schöner als diese", erinnerte sich später Gottfried Malaterra) fand im Mai 1077 statt. Kurz darauf ergab sich die Stadt, überließ Roger das Kastell und erkannte ihn als Herrscher an. Die Bürger mussten Tribut zahlen und „schlossen Bündnisse, wenn auch widerwillig" (Malaterra 2000). Die Normannen zogen in das Umland und besetzten dort zwölf Burgen, die Roger I. samt Ländereien als Lehen an die Ritter ausgab, die sein siegreiches Heer angeführt hatten. In den Schilderungen aus der Zeit Rogers II. und der beiden Wilhelme tritt Trapani als reiche, produktive Stadt in Erscheinung.

Mit den Worten al-Idrisis war Trapani „eine der ältesten Städte und eine uralte Siedlung; es ist an allen Seiten vom Meer umschlossen, man erreicht es nur über eine Brücke von Süden her. Der Hafen liegt an der Südseite. Es ist ein stiller Hafen ohne Unruhe. Hier überwintern zahlreiche Schiffe, sicher vor allen Stürmen, denn das Meer bleibt hier ruhig, auch wenn draußen die Wellen wüten. In diesem Hafen fängt man ungeheuere Mengen Fisch; mit großen Netzen fängt man auch Thunfische. Außerdem holt man bei Trapani erstklassige Korallen aus dem Meer. Vor den Toren der Stadt liegt eine Saline. Das Umland ist ausgesprochen weitläufig, die Böden fruchtbar und für die Aussaat bestens geeignet; sie erbringen ertragreiche Ernten und großen Wohlstand. Trapani besitzt

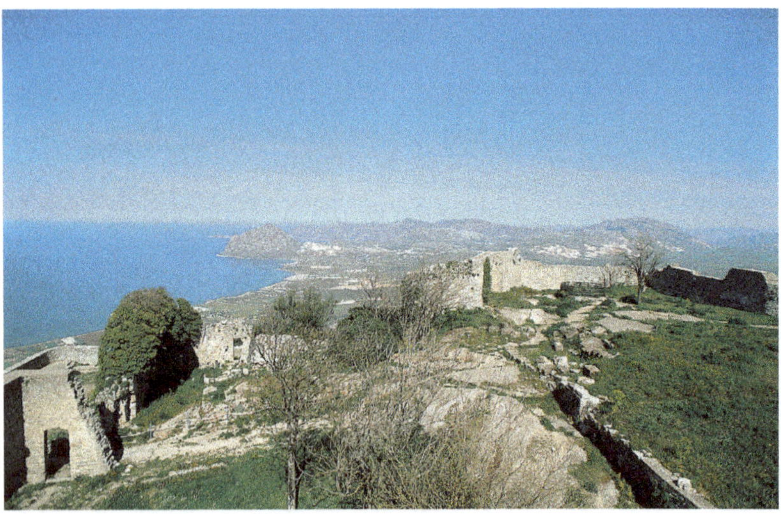

Kastell, Panorama-Ansicht, Erice.

bequeme Märkte und reichlich Lebensmittel“ (Amari 1933–1939). 1184 schildert Ibn Djubair die Stadt dann als „wenig geräumig, von geringer Größe, von einer Mauer umgeben“, aber er sagt auch, sie sei „weiß wie eine Taube“, was vermuten lässt, dass die Gebäude verputzt oder aus dem elfenbeinfarbenen lokalen Stein gebaut waren. „Hier gibt es Märkte“, fährt er fort, „Badehäuser und allen Komfort, den man in Städten finden kann, obwohl Trapani [scheinbar] Spielball der Wellen ist … und das Meer sein Maul aufreißt, um die Stadt zu verschlingen. Die Einwohner glauben, das Meer werde sie unweigerlich erobern, und es sei nur eine Frage der Zeit, bis ihre letzte Stunde schlägt … Reich und wohlhabend ist Trapani … Die Einwohner sind Moslems und Christen: Jede der beiden Konfessionen hat eigene [Tempel], Moscheen und Kirchen“ (Amari 1933–1939). In seiner geografischen Beschreibung erwähnt al-Idrisi zudem einige Gutshöfe, etwa das zunächst byzantinische Buseto Palizzolo, das von Arabern unter dem Namen Butisch neu gegründet wurde, Castelvetrano und Scopello (vom arabischen Isqubul Jaqut) mit seinem Fischereihafen, das dank der neu eingerichteten Thunfischfangstelle dort in voller Blüte stand; an Festungen zählt er das vermutlich Ende des 13. Jahrhunderts erbaute Kastell von Baida, die kleinen Forts von Catalafimi und Qal‘at Ahmad auf, von denen Ersteres in einen Vorort integriert war und Letzteres vermutlich Mitte des 10. Jahrhunderts von Arabern gegründet worden war. Schließlich nennt er auch das seit 1150 bestehende so genannte Castello della Pietra in Castelvetrano.

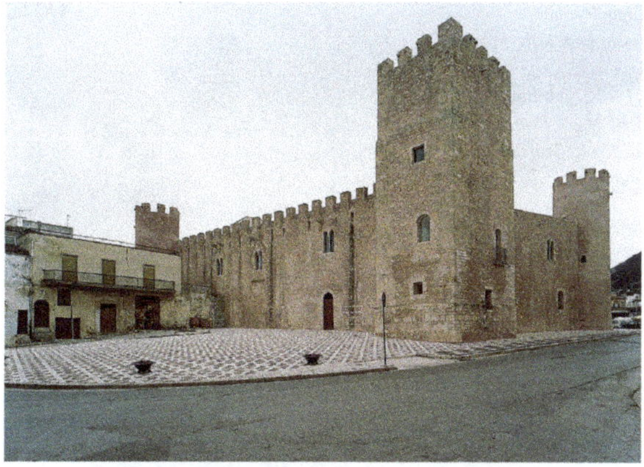

Kastell der Grafen von Modica, Gesamtansicht, Alcamo.

VII.1 TRAPANI

VII.1.a Museum Agostino Pepoli – Kloster Santa Maria dell’Annunziata

Von Segesta aus die Autobahn A29 in Richtung Mazara fahren und an der Abzweigung nach Trapani abbiegen; kurz vor der Ortschaft der Beschilderung zum Stadtzentrum folgen. Von der Via Fratelli Aiuto aus nach rechts in die Via Manzoni einbiegen, weiter durch die Via P. Mattarella, dann nach links in die Via Maria d’Ungheria und nochmals links in die Via Pepoli. Dort steht das Museum.
Eintritt gegen Gebühr. Öffnungszeiten: werktags von 9–13.30 Uhr, sonn- und feiertags 9–12.30 Uhr. Sanitäranlagen vorhanden.

Die Kirche Santissima Annunziata und das angeschlossene Karmeliterkloster enthalten heute das Museo Pepoli. Die Kirche der Verkündigung oder der Madonna von Trapani stammt aus dem 13. Jahrhundert, wurde jedoch erst um 1332 fertig gestellt. 1498 entstand die Capella

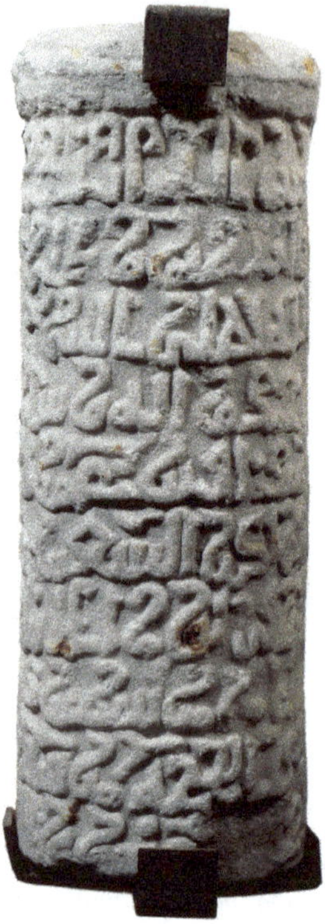

Grabsäule mit Inschrift in Kufi-Duktus, 11.–12. Jahrhundert, Museo Regionale A. Pepoli, Trapani (Publifoto, Palermo).

della Madonna, das eigentliche Heiligtum mit dem monumentalen Marmorbogen Antonello Gaginis (1531–1537). Die Kapelle wurde 1742 von Giovanni Biagio Amico vollständig erneuert. Erst 1315 begann der Bau des Klosters, der sich fast das ganze Jahrhundert lang hinzog. Von 1639 stammt die Freitreppe; 1650 entstanden der große Kreuzgang und ein Kapitelsaal, die heutige Sala dei Marmi. Zu Beginn des 19. Jahrhunderts begann das Kloster, erste archäologische Fundstücke zu sammeln, und im Laufe eines Jahrhunderts wuchsen die Bestände an Bildern und Plastiken beträchtlich an. Am 19. November 1906 beantragte der Conte Pepoli die Umwandlung des Klosters in ein ständiges Museum, die am 23. November des folgenden Jahres dann auch genehmigt wurde. Zu den kostbarsten Sammlungen gehören die Korallen, deren Bearbeitung in Trapani seit der Normannenzeit belegt ist. Ortsansässige Goldschmiede erlernten die Technik von den Arabern. Die beiden Säle im Erdgeschoss enthalten Epigraphe und arabische Grabinschriften im Kufi-Duktus, die aus Trapani und seiner Umgebung stammen, darunter der von einem Bogen mit Blattvoluten eingerahmte Grabstein von ʻAbd al-Karim Ibn Sulaiman von 1081/82, der Epigraph des Scheichs Ibn ʻAbdallah aus dem 11. oder 12. Jahrhundert sowie Bruchstücke kleiner Säulen mit Kufi-Inschriften aus einem unbekannten Gebäude des 11. Jahrhunderts.

VII.1.b Stadtzentrum

Die Gründung der Stadt Trapani erfolgte vermutlich um 1260 v. Chr. Der erste Siedlungskern war ein Sikanerdorf, das die Griechen wegen der eigentümlichen Form seiner Grundfläche Drepanon („Sichel") nannten. Durch die Ankunft der Phönizier im 8. Jahrhundert v. Chr. gewann die Siedlung an Bedeutung, denn sie wurde nun zu einer der wichtigsten Zwischenstationen auf den Handelsrouten im Mittelmeer. Daran änderte sich auch nach der Eroberung durch die Karthager nichts. Zusammen mit Lilybaeum und Panormus bildete es das punische Verteidigungssystem Siziliens. Im Jahre 241 v. Chr., nach der Eroberung durch die Römer, begann der allmähliche Niedergang der Stadt, der sich bis in die byzantinische Zeit hinzog. Zu neuer Blüte gelangte die Stadt erst wieder unter den Arabern, die sie in der ersten Hälfte des 9. Jahrhunderts eroberten, als „Tarabanis" wieder aufbauten und ihr den typischen Charakter islamischer Städte verliehen. Im Stadtzentrum bauten sie Märkte, öffentliche Bäder und Thermenanlagen sowie Moscheen als Ergänzung zu den christlichen Kirchen. Es ist allerdings schwer zu sagen, wie groß der arabische Beitrag zur Stadtentwicklung genau war, da uns Zeugnisse aus dieser Zeit selbst fehlen. Das mittelalterliche Stadtbild zeigt allen Veränderungen zum Trotz im Hinblick auf Bauweisen und Straßenführung aber noch immer Ähnlichkeit mit arabischen Städten. Man erkennt noch die drei Straßentypen – breite Hauptstraße (*shari'*), Nebenstraße (*darb* bzw. *durub*) und Sackgasse (*aziqqa*); die Häuser haben teilweise zur Straße hin keine Fassade, sondern öffnen sich zu Innenhöfen, was sicher auch klimatische Vorteile bietet.

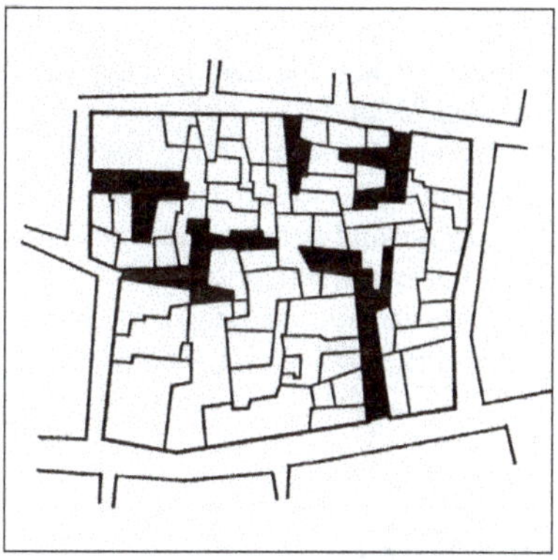

Stadtzentrum, mittelalterliche Bezirke, Trapani (Gabrieli, Scerrato 1979).

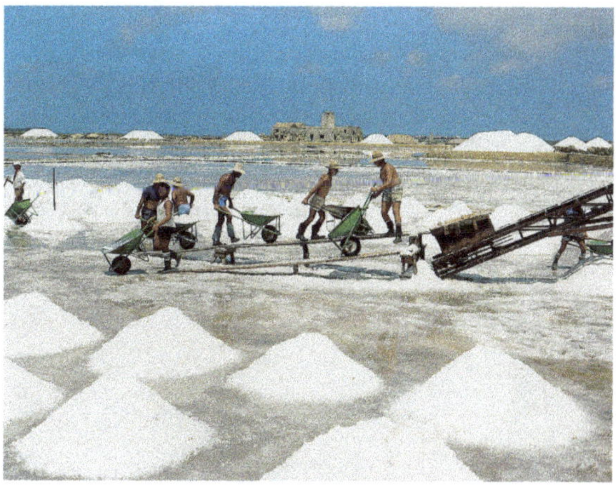

Salinen, Trapani (Publifoto, Palermo).

Die Salinen von Trapani und Paceco
Südlich von Trapani, wo die Schwemmlandebene in eine feuchte Küstenzone übergeht, liegt eines der seltsamsten Produktionsgebiete von Sizilien: die Salinen. Vom erhöht gelegenen Erice sieht man das riesige Schachbrettmuster der flachen unbewegten Meerwasserbecken, in denen sich die Sonne spiegelt. Von der SP21 von Trapani nach Marsala aus reihen sich weitere Becken aneinander. Die Wasserfarbe wechselt von Azurblau bis Leuchtendrot, je nachdem, welche Phase der Verdunstung erreicht ist. Zum Schluss wird das Salz am Beckenrand zu großen weißlichen Halden aufgeschüttet und zum Schutz vor Wind mit roten Ziegeln abgedeckt. In der sonnendurchfluteten Ebene sieht man Windmühlen, die den Wasserfluss regulieren, mit dazugehörigen Lagerhäusern und Hafenanlagen. Die Gewinnung von Jodsalz hat eine lange Tradition: Schon al-Idrisi nennt sie als eines der Gewerbe, durch die Trapani reich wurde. Die heute sichtbaren Anlagen stammen allerdings vom Ende des 17. Jahrhunderts, aus einer Zeit, als eine regelrechte Salzindustrie entstand. In den letzten Jahrzehnten wurden die Anlagen vernachlässigt, sie sind inzwischen jedoch wieder gefragt – teilweise weil es sich um ein begehrtes Naturprodukt handelt, aber auch unter dem Gesichtspunkt

des Naturschutzes, denn rings um die Salinen nisten zahlreiche selten gewordene Vogelarten.
Die Trapani am nächsten gelegene Salinenanlage erstreckt sich über rund 970 Hektar und ist heute Naturschutzgebiet mit einem Salzmuseum.
Das Naturschutzgebiet steht unter Leitung des WWF Italia, Via G. Garibaldi 138, 91027 Paceco (Tp), Tel. 09 23867700.

VII.2 ERICE

Der Name stammt vom sikanisch-sikulischen *erix* (Berg). Die den Elymern heilige Stätte war berühmt für ihren Tempel. Die Phönizier verehrten dort Astarte, die Griechen Aphrodite und die Römer Venus. Als punische Festung wurde Erice von den Syrakusanern und den Karthagern besiegt, die es 260 v. Chr. dem Erdboden gleichmachten und die Bewohner nach Drepanon (Trapani) verschleppten. 247 v. Chr. eroberten es die Römer und gründeten dort den Tempel der Venus Ericina mit einer Gemeinschaft von Priesterinnen.
Seit 831 n. Chr., nach der arabischen Invasion, hieß die Stadt Djebel Ahmad („Berg des Ahmad") nach dem Emir, der sie wieder aufbauen ließ. Die Muslime schätzten und priesen ihre Quellen und nutzten sie umfassend für Zisternen und Wasserleitungen. Im 12. Jahrhundert siedelten die Normannen wieder eine lateinische Bevölkerung an und nannten die Stadt „Monte San Giuliano" zu Ehren des Johanniterheiligen Julian, welcher der Überlieferung zufolge dem Grafen Roger in der entscheidenden Phase der Eroberung der bisher uneinnehmbaren Festung zu Hilfe gekommen war (1077): „... erschien ein leicht bewaffneter Ritter auf einem Schimmel mit rotem Mantel und einem Falken auf der Faust; als er dem Falken die Haube abnahm, flog er davon und trieb alle Sarazenen samt ihren Hunden aus ihren Häusern; als sie sahen, dass sie auf göttlichen Beschluss so unversehens mitten in der Stadt angegriffen wurden, ließen sie erstaunt die Waffen fallen und flüchteten aus der Stadt" (Adragna 1985).
Al-Idrisi sieht zur Zeit Rogers II. eine unbewachte Festung, die er wegen ihrer Quellen und Äcker lobt. Ibn Djubair beschreibt den Ort 1184 als „beachtliche Stadt". Seit 1934 heißt die Stadt wieder Erice.

Stadtzentrum, Blick in eine der Gassen, Erice.

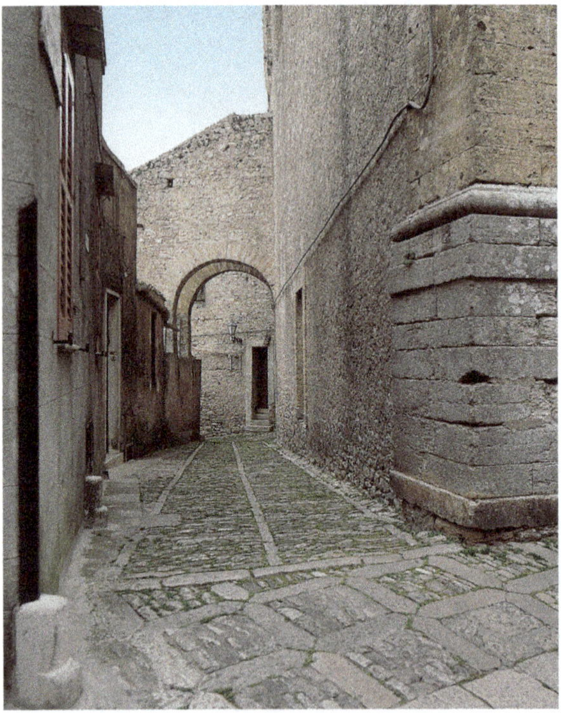

VII.2.a Dom

Von Trapani aus die SS187 nach Erice fahren. Hinter dem Zentrum von Valderice in die SR Immacolatella einbiegen und der Beschilderung bis zur Piazza Grammatico folgen, dort parken. Hinter der Porta Trapani den Corso Vittorio Emanuele entlanggehen, dann in die erste Gasse links einbiegen, die zur Piazza Madrice führt. Dort steht der Dom. Eintritt zum Campanile gegen Gebühr (nur im Sommer zu besichtigen). Öffnungszeiten: von 10–13 und 15–18 Uhr (im Winter von 10–12.30 und 15–16.30 Uhr).

Gesicherte historische Belege schreiben den Bau von Dom und Campanile Friedrich III. von Aragon zu, der 1314 zum Schutz vor Angriffen der Anjous in Erice residierte. Fertig gestellt wurde beides jedoch erst 1372. Vom ursprünglichen Bau erhalten sind noch die beiden Eingangsportale. Der spitzbogige Haupteingang befindet sich unter einem Portikus aus dem 15. Jahrhundert und ist mit einem Diamantfries und einem Gesims mit dreifachem Zickzackmuster verziert. Der Eingang an der linken Seitenwand weist dagegen eine runde Archivolte mit Bossenquadern auf; darüber liegt ein Einzelbogenfenster mit glattem Gesims. An der rechten Seite sind neun Kreuze in die Wand eingelassen. Sie stammen vom Venustempel, wurden zur Zeit Kaiser Konstantins von dort entwendet (320) und 1685 hier verbaut. Die Vorhalle, ein Erbe des Narthex frühchristlicher Kirchen, ist der Fassade vorgesetzt. Sie weist an drei Seiten offene Spitzbögen auf und ist mit einem Kreuzrippengewölbe überspannt. Die Attikazone darüber ist mit Zinnen verziert.

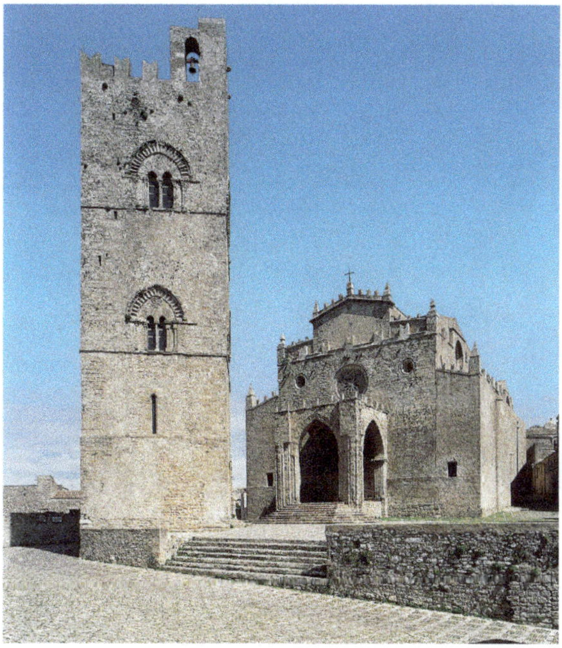

Dom, Gesamtansicht, Erice.

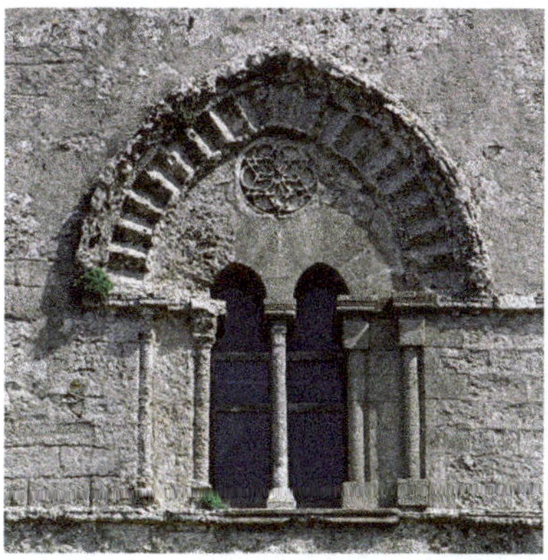

Dom, Zwillingsfenster des Campanile, Erice.

Die drei Kirchenschiffe waren ursprünglich durch zwei Reihen zu je fünf Säulen aus Muschelkalkstein und Spitzbögen unterteilt und mit einer Holzdecke eingedeckt. Die Säulen wurden später jedoch durch Bündelpfeiler ersetzt, ihrerseits umrahmt von doppelt so hohen glatten Zwillingssäulen, die

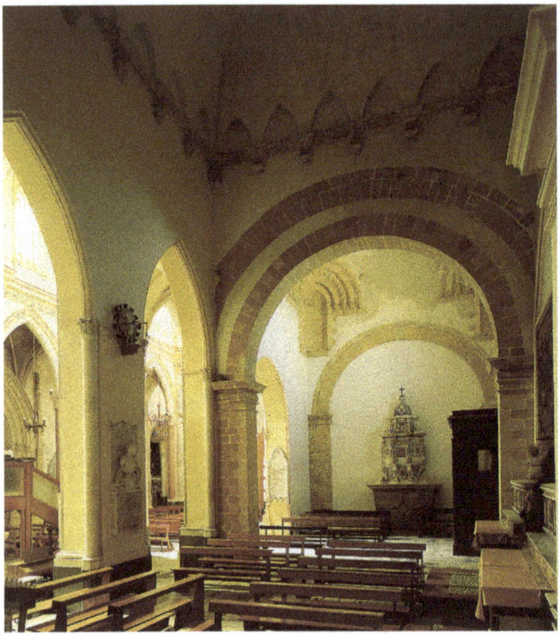

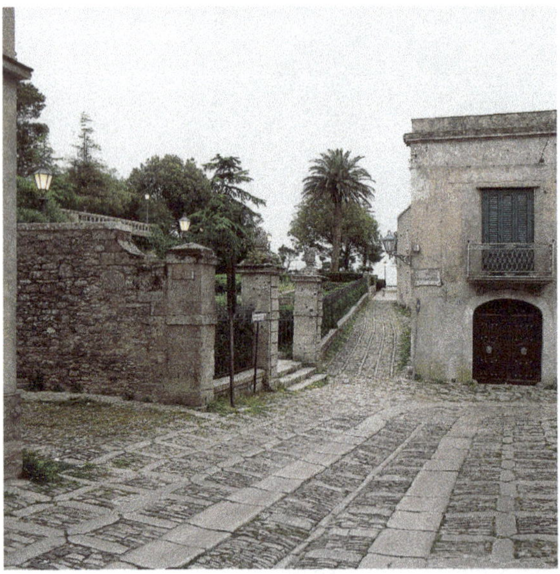

Dom, Innenraum, Erice.

Stadtzentrum, Ansicht, Erice.

ein durchgehendes Gebälk tragen. Die Allerheiligenkapelle besitzt ein Sterngewölbe mit verschränkten Rippen nach katalanischem Vorbild.

VII.2.b Stadtzentrum

Erice liegt nordöstlich von Trapani auf dem Gipfel des Monte San Giuliano. Der 717 m hohe Berg fällt nach allen Seiten steil ab, besitzt jedoch an der Oberseite eine weite fruchtbare Hochebene. Der dreiekkige Stadtkern wird im Westen von einer alten, durch Türme verstärkten Stadtmauer abgeschlossen; den Zugang bildeten die Porta Spada und die Porta del Carmine. Die beiden anderen Seiten folgen dem Verlauf des Felsens. Die Straßenführung bildet ein „Y“: von der Porta Trapani aus verläuft die Via Regia und gabelt sich in die Via della Loggia, heute Corso Vittorio Emanuele, und die Via Albertina degli Abbati. Letztere endet im politischen und religiösen Zentrum der Stadt mit den Kirchen San Giuliano, San Giovanni, San Cataldo und San Martino, die von den Normannen erbaut, jedoch im Laufe der Jahrhunderte verändert wurden. Gesichert ist, dass die aus Anatolien stammenden Elymer Erice im 8. Jahrhundert v. Chr. besiedelten und befestigten, doch geht die Gründung der Stadt vermutlich auf die Sikaner zurück. Dank der von Elymern und Phöniziern geschaffenen Befestigungen war Erice bis in die römische Zeit eine der wichtigsten Festungen Siziliens. Die Araber tauften sie in Djebel Ahmad um, doch verlor die Stadt nun ihre Autonomie. Die Burg wurde aufgegeben, wie schon al-Idrisi bezeugt. Unter den Normannen erging es der

Stadt wieder besser, wie Ibn Djubair berichtet: „Sie [die Stadt] ... ist nur von einer Seite her erreichbar, so dass man meinen könnte, die Eroberung Siziliens hänge von diesem einen Berg ab." Die Normannen förderten die Erneuerung des Stadtkerns und setzten das teilweise bereits verfallene Kastell wieder in Stand, so dass Erice seine einst unangefochtene religiöse und zivile Stellung zurück gewann. Etwa ab 1280 erfolgte unter den Aragonesen die allmähliche Urbanisierung des Westteils der Stadt mit dem Bau des Doms. Aus dieser Zeit stammt auch der Chiaramonte-Palast. Mit Ausnahme einiger jüngerer Gebäude hat Erice das Aussehen einer mittelalterlichen Kleinstadt bewahrt. Die Stadthäuser wurden aus Stein gebaut und mit hydraulisch härtendem Mörtel verputzt. Das Straßennetz weist eine Vielzahl enger Gassen auf, so genannter *venule*.

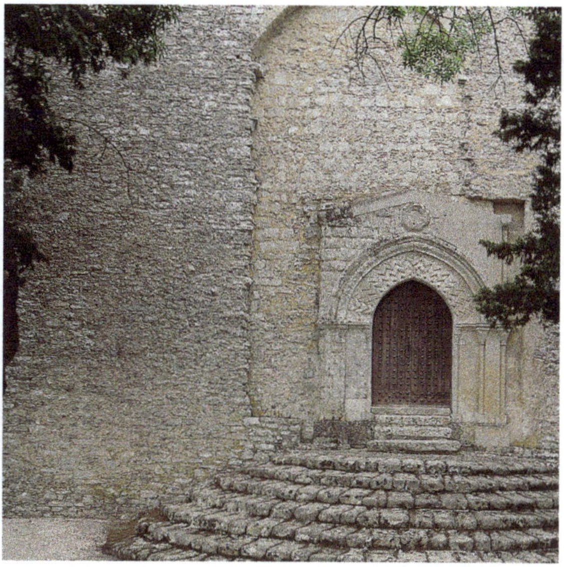

S. Giuliano, Portal, Erice.

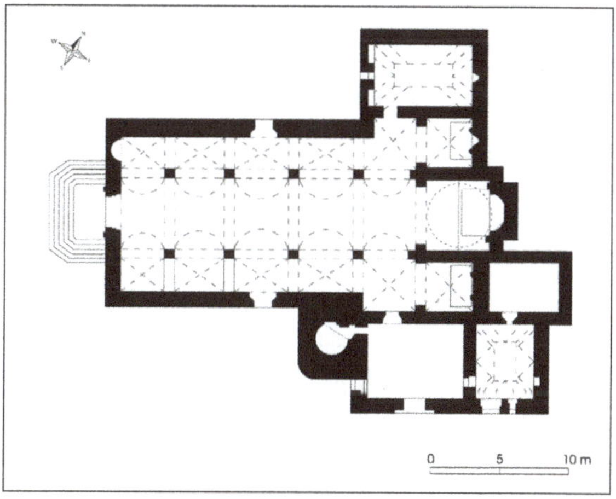

S. Giuliano, Grundriss, Erice.

VII.2.c San Giuliano

Zu Fuß zum Corso Vittorio Emanuele zurückkehren und rechts in die Via Generale G.Salerno einbiegen; linker Hand, an derPiazza S. Giuliano, befindet sich die Kirche.
Bei Drucklegung dieses Katalogs ist die Restaurierung noch nicht abgeschlossen. Besichtigung nach Voranmeldung beim Pfarrer, Tel. 0923 869123.

Im Jahr 1080 wurde die Kirche gegründet und, der Überlieferung nach, von Roger II. dem Hl. Julian geweiht. Einige Forscher meinen allerdings, dass der Johanniterritter Julian als Kirchenpatron gemeint war, den die Christen als Schutzherrn der Reisenden verehrten. Der Grundriss des ursprünglich eher kleinen Gebäudes bildete ein griechisches Kreuz. Das Mauerwerk bestand aus grob behauenen Quadern, die mit der Schmalseite nach vorne verlegt waren. Zwischen 1612 und 1615 wurde die Kirche wegen Einsturzgefahr umfassend umgebaut und erweitert.

Giardini del Balio und Kastell, Panorama-Ansicht, Erice.

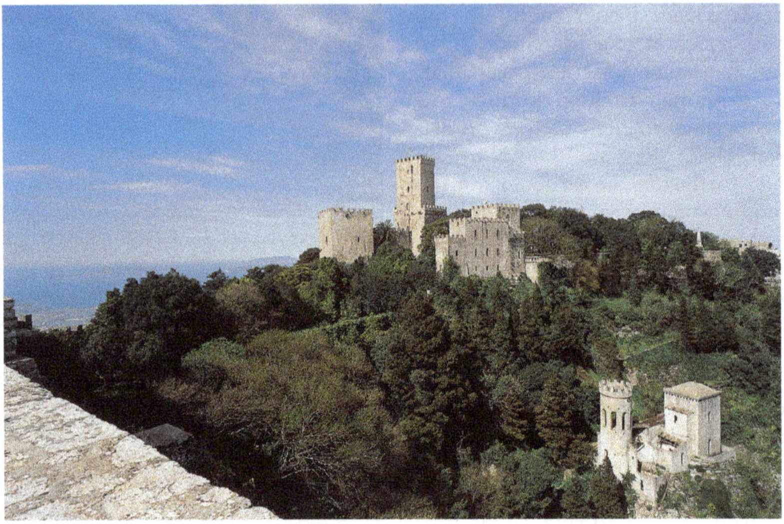

Dabei verbreiterte man das Mittelschiff, fügte zwei Seitenschiffe an und setzte eine Kuppel über die Vierung zwischen Quer- und Langhaus. 1770 wurde der Kirchenkomplex um einen Glockenturm ergänzt.

VII.2.d Normannisches Kastell

Von der Straße vor der Kirche San Giuliano aus nach links in die Via Conte Pepoli einbiegen, die zum Kastell führt. Ein Trinkgeld für den Wächter wird gerne genommen. Öffnungszeiten: 9–21 Uhr (im Winter 9–17 Uhr).

Das Kastell liegt auf dem höchsten Felsen des Monte San Giuliano und beherrscht die ganze Gegend; vom Meer aus bildet es einen weithin sichtbaren Orientierungspunkt. Einst stand hier der Tempel einer Fruchtbarkeitsgöttin aus dem 8. Jahrhundert v. Chr. Nach der Ankunft der Phönizier in Sizilien war es der Tempel der Astarte, der zum religiösen Mittelpunkt, aber wegen seiner Lage oberhalb der Ebene und des Meeres auch zu einem wichtigen Militärposten wurde. Unter den Römern war das Heiligtum ein bedeutendes Zentrum des staatlichen Kultbetriebs und gelangte zu hohem Ansehen. Der römische Senat beauftragte 17 sizilianische Städte damit, das inzwischen restaurierte Heiligtum sowie die zur Bewachung dort stationierte Garnison mit 200 Soldaten auf eigene Kosten zu unterhalten. Einziges Zeugnis für das Aussehen des antiken Tempels der Venus Ericina, der Beschützerin der Seeleute, ist die Gravur auf der Vorderseite einer Münze von C. Considius Nonianus. Mit dem Niedergang des Römischen Reichs verlor sich die strategische Bedeutung des Standorts, während das darunter gelegene Handelszentrum Drepanon (Trapani) aufblühte. Nach rund 800-jähriger Ruhe brachten die Normannen, genauer gesagt

Roger II., Erice neuen Aufschwung, so dass es nach Auskunft von Ibn Djubair bereits 1185 ein Kastell gab, das über den Ruinen des Venus-Tempels errichtet worden war. Es folgte der Bau eines befestigten Vorpostens mit drei Türmen, von denen zwei rechteckig und der mittlere fünfeckig war. Als Residenz der normannischen Gouverneure nannte man sie *torri del Ballio* („Türme des Bailli"). Die Wehrtürme waren untereinander durch eine Kurtine verbunden; eine Zugbrücke führte zum Venus-Kastell. Im 15. Jahrhundert wurde der fünfeckige Turm zerstört, jedoch 1873 wieder aufgebaut, als der Baron von Trapani, Agostino Pepoli, das Kastell restaurieren und die angrenzenden Terrassengärten anlegen ließ.

Das Kastell und damit zugleich den antiken *temenos* des Venus-Heiligtums im Schutz eines rechts davon stehenden Turms, der den Hintergrund der heutigen Via Conte Peopli bildet, erreicht man über eine Stufenrampe, die der Kastellan Antonio Palma im 17. Jahrhundert bauen ließ. Die Hauptfassade der Festung zeichnet sich durch ein Spitzbogenportal aus, über dem das Wappen der spanischen Habsburger prangt; den oberen Abschluss bilden Schwalbenschwanzzinnen. Die Anlage rings um den Innenhof ist fast quadratisch, obwohl das Mauerwerk an mehreren Stellen dem zufälligen Verlauf des Felsens folgt, damit man die darunter liegenden Abhänge verteidigen konnte. Von drei Seiten her ist das Kastell deshalb unzugänglich, da es direkt auf überhängenden Graten steht. Sämtliche Mauern der Burg sind als Füllmauerwerk *(opus incertum)* gearbeitet, jedoch mit Eckquadern aus Haustein verstärkt. Lediglich ein kurzes Stück an einer der Seiten über dem Felsvorsprung wurde als Zyklopenmauer aus gewaltigen Blöcken ohne Mörtel verlegt. Von einem Vorraum mit Spitztonnengewölbe gelangt man über eine Stiegenrampe in den zentralen Innenhof. Darin befindet sich der Venus-Brunnen, eine runde, in den Fels geschlagene Vertiefung, die ihren Namen der Annahme verdankt, dass darin die Priesterinnen des Venus-Kults ihre rituellen Waschungen vorgenommen hätten. Wahrscheinlicher ist jedoch, dass sie als Getreidespeicher für die Wachsoldaten des Tempels diente. Von den peripheren Gebäuden des Kastells dienten viele in normannischer Zeit als Kerker für illustre Persönlichkeiten wie den Grafen von San Severino, einen Heerführer der Anjous, der 1299 in der Schlacht bei Falconaria in Gefangenschaft geriet. Im Innenhof fanden sich

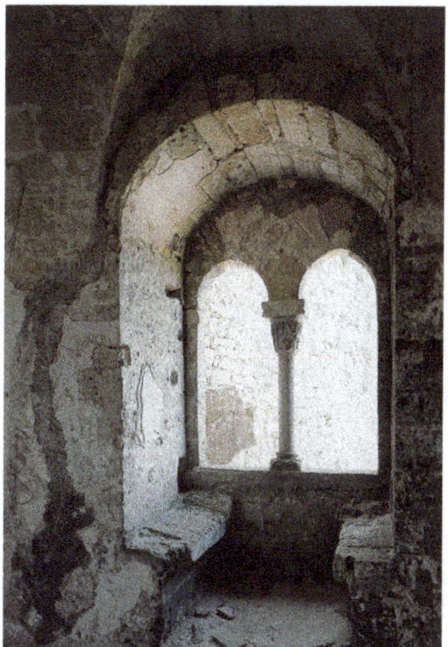

Kastell, Zwillingsfenster, Erice.

Bruchstücke von Säulen rings um ein rechteckiges Fundament, vermutlich der *temenos* des Tempels von Erice, sowie Überreste der Stützmauer der so genannten Dädalus-Brücke, ionische Säulentrommeln sowie Fragmente von Friesen und Dekorationen im dorischen Stil.

VII.3 CASTELLAMMARE DEL GOLFO

VII.3.a Kastell

Von Erice aus auf die SS187 und dann die Autobahn A29 in Richtung Palermo fahren. An der Ausfahrt Castellammare abbiegen und im Stadtgebiet in die Via Leonardo da Vinci abbiegen und weiterfahren, bis das Schild zum Kastell auftaucht. In Largo Petrolo das Auto parken und zu Fuß am Meer entlang bis zur Via Arciprete S. M. Militello gehen, dann nach rechts in die Via Re Federico einbiegen und über die Via Ponte Castello bis zum Largo Castello gehen. Dort steht die Burg.
Bei Drucklegung dieses Katalogs ist die Restaurierung noch nicht abgeschlossen. Besichtigung nach Voranmeldung beim Verkehrsverein (Ufficio Informazioni Turistiche), Via A. De Gasperi 6, Tel. 0924 592300.

Das Kastell steht auf der äußersten Spitze eines Landstreifens zwischen der Cala Petrolo und der Cala Marina, einer hufeisenförmigen kleinen Bucht. Heute ist es mit dem Stadtkern verbunden, der aus den Umfassungsmauern und den Basteien hervorging. Die Datierung des ersten Bauwerks ist unsicher, doch ist zu vermuten, dass die Festung um das 11. Jahrhundert entstand, also in der arabischen Zeit. Al-Idrisi beschreibt den Ort Castellammare und betont dabei,

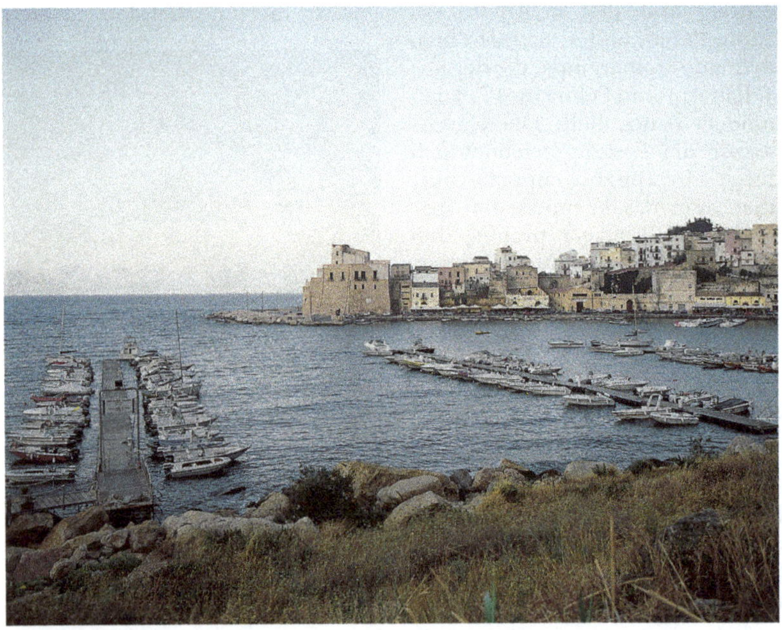

Kastell und Hafen, Panorama-Ansicht, Castellammare del Golfo.

dass „hier ein Kastell steht, das von seiner Bauweise her zu den robustesten und von seiner Lage her zu den am wenigsten zugänglichen gehört. Man erreicht es nur über eine kleine Holzbrücke, die nach Bedarf ausgelegt oder eingeholt wird.“ Zwischen Kastell und Stadt verläuft heute eine gemauerte Brücke, die vor 1845 entstand. Darunter finden sich einige Stiegenrampen, die den alten Ortsnamen in Erinnerung rufen: al-Madaridj („die Treppen“). Wirtschaftlich spielte Castellammare als Hafen und Verladestelle eine wichtige Rolle, doch erst in der normannischen und staufischen Zeit zwischen 1071 und 1282 wurde das Kastell über dem Meer befestigt und die Stadt selbst erweitert. Abgeschlossen wurde die Rekonstruktion der eindrucksvollen Festung allerdings erst unter den Aragonesen, die nach der Sizilianischen Vesper die Anjous auf dem Thron Siziliens ablösten. Friedrich III. von Aragon belehnte Friedrich von Antiochia damit. Die Burg hat einen polygonalen Grundriss und umfasste drei Gebäude, die im Schutz von Basteien und Türmen standen: den Georgsturm, den Glockenturm und den Bollwerksturm, die mit Kanonen, Steinschleudern und anderen Kriegsmaschinen ausgerüstet waren. Von der ganzen Anlage sind nur die Außenmauern mit den Basteien und ein einzelner Rundturm erhalten. Er steht ganz am Rand der Klippe und besitzt einen kleinen Durchgang, der direkt zu dieser führt, sowie eine bemerkenswerte Wendeltreppe. Wo einst innerhalb der Umfassungsmauern der Festung der älteste Siedlungskern lag, befindet sich heute ein lang gestreckter Hof, an den die bescheidenen Fassaden der Häuser grenzen. Zwischen den Ruinen der Ostseite sind noch zwei skulptierte Architrave mit den Wappen der Familien De Luna und Aragon erkennbar, die dieses Kastell im 16. beziehungsweise 17. Jahrhundert bewohnten. Nach Abschluss der derzeit laufenden Restaurierung sollen einige Innenräume der Burg

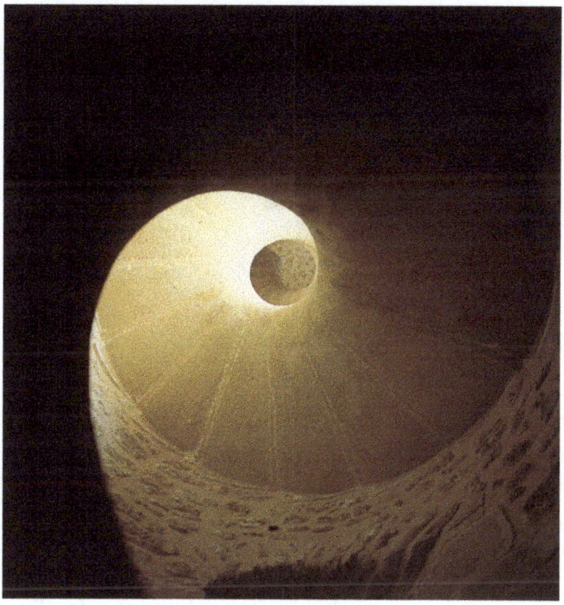

Kastell, Wendeltreppe im Turm, Castellammare del Golfo

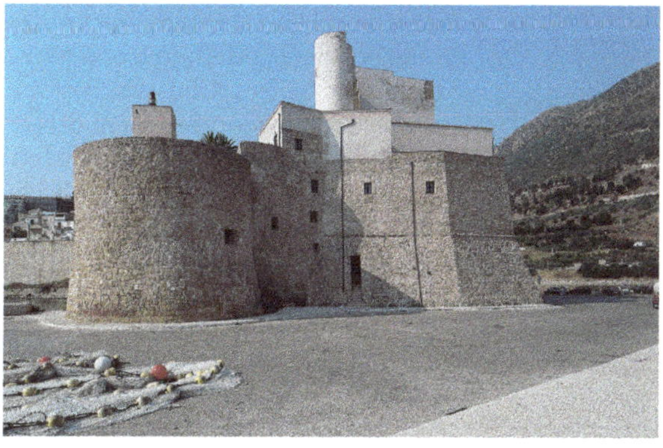

Kastell, Gesamtansicht, Castellammare del Golfo.

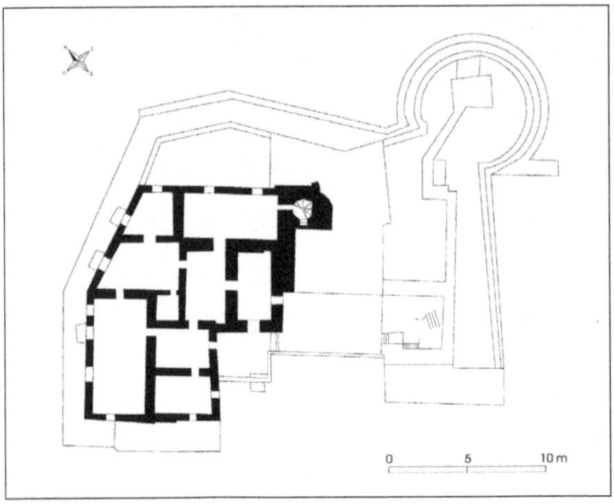

Kastell, Grundriss, Castellammare del Golfo.

das Ethnologisch-anthropologische Museum für Wasser, Mühlen und Schifffahrt aufnehmen (archäologische Funde). Zu Füßen des Wachturms befinden sich jenseits der Klippe Reste des so genannten Königinnenbads, bestehend aus einem in den Fels geschlagenen, fast rechteckigen Becken, das heute durch die Verlängerung der Hafenstraße verdeckt ist.

VII.3.b. Stadtzentrum

Castellammare del Golfo entstand als elymitischer Handelsplatz der Stadt Segesta, von dem aus kontinuierlich Seehandelbetrieben wurde, bis es 827 n. Chr. die Araber eroberten. In ihrem ewigen Streit mit den Griechen im benachbarten Selinunt verbündeten sich die Elymer mit den Karthagern, die dann aus dem Handelszentrum eine der bedeutendsten befestigten Hafenstädte der nordsizilianischen Küste machten. Wann die Festung entstand, ist ungewiss, doch ist davon auszugehen, dass der erste Kern aus islamischer Zeit stammt. Genau in dieser Phase entstanden die Thunfischfangstelle und der Hafen, der auch als Ausgangspunkt für Überfälle auf byzantinische Handelsschiffe diente, und eine Laderampe für die Verschiffung von Ge-treide. Die Araber tauften die Stadt in al-Madaridj um – vielleicht wegen der steilen Straße. Zur Zeit von al-Idrisi besaß Castellammare „einen Hafen, in dem ein Kommen und Gehen von Schiffen herrscht und man Netze für den Thunfischfang bereithält." Von einem Aussichtspunkt an der Staatsstraße aus hat man heute einen schönen Blick über die ganze Stadt.

Das Naturschutzgebiet Riserva Naturale dello Zingaro

Hinter Castellammare, auf den Hängen des Monte Speziale, liegt zwischen Scopello und San Vito Lo Capo ein Naturschutzgebiet, dessen außergewöhnliche Flora auf dem in dieser Gegend besonders feuchtwarmem Klima beruht. Die Landschaft ist geprägt von Zwergpalmen, die bis zu 2 m hoch werden, Johannisbrotbäumen, wilden Olivenbäumen und diversen Sträuchern. In der Mitte der Riserva gibt es eine natürliche Höhle, die Grotta dell' Uzzo, in der man steinzeitliche Funde entdeckte. Durch das Naturschutzgebiet führt auf halber Höhe ein Fußweg, von dem aus man die Küstenlandschaft mit ihren zerklüfteten Klippen und zwei Wachtürmen aus dem 16. Jahrhundert sehen kann. Kleine Buchten und Kiesstrände laden zum Baden in einer fürdie Tyrrhenische Küste Siziliens besonders geschützten Lage ein.

VII.4 ALCAMO

Der Ort liegt strategisch günstig zwischen den Festungen von Monte Bonifato und Calatubo, bedeutenden Verteidigungsposten in der Auseinandersetzung zwischen den verschiedenen Militärmächten in der muslimischen Ära. Der Name ist arabischen Ursprungs und lässt sich vielleicht auf den Ortsnamen Manzil (Gutshof-Station) al-Qam (bitterer Wüstenkürbis) zurückführen, nach Meinung anderer Forscher jedoch auf den kühnen Feldherrn ʻAbdallah al-Qam, der beim arabischen Vormarsch 827 über die Byzantiner triumphierte und auf dem Monte Bonifato ein Kastell und ein befestigtes Dorf namens Abdalcamo gegründet haben soll.
Um die Mitte des 12. Jahrhunderts nennt al-Idrisi es einen behaglichen Gutshof mit einem belebten Markt. Er lobt die fruchtbaren Felder, die Handwerker und Verarbeitungsbetriebe. 1182 erwähnt auch Ibn Djubair die Ortschaft. Als arabische Siedlung blieb Alcamo zwar bei der normannischen Rückeroberung und Besetzung unversehrt, doch ließ Kaiser Friedrich II. 1221 sämtliche Einwohner auf die Hänge des Berges umsiedeln, um Aufständen zuvorzukommen. Trotzdem kam es später dank erneuter Verbindungen zum alten Wohnort hier zu einer Rebellion, welche der Staufer 1243 blutig niederschlug. Er ließ sowohl das Kastell als auch das Dorf Bonifato schleifen und die letzten muslimischen Bewohner von Sizilien nach Lucera und Nocera deportieren. Die verbliebene christliche Bevölkerung zwang er, sich endgültig an der Stelle der heutigen Stadt anzusiedeln. Das neue Zentrum lag an der Handelsstraße, die von Palermo nach Trapani und weiter bis zur Westküste Siziliens führte.
Der älteste Kern Alcamos weist von der Anlage her rechtwinklige Achsen und regelmäßige Häuserblocks auf; datiert wird er auf die zweite Hälfte des 14. Jahrhunderts, als die Familie Ventimiglia, die lange Zeit die Barone von Alcamo stellte, die Neugründung förderte und sogar das Kastell auf dem Monte Bonifato wieder aufbaute.
Die Stadt war der Geburtsort von Ciullo d'Alcamo, der um die Mitte des 13. Jahrhunderts zu den ersten Dichtern und Schriftstellern gehörte, die am Hof Friedrichs II. ihre Werke in *volgare*, der italienischen Volkssprache, verfassten.

Die Thermen von Segesta
An der Grenze zwischen den beiden Gemeinden Alcamo und Castellammare entspringen am Ufer des Caldo heiße Schwefelquellen, die bereits in arabischer Zeit bekannt waren. Das Wasser sprudelt mit einer Temperatur von 45 °C in Grotten aus dem Fels, so dass eine Art natürliche Sauna entsteht. An den wenigen Abschnitten, an denen der Fluss nicht zwischen Betondämmen eingezwängt ist, hat man Zutritt zu den Quellen, deren Wasser auch zu Badehäusern und Thermalschwimmbecken geleitet und für therapeutische Anwendungen und Kuren genutzt wird.

VII.4.a Castello di Monte Bonifato

Mit dem Auto die Via VI Aprile wieder zurückfahren bis zur Piazza Pittore Renda; von dort aus auf den Corso Italia einbiegen und am Kreisverkehr der Beschilderung zur Riserva Naturale Orientata folgen. Die Viale Europa entlangfahren,

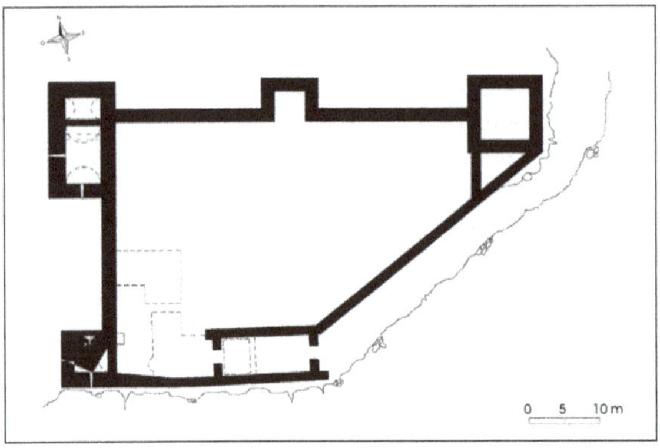

Castello di Monte Bonifato, Versuch einer Rekonstruktion des Grundrisses, Alcamo.

nach rechts in die Via SS. Salvatore und nochmals rechts in die Via Monte Bonifato einbiegen, die quer durch den Wald des Naturschutzgebiets zum Spiazzo Porta della Regina führt. Dort das Auto parken und über die Salita Madonna dell'Alto zum Kastell hinaufsteigen.

Der Monte Bonifato mit dem Turm des gleichnamigen Kastells, der sich noch immer majestätisch 20 m hoch in den Himmel reckt, bietet einen wahrhaften Panoramablick über die Stadt Alcamo an seinen Hängen, den ganzen Golf von Castellammare im Norden und das Umland im Süden. Wegen seiner Lage war das Kastell zudem leicht zu verteidigen. Die Umfassungsmauer bestand aus Blöcken desselben Felsens, auf dem es steht. Abgesehen vom noch vorhandenen Nordwestturm, der vermutlich der wichtigste war, sieht man noch Reste von drei weiteren eckigen Türmen im Südwesten, Nordosten und Norden. Der Hauptturm war im Erdgeschoss durch eine Trennwand in zwei Räume unterteilt, von denen der eine vermutlich als Zisterne diente, denn er war nur über eine Falltür erreichbar und an ein tönernes Leitungssystem für Regenwasser angeschlossen, von dem noch Reste erhalten sind. Der Zugang zum ersten Stock erfolgte von außen über eine

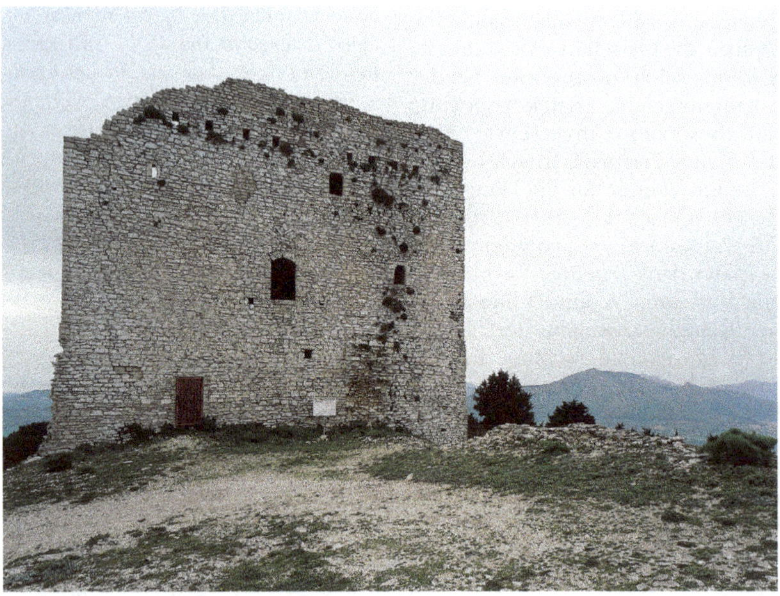

Castello di Monte Bonifato, Turm, Alcamo.

einholbare Treppe, während eine feste Steintreppe von der Mauer aus in die oberen Stockwerke führte, die ebenfalls durch Trennwände in je zwei Räume unterteilt waren. Die schmucklose Bauweise, die wenigen Reste von Wohnräumen und die Kapelle auf dem Exerzierplatz an der Südseite der Umfassungsmauer legen den Schluss nahe, dass das Kastell ursprünglich nur für militärische Zwekke als Zufluchts- und Verteidigungsstätte für die umliegenden von den Arabern eroberten Gebiete gedacht war – also für Segesta und Selinunt –, dann jedoch auch als befestigte Wohnburg diente.

Einige lokale Historiker (De Blasi 1880) glauben allerdings, dass mit dem Kastell, das auf dem Monte Bonifato vom Sarazenenhauptmann 'Abdallah al-Qam, genannt Alcamuk, erbaut und befestigt wurde, die heute als Castello dei Conti di Modica bekannte Burg im Zentrum von Alcamo gemeint sei; Alcamuk war im 11. Jahrhundert vom fatimidischen Kalifen nach Lilybaeum gesandt worden. In der Urkunde, mit der König Peter II. der Familie Peralta 1337 das Gebiet von Alcamo überließ, wird ein Castello di Bonifato aufgeführt. Offensichtlich war die Festung 1397 in ruinösem Zustand, denn Gualtiero Ventimiglia erklärte zu dieser Zeit, er habe das Kastell Bonifato auf eigene Kosten bauen lassen. Die von ihm durchgeführten Arbeiten beschränkten sich jedoch wahrscheinlich auf eine Sanierung der bestehenden Gebäude.

Die Tatsache, dass in einer Müllhalde am Fuß der Südmauer des Kastells Keramiken aus dem 12. und 13. Jahrhundert gefunden wurden, erhärtet jedenfalls die These, dass die Festung eine arabische Gründung ist.

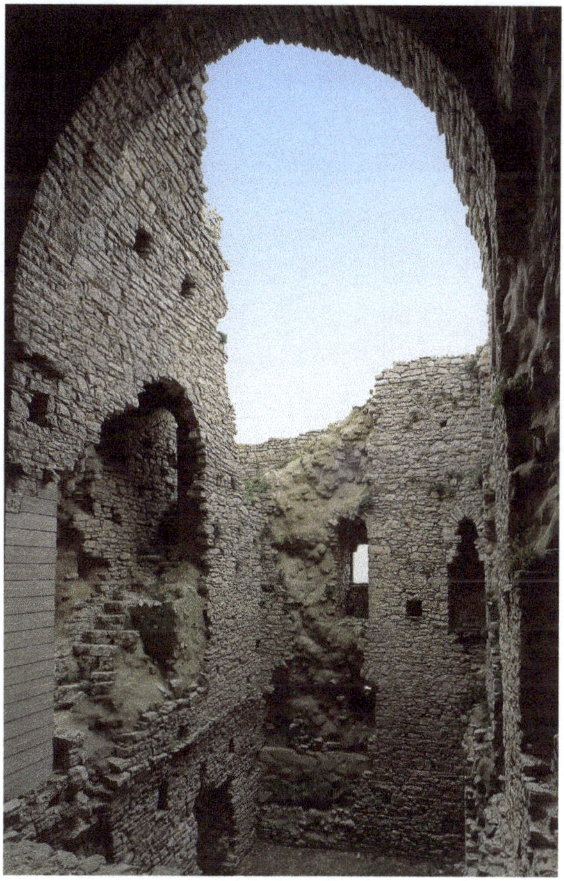

Castello di Monte Bonifato, Ruinen, Alcamo.

Der Wald von Alcamo
An den Hängen des Monte Bonifato, der sozusagen das Bühnenbild des Ortes darstellt, liegt das Naturschutzgebiet Bosco d'Alcamo mit Wäldern und einer reichen mediterranen Flora und Fauna. Man erreicht es über die eindrucksvolle Panoramastraße, von der aus man einen Blick über den gesamten Golf von Castellammare und das umliegende Weinanbaugebiet genießt.

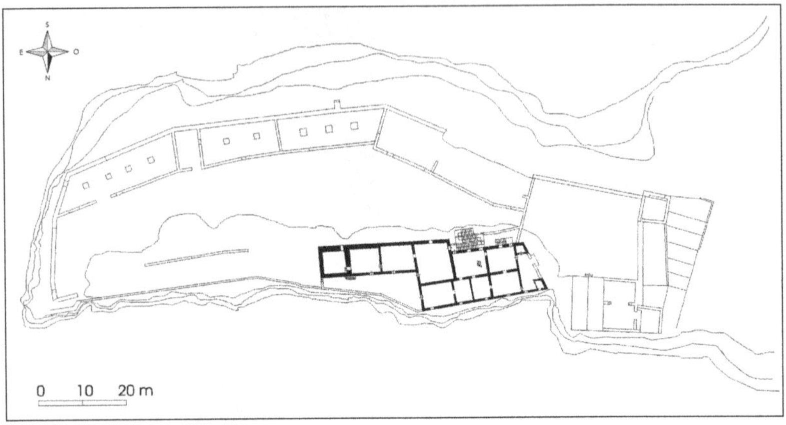

Castello di Calatubo, Grundriss, Alcamo.

Das Schutzgebiet wird verwaltet von der Provincia regionale in Trapani (Via XXX Gennaio, Tel. 09 23806458).

VII.4.b Castello di Calatubo

Nach Alcamo zurück und die Via VI Aprile bis zum Ende des Stadtgebiets fahren. Dort auf die SS113 auffahren. Bei der Beschilderung nach Balestrate nach links abbiegen und dann bis zum Fluss Finocchio fahren; kurz hinter dem Fluss geht links ein Feldweg zum Kastell ab. Am besten parkt man das Auto am Straßenrand und steigt zu Fuß zur Burg hinauf.

Die Burg schmiegt sich an einen majestätischen Felsen; er dominiert das weite Tal voller Felder und Weinberge mit Blick auf das Meer, von dem ihn drei niedrige, zum Golf von Castellammare sanft abfallende Hügel trennen. Die nahe am Felsvorsprung vorbeiführende Autobahn verändert heute das Landschaftsbild, in dem die Feste Calatubo einst eine beherrschende Komponente bildete. Al-Idrisi beschreibt sie so: „Calatubo ist eine solide Festung und eine große Ortschaft, [versehen mit] einem weiten Umland, das gut für die Aussaat und sehr ertragreich ist. Es liegt ungefähr vier Meilen vom Meer entfernt und besitzt einen Hafen, in dem viel Weizen sowie anderes Getreide verladen wird" (Amari 1880/81). Jahrhunderte lang spielte die Festung Calatubo dank ihrer natürlichen Hafenbucht eine wichtige Rolle als Sammel- und Umschlagplatz für landwirtschaftliche Produkte vom gesamten Westhang des Val di Mazara. Eng mit der Stadt verbunden war die Siedlung Alcamo, die als landwirtschaftliches und kommerzielles Zentrum aus einer alten Poststation an der römischen Konsularstraße zwischen Palermo und Trapani hervorgegangen war.
Das nahe der Schlucht des gleichnamigen Sturzbachs gelegene Calatubo hieß in arabischer Zeit Qal'at Awib, unter den normannischen Grafen Calatub (Urkunde von 1093) beziehungsweise Calathubi (Urkunde von 1110). Das Kastell besteht komplett aus lokalem grauen Kalkstein in Form von Füllmauern *(opus incertum)*. Die zweigeschossigen Gebäude stehen rings um zwei Innenhöfe und sind

an die unregelmäßigen Konturen der Felsen angepasst, auf denen sie stehen. Der Zugang zur Festung erfolgte über eine leicht geneigte Stiege, deren Stufenvorderseiten noch als viereckige Steinblöcke zu erkennen sind. Der unregelmäßig verlaufende Mauerring wird durch zwei quadratische Türme unterbrochen, die den Eingang beschützten, während zwei weitere kleine Türme (aus dem 18. Jahrhundert) auf einem Felsvorsprung über einem der Höfe stehen; darunter befand sich eine Zisterne, die mit einem weitläufigen Leitungssystem verbunden war. Das Erdgeschoss der Gebäude enthielt Wirtschafts- und Lagerräume, Ställe und Wohnungen; im Obergeschoss befand sich eine kleine Kirche mit Kreuzgewölbe, die auf dem höchsten Teil des Felsens die Burg abschloss. Heute ist das in Privatbesitz stehende Kastell stark verfallen und ohne Dach.

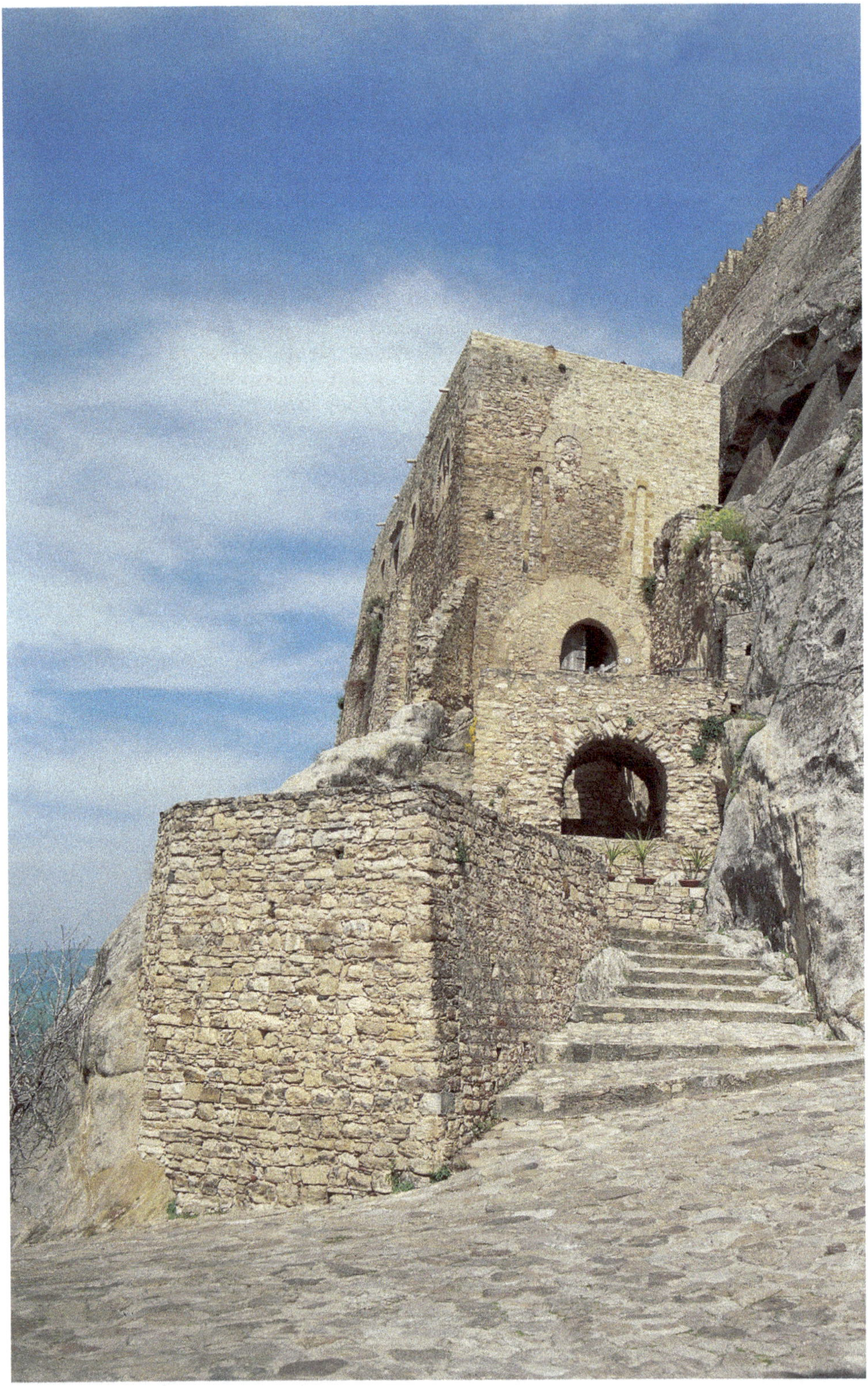

ROUTE VIII

Zeugnisse aus arabischer und normannischer Zeit

Wissenschaftliches Gremium

Erster Tag

VIII.1 VICARI
VIII.1.a Cuba Ciprigna (Piccola Cuba)
VIII.1.b Kastell

VIII.2 ALTAVILLA MILICIA
VIII.2.a Sarazenenbrücke
VIII.2.b San Michele (optional)

VIII.3 CACCAMO
VIII.3.a Kastell
VIII.3.b San Giorgio – Dom (optional)

VIII.4 CAMPOFELICE DI ROCCELLA
VIII.4.a Sakhrat al-Hadid (Kastell Roccella)

VIII.5 CEFALÙ
VIII.5.a Dom
VIII.5.b Arabisches Waschhaus

VIII.6 SPERLINGA
VIII.6.a Normannenkastell und Überreste der Kirche San Luca

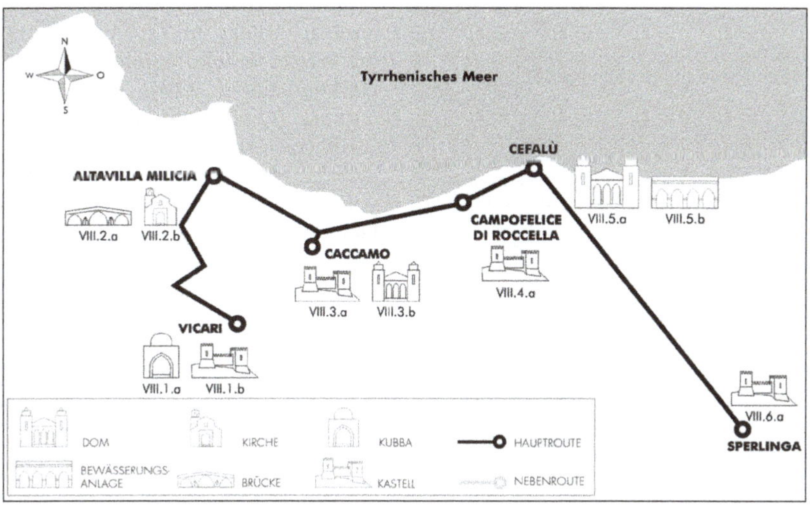

Kastell, Eingangsbereich, Sperlinga.

Die Spuren der arabischen und normannischen Kultur im Nordosten Siziliens, einem Gebiet, das sich von Osten nach Westen über die unwegsamen Berggebiete der Monti Peloritani, Nebrodi (oder delle Caronie) und delle Madonie erstreckt, werden von zwei scheinbar nicht voneinander abhängigen Themen bestimmt: einerseits dem Problem der Verteidigung, das sich in konkreten militärischen Bauten niederschlug, andererseits dem Wasser, um das es bei einer ganzen Reihe von Bauwerken ging, die etwa dazu dienten, eine Quelle rein zu halten (Cuba di Vicari), für den häuslichen Gebrauch gedacht waren (Waschhaus von Cefalù) oder einen Fluss überqueren ließen (Brücke über den Sturzbach San Michele in Altavilla Milicia). Zwischen der Handfestigkeit der Militärbauten und der Vergänglichkeit der Be- und Entwässerungsanlagen besteht aber nur scheinbar ein Gegensatz, denn beide bildeten in der Vergangenheit die unerlässlichen Voraussetzungen für die Entstehung und Blüte einer sesshaften Zivilisation, vor allem in den unsicheren Jahrhunderten des Hochmittelalters (man braucht nur daran zu denken, dass der Ostgotenkönig Witigis den Fall des Weströmischen Reichs endgültig besiegelte, als er bei der Belagerung von Rom 537 die Stadt von ihren Aquädukten abschnitt). Es ist auch kein Zufall, dass sich gerade im sizilianischen Dialekt im Zusammenhang mit Wasser so viele Begriffe arabischer Herkunft finden, etwa „favara“ von *fawwara* (Quelle, Springbrunnen), „uadi“ von *wadi* (Fluss), „garraffu“ von *gharraf* (wasserreich) oder „gebbia“ von *djubb* (Tank in der arabischen Hochsprache).

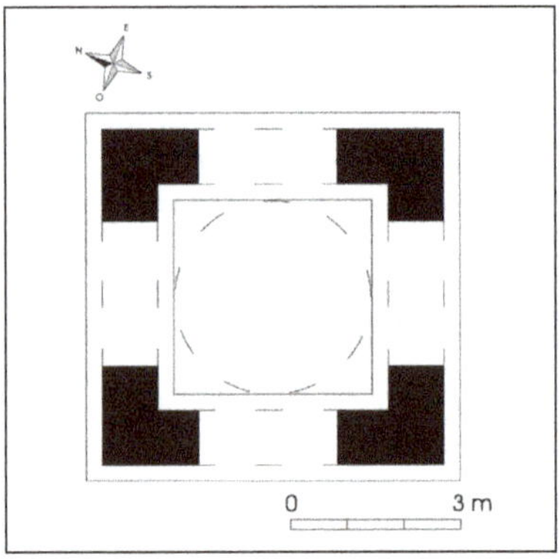

Cuba Ciprigna, Grundriss, Vicari.

Dom, Hauptfassade, Cefalù (Gally Knight 1838).

Die hier vorgeschlagene Route folgt dem Verlauf der zentralen Phase der arabischen Eroberung Siziliens ab dem für sie katastrophalen Ende der Belagerung von Syrakus im Jahr 828 durch eine Pestepidemie, der sogar der Feldherr des Sarazenenheers, Asad Ibn al-Furat, zum Opfer fiel. Die Niederlage zwang die Eroberer, durch das Innere auf die Nordwestküste der Insel zuzumarschieren (830 fiel Castrogiovanni) und von dem 831 eingenommenen Palermo aus die Eroberung der Bergkette im Nordosten Siziliens bis nach Messina vorzubereiten. Aus diesem Grund sind an dieser Strecke auch zahlreiche befestigte Garnisonen zu finden, einige davon, wie die Kastelle von Vicari und Caccamo, entlang des strategisch günstigen Flusstals des San Leonardo (der bei Termini Imerese ins Meer mündet). Ebenso interessant – allerdings allzu stark verfallen – sind einige nahe gelegene Gründungen wie Misilmeri (*manzil al-amir*, „Haus des Emirs“), Mezzojuso (*manzil Jusuf*, „Haus des Josef“) und Corleone mit dem nördlich davon gelegenen Fort Qal‘at at-Tariq (nach al-Idrisi der „Straßenfels“), das jedoch nur noch aus Urkunden bekannt ist; das Gleiche gilt für das Gut Ain Bi.l.lò.n in der Gegend von San Michele di Altavilla Milicia, das später nach der Kirche des benachbarten Basilianerklosters als *castrum o fortilicium Sancti Michaelis de Campogrosso* bezeichnet wurde. Ebenfalls an der Tyrrhenischen Küste findet sich ein weiteres Beispiel für das Verteidigungssystem, das von den Arabern konzipiert und von den Normannen und Staufern übernommen wurde. Auf einem Felsen nahe der Mündung des Flusses Roccella wird der durchgehende Sandstrand zwischen Termini und Cefalù von der Festung Campofelice unterbrochen – nach dem arabischen Gut, dessen Überreste heute unter dem eindrucksvollen, im 13./14. Jahrhundert wiederhergestellten Donjon verborgen liegen, auch „Eisenfels“ (Sakhrat al-Hadid) genannt. Eine weitere Festung liegt

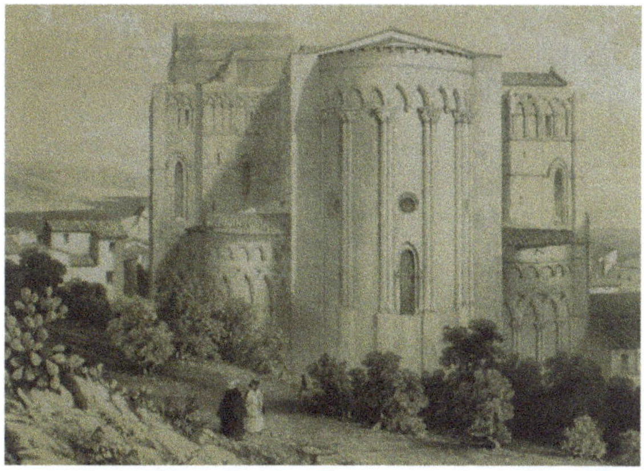

Dom, Apsiden, Cefalù (Gally Knight 1838).

weiter landeinwärts: Sperlinga, das dafür berühmt ist, dass es sich bei der Sizilianischen Vesper als einziger Ort der Insel auf die Seite der Anjous schlug; für den Bau der Festung verwendete man Spolien älterer Felsengräber.

Auch in den Bergen der Madonie hielten sich an einigen Stellen noch Spuren aus arabischer Zeit, oft nur in Form von Überlieferungen (Petralia Soprana, Geraci Siculo) oder weit gehend ungesicherten Toponymen (etwa der als „Sarazenenturm“ bezeichnete Rundturm bei Gangi).

Bei allen genannten Gründungen handelt es sich allerdings um Festungen, bei denen das heutige Erscheinungsbild die ursprüngli che arabische oder normannische Konfiguration überdeckt, teilweise aufgrund schon frühzeitiger Veränderungen (schon in staufischer oder in der markanten Chiaramonte-Zeit im 14. Jahrhundert); trotz dieser Umbauten sind die von früheren Kulturen stammenden Elemente aber oft noch erkennbar, sowohl von der Typologie der Anlagen her als auch von den dekorativen Programmen. In einigen Fällen behielt die lateinisch-abendländische Baukultur normannischer Prägung die Oberhand. Dies ist beispielsweise beim Dom von Cefalù der Fall, der als Kathedrale und Grabkirche ein majestätisches Zeichen setzen und die Königswürde Rogers II. und seines Geschlechts legitimieren sollte. Das Konzept der militärischen Sicherung einerseits und der Sicherung des Glaubens andererseits vereinigt sich dabei zu einer für beide Aspekte gelungenen Synthese.

VIII.I VICARI

Al-Idrisi beschreibt es als „imposantes Kastell und uneinnehmbare Festung mit reichlich Wasser und fruchtbarem Land" (Amari 1880/81).
Einigen Chronisten zufolge nutzte Graf Roger diese Festung als Ausgangspunkt für die Eroberung von Palermo und ließ dort 1077 ein Kastell bauen, zu dessen Füßen

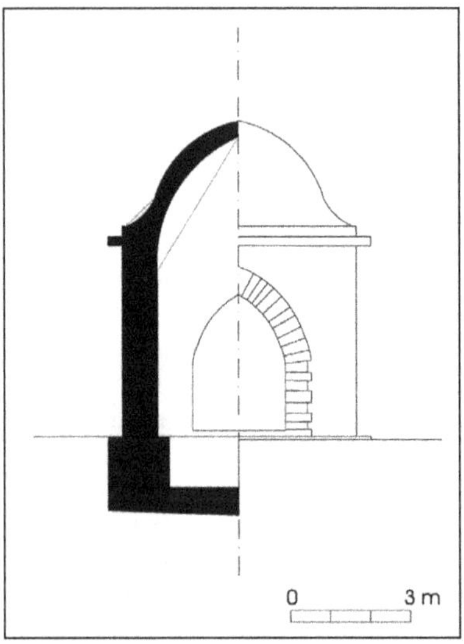

Cuba Ciprigna, Aufriss, Vicari.

sich zahlreiche lombardische Familien ansiedelten. Sein Standort als privilegierter „Wachposten" an einer Wegkreuzung von elementarer Bedeutung für die Verbindung zwischen Küste und Inland legt die Vermutung nahe, dass es schon in byzantinischer Zeit hier eine Siedlung gegeben hat, die auch während der islamischen Phase fortbestand. Diese These wird von Funden erhärtet, die jüngst bei archäologischen Grabungen im Umfeld des Kastells zutage kamen.

Die Serre di Ciminna
Entlang der Straße nach Vicari fallen in der Landschaft nicht nur die vielen grobkristallinen Gipsrosen ins Auge, sondern auch die verblüffend wie Ruinen aussehenden Felsformationen, die über kleinen Weizen- und Haferfeldern, Mandelplantagen, Olivenhainen, Tomatenäckern und Weinbergen aufragen. Am schönsten ist der hügelige Streifen auf dem Gebiet der Gemeinde Ciminna, genannt „le serre", der heute Naturschutzgebiet ist. Vor allem im Frühling und Herbst gibt es dort an den Hängen eine Garigue-Vegetation in voller Blüte und eine Vielzahl von Zugvögeln auf der Durchreise zu bewundern.

VIII.1.a Cuba Ciprigna (Piccola Cuba)

Von Palermo aus auf die Autobahn A19 fahren und an der Abzweigung nach Villabate auf die SS121 in Richtung Agrigent abbiegen; an der Ausfahrt Vicari abfahren und der SP84 bis zum Ende folgen, dort nach recht in die Via Ciprigna abbiegen, an der sich der Bau befindet.

Das Gebäude steht wenige hundert Meter vom antiken Vicari entfernt zwischen den ersten Häusern am Dorfrand. Die Kubba weist zu allen

vier Seiten offene Spitzbögen und ein vorspringendes Gesims auf, über dem sich eine flache Kuppel wölbt. Unter den Fußbodenplatten aus Muschelkalk, die zwar unregelmäßig geformt, aber gut verfugt sind, liegt im Inneren ein unterirdisches Becken, in dem sich das Wasser einer nahen Quelle sammelte. In Kämpferhöhe weisen die Laibungen einige Löcher auf, die vielleicht zu einem beweglichen Mechanismus zum Verschließen der Bogenöffnungen gehörten.
Einige Wissenschaftler führen die Bezeichnung „Ciprigna" auf einen Venus-Kult zurück, der zuvor an dieser Stelle praktiziert worden sei.

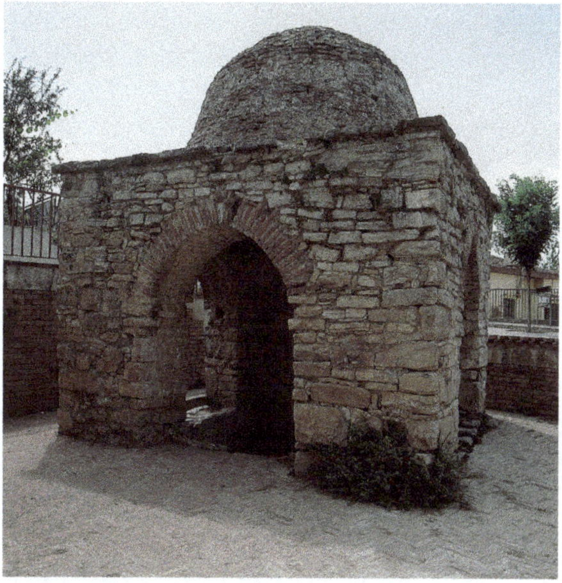

Cuba Ciprigna, Gesamtansicht, Vicari.

VIII.1.b Kastell

Mit dem Auto zur SP84 zurückkehren, den Corso Vittorio Emanuele bis zur Piazza Municipio fahren und dort parken. Zu Fuß durch die Via S. Maria del Castello gehen, nach rechts in die Via dei Menestrelli einbiegen und der Via Martino Mira bis zum Ende folgen, wo der Eingang zum Kastell liegt.
Bei Drucklegung dieses Katalogs war die Restaurierung noch nicht abgeschlossen. Besichtigung nach Voranmeldung beim Denkmalsamt (Soprintendenza ai BB.CC.AA.) in Palermo, Signor Pantelleria,
Tel. 3805034547 oder Dottoressa Coniglio, Tel. 091 61821. Gruppenbesichtigungen mit mindestens 10 Personen.

Gut erhalten sind nur noch die äußeren Befestigungsanlagen des Kastells. Besonders interessant sind die Überreste der Wasserbehälter, der Kapelle und der Türme. Die letzten Grabungsarbeiten brachten die Fundamente weiterer Gebäude in der Nähe der Zisternen ans Tageslicht. Bemerkenswert sind vor allem die Türme der Nordseite, von denen einer, der so genannte Mühlenturm, bis zur Höhe der Fenster noch intakt ist. Er zeichnet sich durch das Fehlen von Innenmauern aus (vielleicht aus militärischen Gründen), die übrigen Mauern enthalten Schießscharten. Dieser auch „torre della porta fausa" (Turm der falschen Tür) genannte Turm ist inzwischen rekonstruiert

Kastell, Grundriss, Vicari.

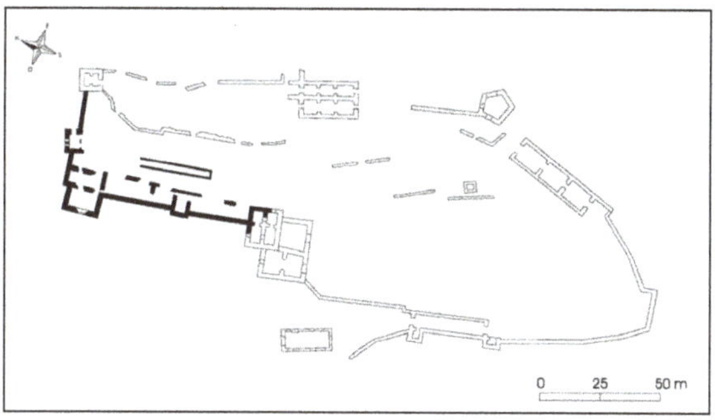

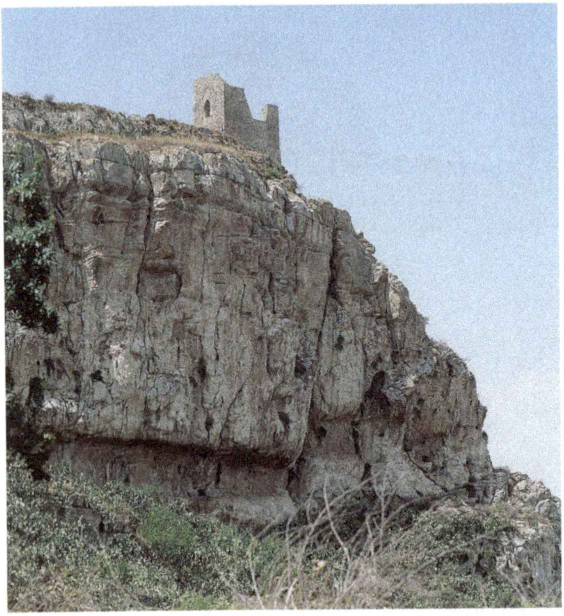

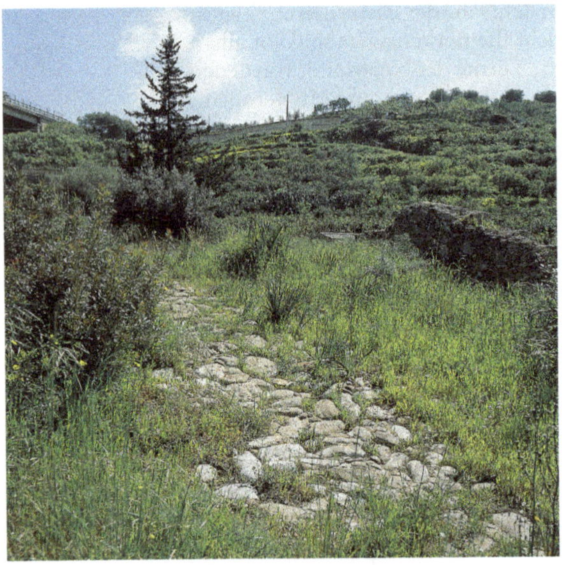

Kastell, Vicari.

Brücke, Reste des Kieselsteinpflasters der Rampe, Altavilla Milicia.

und mit zwei Holzdecken versehen, einer als Dach sowie einer als Zwischendecke.
Die Gründung des Kastells ist wohl in islamischer Zeit erfolgt, da Graf Roger dort 1077 bereits Zuflucht fand. Eine Urkunde von 1076 verweist auf ein „Dominus Rogerius castellanum Biccari" und wird als Beleg für die Existenz des Kastells gesehen. Al-Idrisi erwähnt es unter Betonung des Verteidigungszwecks als „hoch und sicher verriegelt". Nach den Zerstörungen bei diversen Kämpfen, deren Schauplatz die Burg war, wurde sie im 14. Jahrhundert von Manfred I. Chiaramonte wieder aufgebaut.

VIII.2 ALTAVILLA MILICIA

VIII.2.a Sarazenenbrücke

Mit dem Auto zur A19 zurückkehren, an der Abzweigung nach Altavilla abbiegen und der Beschilderung zur SS113 an der Küste entlang in Richtung Termini folgen. Unmittelbar hinter der Brücke über den Torrente San Michele nach rechts abbiegen und der Straße am Wildbach entlang unter der Autobahnunterführung hindurch folgen. Den Wagen parken und rechter Hand den Feldweg bis zum Bach gehen.

Wenige Meter von der Mündung des Wildbachs San Michele entfernt steht neben der gleichnamigen normannischen Kirche (die auch unter dem Namen Santa Maria di Campogrosso bekannt ist) eine relativ kleine, einbogige Brücke aus normannischer Zeit, der so genannte Ponte Saraceno. Die Plattierung der Lauffläche ist verschwunden, doch ist die Stützkonstruktion der Brücke samt Spitzbogen noch intakt. An der Rampe sind noch Reste eines Steinpflasters zu erkennen. Über diese Brücke führte einst die Straße zwischen Termini und Palermo.

VIII.2.b San Michele (optional)

Mit dem Auto zurück zur Strada della Chiesazza, nach rechts abbiegen und unter der Autobahnunterführung hindurch fahren. Der Straße parallel zur Autobahn und nach links der Beschilderung zur Chiesazza folgen. Das Auto parken und den Fußweg bis zur Kirche nehmen.

Die auch als Santa Maria di Campogrosso bekannte Kirche steht auf Landkarten unter der Bezeichnung Chiesazza. Die Außenmauern stellen die einzigen, zudem unvollständigen Überreste des gesamten Bauwerks dar. Einige Forscher gehen davon aus, dass der Komplex San Michele mit einem Basilianerkloster aus der normannischen Grafenzeit identisch ist, einem der ersten Sakralgebäude, die nach der Rückeroberung Siziliens durch die Christen gebaut wurden. Die Anlage zeigt Ähnlichkeit mit den protonormannischen sizilianischen Kirchen San Michele Arcangelo in Troina, San Filippo di Fragalà bei Frazzanò und San Giovanni dei Lebbrosi in Palermo, aber auch bauliche Analogien zu einigen Kirchen in Kalabrien, so etwa San Giovanni Vecchio in Stilo und der Roccelletta in Squillace. Übereinstimmungen bestehen hinsichtlich des – einschiffigen – Grundrisses, des vorkragenden Querschiffs sowie der nach außen gewölbten Mittelapsis. Tatsächlich entspricht die Kirche San Michele von ihren stilistischen Merkmalen her eher Bauten auf dem italienischen Festland und in Ostsizilien als solchen in Westsizilien.
Im heutigen Zustand sind noch eine Krypta sowie das Presbyterium zu erkennen, zu dem vom Kirchenschiff aus drei Stufen hinaufführten.
Die vorhandenen Strebepfeiler und der Fund eines Schlusssteins sowie

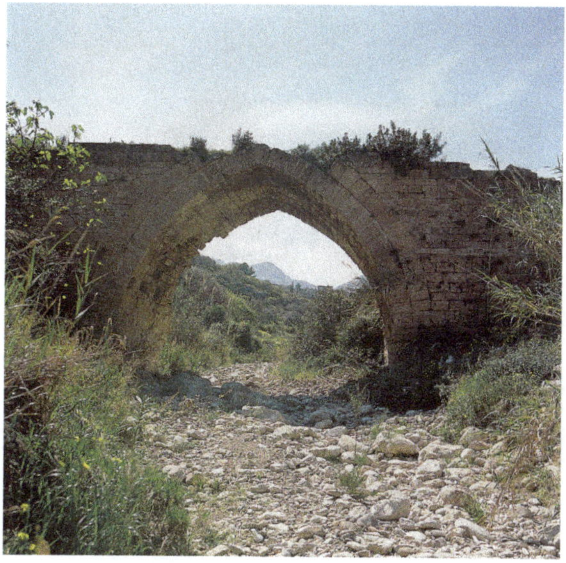

Brücke, Blick auf den Brückenbogen, Altavilla Milicia.

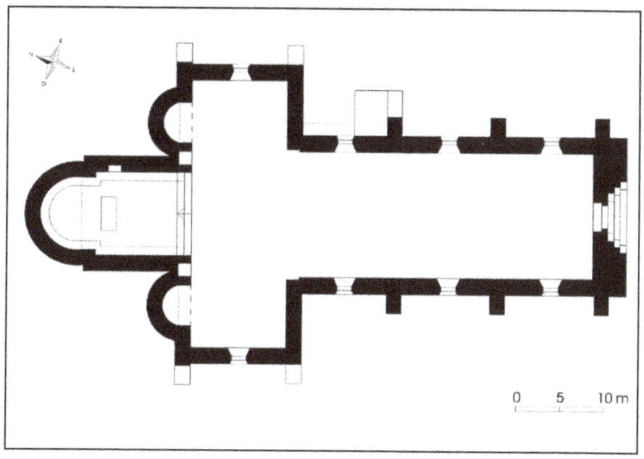

S. Michele, Grundriss, Altavilla Milicia.

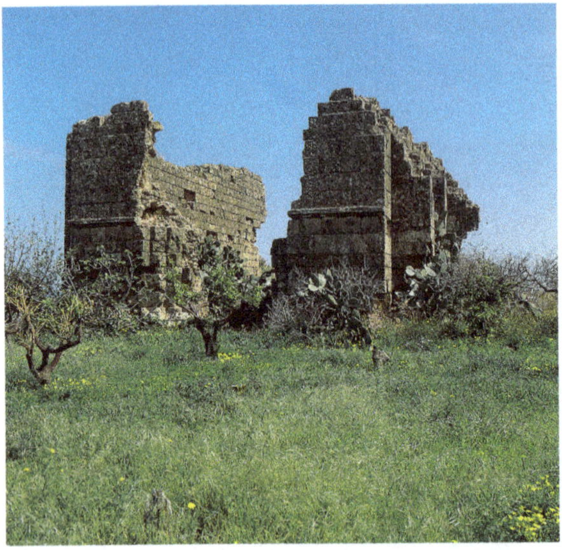

S. Michele, Gesamtansicht der Ruine, Altavilla Milicia

eines Kreuzgewölbewinkels lassen auf spätere Umbauten schließen.

VIII.3 CACCAMO

VIII.3.a Kastell

Mit dem Auto zur A19 zurückkehren und an der Abzweigung Termini Imerese abfahren. Der Beschilderung zur SS285 folgen, die nach Caccamo führt. Im Ort über die Via Termitana und das erste Stück des Corso Umberto I fahren, dort das Auto parken und zu Fuß durch die Via del Castello bis zum Kastell gehen. Öffnungszeiten: werktags 9.30–12 Uhr und 15.30–18.30 Uhr (im Winter bis 17 Uhr), samstags, sonn- und feiertags 9.30–12 Uhr und 15.30–17.30 Uhr; Weihnachten und Neujahr geschlossen.

Die streng lineare, geradezu bedrohliche Wirkung der kubischen Bauteile des Kastells steht im Gegensatz zur Eleganz der schlanken Türme, an denen sich noch die geschickte Mischung der verschiedenen Sprachen ablesen lässt, welche die sizilianische Architektur seit dem Mittelalter prägen.

Die ersten urkundlichen Belege stammen von 1094, als die Feste zum Lehnsbesitz Gottfried Sagejos gehörte, gesichert ist, dass der erste Kern im Bereich des Hauptturms, im Chiaramonte-Flügel sowie im heutigen Haupthof lag (13.–14. Jahrhundert). Seit kurzem steht die These im Raum (Samperi, Rubbino), dass die Festung über einem römischen Fort aus der Zeit des Ersten Punischen Krieges entstanden sei.

Den Aufgang zum Kastell bildet eine steile Stiegenrampe mit Kieselpflaster, die den Nordosthang des felsigen Grats zu einem Portal aus dem 17. Jahrhundert hinaufführt. Vom Innenhof gelangt man durch einen dunklen Gang in den alten Audienzsaal, den Giaimo de Prades im Jahr 1402 errichtete. Vom selben Hof aus sieht man im Süden einen in den Fels geschlagenen Durchgang zum benachbarten Dom. Vor dem Eingang zum Audienzsaal gab es Unterkünfte (aus dem 15. Jahrhundert) für die Wachmannschaft des Kastells; von dort aus geht der Gang für die Wachrunde ab. Rechter Hand gelangt man auf eine Terrasse mit einer kleinen Kirche und dem Eingang zum Gefängnis, an dessen Wänden noch Graffiti von Waffen, Frauenfiguren, Kirchen und Pferden zu sehen sind. Von der Terrasse aus erreichte man auch die übrigen Flügel des Kastells. Von einem dritten Eingang im Schutz einer Zugbrücke über den Graben ist

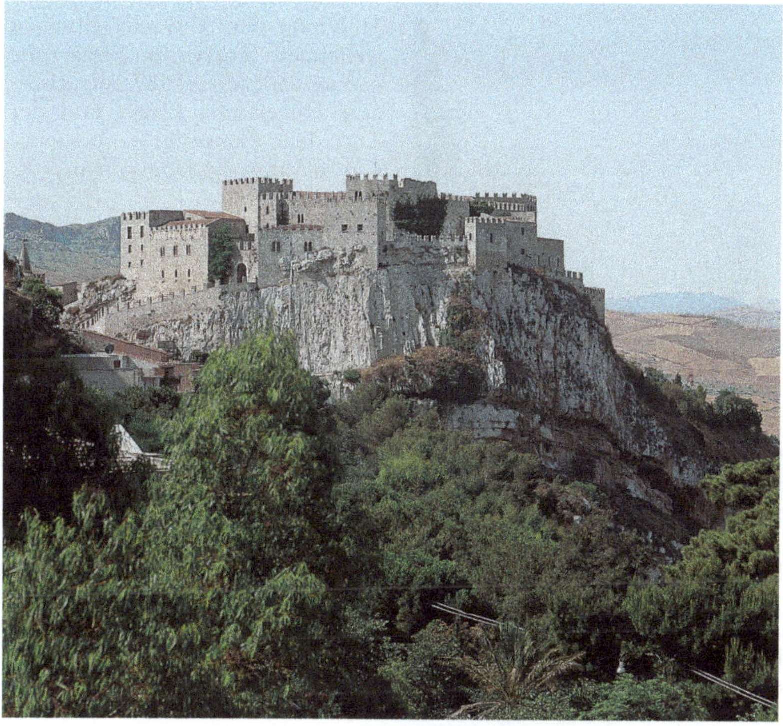

Kastell, Gesamtansicht, Caccamo.

Kastell, Rampe zum Eingangstor, Caccamo.

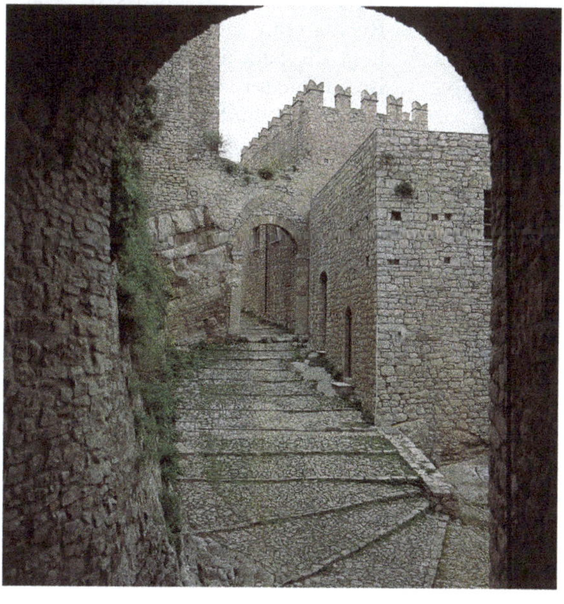

nur wenig erhalten geblieben. Von der Brücke aus gelangte man durch einen kleinen Empfangsraum in einen geräumigen Innenhof, von dem aus mehrere Türen abgingen. Eine davon führte zu den Prunkräumen des Kastells, darunter dem riesigen „Verschwörungssaal“ (Salone della Congiura), der seinen Namen der Tatsache verdankt, dass sich hier 1160 die Barone unter Führung von Matteo Bonello gegen König Wilhelm I. verschworen. Die Kassettendecke hier stammt aus der Spätrenaissance. Vom Saal aus gelangt man in die Privatgemächer des Burgherrn, den Versammlungssaal und die Schlafzimmer. Weiter links erreicht man einen weiteren Flügel, der zwei Speisesäle mit Fresken und

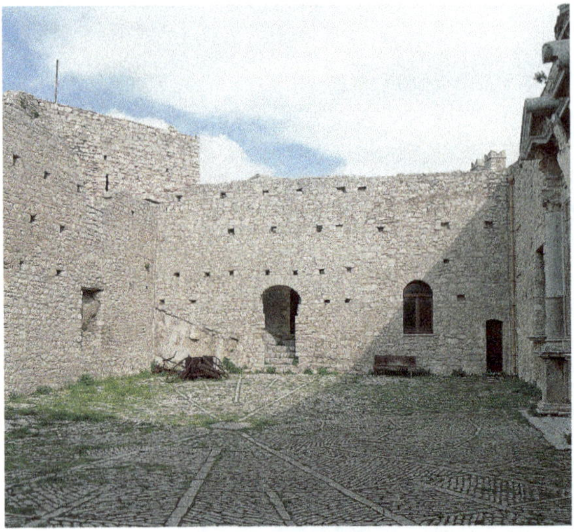

Kastell, Innenhof, Caccamo.

Decke aus der Spätrenaissance sowie die Gästezimmer enthält. An eines davon schloss sich eine kleine Kapelle an. In der Mitte des Fußbodens schaut man durch eine Glasplatte in einen gut 30 m tiefen Brunnen, der früher mit Holzbohlen verschlossen war. Rechts vom Salone della Congiura liegt die Sala del Camino, die ein Bogenfenster mit Fünfpass aufweist. Im Südwestteil ragen die Türme auf; sie beherrschen das Viertel Terravecchia, einst die Zitadelle des Schlosses, die von einer Zinnenmauer umschlossen und durch drei Tore mit den Stadtvierteln Rabato, Brancica oder Terranova sowie Curcuraccio oder Terranova superiore verbunden war.
Die Befestigungsanlage bestand aus fünf Gebäuden: Der Torre Gibellina, die zusammen mit dem Hauptturm den ältesten und höchsten Teil der Festung bildet, der Torre della Fossa oder del Dammuso, der isoliert hangabwärts außerhalb des Kastells an der Mündung der Abwasserleitungen stehenden Torre di Pizzarrone *(picciarruni)*, der 1627 abgerissenen Torre della Piazza und der Tore delle Campane, die heute als Glockenturm des Doms dient.

Das Naturschutzgebiet Monte San Calogero
Von der Piazza Belvedere di Caccamo aus schaut man auf das imposante Bergmassiv des Monte San Calogero. Die Kalksteinformationen entstanden im Mesozoikum und bilden heute mit 1326 m einen der höchsten Gipfel der Monti di Palermo. Die Hänge sind je nach Höhe mit den selten gewordenen Steineichen beziehungsweise einer dichten mediterranen Macchia bewachsen.
Das Naturschutzgebiet wird von der sizilianischen Forstbehörde verwaltet (Azienda foreste demaniali della Regione Sicilia, Tel. 09 162742017).

VIII.3.b San Giorgio – Dom (optional)

Zu Fuß über die Via del Castello zur Stadt zurückkehren; am Corso Umberto I nach rechts abbiegen und bis zur Kreuzung mit der Via P. Muscia gehen; die Treppe hinabsteigen und rechts in die Via Cartagine einbiegen, sie führt zur Piazza Duomo; dort steht der Dom. (Alternativ mit dem Auto über den Corso Umberto I und die Via Cartagine bis zur Piazza Duomo fahren.) Von Interesse ist hier lediglich das Äußere des Gebäudes.

Die nach dem Stadtpatron benannte Kirche wurde um 1090 von den Normannen gestiftet. Vom mittelalterlichen Bauwerk ist so gut wie nichts erhalten, denn es wurde 1477 komplett umgebaut und später im barocken Geschmack ausgestattet. Aus normannischer Zeit stammt außer der Fassade der eigentlich zum Kastell gehörende Turm, der, von einem modernen Bauteil umschlossen, als 50 m hoher Glockenturm die Piazza überragt.

VIII.4 CAMPOFELICE DI ROCCELLA

VIII.4.a Sakhrat al-Hadid (Kastell Roccella)

Mit dem Auto nach Termini Imerese zurückkehren; hinter dem Stadtgebiet auf die SS113 in Richtung Buonfornello auffahren und nach dem Wildbach nach rechts abbiegen und der Beschilderung nach Roccella Mare folgen. Von der Strandpromenade sofort rechts in den Feldweg einbiegen, der zum Kastell führt.
Es empfiehlt sich eine Besichtigung nur von außen.

Der Name leitet sich von Rotxellam ab, auf Arabisch Sakhrat al-Hadid („Eisenfels"); Tommaso Fazello nennt das Kastell im 16. Jahrhundert Anciulla. Vor dem Komplex liegen die Ruinen eines römischen Aquädukts. Der flache steinige Felsausläufer, auf dem das Fort steht, ist durch Unterbauten ergänzt, um die Grundfläche der Bauten durchgängig einzuebnen. Der Burgturm, innerster und besterhaltener Teil der Anlage, steht im Süden neben Resten weiterer Gebäude, die vielleicht Ställe oder Lagerräume waren. Noch weiter südlich steht separat ein Steintor als einziger Überrest der Kirche, die dem Hl. Johannes oder der Muttergottes geweiht war.
Die ursprüngliche Burg wurde im 13. und 14. Jahrhundert verschiedentlich umgebaut. Typologisch ist sie vergleichbar mit anderen sizilianischen Wohntürmen, die nach dem Vorbild des normannischen Donjons entstanden (Motta

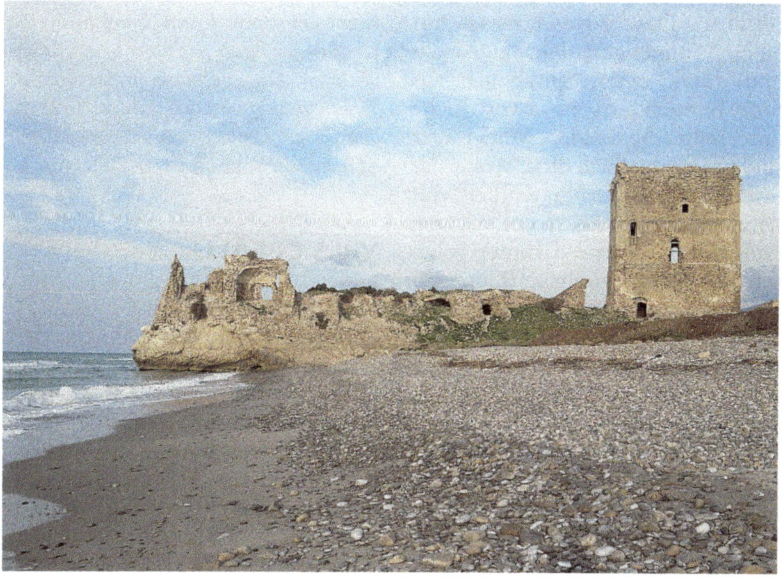

Sakhrat al-Hadid, Gesamtansicht, Campofelice di Roccella.

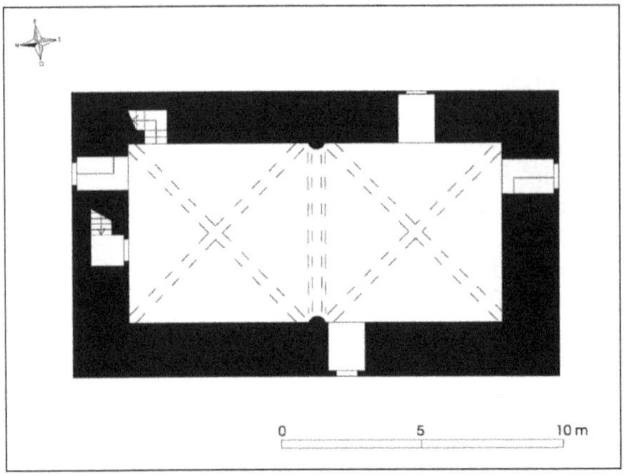

Sakhrat al-Hadid, Grundriss des Turms, Campofelice di Roccella.

Sant' Anastasia, Adrano). Auf einem rechteckigen Grundriss ragt das dreigeschossige Gebäude 20 m hoch auf. Im Untergeschoss befindet sich ein runder Raum mit der Zisterne, in der man unter Ausnutzung des natürlichen Gefälles Regenwasser sammelte und zu der sich eine Falltür im Erdgeschoss öffnete. Der heutige Eingang ist über eine Stufenrampe erreichbar. Das Erdgeschoss ist mit einem Tonnengewölbe eingedeckt und durch einen Spitzbogen aus Sandsteinquadern in zwei Joche unterteilt; die beiden Widerlager sind unterschiedlich dick, wobei das mächtigere das Atrium enthielt, mit dem das Regenwasser aufgefangen und in die Zisterne darunter geleitet wurde. Der südliche Raum mit der Falltür besitzt an jeder Seite eine Schießscharte. In beiden Räumen sind Reste der Holzbalken zu sehen, die vermutlich Decken trugen. In der rund 4,50 m hohen Nordwand führt eine Tür zu einer in die Wand eingemauerten Treppe, über die man ins Obergeschoss gelangt. Dort liegt ein geräumiger Saal mit vier großen Rundbogenfenstern. Eine frei tragende Treppenrampe führt zu einem Durchgang, der sich in rund 3,50 m Höhe in der Nordwand befindet. In diesem und im Stockwerk darunter sieht man die Reste von Kragsteinen, die vermutlich die Unterkonstruktion der Fußböden abstützten. Auch der dritte Stock ist zweigeteilt. Beide Räume sind mit Kreuzrippengewölben auf Halbsäulen versehen. Eine weitere Treppe verläuft in der Wand zur Terrasse, von deren Zinnenbrüstung noch Teile erhalten sind.

Die Fiumara d'Arte
An der SS113 fällt am Strand von Villamargi das „Denkmal für einen Dichter" ins Auge. Die eindrucksvolle Plastik von Tano Festa stellt ein Fenster zur Unendlichkeit dar. Entlang der Fiumare (eines intermittierenden Flusses) und in ihrer Nähe sind weitere Werke zeitgenössischer Bildhauer zu sehen. Sie alle stehen im Dialog mit der Landschaft oder fügen sich harmonisch in sie ein. Der Name „Fiumara d'Arte" bezeichnet eine vorgegebene Route von einer Skulptur zur nächsten. Ausgangspunkt ist das Castel di Tusa, ein weltweit einzigartiges Hotel, in dem jedes Zimmer von einem anderen zeitgenössischen Künstler gestaltet wurde.

VIII.5 CEFALÙ

Diodorus Siculus nannte den Ort im 4. Jahrhundert v. Chr. „Kephaloidion", das später zu Kefalion verkürzt wurde. Einige Forscher deuten es als „Kopf" wegen des Felskaps („Rocca"), das die Stadt beherrscht. Andere führen den Namen dagegen auf den Begriff *kefalos* zurück: eine Quelle, die sich

ins Meer ergießt. 254 v. Chr. wurde der Ort von den Römern erobert; in byzantinischer Zeit war er Sitz eines der 13 Suffraganbistümer der Metroplitankirche in Syrakus. Die Muslime versuchten mehrfach, den Ort zu erobern. Nach der ersten langwierigen, aber vergeblichen Belagerung 837 schuf der erfolgreiche Angriff von 858 schließlich die Voraussetzung für den Fall von Enna und ihren Feldzug ins Val Demone. In islamischer Zeit hieß der Ort Safludi.
Graf Rogers Truppen plünderten ihn 1063 ebenso wie Brugato und Golisano, um sich mit Proviant für die Reconquista einzudecken. Mit der Neugründung des Bischofssitzes (1131) schufen die Normannen die Grundlagen für eine neuerliche wirtschaftliche und künstlerische Blüte der Stadt. Al-Idrisi schilderte sie als „Festung mit allen Vorzügen einer Stadt, mit Märkten, Thermen und Mühlen." Ibn Djubair stellte dagegen später fest, dass sie noch immer von vielen Muslimen bewohnt war, und behauptete, dass die Christen öfters vor Angriffen islamischer Schiffsverbände auf den Felsen flüchten mussten.

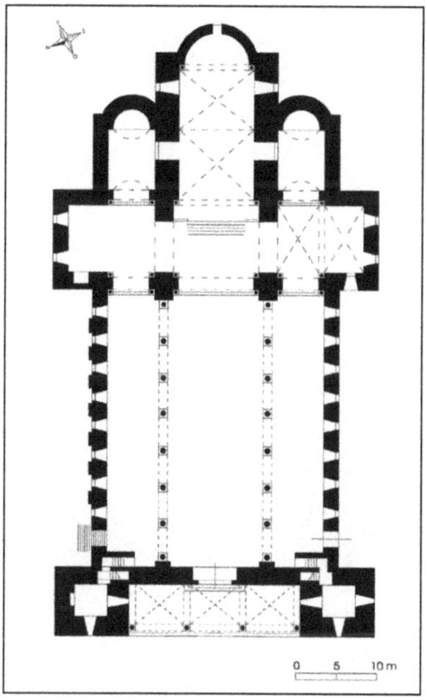

Dom, Grundriss, Cefalù.

VIII.5.a Dom

Der SS113 in Richtung Cefalù folgen und am Lungomare G. Giardina parken; zu Fuß nach links in den Corso Vittorio Emanuele abbiegen und von dort aus durch die Via Mandralisca bis zur Piazza Duomo gehen.
Öffnungszeiten: werktags 8–12 Uhr und 15.30–19 Uhr (im Winter bis 17.30 Uhr), sonn- und feiertags 8–12 Uhr und 15.30–20 Uhr (im Winter bis 19 Uhr). Sanitäranlagen stehen in der Via xxv Novembre zur Verfügung.

Vor der Kirche liegt, etwas höher als die Piazza, ein großer Kirchhof, zu dem ein Treppchen hinaufführt. Die Fassade ist an beiden Seiten von hohen Campanilen flankiert, dazwischen befindet sich eine dreibogige Säulenhalle. Die hohen, massigen, viereckigen Türme wirken eher wie Wehr- als wie Glockentürme. Auf dem obersten Stockwerk sitzt ohne Gurtgesims ein weiteres Stockwerk mit kleinerer Grundfläche, Kranzgesims und kleiner Haube. Über der mittleren Öffnung des Säulengangs spannt sich ein Rundbogen, seitlich davon je ein Spitzbogen auf Granitsäulen; die Kapitelle tragen das bischöfliche Wappen. In der Säulenhalle liegt die Porta Regum, ein von fünf reich skulptierten konzentrischen Archivolten eingefasstes herrliches Portal. Die Wandfläche über dem Portikus wird

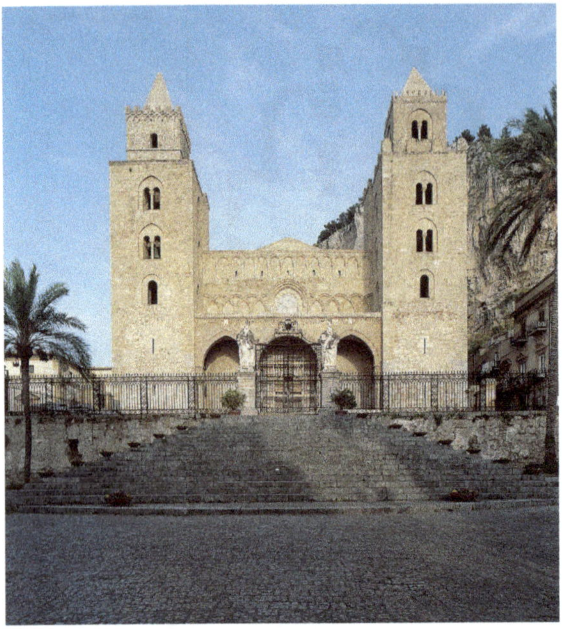

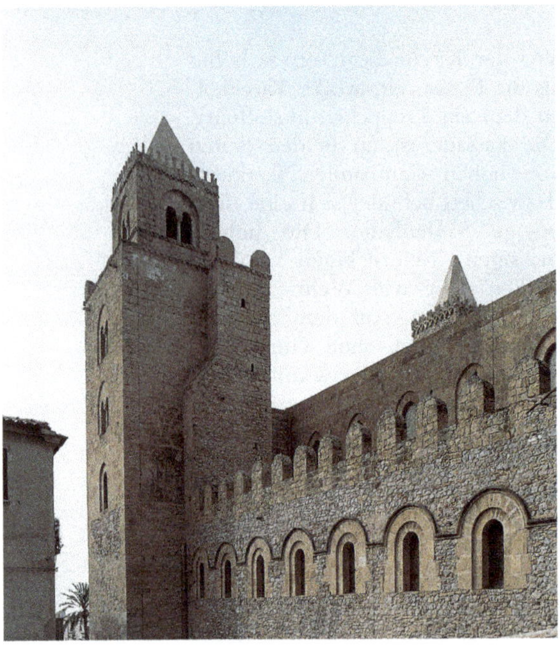

Dom, Hauptfassade, Cefalù.

Dom, Seitenfassade, Cefalù.

durch zwei Reihen Blendarkaden mit Spitzbögen aufgelockert.
Der geräumige Innenraum der Basilika wird durch acht Säulen (sieben aus Granit, die erste aus Cipollin-Marmor) mit klassisch-byzantinischen Kapitellen in drei Schiffe unterteilt. Sie tragen Widerlager und darauf gestelzte Spitzbögen. Das vierte und sechste Kapitell rechts sowie das sechste links sind besonders reich verziert. Von der Holzdecke sind noch die Originalbalken vorhanden; ihr Figurenschmuck wird islamischen Handwerkern zugeschrieben.
Im wuchtigen Querschiff sieht man eindeutig, dass der ursprüngliche Bauplan abgeändert wurde. Es gibt nämlich zwei verschiedene Triumphbögen. Der äußere war eigentlich für ein größeres Gebäude gedacht und wurde im Zuge der weiteren Arbeiten in die Wand eingemauert.
Die Decken der drei Joche des Querschiffs sind unterschiedlich gestaltet. Während sich im linken Flügel und im Mittelschiff eine Holzdecke findet, weist der rechte Arm ein doppeltes Kreuzgewölbe auf, das erst in den letzten Jahren des 15. Jahrhunderts im Auftrag von Bischof De Luna ausgeführt wurde: Sein Wappen ziert den Schlussstein.
An den Wänden beider Flügel verläuft ein offener Laufgang mit Spitzbogenarkaden auf Säulen, der mit der Wandfläche abschließt und an der Außenseite in einer Scheingalerie sein Gegenstück hat. Das erhöhte Presbyterium mündet in drei tiefe, außen unterschiedlich gestaltete Apsiden. Die seitlichen sind mit kleinen Zwillingssäulen und verschränkten Bögen verziert und schließen mit einem kleinen Rundbogenfries ab, während die Hauptapsis zwar hohe Zwillingssäulen aufweist, ihre

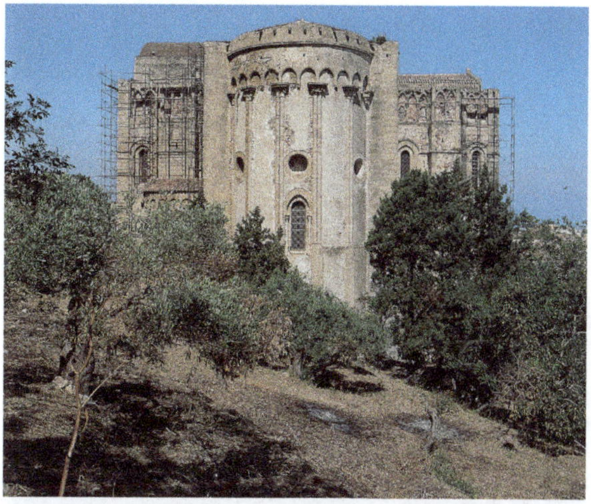

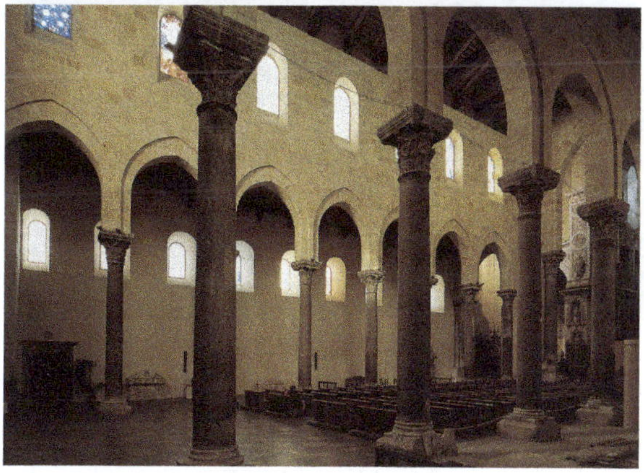

Dom, Apsiden, Cefalù

Dom, Blick ins Langhaus, Cefalù.

Arkadenverzierung jedoch durch den Bogenfries unterbrochen wird.

Die nur einen Teil des Altarraums bedeckenden Mosaiken lassen sich diachronisch in vier Gruppen unterteilen: Die erste befindet sich in der Apsis mit einem segnenden Christus Pantokrator, der von oben herab das Mittelschiff beherrscht; die zweite Gruppe befindet sich im Bema und ist den vergleichbaren Mosaiken im Chor der Cappella Palatina eng verbunden. Die dritte Gruppe bilden die Mosaiken im oberen Wandbereich, die wegen späteren Veränderungen nur schwer zu beurteilen sind; die vierte schließlich entfaltet sich im Gewölbe des Bema. Sie entstand zwischen 1150 und 1154, als Rogers II. gewaltige Pläne für den Dom aufgegeben wurden und man auf andere Lösungen zurückgriff.

Die großartige musivische Ausstattung muss einst durch eine entsprechende Wandbemalung mit Darstellungen von Personen des normannischen Königshauses ergänzt gewesen sein, die jedoch restlos verschwunden ist. In der Mitte des Bildes brachte der Stifter der Kathedrale dem thronenden Christus das Kirchenmodell dar. Durch eine Tür in der Wand des linken Seitenschiffs gelangt man in den Kreuzgang. Die quadratische Anlage bestand ursprünglich aus Spitzbögen über schlichten Reihen von Zwillingssäulen, die direkt auf einer durchgehenden Basis standen. Die Säulenschäfte waren mit Zickzackmustern, Reliefs, Rankenwerk und anderen Figuren verziert.

Die Baugeschichte des Doms begann am Pfingstsonntag 1131: An diesem Tag wohnte der Normannenkönig Roger II. (1130–1154) der feierlichen Grundsteinlegung für den Bau einer grandiosen Basilika bei, den er selbst aktiv gefördert hatte. Hierzu hatte er die alte Diözese wieder eingerichtet und den Augustinern von Bagnara Calabra übertragen. Roger ließ später zwei Sarkophage aus Porphyr anfertigen und in den noch im Bau befindlichen Dom transportieren, da er einmal die sterblichen Überreste der Hautevilles aufnehmen sollte. Sie wurden 1145 im Chor aufgestellt, jedoch 1215 von

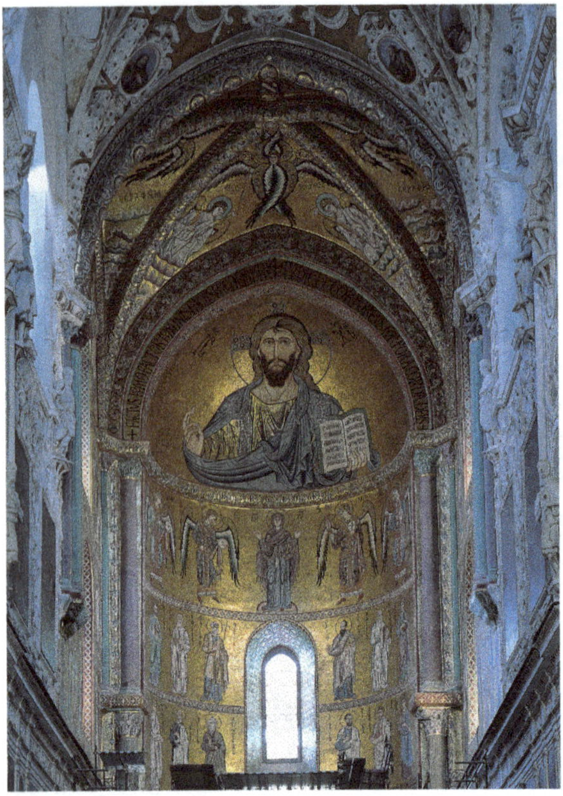

Dom, Mosaiken der Apsis mit Christus Pantokrator, Cefalù.

Friedrich II. von Staufen in den Dom von Palermo überführt.
Die erste Bauphase zog sich bis 1136 hin: Es entstanden die Außenmauern, das Ostwerk, die Seitenschiffe und vermutlich die Sockel der Glockentürme. Allerdings wurden die Baupläne, vor allem die Höhenmaße, an diesem Punkt revidiert. Die Proportionen von Querschiff und Altarraum wurden verändert, die Fassade mit den beiden Seitentürmen gebaut und die Wandflächengliederung außen an der Mittelapsis modifiziert. Als 1145 die beiden Sarkophage aufgestellt wurden, muss die Umgestaltung von Altarraum und Querschiff bereits abgeschlossen gewesen sein. 1148 waren die Mosaiken in der Mittelapsis fertig gestellt. Dennoch blieb das grandiose Vorhaben unvollendet, wie der große Triumphbogen beweist, der oberhalb der Decke im Mittelschiff verläuft, und wie sich an Inkongruenzen und Notlösungen der späteren Bauphasen ablesen lässt.
Als Roger II. 1154 starb, wurde sein Leichnam nicht in dem von ihm selbst bestimmten Mausoleum beigesetzt, denn weder war der Bau fertig gestellt noch die Kirche geweiht. Die dritte Bauphase fiel bereits in die Regierungszeit Wilhelms I. (1154–1166), der Rogers großartiges Vorhaben aufgab und die Bauarbeiten zum Abschluss brachte.
Ab der zweiten Hälfte des 16. Jahrhunderts begannen die Umbauten, die innerhalb von zwei Jahrhunderten zahlreiche Veränderungen bedingten: Im Kreuzgang wurde der Ostflügel komplett abgerissen und neu gebaut, die übrigen Seiten demontiert und wieder aufgebaut; der Fußboden wurde abgesenkt. An den Kreuzgang angrenzend entstanden der Kapitelsaal sowie die Marien- und die Agathenkapelle.
Die Umgestaltung betraf auch den vor der Fassade liegenden Bereich, der bereits als Begräbnisstätte diente und 1585 offiziell in einen neuen großen Kirchhof verwandelt wurde. Die Veränderungen im Inneren des Doms begannen 1595. Nach den barocken Neuerungen erfolgten die letzten radikalen Eingriffe auf Veranlassung von Bischof Castelli in Form von Tonnengewölben mit Lünetten und tiefen Kapellen in den Seitenschiffen. Seit Beginn des 20. Jahrhunderts fanden zahlreiche Restaurierungsarbeiten am Dom statt.

VIII.5.b Arabisches Waschhaus

Zu Fuß zum Corso Vittorio Emanuele zurückkehren. Dort steht linker Hand an der Discesa Fiume das Waschhaus. Sanitäranlagen stehen in der Via xxv Novembre zur Verfügung.

Diese eindrucksvolle öffentliche Wäscherei, die noch bis vor wenigen Jahrzehnten in Gebrauch war, erwähnt Boccaccio in seinem Werk *Il libro dei monti e del fiumi del mondo (Buch der Berge und Flüsse der Welt)* unter der Bezeichnung „Cefaloide". Bei den Einwohnern von Cefalù heißt das Waschhaus *„u ciumi"* (Fluss). Man erreicht es über eine Treppe aus Muschelkalk. Sie führt zu einem Raum, der durch sein niedriges Tonnengewölbe wie eine Grotte wirkt. Der Bereich links ist teils nach oben offen, teils mit einem Spitztonnengewölbe gedeckt; der überdachte Raum endet an einem Mäuerchen, an dem 15 Löwenmäuler angebracht sind. Durch sie sprudelt das Quellwasser heraus. Der mittlere Raum ist von dem davor durch Zwischenwände getrennt und nach oben völlig offen. Darin gibt es vier Öffnungen, von denen drei das Wasser in ein rechteckiges Becken leiten, eine jedoch in ein kleineres Becken daneben. Von diesen beiden Behältern aus fließt das Wasser in weitere vier nebeneinander angebrachte Becken, von denen jedes mit einer kleinen, schräg liegenden Steinplatte versehen ist, auf der man die Wäsche scheuerte. Von den Becken fließt das Wasser in zwei weitere Räume ab. Der eine weist ein Spitztonnengewölbe und nochmals vier Becken mit steinernen Waschbrettern auf. Von hier aus läuft das Wasser schließlich durch eine Rinne im Felsen ins Tyrrhenische Meer ab, durchquert jedoch zuvor über eine offene Leitung den zweiten Raum.

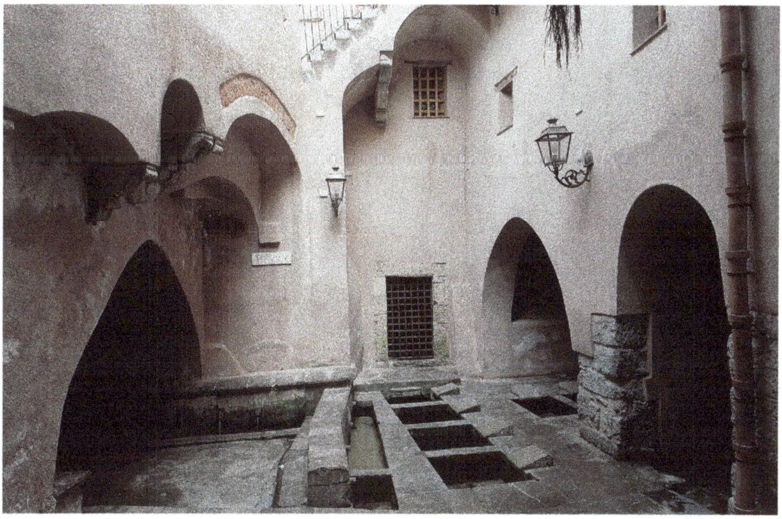

Arabisches Waschhaus, Blick auf die Waschbecken, Cefalù.

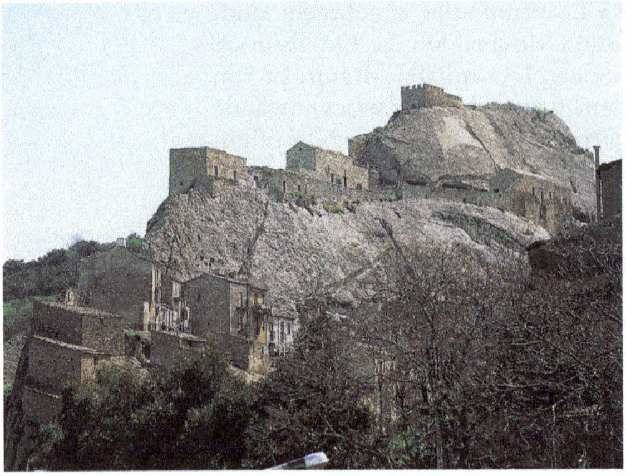

Kastell, Gesamtansicht, Sperlinga.

VIII.6 SPERLINGA

VIII.6.a Normannenkastell und Überreste der Kirche San Luca

Von Cefalù aus die SS113 in Richtung Messina fahren, dann auf die SP52 in Richtung S. Mauro Castelverde abzweigen. Nach dem Vorort Borrello Basso auf die SP60 abbiegen und von dort aus auf die SS120 in Richtung Nicosia auffahren. In Sperlinga über die Via Grignano zur Piazza Castello fahren, dort parken und zu Fuß weitergehen. Eintritt gegen Gebühr, Ermäßigung für Kinder bis 18 Jahre und Senioren über 65 Jahre Öffnungszeiten: von 9.30–13.30 Uhr und 16–19.30 Uhr. Sanitäranlagen vorhanden.

Der Name Sperlinga leitet sich vom griechischen, später latinisierten Ortsnamen Spelonca ab und bezeichnete nur eine Festung ohne dazugehörige Ortschaft, bis Giovanni Forti Natoli 1597 die Baronie erwarb und von Philip IV. von Spanien zusammen mit der Burg eine *licentia populandi* erhielt: das Recht, hier eine Siedlung zu gründen.

Die Burg steht auf einem riesigen Sandsteinsporn, in dem es vermutlich zuvor bereits diverse Katakomben gegeben hatte. Aufgrund seiner Größe beherrscht das Kastell völlig das heutige Stadtbild.

Die Entstehungszeit ist mit Sicherheit eher spät anzusetzen (die ersten Belege stammen von 1113); ausdrücklich erwähnt wird die Burg erst 1239.

Die vielen Einzelgebäude verteilen sich in mehrere Ebenen auf der rund 200 m langen, aber nur 15 m breiten Grundfläche, die in Südost-Nordwest-Richtung liegt. Das Mauerwerk besteht aus unregelmäßigen, im Mörtelbett verlegten Steinquadern und wurde durch bereits vorhandene Räume im Felsen selbst geschickt ergänzt.

Das Hauptgebäude wurde direkt auf den Felsboden gebaut. Der Grundriss ist ein Rechteck. Die Eingangshalle im Erdgeschoss führt zu den ‚Baronsgemächern' mit drei aufeinander folgenden Portalen; Schutz bot eine Zugbrücke, die in neuerer Zeit durch eine kleine Betonbrücke ersetzt wurde.

Hinter dem ersten Portal liegt ein Raum mit kürzlich restauriertem Steingewölbe. Über dem Spitzbogen konnte man früher die berühmte Inschrift lesen: „Quod Siculis placuit sola Sperlinga negavit" (was den Sizilianern gefiel, lehnte nur Sperlinga ab). Sie bezog sich darauf, dass Sperlinga als einzige Burg 1282 während der Sizilianischen Vesper Anjou-Anhängern Zuflucht gewährte. An diesen Raum schließt sich ein zweiter an, der ebenfalls ein Gewölbe besitzt, diesmal jedoch aus Backsteinen. Der Fußboden bildet unmittelbar der darunter liegende Fels. Vom kleinsten der ‚Baronsgemächer' aus schaut man durch ein Zwillingsfenster aus dem 14. Jahrhundert auf das Dorf. Im Ostflügel befindet sich ein 100 m langes Hypogäum mit Flachdecke, das einst den Laufgang der Ställe bildete („die Reitbahn"). Hieran schließen sich vermutete Wohnräume oder Gefängnisse an. Erhalten sind dort noch der Stumpf eines konischen Rauchfangs und zwei Wirtschaftsräume.

Vom Hof des Kastells aus gelangt man in einen Raum, in dem noch die in den Fels geschlagenen Zisternen zu sehen sind. Sie dienten zum Sammeln von Regenwasser, das durch offene Leitungen herbei floss.

Der westlichste Teil des Kastells enthält vier Säle, deren Fußböden und Wände teilweise aus dem Fels herausgeschlagen sind, der Rest ist gemauert. Sie waren wahrscheinlich Teil des Palasts der Barone Ventimiglia, die König Peter von Aragon 1283 mit Sperlinga belehnte.

Die äußere Verteidigungslinie bildete eine Mauer, die über den Gipfel des Felskamms verlief. Mit der Burg verbunden war sie über eine enge steile Treppe, die zwischen zwei glatten Felswänden verlief und für Feinde eine tödliche Falle darstellte.

An der Westseite steht die Kirche San Luca Evangelista, ein einschiffiger Raum mit Seitennischen. Er wurde aus Ruinen komplett wieder rekonstruiert und weist nun wieder drei hintereinander liegende Räume auf, die ursprünglich in Nord-Süd-Richtung standen, wie der Standort des Altars belegte.

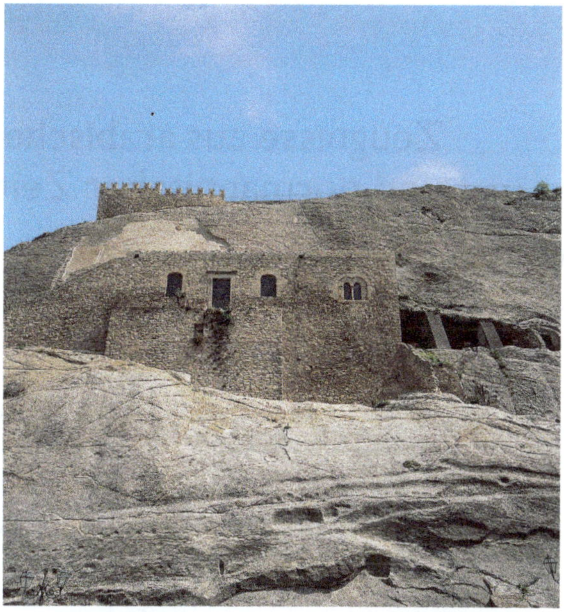

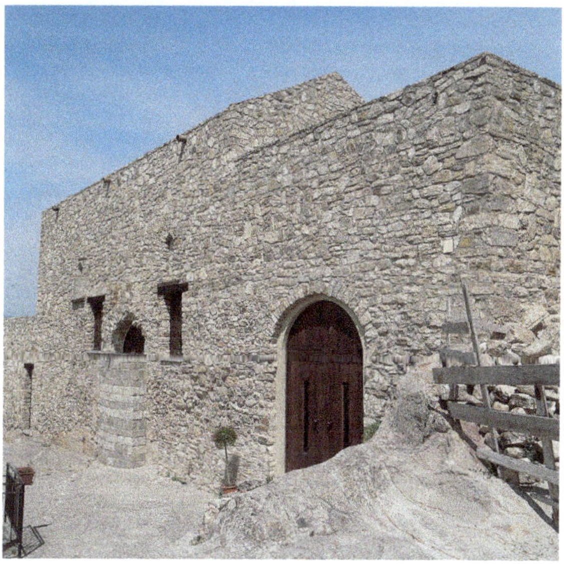

Kastell, Außenansicht der ‚Baronsgemächer', Sperlinga

Kastell, Ruinen der Kirche San Luca, Sperlinga.

ROUTE VIII

Zeugnisse aus arabischer und normannischer Zeit

Wissenschaftliches Gremium

Zweiter Tag

VIII.7 CARONIA
VIII.7.a Kastell

VIII.8 SAN MARCO D'ALUNZIO
VIII.8.a Santissimo Salvatore (genannt Badia Grande)
VIII.8.b Kastell

VIII.9 FRAZZANÒ
VIII.9.a Abtei San Filippo di Demenna oder di Fragalà

VIII.10 ROMETTA
VIII.10.a Kastell
VIII.10.b Santissimo Salvatore

Die Eroberung Siziliens durch die Normannen

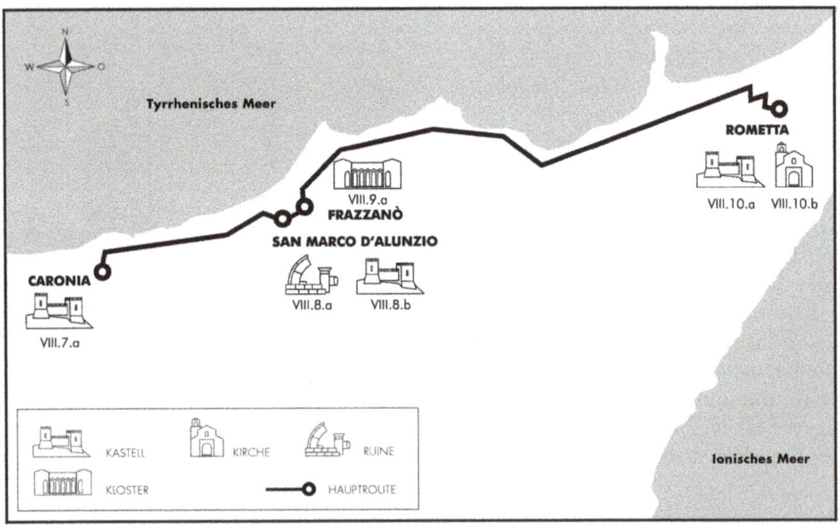

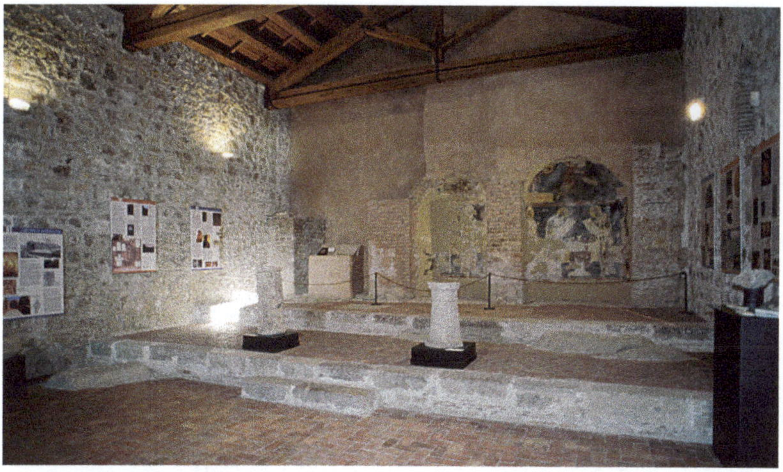

Museo della Cultura e delle Arti Figurative Bizantine e Normanne, Innenraum, S. Marco d'Alunzio.

Dem System der befestigten Gutshöfe und Garnisonen zur Sicherung der jeweils eroberten Territorien der Insel entsprachen im Val Demone als einzige mögliche Form des Widerstands gegen den unaufhaltsamen Vormarsch der Araber die christlich gebliebenen Dörfer, die sich, unterstützt vom unwegsamen Gelände und der isolierten Lage, um die byzantinisch-sizilischen Klostergemeinschaften drängten und so sicher stellten, dass ihr Glaube die lange arabische Besatzungszeit überlebte.

Nach der vergeblichen Belagerung von Syrakus wandten sich die Araber landeinwärts in Richtung Palermo und begannen von dort aus mit der Eroberung der diversen Territorien im Osten, die hartnäckig Widerstand leisteten und ebenfalls von den widrigen Naturbedingungen der Bergketten der Monti Nebrodi und Peloritani profitierten (wie der legendäre Widerstand von Rometta zeigt, das erst 965 als letzte Festung fiel und dessen gewaltige Wehrkirche SS. Salvatore mit ihrem römisch-byzantinischen Raumkonzept eine Vorstellung von der Vehemenz dieser Gegenwehr vermittelt). Hinzu kam im Val Demone der hier besonders energische, eher ideologische als militärische Widerstand der Hochburgen des Christentums, als die sich die Klöster empfanden, die nach der Regel Basilius' des Großen lebten (eines Zeitgenossen des römischen Kaisers Julian Apostata). In Anerkennung dieses mutigen Widerstands verliehen die Normannenfürsten in den ersten Jahren nach der Eroberung Siziliens den Basilianerklöstern großzügige Rechte und Schenkungen bis hin zur Einsetzung der Archimandriten des Klosters SS. Salvatore 1133 in Messina. Vor allem Roger I. und seine Frau Adelasia erwiesen sich als unermüdliche Förderer und Beschützer der Basilianerklöster vor allem im Val Demone.

Die Isolation der wieder erstarkten Klostergemeinden schützte sie jedoch nicht gänzlich vor muslimischen Einflüssen. Kontakte mit der arabischen Kultur, gegen die sie sich so standhaft aufgelehnt hatten,

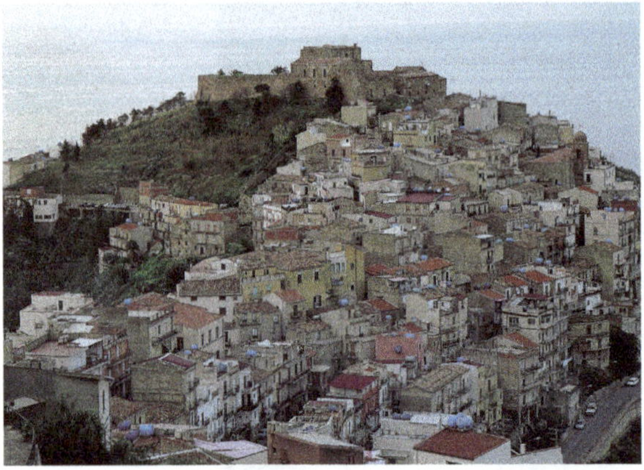

Kastell, Panorama-Ansicht, Caronia.

dass sie – oft gegen Tribut – ihre Eigenständigkeit bewahren konnten, erfolgten nun einerseits durch die Handelsbeziehungen mit Ifriqiya, wohin das in den Wäldern von Peloritani so reichlich vorhandene Holz für den dortigen Schiffsbau verkauft wurde, andererseits durch die räumliche Nähe zu den *Saracenorum pagi*, islamischen Dörfern. Zwar fehlen konkrete Belege für die Präsenz von Muslimen in den abgelegenen Gebieten des Val Demone, doch geben zahlreiche Ortsnamen und die Geschichten einiger Siedlungen im Umkreis der Monti Nebrodi und Peloritani entsprechende Hinweise.
So erklärt sich auch der auffallende Synkretismus der Sakralbauten im Val Demone, wo die traditionellen lateinischen Basilikalschemata im Lichte der byzantinischen Raumauffassung umgedeutet wurden und neue bauliche und architektonische Lösungen auftauchten, beispielsweise das Mauerwerk aus farbigen Ziegeln oder die Wandgliederung durch verschränkte Blendarkaden.
Nur wenige dieser Klöster und der daran angeschlossenen Kirchen sind heute noch in einem Zustand, der eine plausible Rekonstruktion ihres ursprünglichen Aussehens zulassen würde. Dazu gehören Ss. Alfio, Filadelfio und Cirino in der Nähe von San Fratello sowie das Kloster San Michele Arcangelo bei Sant'Angelo di Brolo.

VIII.7 CARONIA

VIII.7.a Kastell

Von Cefalù oder Sperlinga aus zur SS113 zurückkehren und der Beschilderung nach Messina folgen. In Caronia abfahren und auf die SP168 einbiegen; nach rund 4 km erreicht man die Piazza Canale. Von dort rechts durch die Via L. Orlando bis zur Piazza Idria (oder Municipio), dort das Auto parken. Zu Fuß weiter durch den Arco Saraceno, die Via Alighieri, Via Ducezio, Via S. Francesco und Via Marconi bis zum Kastell.
Das Kastell ist in Privatbesitz. Besichtigungen sind zum Zeitpunkt der Drucklegung dieses Katalogs noch nicht möglich.

Das Schloss entstand während der Herrschaft Rogers II. (1130–1154). Es steht innerhalb der Mauereinfassung der Festung und wurde vom normannischen Hof vermutlich als kühle Zuflucht vor der Sommerhitze genutzt. Die älteste Nennung des Bauwerks findet sich bei al-Idrisi, der Caronia als „alten Felsen" *(qal'a qadima)* bezeichnet und bestätigt, dass in dessen Nähe ein neues Fort entstand. Das setzt voraus, dass es bereits vor den Normannen einen ersten Kern gegeben hatte.
Mit Türmen bewehrte Mauern umgeben den Komplex, der ebenso wie die Anhöhe, auf der er steht, einen

fast genau dreieckigen Grundriss aufweist. Die Mauer wird an beiden Seiten durch quadratische Türme ergänzt, die nach vorne etwas über die Kurtine hinausragen. Die breite Ostseite besteht aus zwei bescheidenen jüngeren Flügeln. Das Eingangsportal wurde 1837 im Renaissance-Stil eingefügt, doch verbirgt sich dahinter ein weiteres Spitzbogenportal, das älter und größer ist. Der Westturm wurde nach einem Einsturz wieder aufgebaut und zum Teil in der Form verändert. Am Südostrand des Gebäudekomplexes steht ein dritter Turm, der lange als Glockenturm diente.

Den monumentalen Kern der Anlage bildet der normannische Palast aus dem 12. Jahrhundert. Er umfasst zwei gleichartige Gebäude mit rechteckigem Grundriss, die an die zentralen Räume des Palazzo Uscibene und der Zisa in Palermo erinnern; das gilt vor allem im Hinblick auf die Raumaufteilung mit einem großen zentralen Saal, der symmetrisch von zwei kleineren Räumen flankiert wird. Die Ostseite wird von einem großen Eingangsportal geprägt, das heute noch die Originaleinfassung mit doppelter Umrahmung aufweist. Ausgesprochen dekorativ wirkt der farbliche Kontrast zwischen den großen goldbraunen Kalkquadern und dem roten Backstein. Die Räume beider Geschosse waren ursprünglich mit Gewölben eingedeckt, die nur teilweise erhalten sind.

Im Obergeschoss liegt ein großer zentraler Saal mit flachem Klostergewölbe. Die beiden angrenzenden Räume sind völlig unterschiedlich gestaltet: Der südliche Salon ist rechteckig und mit einem verputzten Klostergewölbe versehen, während der nördliche Raum ebenfalls rechteckig ist, jedoch ein Kreuzgewölbe aufweist und sich an drei Seiten zu jeweils einer großen Nische *(iwan)* öffnet; die beiden seitlichen weisen dabei Kalotten mit kanneliertem Zellengewölbe auf. Die Nische in der Rückwand zeigt eine elegante Lösung für den Übergang von der rechteckigen Fläche zum semipolygonalen Grundriss der Kalotte.

Am Nordwestrand des Burgkomplexes steht eine Kapelle, deren Entstehungszeit ungewiss ist. Sie besteht aus einem dreischiffigen Raum, der durch Spitzbogenarkaden auf schlichten Rechteckpfeilern unterteilt wird. Den Abschluss bilden halbrunde Apsiden in der Mauerdicke.

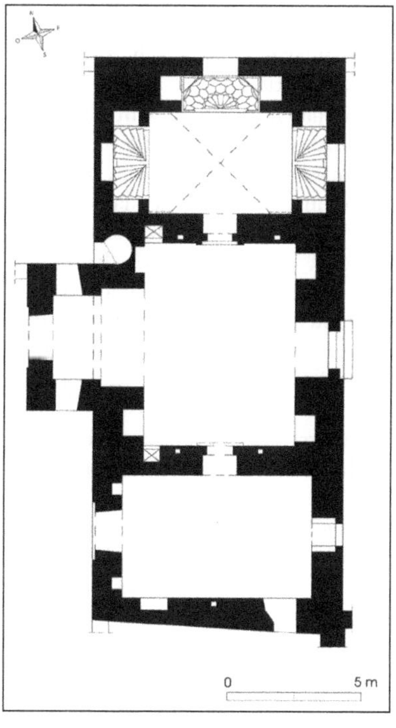

Kastell, Grundriss des Palasts, Caronia.

Die Töpfereien von Santo Stefano
Auf der SS113 kommt man wenige Kilometer vor Caronia durch S. Stefano di Camastra. Der zur Provinz Messina gehörende Ort ist berühmt für seine Keramiken. Längs der Straße findet sich eine ständige Ausstellung von Einrichtungsgegenständen und Geschirr (Teller, Vasen, Service, aber auch Wand- und Fußbodenplatten etc.), mit denen die Töpfer von Santo Stefano ihre Kunstfertigkeit unter Beweis stellen. Die uralten Verfahren werden inzwischen von einer jungen Generation modernisiert, die an der örtlichen Kunstschule ihr Handwerk erlernt.

VIII.8 SAN MARCO D'ALUNZIO

Die heutige Siedlung auf dem zwischen den Schluchten zweier tiefer Fiumaren aufragenden Felsgrat ist Nachfahrin der griechisch-römischen Stadt Alontion-Haluntium.
Im 6. Jahrhundert n. Chr. gründete eine Gruppe lakedämonischer Flüchtlinge die Stadt Demona oder Demenna; während der langen islamischen Eroberung Siziliens erwies sie sich als wahrhaftes Bollwerk zur Verteidigung des weitläufigen Umlands, in dem die byzantinische Kultur tief verwurzelt war. Dem Historiker Ibn al-'Atir zufolge belagerten seine Glaubensbrüder die Stadt erstmals 901 vergeblich; erst im Jahr darauf gelang es ihnen, die Einwohner zu vertreiben. Die hartnäckigen Byzantiner eroberten ihre Stadt jedoch wieder zurück, so dass sich der fatimidische Emir Ibn Abi Khinzir 910 gezwungen sah, erneut gegen Demenna vorzurücken, um es endgültig zu unterwerfen. Zum Beweis für die strategische Bedeutung der Stadt hieß das ganze Tal von da an Val Demone.
Gegen Ende des 10. Jahrhunderts erwähnt der Geograf al-Muqaddasi einen Ort namens Damannas und vergleicht ihn mit Taormina.
1061 gründete Robert Guiscard hier das erste normannische Kastell Siziliens und weihte es dem Hl. Markus, so dass der Name Demenna in Vergessenheit geriet. Nach dem Tod Rogers I. (1101) benutzte seine Witwe Adelasia bis 1112 mit ihren Söhnen Simon und Roger (dem künftigen sizilischen König) und dem Hof die Stadt mehrfach als Pfalz und erwies sich als eifrige Wohltäterin des in der Gegend weit verbreiteten Basilianerordens. Al-Idrisi schildert den Ort als wohlhabend, mit einer blühenden Seidenproduktion und einer Schiffswerft an der Küste, die das Holz aus den riesigen Wäldern im Hinterland verarbeitete.
Um die Belege aus dem reichen Palimpsest der Siedlungsgeschichte hier zu würdigen, wurde kürzlich ein Museum eingerichtet, das Museo della Cultura e delle Arti Figurative Bizantine e Normanne. Es zeigt, museumsdidaktisch gut aufbereitet, kostbare Funde aus Bildhauerei, Malerei und Numismatik.

VIII.8.a Santissimo Salvatore (genannt „Badia Grande")

Weiter geht es mit dem Auto über die SS113 bis nach Torrenova; hinter der Ortschaft nach links auf die SP160 nach S. Marco d'Alunzio einbiegen und bis zur Piazza Gebbia weiterfahren, von dort aus in Richtung Frazzanò. Nach rund 500 m geht es rechts zur Kirche. Besichtigung nach Voranmeldung beim Verkehrsverein (Ufficio Informazioni

Turistiche del Comune), Tel. 0941 797339.

Das heute verfallene, einst dreischiffige Gebäude entstand über den Ruinen einer frühchristlichen Basilika. Das Mauerwerk bestand aus großformatigen Backsteinen sowie an den Bögen aus Stein. Die Kalotte der Apsis war mit einem großen Fresko ausgemalt, das einen Christus Pantokrator zeigte. Es befindet sich heute im Museo delle Arti Figurative Bizantine e Normanne.
Die Geschichte der Kirche ist ziemlich komplex. Der Zeitraum der Gründung ist unsicher, doch lassen sich grundsätzlich zwei Bauphasen erkennen. Die erste Kirche wurde von den Normannen zu Beginn ihres Eroberungszugs durch Sizilien errichtet und besaß einen Grundriss in Form eines Antoniuskreuzes ähnlich wie San Filippo in Frazzanò. Später wurden das Presbyterium, die beiden Spitzbögen an den Übergängen zwischen Hauptapsis und Nebenapsiden (noch heute sichtbar) sowie die Nord- und Südwand des Kirchenraums hinzugefügt. Das Gebäude war offenbar mit einem Holzdach versehen und wurde durch Fenster erhellt. Bei der zweiten Bauphase entschied man sich, die Kirche in eine dreischiffige Basilika umzuwandeln, so wie sie sich heute noch darstellt. Wieder verwendet wurden dabei lediglich die Nord- und Südmauer der alten Kirche, in denen man je zwei Bögen mit einem Stück Wandfläche dazwischen als Unterteilung zwischen dem Mittelschiff und den neu angesetzten Seitenschiffen öffnete. Diese letzte Umgestaltung erfolgte anlässlich der Gründung des Benediktinerklosters, die einigen Autoren zufolge zwischen 1166 und 1170 auf Veranlassung der Königin Margarete von Navarra erfolgte.

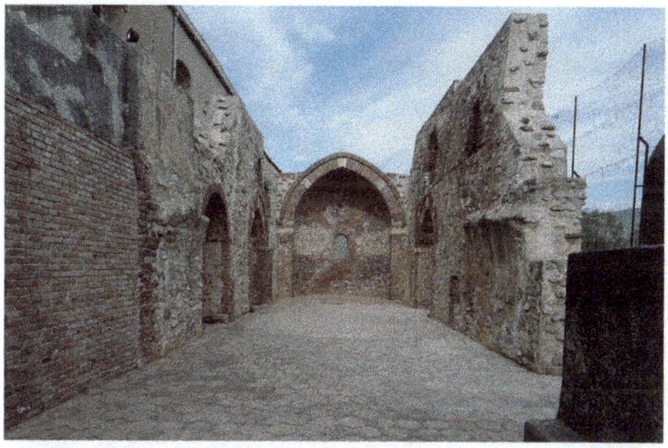

SS. Salvatore, Blick ins Hauptschiff, S. Marco d'Alunzio.

VIII.8.b Kastell

Zur Piazza Gebbia zurückfahren, den Wagen dort parken und zu Fuß durch die Via Alutina, Via Roma, den Vicolo II Castello, Vicolo I Castello und die Via Castello bis zu dem Platz gehen, an dem das Kastell steht. Interessant ist nur die Außenseite der Anlage.

Das erste Kastell, das wohl im 9. Jahrhundert von Arabern gegründet wurde, besaß mit Sicherheit eine Moschee. 1061, im ersten Jahr des normannischen Eroberungsfeldzugs, wurde es von Robert Guiscard in Stand gesetzt und erweitert. Die Stadt und ihre Festung wurden zum Dreh- und Angelpunkt der Verteidigung und Kontrolle der Nordküste Siziliens. Mehrere Urkunden aus dieser Zeit belegen, dass die Normannenherrscher sich in San Marco aufhielten und in den Jahren der Regentschaft von Gräfin Adelasia (1105–1113) die

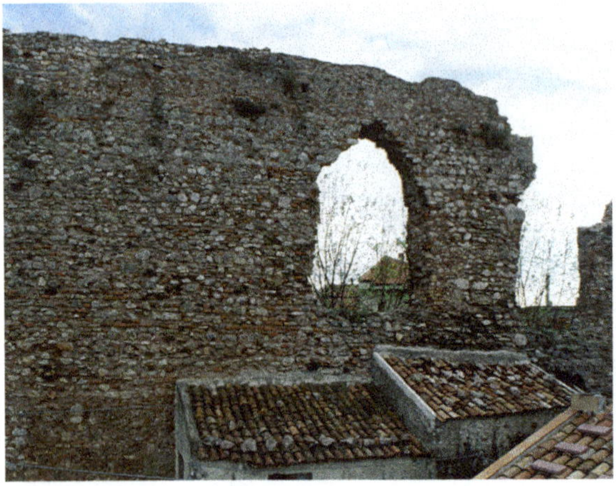

Kastell, Teilansicht, S. Marco d'Alunzio.

Stadt Regierungssitz war. Vom Kastell ist lediglich ein Abschnitt der Nordmauer erhalten, die große Fensteröffnungen aufweist. Eine Beschreibung vermittelt uns ein Bild davon, wie das Kastell sich in der Zeit darstellte, als der Autor es besuchte: Beim Betreten des Innenhofs sah man eine tiefe, geräumige Zisterne; im Untergeschoss gab es sechs Kerker, einen für Adlige, einen für Frauen, einen weiteren für Delinquenten des Zivilrechts und einen für Straftäter, sowie zwei weitere düstere Kerkerkammern, so genannte *dammuselli*. Darüber hinaus gab es Werkstätten, Lagerräume, einen Pferdestall, einen Heuspeicher und über all diesen Wirtschaftsräumen einen großen Saal mit drei herrschaftlichen Zimmern, die aus der ehemaligen Moschee hervorgingen (Meli 1991).

Der Parco dei Nebrodi
Die Fahrt nach San Marco d'Alunzio gewährt Einblick in die faszinierende Berglandschaft der Monti Nebrodi. Diese letzten Ausläufer der Appenninen bilden eine verschlungene Kette von über 1500 m hohen Gipfeln (der höchste davon ist der Monte Soro mit 1847 m ü. d. M.), die im Schnitt nur 15 km von der Küste entfernt verläuft. Die Berge bestehen aus Ton- und Sandsteinschichten und weisen rundere Kuppen und breitere Formen auf als die Gipfel an der Südseite. Die unteren Lagen sind karg, doch finden sich dort, wo Sandstein vorherrscht, noch große zusammenhängende Waldgebiete und mediterrane Macchia mit Korkeichen an der Küste, darüber Zerr- und anderen Eichen bis zu Buchen in den Höhenlagen. Es gibt Bergseen und Sturzbäche, die an der Küste tiefe Schluchten gegraben haben. Dazwischen blieben unzugängliche Felsgrate stehen, auf denen Quarzite zutage treten. Auf diesen Bergrücken entstanden schon in frühester Zeit wegen der für die Verteidigung günstigen erhöhten Lage Siedlungen, die über ein charakteristisches kammförmiges System entlang der Küstenlinie untereinander verbunden waren und heute noch sind.
Der Parco dei Nebrodi bietet vielfältige Gelegenheiten, die Landschaft und ihre Erzeugnisse kennen zu lernen und zu genießen.
Sitz der Parkverwaltung ist Caronia (Tel. 09 2133321); Zweigstellen befinden sich in Alcara Li Fusi und Cesarò.

VIII.9 FRAZZANÒ

VIII.9.a Abtei San Filippo di Demenna oder di Fragalà

Von S. Marco d'Alunzio aus auf die SP160 bis in Richtung Frazzanò fahren. An der Gabelung nach links auf die SP157 abbiegen. Nach 13 km geht links die Straße zur Abtei ab.
Öffnungszeiten: freitags, samstags und sonntags 9–13 Uhr und 14.30–17.30 Uhr; an den übrigen Tagen Besichtigung

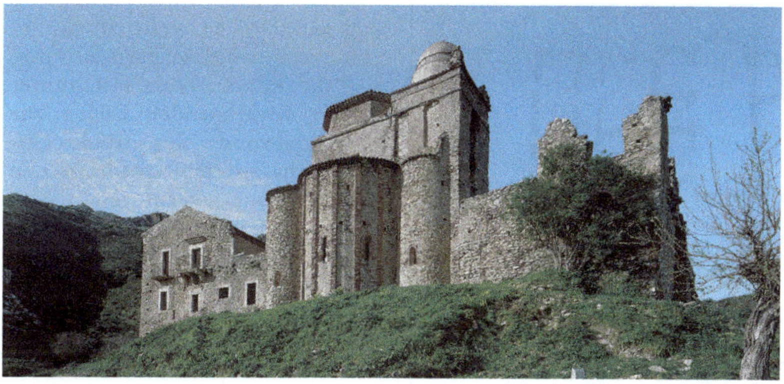

Abtei S. Filippo di Demenna, Blick auf die Fassade mit Apsiden, Frazzanò.

nur nach Voranmeldung bei der Gemeinde, Dottore Fabio, Via Umberto I Nr. 24, Tel. 0941 959037/959165. Sanitäranlagen vorhanden.

Der Überlieferung nach wurde das Basilianerkloster 495 von Calogerus von Kalchedon gegründet und von Roger von Hauteville im 11. Jahrhundert erweitert. Es wurde zum ersten Zentrum der byzantinischen Renaissance. Der Grundriss bildete ein unregelmäßiges Viereck, das anhand der vorhandenen Bauteile noch erkennbar ist; das Kloster bestand aus vier Flügeln rings um einen fast rechteckigen Innenhof, dessen längste Seite in Nord-Süd-Richtung verläuft. Die Kirche steht in der Mitte des Ostflügels, über dessen Außenmauer sie nur mit den Apsiden hinausragt. An das Kirchenschiff des Antoniuskreuzes, das den Grundriss bildet, schließt sich ein Querschiff mit drei Apsiden an, dessen mittleres Joch einst mit einer Kuppel bekrönt war. Einige bauliche Merkmale (die ungenaue Ausrichtung der Anlage, die Asymmetrie der Bauteile wie die Gestaltung des Nordportals mit Rundbogen) bestätigen die späte Datierung dieser Gründung (beziehungsweise Neugründung) auf die Zeit um 1090 durch Roger I., die sich auch aus zwei Urkunden Rogers II. von 1117 und 1145 ergibt.

Von der ursprünglichen Kirche blieb nach den Umbauten des 15., 17. und 18. Jahrhunderts abgesehen von der Anlage als solcher nicht viel übrig. Dazu gehören die sechs Backsteinpilaster an der Außenseite der Hauptapsis und die von einem Rundbogen überspannte Umrahmung der Gewändefenster aller drei Apsiden. Spuren weiterer analoger Wandgliederungen mit Resten von Pilastern und einem Bogenfries deuten darauf hin, dass dieses Motiv sich offenbar an

Abtei S. Filippo di Demenna, Innenhof, Frazzanò.

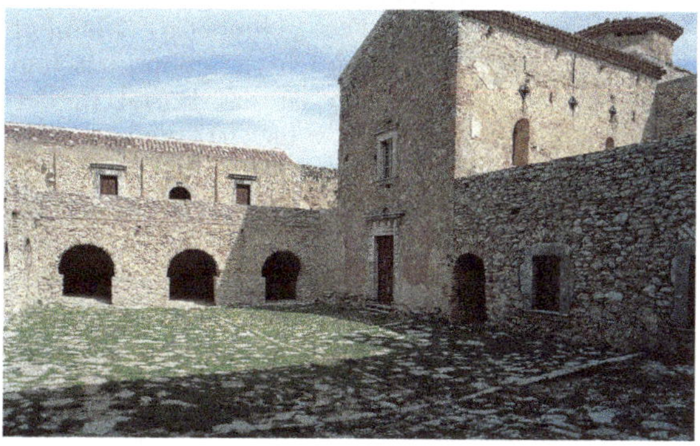

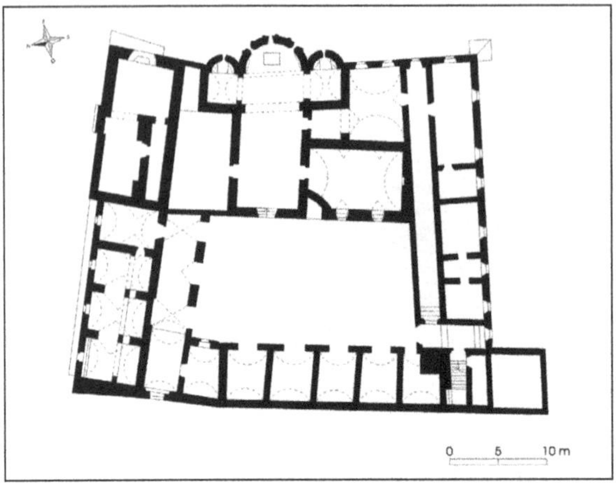

Abtei S. Filippo di Demenna, Grundriss der Klosteranlage, Frazzanò.

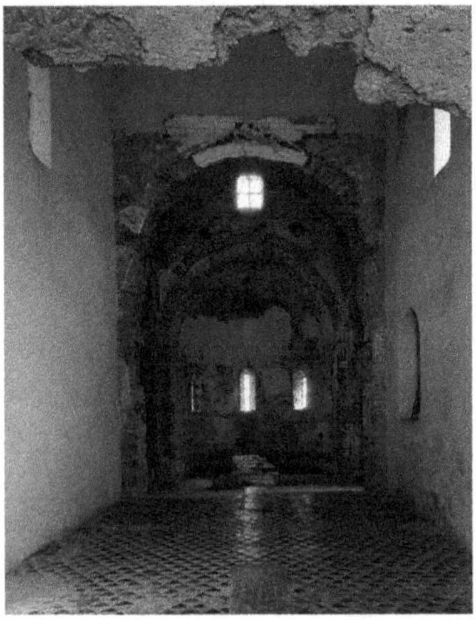

Abtei S. Filippo di Demenna, Innenraum der Kirche, Frazzanò.

den Seitenwänden der Kirche fortsetzte. Das gelungenste Element dieser schlichten geometrischen Verzierung ist das Portal in der Nordseite. Es ist von einem Rundbogen mit vier konzentrischen skulptierten Archivolten eingerahmt, deren Backsteine durch eingelegte kleine Lavablöcke sowie gelb-rosa Rauten ergänzt werden.

Der Vierungsturm über dem Altarraum wurde im 15. Jahrhundert hinzugefügt, doch gab es möglicherweise zuvor bereits eine vergleichbare Lösung, wie die Konstruktion mit immer weiter vorkragenden Bögen zur Verkleinerung des rechteckigen Jochs zu einer quadratischen Kämpferzone vermuten lässt. Jünger noch ist der Campanile, der wahrscheinlich einen in Urkunden erwähnten Turm ersetzte. Das Gebäude ist insgesamt mit Dächern eingedeckt, unter denen sich in den beiden Kapellen senkrecht zur Kirchenachse verlaufende, vermutlich noch originale Tonnengewölbe verbergen. Die Gewölbe von Kirchenschiff und Hauptfassade entstanden erheblich später: zu der Zeit, als das Langhaus aufgestockt wurde.

Die Kirche San Filippo ähnelt zwar anderen Basilianerkirchen im Val Demone, unterscheidet sich von ihnen jedoch durch das Fehlen jeglicher Spitzbögen. Die Aufteilung zeigt Einflüsse latinisierter griechischer Vorbilder.

Zahlreiche liturgische Gerätschaften und kostbare hölzerne Reliquare aus dem Besitz des Klosters sind heute in der Calogerus-Kapelle in der Kirche SS. Annunziata in Frazzanó aufbewahrt. Bedeutendstes Stück ist ein Elfenbeinschrein arabisch-sizilischer Machart aus dem 12. Jahrhundert, dessen Deckel einen Pyramidenstumpf bildet und der lanzettförmige Türen aus vergoldeter Bronze aufweist.

VIII.10 ROMETTA

VIII.10.a Kastell

Zur SP157 zurückkehren und auf die A20 in Richtung Messina auffahren. Nach etwa 75 km die Ausfahrt nach Rometta nehmen und auf der SP54 weiterfahren. Im Stadtzentrum nach links in die Via S. Cono und Via Sottoporta einbiegen; hinter der Porta Milazzo durch die Via Gazzara und Via Sabauda, dann nach rechts durch die Via Cavour und Via Umberto I bis zur Piazza Duomo fahren, dort parken. Zu Fuß durch die Via Natoli, Via Vittorio Emanuele III, Via Roma und hinter dem Haus Nr. 5 nach links einbiegen. Im öffentlichen Park Torre di Federico führt ein Fußweg zum Kastell.

Die Bedeutung des Kastells von Rometta beruht zum großen Teil auf den Besonderheiten des Standorts, der sich für die Abwehr feindlicher Angriffe als sehr günstig erwies. Erst nach rund 200-jähriger Besatzung Siziliens gelang es den Arabern, den Widerstand Romettas zu brechen, das nach langer zermürbender Belagerung als letzte Stadt der Insel kapitulierte. Aufgrund dieser günstigen Lage diente Rometta den Einwohnern von Messina immer dann als Festung und Zuflucht, wenn ihre Stadt an der Meerenge gefährdet war. Dieser natürliche Schutz wurde 965 durch den zerstörerischen Überfall Ibn Ammans auf Rometta auf eine harte Probe gestellt. Die Muslime machten den Ort später ihrerseits zum Zentrum des sarazenischen Widerstands, als sie 1040 merkten, dass sie Messina gegen die byzantinischen Truppen unter Georgeos Maniakus nicht halten konnten. Nach der normannischen Rückeroberung war Rometta einer der Hauptstützpunkte in der von Kaiser Friedrich II. angestrebten Wiederherstellung des Verteidigungssystems der Insel.

Der einzige noch zusammenhängende Teil des *castrum* ist heute eine Gruppe von Ruinen. Von den zahlreichen Gebäuden, die einst die Verteidigungsanlagen bildeten, sind nur die beiden an den äußersten Enden der Erhebung erhalten, die als Wehrtürme dienten. Die Bauten dazwischen wurden dagegen abgerissen. Die noch vorhandenen Gebäude umfassen zwei unterschiedlich große Gruppen: eine erheblich weitläufigere auf dem östlichen Felssporn und eine kleinere auf dem westlichen, wobei der Unterschied durch das Relief des Felsens bedingt ist. Das Mauerwerk war im Wesentlichen in Schichten aus dünnen Backsteinlagen gearbeitet. Perfekt behauene Kalksteinquader dienten zur Verstärkung der Gebäudeecken, Fenster- und Türpfosten sowie der Bögen.

Kastell, Ansicht, Rometta.

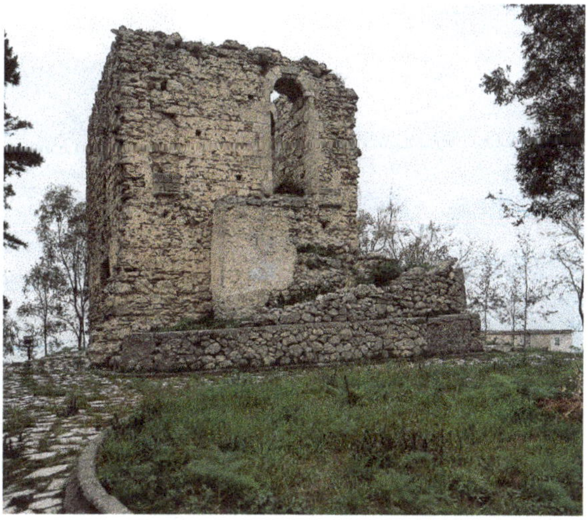

VIII.10.b Santissimo Salvatore

Zur Piazza Duomo zurückkehren und weiter zu Fuß durch die Via Ardizzone gehen; nach wenigen Metern befindet sich dort linker Hand die Kirche.
Besichtigung nach Voranmeldung bei der Gemeinde, Piazza Regina Margherita Nr. 22, Tel. 090 9924585, oder bei Signor Giorgianni, Tel. 090 9925111.

Die Kirche ist noch heute schwer zu deuten, allein schon wegen ihrer unsicheren Datierung, denn in der Literatur wird ihre Entstehung auf ganz unterschiedliche Zeiten zwischen dem 6. und dem 11. Jahrhundert angesetzt. Einige Wissenschaftler sehen eine Verbindung zwischen diesem ungewöhnlichen Werk und römischen Bautraditionen, andere wollen dagegen orientalische Einflüsse erkennen, die im Licht der spezifisch sizilianischen Architektur umgedeutet wurden, bis der Bau selbst zum Referenzpunkt für die Entwicklung der romanischen Architektur auf der Insel wurde.
Den Grundriss bildet ein griechisches Kreuz in einem Quadrat. Die vier Kreuzarme sind mit Tonnengewölben eingedeckt, die vier Eckflächen jedoch mit Kreuzgewölben. Die Vierung des Kreuzes wird von einer flachen Kuppel überragt, die auf einem niedrigen achteckigen Tambour ruht. Eine weitere Nische, deren Kalotte mit einem Muschelgewölbe aus Stuck verziert ist, liegt in der Rückwand des rechten Kreuzarms und enthält Reste von Fresken mit geometrischen Motiven und Fragmenten einer Inschrift, die zusammen mit den Resten einer Figur oben am Nordwestpfeiler vermuten lassen, dass einst sämtliche Wandflächen bemalt waren. Sowohl die Tonnengewölbe der

SS. Salvatore, Gesamtansicht, Rometta.

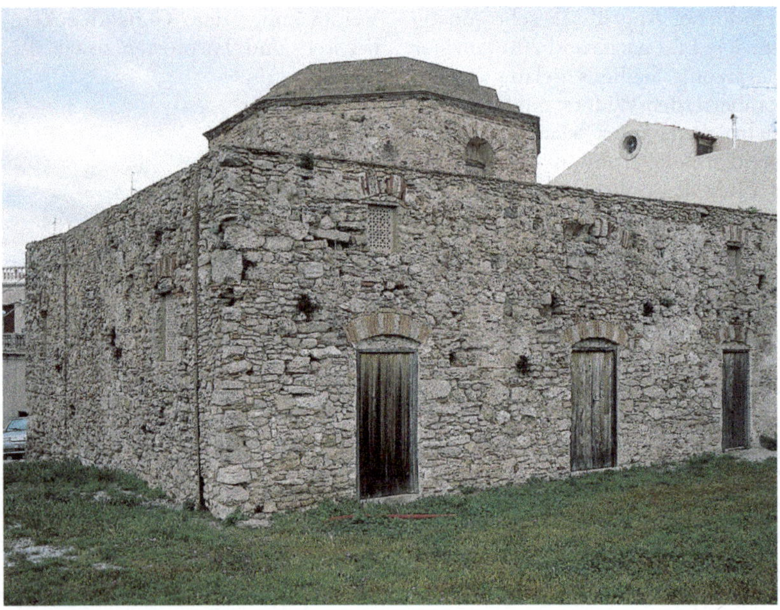

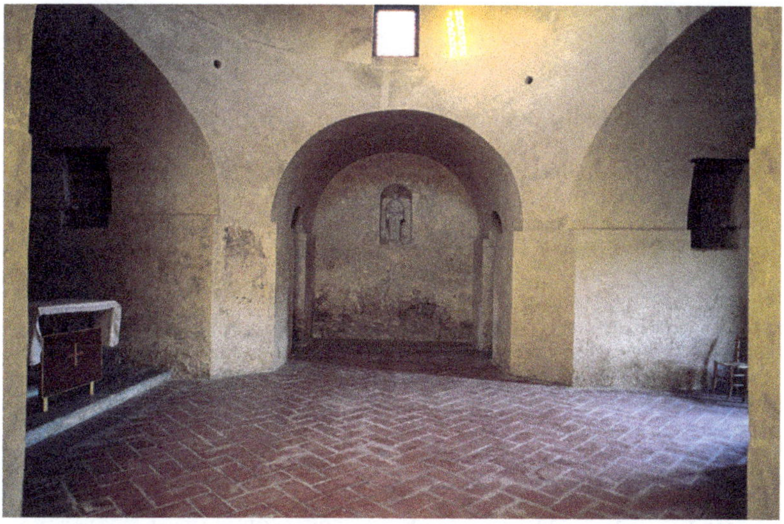

SS. Salvatore, Innenraum, Rometta.

Kreuzarme als auch die Wölbung der Kuppel ruhen auf einem kleinen Vorsprung, der an römische Bögen mit nicht abgemeißelten Kragsteinen für das Lehrgerüst erinnert.
Das äußere Mauerwerk kam nach Entfernen des Putzes bei der Restaurierung durch Francesco Valenti in den 1930er-Jahren wieder zum Vorschein. Es ist unregelmäßig strukturiert und besteht größtenteils aus Kalkstein, der mit Ziegelbruchstücken geflickt wurde. Die Hauptfassade weist drei Eingänge auf, deren Bögen abwechselnd aus akkurat behauenen Steinen und Backsteingruppen bestehen. An der Südfassade sieht man noch die Umrisse eines inzwischen zugemauerten Spitzbogenportals; an der Westfassade gibt es einen alten Eingang, der später verschlossen und in ein noch späteres Portal integriert wurde.

DIE EROBERUNG SIZILIENS DURCH DIE NORMANNEN

Ferdinando Maurici

Die Eroberung Siziliens durch die Normannen begann 1061. In dieser Zeit herrschte auf der Insel Krieg zwischen einigen der arabischen Führern. Einer von ihnen kam in auswegloser Lage auf die Idee, die von Robert und Roger von Hauteville angeführten Normannen aus Kalabrien zu Hilfe zu rufen. Ein Kontingent von einigen Hundert Rittern und Fußtruppen überquerte die Meerenge bei Messina, doch anstatt die Stadt frontal anzugreifen, plünderten sie ihre Umgebung. Nur wenig später kapitulierte Messina kampflos, als seine muslimischen Einwohner erkannten, dass Widerstand zwecklos war, und die Stadt verließen. Nach Messina nahmen die Normannen ohne einen Schwertstreich auch die einst so starke byzantinische Akropolis Rometta ein. Heftige Gegenwehr bot dagegen Centuripe, das nach Schilderung des Chronisten Amatus von Montecassino durch „hohe Mauern und sehr tiefe Gräben" geschützt war. Auf ebenso erbitterten Widerstand stießen die Normannen an den Felsen und Mauern von Enna, das sie erstmals 1061 belagerten, jedoch erst 1087 gegen Ende der Reconquista erobern konnten.

Nach der erfolglosen Belagerung von Enna unternahmen die Normannen einen raschen Vorstoß gegen Agrigent und richteten eigene Standorte im Val Demone ein, insbesondere San Marco und Troina. Im Juni 1063 rückte ein arabisches Heer gegen Troina vor, wurde jedoch bei Cerami von den Normannen besiegt, die daraufhin nach Westen und Süden, also nach Palermo und Agrigent, weiter vordringen konnten. In dieser neuen Phase war vorgeschobene Basis der Normannen die bedeutende Festung und Wegkreuzung Petralia. Von dort aus schlugen ihre Truppen 1068 die Araber bei Misilmeri, quasi vor den Toren Palermos. Nach diesem Sieg war die Eroberung der großen sizilianischen Medina nur noch eine Frage der Zeit, doch fiel zuvor im Ostteil der Insel noch Catania. 1071 belagerten die Normannen Palermo und richteten dabei ihr Hauptquartier dort ein, wo damals ein arabisches Kastell stand und später die Kirche San Giovanni dei Lebbrosi erbaut wurde. Während der Monate langen Blockade der Stadt zu Wasser und zu Lande kam es mehrfach zu heldenhaften Gefechten, die von den normannischen Chronisten aufgezeichnet wurden. Anfang 1072 fiel die „äußere" oder „neue" Stadt (wie sie die damaligen Chronisten bezeichneten), die rings um die alten Stadtmauern des Cassaro gewachsen war. Wenig später musste auch die „innere" oder „alte" Stadt schließlich kapitulieren.

Mit der Einnahme von Palermo war der muslimische Herrschaftsbereich nur noch auf die Regionen von Trapani, Agrigent (mit der berühmten Festung Enna) und die Ortschaften bei Syrakus und Noto im Südosten der Insel sowie das weiter nördlich gelegene Taormina beschränkt. In Westsizilien ergab sich Mazaro kurz nach dem Fall von Palermo. Trapani dagegen musste erst belagert werden und kapitulierte 1077 erst, nachdem die Normannen der Stadt mit einem gewagten Handstreich das gesamte Vieh und damit ihre wichtigste Lebensgrundlage genommen hatten. Nach der Unterwerfung von Trapani gaben rund ein Dutzend bedeutende Städte und Burgen Westsiziliens ebenfalls auf.

Die Kämpfe konzentrierten sich deshalb nun auf den islamischen Widerstand in Ostsizilien. Taormina wurde 1078 belagert und saß in einer ausweglosen Falle: Während die normannische Flotte den Seeweg abschnitt, wurde es zu Lande mit einer regelrechten Palisade aus 22 Wehrtürmen konfrontiert.

Der aussichtslose Widerstand der Sarazenen von Taormina zog sich dennoch fünf Monate bis zum August hin.
Im Sommer 1079 brach ein islamischer Aufstand im Umkreis von Jato und Cinisi aus, die bereits im Vorjahr besiegt worden waren. Gezwungen einzugreifen, belagerte Roger die beiden befestigten Dörfer und zwang sie mit der Drohung, die Ernten zu verbrennen und damit eine Hungersnot auszulösen, erneut zur Aufgabe. Bezeichnenderweise war das isoliert auf einem unzugänglichen Berg gelegene Jato eineinhalb Jahrhunderte später neben Entella die letzte islamische Hochburg, die sich der endgültigen Vertreibung der Sarazenen aus Sizilien durch Friedrich II. beugen musste.
Die definitive Vernichtung des Islam in Sizilien stand jedoch um 1080 noch in weiter Ferne. Die Normannen vollendeten die militärische Eroberung der Insel – was nicht dasselbe war – und unterwarfen ihre ‚eingeborene' Bevölkerung, von der die Muslime lediglich die zahlenmäßig größte Gruppe bildeten.
Nach der Niederschlagung der Aufstände von Jato und Cinisi wurde Catania von den Muslimen unter der Führung eines Feldherrn, den abendländische Quellen Benavert nennen, 1081 „befreit" und somit von Roger I. wiedererobert. Benavert (hinter dessen verballhorntem Namen sich vielleicht ein 'Ibn Abbad verbirgt) flüchtete nach der Niederlage in Catania nach Syrakus, das die Normannen jedoch 1086 belagerten. In einer Seeschlacht zu Beginn dieses Feldzugs kam Benavert zwar ums Leben, doch zog sich der Widerstand der Muslime von Syrakus noch bis Ende Oktober hin. Dann jedoch ergab sich die Stadt; Benaverts Witwe und Sohn konnten nach Noto fliehen, das als eine der letzten Festungen noch in sarazenischer Hand war.
Doch unerbittlich schloss sich der Kreis. Ein Jahr nach dem Fall von Syrakus traf es Agrigent, das seit April 1087 belagert worden war. Zusammen mit Enna und dem südlichen Zentrum der Insel stand Agrigent unter der Herrschaft eines Mitglieds der Familie Banu Hammad, dessen Name in abendländischen Quellen zu Chamut verformt wird. Bis zum 25. Juli 1087 leistete Agrigent Widerstand, dann ergab sich die Stadt; auch Chamuts Ehefrau und Söhne fielen Roger in die Hand, während er selbst nach Enna flüchten konnte. Angesichts der Einnahme von Agrigent brach der islamische Widerstand in der gesamten Region zusammen: Es kapitulierten Naro, Guastanella, Caltanissetta, Sutera, Licata, Ravanusa, Platano und Muxaro. Die islamische Fahne wehte nur noch über den Felsen der grandiosen Festung Enna sowie in Butera und in Noto an der Südostspitze der Insel. In Enna ergab sich Chamut schließlich Rogers Normannen nach einem vorgetäuschten Ausfall, der eher zur Gesichtswahrung gegenüber seinen Glaubensbrüdern dienen sollte oder – besser gesagt – seinen ehemaligen Glaubensbrüdern, denn er ließ sich unmittelbar nach der Kapitulation taufen und erhielt dafür im Gegenzug Grundbesitz in Kalabrien, wo er noch ein langes glückliches Leben führte.
Den allerletzten Widerstand leisteten Butera und Noto. Ersteres musste nach einer Belagerung im Frühsommer 1089 schließlich aufgeben. Das nun völlig allein dastehende Noto unterwarf sich der normannischen Übermacht im Februar 1091. Mit der Eroberung der maltesischen Inselgruppe wenige Monate später stand Sizilien endgültig unter normannischer Herrschaft.

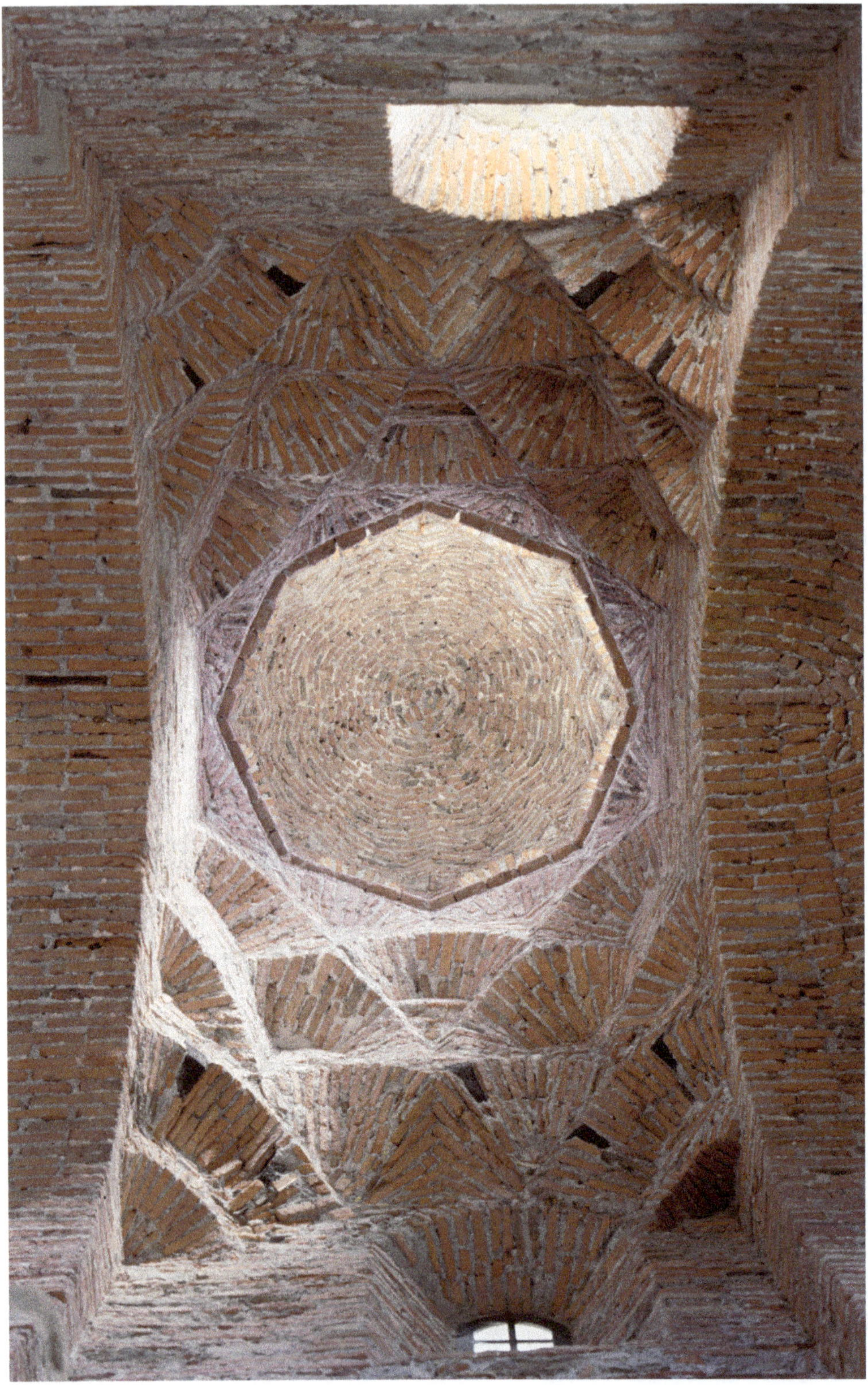

Vermischung plastischer und architektonischer Elemente im Val Demone

Wissenschaftliches Gremium

IX.1 MESSINA

IX.1.a Santa Maria della Valle (genannt la Badiazza)

IX.2 MILI SAN PIETRO

IX.2.a Basilianerkirche Santa Maria

IX.3 ITÀLA

IX.3.a San Pietro

IX.4 FORZA D'AGRÒ

IX.4.a Santi Pietro e Paolo
IX.4.b Felsen mit Ruinen eines Kastells

IX.5 TAORMINA

IX.5.a Arabischer Turm des Palazzo Corvaja
IX.5.b Mauern und Tore der mittelalterlichen Verteidigungsanlage
IX.5.c Badia Vecchia

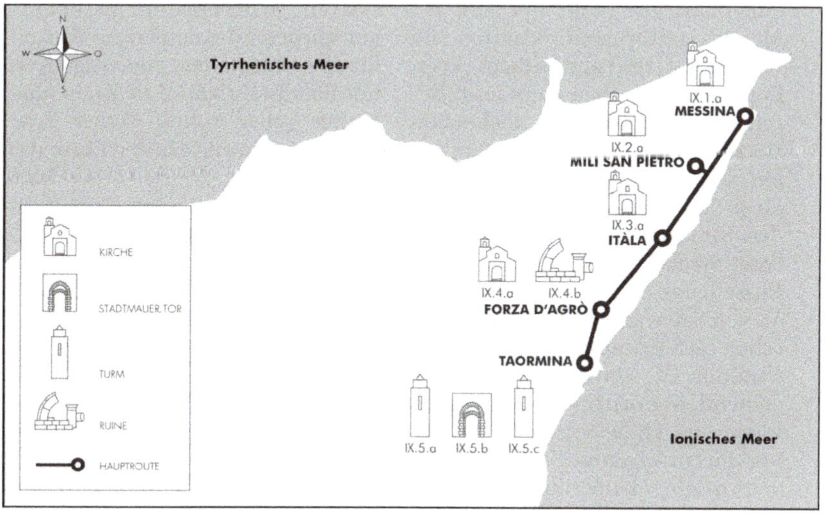

Santi Pietro e Paolo, Kuppel über dem Presbyterium, Forza d'Agrò.

Das Val Demone erstreckte sich ursprünglich auf die Nordostregion Siziliens, die heute der Provinz Messina plus den nördlichen Gebieten der Provinzen Enna und Catania sowie Teilen der Bergregion der Madonie im Ostteil der Provinz Palermo entspricht. Es wurde als letztes Territorium der Insel von den Arabern unterworfen und war zugleich erstes Ziel der christlichen Reconquista. Von diesem Teil Siziliens aus gingen die Basilianermönche nach Kalabrien in die Diaspora, als die Enklaven der unbeugsamen Bergbewohner eine nach der anderen den Arabern in die Hände fielen. Auch nach der Eroberung der wohlgerüsteten Stadt Taormina (ab 902) und des unnachgiebigen Rometta (das erst 965 endgültig kapitulierte) war die Kontrolle der Araber über die gesamte Nordostregion niemals wirklich gesichert und beschränkte sich oftmals auf die Hänge zum Tyrrhenischen und Ionischen Meer.

Als Roger von Hauteville 1060 bei den Vorbereitungen für den großen Feldzug von 1061 eine erste Erkundungsfahrt zur Punta del Faro bei Messina unternahm, kannten die Normannen die Lage Siziliens gegen Ende der arabischen Herrschaft bereits sehr gut, waren sie doch schon zuvor auf der Insel gewesen, als ein schlagkräftiges byzantinisches Heer unter Georgeos Maniakes den Sarazenen 1040 erst Messina, dann Syrakus entriss. In der ersten Phase jenes Feldzugs hatte Waimar V. von Salerno den Byzantinern die schon als Söldner im Dienst Herzog Pandolfs IV. von Capua in Italien stehenden normannischen Abteilungen zu Hilfe geschickt. Bereits vor ihrem eigenen Sizilienfeldzug waren die Hautevilles allerdings keine Söldner mehr, sie hatten sich inzwischen auf Kosten von Byzanz in Kalabrien und Apulien gewaltsam Land angeeignet. Nach dem Sieg über die päpstlichen Truppen 1053 bei Civitate musste Papst Leo IX. die Herrschaft der Normannen über die von ihnen eroberten Besitzungen anerkennen – wie auch über alles, was sie künftig in Apulien, Kalabrien sowie Sizilien noch erringen würden. Nun mit Herzogs- beziehungsweise Grafentitel ausgestattet, empfingen Robert Guiscard und Roger (der spätere Großgraf von Sizilien) einen Hilferuf von Ibn ath-Thumna. Der Emir von Syrakus und Catania befand sich im Krieg mit Ibn al-Hawwas. Mit seinem Appell von 1061 setzte er jedoch die christliche Rückeroberung Siziliens vom östlichsten Zipfel des Val Demone aus in Gang.

So ist der Küstenstreifen am Ionischen Meer übersät mit Ruinen von Felsenfestungen und Kastellen, den Überresten von Dörfern und Städten, den Spuren befestigter Siedlungen und vor allem von Sakralbauten, die das Phänomen des aktiven Synkretismus besonders gut spiegeln, das den ersten Anstoß für die Blüte einer eigenständigen normannisch-sizilischen Kunst und Kultur geben sollte. Dieses Erbe stammt einerseits aus der Phase des Widerstands der *romanoi* der Insel und der kaiserlich-byzantinischen Truppen, die gegen die arabische Invasion kämpften, andererseits aber auch aus der Zeit der Reconquista unter Führung der Normannen.

Die von den Normannen anfänglich betriebene Aussöhnung zwischen den verbleibenden Muslimen und der griechisch geprägten Mehrheit sowie die Wiedervereinigung der christlichen Gemeinschaften aus

Süditalien und diesem Teil Siziliens, die ähnliche kulturelle Vorgaben mitbrachten, lieferten die entscheidenden Impulse für die Herausbildung einer eigenständigen Kunst in diesem Teil des Val Demone.
Das von den Hautevilles garantierte Gleichgewicht innerhalb des mittelalterlichen Völkergemischs in diesem Bereich der Insel war dabei wegweisend. Es ist kein Zufall, dass die Architektur an der ionischen Seite des Val Demone sich auch ohne höfische, ausgefeilte Kunstformen in Mischbildungen voller Lebenskraft ausdrückte, deren Homogenität durch das Fehlen formalistischer Fesseln und das Vorherrschen sachlicher Bauweisen erreicht wurde. Es handelte sich um einen materiellen Experimentalismus, der sicherlich vom Streben der Herrscher nach einer Staatskunst (als Ausdruck des Hegemonialanspruchs auf die kulturelle Entwicklung im benachbarten Mittelmeerraum) genährt und geprägt wurde, den aber ebenso das Fortbestehen oder Wiederaufleben von Erinnerungen an die frühere unmittelbare Zugehörigkeit zu einer islamischen *koiné* bei den an den Arbeiten beteiligten Handwerkern bestimmte.
In der Kirchenarchitektur zeigt sich nämlich eine geschickte Synthese zwischen romanischen Archaismen (als kulturellem ‚Gepäck' der Hautevilles, die ihre normannische Heimat zu einer Zeit verlassen hatten, als die romanische Schule dort noch in den Kinderschuhen steckte) und lokalen autochthonen figuralen Vorstellungen, die in der byzantinischen Zeit wurzelten und griechische Bauweisen (nicht nur vom Balkan, sondern auch aus den byzantinischen Besitzungen in Süditalien) mit einbezogen, sowie des islamischen Architekturrepertoires (aus Nordafrika und dem Orient, aber auch als periphere sizilianische Ableitungen der islamischen Baukunst).

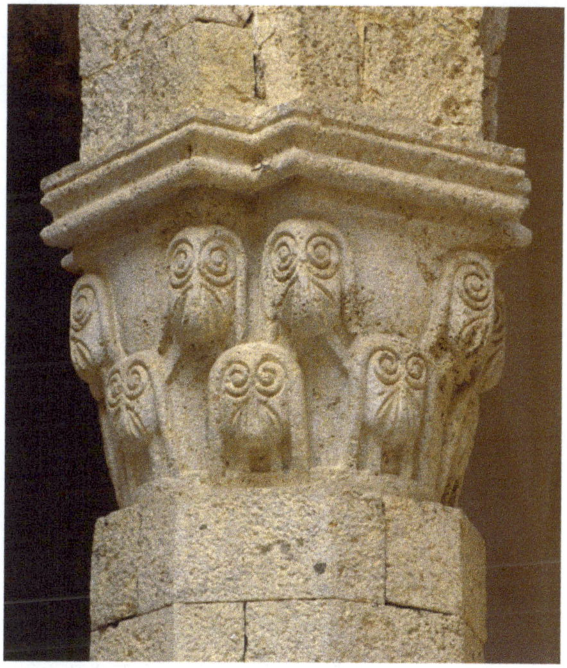

S. Maria della Valle, Kapitell, Messina.

Zu den Belegen für die islamischen und byzantinischen Einflüsse in normannischer Zeit zählen auch Architekturformen in Städten oder abgelegenen Dörfern an den Hängen der Mont Peloritani (an der ionischen Seite): der normannische Rundturm auf dem Felsen von Alì Termine, die normannische Festung in Savoca, das Kastell aus normannischer Zeit und das Basilianerkloster San Salvatore di Placa (1092) in Francavilla und das Kastell von Castelmola.
Noch komplexer wird die Sachlage für die Beurteilung der historischen Zeugnisse der in der islamischen

Kultur wurzelnden Kunst, wenn man die späteren Entwicklungen der lokalen Bauformen berücksichtigt. Innerhalb des Machtgleichgewichts zwischen den Adelsherrschaften im neuen Königreich Sizilien gewann nämlich ab dem Ende des 14. Jahrhunderts die katalanische Partei die Oberhand über die lateinische. Zur neuen politischen Situation gehörte damit auch ein grundsätzlicher Wandel – nach iberischem Vorbild – von Protokoll, Verwaltungsformen und Wirtschafskriterien sowie letztlich sogar der dekorativen Programme bis hin zu den höfisch geprägten baulichen Ausdrucksformen der Wohnkultur.

IX.1 MESSINA

Vor Beginn der Route sollte man sich zunächst ins Regionalmuseum Messina, Viale della Libertà, begeben, um sich dort visuelles Informationsmaterial zu besorgen. Eintritt gegen Gebühr. Öffnungszeiten: montags, mittwochs und freitags 9–14 Uhr; dienstags, donnerstags und samstags 9–14 und 16–19 Uhr (im Winter 15–18 Uhr); sonntags 9–13 Uhr.

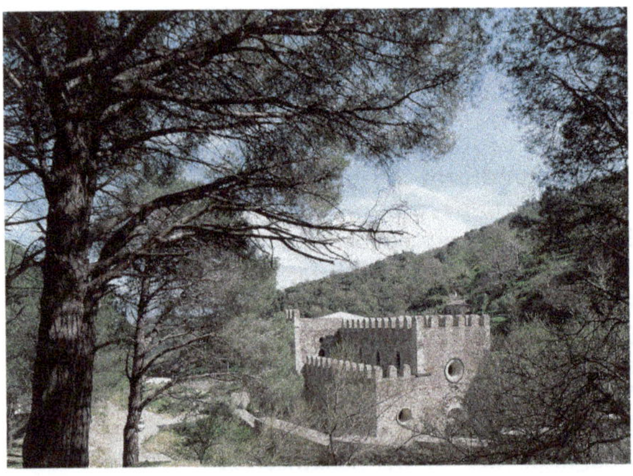

S. Maria della Valle, Gesamtansicht, Messina.

IX.1.a Santa Maria della Valle (genannt la Badiazza)

Von Rometta aus die Autobahn A20 zurück nach Messina nehmen und an der Ausfahrt Messina Boccetta abfahren. Am Ende des Viale Boccetta nach links in die Via Garibaldi, dann in den Viale Giostra und die Via G. Denaro einbiegen, dann rechts in Richtung SS113 nach Palermo fahren. Rechter Hand geht ein Feldweg zur Badiazza ab.
Bei Drucklegung dieses Katalogs ist die Restaurierung noch nicht abgeschlossen. Besichtigung nach Voranmeldung beim Denkmalsamt (Sovrintendenza), Dottore Aquila, Tel. 090 361211 / 361220.

In malerischer Lage im ausgetrockneten Flussbett einer Fiumare (San Rizzo) stehen wenige Kilometer vor Messina die Ruinen der Benediktinerkirche Santa Maria del Valle, auch della Scala genannt. Am bekanntesten ist sie unter dem Namen „Badiazza".
Das Gebäude wirkt wie ein Konglomerat zweier verschiedener Bautypen. Der eine ist der Altarraum mit relativ geräumigem Presbyterium, der andere das dreischiffige basilikale Langhaus. Diese Konstellation findet sich bei allen Sakralbauten aus der normannischen Spätzeit und entspricht derjenigen von Santo Spirito und der Magione in Palermo sowie der ebenfalls in Messina stehenden Kirche dell'Annunziata dei Catalani. Diese Feststellung passt zur Chronologie des Gebäudes, das in der letzten Phase der normannischen oder der Frühzeit der staufischen Ära über einer älteren Gründung entstand (die ersten Hinweise auf die Existenz eines Zisterzienserinnenklosters stammen von 1123). Das belegen auch die zahlreichen Stiftungen, die in der Zeit zwischen

Wilhelm I. und Friedrich II. zugunsten des Klosters gemacht wurden. Während der Sizilianischen Vesper erlitt die Kirche 1282 schwere Schäden, als die angiovinischen Soldaten sie plünderten und dann in Brand steckten. Friedrich III. von Aragon ließ sie wieder aufbauen und vergrößern und wurde deshalb in den Inschriften der Mosaiken in der Apsis als „Stifter" der Kirche gefeiert. Nach der großen Pestepidemie von 1347 wurde die „Badiazza" aufgegeben und nur noch im Sommer benutzt. Der Verfall war unaufhaltsam, und so wurde das einst bedeutende Bauwerk bereits im 17. Jahrhundert als „Kadaver" bezeichnet. Erdbeben und zahlreiche Überschwemmungen verschütteten das Gebäude teilweise. Erst in jüngster Zeit wurde es wieder freigelegt.
Der Gebäudeteil mit dem Presbyterium wirkt autonom. Der eckige, einst von Zinnen bekrönte Block enthält zwei Zonen mit je einer Reihe großer Fenster, die vom Typ her denen der friderizianischen Kastelle in Catania und Syrakus entsprechen und das Presbyterium wie ein solide befestigtes Gebäude wirken lassen. Der Altarraum ist als Zentralbau mit griechischem Kreuz und Vierungskuppel gestaltet; die rechteckigen Kreuzarme sind an allen vier Seiten mit Kreuzrippengewölben versehen. Sie weisen eine von außen zugängliche, als Empore dienende Galerie mit kurzen Verbindungsstücken auf, die teils aus einem Mauerabsatz herausgearbeitet sind, teils auf einem hölzernen Gang verlaufen. Die Galerie im Südteil erreicht man durch eine noch vorhandene Tür, die ursprünglich zum Kloster führte. Der Nordgang, der keine Verbindung zum Kloster hat und eine spezielle Funktion erfüllte

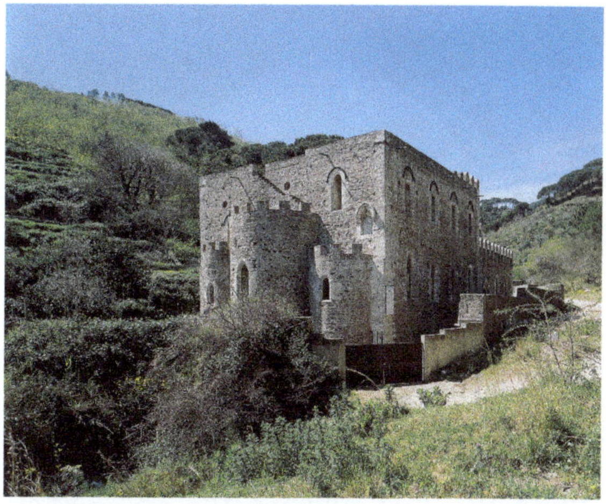

S. Maria della Valle, Ansicht mit Apsiden, Messina.

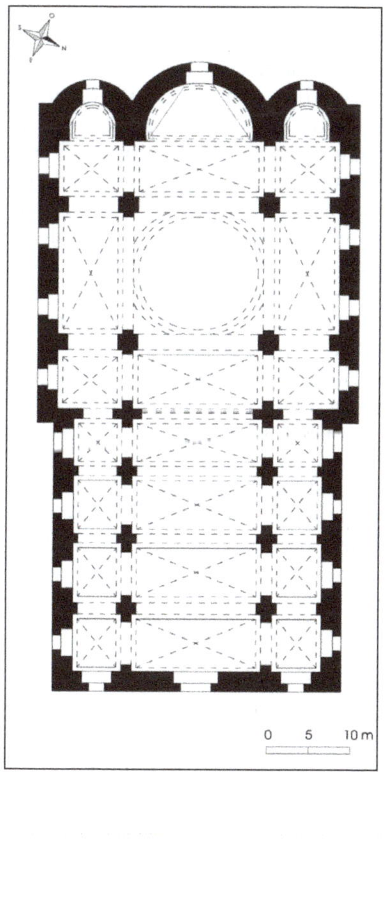

S. Maria della Valle, Grundriss, Messina.

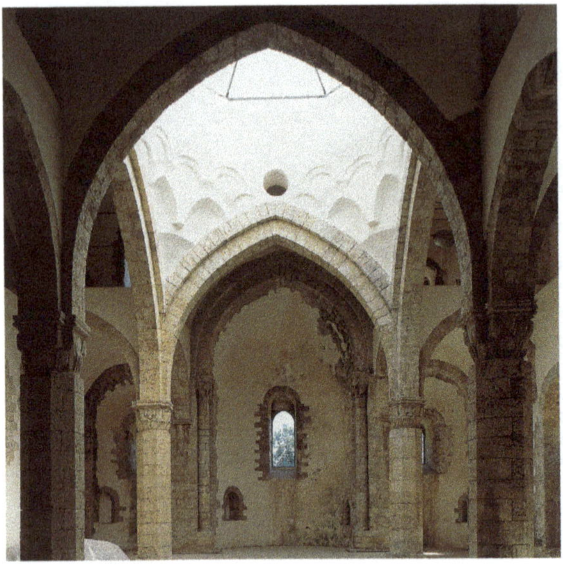

S. Maria della Valle, Presbyterium, Messina.

(vielleicht als Loge für illustre Gäste), ist über die Terrasse über dem nördlichen Kirchenschiff erreichbar, und zwar über eine heute nicht mehr existierende Zugbrücke; bedient wurde sie vom Glockenturm aus, der seitlich der Kirche für sich stand. Die nicht mehr vorhandene Kuppel bestand aus leichten Baustoffen. Den Übergang vom Quadrat der Vierung zum Fußkreis der Kuppel bildeten immer weiter vorkragende Nischentrompen aus konzentrischen Bögen. Diese aus dem islamischen Raum stammende Lösung ist in den Basilianerklöstern des Val Demone häufig anzutreffen (Agrò, Mili San Pietro). Die Seitenschiffe umfassen vier kreuzgewölbte Joche mit massiven Oktogonalpfeilern, auf denen mächtige Spitzbögen lasten. Lediglich das Mittelschiff verfügt über ein Kreuzrippengewölbe. An der Hauptfassade springt ein Risalit vor, in dem sich ein Portal mit Architrav und einer spitzbogigen Lünette befindet.

Aufgrund der Qualität der Verzierungen (insbesondere die des Zickzackmusters) kann es der Phase des Chiaramonte-Stils (14. Jahrhundert) zugeordnet werden. Die Nordfassade weist dagegen noch ein kostbares gotisch-zisterziensisches Portal auf.

Der Lago di Ganzirri und die Torre Faro
Fährt man von Messina aus in Richtung Punta Faro, gelangt man zum Fischerdörfchen Ganzirri und über die alte Konsularstraße weiter zum Lago Grande di Ganzirri, auch Pantano Grande genannt. Mit seiner länglichen Form fügt sich der See in die Morphologie der Landspitze ein. Er wird durch Grundwasser gespeist, ist jedoch über einen Kanal mit dem Meer verbunden und wird zur Muschelzucht genutzt. Jenseits des Sees führt die Straße an der Meerenge entlang und streift dabei die engste Stelle (rund 3 km) zwischen Sizilien und der kalabrischen Küste. Auf der Straße zum Leuchtturm Torre Faro liegt nach rund 9,5 km ein Fischerdorf, von dem aus noch heute mit so genannten spatare Schwertfisch gefangen wird. Die Schiffe zeichnen sich durch extrem hohe Masten mit Ausguck aus. Blickpunkt in der Landschaft ist der imposante Strommast mit Freileitungen, die den auf Sizilien produzierten Strom auf das italienische Festland überführen.

IX.2 MILI SAN PIETRO

IX.2.a Basilianerkirche Santa Maria

Von Messina aus die Autobahn A18 in Richtung Catania nehmen und in Messina Süd-Tremestieri abfahren. Auf die SS114 in Richtung Catania einbiegen und in Mili San Pietro wieder abfahren. Der Beschilderung auf der SP38 folgen.

Bei Drucklegung dieses Katalogs ist die Restaurierung noch nicht abgeschlossen. Besichtigung nach Voranmeldung bei Padre Milano, Tel. 090 881572.

Gemeinsam mit den Kirchen San Filippo in Fragalà, San Pietro in Itàla und Santi Pietro e Paolo in Forza d'Agrò stellt die Kirche Santa Maria in Mili einen der interessantesten Belege für die Existenz von Basilianerklöstern im Val Demone dar und erinnert an die Bedeutung dieser zahlreichen Anlagen (von denen viele verloren gingen) für das Wiedererstarken des Christentums im Sizilien der Grafenzeit.
Die Kirche steht inmitten einer Schlucht am Rande des Wildbachs Mili. Gleich daneben liegt die zum Kloster gehörende Siedlung auf kurzen Terrassen in mehreren Ebenen. Der Weg zum imposanten Komplex führt von der Provinzialstraße aus über eine Treppe steil nach oben. Die Kirche wird bereits 1092 in einer auf Griechisch verfassten Urkunde Rogers I. erwähnt; er ließ hier noch im selben Jahr seinen Sohn Jordanus beisetzen, der in Messina an Malaria gestorben war. Der Grundriss umfasst eine Halle mit dreiteiligem Altarraum, der völlig anders gestaltet ist als das Kirchenschiff, mit dem ihn drei Spitzbögen verbinden. Das mittlere Joch des Altarraums schließt mit einer halbrunden Apsis ab und ist von einer Kuppel überdeckt, deren Kalotte auf einem achteckigen Tambour sitzt und durch kegelstumpfförmige Nischentrompen mit dem Viereck darunter verbunden ist. Die abgestuft vorkragenden multiplen Bögen stellen eine originelle Interpretation eines Motivs dar, das ursprünglich der aghlabidischen Architektur entlehnt war. Die beiden kurzen seitlichen Joche des Altarraums sind mit sehr kleinen Kuppeln überdeckt; sie schließen mit zwei in der Mauerdicke ausgesparten Exedren. Formal ähnelt die Aufteilung des Altarraums insgesamt den Lösungen, die muslimische Baumeister im 11. Jahrhundert bei der Gestaltung der Kibla-Wand mancher fatimidischer Moscheen anwendeten.

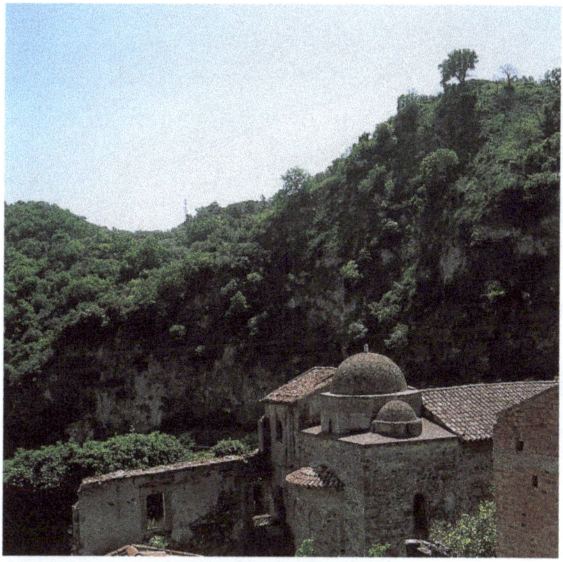

S. Maria, Ansicht des Komplexes, Mili S. Pietro.

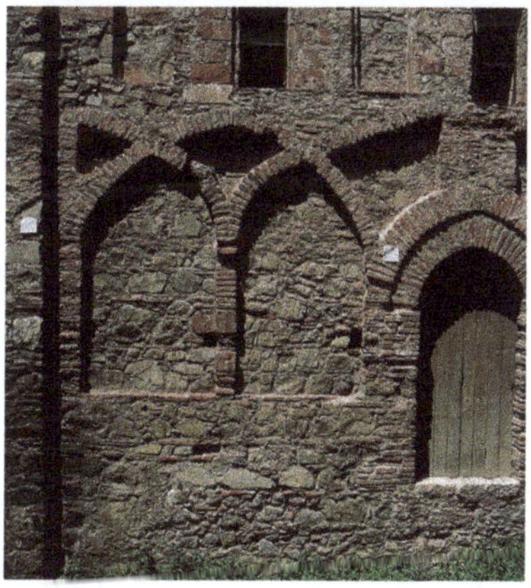

S. Maria, Detail der Südfassade, Mili S. Pietro.

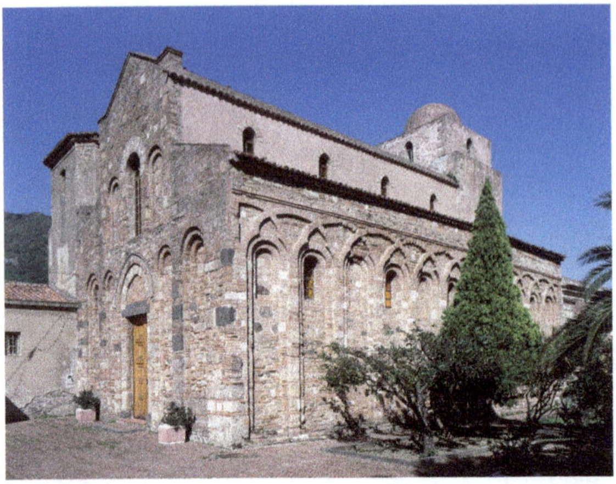

S. Pietro, Gesamtansicht, Itàla.

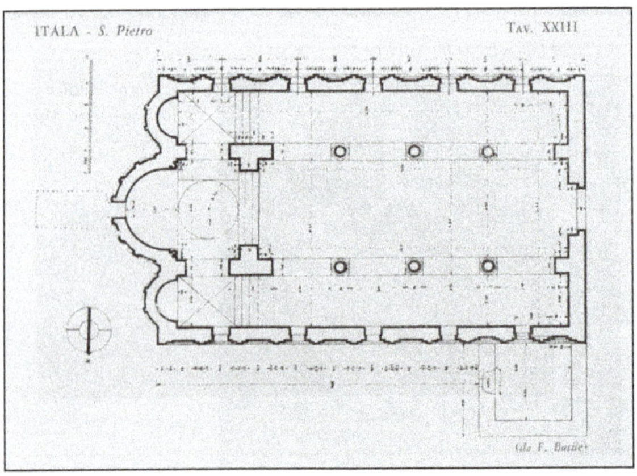

S. Pietro, Grundriss, Itàla (Di Stefano 1955).

Das Langhaus ist mit einer Holzdecke ausgestattet, doch wurde dieser Bauteil im 16. Jahrhundert um rund ein Drittel verlängert, so dass die ursprüngliche Fassade verloren ging. Einzigartig ist die Behandlung der äußeren Wandflächen an den Seiten und Apsiden. Man sieht dort zahlreiche Backsteine zwischen den Kalksteinlagen. Die Südfassade wird durch ein Relief verschränkter Spitzbögen aufgelockert, die sich analog zu dem mit abgestufter Umrahmung verzierten Portal zu einer Blendarkade vereinigen. Die darüber liegende Zone weist eine gleichmäßige Reihe von Blend- und echten Fenstern auf, die ebenfalls mit Blendbögen eingefasst sind. Interessant ist die Gestaltung der äußeren Apsiswand mit einem Muster aus Lisenen und einem Bogenfries, der aus der so genannten lombardischen Romanik stammt.

IX.3 ITÀLA

IX.3.a San Pietro

Von Mili San Pietro auf die SS114 zurückkehren und in Richtung Catania weiterfahren; nach rund 11 km nach Itàla Marina abbiegen; dann auf die SP29 auffahren. In Itàla der Beschilderung zur Kirche S. Maria dei Basiliani folgen; nach links der Beschilderung nach zum Bauwerk fahren. (Oder am Stadtrand parken und zu Fuß den ausgeschilderten Weg gehen.) Parkmöglichkeit in der Nähe der Kirche oder am Stadtrand.
Besichtigung nach Voranmeldung bei der Gemeinde (Comune), Via Umberto I, Tel. 090 952347, oder Signor Russo, Tel. 090 952377.

Die Fertigstellung der Kirche und des angeschlossenen Basilianerklosters wird von mehreren Autoren auf das Jahr 1093 angesetzt. Es existiert eine Stiftungsurkunde zugunsten des ersten Abtes Gerasimus von 1092, als die Bauarbeiten offenbar noch nicht abgeschlossen waren. Die Kirche weist ein traditionelles dreischiffiges Basilikalschema auf, das hier zu einem der ersten Male, vielleicht das allererste Mal nach 200-jähriger Islamisierung in Sizilien wieder in Erscheinung trat. Mittel- und Seitenschiffe sind in vier Joche

unterteilt, getrennt durch Spitzbogenarkaden auf Säulen, deren glokkenförmige Kapitelle mit stilisierten Pflanzenmotiven verziert sind, wie man sie bei fatimidischen Bauten findet. Oberhalb der Arkaden, die an Stirn und Laibung ein farbiges Muster aus abwechselnd Ziegeln, Kalkstein und Lava aufweisen, befinden sich kleine Lichtgaden mit Spitzbogenprofil. Das erhöhte Presbyterium mündet in drei halbrunde Apsiden, die sich nach außen vorwölben.
Das Mittelschiff ist mit einem Satteldach auf hölzernem Dachstuhl, die Seitenschiffe mit Pultdächern versehen. Über dem mittleren Joch des Altarraums ragt ein Turm auf (heute weit gehend umgestaltet), über dem sich eine Halbkugelkuppel spannt. Sie sitzt auf einem Tambour mit zylindrischen Nischentrompen. Im Tambour öffnen sich vier kleine Fenster, die dem Altarraum Licht geben. Den Übergang von der Kämpferzone zum Fußkreis bilden Nischentrompen mit vorkragenden Tragbögen.
Von außen schillert das Gebäude geradezu durch das vielfarbige Mauerwerk aus Kalkstein und Ziegeln. Die Wandflächen sind durch dicht aufeinander folgende Bogenfriese und Lisenen gegliedert. Die oberen Dreipassbögen sind verschränkt, während die kleineren Rundbögen darunter samt ihren Lisenen vertieft in der Wandfläche liegen und abwechselnd Blend- und echte Fenster umschließen.

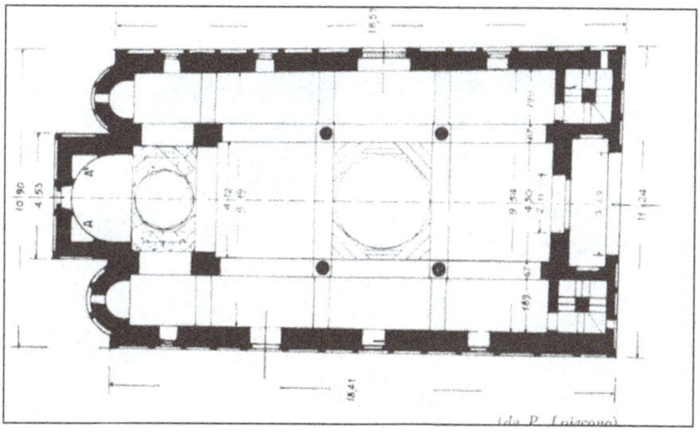

Santi Pietro e Paolo, Grundriss, Forza d'Agrò (Di Stefano 1955).

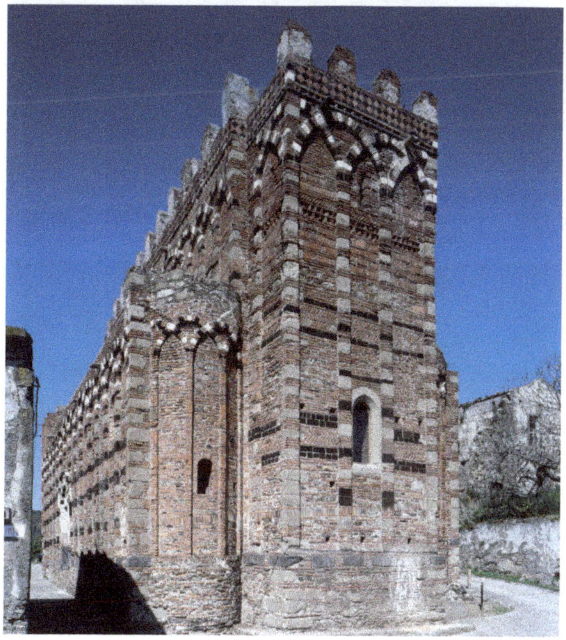

Santi Pietro e Paolo, Ansicht mit Apsiden, Forza d'Agrò.

IX.4 FORZA D'ADGRÒ

IX.4.a Santi Pietro e Paolo

Von Itàla aus auf die SS114 zurückkehren und in Richtung Catania bis S. Alessio weiterfahren, dort auf die Provinzialstraße abbiegen, die nach Limina, Roccafiorita und Antillo führt. Diese Straße verläuft durch das Dorf Scifi am rechten Ufer der Fiumare von Agrò; jenseits davon befindet sich die Kirche Santi Pietro e Paolo. Der Weg dorthin ist ausgeschildert.

Forza d'Adgrò

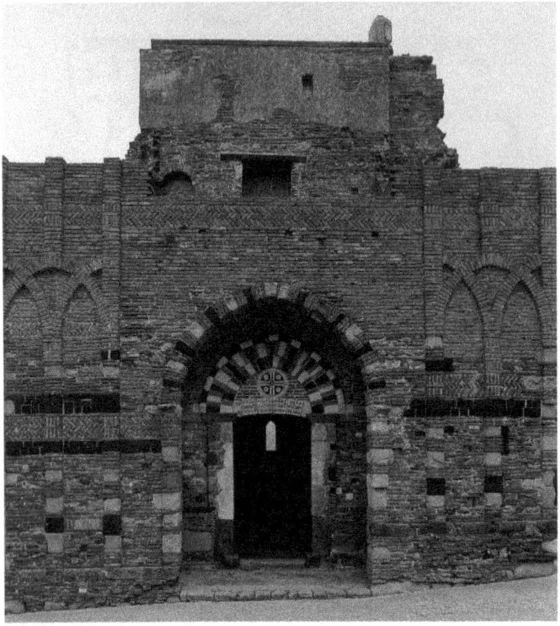

Santi Pietro e Paolo, Hauptfassade, Forza d'Agrò.

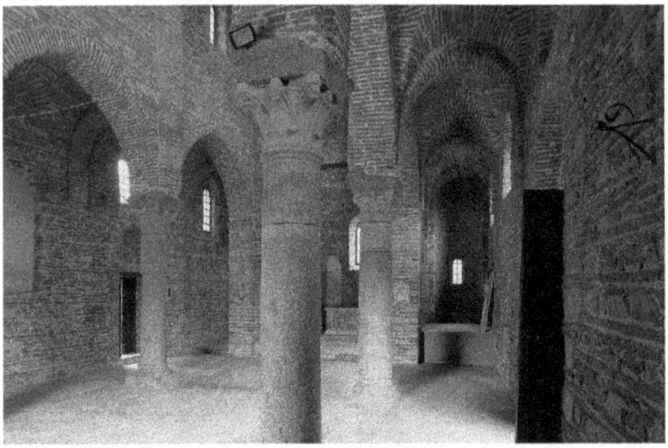

Santi Pietro e Paolo, Blick ins Langhaus, Forza d'Agrò.

Öffnungszeiten: 8.30–18 Uhr. Besichtigung nach Voranmeldung bei der lokalen Vertretung des Archeoclubs.

Eigenartigerweise ist es ausgerechnet eine Kirche im Val Demone – das sich von allen Gebieten am längsten und heftigsten der Islamisierung widersetzt hatte –, die schon frühzeitig in der Chronologie der normannischen Gründungen die von der islamischen Baukunst abgeleiteten Motive wieder in Erscheinung treten lässt. Die beiden Kuppeln der Kirche Santi Pietro e Paolo am linken Ufer der Fiumare Agrò bei Casalvecchio Siculo zeigen in der Tat bautechnisch wie formal eindeutige Bezüge zu Bauwerken des Fatimidenreichs. Die Entstehungszeit der Kirche lässt sich auf die Gründung eines Basilianerklosters im Val Demone auf Veranlassung Rogers II. im Jahr 1117 datieren, auch wenn das Gebäude 1169 bei einem Erdbeben beschädigt wurde, das Sizilien und Südkalabrien traf. Die in der griechischen Inschrift am Hauptportal genannte Jahreszahl 1172 bezieht sich höchstwahrscheinlich auf eine Restaurierung durch den „Polier" Gerhard den Franken, die jedoch die ursprüngliche Anlage nicht wesentlich veränderte.

Die Raumaufteilung ist eine geschickte Kopplung von dreischiffigem Basilikalschema und Zentralbau byzantinischer Tradition. Vor der Kirche liegt ein kurzer Außennarthex mit zwei (heute verstümmelten) Treppentürmen. Die Basilika selbst ist in drei Schiffe unterteilt und wird von einem dreiapsidialen Querschiff abgeschlossen. Das Mittelschiff besitzt einen Dachstuhl und eine zentrale Kuppel auf einem hohen zylindrischen Tambour. Den Übergang zwischen dem viereckigen Raum und dem Fußkreis der Kuppel vermitteln Nischentrompen mit je drei stufenweise vorkragenden Tragbögen. In der Mitte der Trompen sind kleine Doppelbögen aufgesetzt. Die Kuppel besteht ebenso wie die

Eckverbindungen aus Backsteinlagen und ist mit einem achtteiligen Zellengewölbe ausgestattet.
Das mittlere Joch des Altarraums besitzt ebenfalls eine allerdings kleinere Kuppel, die ebenso meisterhaft gearbeitet ist wie die große. Die Ecklösungen für den Übergang vom rechteckigen Raum zum runden Tambour sind hier sogar noch komplexer, da die Teile weiter vorkragen müssen. Die Trompen bestehen aus einer Reihe hängender Zellen aus Backstein, die auf verschobenen, immer weiter vorkragenden Trägern angebracht sind, die schließlich in der Mitte zusammentreffen und den erforderlichen Auflagerand für den Tambour bilden. Die für beide Kuppeln verwendeten räumlichen Verbindungen verweisen explizit auf formale und bauliche Lösungen, die für islamische Bauhütten charakteristisch sind.
Wie oft bei den normannischen Kirchen des Val Demone ist auch bei diesem Sakralbau die aufwändige äußere Farbgebung einer der interessantesten Aspekte. Die Voraussetzung dafür ist das Vorkommen von Lava und rosa Marmor in der Nähe von Taormina sowie die problemlose Verfügbarkeit von Kalk- und Backstein. Die Ziegel sind in waagerechten Lagen, querliegend, in Fischgrät- oder Sägezahnmustern verlegt und wechseln sich ab mit Quadern aus lokalem Sandstein, rotbraunem Bimsstein und kleinen Marmorblöcken. In den Wandverkleidungen, die in allen Zonen durch ein Muster aus Lisenen und verkreuzten Bögen gegliedert sind, ist die reich gefächerte Farbpalette so geschickt angewendet, dass die Polychromie schön zur Geltung kommt. Einen Beweis für das überragende Können der Baumeister von Agrò ist darüber hinaus der Fries mit geometrischen Mustern in abwechselnden Formen und Farben, der das Kranzgesims

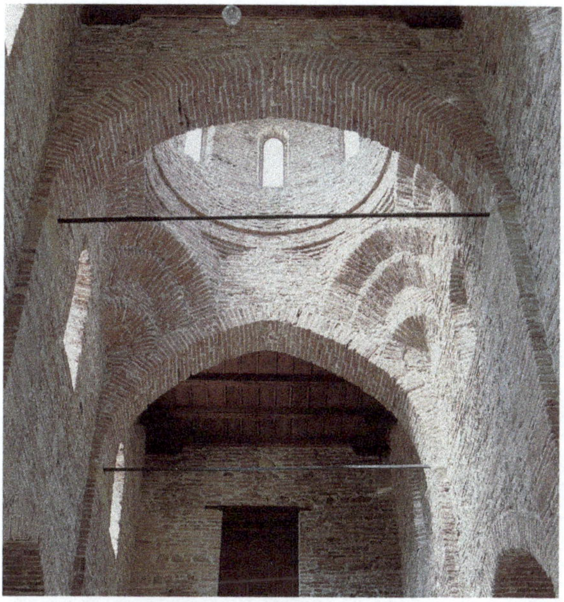

Santi Pietro e Paolo, Nischentrompen der Kuppel im Mittelschiff, Forza d'Agrò.

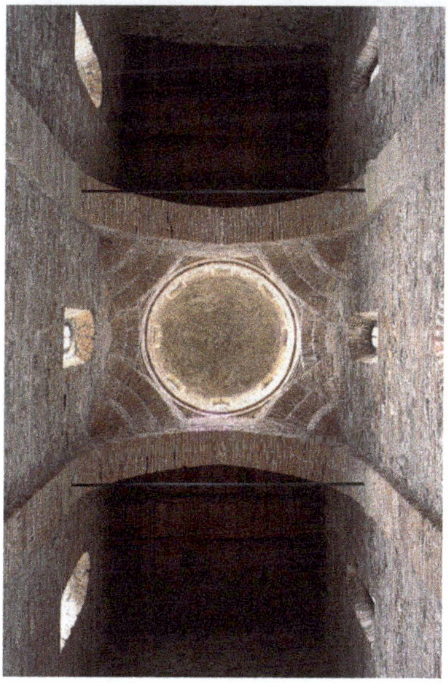

Santi Pietro e Paolo, Kuppel im Mittelschiff, Forza d'Agrò.

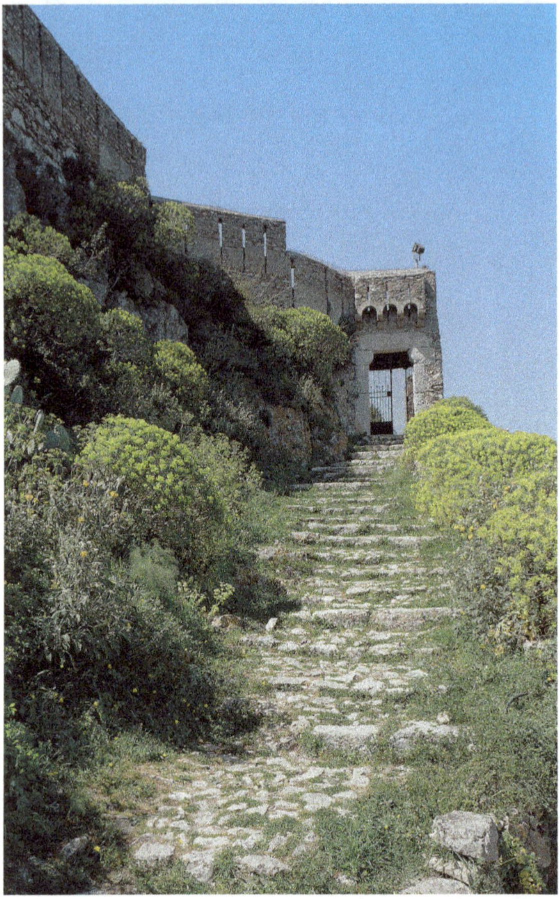

Kastell, Aufgang zur Burg, Forza d'Agrò.

bildet. Der darüber aufragende Zinnenkranz verleiht der Kirche die wehrhafte Wirkung einer *ecclesia munita*. Dieses Merkmal wird noch unterstrichen durch den eckigen, wehrturmartigen Gebäudeteil, der die Hauptapsis umschließt, bis zum Zinnenkranz aufragt und selbst mit Zinnen bestückt ist. Er unterstreicht die damalige Notwendigkeit der Verteidigung gegen mögliche Aufstände seitens der muslimischen Bevölkerung, die in der Umgebung von Taormina noch zahlreich vertreten war.

IX.4.b Felsen mit den Ruinen eines Kastells

Mit dem Auto nach S. Alessio zurückkehren und auf die SS114 in Richtung Catania auffahren. Auf die SP16 nach Forza d'Agrò abbiegen und dieser bis zur Piazza S. Francesco folgen, dort parken und zu Fuß weiter zum Kastell gehen. Dabei kommt man durch die typischen Straßen Via SS. Annunziata, Via Joannon, Piazza Calvario, Via dei Normanni, und schließlich rechter Hand die Via al Castello. Auf dem Rückweg zum Auto nach links die Lavatreppe zum Ort hinuntersteigen; von der Piazza S. Antonio aus in die Via SS. Annunziata einbiegen, an der Piazza Cav. P. Carullo Halt machen, um den wunderbaren Ausblick über die Küste zu genießen, und dann bis zur Piazza S. Francesco weitergehen.
Besichtigung nach Voranmeldung beim Wächter über das Gemeindebüro (Comune), Piazza SS. Annunziata, Tel. 0942 721016.

Der auf Landkarten angegebene Ortsname „Forza d'Agrò" bezieht sich auf die Festung, die wenige Kilometer von Taormina entfernt in der Schlucht von Agrò im höchsten Teil des Ortskerns auf dem Kamm des Argennon-Vorgebirges stand. Das Stadtgefüge von Forza d'Agrò zeigt heute noch mittelalterliche Züge, etwa die steilen engen Straßen mit dicht gedrängt stehenden Häusern aus dem 15. und 16. Jahrhundert. Die Festung wurde in normannischer Zeit gebaut, verfiel jedoch schon bald. 1595 lebte sie vorübergehend wieder auf, als die Geschworenen und Abgeordneten von Forza d'Agrò sie wieder aufbauen ließen. Von 1876 bis 1989 wurde der Komplex als Friedhof zweckentfremdet.

Im Verteidigungssystem der normannischen Krone stellte das Kastell von Agrò ein sicheres Bollwerk gegen Überfälle auf die umliegende Ebene dar; hier war die Garnison zur Bewachung und Verteidigung des Tals von Agrilla stationiert. Die Festung, von der heute nur noch Ruinen übrig sind, war von drei abgestuften Flächen umgeben, die jeweils durc einen Mauerring geschützt waren. Auf der dritten und letzten dieser Terrassen standen die Unterkünfte für die Garnison, die Kapelle und ein quadratischer dreigeschossiger Turm. Von der rechteckigen Kapelle sind noch der Altar, eine Nische, Spuren des Kranzgesimses und das Seitenportal erkennbar. Bei der Rekonstruktion der Decke bei Restaurierungsarbeiten kamen 1975 14 fein geschnitzte Konsolen mit mehrmalig wiederholten und paarig angeordneten Motiven zutage. Abgesehen von Teilstücken der mit Schießscharten versehenen Umfassungsmauer ist vor dem Kastell auf einem Felssporn ein noch intaktes Wachhäuschen erhalten, das ebenfalls Schießscharten aufweist.

Die Alcantara-Schlucht
Nach der Ausfahrt Francavilla di Sicilia erreicht man nach 13 km den Belvedere delle Gole dell'Alcantara, was auf Arabisch „Brücke" (al-qantara) bedeutet. Zum Fluss hinunter gelangt man entweder zu Fuß oder mit dem Aufzug. Der Aufstieg erfolgt zu Fuß durch die Furt (wobei Gummistiefel zu empfehlen sind; man kann sie vor Ort ausleihen). Unten in der Schlucht sieht man den eindrucksvollen Einschnitt, den der Fluss Alcantara einst in die Lava fraß, die vom Krater auf dem Monte Mojo herabquoll. An den Wänden der Schlucht sieht man säulenförmige Basaltprismen mit fünf- oder sechseckigem Querschnitt, die fächerförmig oder bizarr verschlungen senkrecht angeordnet sind, je nach den Umständen, unter denen die Lava erstarrte. Der Ausflug ist ein faszinierendes, wenn auch etwas frostiges Vergnügen: Man glaubt, mitten in einem Lavastrom zu stehen, nur dass das glühende Magma in diesem Fall eiskaltes Wasser ist.

IX.5 TAORMINA

An der Stelle einer sikulischen Siedlung, von der noch eine Nekropole aus dem 8. Jahrhundert v. Chr. zeugt, gründete eine Gruppe griechischer Flüchtlinge aus dem benachbarten Naxos im 4. Jahrhundert v. Chr. eine Stadt. In römischer Zeit wurde sie durch monumentale Prachtbauten bereichert, von denen noch ansehnliche Reste erhalten sind.

Taormina, Blick auf die Piazza mit Belvedere.

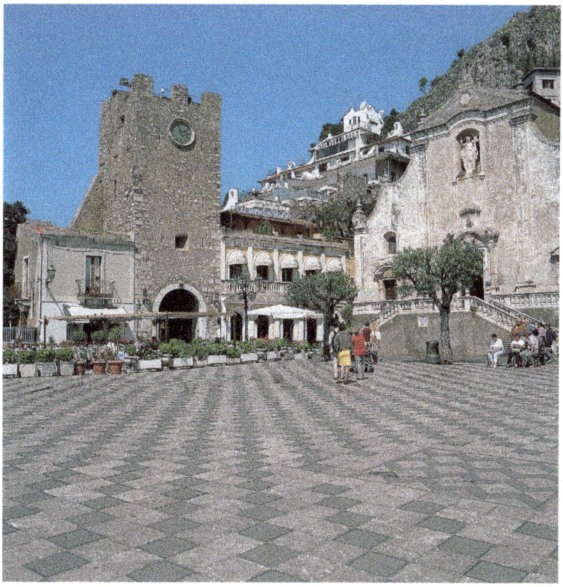

Im 7. Jahrhundert n. Chr. fügten die Byzantiner den hellenistischen Stadtmauern weitere Befestigungsanlagen hinzu (Kastelle Torre Tauro und Castelmola). Als Syrakus 878 den Muslimen in die Hände fiel, wurde Taormina Hauptstadt des *thema*, denn die unzugängliche Lage und die mächtigen Festungsanlagen ließen einen hartnäckigen Widerstand gegen die anstürmenden Araber zu. So erfolgte nach einer Kapitulation 902 vor dem Emir Ibrahim Ibn Ahmad 909 zunächst die Rückeroberung durch die Christen und erst 962 konnten die Araber nach siebenmonatiger Belagerung die Stadt endgültig einnehmen. Die Überlebenden wurden als Sklaven in den Jemen verschleppt und dort vom Kalifen von Baghdad, al-Mansur, gekauft. Die Stadt hieß jetzt al-Mu'izzija zu Ehren des Fatimidenkalifen al-Mu'izz und die Eroberer machten sich an den Wiederaufbau des Südteils, in dem noch heute die Viertel Cuseni und Porta Saraceni an sie erinnern. In die arabische Zeit fiel vermutlich auch der Bau eines Turms im Bereich des römischen Forums (heute Standort des Palazzo Corvaja), von dem aus man den Vorort Giarafi („Kanal") kontrollieren konnte. Dort flossen die Wasserleitungen aus römischer Zeit zusammen, die von den Muslimen geschickt erweitert, in das Umland verzweigt und zur Bewässerung der Felder eingesetzt wurden.

Palazzo des Duca di S. Stefano, Südfassade, Taormina.

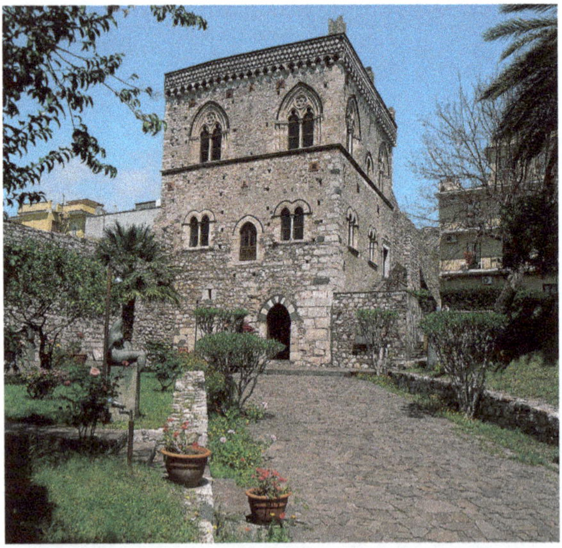

Die Normannen eroberten Taormina 1079 dank einer genialen Belagerungstaktik, bei der sie Palisaden, leichte Wachtürme und innovative Kriegsmaschinen einsetzten und die Stadt damit auf ihrem schroff abfallenden Landstreifen vollständig isolierten. Nach ihrem Sieg beschränkten sie das Stadtgebiet auf den ursprünglichen Siedlungskern; der Grund für diese Konzentration war eine Verbesserung der Verteidigungsstrategie durch einen kleineren Mauerring, der sich leichter kontrollieren und in Stand halten ließ.

Unter den aragonesischen Vizekönigen war Taormina zu Beginn des 15. Jahrhunderts Sitz des Baronalparlaments, wurde dann jedoch mehrfach von der spanischen Krone verpachtet.

Abgeschnitten von allen Handelsrouten verschrieb sich die Stadt Mitte des 19. Jahrhunderts dem Tourismus und konnte dabei unter anderem von dem Interesse profitieren, das Reisende und Vedutenmaler schon ab der zweiten Hälfte des 18. Jahrhunderts geweckt hatten.

IX.5.a Arabischer Turm im Palazzo Corvaja

Von Forza d'Agrò aus über die SP16 und SS114 in Richtung Catania fahren und in Taormina auf die SP10 bis zum Stadtzentrum abbiegen. Es empfiehlt sich, auf der SS114 bis zum Dorf Mazzarò weiterzufahren, dort den Wagen zu parken und mit der Seilbahn in die Innenstadt zu fahren; die Haltestelle befindet sich direkt am Parkplatz. Vom Endpunkt der Seilbahn aus die Via Pirandello wieder hinaufgehen, die Porta Messina durchqueren und über den Corso Umberto I bis zum Largo S. Caterina gehen. Dort befindet sich der Palazzo Corvaja. Öffnungszeiten: täglich außer montags von 9–13 und 16–20 Uhr.

Von den drei Gebäudeteilen, die sich in dem scheinbar einheitlichen Komplex des Palazzo Corvaja ausmachen lassen, gehört der ehemalige Kern aufgrund seines Gründungsdatums in die islamische Periode. Es handelt sich dabei um einen Turm, der Ende des 10. Jahrhunderts von arabischen Handwerkern als Verteidigungsanlage gebaut wurde, vermutlich auf Anordnung des Kalifen al-Mu'izz. Der quadratische Grundriss und die perfekte Stereometrie des gesamten dreigeschossigen, von einem Zinnenkranz bekrönten Gebäudes sollte auf die Kaaba in Mekka verweisen. Der Turm entstand zwischen 969 und 1078 auf dem ehemaligen römischen Forum, das seinerseits die griechische Agora ersetzt hatte. Er sollte zur Befestigung der Stadt dienen, nachdem sie bei drei Angriffen arabischer Truppen quasi dem Erdboden gleichgemacht worden war. Ende des 13. Jahrhunderts entstand neben dem Turm ein größeres Gebäude mit einem riesigen Saal. Zugleich veränderte man die (nach dem Zweiten Weltkrieg nach Vermutungen rekonstruierte) Außentreppe, die vom Innenhof zum Obergeschoss führt; ihre Balustrade aus Syrakuser Steinplatten

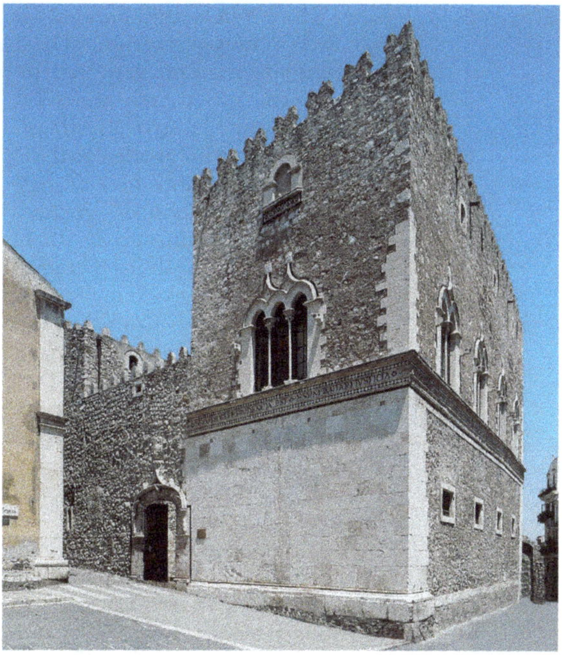

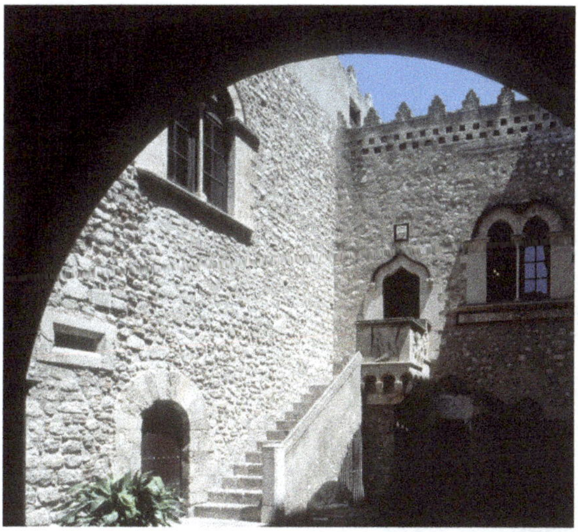

Palazzo Corvaja, Taormina.

Palazzo Corvaja, Innenhof, Taormina.

zeigt Hochreliefs mit Szenen aus der Schöpfungsgeschichte. Diese Hinzufügung stammt von Don Juan de Termes, der nach seiner Ernennung zum Maestro Giustiziere sein neues Amt im großen Saal des ersten Stocks ausübte (der deshalb „Saal des Oberrichters" genannt wurde). Der Raum erhält Licht durch drei Zwillingsfenster und ist mit einer Holzdecke eingedeckt, deren randständige Konsolen von der Decke des arabischen Turms stammen. Der Flügel rechts vom Turm entstand zu Anfang des 15. Jahrhunderts unter Antonio Termes, dem Gouverneur der Regionalkammer zur Zeit Blancas von Navarra, für die Sitzungen des Baronalparlaments: Unter einem Kranz von Ghibellinenzinnen liegt hier ein weiterer großer Saal mit Zwillingsfenstern. Die Außentreppe wurde entsprechend verlängert. Aus derselben Epoche stammt das Eingangsportal an der Südseite.

Taormina, Stadtmauer.

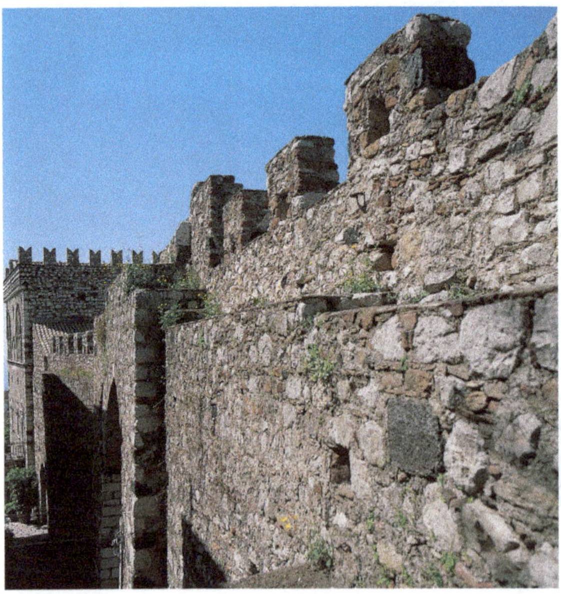

Zwischen dem Ende des 15. und der ersten Hälfte des 16. Jahrhunderts wurde der Palast zu einem privaten Wohnsitz umgebaut und neu gestaltet. Von dieser Zeit an bis zum Zweiten Weltkrieg gehörte er der Familie Corvaja, nach der er heute benannt ist. In den Kriegsjahren geriet er allerdings so sehr in Verfall, dass der Bürgermeister von Taormina 1945 die Enteignung anordnete und den Palast der Öffentlichkeit zur Verfügung stellte. Mit der Restaurierung wurde Armando Dillon beauftragt, der die Arbeiten bis 1948 leitete. Der Palast ist heute Sitz des Verkehrsvereins von Taormina.

IX.5.b Mauern und Tore der mittelalterlichen Verteidigungsanlagen

Über den Corso Umberto I bis zur Piazza IX Aprile gehen. Dort steht die Porta di Mezzo im inneren Mauerring. Am Ende des Corso Umberto I befindet sich die Porta Catania, von der aus die Mauern bis zum Palazzo S. Stefano verliefen.
Sanitäranlagen stehen am Piazza IX Aprile zur Verfügung.

Noch heute sind die mittelalterlichen Stadttore des so genannten Dorfes (des *borgo* zwischen der Porta di Mezzo, auch „Torre dell'Oroglogio" genannt, und der Porta Catania, auch „Porta del Tocco" genannt) die Hauptzugänge zur beeindruckenden Altstadt von Taormina. Die mittelalterliche Stadt war viel kleiner als die zu römischer Zeit und liegt heute inmitten späterer Erweiterungen. Jenseits des Corso Umberto I bildete sie ein dichtes Häusergewirr, über dem die Herrschaftspaläste aufragten, beispielsweise jener der Familie Zumbo (heute Palazzo Ciampoli) oder Santo Stefano. Die Torre dell'Orologio oder Porta di Mezzo (so genannt, weil sie genau in der Mitte zwischen der Porta Catania und der Porta Messina lag) gehörte zum innersten Mauerring (am Largo IX aprile) und soll nach Meinung einiger Forscher auf eine griechisch-sikulische Gründung zurückgehen. Das Tor stellte die einzige Verbindung zwischen dem *borgo* und der antiken Stadt dar. Spätere Umbauten verschonten Sockel und Fundamente, über denen um 1100 der mittelalterliche Turm entstand. 1779 ließen die Bürger von Taormina den Turm in der Absicht restaurieren, ihm seine ursprüngliche Gestalt wiederzugeben, wobei dies jedoch nur zu einer weiteren Umgestaltung führte. Sichtbare Überreste der Originalkonstruktion sind der Spitzbogen und die kleine Seitentreppe, die direkt zu den Obergeschossen führte. An der Porta Catania endete der Mauerring um den mittelalterlichen Stadtkern. Hier schlossen sich die Umfassungsmauern an, die bis zum Palazzo Santo Stefano verliefen. In der Toranlage, die einst von einem Turm flankiert wurde, entdeckte man das Seitenteil eines älteren Spitzbogenportals, in dessen Laibung noch Spuren einer Ausmalung nach byzantinischem Geschmack erkennbar sind. Erhalten ist auch ein Wehrgang, der frei tragend auf mächtigen Konsolen verläuft und fünf Pechnasen enthält. Das Tor wurde zur Zeit des Hauses Aragon restauriert, wie eine Gedenkplatte unter dem Wehrgang berichtet.

Der Bedarf für ein solches Festungssystem ergab sich in der Blütezeit, die Taormina in der byzantinischen

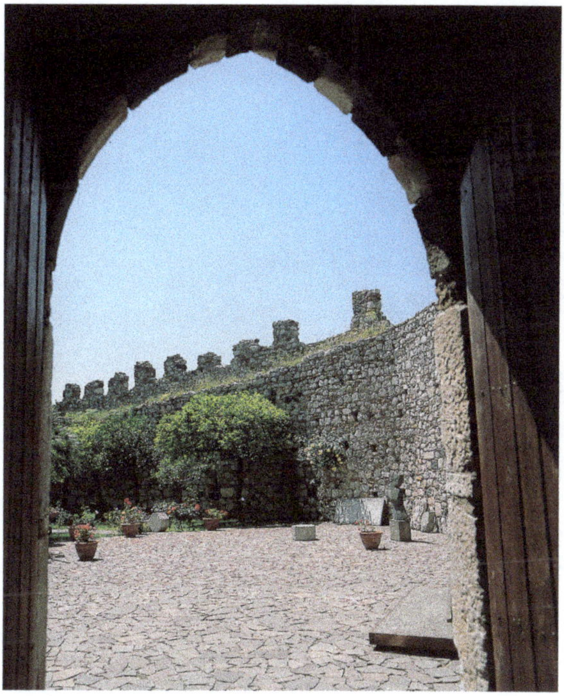

Taormina, Stadtmauer.

Ära erlebte. Nachdem es Jahrhunderte lang abseits gestanden hatte, spielte es in dieser Zeit wieder eine wesentliche Rolle auf der Insel und löste Syrakus als Hauptstadt Ostsiziliens ab. In dieser Phase wurden die dicken Stadtmauern vor allem an der Südseite verstärkt und zwei Festungen zum Schutz der Stadt vor Überfällen zu Lande gebaut. Nach der Kapitulation der Byzantiner vor dem arabischen Ansturm 902 wurden zahlreiche Gebäude zerstört. Die endgültige Unterwerfung erfolgte jedoch erst 962 – in der Nähe der Porta Catania erinnert die Salita Ibrahim an das Blutbad, das die arabischen Krieger in der Stadt anrichteten, nachdem sie an dieser Stelle den Schwachpunkt der Mauer ausgemacht hatten. Mit der Ankunft der Normannen begann für Taormina

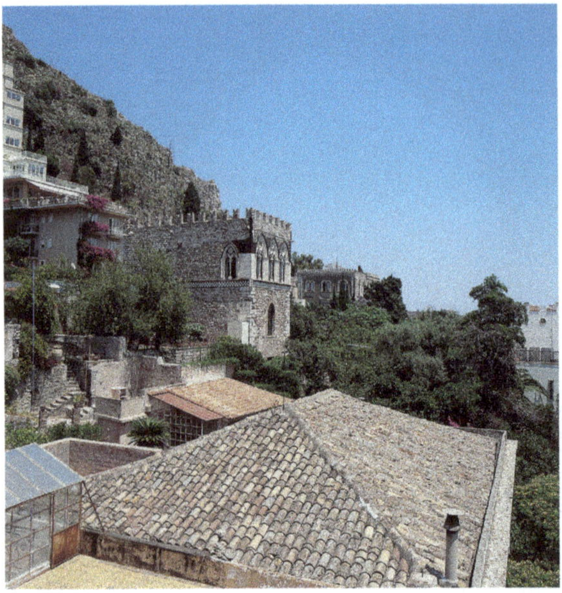

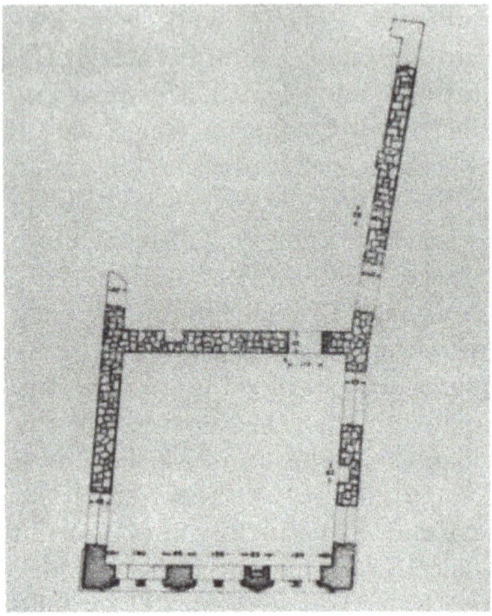

Badia Vecchia, Grundriss des dritten Baus, Taormina (Spatrisano 1972).

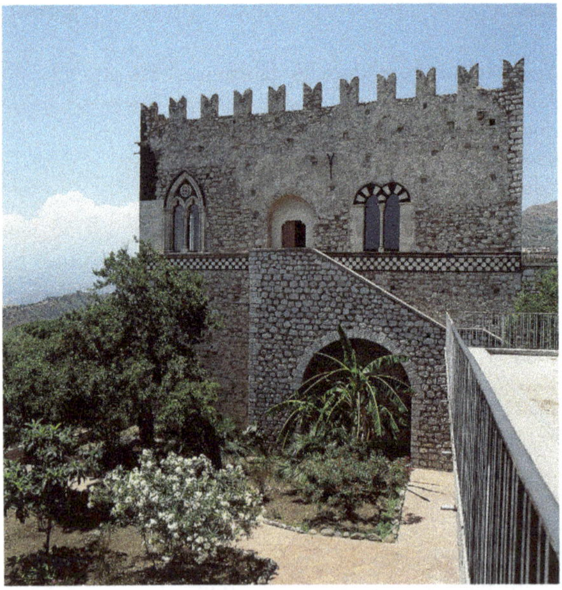

Badia Vecchia, Gesamtansicht, Taormina.

Badia Vecchia, Ostfassade, Taormina.

eine Zeit des Niedergangs, weil die Herrscher eindeutig mehr an Messina interessiert waren und diesem den Vorzug gaben. Andererseits bot diese Ruhepause Gelegenheit zur Umstrukturierung des Stadtgefüges. So entstand zwischen den beiden Stadttoren der *borgo*, in dem im Laufe der folgenden Jahrhunderte die bedeutendsten Monumentalbauten errichtet wurden.

IX.5.c Badia Vecchia

Von der Porta Catania nach rechts in die Via Sesto Pompeo abbiegen, eine kleine Treppe hinaufsteigen und nach rechts in die Via Dionisio Primo gehen; an der Kreuzung mit der Ringstraße liegt rechter Hand unter der Hausnummer 30 die Badìa Vecchia; Tel. 0942 620112. Eintritt gegen Gebühr. Öffnungszeiten: von 9–13 und 16–20 Uhr.

Wo an der Ringstraße die Abzweigung nach Castelmola und Taormina liegt, ragt die turmbekrönte Silhouette der Badia Vecchia auf. Der Name bezeichnet ein Gebäude aus dem 14. Jahrhundert, das aus der Umgestaltung eines vielleicht aus der Normannenzeit stammenden Wehrturms in eine herrschaftliche Residenz hervorging.

Das noch wie früher quadratische Gebäude weist die typischen Merkmale eines Wehrturms auf und ist mit den Donjons vergleichbar, welche die normannischen Ritter entlang der Verteidigungslinie in Ostsizilien bauten (Paternò, Motta S. Anastasia, Adrano). Das Interessanteste an diesem Bauwerk, das derzeit restauriert wird, ist die aufwändige Gliederung und farbliche Gestaltung der Südfassade, die klar erkennen lässt, wo die Trennlinie zwischen dem ersten Bau und der im 14. Jahrhundert erfolgten Überbauung verläuft.

Die beiden unteren Stockwerke weisen jeweils ein großflächiges Spitzbogenfenster auf. Das Mauerwerk wirkt grob aus Ziegeln und flüchtig behauenen Steinen zusammengefügt, wobei die Gebäudeecken etwas sorgfältiger ausgeführt sind. Auf dieses turmartige alte Gebäude, das an zermürbende Belagerungen denken lässt, wurde eine in ihrer Konzeption und exquisiten Ausführung völlig andersartige Loggia aufgesetzt. Das Gurtgesims aus Lava und weißem Syrakuser Stein weist ein Muster auf, das sich auf geometrische islamische Motive zurückführen lässt, und unterstreicht die Unterschiede zwischen den beiden Bauteilen. Direkt auf dem Sims setzen die drei großen, von einem eleganten spitzbogigen Profil eingerahmten, ohne Zwischenraum aneinander grenzenden Zwillingsfenster an. Sie sind in der Mitte durch kleine Säulen getrennt und im oberen Teil mit einem Maßwerk versehen, das bei den beiden seitlichen jeweils drei Pässe aufweist, während das mittlere eine große Rose enthält. Die beiden Öffnungen jedes Fensters schließen oben mit Dreipässen ab. Zusammen mit der geschickten Auflösung der Wandfläche durch die geometrischen Motive der Lava-Inkrustationen verleihen diese drei Biforien ohne durchgehende Verbindung dem gesamten Bauwerk eine enorme Leichtigkeit. Erst das zinnenbewehrte Kranzgesims bringt den ursprünglichen Wehrcharakter des Gebäudes wieder ins Bewusstwein.

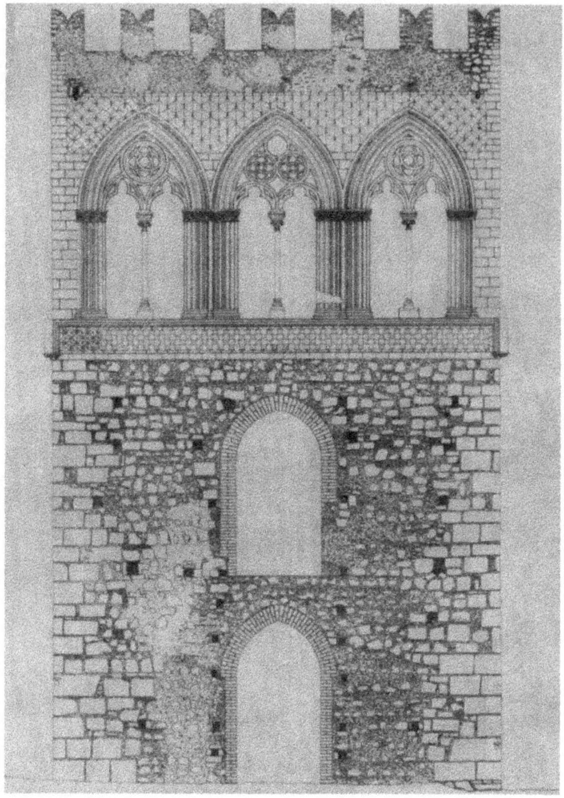

Badia Vecchia, Südfassade, Taormina (Spatrisano 1972).

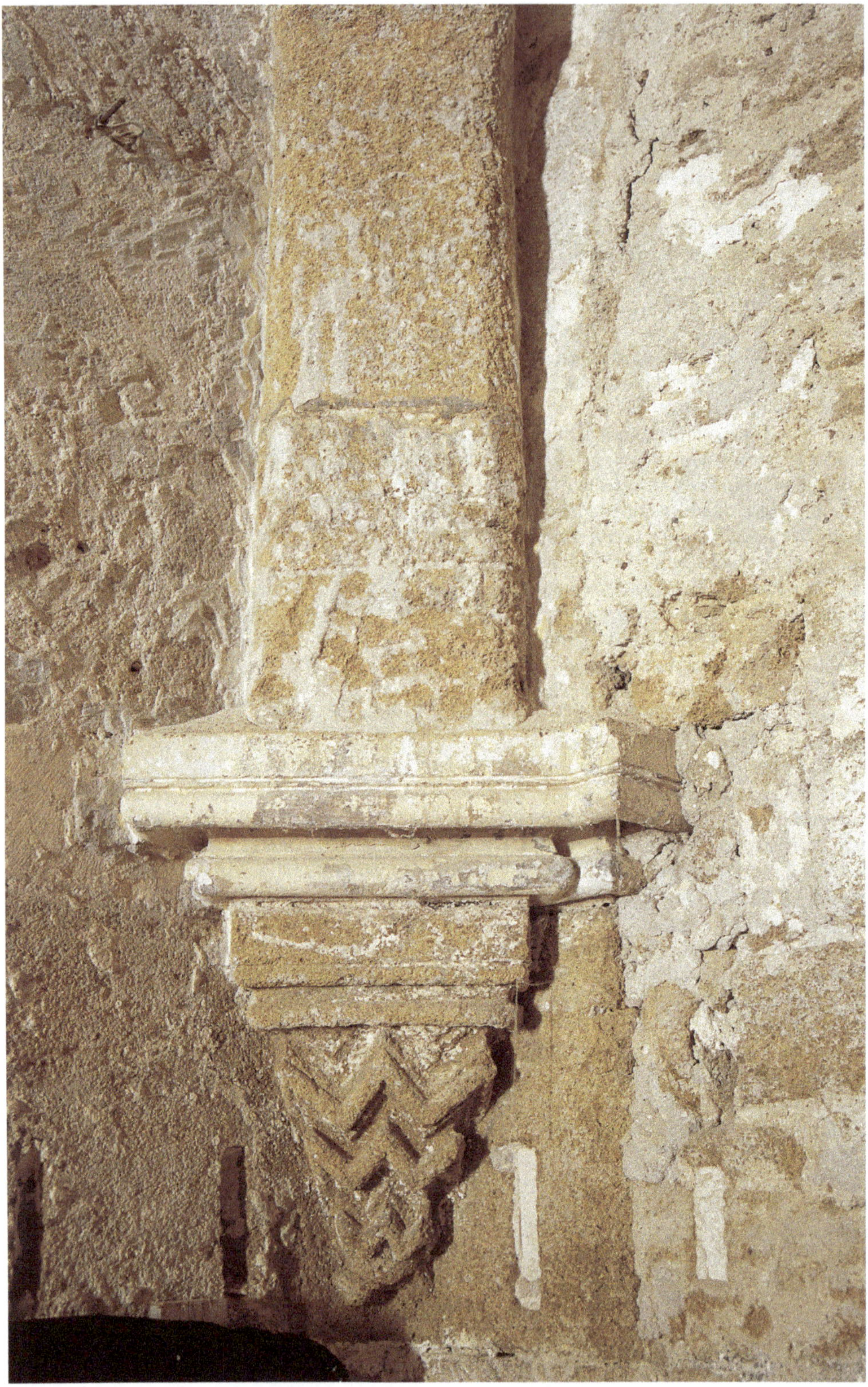

ROUTE X

Wahrzeichen des Feudalismus und Stupor mundi: Festungsbauten im Val Demone und Val di Noto

Wissenschaftliches **Gremium**

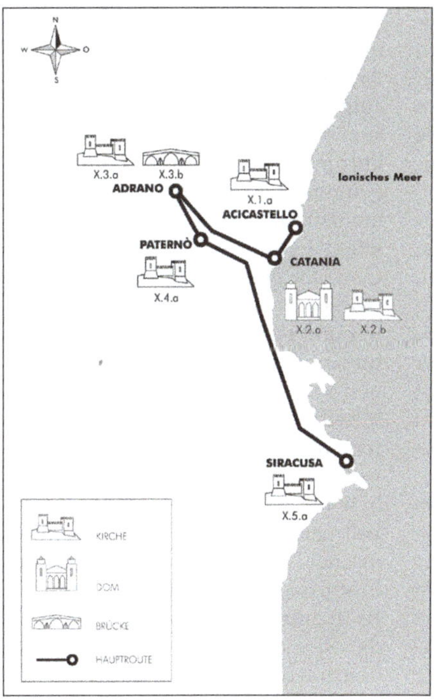

Kastell, Kämpfer einer Rippe des Kreuzrippengewölbes, Ausschnitt, Augusta.

Catania

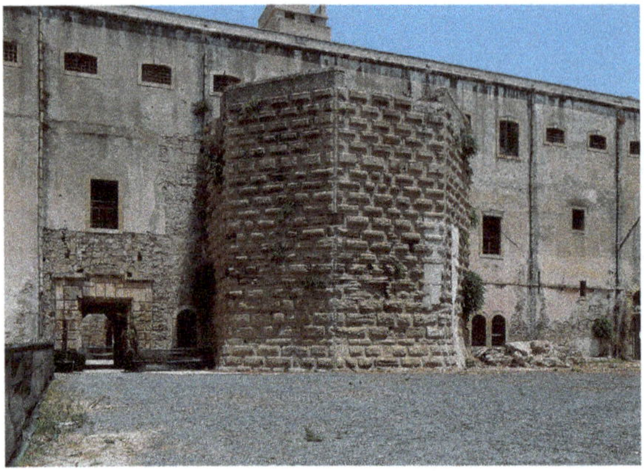

Kastell, Gesamtansicht, Augusta.

Der Osten Siziliens hat wenig unmittelbare Zeugnisse für den Einfluss der islamischen Kunst vorzuweisen. Das liegt sicher auch daran, dass das einst vermutlich vorhandene arabische Erbe auf Sizilien zerstört wurde oder verloren ging, woran in diesem Teil der Insel auch Naturkatastrophen schuld waren.

Im Südteil des Val Demone und einem Großteil des Val di Noto finden sich aber durchaus Bezüge zur Kunst des Festungsbaus in den islamischen Gebieten Nordafrikas, wenn sie auch bei den Wehrtürmen, Festungen und lokalen Varianten des normannischen Donjons (wichtige Beispiele sind in der Provinz Catania: Acicastello, Adrano, Mogialino, Motta Sant'Anastasia und Paternò; in der Provinz Syrakus: Comiso, Lentini und Noto Antica; in der Provinz Enna: San Filippo d'Argirò oder Agira, Enna und Gresti) kaum erkennbar sind. Ein typisches Merkmal der sizilianischen Landschaft sowohl im Landesinneren als auch an der Küste (und wesentliche Voraussetzung für die Herausbildung der meisten Stadtgefüge jener Zeit) ist während des gesamten Mittelalters die ständige Präsenz einer beachtlichen Wehrarchitektur, der es aber auch nicht an repräsentativen Zügen fehlt.

Von der kleinen normannischen Felsenburg an der Küste bei Acicastello aus führt die zehnte und letzte Route nach Catania mit seinen Überresten der normannischen Kathedrale und des friderizianischen Castello Ursino und von dort aus über die Ortschaften Paternò und Adrano (beide mit Kastellen aus normannisch-sizilischer Zeit, Letzteres zudem mit einer malerischen Sarazenenbrücke über den Fluss Simeto) bis nach Syrakus, der einstigen strahlenden Metropole griechisch-sizilischer Kultur und byzantinischen Hauptstadt hier, die sich der arabischen Belagerung lange Zeit widersetzte und schließlich den Normannen als Ausgangspunkt für die christliche Reconquista diente. In Syrakus steht mit dem Castello Maniace eines der symbolträchtigsten und in gewisser Weise rätselhaftesten Zeugnisse des mittelalterlichen Siziliens. Als eine Art Wahrzeichen der gleichzeitig aufgeklärten wie autokratischen Vision Friedrichs II. spiegelt es deren kulturelle Doppelnatur durch die gelungene Koppelung einer prähumanistisch geprägten architektonischen Grundstruktur mit gotischen Gewölbesystemen, die von der Typologie her auf arabische Militärbauten und Karawansereien verweisen.

Im Kontext der im Mittelmeerraum und Europa zu jener Zeit in Wechselwirkung stehenden Komponenten spiegelte sich die von Friedrich verfolgte Herrschaftsform in der bewussten kulturellen Durchlässigkeit seiner *curia regis*. In friderizianischer Zeit gewannen islamische Einflüsse wieder überraschend an Kraft und Deutlichkeit, wenn man die alles andere als glücklichen Lebensumstände der wenigen auf

Sizilien überlebenden muslimischen Gemeinden bedenkt. Bei den Kastellen (oder Burgpalästen), die Riccardo da Lentini für den Kaiser baute, gingen diese Einflüsse weit über eine bloße figurale Vermischung oder die Übernahme baulicher oder handwerklicher Techniken hinaus. Die Bezüge zu den *ribats* in Ifriqiya erlangen dabei einen besonderen Stellenwert. Während die friderizianischen Bauhütten nämlich hinsichtlich der Gewölbesysteme rasch Anschluss an die architektonischen Strömungen der europäischen Gotik fanden (mit Schwerpunkt auf zisterziensischen Vorbildern), bezogen sie sich bei der stereometrischen Konfiguration, planimetrischen Aufteilung und teilweise sogar Ausführung des Mauerwerks explizit auf Vorbilder aus dem arabischen Festungsbau in Nordafrika – allerdings nicht auf zeitgenössische Modelle, sondern solche aus dem Goldenen Zeitalter der arabischen Expansionspolitik des *djihad*. Das wichtigste Vorbild war bezeichnenderweise der *ribat* von Sousse, den der große Zijadatallah I. sechs Jahre vor seinem Sizilienfeldzug 821 errichtet hatte. Sousse war Siziliens Rittern im Übrigen wohlbekannt, allein schon, weil es in dem Küstenstreifen von Ifriqiya lag, den Roger II. eine Zeitlang seinem Königreich Sizilien gewaltsam angegliedert hatte.

Die beiden östlichen Valli der Insel weisen also Routen auf, an denen in der Zeit der Normannen und in den folgenden beiden Jahrhunderten zahlreiche Festungen entstanden, oft anstelle älterer Anlagen. Dazu gehören beispielsweise die Kastelle von Motta Sant'Anastasia, Agira (mit der Kirche S. Maria Maggiore und Resten des arabischen mittelalterlichen Stadtgefüges) oder Aidone (mit der einstigen Torre di San Michele, dem so genannten Castello Gresti und der Kirche Santa Maria la Cava, die 1139 im Auftrag der Gräfin Adelasia einen Vorgängerbau ersetzte).

Das Val di Noto wurde vom Mittelalter bis zum Beginn der Neuzeit wiederholt von Erdbeben heimgesucht, die oft einen Wiederaufbau oder die komplette Erneuerung des Baubestands, wenn nicht sogar die Neugründung oder komplette Umsiedelung ganzer Ortschaften notwendig machten, wie dies bei Noto der Fall war. Diese dramatischen Umstände bedingten in diesem Gebiet, das historisch zu den dynamischsten Süditaliens gehört, eine kontinuierliche Neubestimmung des eigenen Kulturerbes. Sie ist im Kontext der jeweiligen Epoche gekennzeichnet durch die klare Neigung zur Verschmelzung von Stimuli aus anderen geografischen Gebieten mit dem, was an lokalen künstlerisch-architektonischen Formen überlebt

Kastell, Kreuzrippengewölbe, Augusta.

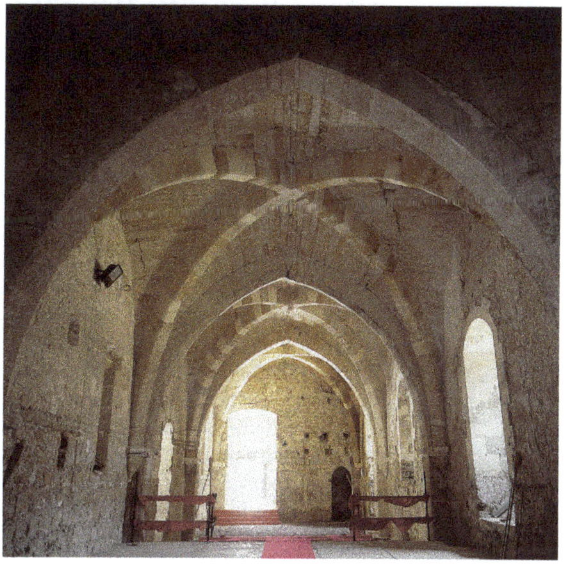

Catania

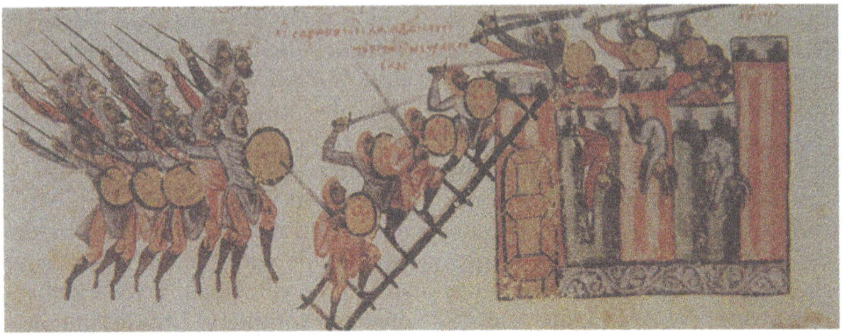

Eroberung von Syrakus durch die Araber, „Chronik des Giovanni Skylitzes", byzantinische Handschrift, 13. Jahrhundert, Spanische Nationalbibliothek, Madrid.

hatte, sei es als konkretes Zeugnis oder in Form des weiter bestehenden figuralen und technischen Wissens der Handwerker.

Als Grenzland zwischen zwei Mittelmeerkulturen war das Val di Noto (das die Provinzen Syrakus und Ragusa sowie die Nordteile der Provinzen Catania und Enna sowie den Südosten der Provinz Caltanissetta umfasst) vom arabischen Eroberungsfeldzug seit der ersten Phase des von Zijadatallah I. in Gang gesetzten und von Asad Ibn al-Furat vorangetriebenen *djihad* in besonderer Weise betroffen und bildete während des gesamten Mittelalters eine Art innere Grenze Siziliens. Aufgrund ihrer festen Verwurzelung im griechischen Kulturkreis leisteten die Einwohner von Syrakus und seiner Umgebung dem Islam auch nach der erfolgten Eroberung hartnäckigen Widerstand. Die Muslime waren deshalb gezwungen, ihr Herrschaftszentrum in den Westen der Insel nach Palermo zu verlegen. Damit blieb die Stadt, die eigentlich erneut Hauptstadt hätte werden sollen, von Rückeroberungsversuchen der byzantinischen Truppen verschont. Noch 1038, nur 23 Jahre vor der Ankunft von Robert Guiscard und Roger von Hauteville in Messina, brachte der überragend geführte Feldzug Georgeos Maniakes' die islamische Herrschaft zum wiederholten Male ins Wanken, indem er gerade im südöstlichen Teil der Insel ansetzte, der am wenigsten Gefahr lief, seine (spätestens seit byzantinischer Zeit bestehende) griechisch-sizilische Identität abzulegen, die dort viel fester verankert war als irgendwo sonst auf der Insel.

Praktisch aus den gleichen Motiven, wenn auch in der Bedeutung anders bewertet, übten die Normannen eine umsichtige Kontrolle über dieses Gebiet aus und förderten den bereits von den Arabern zum Schutz gegen Byzanz in Gang gesetzten Festungsbau, der in der Folgezeit zum Kernpunkt ihrer Verteidigungspolitik wurde, wobei die byzantinische Kriegsmacht allerdings immer mehr an Schrecken verlor.

Unter Kaiser Friedrich II. gewann der Südosten der Insel schließlich wieder an Ansehen, gerade wegen des Herrschafts-beziehungsweise Vorherrschaftsanspruchs des als *Stupor mundi* bezeichneten Herrschers auf den gesamten Mittelmeerraum. In dieser Region drückte sich dieses Streben in einem gewaltigen Programm an Festungsbauten aus: Im Laufe weniger Jahrzehnte erfolgte auf unmittelbare Veranlassung und unter aktiver Beteiligung Friedrichs II. selbst die

Fertigstellung der ‚staufischen' Burgen von Syrakus, Augusta und etwas jenseits der Nordgrenze des Vallo (jedoch mit diesem innerhalb des Verteidigungs-systems logisch verbunden) des Kastells von Catania sowie darüber hinaus aller weiteren Militärbauten Ostsiziliens bis zum Kastell von Milazzo.

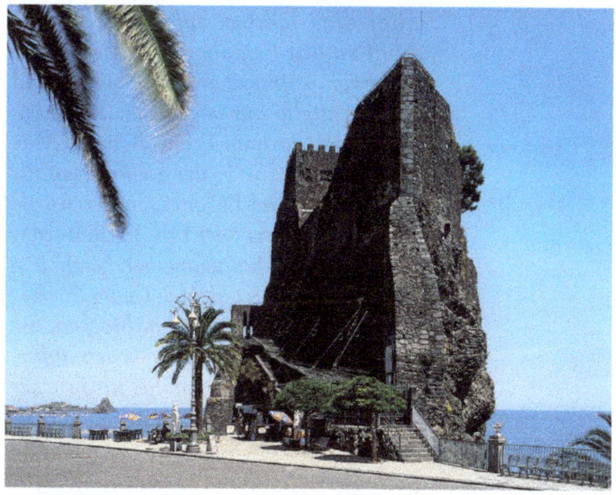
Kastell, Gesamtansicht, Acicastello.

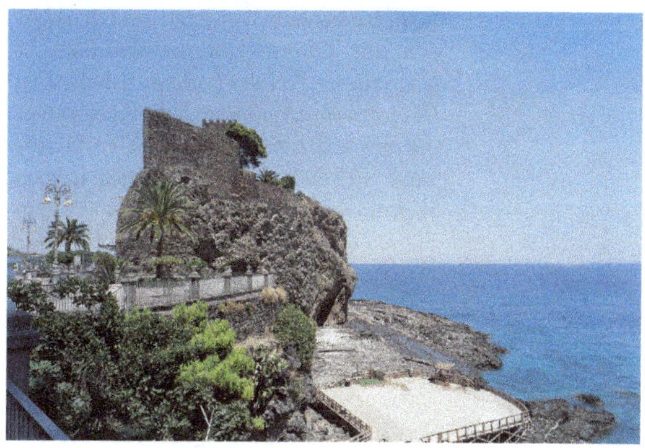
Kastell, Gesamtansicht, Acicastello.

X.I ACICASTELLO

X.1.a Felsenburg

Von Taormina aus auf die Autobahn A18 in Richtung Catania zurückkehren; in Acireale abfahren und der SS114 bis zur Ausfahrt Acicastello folgen. Am Lungomare C. Colombo den Wagen parken und zu Fuß die Promenade weiter entlanggehen. Am Ende befindet sich an der Piazza Castello die Burg.
Öffnungszeiten: täglich außer montags von 9–12 und 16–19 Uhr (im Winter 9–13 und 15–17 Uhr). Kindern unter 14 Jahren ohne Begleitung Erwachsener ist der Besuch nicht gestattet.

Die Felsenburg von Aci entstand in byzantinischer Zeit zu Beginn des 9. Jahrhunderts als befestigter Vorposten zur Überwachung der Küste. Die erste gesicherte Jahreszahl für diese Burg ist 902, als Aci vom arabischen Chronisten Ibn al-'Atir erwähnt wird. Es ist allerdings nicht mehr feststellbar, wo genau die erste byzantinische Anlage stand, so dass die Stelle nicht unbedingt identisch mit dem Burgfelsen ist. Das erste Fort wurde schon bald von den Arabern erobert und geschleift. Die Mauersteine warfen sie ins Meer; die Muslime hielten den Platz rund zwei Jahrhunderte lang bis zur Eroberung durch die Truppen Rogers von Hauteville 1092. Er überstellte die Burg Acicastello samt allen Liegenschaften dem Bischof Angerius von Catania.
Im Kastell, das im Laufe der Jahrhunderte mehrfach belagert wurde und heute als Museum dient, sind noch einige Gebäudeteile der ursprünglichen Anlage vorhanden. Der am besten erhaltene Teil ist der aus Lavastein gebaute rechteckige Hauptturm.

Die Zyklopenfelsen vor Acitrezza und die Küste von Acicastello

Mini-Kreuzfahrten auf einem Motorschiff zu den Faraglioni di Polifemo im Meer vor Acitrezza werden von Ognina bei Acicastello aus angeboten. In diesem Dorf spielt Giovanni Vergas Roman I Malavoglia *von 1881, der 1947 ebenfalls hier von Luchino Visconti verfilmt wurde* (La terra trema *oder* Die Erde bebt).

Vom Schiff aus hat man einen herrlichen Blick auf die „Scogli dei Ciclopi", verstreut liegende riesige Basaltbrocken, die aus dem tonhaltigen Meeresboden aufragen. Homers Odyssee zufolge warf sie der Zyklop Polyphem dem Odysseus nach, als dieser ihn geblendet hatte. Die einmalige Unterwasserwelt ist ein Paradies für Taucher und Fotografen.

La Plaja mit seinen attraktiven Lavaklippen und kilometerlangen Stränden ist bevorzugtes Ziel des Badetourismus. Das Gebiet wird dominiert von Kissenlava, die eine wulst- bis kissenartige Form aufweist und bei submarinen Lavaströmen vorkommen kann, jedoch nur an wenigen Stellen der Welt zu beobachten ist.

X.2 CATANIA

Thukydides zufolge gründeten Kolonisten aus Chalkis 729 v. Chr. den ersten Siedlungskern auf einem Felsen, der anschließend zur Akropolis der Stadt wurde. Um 263 v. Chr. wurde sie von den Römern übernommen, die für einen massiven Aufschwung als Handelszentrum sorgten. Mit dem Niedergang des Imperiums begann für die antike Stadt eine Phase der Verwüstung, die erst nach der byzantinischen Rückeroberung (535) und der Einsetzung eines Bischofs zu ihrem Ende kam.

Die Araber eroberten sie erst bei einer Großoffensive, die 882 nach einer langen Phase blutiger Einfälle in das Umland begann. Ihnen ist allerdings auch die heutige Agrarlandschaft hier zu verdanken, denn sie führten neue Kulturpflanzen ein, sie installierten Bewässerungsanlagen und schufen ein dichtes Netz von Verbindungsstraßen.

1071 wurde die Stadt von den Normannen eingenommen. Um sie zur Kapitulation zu zwingen, bauten sie eigens das Kastell von Paternò, von dem aus sie verheerende Ausfälle unternahmen. 1091 erhoben sie Catania wieder zum Sitz eines Bischofs, der – mit zahlreichen Gütern ausgestattet – faktisch die Herrschaft über die Stadt übernahm.

Al-Idrisi zufolge besaß sie Mitte des 12. Jahrhunderts „viel besuchte Märkte, prächtige Wohnhäuser, große und kleine Moscheen, Badehäuser und Karawansereien."

Erst der Staufer Friedrich II. beschnitt die weltliche Macht des Bischofs drastisch und setzte mit dem Bau des Castello Ursino direkt dem Dom gegenüber ein eklatantes Zeichen.

1669 wurde die Stadt von einem Vulkanausbruch und 1693 von einem verheerenden Erdbeben verwüstet. Aus den Ruinen entstand das heutige Stadtzentrum anhand eines neuen, vom Herzog von Camastra, Leutnant Giuseppe Lanza, entworfenen urbanen Konzepts.

X.2.a Dom

Von Acicastello aus weiter auf der SS114 bis Catania fahren. Auf dem Ring um die Stadt der Beschilderung zur Piazza dei Martiri folgen und die Via Dusmet entlangfahren, wo linker Hand an der Piazza Borsellino Parkmöglichkeiten sind. Zu Fuß weiter durch die Via Dusmet; durch die rechts gelegene Porta

Uzeda bis zur Piazza Duomo, die auch „Piazza dell'elefante" genannt wird. Öffnungszeiten: werktags von 7–12 und 16–19 Uhr; sonn- und feiertags 7.30–12 und 16.30–19 Uhr.

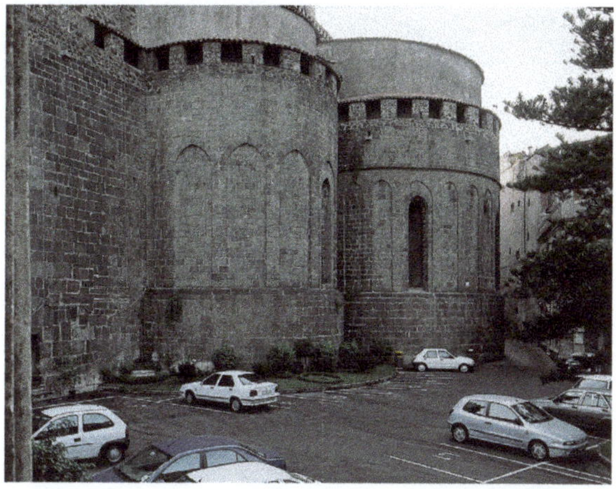

Dom, Apsiden, Catania.

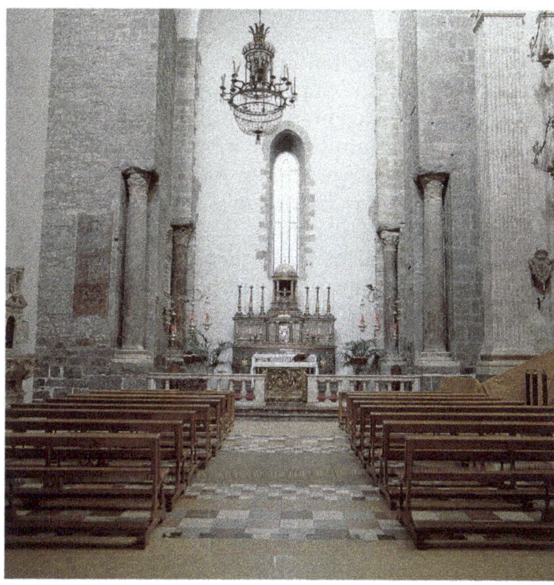

Dom, Innenraum, Catania.

Der Dom von Catania ist Christus, der Muttergottes und der Hl. Agathe als Schutzpatronin der Stadt geweiht. Gegründet wurde er als Klosterkirche und durch Stiftung dem bretonischen Mönch Angerius anvertraut, der vom Hauptsitz der Benediktiner im kalabrischen Sant' Eufemia nach Sizilien kam. Die Datierung des normannischen Gebäudes, das beim verheerenden Erdbeben von 1693 bis auf das Querschiff mit den drei Apsiden (mit Zwillingssäulen am Ende der Seitenschiffe und den eingestellten kleinen Säulen in den Mauerkanten an den Seiten der Apsiden) fast völlig dem Erdboden gemacht wurde, wird auf die Zeit zwischen 1091 (Datum der Stiftungsurkunde Rogers an Abt Angerius) und 1094 angesetzt, da diese Jahreszahl in einen Stein an der Nordflanke des Bauwerks eingemeißelt ist. Gesichert ist, dass der Bau nach der Rückeroberung von Catania (1085) und seinem Umland entstand, zu dessen militärischer Beherrschung der Dom als *ecclesia munita*, also als Wehrkirche konzipiert wurde. Das zeigt sich etwa in der für die normannische Architektur ungewöhnlichen Verlängerung des originalen Querhauses zu beiden Seiten durch völlig eigenständige Gebäudeteile, deren solide Mauern drei Geschosse umfassten, jedoch nicht höher waren als das Querschiff.

Bei der ursprünglichen Anlage mündete das Querschiff in drei halbrunde, nach außen vorgewölbte und mit Blendspitzbögen überzogene Apsiden, die auch beim Wiederaufbau nach dem Erdbeben beibehalten wurden. An das Querschiff angesetzt war ein dreischiffiges basilikales Langhaus. Die Säulen der Arkaden zwischen den Schiffen waren zum größten Teil

Catania

Dom, Grundriss, Catania.

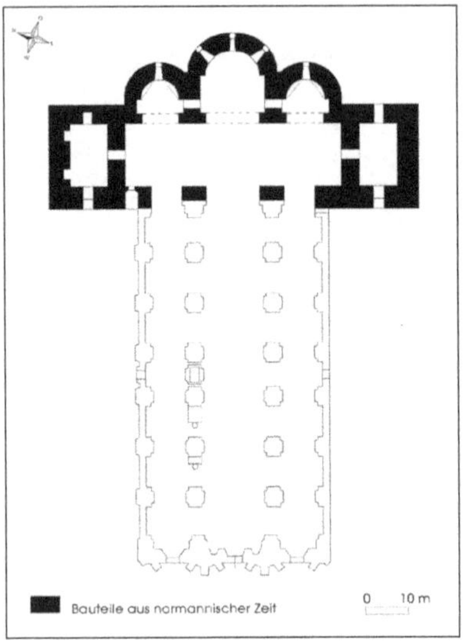

Spolien antiker Gebäude, die aus der Stadt sowie den römischen Thermen stammten, über deren Ruinen die Kirche teilweise steht. Einige dieser Säulen wurden bei der barocken Fassade nochmals wieder verwendet, die G. B. Vaccarini 1736 vollendete. Der normannische Fußbodenbelag lag etwas tiefer als die Rekonstruktion aus dem 18. Jahrhundert. Zwei in den Abschluss der ersten beiden Joche des Langhauses eingefügte Eckräume bildeten offenbar die Fundamente für nordeuropäisch inspirierte Fassadentürme, wie man sie am zeitgleichen Dom von Mazara und den jüngeren Kathedralen von Cefalù und Monreale findet. In Catania wurden die Türme allerdings nie ausgeführt. An der Innenseite der Fassade sieht man noch Schießschartenöffnungen, die zu Wendeltreppen gehörten. Diese führten nicht nur zu den Fassadentürmen, sondern auch zu einem Wehrgang, der allerdings nur noch an den Apsiden erhalten ist.

X.2.b Castello Ursino

Zu Fuß die Piazza Duomo überqueren und links in die Via Alonzo di Benedetto abbiegen; unterhalb liegt ein kleiner Platz, auf dem der Fischmarkt stattfindet. Weiter durch die Via Zappalà Gemelli und die Via Transito, dann nach links in die Via S. Sebastiano einbiegen und dieser bis zur Piazza Federico di Svevia folgen. Dort steht das Kastell. Öffnungszeiten: werktags außer montags von 9–13 und 15–18 Uhr, sonn- und feiertags 9–13 Uhr. Sanitäranlagen stehen an der Piazza Federico di Svevia zur Verfügung.

Die Herkunft des Namens Castello Ursino für das letzte Kastell, das Friedrich II. in Sizilien bauen ließ, ist nicht sicher bekannt. Man vermutet, dass es sich um eine volkstümliche Verballhornung von *castrum sinus* handelt, „Kastell am Golf"; dies macht den besonderen Impuls für die Besiedelung deutlich, den die Burg vom Moment ihrer Gründung an ausübte, vor allem dank der höchst geschickten Wahl des Standorts durch den *praepositus aedificiorum* Riccardo da Lentini (der genau dafür vom Stauferkaiser in einem am 17. November 1239 in Lodi verfassten Brief gelobt wurde). Diese Anziehungskraft ging allerdings 1669 durch den Ätnaausbruch verloren, der die Küstenlinie, über der das Kastell erst stand, weiter hinausschob und die Höhenunterschiede an der Landseite nivellierte.

Zusammen mit den älteren Wehrbauten von Syrakus (Castello Maniace) und Augusta bildete das *castrum* am Ätna den am weitesten vorgeschobenen und am besten organisierten Teil einer mächtigen Kette von Beobachtungsposten und

Festungen, zu denen auch die weiter im Landesinneren gelegenen normannischen Burgen von Motta Sant'Anastasia, Paternò und Adrano gehörten. Der umfangreiche Schriftwechsel zwischen dem *Stupor mundi* und Riccardo da Lentini belegt zum einen die relativ schnelle Fertigstellung des Bauwerks zwischen 1239 und 1250, zum anderen aber auch die finanziellen Schwierigkeiten in der letzten Bauphase des Castello Maniace, in der man dazu überging, das Mauerwerk als *opus incertum* mit viel Mörtel und Lavaschotter anzulegen.

Die Anlage des Castello Ursino bestätigt die offensichtliche Vorliebe der staufischen Architektur für geschlossene, nüchterne Bauwerke, strenge Symmetrien und schlichte Proportionsverhältnisse zwischen den Bauteilen. Die Burg weist einen quadratischen Grundriss von 50 m Kantenlänge auf. Vier große Flügel mit je drei kreuzgewölbten Jochen verlaufen rings um den ebenfalls quadratischen zentralen Innenhof

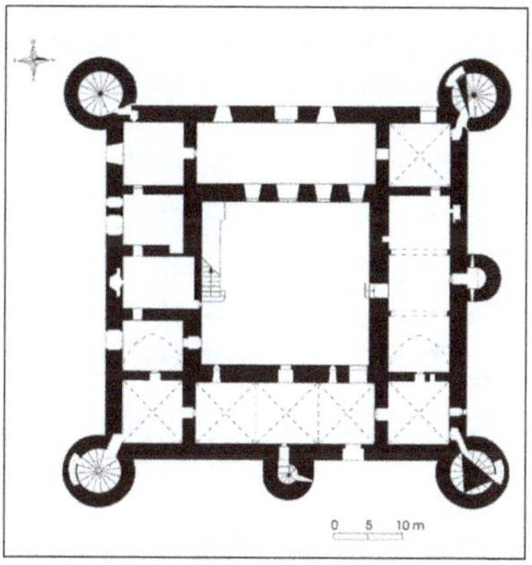

Castello Ursino, Grundriss, Catania.

und sind durch kleinere Eckräume verbunden, die Zugang zu den vier Rundtürmen in den äußeren Winkeln des Grundquadrats gewährten. Im Inneren der Türme liegen achteckige Räume mit Zellengewölben, deren Rippen von einem mittigen Fleuron ausstrahlen und in exquisiten Hängeknäufen enden. Weitere vier Türme, diesmal halbrund und kleiner im Format, waren in der Mitte jeder Seite angebracht, doch sind heute davon nur noch zwei

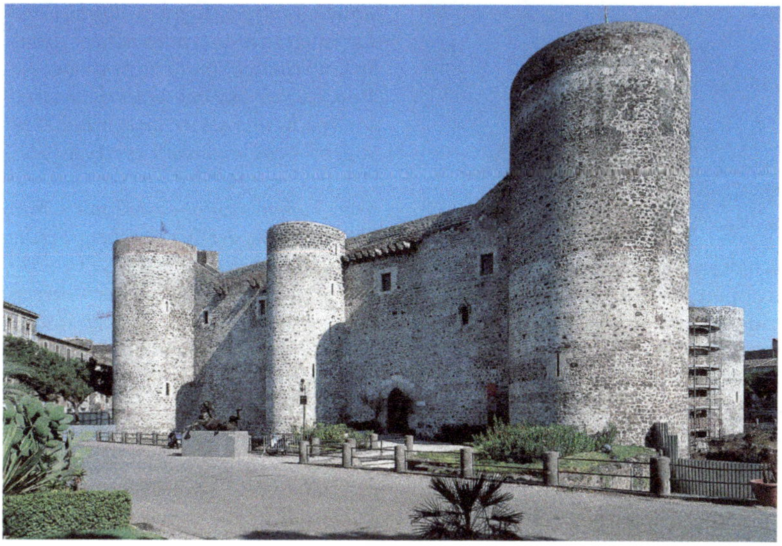

Castello Ursino, Ansicht, Catania.

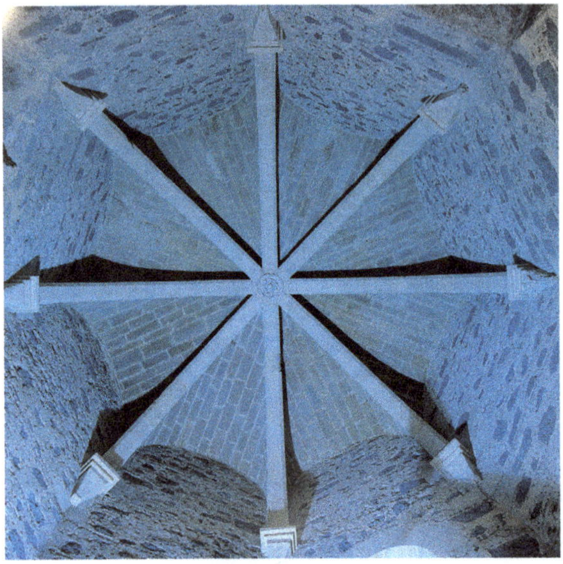

Castello Ursino, Kreuzrippengewölbe in einem der Türme, Catania.

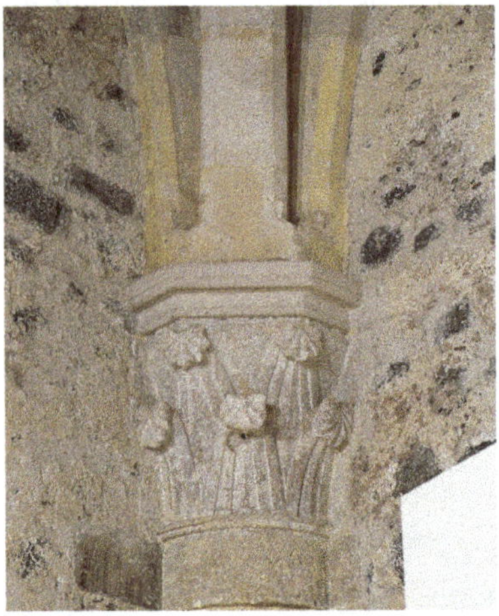

Castello Ursino, Konsole und Gewölberippe des Kreuzrippengewölbes, Catania.

erhalten. Darin führten Wendeltreppen in das Obergeschoss, das möglicherweise nie fertig gestellt wurde.
Die Grundrissform lässt sich vor allem angesichts der Rundtürme auf einen ursprünglich persischen Festungstypus zurückführen (es bestehen beispielsweise erstaunliche Analogien zum Kastell im Tal von Faraschband in Iran). Nach Sizilien gelangte dieses Modell mit den Arabern, was die Mitarbeit von Handwerkern und ‚Technikern' arabischer Herkunft in den Bauhütten bestätigt. Mit den übrigen staufischen Bauwerken, insbesondere dem Castel del Monte, verband das Castello Ursino die umsichtige Konzeption der Be- und Entwässerungsanlagen, die auf (für die damalige Zeit) fortschrittlichen hygienischen Vorgaben beruhte.
Seit 1934 enthält das inzwischen restaurierte Castello Ursino das Museo Civico.

Die Circumetnea-Bahn
Rings um den Ätna zieht sich ringförmig eine Eisenbahnstrecke, die von Catania aus durch die am Fuß des Vulkans gelegenen Dörfer verläuft und bei der gemütlich langsamen Fahrt mit dem charakteristischen Triebwagen schöne Ausblicke bietet. Die Strecke führt abwechselnd an offenen Landschaften mit erstarrten Lavaströmen älteren und jüngeren Datums vorüber und durch Waldgebiete, in denen Lärchen, Buchen und die interessanten endemischen Ätna-Birken heimisch sind. Hinzu kommt der Ätna-Ginster, der mit seinem baumartigen Wuchs und seiner langen Blütezeit in der Vulkanlandschaft ins Auge fällt. Der Ätna ist einer der wenigen noch aktiven Vulkane Europas und mit seinen über 3300 m der höchste Berg Siziliens. Aktiv ist er seit mehr als 600.000 Jahren, beschränkt sich jedoch derzeit auf Asche und Geröll, die bei kleinen strombolianischen Eruptionen ausgestoßen werden, sowie auf Lavaströme, die durch Zer- klüftungen am Vulkankrater austreten und zu zufälligen kleinen Kegeln erstarren. Richtung, Dauer und Stärke der Lavaströme machen den Vulkan in Zeiten vermehrter Aktivität

mehr oder weniger gefährlich. Die Menschen der rund 20 Gemeinden, die an den äußerst fruchtbaren, wasserreichen Berghängen verstreut liegen, haben gelernt, mit dieser Bedrohung zu leben. Gemeinsam gründeten sie bereits vor über 20 Jahren einen Regionalpark, den sie auch selbst verwalten. Der Park soll die natürliche Landschaft und Vegetation des Bergmassivs schützen und erhalten. Sitz der Verwaltung ist Nicolosi (Tel. 09 5914588).

X.3 ADRANO

Der Name leitet sich von der sikulischen Gottheit Adranon ab. Wie der Historiker Diodorus berichtet, wurde die Stadt um 400 v. Chr. von Dionysius I., Tyrann von Syrakus, gegründet. Nach der Eroberung durch die Römer durchlief sie eine lange Dekadenzphase, die bis in die turbulente byzantinische Zeit andauerte. Unter den Arabern erlebte sie unter dem Namen Adornù eine neue Blüte, was zu Adernò oder Adernione wurde. In der Normannenzeit war der Ort mächtiger Feudalsitz, der dank der friedlichen Koexistenz von Griechen, Lateinern, Juden und Muslimen zu Wohlstand kam und Zentrum eines bedeutenden fruchtbaren Umlands war. Al-Idrisi schrieb über den Ort um 1150: „Ein hübsches Dorf, fast schon eine kleine Stadt; es steht auf einem Felskamm und besitzt einen Markt, ein Bad, eine schöne Burg und reichlich Wasser.“ Ab dem 14. Jahrhundert gehörte die Stadt zum Lehngut Matteo Sclafanis und später der Familie Moncada. Erst 1929 nahm sie wieder den Namen Adrano an.

X.3.a Normannenburg

Von Catania aus über die Via Vittorio Emanuele auf die SS121 auffahren (die in Misterbianco beginnt) und dieser bis zur Ausfahrt Paternò folgen. Von dort aus auf der SS284 bis zur zweiten Ausfahrt nach Adrano fahren; nach links abbiegen und der Beschilderung zum Stadtzentrum folgen. An der Piazza S. Agostino das Auto parken und zu Fuß der Via Roma bis zur Piazza Umberto I folgen. Dort steht das Kastell.
Bei Drucklegung dieses Katalogs ist nur der erste Stock zu besichtigen, Tel. 095 7692660.
Öffnungszeiten: von 9–13 und 15–19 Uhr (im Winter 15.30–18 Uhr). Sanitäranlagen vorhanden.

Die Rückeroberung Siziliens für den lateinischen Kulturkreis durch die Normannen beruhte auch auf einem ebenso zermürbenden wie geduldigen Stellungskrieg. Er fand im Umkreis einiger Felsenburgen statt, die nach dem Ende des Feldzugs die Aufgabe übernahmen, die frisch eroberten Gebiete zu kontrollieren. Am Flusslauf des Simeto entlang, der wichtigsten Straßenverbindung zwischen der Ionischen Küste und dem Landesinneren, standen einige dieser Festungsbauten, die klaren strategischen Vorgaben folgten: Einerseits stellten sie sichere Vorposten für die Ritter dar, die entlang der Grenze gegen den Feind vorgingen, und sicherten die Kontrolle über die wichtige Festung Catania; zugleich schützten sie andererseits die Normannen aber auch vor möglichen Aufständen seitens der lokalen Bevölkerung. Solche im Simeto-Tal errichteten Wachposten dominieren noch heute als imposante Monumentalbauten die alten Ortschaften Motta Sant'Anastasia,

Adrano

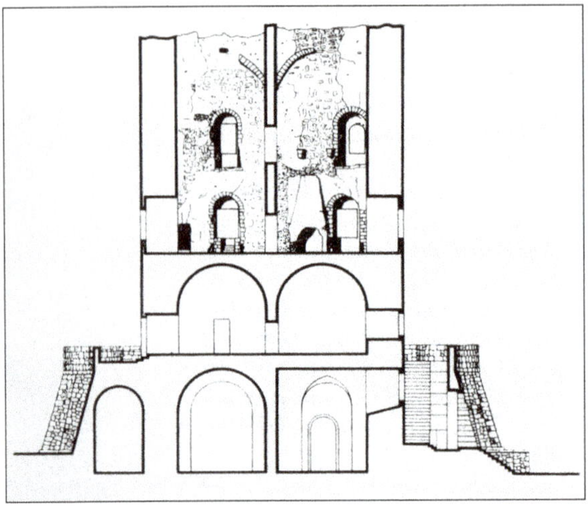

Kastell, Aufriss, Adrano (Di Stefano 1955).

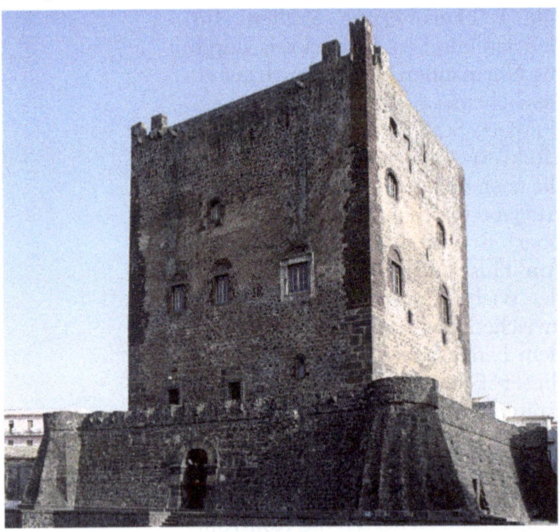

Kastell, Adrano.

Paternò und Adrano. Es handelt sich um strenge viereckige Türme von beträchtlicher Höhe, die an erhöhten Stellen errichtet und von einem Mauerring umschlossen wurden. Die Typologie der trutzig auf uneinnehmbaren Felsen aufragenden Wehrtürme (einst völlig für sich stehend) und ihre viereckige Aufteilung ähnelt den bekannten Donjons, die in derselben Zeit in französischen und englischen Gebieten verbreitet waren. Im Italienischen wird der Typus dementsprechend ab der Mitte des 12. Jahrhunderts als *dongione* bezeichnet, wobei der Begriff im Gegensatz zum französischen Donjon allerdings eine befestigte Zitadelle im Inneren eines größeren Burgumfelds bezeichnete.
Die Burg von Adrano wurde der Überlieferung nach um 1070 von Roger I. gegründet und steht am Rand des mittelalterlichen Stadtkerns. Das erste Festungsviereck wurde vermutlich im 14. Jahrhundert umgestaltet. Vom Typ her rangiert der Bau zwischen dem einzeln stehenden Wehrturm nach französischem Vorbild und dem Adelspalast. Eine vergleichbare Umdeutung der Festung in ein Wohngebäude findet sich auch in Paternò. Der wuchtige Charakter des Turms, der durch die wenigen Fensteröffnungen noch unterstrichen wird, wirkt durch die ringsum verlaufende niedrige Wehrmauer mit Basteien umso bedrohlicher. Diese entstand zwischen dem 15. und 16. Jahrhundert und wurde an den Ecken durch polygonal geböschte Türme verstärkt. Das 33,70 m hohe Hauptgebäude ist fünfgeschossig.
Heute ist das Kastell Sitz dreier wichtiger Institutionen: des Archivs für Geschichte, Kunst und Literatur, des Museo Archeologico Regionale und der Pinakothek. Das hervorragende Archäologische Museum zeigt interessante Funde aus der Siedlungsgeschichte von der Jungsteinzeit bis zur arabischen und normannischen Epoche. Sehenswert sind vor allem einige architektonische Elemente aus normannischer

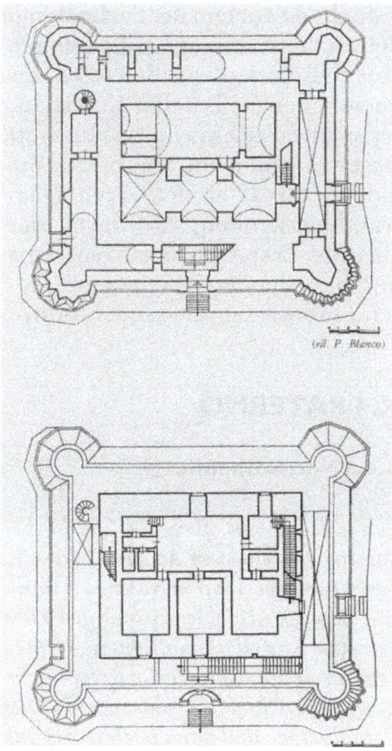

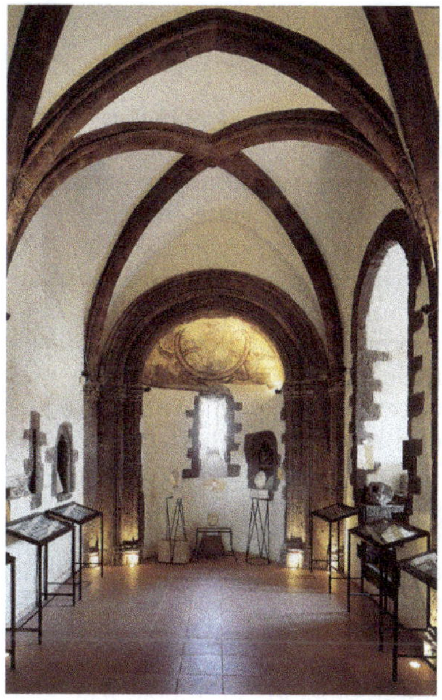

Kastell, Grundriss, Adrano (Di Stefano, Krönig 1979).

Kastell, Kreuzrippengewölbe, Adrano.

Zeit (im Raum unter der Treppe), die im Zuge der Restaurierung des Kastells gefunden wurden, sowie einige Münzen aus derselben Epoche, die kostbare Zeugnisse für das normannische Währungssystem auf Sizilien darstellen.

X.3.b Sarazenenbrücke

Mit dem Auto von der Piazza S. Agostino durch die Via Roma weiter zur Piazza Umberto I fahren. In die Via Garibaldi abbiegen und linker Hand auf die SS121 in Richtung Centuripe-Ragalbuto auffahren. Nach rund 1 km nach rechts auf die SP122 abbiegen. Nach rund 3 km geht es nach rechts auf die SP94 (in Richtung Bronte-Cesarò) und sofort wieder nach links auf den Feldweg, an dem ein Schild zur Brücke

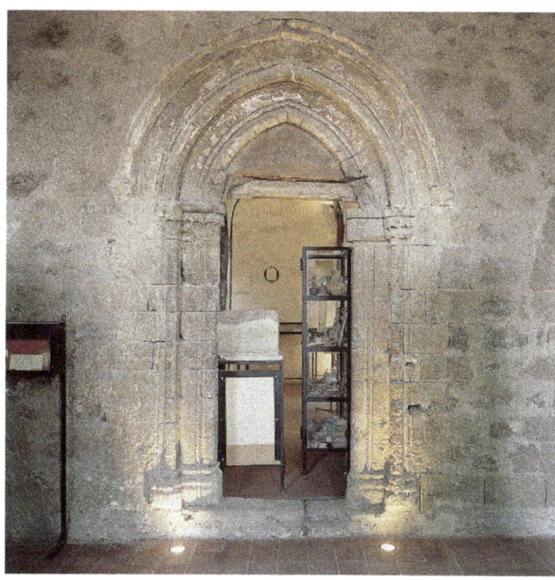

Kastell, Portal, Adrano.

weist. Die Entfernung beträgt dann noch rund 1,3 km.

Die „Ponte dei Saraceni" trägt ihren Namen, weil man darin eine arabische Gründung vermutet, vielleicht als Ersatz für eine vorherige römische Brücke. Im 14. Jahrhundert wurde sie erheblich verändert. Die mäßig dicke Unterkonstruktion der 362 m langen Brücke ruht auf vier Bögen mit unterschiedlichen Abmessungen und Profilen. Sie bildete einst die Verbindung zwischen den Lehngütern Mendolito und Carcaci und war an ein komplexes Straßennetz angeschlossen, das heute größtenteils nicht mehr existiert. Der große zentrale Bogen, der so elegant das Flussbett überspannt, und der spitzbogige kleine Bogen daneben stellen die einzigen erhaltenen Teile des originalen Bauwerks dar: Alle übrigen Bögen sind mehr oder weniger umfassend rekonstruiert, teilweise in jüngerer Zeit, ohne jedoch die originale Farbgebung der an den Stirnen und Laibungen abwechselnden großen Quader einzubüßen (teils heller Kalkstein, teils schwarze Lava). Das Flussbett lässt vor allem im Sommer seine eindrucksvoll modellierten Felswände erkennen, die durch das abrupte Erstarren des vom Ätna herabquellenden Magmas im kalten Flusswasser entstanden sind.

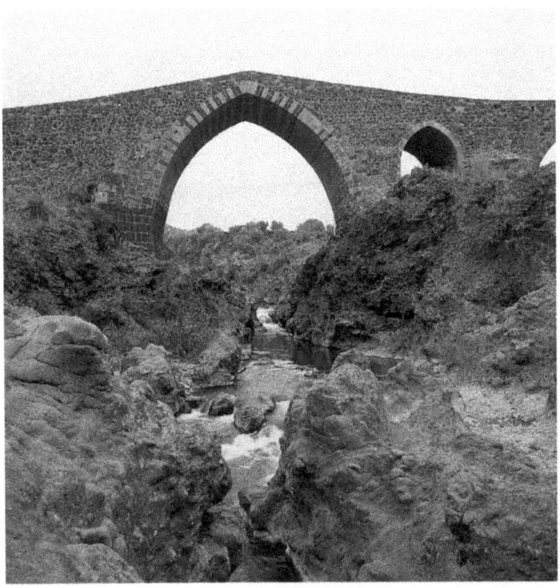

Ponte dei Saraceni, Ansicht der Bogenöffnung, Adrano.

X.4 PATERNÒ

X.4.a Normannenburg

Von Adrano aus über die SS284 bis Paternò fahren, dort an der Piazza S. Barbara in die Via Provvidenza Virgillito Bonaccorsi abbiegen und den Hügel zum Kastell hinauffahren. Hinter dem alten Stadttor (Porta Borgo) geht es weiter in Richtung Santuario della Consolazione und dann nach rechts auf den Friedhof der Burg zu. Dort parken und zu Fuß weitergehen. Hinter der Kirche Cristo al Monte liegt das Kastell.
Öffnungszeiten: 9–13 Uhr. Sanitäranlagen stehen in den eingeschossigen Gebäuden neben der Kirche zur Verfügung.

Der massige Wehrturm steht wie eine Akropolis auf einem Hügel in beherrschender Lage über der heutigen Ortschaft am Ätna.
Gebaut wurde die Burg 1072 von Graf Roger, vielleicht anstelle einer früheren arabischen Festung (die al-Muqaddasi um das 10. Jahrhundert erwähnt), doch verlor sie schon bald ihren ursprünglichen Zweck als Wehrbau und wurde statt dessen zu einer vornehmen Residenz für den kleinen, aber kultivierten Fürstenhof des Grafen Enrico di Policastro

und seiner Gattin Florinda, einer unehelichen Tochter Rogers I. Erhebliche Veränderungen am Kastell, etwa der Bau eines massiven Wehrturms aus Lavastein, erfolgten in staufischer Zeit. Bei dem verheerenden Erdbeben von 1169 war das Gebäude nämlich derart stark beschädigt worden, dass man im 13. Jahrhundert massive Eingriffe vornehmen musste. Dazu gehörte der Durchbruch von vier kleinen Zwillingsfenstern im ersten Stock der Ostfassade sowie der Bau einer Kapelle im Erdgeschoss neben den Räumen für die Nahrungsmittelvorräte und den Unterkünften der Wachmannschaft. Die Johannes dem Täufer geweihte Kapelle zeigt kürzlich restaurierte Wandbemalungen in Tempera aus der Zeit zwischen dem Ende des 12. und dem Beginn des 13. Jahrhunderts (was die Datierung des gesamten ersten Gebäudes auf die Normannenzeit bestätigt). Im ersten Stock liegt die geräumige Waffenkammer mit Spitztonnengewölbe, die an der Ostseite durch vier elegante Biforien mit Sitzbänken erhellt wird. Vielleicht ebenfalls aus der Zeit Friedrichs II. (der zwischen 1221 und 1223 eine Zeitlang hier residierte) stammen zwei riesige Spitzbogenzwillingsfenster in einem weitläufigen Wohnraum im obersten Stockwerk, die den neuen Wohncharakter des Gebäudes unterstreichen.

X.5 SYRAKUS

Die erste Siedlung wurde im 8. Jahrhundert v. Chr. von Korinthern gegründet. Das Stadtbild, das ihr die Griechen gaben, wies ein sehr regelmäßiges orthogonales Straßensystem auf. Unter den *poleis*

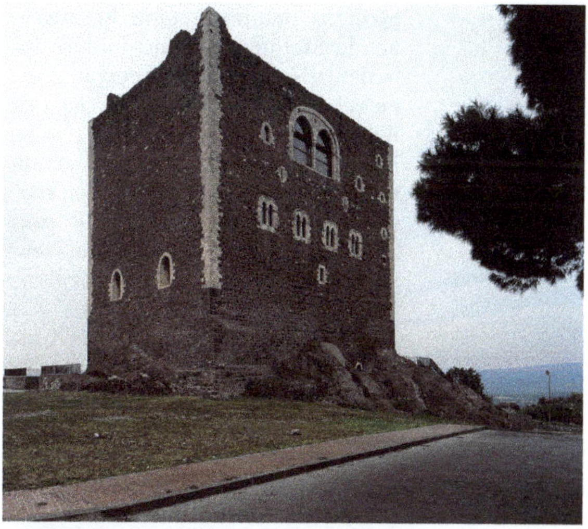

Kastell, Gesamtansicht, Paternò.

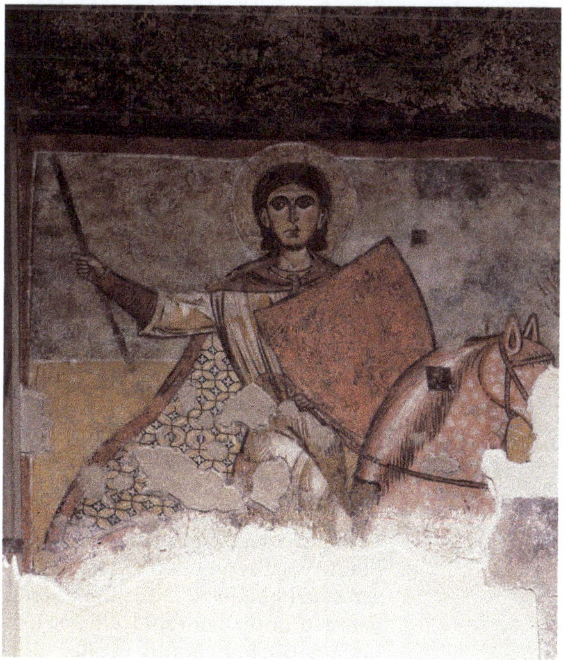

Kastell, Kapelle S. Giovanni Battista, Ausschnitt der Wandbemalung, Paternò.

Siziliens nahm sie eine herausragende Stellung ein und bildete im hellenistischen Mittelmeerraum eine echte Großmacht, die sogar mit Athen konkurrieren konnte.
Nach fast zweijähriger Belagerung wurde sie 212 v. Chr. von den Römern eingenommen, die sie zum Sitz des Praetors der Provinz erhoben und als Hauptstadt Siziliens bestätigten.
Nach einer germanischen Zwischenphase wurde Syrakus 535 von Belisar zurückerobert und war von 663 bis 668 Wohnsitz Kaiser Konstans' II. sowie Hauptstadt des Oströmischen Reichs.
In byzantinischer Zeit blieb Syrakus mächtigste Stadt der Insel. In der Annahme, ihre Einnahme bedeute die Eroberung ganz Siziliens, belagerten die Araber unter Asad Ibn al-Furat sie gleich nach ihrer Ankunft (827) über ein Jahr lang – allerdings vergeblich, die Einnahme gelang ihnen erst viele Jahre später nach einer blutigen Schlacht im Mai 878.
In islamischer Zeit wurde Syrakus Hauptstadt des Val di Noto, musste seine Rolle als Verwaltungszentrum der Insel jedoch an Palermo abtreten. Über den Trümmern des Exarchensitzes errichteten die Araber das Kastell Marieth, das bis zum Erdbeben von 1544 erwähnt wird.
1038 gelang es dem griechischen Feldherrn Georgeos Maniakes, die Stadt vorübergehend wieder Byzanz anzugliedern. Zu seinem Heer gehörte unter anderem eine Schar normannischer Söldner. Bei der kurzen Besetzung der Stadt und den Ausfällen in den Südosten der Insel lernten diese Männer Vieles kennen, was ihnen rund 20 Jahre später bei ihrem eigenen Feldzug gegen die Muslime zustatten kommen sollte.
Allerdings konnten sie Syrakus erst 1086 zurückerobern, nachdem Emir Ibn 'Abbad (Benavert) – nach der Chronik Gottfried Malaterras tapferer Held zahlreicher Gefechte während der Reconquista – geflüchtet war. Die Normannen befriedeten die Stadt, richteten dort erneut einen Bischofssitz als höchste Autorität ein und nutzten die wirtschaftlichen Möglichkeiten des Handelshafens. Al-Idrisi schildert dort um 1150 „Märkte, breite Straßen, Karawansereien, Thermen, herrliche Gebäude und weitläufige Plätze."
Der Staufer Friedrich II. erkannte den zentralen Stellenwert der Stadt für die Schifffahrtsrouten im Mittelmeer und offenbar auch klar ihr strategisches Potenzial für seine politischen Pläne, die eine Ausweitung seines Imperiums nach Osten und vermutlich auch die Verlegung seines Hofes zum „äußersten Zipfel von Ortygia" beinhalteten. Dieses Programm wurde jedoch durch den Tod des Kaisers im Jahr 1250 abrupt beendet.

X.5.a Castello Maniace

Von Paternò aus auf die Autobahn A18 in Richtung Catania fahren und ihr bis Catania-Süd folgen, dort der Beschilderung nach in die Stadt über die Via Scala Greca. Im Zentrum auf den Corso Umberto I einbiegen und die Brücke Ponte Umbertino (zwischen Syrakus und Ortygia) überqueren, dahinter nach rechts in die Via dei Mille, dann nach links in die Via Mazzini abbiegen; die Porta Marina durchqueren und über den Passaggio Adorno und den Largo Aretusa in die Via Castello Maniace fahren,

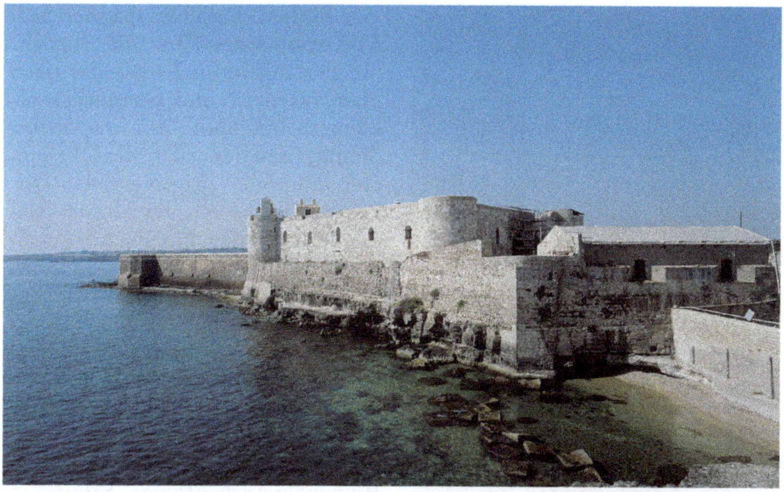

Castello Maniace, Gesamtansicht, Syrakus.

die zur Piazza Federico di Svevia führt. Dort das Auto parken.
Bei Drucklegung dieses Katalogs ist die Restaurierung noch nicht abgeschlossen. Eine Besichtigung ist im Allgemeinen nicht möglich, weil es sich um militärisches Sperrgebiet handelt. Eine Genehmigung ist jedoch beim Denkmalsamt (Sovrintendenza) von Syrakus erhältlich.

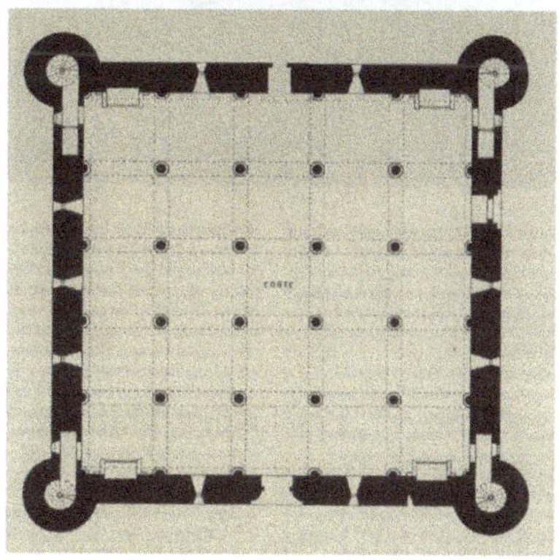

Castello Maniace, Versuch einer Rekonstruktion des Grundrisses, Syrakus.

Das älteste und prächtigste aller erhaltenen Kastelle Friedrichs II. ist benannt nach dem byzantinischen Feldherrn Georgeos Maniakes, der auf der von Natur aus unzugänglichen, überaus malerischen Südostspitze von Ortygia die erste Festung errichtet hatte. Dank seiner geschützten und deshalb sehr begehrten Lage diente der Felssporn Syrakus seit der Antike als Verteidigungsstellung. Das Kastell ähnelt aufgrund seiner perfekten Geometrie (der Hauptteil der Burg ist ein Quadrat mit einer Kantenlänge von rund 41 m) und seiner Aufteilung traditionellen arabischen Festungen (al-Andarin in Syrien, Sousse in Tunesien). Der Bau des Castello Maniace begann vermutlich unmittelbar nach dem Guelfenaufstand 1232; erstmals erwähnt wird es in einem Brief, den Friedrich II. von Lodi aus am 17. November 1239 an seinen *praepositus aedificiorum* Riccardo da Lentini sandte. Aus dem Schreiben ergibt sich, dass die Festung in Syrakus bereits fertig gestellt, jedoch noch nicht mit Munition versorgt war. In den folgenden Jahrhunderten blieb das Gebäude von irreversiblen Umbauten verschont und bis 1693 so gut wie intakt, wurde dann jedoch bei dem Erdbeben, das ganz Südostsizilien

Syrakus

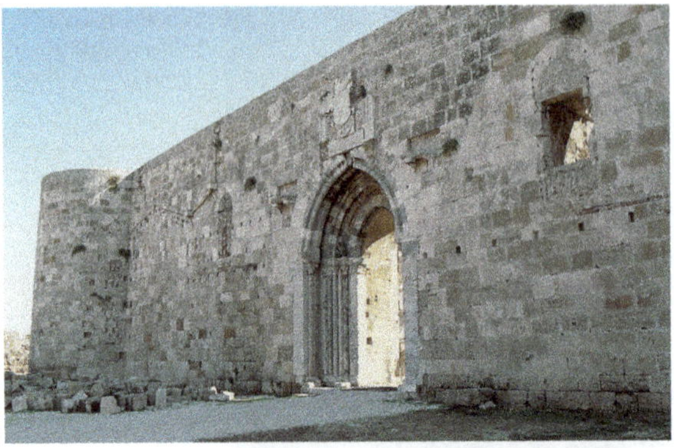

Castello Maniace, Eingangstor, Syrakus (Publifoto, Palermo).

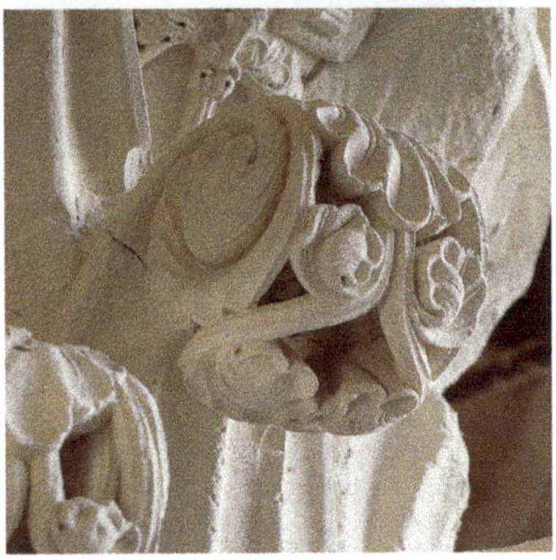

Castello Maniace, Detail einer Konsole, Syrakus.

erschütterte, beschädigt. Gut zehn Jahre später, am 5. November 1704, folgten noch schlimmere Schäden durch eine zufällig ausgelöste Explosion der im Kastell lagernden Schießpulvervorräte.

Die erhaltenen Teile sind noch einigermaßen zusammenhängend und lassen deshalb eine Rekonstruktion der von beispielhafter mathematischer Genauigkeit geprägten Originalanlage zu: Sie bestand aus einem Quadrat, das an allen vier Ecken durch Rundtürme verstärkt war. Die riesige Fläche innerhalb der Mauern enthielt keinerlei Trennwände, war aber in 25 quadratische Joche unterteilt. Als Stützen dienten 16 Säulen (angesichts ihres Umfangs eher Rundpfeiler) in vier Reihen. Darüber spannen sich Kreuzrippengewölbe mit Ausnahme des mittleren Jochs, das nach oben offen ist und vermutlich als kleiner Innenhof mit *impluvium* diente, um den sich alle übrigen Gebäudeteile gruppierten. Der Zugang zu diesem gewaltigen Saal erfolgte an der Nordseite durch ein prachtvolles lebhaftes Spitzbogenportal mit reich gegliedertem Gewände und zweifarbigen Archivolten aus abwechselnd Syrakuser Kalkstein und Lavasteinen. Die beiden Konsolen rechts und links davon trugen zwei antike Bronzewidder, von denen einer im Museo Regionale Archeologico „Salinas“ in Palermo steht (der andere wurde 1848 während der Revolution eingeschmolzen). Das 1614 über dem Portal angebrachte Wappen zeigt die Insignien Kaiser Karls V., der Mitte des 16. Jahrhunderts das Kastell weiter befestigen ließ.

Als 1980 die Basen der vier Stützen zutage kamen, die rings um das zentrale *impluvium* gestanden hatten, zeigte sich, dass es sich dabei um sehr aufwändige Bündelpfeiler handelte. Die massiven Außenmauern werden von schmalen Fenstern mit Innen- und Außengewände unterbrochen (eine Öffnung pro Joch) und waren durch Halbsäulen in Fortsetzung der äußeren Joche gegliedert sowie durch vier monumentale Kamine, von denen nur noch Spuren erhalten sind. Fast genau in den Ecken des Saals lagen die Zugänge zu den in den runden Ecktürmen angebrachten Wendeltreppen (von denen nur noch die westliche vorhanden ist). Heute führen sie auf die Dachterrasse, stellten jedoch ursprünglich die Verbindung zum höchstwahrscheinlich einst vorhandenen Obergeschoss dar.

Die Ausführung der Bauarbeiten und die Wahl der Baumaterialien erfolgten mit größter Sorgfalt, etwa in Bezug auf die großen Kalksteinquader der Fassaden (von denen viele Spolien von den zahlreichen Bauwerken der glorreichen Vergangenheit der Stadt waren), die Kamine, die Stützen an den Durchgängen sowie die skulptierten Gewölberippen und Kapitelle. Dass die Bauhütte qualifizierte Handwerker beschäftigte, zeigen die auf vielen Quadern eingravierten Steinmetzzeichen, die wie Qualitätssiegel bezeugen, dass hier erfahrene Fachleute an Werk waren. Vor allem der Farbkontrast von dunklem Stein für die Kappen und weißem Kalkstein für die Rippen der Kreuzgewölbe ist ein klarer Beweis für die Meisterschaft und die überragende Kenntnis der Planer und Ausführenden dieses Bauwerks.

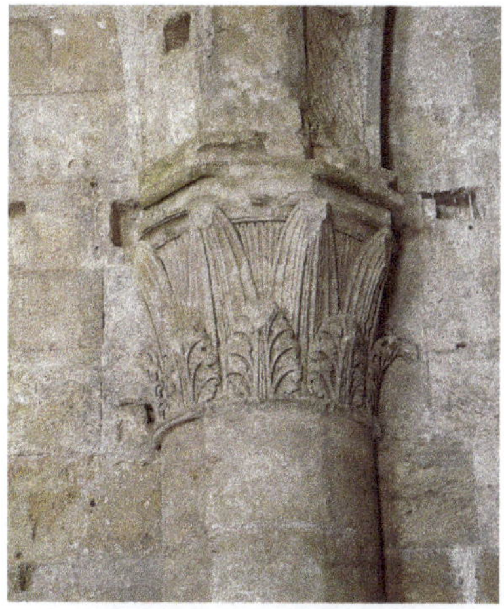

Castello Maniace, Konsole und Gewölberippe, Syrakus.

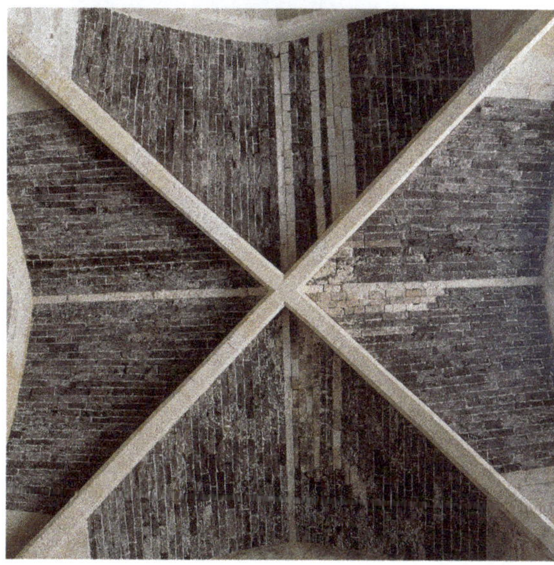

Castello Maniace, Kreuzrippengewölbe, Syrakus.

GLOSSAR

Abakus	(griech.-lat.) Deckplatte beim Kapitell der Säule.
Ambo	(griech.-lat.) Erhöhtes Pult in christlichen Kirchen für Lesungen.
Astragal	(griech.-lat.) Rundprofil (meist Perlschnur), besonders zwischen Schaft und Kapitell einer Säule.
Baglio	Gebäudekomplex mit einem von einer Mauer umschlossenen Hof, in dessen Inneren sich Wohngebäude, Lagerräume, Stallungen und Werkstätten befinden.
Bema	(griech. „Stufe".) In byzantinischen Kirchen das den Zelebranten vorbehaltene erhöhte Presbyterium im Chorraum.
Camera dello scirocco	‚Schirokko-Zimmer'. In den Privatvillen des sizilianischen Adels Souterrainzimmer oder Kellerraum, in dem die Bewohner Schutz vor der Sommerhitze fanden und gekühlte Getränke serviert wurden.
Dar al-Islam	(arab. „Haus des Islam".) Das Gebiet des Islam in Abgrenzung zum *Dar al-Harb* („Haus des Krieges"), in dem der Islam nicht herrscht und mit dem man deshalb in der Anfangszeit meist im Krieg lag; islamischer Kulturraum, der die Länder umfasst, in denen muslimisches Recht gilt.
Diakonikon	(griech.) In manchen Kirchen der Raum rechts von der Apsis, für die Diakone, die Opfergaben der Gläubigen und die Kultgegenstände sowie als Archiv. Symmetrisches Gegenstück im Zellenquerbau ist die Prothesis. Beide zusammen bilden die so genannten Pastophorien.
Diwan	(pers.-türk.) Im muslimischen Staatssystem zunächst die oberste Verwaltungsbehörde, später auch eine Bezeichnung für den Audienz- oder Prunksaal.
Djama'a	Versammlung, Gemeinschaft.
Djihad	Streben nach moralischer und religiöser Selbstvervollkommnung. Kann zum Kampf „auf dem Weg Gottes", zum „heiligen Krieg" gegen Abtrünnige und Ungläubige führen.
Donjon (Bergfried)	(franz.) Befestigter Wohnturm, Wehrturm.
Drungar, Drungarius	Byzantinischer Gouverneur oder Heerführer.
Dux	(lat.) Militärischer Oberbefehlshaber einer Provinz im römischen und byzantinischen Reich.
Ecclesia munita	(lat.) Befestigter Kirchenbau.
Emir	(vom arab. *amir*). Heerführer, Gouverneur, Fürst oder hoher Würdenträger
Exedra	(griech.-lat.) Nische, Apsis
Fawwara	(arab.) Springbrunnen, Quelle.

Funduq	Raststätte entlang einer Hauptverkehrstraße in Nordafrika; sie diente zur Beherbergung der Handelsreisenden und ihrer Tiere sowie zur vorübergehenden Einlagerung ihrer Waren. Entspricht der Karawanserei im islamischen Osten.
Ghazija	(arab.) Beutezug, Razzia.
Halbrundstab	Rundstab mit halbkreisförmigem Querschnitt, vorspringende Wandverzierung. Betont den Übergang zwischen zwei unterschiedlich gewinkelten Flächen bzw. zwischen Wand- und Bodenfläche im Gebäudeinneren.
Hammam	(arab.) Öffentliches oder privates Badehaus.
Hypogäum	(griech.-lat.) Grabstätte, Mausoleum, Grotte.
Impluvium	(lat.) Rechteckiges Sammelbecken für Regenwasser im Fußboden eines Atriums.
Iwan	Überwölbter Raum, der nur an drei Seiten mit Wänden ausgestattet ist und sich nach außen in einem großen Bogen öffnet; an der gegenüberliegenden Wand befindet sich eine geräumige Nische mit Gewölbe und senkrechter Rückwand.
Kaaba	(arab. „Würfel".) Heiligtum in Mekka, das zum Zentrum des islamischen Kultes geworden ist.
Kadi	Muslimischer Richter.
Kalif	(vom arab. *Khalifa*, wörtl. „Nachfolger" [des Propheten].) Geistliches und weltliches Oberhaupt der muslimischen Gemeinde.
Karawanserei	Raststätte entlang einer Handelsstraße; sie diente zur Beherbergung der Handelsreisenden und ihrer Tiere sowie zur vorübergehenden Einlagerung ihrer Waren.
Khan	Befestigte Raststation entlang der großen Handelsstraßen. Lagerhaus und Herberge in den Marktvierteln größerer Ortschaften.
Khanqa	Klosterähnliche Anlage oder Raststätte für Sufis oder Derwische.
Kibla	Bezeichnung für die Gebetsrichtung nach Mekka (der Kaaba). Die Kibla-Wand der Bethalle, in der sich der *mihrab* befindet, steht senkrecht zur Gebetsrichtung.
Koinè	Eigentlich die griechische Umgangssprache auf Basis des attischen Dialekts, die sich ab dem 4. Jahrhundert v. Chr. im gesamten mittleren und östlichen Mittelmeerraum durchsetzte. Im übertragenen Sinne eine durch Einebnung von Unterschieden im Zusammenleben mehrerer Völker entstandene kulturelle und/oder religiöse Gemeinschaft.
Kubba	(arab. *qubba*.) Kuppel, im weiteren Sinne Bauwerk über dem Grab eines Heiligen oder einer hochrangigen Persönlichkeit.
Kufi	Eine der ältesten arabischen Schriftarten ohne differenzierende Punkte, mit steifen, eckigen Formen und wenig betonten Ober- und Unterlängen; fand z. B. bei frühen Koranausgaben und Stifterinschriften Anwendung; stammt wahrscheinlich aus der Stadt Kufa im Irak.

Madonna Hodigitria	(griech.-lat. „Wegführerin".) ‚Maria Schutz'– die Gottesmutter als Wegweiserin.
Madrasa	Ehemals islamische Hochschule für Religions-, Rechts- und Medizinwissenschaften etc. mit angeschlossener Beherbergung der Studenten; allgemein auch Schule.
Mahal	(arab.) Häusergruppe, Stadtviertel, Vorort außerhalb der Stadtmauern.
Mihrab	Gebetsnische in der Mitte der Kibla-Wand einer Moschee.
Minbar	Kanzel einer Moschee, von der aus der Imam die Freitagspredigt (*khutba*) hält.
Mu'askar	(arab.) Eigentlich Ackerland in Verbindung mit Gärten und Wohnhäusern. Häufig Begriff für Kaserne, Lager oder Garnison.
Muezzin	Muslimischer Geistlicher, zu dessen Aufgabe es gehört, vom Minarett der Moschee aus fünf Mal am Tag die Gläubigen zum Gebet aufzufordern.
Muqarnas	Ornamente in Form von Stalaktiten oder Zellen zur Verzierung von Kuppeln, Nischen und Mauervorsprüngen in der islamischen Architektur.
Muschatta	(arab.) Quer verlaufender Gang als Abfluss von *qanats*. Be- und Entwässerungsanlage, bei der jedem Miteigentümer ein bestimmter Teil zugewiesen ist.
Narthex	(griech.) Vorhalle einer Kirche, als Außennarthex ein außerhalb der Fassade angelegter Vorhof.
Naskhi	(arab. „Kopie".) Weit verbreiteter kalligrafischer Duktus der arabischen Schrift.
Niello	(ital.) Metallgravur, die mit erhitztem Schwefelsilber, Kupfer oder Blei ausgeführt wird.
Opus incertum	(lat.) Füllmauerwerk. Bauweise, bei der Steine unterschiedlicher Größe und Form verwendet werden, oft als Verkleidung einer Zementwand.
Polis	(griech. Pl. *poleis*.) Stadtstaat im antiken Griechenland.
Praepositus aedificiorum	(lat.) Bauvorsteher
Prothesis	(griech.) In der byzantinischen Basilika kleiner Raum meist links von der Apsis als Gegenstück zum Diakonikon. Oft über die Gebäudewand hinausreichend. Vgl. Diakonikon.
Qa'id	Hochrangiger arabischer Militärbeamter, zuständig für die Verwaltung einer Provinz.
Qanat	(arab.) Unterirdische Wasserleitung, Teil eines Bewässerungssystems.
Qasr	(vom lat. *castrum*) Palast, Burg, Wüstenpalast der Araber.
Rabato	(Vom arab. *rabat*.) Außerhalb der Stadtmauern gelegenes Viertel.
Ribat	In Nordafrika muslimisches Wehrkloster, vor allem zur Grenzsicherung. Im mamlukischen Ägypten, in Palästina und Syrien auch Pilgerherberge.

Scheich	Ältester, Stammesführer; Gelehrter, der in den religiösen Wissenschaften ausgebildet ist; Mitglied eines religiösen Ordens; Sufi-Meister.
Sollatium, sollazzo	(lat., ital.) „Ort der Freude", Lustschlösschen.
Stratege	(vom griech. *strategós*.) General, Feldherr.
Sufi	Muslimischer Mystiker oder Asket; Mitglied einer der Bruderschaften bzw. Orden, die durch bestimmte religiöse Übungen mystische Erlebnisse herbeizuführen suchen.
Suk	(arab. *suq*.) Marktplatz, Markt.
Sunna	(arab. „Brauch", „Sitte"). Für den orthodoxen Islam umfasst dieser Begriff die Gesamtheit der vom Propheten Mohammed überlieferten Aussprüche, Entscheidungen und Handlungsweisen *(hadith)*, auf die sich die Rechtsgelehrten und die Theologen stützen, um den Inhalt des islamischen Gesetzes, wie er aus dem Koran hervorgeht, zu präzisieren. Koran und Sunna bilden die Richtschnur für das persönliche und staatliche Handeln der Muslime.
Tabularium	(lat.) Archiv. Ort, an dem die wichtigsten Dokumente einer Institution aufbewahrt werden. Auch Staatsarchiv.
Thema	(griech.) Im byzantinischen Reich Bezirk, Provinz.
Temenos	(griech.) Heiliger Bezirk, Altarraum.
Tribelon	(griech.-lat.) Aus drei auf Säulen aufsitzenden Bögen gebildetes Architekturelement.
Triforium	(lat.) In romanischen und gotischen Kathedralen Laufgang, meist wmit drei Öffnungen, innerhalb der Mauerstärke und unterhalb der Fenster im Mittelschiff, Querschiff und Chor.
Türbe	Mausoleum, privater Grabbau; von den Türken eingeführt.
Venule	Gassengewirr.
Volgare	Italienische Volkssprache im Gegensatz zu Latein.
Wali	Provinzgouverneur in islamischen Ländern.
Waqf	Nach islamischem Recht dauerhafte Stiftung einer Geldsumme oder, wie im Allgemeinen der Fall, von wirtschaftlich nutzbaren Ländereien und Gütern, deren Einkünfte zum Unterhalt meist religiöser Einrichtungen dienen sollten, etwa einer *madrasa, zawija* oder eines *khanqa*.
Wesir	Minister in islamischen Ländern. Der oberste Wesir wurde als Großwesir bezeichnet, entsprechend einem Premierminister.
Zallidj, Zellige	Mosaik aus kleinen glasierten Keramikfliesen zur Ausschmückung von Gebäuden und Innenräumen.
Zawija	Einrichtung islamischer Bruderschaften, der religiösen Unterweisung und Ausbildung künftiger Scheichs gewidmet; enthält das Grab eines Heiligen und ist dort errichtet, wo dieser gelebt hat.

HISTORISCHE PERSÖNLICHKEITEN

'Abdallah (9.–10. Jahrhundert)
Muslimischer Heerführer. Eroberte 902 das Kastell von Taormina.

'Abd ar-Rahman (8. Jahrhundert)
Sohn des Habib Ibn Abi 'Ubaida, besiegte 740 mit einem großen Reiterheer die Byzantiner und belagerte Syrakus.

Ahmad Abi al-Husain (10. Jahrhundert)
Fatimiden-Emir, eroberte 962 zum zweiten Mal Taormina, nachdem die Christen es erneut befestigt hatten.

Al-'Abbas Ibn Fadl (9. Jahrhundert)
Muslimischer Heerführer, belagerte mehrere byzantinische Festungen, darunter auch die von Castrogiovanni, die sich für ihn jedoch als uneinnehmbar erwies.

Al-Hasan Ibn 'Ali (10. Jahrhundert)
Emir aus der Kalbitendynastie. Stellte nach seiner Ankunft in Sizilien 948 den Frieden wieder her. Begründete dort ein erbliches Emirat, das etwa ein halbes Jahrhundert Bestand haben sollte. Die Kalbitenzeit ist die Phase der größten wirtschaftlichen und kulturellen Blüte des muslimischen Sizilien.

Al-Idrisi (Abu 'Abdallah Muhammad Ibn Idrisi) (12. Jahrhundert)
Arabischer Geograf Rogers II., verfasste das *al-Kitab al-Rudjari (Buch Rogers).*

Anaklet (12. Jahrhundert)
Gegenpapst, verlieh Roger II. die Königskrone von Sizilien, der ihm dafür den Lehnseid leistete und die sizilianischen Bistümer reorganisierte.

Artale (12. Jahrhundert)
Mächtige Adelsfamilie aus Palermo.

Asad Ibn al-Furat (9. Jahrhundert)
Islamischer Rechtsgelehrter, brach am 17. Juni 827 an der Spitze des von Zijadatallah I. ausgesandten Heeres nach Sizilien auf, um den byzantinischen Turmarchen Euphemius in seinem Aufstand gegen Byzanz zu unterstützen.

Balata (9. Jahrhundert)
Hoher byzantinischer Beamter, besiegte den Rebellen Euphemius.

Chiaramonte (14. Jahrhundert)
Familie französischer Herkunft, stellte von 1300 bis 1392 die Stadtregierung (Signoria) von Caccamo. Nahm eine herausragende Rolle im politischen Leben Siziliens ein und förderte zudem die Entstehung bedeutender Profanbauten. Ihr Einfluss war so groß, dass das ganze 14. Jahrhundert als „Chiaramonte-Epoche" in die Geschichte Siziliens einging.

Dja'far II. (10. Jahrhundert)
Gouverneur von Sizilien unter dem Emirat seines Vaters Abu al-Fatah Jusuf Ibn 'Abdallah. Versuchte mehrmals erfolglos, Süditalien zu erobern, griff mit seiner

Flotte Bari (996) und Tarent (997) an. Er konnte kurzfristig Salerno erobern und verwüstete die umliegenden Kastelle, doch wurde seine Armee von den Normannen vertrieben. Seine Untertanen lehnten sich gegen seinen Despotismus auf und erreichten schließlich, dass er abdankte und sein Bruder Ahmad al-Akhal seine Nachfolge trat.

Djawhar (10. Jahrhundert)
Sizilianischer Heerführer, zunächst Söldner in byzantinischen Diensten. In Ungnade gefallen, ging er nach Afrika, konvertierte zum Islam und wurde Sekretär, dann General des Kalifen Abu Tamin Ma'adds, genannt al-Mu'izz, und war aktiv an der Festigung des Fatimidenreichs und der Neugründung von al-Qahira (Kairo) beteiligt. 970 ließ er in Kairo eine Moschee bauen, die 972 fertig gestellt wurde. An der Kuppel ließ er eine Stifterinschrift anbringen.

Euphemius (9. Jahrhundert)
Byzantinischer Flottenkommandant, rebellierte kurz nach seinem Amtsantritt gegen den Strategen Konstantin. Ließ sich selbst zum Imperator ausrufen. Bat 827 den Emir Zijadatallah um Hilfe bei der Eroberung Siziliens.

Georgeos Maniakus (11. Jahrhundert)
Befehlshaber des byzantinischen Heeres, das 1038 im Auftrag Kaiser Michaels IV. in Sizilien landete. Vor dem Angriff nahm er einen Trupp Langobarden und normannische Ritter, die zu dieser Zeit in Salerno saßen, in seine Dienste und eroberte nach kurzer Belagerung Messina. In Syrakus kämpfte er gegen den Sarazenenhauptmann Arcadio, er errang eine Reihe von Siegen und eroberte 13 Städte in Sizilien. 1040 gelang ihm ein weiterer Triumph über die muslimischen Truppen, doch wurde er von seinem eigenen Flottenchef Stefanos, einem Schwager des Kaisers, verraten und in Ketten nach Konstantinopel gebracht.

Georg von Antiochia (12. Jahrhundert)
Zunächst in den Diensten des Fürsten Muslim von Mahdia, wurde er später im Reich König Rogers II. von Sizilien Großadmiral und kommandierte von 1135 bis 1153 die normannische Flotte in Afrika und gegen Byzanz. Stiftete in Palermo die „Admiralskirche" Santa Maria dell' Ammiraglio (la Martorana) und eine Brücke über den Oreto.

Gottfried Malaterra (11. Jahrhundert)
Normannischer Benediktinermönch. Roger I. beauftragte ihn, die Geschichte der frühen normannischen Besiedelung und Eroberung Kalabriens und Siziliens niederzuschreiben.

Habib Ibn Abi 'Ubaida (8. Jahrhundert)
Landete 740 in Sizilien und hätte mit seinem Sohn 'Abd ar-Rahman zusammen beinahe die Insel erobert. Er scheiterte jedoch, weil er sich zur Rückkehr nach Ifriqiya gezwungen sah, um dort einen Aufstand niederzuschlagen.

Heinrich VI. (1165–1197)
Nach dem Tod seines Vaters Friedrich I. Barbarossa 1190 zum römisch-deutschen Kaiser gekrönt. Zog nach Italien und besetzte den zum Normannenreich gehörenden Teil der Halbinsel. Mit der Königskrönung des Staufers 1194 im Dom von Palermo endete die Herrschaft der Normannen über Süditalien.

Ibn al-'Atir (13. Jahrhundert)
Arabischer Reisender und Chronist.

Ibn al-Hawwas (Belcamet) (11. Jahrhundert)
Emir, regierte den zentralen Teil Siziliens von Enna aus. Er vertrieb Betumen, den Emir des südöstlichen Teils der Insel, aus Sizilien.

Ibn ath-Thumna (Betumen) (11. Jahrhundert)
Emir des Südostteils von Sizilien. Wurde vom Emir Belcamet vertrieben, gelangte nach Reggio in Kalabrien und ermunterte Roger von Hauteville, Sizilien anzugreifen. Er bot ihm seine Hilfe und seine Ortskenntnisse dafür an.

Ibn Djubair (12. Jahrhundert)
Arabisch-hispanischer Reisender. Besuchte Sizilien zwischen 1184 und 1185 und hinterließ Beschreibungen vom Alltagsleben dieser Zeit.

Ibn Hauqal (10. Jahrhundert)
Reisender aus Bagdad, besuchte Sizilien zwischen 972 und 973; hinterließ einen interessanten Bericht über die noch nicht abgeschlossene Islamisierung der Insel.

Judith von Hauteville (12. Jahrhundert)
Tochter Rogers I., stiftete die Kirche della Madonna dell'Alto oder delle Giummare (nach der Bezeichnung für die Zwergpalmen auf Sizilien) in Mazara del Vallo und San Nicolò la Latina.

Karl von Anjou (13. Jahrhundert)
Eroberte Sizilien mit finanzieller Unterstützung des Papstes, der das angiovinische Heer für seinen Kampf gegen die Staufer benutzte. Da er nicht der Tradition gemäß von Volk und Adel Siziliens zum König bestimmt worden war, galt Karl als Usurpator. Auch wurde er beschuldigt, überhöhte Steuern zu fordern. Sie beruhten allerdings auf finanziellen Problemen, die er vorgefunden hatte.

Khalil Ibn Ischaq (10. Jahrhundert)
Fatimidischer Gouverneur Siziliens, ließ um 937 in Palermo die Festung al-Khalisa errichten (die „Auserwählte"); sie wurde zum Zentrum der Regierungstätigkeit und zum Sitz der Emire und des Verwaltungsapparats.

Konstanze von Hauteville (1154–1198)
Tochter Rogers II. und Mutter Friedrichs II. Heiratete Heinrich VI. und verschaffte so den Staufern die Herrschaft über ganz Süditalien. 1191 wurde sie in Rom zur römisch-deutschen Kaiserin gekrönt.

Maio von Bari (12. Jahrhundert)
Großadmiral und enger Vertrauter König Wilhelms I. Stiftete die Kirche von San Cataldo.

Mokarta (11. Jahrhundert)
Befehlshaber der islamischen Truppen, die sich bei ihren Bemühungen, Sizilien von den Normannen zurückzuerobern, auch des Mittels der Piraterie bedienten. Wurde in einer denkwürdigen Schlacht 1075 bei Mazara del Vallo endgültig von Graf Roger von Hauteville besiegt.

Muhammad Ibn 'Abbad (13. Jahrhundert)
Emir, wurde Anfang des 13. Jahrhunderts als Oberhaupt der Muslime Siziliens anerkannt. Ließ eigene Silbermünzen prägen und bekämpfte die Staufer Heinrich VI. und Friedrich II.

Muhammad Ibn 'Abdallah (9. Jahrhundert)
Vom Emir Zijadatallah I. als *wali*, also dessen legitimer Stellvertreter in Sizilien eingesetzt. Eroberte Palermo und zahlreiche andere sizilianische Städte. In seinem eigenen Namen und dem des Emirs ließ er die ersten arabischen Münzen in Sizilien prägen.

Raimondo Peralta (14. Jahrhundert)
Admiral König Peters II. von Aragon, ließ das Kastell von Alcamo errichten.

Riccardo da Lentini (13. Jahrhundert)
Architekt Kaiser Friedrichs II.

Robert Guiscard von Hauteville („der Listige") (1015–1085)
Graf von Apulien und Herzog von Kalabrien. Regierte kurze Zeit von Palermo aus Teile Siziliens und achtete dabei die verschiedenen Kulturen und Religionen im Lande.

Roger I. von Hauteville (1031–1101)
Jüngster Sohn Tankreds von Hauteville. Schloss sich 1059 in Italien seinem Bruder Robert Guiscard an und wurde 1071 zum Großgrafen von Kalabrien und Sizilien bestimmt. Er führte die Politik seines Bruders weiter und stattete die Klöster mit Schenkungen und Pfründen aus, er förderte so die Umwandlung von Moscheen in Kirchen, auch finanzierte er die Restaurierung der Kathedralen.

Roger II. von Hauteville (1095–1154)
Sohn Rogers I. von Hauteville und Adelasias (Adelheid) von Savona. Konsolidierte und vergrößerte das Reich seines Vaters. 1130 wurde er in Palermo zum König gekrönt. Mit den „Assisen von Ariano" schuf er die Rechtsgrundlage für die beamtenstaatliche Organisation seines Reichs. Seine Herrschaft war Vorbild auch für spätere Dynastien in Sizilien.

Walter of the Mill (Gualtiero Offamilio) (12. Jahrhundert)
Erzbischof von Palermo

Wilhelm I. von Hauteville (1120–1166)
Sohn und Nachfolger König Rogers II., wurde „der Böse" genannt, vielleicht von seinen Baronen, die sich mit ihm in wiederholtem Konflikt um den Umfang ihrer Privilegien befanden. 1161 nahmen ihn adlige Verschwörer sogar gefangen. Doch der hohe lateinische Klerus befreite den König durch einen von ihm organisierten Volksaufstand.

Wilhelm II. von Hauteville (1153–1189)
Genannt „der Gute" (vielleicht weil er die vom Adel zu leistenden Abgaben senkte). Wurde 1171 zum König von Sizilien gekrönt.

Zijadatallah I. (9. Jahrhundert)
Emir. Er sandte 820 ein Heer nach Sizilien und machte dabei reiche Kriegsbeute. Unterstützte mit einem zweiten Feldzug Euphemius gegen Byzanz – in der Absicht, die Insel zu erobern.

LITERATUR

ADRAGNA, V., *Erice*, Marsala 1985.

AGNELLO, G., *L'architettura civile e religiosa in Sicilia nell' età Sveva,* Rom 1961.

AL-IDRISI, *Il libro di Ruggero,* ins Italienische übersetzt und mit Anmerkungen versehen von U. Rizzitano, Palermo 1966.

AMARI, M., *Le epigrafi arabiche di Sicilia*, hrsg. von F. Gabrielli, Palermo 1971.

AMARI, M., *Storia dei Musulmani di Sicilia*, hrsg. von C. A. Nallino, Catania 1977, Faksimile-Reproduktion der Erstausgabe Catania 1933–1939.

AMARI, M., *Biblioteca arabo-sicula*, Bd. 2, Sala Bolognese 1981–1982, Faksimile-Reproduktion der Erstausgabe, Turin 1880 & Rom 1881.

AMATO DI MONTECASSINO, *Ystoire de li Normant et la Chronique de Robert Viscard*, hrsg. von V. De Bartholomaeis, Fonti per la storia d'Italia pubblicate dall'Istituto Storico Italiano, LXXVI, Rom 1935.

AMICO, V., *Dizionario topografico della Sicilia*, aus dem Lateinischen ins Italienische übersetzt und mit Anmerkungen versehen von G. Di Marzo, Sala Bolognese 1975, Faksimile-Reproduktion der Erstausgabe Palermo 1855.

ANASTASI, L., *L'arte nel parco reale normanno di Palermo,* Palermo 1935–1938.

ANDALORO, M. (Hrsg.), *Federico e la Sicilia: dalla terra alla corona*, Bd. II, *Arti figurative e arti suntuarie*, Syrakus & Palermo 1995.

ARATA, G. U., *L'architettura arabo-normanna e il Rinascimento in Sicilia,* Mailand 1914.

BASILE, F., *L'architettura della Sicilia Normanna*, Catania 1975.

BELLAFIORE, G., *La Cattedrale di Palermo*, Palermo 1976.

BELLAFIORE, G., *Architettura in Sicilia nelle età islamica e normanna (827–1190)*, Palermo 1990.

BLAIR, S. & BLOOM, J. M., *The Art and Architecture of Islam: 1250–1800,* London & New Haven 1994.

BOITO, C., „Le chiese del XII secolo in Sicilia", in: *L'Architettura del Medioevo in Italia*, Mailand 1880, S. 68–114.

BOTTARI, S., *I mosaici della Sicilia,* Catania 1943.

BOTTARI, S., „L'architettura del Medioevo in Sicilia", in: *Atti del VII Congresso Nazionale di Storia dell'Architettura,* Palermo 1955, S. 109–154.

CALANDRA, E., „Chiese siciliane del periodo normanno", in: *Palladio*, V, 1941, S. 232–239.

CANALE, C. G., *Strutture Architettoniche Normanne in Sicilia*, Palermo 1959.

CASAMENTO, A., DI FRANCESCA, P., GUIDONI, E. & MILAZZO, A., *Vicoli e cortili, tradizione islamica e urbanistica popolare in Sicilia,* Palermo 1984.

CENTRO REGIONALE I.C.D., *Castelli medievali di Sicilia. Guida agli itinerari castellani dell'isola*, Palermo 2001.

CIOTTA, G., „Chiese basiliane in Sicilia", *Sicilia*, 80, 1976, S. 14–20.

CIOTTA, G., *La cultura architettonica Normanna in Sicilia*, Messina 1993.

CRESWELL, K. A. C. & ALLAN, J. W., A *Short Account of Early Muslim Architecture,* Kairo 1989.

CRESWELL, K. A. C., *Early Muslim Architecture* (2. Bd.), Oxford, 2. Aufl., 1969.

Das Staunen der Welt. Das Morgenland und Friedrich II. (1194–1250), Bilderhefte der Staatlichen Museen zu Berlin 77/78, Berlin 1995.

DE BLASI, I., *Della opulenta citta di Alcamo*, Alcamo 1880.

DE PRANGEY, G., *Essai sur l'architecture des Arabes et des Mores en Espagne, en Sicile et en Barbarie*, Paris 1841.

Die Kunst im Reich Kaiser Friedrichs II. von Hohenstaufen. Akten des internationalen Kolloquiums, Rheinisches Landesmuseum Bonn, 2. bis 4. Dezember 1994, hrsg. von K. Kappel, D. Kemper, A. Knaak, München 1996.
Die Kunst im Reich Kaiser Friedrichs II. von Hohenstaufen. Akten des zweiten Internationalen Kolloquiums zu Kunst und Geschichte der Stauferzeit, Rheinisches Landesmuseum Bonn, 8. bis 10. Dezember 1995, hrsg. von A.Knaak, München 1997.

DI GIOVANNI, *V., La topografia antica di Palermo dal secolo X al XV,* 2 Bde., Palermo 1889/90.

DI MARZO, G., *Delle Belle Arti in Sicilia dai normanni alla fine del secolo XIV*, Palermo 1858, Bd. 1, Buch I, S. 77– 135, Buch II, S. 137–205.

DI STEFANO, C. A. & CADEI, A. (Hrsg.), *Federico e la Sicilia: dalla terra alla corona*, Bd. 1: *Archeologia e architettura*,Syrakus & Palermo 1995.

DI STEFANO, G., *Monumenti della Sicilia Normanna*, hrsg. von W. Krönig, Palermo 1979.

D'ONOFRIO, M. (Hrsg.), *I Normanni, popolo d'Europa, 1030–1200*, Venedig 1994.

ETTINGHAUSEN, R. & GRABAR, O., *The Art and Architecture of Islam, 650–1250*, New Haven 1992.

FAZELLO, T., *De rebus Siculis Decades duae*, Palermo 1558.

FILANGERI, C., *Monasteri basiliani di Sicilia*, Messina 1979.

FRANZ, H. G., *Palast, Moschee und Wüstenschloß. Das Werden der islamischen Kunst*, Graz 1984.

GABRIELI, F. & SCERRATO, U., *Gli Arabi in Italia: cultura, contatti e tradizioni,* Mailand 1979.

GANGEMI, G. & LA FRANCA, R., *Centri storici di Sicilia,* Palermo 1978.

GIUFFRÉ, M., *Castelli e luoghi forti di Sicilia XII–XVII secolo*, Palermo 1980.

GOLDSCHMIDT, A., „Die Favara des Königs Roger von Sizilien", in: *Jahrbuch der preussischen Kunstsammlungen*, XVI, 1895.

GOLDSCHMIDT, A., „Die normannischen Königspaläste in Palermo", in: *Zeitschrift für Bauwesen*, XLVIII, 1898.

GRABAR, O., *Die Entstehung der islamischen Kunst*, Köln 1983.

GREGORIO, R., „Considerazioni sopra la storia di Sicilia dai tempi normanni sino ai presenti", in: *Opere Scelte,* Palermo 1853.

GUIDONI, E., *La città europea, formazione e significato, dal IV al XI secolo*, Mailand 1978.

HILLENBRAND, R., *Islamic Art and Architecture*, London 1999.

HOUBEN, H., „Möglichkeiten und Grenzen religiöser Toleranz im normannisch-staufischen Königreich Sizilien", in: *Deutsches Archiv für Erforschung des Mittelalters,* 50, 1994, S. 159–198.

HOUBEN, H., *Roger II. von Sizilien. Herrscher zwischen Orient und Okzident,* Darmstadt 1997.

IBN DSCHUBAIR, *Tagebuch eines Mekka-Pilgers*, hrsg. von R. Günther, München 1988.

KÖLZER, Th. (Hrsg.), *Die Staufer im Süden. Sizilien und das Reich*, Sigmaringen 1996.

KRAUTHEIMER, R., *Early Christian and Byzantine Architecture*, Baltimore 1965.

KÜHNEL, E., *Die Kunst des Islam*, Stuttgart 1962.

KURAN, A., *Mimar Sinan*, Istanbul 1986.

LA DUCA, R., Il *Palazzo dei Normanni*, Palermo 1997.

LO FASO PIETRASANTA, D., *Del Duomo di Monreale e di altre Chiese siculo-normanne*, Palermo 1995, Faksimile-Reproduktion der Erstausgabe Palermo 1838.

MALATERRA, G., *De rebus gestis Rogerii, Calabriae et Siciliae comitis, et Roberti Guiscardi, ducis, fratris eius*, Rerum italicarum scriptores. Raccolta degli storici italiani, dal 500 al 1500, Vol. 5, Part 1, Bologna 1927.

MALATERRA, G., *Imprese del conte Ruggero e del fratello Roberto il Guiscardo*, ins Italienische übersetzt von Elio Spinnato, Palermo 2000.

MANIACI, A., *Palermo capitale normanna*, Palermo 1994.

MARÇAIS, G., *Manuel d'art musulman. L'architecture en Tunisie, Algérie, Maroc, Espagne, Sicile, vol. I: Du IXe au XIIe siècle,* Paris 1926.

MAURICI, F., *Breve storia degli Arabi in Sicilia*, Palermo 1995.

MAURO, E., *Le ville a Palermo, Palermo* 1992.

MAZZARELLA, S. & ZANCA, S., *Il libro delle torri*, Palermo 1985.

MELI, A., *Istoria antica e moderna della citta di S. Marco*, hrsg. von Oscar Bruno, 2. erw. Aufl., Messina 1991.

MERCADANTE, F., *Da Balarm Palermo a Giazirah Isola.*
Il Porto di Gallo ritrovato, Palermo 2001.

NEGRO, F. & VENTIMIGLIA, C. M., *Atlante di città e fortezze del Regno di Sicilia*, hrsg. von N. Aricò, Messina 1992.

NORWICH, J. J., *Die Normannen in Sizilien,* 1130–1194, Wiesbaden 1971.

NORWICH, J. J., *Die Wikinger im Mittelmeer. Das Südreich der Normannen, 1016–1130*, Wiesbaden 1974.

OTTO-DORN, K., *Die Kunst des Islam*, Baden-Baden 1964.

PALERMO, G., *Guida istruttiva per potersi conoscere con facilita tanto dal siciliano che dal*
forestiere tutte le magnificenze e gli oggetti degni di osservazione della citta di Palermo, Palermo 1816.

PETRUCCIOLI, A. (Hrsg.), *Der islamische Garten, Architektur, Natur, Landschaft*, Stuttgart 1995.

POTTINO, F., „Musaici e pitture nella Sicilia normanna. L'età di Ruggero II", in:
Archivio Storico Siciliano, LII, 1932, S. 34–82.

QUARTARONE, C., „Tessuti e castelli", in: *Tessuti e castelli in Sicilia*, Cefalù 1986, S. 15–17.

RIZZITANO, U., *La cultura araba nella Sicilia saracena*, Vicenza 1962.

ROMANINI, A. M. & CADEI, A. (Hrsg.), *L'architettura medievale in Sicilia. La Cattedrale di Palermo*, Rom 1994.

RYOLO, D., „I bagni di Cefalà", in: *Sicilia Archeologica*, IV, Nr. 15, 1971, S. 19–32.

SANTORO, R., *La Sicilia dei castelli. Le difese dell'isola dal VI al XVIII secolo, storia e architettura*, Palermo 1985.

SCHMIDT, A. M., „La fortezza di Mazzallaccar", in:
Bollettino d'arte, 5/57, 1972.

SCHWARZ, H. M., *Sizilien. Kunst, Kultur, Landschaft*, 2. Aufl., Wien u. a. 1956.

SCUDERI, V., *Arte medievale nel Trapanese*, Trapani 1978.

SESSA, E., *Le chiese a Palermo, Palermo* 1995.

SIRAGUSA, G. B, *Il regno di Guglielmo I in Sicilia illustrato con nuovi documenti,* Palermo 1929.

SÖNMEZ, Z., *Bağlangıcıdan 16. Yüzyıla Kadar Anadolu-Türk İslam Mimarisinde Sanatçılar*, Ankara 1995.

SOURDEL-THOMINE, J. & SPULER, B., *Die Kunst des Islam*, Berlin 1973.

SPATRISANO, G., *Lo Steri di Palermo e l'architettura siciliana del Trecento*, Palermo 1972.

TRAMONTANA, S.,
La monarchia normanno-sveva, Turin 1986.

VALENTI, F., „L'arte nell'era normanna", in: *Il Regno Normanno*, conferenze tenute in Palermo per l'8. Centenario dell'incoronazione di Ruggero a Re di Sicilia, Messina 1932.

VOGT-GÖKNIL, U., *Sinan*, Tübingen 1993.

VOGT-GÖKNIL, U.,
Geometrie, Tektonik und Licht in der islamischen Architektur, Tübingen 2003.

ZANCA, A., *La cattedrale di Palermo*, Palermo 1952.

AUTOREN

Nicola Giuliano Leone
Ordentlicher Professor für Urbanistik, war Leiter des Instituts „Storia e Progetto nell' Architettura" der Universität Palermo und ist Vorsitzender der Fakultät für Architektur. Festes Mitglied des Istituto Nazionale di Urbanistica (I.N.U.), Träger des Preises IN/ARCH 1989 für ein städtebauliches Projekt; vielfältige Tätigkeit als Architekt, Berater und Forscher für öffentliche und lokale Behörden der Regionen Sizilien, Toskana, Marken, Kampanien, die Region VIII in Chile, die Stadt Arequipa in Peru; zahlreiche öffentliche Ämter. Derzeit Vizepräsident des technisch-wissenschaftlichen Ausschusses für die Ausarbeitung des „territorial-urbanistischen Regionalplans für Sizilien". Zahlreiche Publikationen, darunter: *Forma ed economia nelle scuole di Architettura – Urbanistica*, Palermo 1979; *Logos e Topos*, Neapel 1981; *Il disegno e la regola*, Palermo 1988, *Cuadro Estrategico Territorial de la Recuperacion y Desarrollo de la cuenca del Rio Bio-Bio*, Concepcion, Chile 1993; *Le aree metropolitane Siciliane – verso quale governo*, Palermo 1996; „Città e architetture dall'eredità del barocco agli eclettismi contemporanei", in: *Storia della Sicilia*, Bd. X, Rom 2000.

Eliana Mauro
Architektin, Promotion in Architekturgeschichte und Konservierung architektonischer Kulturschätze, Diplom in Archivistik, Paläographie und Urkundenlehre am Staatsarchiv Palermo. Leiterin für Architekturgeschichte beim sizilianischen Denkmalsamt (Soprintendenza Regionale ai Beni Culturali e Ambientali) in Palermo, seit 2002 Leitende Inspektorin für die Kultur- und Naturschätze dieser Region. Dozentin für die Restaurierung historischer Gärten am Fachinstitut für Gartenarchitektur der Universität Palermo. Mitarbeit bei der Katalogisierung des Architekturarchivs der Stiftung Basile-Ducrot und des Fonds Salvatore Caronia Roberti der Universität Palermo. Leitung zahlreicher Restaurierungsarbeiten von Monumentalbauten, Teilnahme an der Biennale von Venedig 1980 und der 17. Triennale von Mailand 1987. Publikationen unter anderem *Il Villino Florio di Ernesto Basile*, Palermo 2000, mit E. Sessa, die Kataloge der Ausstellungen *Giovan Battista Filippo ed Ernesto Basile. Settant'anni di architetture. I disegni restaurati della Dotazione Basile* sowie *Ernesto Basile a Montecitorio*, Rom & Palermo 2000.

Carla Quartarone
Architektin, außerordentliche Professorin für Urbanistik an der Fakultät für Architektur der Universität Palermo. Erfahrungen in der urbanistischen Planung ökologisch besonders wertvoller Landschaften und Teilnahme an Programmen zur Aufwertung der Kulturschätze zur Stärkung des Kulturtourismus (in der Toskana, den Marken, Sizilien, Region VIII in Chile). Veröffentlichung von Artikeln in Fachzeitschriften (L'Ufficio Tecnico, Parametro, Urbanistica) sowie diverser Bücher, darunter: *Il parco minerario dell'Isola d'Elba*, Marsilio, Florenz 1987, und *Il territorio guidato. Il Monte Pellegrino a Palermo*, hrsg. von Ila Palma, Palermo 1995. Im Auftrag des Instituts für Architekturgeschichte und -planung der Universität Palermo Leitung der Kurse für Doktoranden „Atelier del Patrimonio Siciliano" und „Itinerari dell'arte islamica" (mit finanzieller Unterstützung des FSE).

Ettore Sessa
Architekt, Forschungsmitarbeiter des Bereichs Architekturgeschichte an der Universität Palermo, seit 1990 Dozent für Architekturgeschichte (Antike, Mittelalter, Moderne und Gegenwart) an den Fakultäten für Architektur von Palermo und Syrakus sowie Inhaber des Lehrstuhls für Geschichte der Gartenkunst am Fachinstitut für Gartengeschichte der Universität Palermo. Mitarbeit bei Architekturausstellungen (Biennale in Venedig 1980, Triennale in Mailand 1987). Wissenschaftlicher Leiter der Stiftung Basile-Ducrot und des Fonds Salvatore Caronia Roberti der Universität Palermo; Forschungen zur Geschichte der sizilianischen Architektur des Mittelalters und der Gegenwart; Publikation von rund 100 Aufsätzen und Artikeln sowie einigen Büchern, darunter: *Mobili e arredi di Ernesto Basile nella produzione Ducrot*, Palermo 1981; *Ducrot. Mobili e arti decorative*, Palermo 1989; Le Chiese a Palermo, Palermo 1995; *Giovan Battista Filippo ed Ernesto Basile. Settant'anni di architetture. I disegni restaurati della Dotazione Basile 1859–1929*, Palermo 2000; *Ernesto Basile a Montecitorio*, Rom & Palermo 2000 (mit E. Mauro).

Nuccia Donato
Architektin, seit 1997 tätig beim Zeichnungsarchiv der Stiftung Basile und des Fonds Salvatore Caronica Roberti der Fakultät für Architektur der Universität Palermo. Mitarbeit an Kursen in Architekturgeschichte (Gegenwart, Antike und Mittelalter) im Rahmen des Architekturstudiums in Agrigent. Koordination einer Arbeitsgruppe für Organisation, Kartei und Katalog der Zeichnungsausstellung „Ernesto Basile a Montecitorio e i disegni restaurati della Dotazione Basile" in Rom, Palazzo Montecitorio, Oktober 2000. Publikation von Aufsätzen über die Geschichte der Architektur in Mittelalter und Gegenwart, darunter *Palermo e la sua „corona di ferro"*, Palermo 1995.

Gaetano Rubbino
Architekt, Promotion in Architekturgeschichte, seit 1996 Tätigkeit im Zeichnungsarchiv der Stiftung Basile und des Fonds Salvatore Caronia Roberti der Fakultät für Architektur der Universität Palermo. Berater für die architektonischen und urbanistischen Kulturschätze Ostsiziliens bei der Regionalbehörde Messina. Von 1999 bis 2001 Vertragsprofessor an der Fakultät für Architektur der Universität Reggio Calabria. Derzeit Lehrbeauftragter im Studiengang Architektur an der Universität Agrigent. Forschungstätigkeit im Bereich Architekturgeschichte der Antike und des Mittelalters. Publikationen unter anderem *The so-called „SS. Salvatore's" church in Rometta* (1997); *La costruzione di „Roma Christiana". Da Papa Damaso a Sisto III (367–440)* (1999); *Il ruolo delle strutture voltate nella definizione di un „senso romano dello spazio"* (2000).

DIE ISLAMISCHE KUNST IM MITTELMEERRAUM

Der internationale Ausstellungsstraßen-Zyklus Museum Ohne Grenzen eröffnet Einblicke in die Geheimnisse der islamischen Kunst sowie ihre historische Entwicklung, ihre Bautechniken und die religiösen Hintergründe.

Portugal

IM LAND DES VERZAUBERTEN MAURENMÄDCHENS: Islamische Kunst in Portugal.

Acht Jahrhunderte nach der Reconquista erzählt man sich noch in den Dörfern des alten Gharb al-Andalus die Sage von einer schönen maurischen Prinzessin, deren Zauber von einem christlichen Prinzen gebrochen wurde: An die muslimische Herrschaft in Portugal erinnert in der Kunst eine feine Symbiose bei den Bautechniken und dem Baudekor der regionalen Volksarchitektur. Die Ausstellungsstraße bietet dem Besucher einen guten Einblick in fünf Jahrhunderte islamischer Zivilisation (der Kalifen, Mozaraber und almohadischen Mudéjares). Von Coïmbra bis in den äußersten Süden der Algarve zeugen Paläste, in Kirchen verwandelte Moscheen, Festungen und urbane Zentren von der Pracht einer glorreichen Vergangenheit.

Türkei

FRÜHE OSMANISCHE KUNST: Das Erbe der Emire.

Im Zentrum dieser Ausstellungsstraße stehen die Kunstwerke und Repräsentationsbauten einer der wichtigsten Epochen des westlichen Anatoliens, der Brücke zwischen den Kulturen Europas und Asiens. Im 14. und 15. Jahrhundert, der Zeit des Übergangs zu einer türkisch-islamischen Gesellschaft, schaffen die Künstler der türkischen Emirate die Voraussetzungen für eine brillante Synthese, die ihren Höhepunkt in der außergewöhnlich produktiven osmanischen Kunst finden sollte.

Marokko

DAS ANDALUSISCHE MAROKKO: Die Entdeckung einer Lebenskunst.

Seit Anfang des 8. Jahrhunderts richteten die marokkanischen Muslime ihren Blick über die Säulen des Herkules hinaus auf die Iberische Halbinsel. Seit dieser Zeit teilten die Landstriche beiderseits der Straße von Gibraltar das gleiche Schicksal. Der ständige kulturelle, menschliche und wirtschaftliche Austausch, der diesen äußersten Teil des Maghreb mehr als sieben Jahrhunderte belebte, ließ eines der brillantesten Zentren der islamischen Kultur entstehen und damit einher gehend eine authentische unverwechselbare iberisch-maghrebinische Kunst, die ihre Spuren in einer prachtvollen Monumentalarchitektur hinterließ wie auch in einer überaus raffinierten traditionsreichen Stadtkultur. Die Ausstellungsstraße spiegelt den historischen und sozialen Reichtum der andalusischen Kunst und Kultur Marokkos.

Tunesien

IFRIQIYA: Dreizehn Jahrhunderte Kunst und Architektur in Tunesien.

Seit dem 9. Jahrhundert konnte Ifriqiya über Syrien und Ägypten mesopotamische sowie auch andalusische Einflüsse in sich aufnehmen und diese weiterentwickeln, ohne mit berberischen, karthagischen, römischen und byzantinischen Traditionen brechen zu müssen: ein vollendeter Synkretismus, dessen zahlreiche Zeugnisse noch heute in Tunesien sichtbar sind, von den majestätischen Bey-Residenzen in der Hauptstadt bis hin zur strengen Ibaditen-Architektur auf Djerba. Ribats, Moscheen, Medinas, Zawijas, Ksur und Ghurfas säumen geschichtsträchtige Landstriche, die es auf dieser Ausstellungsstraße zu entdecken lohnt.

Spanien — Andalusien, Aragonien, Kastilien-La Mancha, Kastilien-León, Extremadura, Madrid

DIE MUDÉJAR-KUNST: Islamische Ästhetik in christlicher Kunst.

Die Kunst der Mudéjares, der muslimischen Bevölkerung, die auch nach der Reconquista in Andalusien blieb, nimmt unbestritten eine einzigartige Stellung innerhalb der islamischen Kunstformen ein: Sie ist die sichtbare Manifestation eines wirklichen kulturellen Miteinanders, einer Verschmelzung zweier Kulturen, die außerhalb ihres politischen und religiösen Antagonismus eine fruchtbare künstlerische Romanze eingingen. Die für ihre Baukunst berühmten Mudéjares errichteten für die christlichen Neuankömmlinge unzählige Paläste, Klöster und Kirchen unter schöpferischer Bewahrung streng islamischer Formen. Die verschiedenen Regionen, durch die diese Ausstellungsstraße führt, sind die wichtigsten Stätten jener Kunstwerke, die in großer Zahl und vielfältigen Varianten von der überschwänglichen Vitalität der Mudéjar-Kunst zeugen.

Jordanien

DIE OMAIJADEN: Geburt einer islamischen Kunst.

Nach der arabisch-muslimischen Eroberung des Nahen Ostens verlegte die omaijadische Dynastie (661–750) ihren Sitz nach Damaskus, wo die neue Hauptstadt auf eine kulturelle und künstlerische Tradition zurückblicken konnte, die zumindest bis in die aramäische und hellenistische Zeit reichte. Die Kultur der Omaijaden profitierte von der Verlagerung der Grenzen zwischen Persien und Mesopotamien und unter den Ländern des Mittelmeerraums: eine Situation, die eine innovative künstlerische Sprache hervorbrachte, bei der die subtile Mischung hellenistischer, römischer, byzantinischer und persischer Einflüsse äußerst originelle Formen in Architektur und Ornamentik bewirkte. Die Ausstellungsstraße umfasst nicht nur sehr verschiedenartige Bauwerke, sondern nutzt auch die Gelegenheit zu einer interessanten Betrachtung des islamischen Bilderverbots.

Ägypten

DIE MAMLUKISCHE KUNST: Pracht und Magie der Sultansherrschaft.

In der Regierungszeit der Mamluken (1249–1517) wird Ägypten ein blühendes Zentrum der sich hier kreuzenden Handelsrouten. Große Reichtümer kommen ins Land. Kairo wird eine der mächtigsten sichersten und stabilsten Städte des Mittelmeerraums. Gelehrte aus aller Welt siedeln sich hier an und ziehen ihrerseits Anhänger und Schüler an. Architektur und Baudekor der Mamluken bezeugen die Vitalität in Handel, Geistesleben, Militär und Religion zu dieser Zeit. Gekennzeichnet durch elegante und kraftvolle Schlichtheit, deren klare Linienführung geradezu modern wirkt, verkörpern die ausgewählten Bauwerke zwischen Kairo, Rosette, Alexandrien und Fuwa den Gipfelpunkt mamlukischer Kunst

Palästinensische Autonomiegebiete

PILGER, SUFIS UND GELEHRTE: Die Islamische Kunst im Westjordanland und Gazastreifen.

Unter den Aijubiden, Mamluken und Osmanen kamen in diese Gebiete unzählige Pilger aus allen Gegenden der islamischen Welt. Der starke religiöse Strom trug entscheidend zur Entwicklung der Ideen der Sufi-Mystik bei und förderte die Gründung zahlreicher Zawijas und Ribats überall im Lande. Viele Zentren der Wissenschaft zogen große Gelehrte an und bekamen dadurch einen hervorragenden Ruf, was wiederum zur Entwicklung einer raffinierten Kunst führte, die bis heute ihren Zauber bewahrt hat. Die auf dieser Ausstellungsstraße besuchten Bauwerke reflektieren, was Pilgerschaft, Gelehrsamkeit und Sufismus für die islamische Architektur bewirkt haben.

Italien — Sizilien

ARABISCH-NORMANNISCHE KUNST: Siziliens Kultur im Mittelalter

Im Zentrum des Mittelmeers gelegen, war Sizilien eine Begegnungsstätte verschiedenster Kulturen, die schließlich zu einem ganz neuartigen harmonischen Ganzen verschmolzen. Die arabisch-normannischen Bauformen sind einzigartig in Europa wie in der islamischen Welt. Die Ausstellungsstraße betrachtet sie unter dem Blickwinkel ihrer Einmaligkeit und bietet Interpretations- und Differenzierungsmuster. Der Betrachter und Leser entdeckt und erfährt, was sich hinter dieser ganz eigenen raffinierten Kunst an großartiger Vermischung byzantinischer, arabischer und normannischer Elemente verbirgt.

Milton Keynes UK
Ingram Content Group UK Ltd.
UKHW050855040324
438557UK00010B/22

9 783902 782465